U0141877

人類的經典
（六）

民主在美國

阿勒克西·德·托克維爾　著

秦修明　湯新楣　李宜培　譯

Orignal Title *"Democracy in America"*

人類的經典 （六）
民主在美國

作者	阿勒克西・德・托克維爾（Alexis de Tocquerville）
譯者	秦修明　湯新楣　李宜培
系列主編	龐君豪
責任編輯	陳以音
封面設計	郭記如
電腦排版	嚴致華
出版	貓頭鷹出版社股份有限公司
發行	城邦文化事業股份有限公司
	台北市信義路二段 213 號 11 樓
	電話：（02）2396-5698
	傳眞：（02）2357-0954
郵撥帳號	1896600-4 城邦文化事業股份有限公司
香港發行	城邦（香港）出版集團
	香港北角英皇道 310 號雲華大廈 4/F, 504 室
新馬發行	Penthouse, 17, Jalan Balai Polis,
	50000 Kuala Lumpur, Malaysia
印刷	成陽印刷股份有限公司
登記證	行政院新聞局局版北市業字第 1727 號
初版	2000 年 4 月
定價	450 元

ISBN　　957-0337-69-9

國家圖書館出版品預行編目資料

民主在美國／阿勒克西・德・托克維爾（Alexis
de Tocquerville）著；秦修明，湯新楣，李宜培譯.--
初版.--臺北市：貓頭鷹出版：城邦文化
發行，2000〔民 89〕
　　面：　　公分 . --（人類的經典：6）

譯自：Democracy in America
ISBN 957-0337-69-9（平裝）

1. 民主政治 2. 美 - 政治與政府

574.52　　　　　　　　　　89004152

編輯室報告

每個時代與社會，都有特別關心的議題。回應這些議題的思考，在時間歷練、眾人閱讀之後，漸漸就形成了經典。後來者如我們在面對未知時，有了前人的思考，也就不至於從頭開始；如果我們說，站在巨人的肩上望前看才能看得更遠，正是因為前人的思考構成了巨人的臂膀。

本系列的出版主旨即在幫助讀者了解構成此一厚實臂膀的偉大心靈，推介對人類社會演進和自我認知上具啓發性和開創性影響力的著作。

當然，「經典」相對意謂著一定的時空距離，其中有些知識或已過時或證明有誤，那麼，為什麼現代人還要讀經典？

人類社會的歷史是條斬不斷的長河，知識的演進也有一定的脈絡。不論是鑑往知來，或覺今是而昨非，都必須透過閱讀「經典」與大師對話，藉由這種跨越時空的思想辯難才有所得。

在二十世紀的科技文明即將邁入下一個新世紀之前，貓頭鷹出版社整理推出一系列的經典著作，希望為社會大眾在面對未來愈趨多元的挑戰時，提供可立足的穩固基石。

貓頭鷹「人類的經典」編輯室 謹識

托克維爾與民主

甘陽

　　法國思想家托克維爾（Alexis de Tocqueville， 1805-1859）以往在西方思想史上雖然也占一席之地，但其地位歷來都不是特別高。唯晚近 20 年來，西方學界對托克維爾的歷史評價不斷提升，許多學者甚至將他和馬克思以及密爾（J.S. Mill）並列爲 19 世紀最重要的社會思想家（認爲三人分別代表資本主義批判家、自由主義辯護人、民主時代預言家）。這裡的原因無疑在於， 20 世紀後期西方社會本身的民主化發展以及非西方社會的民主化潮流，似乎再次見證了托克維爾對民主化時代的種種預言和分析。

　　不過我們需要事先指出，托克維爾並不是「民主萬能論者」，相反，他著重的是民主時代來臨的不可避免性及其結果的多重複雜性。事實上他預見到他對民主的分析既可以被用來辯護民主又可以被採用來反對民主，因此說他自己毋寧懷有一種雙重目的，即希望那些擁護民主的人不要把民主想得那麼美好，而那些反對民主的人不要把民主想得那麼可怕，如果，「前者少一些狂熱，後者少一些抵制，那麼社會或許可以更和平地走向它必然要抵達的命運終點。」（Tocqueville , Selected Letters on Politics and Society , ed. by R. Boesche , University of California Press 1985,p. 98-100）

民主問題的普遍性

　　托克維爾的名著 De la Démocratie en Amérique（上卷 1835 年，下卷 1840 年）。在中文世界一直譯爲《美國的民主》。但由於中文「的」字的所有格性格，這個譯名容易導致誤解，即以爲此書主要是關於「美國的」政治制度等，這就會大大模糊了托克維爾此書的主旨是關於「民主」的普遍性問題。正如托克維爾在該書的著名導論以及他在 1848 年革命期間爲該書第 12 版所寫的前言中都特別強調的，他這本書要表述的只有「一個思想」（a single thought），這就是：「在全世界範圍，民主都在不可抗拒地普遍來臨」。換言之，托克維爾的中心問題首先是民主的問題，並強調民主問題將是「普遍而持久的」（universal and perrmanent），唯其如此，他才反覆強調，他這本書要提出的問題，「並非僅關於美國，而是與全世界相關；並非關乎一個民族，而是關乎全人類。」（Democracy in America, tr. Lawrence, Harper & Row, 1966, p. 311）

　　因此，嚴格說來，托克維爾這本名著的書名不宜譯爲《美國的民主》，而應該譯爲《民主在美國》。就全書結構而言，上卷主要是關於「民主在美國」的特殊表現。民主「在美國」的情況之所以特別引起他的興趣是因爲他認爲，在歐洲，「民主時代」的到來幾乎無一例外要以摧毀貴族制度爲前提，從而以「民主

革命」為必經階段，美國則因為歷史短暫、是一個沒有「貴族時代」的國家，因此「民主在美國」的獨一無二性就在於它不需要以推翻貴族制度為前提，從而避免了歐洲那種民主革命。托克維爾認為，由於民主在歐洲是伴隨革命而來，因此許多人已習慣於認為民主與動亂及革命之間有某種必然聯繫，而他對美國的考察則要告訴人們，民主帶來的動亂只是在轉型時期的暫時現象而非民主的本質，因為民主與革命的真正關係毋寧是：民主越發達，動亂越少，革命越不可能（參見本書下卷第三部分第二十一章論「大革命何以越來越少」）。

　　但我們同時需要特別注意上卷的最後一章，這章幾乎占全卷四分之一的篇幅，托克維爾卻特別說明此章的主題不是關於「民主在美國」，而是關於那些「美國的，但不是民主的」（being American, but not democratic）方面。確切地說，這一章的內容主要是關於美國的種族問題。托克維爾認為，種族問題特別是黑人奴隸制的存在，乃從美國內部直接顛覆了民主的原則，從而成為美國民主的最大內在危險。他尤其指出，種族問題決不會因為廢除奴隸制就消失，因為種族歧視的根源並不在美國的政治或法律制度，而是深深植根於美國白人社會的民情（mores），「在美國，黑人的解放恰恰加強了白人社會拒斥黑人的偏見，而從法律上取消種族不平等反而使這種不平等在民情中更加深根深蒂固。」（同上引，p. 344）因此對美國民主而言，廢除奴隸制以後還必須根除「三個比奴隸制本身更難對付、更難去除的偏見：主子意識的偏見、種族意識的偏見、白人意識的偏見」（同上引，p. 342）。不消說，這正是 20 世紀 60 年代以來美國民權運動的主題之一（儘管托克維爾本人當年對此非常悲觀，認為這種偏見不可能被克服，因此他認為白人和黑人之間很難避免一場戰爭）。

　　《民主在美國》的下卷事實上已經主要不是關於美國，而是集中於民主的更一般、更普遍的方面，因此西方學界普遍認為下卷就其內容而言其實應該更名為「論民主」（On Democracy）。托克維爾自己在下卷第一部分第九章也特別指出，許多誤解來自於人們混淆了「民主的東西」（What is democratic）與「美國特有的東西」（What is only American）。但是應該說這種混淆部分地是托克維爾自己造成的。我們如果仔細看一下下卷各章節的標題，可以發現這些標題基本上分為兩類，一類是標題中帶有「美國的」，例如「美國人的哲學方法」，「美國人為什麼較喜歡應用科學」，「美國人發展技藝的精神」，「美國的民主如何改變了英語」，等等；另一類則是標題中沒有出現「美國」或「美國的」，而是以「民主時代」或「民主國家」為題的，例如「民主時代文學的特徵」，「民主國家中詩的某些源泉」，「民主國家的戲劇」，「民主時代史學家的一些特徵」，等等，尤其下卷的第四部分所有標題都只涉及「民主」，而不涉及「美國」。粗略而言，第二類標題清楚表明托克維爾討論的對象是「民主」的普遍傾向。但問題是，即使是那些標題帶有「美國的」章節，實際也未必是關於美國，甚至與美

國完全無關，例如有一章標題是「為什麼美國人多懷上進之心卻少有大志」，但實際內容卻幾乎完全不是關於美國，而恰恰是關於作為美國之對照面的法國。

確切地說，《民主在美國》下卷基本不是關於托克維爾在美國的經驗觀察，而是托克維爾對「民主時代」的抽象思考，是他對民主在現代社會將會如何表現和發展的一系列推測和預見。我們因此必須立即追問，托克維爾是以什麼方法來思考民主，又是從什麼角度來推測民主的一般發展傾向的？

民主制與貴族制

直截了當地說，托克維爾實際上是用一種特殊的「比較方法」來思考和分析民主的，這就是民主制與貴族制（aristocracy）的比較。托克維爾事實上是從歐洲舊制度的貴族社會的特性來反推出民主社會的種種特性的。《民主在美國》特別是其下卷幾乎處處是關於民主社會與貴族社會的比較。

這裡應該特別指出，托克維爾本人來自法國一個顯赫的貴族世家。他一生的全部思考實際都圍繞一個中心問題，即如何看待法國大革命全面摧毀歐洲貴族體制這一巨大歷史事件。托克維爾一家事實上與法國大革命有不共戴天之仇。托克維爾的曾外祖就是在革命恐怖時期挺身而出為法王路易十六擔任辯護律師，從而被全歐貴族奉為偶像的著名法國貴族領袖梅爾歇布（Malesherbes），辯護失敗自己被送上斷頭台，連同托克維爾的外祖父也被一併處死；托克維爾的親身父母則在新婚蜜月時期被革命政府逮捕判處死刑，僅僅因為在等待處決時雅各賓專政倒台才虎口餘生，但托克維爾的母親已經為此而終生神經驚恐。托克維爾從小的家庭教育氛圍因此充滿憎恨大革命以及緬懷被處死的國王的氣氛。

但托克維爾的不同尋常就在於，早在20歲之前他就開始超越了自己家庭以及自己所屬社會階層的狹隘貴族視野和保守主義立場，而逐漸形成了他自己認同法國大革命原則的立場並終生不渝。如他在私人信件中都一再強調的：「促使我們行動的並不是個人動機，而是堅定地要求我們的原則不受任何破壞，我們的原則說到底只能是1789年大革命的原則」（Selected Letters on Politics and Society, p. 187）。正是這種立場使得托克維爾對法國大革命的檢討絕然不同於英國的柏克（Edmund Burke）對法國革命的全盤否定。如托克維爾後來在評論柏克時所指出，柏克對大革命的分析雖然在許多局部問題上不乏洞見，但柏克所描繪的全景卻是「一幅全盤皆錯的圖象」（a false picture altogether），因為「大革命的一般品性、大革命的普遍含義，以及大革命的預兆，從而大革命的起點，完全都在柏克的視野之外」；其根本的原因就在於「柏克生活並拘囿於尚處在舊世界之中的英國，因此不能把握法國大革命的全新之處和普遍意義」，因此他在法國大革命中只看見大革命的「法國性」，卻恰恰未能看出法國大革命的真正深刻性乃在於它的普遍性和世界性意義。托克維爾遠高出柏克之處就在於他最早慧眼獨具

地看出，法國大革命的眞正意義在於它標誌著「民主時代」的到來。因爲在托克維爾看來，法國大革命的本質是「民主革命」，法國大革命的問題因此說到底是民主的問題。

托克維爾與柏克之間的根本區別即在於：柏克仍是從歐洲舊式「貴族自由主義」的視野去看待和評判所發生的一切，因此民主時代的問題及現代性的問題乃整個在其視野之外，而托克維爾一切思考的基本出發點則首先就是：民主時代的來臨使得歐洲舊式「貴族自由主義」的時代已經終結，自由主義在民主時代因此必須走向「民主的自由主義」。

簡言之，托克維爾所謂「民主」的對立面是指「貴族制」，而非泛泛與專制相對而言（事實上托克維爾認爲中央集權乃是民主時代的基本傾向，參見本書下卷第四部分）。他的所有論述因此都建立在一個非常基本的分析架構上，即民主制與貴族制的相反。在托克維爾看來，正是這種作爲與歐洲貴族制相對立意義上的「民主」，才是西方現代性最根本的特徵或最根本的問題性所在。因此他把「民主」主要看成是一種「現代」特有的狀況，認爲古希臘城邦和羅馬共和都不是民主制，而只是「貴族共和國」。因爲就所謂「古代最民主的」雅典而言，「公民」本身就是一種特權的標誌：「35萬以上的總人口中只有2萬人是公民，其他都是奴隸」；而在古羅馬，所謂「大戶」（patricians）和「平民」（plebeians）的鬥爭在托克維爾看來只是同一大家庭內部之爭，因爲「他們全都屬於貴族階層」。他因此強調，古代所謂的「人民」本身就是指貴族，其含義與現代所謂「人民」乃截然不同。

現代性的最大挑戰在托克維爾看來恰恰就在於，現在每一個人都要求被作爲平等的個體來對待，這是古希臘羅馬人在理論上就不能接受，而中古基督教則只能在理論上承認，卻無法落實在「現世」而只能寄予「彼岸」。歐洲舊式貴族自由主義不再能適應民主時代的原因也就在於它乃以「不平等的自由」爲基礎，即自由只是少數人的特權，而非每個人的權利。而「民主時代」即現代的根本訴求恰恰在於它只承認「平等的自由」（equal freedom）即自由必須是每一個人的自由，而且這種每個人的平等權利日益成爲人們在一切領域一切方面的訴求，托克維爾由此以「各種條件的平等」（equality of conditions）來概括現代「民主」。托克維爾一生以盧梭爲自己最景仰的兩大思想導師之一，說盧梭的著作他每天要讀一點，這是毫不驚訝的。因爲事實上他對「民主」即「各種條件的平等」所作的透徹分析，乃是直接延續盧梭對「不平等」的分析而來，尤其《民主在美國》下卷對民主基本特性的分析，在風格上都受盧梭《人類不平等的起源和基礎》的影響。

托克維爾對民主理論的重大發展之一由此就在於他不像以往那樣單純把民主看作一種政體形式。他突出地強調了所謂「民主」遠非只是一個政治範疇，而同

時甚至首先是社會、文化、習俗、家庭、婚姻，以至知性活動方式、感性生活方式、及基本心態結構等人類生活一切方面的普遍性範疇。《民主在美國》下卷由此詳加分析民主即「各種條件的平等」對知性活動（intellectual movements）的影響（第一部分），對情感方式（sentiments）的影響（第二部分），對民情（mores）的影響（第三部分），以及所有這些社會文化方面的民主化將會對政治產生的反影響（第四部分）。確切地說，托克維爾是把民主作為現代人的基本生活方式來分析和考察的。也正是這樣一種考察視野，使他特別敏感地指出，民主將永不會在某一階段或某一領域就停步不前，而將成為對現代人和現代社會的永無止境的挑戰過程，如他以揶揄的口吻所言：「難道誰會以為，民主在摧毀了封建制度和打倒了國王以後，就會在中產階級和有錢人面前退卻？」

托克維爾的中心關切是他所謂「民主人」（democratic man）即現代人的基本「心態」──追求「各種條件的平等」的強烈「慾望」──與民主社會的「制度」之間的持續張力。這種張力就在於：「民主的各種制度激發並討好人們對平等的激情，但又永遠不可能完全滿足這種激情」（Democracy in America, p. 198）。因為顯而易見，任何社會再民主也不可能達成完全的平等，但是另一方面，「民主的各種制度最大程度地發展了人心中的嫉妒情感（sentiments of envy），因此「人們越平等，他們對平等的渴求就越難滿足」。因為「當不平等是社會通則時，最大的不平等都見怪不怪。但當一切都已或多或少抹平時，最小的差距都引人注目。」民主時代的基本張力由此就在於「平等所激發的慾望」與永遠不可能完全滿足這些慾望的各種「制度」之間的「不斷交戰」（constant strife）。換言之，現代「民主」的一個基本悖論就在於，正因為民主社會提供了有史以來最大的平等但又永不可能達到完全平等，人們對「各種條件的平等」的追求變得永無止境：「這種完全的平等總是在人們認為伸手可及時從人們的手指縫中溜走，就像巴斯噶說的已不斷高翔而逃走；人們由此為追求完全平等而激動不已，尤其因為它既近在眼前又遠在天邊，就更讓人鍥而不捨。」（同上引p. 198）

晚近十餘年來托克維爾在西方學界受到的重視日益有超出其他經典思想家的趨勢，其原因實際也在於，托克維爾指出的這種民主永不會停步的特性，即使在西方也只是在本世紀後半葉才變得越來越突出。所謂後現代主義的挑戰，女性主義的挑戰等等，可以說都是托克維爾所謂「文化民主化」問題的日益尖銳化表現，從而也就再次提出了「民主是否會有最後的極限」這一托克維爾當年自承無法回答的問題（「那麼我們最終走向何方？無人知曉」）。

2000 年 3 月於香港大學

《民主在美國》導讀

呂亞力

　　托克維爾（Alexis de Tocqueville, 1805-1859）的名著《民主在美國》（De la Démocratie en Amérique）是一部不易歸類的奇書，它在形式上是一部遊記，但與普通遊記截然不同，甚少提及名勝古蹟；它又像一本隨感錄或箚記，通篇充滿作者對各種問題的看法與感想，但與大多數同類書不同，它具有貫穿全書的核心思想或論旨，絕非隨性之作；它富有對政治與社會問題睿智而深刻的探討，但與一般政治思想家嚴謹的論辯不同，它的結構鬆散，運筆活潑。對於這樣一本獨特的著作，我們只有自己認真去閱讀，才能真正領悟其涵義。這篇導讀，僅能供讀者參考而已。

　　本文共分四節：一、托克維爾的生平與著作；二、《民主在美國》之中心思想或論旨；三、《民主在美國》之主要內容；四、托克維爾的成就與影響。

一、 托克維爾的生平與著作

　　托克維爾生於法國諾曼第地區一個顯貴家庭，弱冠之時，他就出任文官，1831年，他與一位友人前往美國考察刑事制度，他們在美國各地旅行9個多月，返國後，合撰美國刑事制度報告並交法國政府作為改革之參考。其後，他根據美國之行之見聞著作《民主在美國》一書之上卷，於1835年出版後洛陽紙貴，頗獲好評，但也引起了法國保守分子的不滿；《民主在美國》下卷於1840年出版，不久譯成英文，在英國及美國同時出版，托氏遂成名聞西方世界的名人。 1841年成為法蘭西學院院士，中年以後，他活躍政壇；於1848年法國二次革命建立的第二共和政府中，他不僅曾參與制憲（1849），並曾於1849年短期內擔任外交部長一職。他於6月就職，但10月就因與路易‧拿破崙理念不合而去職，但仍擔任國民議會議員。路易‧拿破崙以民粹強人之姿透過公投稱帝，他嚴詞抨擊、力加反對無效後，就退出政治舞台與其英籍夫人隱居鄉間別墅。晚年他完成兩部著作，其中一部是《回憶錄》。托氏的回憶錄與一般政治人物記述往事常愛誇大自己的成就，並掩過飾非者不同，並不突顯自己，而是記錄其親歷的重大事件，並以旁觀者的身分作深刻之評論。因此，此書對於欲了解法國第二共和之覆亡，與路易‧拿破崙如何利用民粹主義奪權毀憲之經過的史家，頗有參考價值。另一部名著是《舊體制與法國革命》（L'Ancien régime et la révolution），托氏晚年最大願望是完成一部有關法國大革命及其影響的鉅著，但僅完成第一部分，即《舊體制與法國革命》，於1856年出版，同年譯成英文。其後托氏體力不濟，未能完成寫作計畫，於1859年逝世。

　　托克維爾著作《民主在美國》一書，其用意不僅僅在於傳播知識與闡釋理

念,而是企圖以該書來喚醒法國人認識其社會面臨之危機並謀解決之道。因此,托克維爾描繪的雖是美國,但是其真正關注的則是法國。他在美國之行將結束之前,在一封家書裡曾說,「我此行途中,時時思念的是法國」。

托克維爾的時代,法國最嚴重的問題是政局動盪與社會衝突頻繁。自從法國大革命推翻帝制與貴族特權以後,法國社會即淪入持續的危機狀態。一方面,一股要求平等的力量以沛然莫之能禦之勢衝擊舊有體制,貧困大眾不僅要求政治權利,更要求分享財富;其中的激進分子不僅不能忍受貴族的殘留勢力,甚至對中產階級的財產權與教會的崇高地位也多持異議。另方面,許多上層社會的人士則把民主視作洪水猛獸,認為民主化不僅將危及他們的財產,而且會使宗教權威式微,社會道德淪喪。當時法國上下階層互不信任,階級鬥爭劇烈,而政客們的爾虞我詐更使法國社會充滿不安,政局不穩、政變的傳言不斷。

托克維爾面對亂局提出的矯治之方,是勸說其同階級的人士接受「民主並不可怕」的觀念。民主既不等於無政府狀態,也不等於法治的失落;優質民主其實是使法國撥亂反正的唯一出路,要證明這點,有一個現成的實例,就是美國。他寫《民主在美國》主要是為了說服緬懷舊體制的保守人士接受新時代的挑戰,勇敢迎向未來。托克維爾苦口婆心地提出民主潮流不可抵擋,如果一味阻擋,則將被時代淘汰,如任其向惡性發展,則禍福難測,倘能對之因勢利導,則嶄新的民主社會不但有利於大眾福利的提升,而且也不會危害上層階級合理的地位與權益。他根據美國經驗說明他的理由,並且像一個社會工程師般,提出不少因勢利導民主發展的策略與技術。

二、《民主在美國》之中心論旨

托克維爾在《民主在美國》一書中,並未嚴隔界定「民主」一詞。他使用該詞指涉的是兩種不同的意義:第一、民主是指一種社會狀態,亦即一種階級藩籬撤除,人人地位與身分平等的社會,而民主的發展即是社會日益平等的過程。托克維爾認為美國由於獨特的地理環境(土地廣大、資源充沛)與移民的特性(無貴族移民),已在毫無困難的情況下,實現了這種社會的民主,法國則正在以革命的手段與中央集權的鐵腕經過階級鬥爭達到這一歷史的必然。第二、民主是指一種政治情況,亦即一種人人擁有表意、集會、結社等與參政有關的自由,並且積極參政的政治社會。托克維爾認為美國是這種社會的典範,世上並無任何其他的社會可與其相比。

社會的民主有其危險性,倘若一個社會實現了完全的平等,則有可能出現幾種病態:其一是多數暴政,多數暴政往往不依靠武力與恐怖達成,而是民意造成的;在 個完全平等的社會,人際關係之紐帶就會鬆散,人人都變成孤立的個體,在這種群眾社會(mass society)中,人不敢顯露其個性,以免引起別人的

物議與批評，大家只敢講多數民意認可的言論，做多數民意不反對的事。對多數民意公認的「真理」，即使個人明知其錯，也不敢指出，對多數民意公認之「錯」，即使個人明知其沒有錯，也不敢說出。而那些獨立特別的人，在這種社會將備受譏嘲落或冷落。其二是文化與政治上的平庸：托克維爾認為在一個完全平等的社會，大多數人都不願承認他人的才能優於自己，對於才學卓越的的人，內心是妒嫉的，因此會用盡方法阻其脫穎而出，因此，民主社會選民偏好與他們程度相似的平庸之輩，奇才特異之士不易在民選制度下獲得高位。平等的社會，文化與藝術的成就也必然平庸，因為唯有平庸的文化與藝術才能獲得一般民眾的青睞，卓越的文化與藝術成就得不到大眾的認同。其三、強人政治的出現：在一個人人平等，但又互不聯結的群眾社會，人們對社會事務可能日益冷漠，自求多福的自私心理逐漸滋長，這就可能助長新的強人的抬頭，使自由人的平等變為奴隸的平等。其四、在一個日益平等的社會，窮人可能對富人的優裕生活感到不滿，而欲剝奪其財富，而富人也可能因擔心窮人對其不利而防範過度，雙方會因齟齬而鬥爭，使社會陷入不安。

儘管托克維爾認為社會的民主或者全面的平等化可能導致上述病態，但它是不可擋的，任何企圖阻遏它的努力必然徒勞無功，甚至產生更惡劣的後果。既然如此，我們是否只能束手無策，聽任命運擺佈？托克維爾的答案是：並非如此，美國人的經驗正啟示我們解決之道，即「以更大的民主來消除民主之缺失，以更寬的自由來矯正自由之弊端」，或者更明確地說，以政治的民主（或參與的民主）來阻遏社會的民主可能導致的危險。

托克維爾認為倘若人人皆具充分的參政權，並且積極參政，就能產生一個公民社會，人們會因追求共同的社會目標而改其自私與冷漠，人際的紐帶也會重建，社會上孤立的個人團結成不同的社群，就可阻止強人的出現，並且減少多數暴政的程度。這種情形下，民選的政府首長儘管大多為平庸之輩，但政治會有幾項顯著的利益足以彌補這一缺失。此即（一）增加人們守法的習慣：托克維爾認為民主國家的法律雖然制定得粗糙拙劣，但由於人們相信是他們自己參與制定的，故樂於遵守；（二）使激進的派系與集團趨向溫和：法國保守派反對民主政治最主要的理由是，在民主社會，政治自由會鼓勵激進派系出現，它們否定宗教與傳統道德，質疑私有財產制，鼓動人民仇視上層階級，為社會製造不安。托克維爾對此說不以為然，他認為政治自由非但不會產生保守分子擔心的惡果，反而會產生相反的效用。在他看來，政治自由容許任何派系合法化，就可使非法的地下組織不再存在，一切派系與組織的活動均能為警方掌握，他說：「在美國只有派系，沒有陰謀集團。」（三）使人民變得積極而活力充沛：托克維爾認為民主政治的最大優點是它能使人從自私的個人變成活躍的「公民」。民主國家的吏治平庸，法制粗糙，但由於官吏是人民自己選出，法律是其自己制定，他們樂於接

受，並且樂於協助政府執法；如此，在人民積極參與下，其活力被激發出來，社會變得有生氣。托克維爾認爲相較於歐洲，美國社會活力充沛，人民熱心公務，都是拜政治民主之賜。

三、《民主在美國》之主要内容

《民主在美國》一書，內容甚爲豐富，除了上述中心論旨中提及者以外，筆者擬就較重要者，略加描述與剖析。

（一）美國民主之成因：托克維爾認爲美國是實行民主政治最成功的國家，而且其民主具有不少特色，不是歐洲國家能具備的。這種成就與獨具的特色，都是一些原因促成的，這些原因可大別爲三類：生態環境、法制與民風。就生態環境而言，美國地大物博，人民取得農地甚爲容易，就減少了社會衝突發生之機率，困擾 19 世紀歐洲社會的貧富對抗、階級鬥爭的情況，其嚴重性要輕微得多，這使美國民主成功的機會大增；就法制而言，美國承襲英國習慣法傳統，其法制與社區的人際規範相當契合，至於其成文法，則一向由社區居民參與制定，人民守法意願較高，與執法者合作的精神頗佳。托克維爾對於美國社區民眾志願協助執法當局追捕逃犯的踴躍奉獻印象深刻，他認爲與法國人民之冷漠，甚至樂見政府執法人員出糗的態度相比，這反映美國法制的健全。托克維爾認爲美國法制的另一特色是地方自治權威甚大，這可從新英格蘭的鄉鎮自主組織看出，而這更增強了美國民主的堅實根基。美國民主成功之最大原因，也是其特色的最主要基因是其民風。以托克維爾的看法，民風是一個民族基於其文化與倫理信仰與價值，孕育而成的社區人際與處事規範。美國人篤信宗教，相信個人的努力可決定自己的命運，不接受人爲的權威，對人們以其自己的才華與勤奮透過競爭造成的等級差距欣然接納，但不容忍以政治權力或其他不合理因素產生的特權……。這一民風，使美國成爲一個具備充分平等的民主社會（社會的民主），但又有健全的參與機制（政治的民主）加以節制的政體。

（二）美國民主之優點：托克維爾對美國民主相當肯定，認爲優點甚多，其中下列諸點尤其值得重視。

（1）地方自治：托氏認爲法國政制之嚴重缺點爲中央集權，中央集權的結果不僅使政策僵化，不能因地制宜，而且使地方民眾對政治冷漠，助長官僚專政，令民主有名無實。托氏認爲地方民眾只對與己密切相關並且能夠懂得的事才會關心，這些事應盡量由地方層次處理，上級政府不必操心。美國民主之活力其見於新英格蘭的鄉鎮社區組織，主因是這些組織享有甚大的自治權。

（2）民間組織之多元與活躍：托克維爾對美國人熱心公共事務，常常爲解決一項公共問題而結社的情況印象深刻。他注意到美國民間組織數量之多，種類之繁，與歐洲大不相同，他認爲這種現象反映美國人的社會責任感，其優點則爲造

成大社會小政府，亦即減低官僚之作用與權勢，對民主之進展影響重大。

（3）政教分離：19世紀法國保守派與自由派爭執最劇的課題之一，為天主教會在政治上應扮演的角色。自由派認為天主教會應退出政治，使人民能完全擁有信仰的自由，而且充分實現各種宗教的法權上之平等；保守派則擔心完全的政教分離將使反宗教的言論大行其道，造成社會缺乏價值之共識與道德之淪喪。托克維爾對這個問題無疑是與自由主義者同一陣線的，但他與一般自由主義者不同，他肯定天主教在提供全民價值共識上的重要性。他個人信仰上的矛盾在美國獲得了一個圓滿的答案：他發現美國人篤信基督教，但教會人士不僅不想涉足政治，也都接受政教分離，不僅不會妨礙宗教，反而能強化其道德權威。托克維爾對美國政教關係的剖析不僅深刻，而且甚具說服力，為全書最精彩的部分之一。

（4）立法細密，執法嚴謹：托克維爾認為由於美國的政治人員素質不高，故其立法品質並不甚佳，但對任何大小事務均制定法律，故立法細密，政府執法也頗嚴格。這種情形有利於民主的是：① 減少官員們的任意裁量之空間，降低人治的色彩；② 人民都能依法獲得公平之待遇，不會因個人與官府的關係獲得特權的對待；③ 人民對政府處事能合理期待，減少無謂的紛爭。

（三）美國民主之缺點：

（1）政府官員，尤其選任官員素質平庸：托克維爾認為貴族社會頗多卓越的政治家，因為在貴族社會，上層階級中會出現一些以天下為己任的人才，他們不僅具有遠見，而且由於經歷嚴格的智能鍛鍊，學養優異，見識超群，志識不凡，這些人一旦進入政界，就能成就偉業。在民主社會，政治領導人由人民選出，人民對於與自己大不相同的人不能賞識，或者會因心懷妒嫉而不願支持，因此，才識過人者往往不易在選戰中擊敗平庸但懂得討好民眾的政客。再說，民主社會政治領導者受到監督與干擾較多，使其獨立判斷力不易施展，卓傑之人才在這種社會都會向其他較能發揮獨立判斷的領域如企業界發展，而不想從政。托克維爾在其旅次發現美國不少領域人才濟濟，但政界則不然，深為感觸。對於美國政界才識之士不易出頭的問題，另一位歐洲訪客布賴士（Lord James Bryce, 1838-1922）在其鉅著《美國共和政體》（The American Commonwealth, 1888）也曾剖析，該書最精彩的一章標題即為「為何才識卓越之人不願擔任美國總統？」

（2）精緻文化與藝術不易發展：托克維爾發現美國人識字率頗高，也有閱讀書報之習慣，但不懂欣賞品味特高的文化與藝術成果，美國也缺乏第一流的作家與藝術家。他認為民主社會之發展與此不無關係，因為民主社會人人的價值，包括審美的價值，原則上要列在平等的地位，由多數來決定其取捨行藏，如此，媚俗與易懂之作者與藝術家大行其道，精緻文化就不易發展了。不過，托氏也指出一旦美國經濟實力更強，文明更進步之時，也許有可能出現一些第一流作家與藝術家，因為受高等教育的人大增之時，總會出現一些特殊的人才。

（3）市儈氣息過濃：托克維爾認爲美國人頗熱中於獲取個人財富，因此，商業活動相當發達。托克維爾並不反對商業活動，相反地，他認爲商業行爲培養的崇尚妥協、注重實用的精神有利於民主政治，而商業領域提供的就業機會也讓政界失意者有了出路，能間接降低政爭的激烈。但托氏對商業行爲孕育的市儈氣息甚具惡感。他是一位具有優雅文化素養的歐洲貴族，不免其階級偏見，他對商業文明下人們唯私利是圖的狹隘人生觀與短視的價值觀頗難認同，這種市儈氣既影響了美國的民主，使之缺乏高遠理想，也因美國民主之平庸精神而強化。

四、托克維爾的影響

托克維爾撰作《民主在美國》的原始動機是希望把美國當作他山之石，爲改正法國民主發展的弊病提出藥方，並且藉此向法國反民主的保守人士說明民主並不可怕，以利民主政治在法國的成長。托氏這一目的顯然並未達到。

作爲一個社會工程師與政治家，托氏是一個失敗者，他的藥方雖然受人讚美，但未被採取。終其一生，法國政局一直動盪，第二共和總統路易·拿破崙以民粹強人之姿，透過公民投票方式，在全國絕大多數人民擁戴下，廢共和改帝制並自封爲皇帝，更使托克維爾的理想完全落空。托氏摯友，著名歷史學家，並在1840年擔任外交部長的基佐（François Guizot, 1787-1874）曾描述托氏「是一個爲命運征服，但能接受失敗的人」（C'est un vaincu qui accepte sa défaite）是指托氏在仕途失意，理想破滅之後，仍能從學術的研究中獲得心靈的滿足與慰藉。

作爲一個學者，托氏成就非凡，對後世的影響也可觀。托克維爾並非專業學者，他未受過學院的訓練，也不曾在學術界擔任過教授或研究員等職務，他的著作只有《民主在美國》、《舊體制與法國革命》與《回憶錄》三部，其中只有《舊體制與法國革命》是純粹的學術著作，《民主在美國》具備學術氣息，但並非嚴格的學術著作。如此，他的學術成就何在？

托克維爾的學術成就在兩方面。其一是拓寬了學術研究的範圍：許多人都把托克維爾當作政治社會學（political sociology）的先驅人物之一，這是因爲他在19世紀前半期研究政治時，已把注意力專注在社區的民風與人民的日常活動方面——《民主在美國》上下兩卷，上卷是制度的剖析，下卷則爲民風與社會因素的分析。在他那時代，討論政治問題一般學者都僅注意制度面，托氏的確與眾不同，這是他被視爲政治社會學先驅人物之一的原因。其二是運用新的資料與研究方法：托克維爾過人之處在於他能運用其他人想不到的資料與研究方法來探討問題，譬如法國大革命之結果，並非像有些人所說是爲自由民主的公民社會建立基礎，而是加強了中央集權的官僚體制，這種說法不是托氏首創。他同時代不少學者都持相同看法，但他對這問題的探討不僅深刻嚴謹，而且運用了別人想不到

的資料來證實其看法。(大革命前,法國人出生,僅在教區神職人員處登記,革命後神職人員必須上報政府,巴黎內政部掌握全國人口資料,此為托氏使用的資料之一。)他探討問題的方法富實證精神,尤重親自觀察,這在當時也頗不多見。

作為一位思想家,托克維爾有其頗高的地位:他是一位共和主義者,反對帝制,反對貴族特權。由於他對貴族特權的批評,及對路易‧菲律普的支持,其家族友人幾乎與其絕交。他在許多方面是個自由主義者,譬如他贊成人民應享有充分的自由與人權,政府權力應受嚴格的限制,性別、種族的歧視應逐漸消除。(托氏不免其時代上層出身男子的偏見,認為男主外、女主內的規範應該維持,但比起同時代人,他頗具男女平等的觀念,對美國社會性別差異較小的現象也較欣賞。此外,他對美國白人虐待黑人與印第安人的情形深不以為然,行文中難掩其怒氣。)但他在另方面又不是傳統的自由主義者,而是柏克(Edmund Burke)型的保守主義者。譬如他對商業文明的矛盾看法就表示他身跨兩個傳統:他一方面認為美國人熱心商業的行為能減少對公職之競爭,有助於政治穩定,而另方面又對美國人這種孜孜為利的生活方式露出不屑之情,認為這種生活方式過分平淡瑣碎而毫無詩意。

托克維爾不能嚴格歸類的思想,筆者認為不僅不是他的短處,而且是其長處,由於不囿於單一流派,他的許多想法甚富原創性。

筆者認為他對多數暴政、民粹主義、社區自治、宗教與政治關係、商業文明與政治關係,以及美國人開明自利之倫理觀的見解都甚有價值,這至今日仍值得我們注意。

托克維爾心思細密,見解精闢,對許多事物的看法甚具遠見,我們只要一讀他在《民主在美國》上卷結尾的一段話,再以一百多年後的情況兩相比較,就不難體會其非凡的見識與眼光。他指出:「現時世界上有兩個偉大民族,從不同點啟行,卻彷彿朝同一終點前進。我指的是俄國人和美國人,他們兩個都神不知鬼不覺地就成長起來。當人類注意力放在別處時,他們突然躋身了各國的前列,世界上差不多同時得知他們的存在和他們的偉大。……美國人與自然放在他面前的障礙搏鬥,俄國人的對手則是人,前者是與荒野和野蠻生活戰鬥,後者則與全副武裝的文明作戰。因此,美國人所征服的東西是憑耕犁取得的,而俄國人則憑刀劍。盎格魯-美國人依靠私人利益達到他的目的,給人民機會去自由發揮他們不受指導的力量和常識。俄國人則把社會所有權力都集中在一個人的單隻胳膊上。前者的主要工具是自由,後者則是奴役。他們起點各異,道路相同。不過,他們每個彷彿都被天意派定,要去支配半個地球的命運。」

目　次

上卷

緒 論

在美國逗留的期間，引我注意的新奇事物，再沒有比人們在條件上普遍平等給我更深的印象了。我很容易就發現這個主要事實對整個社會動向的莫大影響；這個事實賦予輿論一種特有方向，並給法律一種特別要旨；它給與統治當局以新的箴言，使得被治者具有種種特殊的習慣。

我不久發覺，這個事實的影響，還遠超出該國的政治性質和法律，對平民社會產生的效果不亞於對政府產生的效果；它創造輿論，引起新的情感，建立奇特的習俗，並改變一切非它所產生的東西。我對美國社會研究得越深，便越發覺這種條件的平等，是所有其他東西好像由之產生的根本事實，是我的一切觀察經常歸結到的中心點。

接著，我把思想轉移到我們自己的半球，覺得我在該處看到了某種與新世界呈現給我的相類似的景象。我注意到，條件的平等在該處雖不曾達到好像在美國已達到的極限，卻不斷在接近那種極限；而且，支配美國社區的民主，看來在歐洲也正在迅速得勢。

因此，我便起了念頭，想寫此刻放在讀者面前的這本書。

誰都明白，一場偉大的民主革命正在我們之間進行。可是，大家對之看法卻有不同。在一些人看來，這場偉大的民主革命好像很新奇，卻也很偶然，而且，既然如此，他們就希望仍有可能去加以限制；在另一些人看來，這場偉大的民主革命卻彷彿是不可抗拒的，因為它是歷史上能找到的一個最一致、最古老和最持久的趨勢。

我回顧了一下法國七百年前的局面，那時法國領土為少數家族所瓜分，這些家族是土地的所有人和居民的統治者；統治權隨家族的繼承而世代相傳；暴力是人能對人採取的唯一有效手段；而地產則是權力的獨一源泉。

可是，教士的政治權力建立起來，並且開始增加了，教士對所有階級都敞開了大門，窮人和婦人，平民和貴族，都可以當教職人員；平等經由教會而透入了政府，原先必須終生過奴役生活的農奴，在貴族中就了教士職位，常常還高出君主一頭。

隨著社會變得更加穩定和文明，人們彼此間的不同關係也越益複雜和多樣起來。從此，民法的需要被人感到了。法官不久便從默默無聞的辦案處和塵土僕僕的事務室中嶄露頭角，登上君主的宮廷，坐在身穿貂

皮和鎧甲的封建侯爵旁邊。

當國王們正因大好喜功而使自己破產，貴族們正因私人戰爭而使自己資財蕩盡時，下層階級的人卻在憑商業使自己致富。金錢的勢力，在國務上開始可以察覺到了。生意買賣開闢了一條取得權勢的新路，金融家在政治上爬到了一種有權有勢的地位，處在那個地位既受奉迎又遭鄙視。

文化逐漸傳播，對文學藝術的重新愛好變得明顯起來；智力和意志有助於成功；知識變爲政府標誌，才智成了一種社會力量；受過教育的人參與了國事的處理。

出身高貴所包含的價值，其低落之迅速，有如發現取得權勢的新法門之快捷。在 11 世紀，高貴頭銜是無價之寶；在 13 世紀，它卻可用錢買得。高貴頭銜在1270年第一次當作禮物授予，而平等就像這樣由貴族階級自己傳入了政府。

在這700年中，有時發生這種情形；貴族爲了抵抗王權，或爲了削弱敵手的權力，賜予平民某些政治權力。再不然，更常見的是，國王准許下層階級參加政府，意在限制貴族階級的權力。

在法國，國王始終是最積極最經常地提倡平等的人。當他們強大和野心勃勃時，他們不辭勞苦地把老百姓提高到貴族的水準；當他們穩健和無力時，他們容許老百姓升到比他們自己還要高的地位。有的藉他們的才能，有的靠他們的惡習，去幫助民主。路易十一和路易十四把所有階級都置於王權之下，處於同一的臣屬程度；最後，路易十五本人和他的整個朝廷，則落得片甲不留。

一旦土地除了用「拜領地」方式以外，開始以其他方式爲人佔有，一旦私人財產能依次施展它的權勢，藝術上的每一種發現，工商業上的每一項改良，便立即在人們中間創造了許許多多新的平等因素。從此，每一件新發明，每一種因新發明而引起的新需要，以及每一種渴求滿足的新慾望，都成了通向普遍平等的步驟。奢侈的願望，戰爭的愛好，時尚的需求，以及人心中那些最膚淺的激情，和最深邃的激情一樣，彷彿都在促使窮人致富，富人變窮。

從智力成爲力量和財富的一種來源之時開始，我們看到每一科學發明，每一新的眞理，每一新的觀念，都成了一種人們能加掌握的權力根芽。詩才、雄辯、記憶、心靈的優美、想像的火花、思想的深刻、以及上天隨便散發的一切才能，都轉而於民主有利。即使這些東西掌握在民主的敵人手中，這些東西由於鮮明地襯托出人的本來偉大，也仍然爲民

主的事業效力。因此，民主征服的領域，隨文明和知識所征服的領域而擴大；而文學則成了一座為一切人開放的軍械庫，窮人和弱者每天都指靠從中取用武器。

隨便翻閱一下我們的歷史，我們在過去700年中簡直找不出一件大事不曾推動條件的平等。

十字軍東征和英國一次次的戰爭，抽殺貴族，分掉他們的財產；市自治機構把民主自由帶進了封建君主政體的懷抱；槍砲的發明，使家臣與貴族在戰場上趨於平等；印刷術把同一資源向所有階級的頭腦打開；郵政把知識帶到茅舍柴扉，一如帶到皇宮大門；而新教則宣告所有的人都一樣能尋到通往天國之路。美洲的發現，開闢了千百條新的發財途徑，使一些默默無名的冒險家變得有錢有勢。

假如我們從11世紀開始，檢查一下法國在每半個世紀中所發生的事，我們將不會不發覺在這些半世紀的每一時期末尾，社會狀況都發生過一種雙重革命。貴族在社會階梯上爬下來，而平民則爬了上去；一個下降，一個上升。每半個世紀都使他們彼此更為接近，他們很快就會相遇了。

而這種情形，也並非法國所特有。無論朝何處看，我們都發覺同一革命正在整個基督教世界進行。

國家生活中所發生的各種事件，處處都轉而對民主有利：所有的人都在盡力幫助它，那些有心為它的事業盡力的人，以及那些無意中為它效勞的人，都是一樣。那些為它戰鬥的人，甚至那些自稱反對它的人，全都一直被驅往同一方向，為同一目的效勞。有的不知不覺，有的身不由己，全都成了上帝手中的盲目工具。

因此，平等原則的逐漸發展，乃是一個天意使然的事實。它具有天意使然的事實的一切主要特徵；它是普遍的，它是持久的，它經常躲開一切人為干涉，而一切事件和一切人對它的進展都作出了貢獻。

這樣看來，認為一個源遠流長的社會運動能由一代人的努力加以阻止，豈是聰明的想法？能夠相信已推翻封建制度和打敗國王的民主，會在商人和資本家面前退卻？現在民主已長得那樣強大，而它的敵手卻如此軟弱，難道它會裹足不前？

那麼，我們正在走向何處呢？誰也不能答覆這個問題，因為比喻之辭已不中用了。眼下基督教國家具有比以往任何時候，比世界任何部分都要大的條件平等。已做下的龐大工作，使我們無法預見還有什麼工作等著要去完成。

　　在此公諸大眾的這一整本書，是在一種類似宗教畏懼心的影響下寫成的。作者心中產生這種畏懼，是由於看到這場不可抗拒的革命，不顧各種阻撓，已進行了許多世紀，而且現在仍在它所造成的廢墟中前進。

　　上帝要我們領悟祂的意旨的種種確鑿無疑的徵兆，並不一定要自己說話不可。我們只消查明自然的習慣途徑和事件的經常趨勢就夠了。我並未經過特別啟示，就知道行星圍繞創世主的手所劃的軌道旋轉。

　　假如我們時代的人，藉專心的觀察和誠懇的思索，能確信社會平等的日益向前發展既是他們歷史的過去也是他們歷史的未來，單是這個發現就會賦予社會變化以天意的神聖性質。在此情形下，企圖阻止民主，就會是抗拒上帝意旨；而那時各國社會就不得不盡量善用上天賜予它們的社會命運了。

　　我們時代的基督教國家，在我看來，彷彿呈現出一幅最令人不安的景況；驅迫它們的運動已強大得無法加以遏止，但又不會迅速到不能加以引導。它們的命運仍然操在自己手中；可是它們很快可能就要失去控制了。

　　此刻加於我們事物指導者的首要任務，是給民主以教導；如有可能，去重新喚醒它的宗教信仰；使它的道德純正；陶冶它的行動；用治世經國的學問去代替它的毫無經驗的作為；用一種對它的真正利益所在的知覺去代替它的盲目本能；使它的政府適於所處的時間和地點，並按照人的情形和環境去修改它。一個新的世界，需要一門新的政治科學。

　　然而，這卻正是我們想得最少的。我們被置於一股激流的中心，眼睛死盯著可能仍然看得見的已離開的岸上那些廢墟，而激流卻將我們迅速沖開，拖回深淵。

　　我剛敘述的這個偉大社會革命，在歐洲的任何國家，都不曾像在法國一樣取得如此迅速的進展；但它始終都是毫無指導地前進。國家首腦們對之沒有準備，它是未得他們同意或未經他們知道而進行的。全國最有力、最聰明和最講道德的一些階級，從未打算為了指導它而去控制它。結果，民主便一直任憑它的一些狂野本能支配。它像那些沒有父母照管的孩子一樣長大，在大街上受教育，只熟悉社會的惡習和弊端。它的存在彷彿尚未為人所知，突然間卻已獲得無上權力。於是，所有的人都奴顏卑膝地屈從於它的任性行為；它被當作力量的偶像加以崇拜；但後來，當它因本身舉止過分而衰弱時，立法者卻又非但不去指導它和糾正它的弊端，反而想憑魯莽計畫去毀滅它。沒有人曾試圖使它適於統治國家，大家一心一意都在把它排出政府。

　　結果，便形成這種情形，民主革命已在社會本體內發生，卻不曾在法律、觀念、習俗和道德上引起相應的改變。而要民主革命有益，這些相應改變則是必不可少的。因此，我們有了一種民主，卻沒有任何東西去減輕它的弊端，和引出它的天然利益；雖然我們已察覺它所帶來的害處，我們對它可能給予的好處卻毫無所知。

　　當王權在貴族支持下和平地統治歐洲國家時，社會在它的不幸中，有幾個現在簡直不能想像或很難感到的幸福來源。幾個臣下的權力，是諸侯暴政難以克服的障礙；君主由於感到自己在大眾眼中差不多被人視為神聖，從他所引起的尊敬中產生了一種動機，要去公正地行使他的權力。貴族由於高居在平民之上，對平民百姓的命運，能像牧人對羊群所感到的一樣，抱著平靜相待、寬大為懷的態度；他們並不承認窮人與他們平等，卻注意著上蒼託付他們照管的那些人的福利。平民百姓呢，他們從不曾想到要去具有與己不同的社會條件，從不曾指望要與他們的首領平等。他們從貴族手中接受恩惠，卻不討論自己的權利。當貴族們寬厚而又公正時，他們依附貴族，並且既不反抗也不卑屈地服從貴族的苛捐雜稅，就像接受上蒼不可逃離的天罰一樣。除此以外，習俗和慣例，還對壓迫豎立了某些界限，在暴力中建立了一種法規。

　　既然貴族從不疑心有誰會去剝奪他自信為合法的種種特權，既然農奴把自己卑下的地位視作不能更改的自然秩序的一種後果，這兩個命運十分懸殊的階級之間，很容易想見，便發生了某種親善的往還。這樣，在社會上雖可以發現到不平等和悲慘的現象，兩個階級的心靈卻沒有一個墮落。

　　人們並非因行使權力而腐化，也非因習於服從而低賤，他們之腐化是由於行使一種他們認為不合法的權力，他們之降為低賤是由於服從一種他們認為是侵犯和壓迫的統治。

　　一方面是伴隨著侈追求的財富、力量和悠閒，文雅的興味，才智的興趣，以及藝術的陶冶；另一方面卻是勞苦、粗魯和無知。然而，在這個粗鄙和無知的大眾中，卻不是不能常常遇到激奮的感情，慷慨的情操，深沈的宗教信念，以及狂野的道德的。

　　像這樣組織起來的社會狀態可能會誇耀它的穩定，它的力量，而且，在一切之上，誇耀它的榮譽。

　　但是，景象現在已經改變了。階級的區別已逐漸廢除；從前一度分隔人類的那些障礙，正在崩潰；財產分攤了，權力由許多人共享了，知

識之光也傳播了，一切階級的能力都趨向平等。社會變得民主化，而民主帝國則慢慢和平地在制度與習慣中建立起來。

我能想像一個社會，在其中，一切人都會對他們認為是自己書寫的法律感到同等的愛護和尊敬；在其中，政府當局會不是因為神聖，而是由於必要而受人尊敬；在其中，庶民對元首的忠誠並非出於一種激情，而是本著一種平靜的合理的信念。既然人人都具有他必然會保持的權利，在一切階級間便會出現一種果敢的信心和禮尚的往來，既消除了驕傲，也免除了卑屈。人們既然十分熟知自己真正的利益所在，他們便會明白，為了從國家的好處中得益，必須去滿足國家的種種要求。這樣，公民的自願結合就會代替貴族的權威，而社會也就會得到保護，不受暴政和放肆行為之擾了。

我承認，像這樣組成的一個民主國家，是不會停滯不動的。可是，該國的社會本體的種種衝動，卻可能受到節制，並使之進步。假如說民主社會將不如貴族社會輝煌，那麼也可以說，苦難在民主社會中不會那樣盛行；享樂可能不那麼過分，但舒適卻會較為普遍；科學可能被培養得不那樣完備，但無知卻不會廣泛；熱烈的感情將會受到抑制，全國的習俗將會變得柔和；弊端將會增多，但罪行卻會減少。

在缺乏熱烈感情和熾熱信仰的情形下，可以憑著對共和國成員的理智和經驗的呼籲，而從共和國成員那裡獲得一些重大的犧牲；人人將會一致覺得：必須與同胞聯合，才能彌補本身弱點。由於知道只有在幫助同胞的條件下才能獲得同胞幫助，他便會立刻察覺他的個人利益是與整個社會利益一致的。整個說來，國家將不會那麼輝煌，那麼光榮，而且也許不那麼強大；可是，大多數公民卻會享有一種更大程度的繁榮，人們將會保持和平，並非因為他們不想使自己變得更好，而是因為他們覺得自己已經不錯。

如果這種事態的所有後果既不好也無用，社會至少已取得一切有用和良好之物。而且，一旦永遠否定貴族社會的社會利益，人類將獲致民主所能提供的一切好處。

可是，在此有人可能會問，我們拋棄了祖先的那些制度，觀念習慣，究竟採取了甚麼去加以代替。

王權的魔力已被銷毀，但又不曾用法律的尊嚴加以代替。人們學會了蔑視一切權威，但依舊怕它；而恐懼對人們的勒索，卻多過先前人們因敬重和愛好權威所付出的東西。

我發覺，我們已摧毀過去那些能獨力抗衡暴政的個人權力；唯獨政府繼承了以往家族、行會和個人被剝奪的一切特權；少數人的權力，如果有時帶壓迫性，常常卻是保守的，隨之而來的一直是整個社會的衰弱。

財產的分配，縮短了分隔貧富的距離；可是，看來它們彼此越是接近，它們相互間的仇恨彷彿越大，而它們互相用以對抗對方權力要求的嫉妒和畏懼心理，也會越加強烈。雙方都不存在權利的觀念，暴力為兩者提供了目前的唯一論據和未來的唯一保證。

窮人保留了祖先的偏見，卻沒有留下祖先的信仰，保留了祖先的無知，卻沒有留下祖先的德行。他採用自利學說作為自己行為的準則，卻不懂得將這種學說付諸實行的科學。而他的自私的盲目，更不亞於先前他對其他事物的熱誠。

倘使說，社會是平靜的，那並非由於它自覺到本身的力量和安寧，而是由於它害怕自己的虛弱和寡斷；稍一動作就會使社會喪命。人人都感到弊病，但誰也沒有足夠的勇氣或力量去醫治。目前的各種慾望、牢騷和苦樂，像老人的那些將歸結為無能的激情一樣，並不曾引向任何觸目可見的或持久的東西。

這樣，我們等於拋棄了舊事態所提供的不論什麼好處，卻不曾從目前情形接受到任何補償；我們已摧毀貴族社會，而我們卻彷彿喜歡心滿意得地去觀察它的廢墟，並對之表示愛好。

知識界所呈現的現象，其可嘆之處也不亞於此。在途中備受阻撓或無法無天地縱情的法國民主，已推翻舉凡阻擋它的一切東西，動搖了所有它還不曾摧毀的事物。它的帝國並不是逐漸推行或和平建立的，但它卻始終不斷地在秩序的混亂和衝突的紛擾中前進。在熱烈的鬥爭中，每個鬥士都因教義和敵手的過份行為而匆匆地把自己的見解推到自然極限之外，直到忘記自己努力的目標，提出一些與自己真正感情和隱秘本能不相符的主張來。於是，便出現了我們不得不眼見的這片奇怪的混亂。

我記不起歷史上有任何景象，比我們眼前正在經歷的景象更值得哀傷和惋惜。使人的見解和趣味相聯，使人的行為和主意一致的天然羈絆，現在彷彿破碎了；在人類情感與理想間一向可以看到的那種和諧，好像將要瓦解；而所有道德一類的律例，則將廢除。

在我們中間，仍能找到熱心的基督徒。他們的頭腦受到一些與未來生活有關的思想的滋養，他欣然擁護人類自由的事業，以之作為一切道德上的偉大的源泉。宣稱一切人在上帝眼中都是平等的基督教，不會拒

絕承認所有的人在法律眼中都屬平等。可是，由於事件的奇怪偶合，宗教曾一度與民主所摧毀的那些制度糾纏在一起；它還常被用來否定它所愛好的平等，把自由事業當作敵人加以詛咒，而它本來倒是可以與自由事業的努力聯盟，將之視爲神聖的。

在這些篤信宗教的人旁邊，我分辨出一些別的人，他們的思想與其說朝向天堂，不如說朝向人世。這些人是自由的戰士，不僅把自由視爲最高貴的品德的來源，更重要的是把自由當作一切堅實利益的根本；而且他們誠懇地想要保障自由的權威，將它的福澤給予人類。他們之急於要取得宗教的援助是很自然的，因爲他們必定知道，沒有道德，自由便不可能確立，而沒有信仰也就不可能建立道德。但是，他們一直看見宗教處在敵人隊裡，所以他們便不再進一步尋求；他們有的人公開攻擊宗教，其餘的則不敢加以維護。

從前，蓄奴制爲貪財的人和具有奴性思想的人所提倡，而獨立的人和心地善良的人則爲了拯救人類自由而作無望的奮鬥。可是，現在卻往往會遇到一些品格高超而豪爽的人，他們的見解與他們的愛好大不相同，他們讚揚自己從來不懂得的奴性和卑賤。相反，另一些人則談論自由，就像他們能感到自由的神聖和莊嚴一樣，而且他們還大聲爲那些他們始終不肯承認其權利的人要求人道。

有一些善良而又溫和的人，他們純潔的道德、寧靜的習俗和豐富的才幹，使他們適於做同胞的首領。他們對國家的愛是眞誠的，隨時都可以爲國家的福利作出最重大的犧牲。可是文明卻常發現這些人處於自由的敵對者之列；這些人把自由的濫用和利益混在一起，邪惡的念頭在他們的腦子裡是與新奇的想法分不開的。

在這些人的左近，我們還發現一些別的人，他們的目標是爲人類謀求物質的福利，想用便當的辦法去做事而不遵循公正之道，取得知識而不講求信仰，求得繁榮而不講究德行；他們自稱是現代文明的戰士，很傲慢地把自己置於現代文明之前。他們僭奪了一個拋棄給他們的地位，而他們高據這個地位則是完全不配的。

那麼，我們是在於何處呢？

熱心宗教的人是自由的敵人，而自由的友人則攻擊宗教；高尚人士和貴族提倡奴役，而最卑賤最奴性的人則鼓吹獨立；誠實和開明的公民們的一切進步都受到反對，而沒有愛國心和原則的人卻毛遂自薦，把他們自己當作文明和知識的使徒。

難道在我們以前一連許多世紀的命運就是如此？難道人類始終都住在目前這樣一個世界上？——在這個世界上，一切事物之間的關係都是不端正的；有德的人無才，有才的人又不講榮譽；在這個世界上，對秩序的愛好與壓迫的嗜好混淆不清，對自由的神聖崇拜又與對法律的蔑視混雜在一起；在這個世界上，良心投射在人類行為上的光是暗淡的，任何事情，不管是榮譽或可恥的，虛假或真實的，彷彿都不再是被禁止或被容許的了。

我不能相信，創世主創造人，是要把他放在圍繞我們的愚鈍中作一場永無休止的鬥爭。上帝給歐洲各社會命定了一種比較平靜和穩定的前途。我對祂的意旨毫無所知，但我將不停止地相信祂的意旨，因為我無法測知它們，而我寧願不信賴自己的能耐，卻不願不信賴祂的公正。

在世界上有個國家，我所談到的偉大社會革命，在該處彷彿已接近它的自然極限。它已造成安樂和純樸；這個國家可以說正在收穫著我們經歷的民主革命的果實，卻不曾發生那場革命。

17世紀初在美洲海岸殖民的那些移民，不知怎樣，竟把民主原則，與他們曾不得不在歐洲各舊社區中主張的一切原則區別開來，並單獨地將之移植到新世界去。這個民主原則在該處已能夠絕對自由地傳播，並用影響全國風習的辦法去和平地決定法律的性質。

我毫不懷疑地覺得，我們遲早會像美國人一樣，達到一種幾乎完全平等的條件。可是我並未得出結論，認為我們將有必要去取得美國人從類似社會組織中取得的同樣政治後果。我決不設想美國人選擇了民主可能採取的唯一政府形式。可是，產生兩國法律和習俗的因素既然相同，那對我們說來，知道該因素在兩國中的每一國所產生的東西，必將極其有益。

這樣說來，我之所以考察美國，就不純然是為了滿足好奇心，不論這好奇心是多麼正當；我的希望一直是在該處尋求可能於我們自己有益的教訓。誰要以為我是打算寫一篇頌詞，那就是錯得出奇了；讀一讀這本書，他就會發覺我的計畫並非如此。當初我的目的也不是要提倡任何特定的政府形式，因為我認為任何法律制度都是極少能夠絕對完善的。我甚至不曾妄圖去判斷，我所認為不能抗拒的那場社會革命對人類究竟是有利還是不利。我承認這場革命是個已經完成，或處於完成前夕的事實。我已從那些經歷這場革命的國家中，選出了這場革命在其中進行得最和平最完滿的國家，以便探看它的種種自然後果，而且如果可能，還

要去找出能使它有益於人類的方法。我要坦白承認，我在美國所看到的東西多於美國本身；我在該處探尋了民主本身的形象，它的種種嗜好，它的性格，它的偏見和它的激情，以便知道我們必須從它的進步中害怕什麼或希望什麼。

在這部作品的第一部分，我曾企圖說明民主政治的特性，談到民主政治致力於滿足它的種種嗜好、發展它的種種趨勢、幾乎毫無抑制地縱情於發揮它的本能、給予法律它所加於政府的那種方向，而且我大體上也談到了民主政治對國家事務所施展的控制力。我曾設法去發現民主所帶來的弊端和好處。我曾考察美國人用以指導民主的那些保護措施，以及他們所不曾採用的那些手段。我也設法指出了那些使民主得以統治社會的因素。

我在本書第二部分的目標，原是描述美國的條件平等和民主政府對平民社會、風俗習慣和思想概念的影響；但我對於執行這個計畫，漸漸變得不那樣熱心了。在我能夠完成我為自己定下的任務以前，我的工作可能會變得毫無意義。別人可能會遠在我之前，就已向公眾陳述美國人性格的主要特徵，並巧妙地將一幅嚴重的畫面遮掩起來，給真相添加一幅我所無法與之相比的嫵媚色彩。

我不知道我是否已完成使大家知道我在美國見聞的這件工作，但我確信這正是我一向的真誠願望，而我也從未故意不把理想說成事實，而把事實說成理想。

凡能藉助書面文件確立的論點，我都已依據原始文獻，證諸最可靠和最有名的著作。我已將我的各種根據摘引到註文當中，人人均可加以核對。凡與論及該國習俗有關的見解、政治習慣或談話，我都曾努力向我遇到的見聞最廣博的人請教。假使討論中的論點是重要或可疑的，我不曾以一個證人的看法為滿足，而憑幾個證人所提的證據來形成我的見解。在此，讀者必須信賴我的話。我原可以時常援引一些非讀者所知、或不值得他知道的人名來支持我的論斷；但我小心地避免了這種做法。一個客人常在他主人的爐邊聽到重要真聞，而這種真聞，做主人的也許會對朋友隱瞞；他以自己對客人所保持的緘默去安慰自己，而旅客逗留的短促卻帶走了言語不慎的恐懼。只要發生這一類的對話，我曾立即將之仔細記錄下來，但這些筆記將永遠不會離開我的文具盒。我寧可損害自己的敘述的成功，也不願將我的名字加入那群外國客人的名單，他們竟以事後的悔恨和懊惱去報答先前所接受的客氣招待。

　　我很明白，不管我曾怎樣細心，假使有誰願意來批評這本書，那將再沒有比批評這本書更容易的事了。

　　仔細審查此書的讀者，我想，將發現整部作品可以說有一個支配的思想把各部分串聯在一起。可是我所必須討論的題目的參差不同是極其大的，要用一件孤立的事實來反對我所徵引的一組事實，或用一種孤立的想法來反對我所提出的一組想法，都不會困難。我希望本書能被人用那指導我寫作的精神去閱讀，而且被人用它所留下的一般印象去評判它，因為我本來不是根據任何一個單一考慮，而是根據大量證據來形成我的判斷的。

　　不應忘記，希望被人了解的作者，不得不把他所有的想法推演到理論的終極結論，而且常常還推演到虛偽或不實之說的邊緣上去；因為在行動上如果說有時有必要拋除邏輯律，在說理上卻並非如此。一個人在語言中想要前後不符，幾乎與在行為中想要首尾一致同樣困難。

　　最後，我想自行指出許多讀者將會認為是此書的一個主要缺點。這本書不是為了討好任何特定見解而寫的，在著述時我也不曾抱過想為任何政黨效勞或攻擊任何政黨的打算。我沒有設法去與別人看法不同，而只是想望得遠一些。當別人只為明天忙碌時，我把我的思想轉向了整個未來。

First Book

第一部

第一章

北美的外形

北美分成兩個廣大區域，一個傾向北極，一個趨向赤道——密士失必河流域——在該處發現的表明地球決心的種種跡象——各英國殖民地據以建立的大西洋海岸——北美和南美被發現時的不同外貌——北美森林——草原——本地遊牧部落——這些遊牧部落的外表、習俗和語言——一個不知名的民族的遺跡

北美在外形上呈現出一種一看就易於分辨的特色。

河流與海洋，山岳與河谷，彷彿都分隔得井井有條。在淆雜的物體和紛繁的景色中，可以見出一種單純然而卻很壯麗的安排。

這塊大陸，幾乎平分爲兩個廣大區域。一個北以北極爲界，東西兩方緊接兩大海洋。它朝南伸展，形成一個三角形，不等的雙邊最後在加拿大的大湖頂上交合。第二個區域，起於第一個區域的終點，包括大陸所有其餘地區。一個慢慢斜向北極，另一個逐漸傾向赤道。

第一個地區所包括的領域趨向北極，斜度令人看不出來，幾乎可以稱之爲平原。在這塊廣袤的平地上，既沒有高山，也沒有深谷。溪澗毫不規則地曲折流過。大河交錯分離，又匯流在一起，溢入一個個巨大的沼澤，在它們本身所造成的迷宮般的水鄉中失去自己一切河道的痕跡，這樣千迴百轉，最後才注入北極海。界定這第一個地區的大湖，不像舊世界多數大湖一樣，並非由小山和岩石堵塞。它們的湖岸很平，高出水面不過幾呎，因此每個湖泊都成了裝得滿溢的大碗。地球結構發生一點最微小的改變，都會使它們的湖水不是湧向北極，便是流向熱帶的海洋。

第二個地區，表面較爲凹凸不平，比較適於人的居住。兩條連綿不斷的長長山脈將之彼此分開；一條名叫阿利根尼，循大西洋海岸的方向延伸；另一條則與太平洋平行。

這兩條山脈之間的空間，共有22萬8843平方里格（League，法國的舊長度單位。1里格等於4公里）。所以說，它的面積大約相當於法國的6倍。

　　然而，這個廣大領域，卻形成了一個獨一無二的山谷。一邊自阿利根尼山脈的一些圓形山峰迤邐而下，另一邊則連綿不斷地升格爲洛磯山脈一個個的山巔。山谷的谷底，流著一條巨川，可以看見來自山上的水從四面八方流入其中。法國人爲了紀念本土，早先把這條河稱爲聖路易河。印第安人卻用他們誇大的語言，把它叫作父河，或者說，密士失必河。

　　密士失必河發源於我已談過的兩大地區的交界處，離分隔兩大地區的高原最高點不遠的地方。在同一地點附近，發源了另一條河，注入北極海。密士失必河的方向最初很不確定；它朝北繞道了幾次，流向高處，一直在湖泊和沼澤中耽擱，最後才採取確定方向，緩緩向南流去。

　　密士失必河，有時在自然分派給它的白堊河床上默默流過，有時卻氾濫成一股股洪流。它在流域中一共灌溉著1032多里格的土地。離河口600里格，它的平均深度是 15 呎；載重 300 噸船隻可通航將近 200 里格。密士失必河的支流，計算起來，有一條長1300里格，一條長900里格，一條長 600 里格，一條長 500 里格，四條長 200 里格，還不提從四面八方湧來與它匯流的那些數不清的小溪小澗。

　　受密士失必河灌溉的流域，彷彿是單爲它而創造的。這條河像古代的神祇一樣，在它灌溉的流域中既爲善又作惡。近河的地方，自然表現得豐富多產；離岸越遠，草木便越益稀疏，土地也越益貧瘠，萬物都羸弱和衰亡了。地球在任何地方大變動留下的痕跡，都沒有在密士失必河流域留下的痕跡多。原野的景象，在富饒和貧瘠兩方面，都表現出河水的有力影響。原始時代的海水，在河谷中聚積了一些很大的草木苗床模型，水退時將之沖得平平坦坦。河的右岸可以找到一些廣闊平原，平滑得就像農夫用滾子滾過一樣。走近那些大山，土壤就變得越來越崎嶇和瘦瘠；地上宛如在許多地方嵌了原始的岩石似的。這些岩石看去很像骷髏的骨頭，而肉則早已爲時間消耗光了。地上蓋著一大片沙和無數坎坷的石頭，其中硬生出幾株草木，樣子就像蓋在綠野上的一座宏大宅邸的廢墟一樣。這些石頭和這片沙，考察起來，與構成洛磯山脈那些峻削山峰的石頭和沙一般無二。當初沖刷土壤一直沖到河谷底上的洪水，後來也帶走了一部分岩石；這些岩石在鄰近的懸崖絕壁上給撞得面青頭瘀，像沈船一般被遺留在懸崖腳下。

　　整個說來，密士失必河流域，是上帝爲了給人居住而備下的最華麗的住所；不過，在目前，它卻只是一大片荒野。

　　在阿利根尼山脈的東面，在這些大山的山麓和大西洋之間，有一長條岩石和沙子構成的山脊，看去是海水從陸上退瀉時留下的。這片地區的平均寬度，不超過48里格，卻約有300里格長。美洲大陸的這一帶，土壤給農夫提供了各種障礙；地上草木稀少，千篇一律。

　　人們最初正是在這片冷漠的海岸上勤奮地從事耕作。這個不毛的岬灣，也正是日後注定要成為美利堅合眾國的那些英國殖民地的搖籃。權力的中心至今仍在這裡；而它的西面，那片歸屬將來要控制整個大陸的民族的活動範圍，則差不多是悄悄聚集攏來的。

　　當歐洲人最初在西印度群島岸邊，後來有在南美洲海岸登陸時，他們原以為自己被載送到了詩人吟詠的仙境。海面閃著燐光，海水清澈得使航行者能見海底。到處都是長著香噴噴草木的小島，活像一籃籃漂在海洋平靜水面上的鮮花。在這個迷人的地區裡，極目所見的每一件東西，彷彿都是預備來滿足人的需求、提供人的快樂似的。所有的樹木幾乎都結滿了富於養分的水果，而那些無法食用的果實也因為色彩繽紛而光輝奪目。在芬香馥郁的檸檬樹、野無花果樹、繁花盛開的桃金孃樹、阿剌伯橡膠樹和夾竹桃所匯成的叢林中，掛著一串串花絲似的不同的攀緣植物，蓋滿花朵。一大群歐洲不曾見過的鳥，則展出閃著紫色和天藍色光彩的華麗羽毛，和著一個充滿生命和活動的世界的諧音而鳴囀。

　　在這片輝煌的外表下，死亡消除了，可是，這個事實當時卻並不曾為人所知，而這些地帶的空氣卻有一種無限消磨人的精力的影響，使人只顧現在而不管未來。

　　北美看去好像處在一種十分不同的局面下；在那裡，一切都是嚴肅、認真和神聖的；那地方好像原本就是創造來作為知識之邦，而南方則是創造來悅目娛情的。洶湧朦朧的海洋沖洗著它的岸邊。它腰上束著一條花崗岩和沙地做成的腰帶。它的樹林的簇葉都是淺黑和蒼鬱的，因為那些樹林是由樅樹、落葉松、常青的橡樹、野橄欖樹和月桂樹組成。

　　在靠外的這條腰帶裡面，是一些中央大森林的濃蔭。東西兩大半球所出產的最大樹木，在該處並肩生長，篠懸木、梓樹、糖楓和維吉尼亞的白楊樹，與橡樹、樺樹和菩提樹接枝交臂。

　　在這些森林裡，正如在舊世界的森林裡一樣，毀滅工作永遠都在不斷進行。草木的殘枝腐葉層層堆砌，沒有人去搬開。而它們的腐化，卻又快得不足以給連續進行的草木重新繁殖工作騰出空地。攀緣植物、野草和其他一些草木，在大片正在枯死的樹木中硬闖生路；它們沿著枯木

的枝幹攀緣，從枯木佈滿塵土的腔窩中吸取養分，在了無生氣的樹皮下尋求一條通道。腐化就這樣給生機提供幫助，而它們各自的產物則混合在一起。這些森林的深處是幽暗不明的，未經人力導向的千百條小溪，使森林中保持著一股經常不散的潮氣。在這些森林的樹蔭下，難得看到鮮花、野果或鳥雀。一棵因老邁而枯死的樹木的倒地，一個瀑布的激流，水牛吽吽的叫聲，以及風的怒號，是打破自然界沈寂的唯一聲響。

在大河以東，樹林卻幾乎全部消散；取而代之的，是一些範圍廣闊的草原。究竟是大自然在她的千變萬化中不肯給這些肥沃平原樹苗，還是這些平原從前滿佈森林，後來卻爲人所砍除，這是一個歷來既非傳說，也非科學研究所能解答的問題。

不過，這些荒土卻並不是完全不曾爲人佔用過的。有些遊牧部落，曾分佈在森林的樹蔭下或草原的青蔥綠野上非常之久。從聖羅倫斯河的河口到密士失必河三角洲，從大西洋到太平洋，這些野人具有某些相似之點，足資證明他們同出一源；可是他們同時卻與所有一切現存人種不同；他們既不像歐洲人那樣白，也不像大多數的亞洲人那樣黃，也不像黑人那樣黑。他們的皮膚是紅棕色的，頭髮長而發亮，嘴唇很薄，顴骨粗大。北美各部落所講的語言使用不同的辭彙，但全都服從一些相同的文法。這些文法，有幾點與一般語言起源的要點有別。美國人的成語彷彿是一些新的混合產物，代表著一種我們現時的印第安人所不能達到的智力上的成就。

這些部落得社會狀態，在許多方面，也與我們在舊世界所見到的社會狀態不同。他們彷彿一直在自己的荒野中自由繁殖，不曾接觸到比他們更文明的種族。因此，他們一點也沒有那些曖昧不明的支離破碎的是非念頭，一點也沒有那些腐敗不堪的風俗。這些念頭和風俗，在一些進入文明而又重新墮入野蠻的民族中，是常與無知和鹵莽聯在一起的。印第安人除了自己，沒有受過任何人的幫助；他的德行，他的惡習，以及他的偏見，都是他本身的產物；他是按照他粗野的獨立本性長大的。

假如說，在文雅的國家裡最卑賤的人都是粗魯和不文明的，這不僅因爲他們貧窮無知，而且因爲他們處在最卑賤的地位卻天天與富有和文明的人接觸。他們自己的苦命和軟弱，每天都與一些同胞的幸福和權勢形成顯著對比，在他們心中激起憤怒和恐懼；自卑和求靠別人之感，在給他們侮辱的同時，也令他們激怒。這種心境，在他們的舉止和語言中自行表現出來；他們同時既傲慢又卑屈。這種情形之確鑿，藉觀察很容

易就可證明：人們在貴族國家比在別處粗魯；在華麗的城市比在鄉區粗魯。在有錢有勢的人聚集的地方，軟弱和貧困的人覺得他們受著自己卑下環境的壓迫。由於找不到機會去重新取得他們的平等，他們便受絕望的支配，任自己落於人性尊嚴之下。

地位懸殊的不幸影響，在野蠻生活中是見不到的：印第安人雖然無知和貧窮，卻平等而自由。

當歐洲人最初來到他們中間時，北美印第安人還不知道財富的價值，對文明人用種種手段為自己取得的那些享受也不在意。不過，他們的舉止毫無卑劣之處；他們習於緘默，而且慣於採取一種貴族式的彬彬有禮的態度。

印第安人在和平時溫和而又好客。儘管他打仗時的無情超過眾所周知的人類殘酷的程度，但為了收容一個到他茅屋門口來求宿一夜的生人，他卻甘冒餓死的危險。不過，他又可以用手去撕碎他的俘虜仍在顫抖的四肢。古代那些著名的共和國，從來不曾提供過比先前隱藏在新世界荒野的森林中更英勇、更高傲和對獨立更愛好的榜樣。歐洲人在北美登岸時，並不曾產生什麼巨大印象；他們的出現既未引起忌妒，也未引起恐懼。他們對於我所描述的這種人，能具有什麼影響呢？印第安人能夠無所需求地過活，毫不抱怨地吃苦，在危險關頭大唱他的死亡之歌。像人類大家庭所有其他成員一樣，這些野人相信有一個比較好的世界存在，而且用一些不同的名稱去禮拜上帝，宇宙間的創造主。他們對於種種知識上的真理的看法，一般說來，都是簡單而富於哲學意味的。

雖然我們在此探索了一個原始民族的性格，可是無可懷疑，在同一地區裡另一個在各方面都更文明更進步的民族，已經駕臨於它之上。

一種流行於大西洋岸邊印第安人中的不太清楚的傳說，告訴我們這些部落先前住在密士失必河西邊。今天，在俄亥俄河兩岸和整個中央盆地，時常都發現人手所砌的古塚。挖到這些土堆的中心，經常可以遇到人骨、奇怪的器皿、用銅鑄成而用途已不為目前種族所知的各種各樣的武器和用具。

我們時代的印第安人，已不能提供有關這個不為人知的民族的任何消息。那些在300年前，當美洲最初被發現時曾經活著的人，也沒有留下任何甚至能使臆說據以形成的記述。口頭傳說，那些容易失傳卻又永遠都在重新湧現的初民世界的紀念物，不曾提供任何可以用來說明問題的事實。不過，千千萬萬我們的同胞，當初卻在該處生活過；這一點，

不容懷疑。他們何時去到該處？他們的起源、他們的命運、他們的歷史是怎樣的？他們又在何時和如何消失？沒有一個人能說得清。

一些民族曾經存在，後來卻從世上消逝得無影無蹤，連名字都被人從記憶中塗抹得乾乾淨淨，看去多麼奇怪！他們的語言已經失傳，他們的光榮已像聲音一般消失，連一個回聲也沒有，雖然也許沒有一個民族，不曾爲了紀念它所走過的路途而留下某種墓穴。所以，人類勞作最經久的紀念碑，正是令人想到人的可憐和無用的紀念碑。

雖然我所描述的那片地區當初曾經住過許多土生土長的部落，當那片地區被歐洲人發現時，卻可以公正地說，乃是一大片荒地。印第安人佔據過它，卻不曾擁有它。人之佔用土地是憑農作，而北美的早期居民卻以狩獵爲生。他們誓死不改的偏見，他們不受管束的激情，他們的種種惡習，也許尤其是他們的野蠻品德，把他們交付到了不可避免的毀滅手中。這些部落的覆亡，始於歐洲人在他們海岸上登陸的那一天；自那以後，他們的覆亡一直在進行，而現在我們卻目睹覆滅的完成。他們當初被上帝安置在新世界的寶庫中，彷彿只是爲了讓他們作暫短的享受；他們在那裡只是爲了等候別人到來。那些值得讚嘆的適於商業和工業的海岸；那些寬闊深邃的河流；那個取用不竭的密士失必河流域；一句話，那整片大陸，彷彿早已經成爲一個尚未誕生的偉大民族的住所。

在那塊土地上，打算在一個新的基礎上建造社會的偉大試驗，將由文明的人去進行。在那塊土地上，截至當時爲止尚未爲人所知，或尚被人認爲行不通的一些理論，將破天荒第一次，呈現出一種世界由它過去歷史尚不曾準備好去觀看的壯觀。

第二章

盎格魯－美國人的起源，以及此種起源
對其未來狀況的重要關係

爲理解各民族社會狀況及其法律，知其民族起源的功用——美
國乃是能在其中清楚察見一個偉大民族起點的唯一國家——當
初所有移居英屬美洲之人，在哪些方面彼此近似——在哪些方
面彼此有別——能應用於當初在新世界海岸定居的一切歐洲人
說法——維吉尼亞的殖民——新英格蘭的殖民——新英格蘭首
批居民的原始性格——彼等的到達——彼等的第一批法律——
彼等的社交——從希伯來立法借用來的刑法法典——宗教熱情
——共和精神——宗教精神與自由精神的密切一致

　　一個人降生到世上來；他的早年，是在童年的歡樂和活動中不爲人
注意地度過的。後來他長大了，世人在他開始成年之時接待他，而他也
與同胞發生了來往。到這時他才第一次被人研究，而且據推測，他在較
爲成熟年代的善惡幼芽，也正是在這時形成的。

　　假如我未想錯的話，這種看法其實是個大錯。我們必須從較早的年
頭開始；我們必須注意嬰兒在母親懷中的情形；我們必須去看外界投射
到他心靈的微暗鏡子上的那些最初形象，去看他最初目擊的那些事情；
如果我們想理解那些將支配他一生的偏見、習慣和激情，我們還必須去
聽那些喚醒沈睡中思想力量的最初話語，在一旁查看那些他在人生中所
作的最初的努力。可以說，從一個人的襁褓中可以見出他的整個人。

　　民族的成長，表現出某種與此類似的情形；所有的民族都帶有它們
起源的痕跡。伴隨著它們的出生並對它們的發展有幫助的那些環境，影
響著它們整個生命的歷程。

　　如果我們能追溯各國的成因，考察它們歷史上的一些最古老的紀念
物，我毫不懷疑，我們必定會在其中發現形成它們的偏見、習慣、主要
情緒的首要因素，簡言之，發現構成它們的所謂國民性的一切因子。我
們必定會在其中找到說明：何以現在某些習俗彷彿與流行風習不同，何

以此等法律竟會與一些公認的原則矛盾，何以在社會中會到處遇見這樣一些支離破碎的見解，就像我們有時在一座舊的建築物看到的從穹窿上垂下來的斷鍊碎條一樣，什麼也不支持。這可能解釋，何以某些民族的命運好像被一個不可知的力量推向一些於它們純然無知的結局。可是，迄今為止一直缺乏這種研究：分析的精神直到民族成熟之時才用於民族；而當各民族想到要注視它們的起源時，時間卻已把它們的起源弄模糊，再不然就是無知和驕傲已用神話將之包圍，而真相卻藏在這些神話後面去了。

美國是唯一能在其中目擊社會之自然平靜成長的國家。而在該處，各州起源對各州未來情形所施展的影響，也是清晰可辨的。

當歐洲各民族在新世界登岸時，它們的民族性格已全部形成。每個民族都有自己的相貌。由於他們在文明程度上已達到一個階段，能對自己進行研究，他們給我們留下了一幅有關他們見解、習俗和法律的忠實圖畫。我們之熟知 16 世紀的人，幾乎與熟知我們同時代的人相等。因此，美國便在光天化日之下，呈現出了早先時代的無知和粗魯為我們研究工作隱藏起來的現象。我們今天的人，彷彿命定要比他們前人能對人類事件看得更深；他們離美洲各殖民地建立的時間，近到足以知道它們的種種基本因素，同時卻又遠到足以評斷這些開端已產生出一些什麼結果。上帝給了我們一把我們祖先不曾具有的火炬，並容許我們在世界歷史上看出一些基本事項。而過去的隱晦不明，卻把這些基本事項對我們祖先遮掩了起來。

假使在研究了美國歷史之後，再仔細考察它的社會和政治狀態，我們會十分確信，沒有一種有案可稽的見解、習俗和法律，我甚至敢說，沒有一件有案可查的事件，不是該民族的起源能加以說明的。本書的讀者，將在本章中發現往後所述的一切的胚胎，發現幾乎可以開啟這整部作品的鎖鑰。

原先在不同時期前來佔據現已為美國聯邦佔有的這塊領土的那些移民，他們彼此在許多方面大不相同。他們的目標並非一致，而他們也依據不同原則管理自己。

不過，這些人卻有某些特色是共同的，而且他們全都被置於一個類似局面。語言的紐帶，也許是能夠團結人類的最有力和最經久的紐帶。所有移民都說同一種語言；他們全都是同一民族的兒女。他們生在一個

許多世紀來一直受著分裂鬥爭之鼓動的國家。在這個國家中，所有教堂都一直被迫不得不將各自置於法律保護之下。他們的政治教育，在這個粗魯的學校中，已接受得很完備。而且，他們比大部分同時代的歐洲人，更熟悉權利觀念和真正自由的原則。在最初的移民時期，自由制度的那種果實豐富的胚胎——鄉鎮制度，是深深地植根在英國人習慣中的；隨之，民權至上的學說，也傳入了都鐸王朝的心窩。

曾經攪動基督教世界的宗教爭論，當時正在盛行。英國已奮不顧身地投入了新的秩序。它的居民性格本來是恬靜和深思熟慮的，這時卻變得愛好爭端和嚴厲了。智力的競爭增加了一般人的知識，而頭腦在智力的競爭中則得到了更深的培養。當宗教成為討論題目時，人們的道德變得更純潔化了。所有這些民族特色，在那些前往大西洋彼岸尋求新家的英國人身上，多多少少都可以發現。

此外，另一種我們往後將有機會回來敘述的情形，不僅適用於英國人，而且也適用於法國人、西班牙人和一切接連去新世界安身的歐洲人。所有這些歐洲殖民地，都包含一個完整的民主社會成分，如果不稱之為民主社會的發展因素的話。有兩個原因導致這種結果。可以說，移民在離開母國時，一般都沒有你比我或我比你優越的想法。幸福的人和有權有勢的人不會去流亡。平等再沒有比在貧窮和不幸的人當中更有保障。不過，偶然也有幾個顯貴的人因政治和宗教爭論而被趕到美國去的情形。一些法律曾被制定來建立貴賤等級；可是人們不久就發現，美國土壤是與領地貴族作對的。大家體會到，為了開闢這塊土地，最要緊的只是土地所有者本人經常為自己的利益而作的努力；土地準備好了，土地的出產分明不足以使地主和農人同時致富。於是土地自然分割成一些小塊，由所有者自行耕種了。土地是貴族社會的基礎，貴族依附於供養它的土壤；因為貴族的構成並非單靠特權，也非依憑出身，而是依靠世代相承的土地財產。一個國家可能同時呈現出巨大財富和極度貧困；可是，除非那些財富是土地，那便不會有真正的貴族，而只會有富有階級和貧困階級。

所有英國殖民地，在它們起源之時，都具有驚人的相似之點。它們一開始，全都彷彿注定了不是要去目擊母國那種貴族自由的成長，而是要去目擊世界歷史當時還不曾提出過完全例證的中等和下層階級自由的成長。

不過，在這種普遍的一律中，卻也可以看到幾個必須加以指出的顯

著分歧。迄至當時爲止已經成長而又未完全融合在一起的大盎格魯－美國大家庭，可以區別爲兩支；一支在南部，另一支則在北部。

　　維吉尼亞接納了第一個英國殖民地；移民於1607年佔有了它。認爲金銀礦是國家財源的觀念，當時正在歐洲無比風行；這種致命的謬見，曾比任何事情都使採納它的歐洲國家更陷窮困，而在美國，則比戰爭和壞法律的聯合影響奪去了更多的人命。往維吉尼亞去的人，都是一些尋金的人，一些既無才又無德的人。他們的狂暴不寧的精神危急了年幼的殖民地，使它的進步變得很不穩定。技工和農夫隨後到達了；他們雖然比較講究道德和秩序，但很難說有哪些方面高出英國下等階級的水平。沒有高尚的見解，也沒有富於靈性的概念，去籠罩這些新聚居地的基礎。殖民地差不多還不曾建立，蓄奴制就傳入了；這是將要對南部性格、法律和整個未來施展巨大影響的一個最重要的事實。蓄奴制，正如我以後將要表明的，使勞動丟臉；它把怠惰傳入了社會。而隨著怠惰，則發生無知和驕傲，奢侈和苦惱。它削弱思想力量，使人行動癱瘓。蓄奴制的影響，與英國性格合在一起，說明南部各州何以有那樣的習俗和社會狀況。

　　在這同一的英國基礎上，北部卻發展出一種十分不同的特性。請容許我在此稍作一些詳細的敘述。

　　現時構成美國社會學說得那兩三種主要理想，最初在北部各英國殖民地，或者更普遍地稱爲新英格蘭的各州中匯合而成。新英格蘭的種種原則，先傳播到鄰近各州，接著又接連傳入一些比較遠的州。最後，則可以說，滲透了整個聯邦。現在它們已把影響力伸出聯邦邊界之外，遍佈於整個美洲世界了。新英格蘭的文明，一直向山間升起的一蓬烽火，它在把暖意立刻散發周圍以後，也用它的燦爛光輝照亮了遠處的天邊。

　　新英格蘭的建立是個奇觀，隨之發生的一切情形也都是獨特無雙的，所有殖民地，最初幾乎不是住著無知無識、沒有資財、因貧困和不軌行爲而被逐出出生之地的人，便是住著貪得的投機家和冒險家。有些聚居地甚至還不能誇口有這樣體面的出身；聖多明哥就是由海盜建立起來的；而今天英國的刑事法庭則爲澳大利亞提供人口。

　　在新英格蘭海岸上落戶的那些移民，全都屬於他們本國的一些比較獨立的階級。他們在美洲土地上的聯合，立刻呈現出一個獨特現象；一個社會，既不包含老爺也不包含平民，而且我們幾乎可以說，既不包含富人也不包含窮人。這些人按他們數量的比例，具有比我們今天能在任

何歐洲國家找到的更多的知識。他們所有人，也許沒有一個例外，都受過良好教育，有很多還在歐洲因才學而聞名。其他殖民地都是由沒有家眷的冒險家建立的；新英格蘭的移民，卻隨手帶來了秩序和道德的一些最良好的成分；他們由妻子兒女陪同，在荒涼的海濱登岸。可是，特別使他們與所有其他移民有別的，是他們的事業目的。他們並非迫不得已才離開他們的國家；他們所放棄的社會地位，是一種值得惋惜的社會地位，而他們的生計則是穩當的。他們之所以要橫渡大西洋，也不是為了改善境遇或增加財富；號召他們離開先前舒適家園的，純然是求知的渴望；而面對流亡生活中不可避免的種種苦難，他們的目標卻只是獲致一種理想的勝利。

那些移民，或者說那些很相稱地自命為「朝聖者」的人，屬於一個英國教派。其教義的嚴格已為他們取得「清教徒」的稱號。清教不僅是一種宗教學說，而且在許多點上與純粹的民主和其理論相吻合。正是這種趨向，給清教徒激起了一些最危險的敵手。清教徒在母國受到政府迫害，那個譴責他們嚴格教義的社會所具有的種種習慣，令他們厭惡。他們去尋求世界上一個人跡罕至的不毛地帶，為的是能在該處照己意過活和自由禮拜上帝。

摘引幾段文章，將比我們能夠講的更能說明這些虔誠冒險家的精神。那塊聚居地的早年史家，納桑尼爾·摩爾頓，開宗明義，就像這樣敘述他的史實：

「敬愛的讀者，我將此視為一件應盡之責已經很久了，尤其是對那緊緊繼承手創偉大業績、體現上帝許多值得紀念之仁慈的人，亦即對新英格蘭這片種植園的最初開闢者，乃是一件應盡之責，必須為之記下仁慈的天恩。既然從該事而來的誘導已如此之多，而且誘導不僅來自該事，在聖書中也比比皆是，我們就不應將我們之所見，以及我們先祖之所告（《詩篇》第78篇第3、4節），對兒輩有所隱瞞，而應向後代表明，使之讚美上帝。尤其要使祂的僕人亞伯拉罕的後裔以及祂的選民雅各的子孫（《詩篇》第105篇第5、6節），記得祂在新英格蘭移植的開端和進程中所做的神奇工作，以及祂所顯示的奇蹟和祂的嘴所下的裁判：要使他們記得上帝如何將一株葡萄樹帶入荒野，如何逐走野人。在該地播種，如何為莊稼留出餘地，使之根深蒂固，如何使那片土地住滿人群（《詩篇》第80篇，第8、9節）。不僅如此，還要使他們記得，祂用神

力導引祂的子民，使之獲得神聖居所，按照珍貴福音的享受，將他們安置在他所恩賜的山間。尤其要使上帝獲得一切應歸之於祂的榮耀，同樣也讓一些榮光能射及那些已得到祝福的聖徒的名字，他們都是上帝藉以完成這個幸福事業的主要工具和創始者。」

　　讀到這段開場白，絕不可能不自行感到一種宗教上的敬畏心。這段開場白散發著福音書上的古老救世主氣息。作者的真誠，提高了他語言的力量。在我們眼中，一如在作者本人眼中，看到的不僅僅是一群冒險去海外尋求財富，而是一個偉大民族的幼芽經上帝指點，飄洋過海前往一個預定的海岸。

　　作者繼續往下寫，像這樣描述了第一批「朝聖者」的離岸：

　　「於是他們便離開了那座美好而又愉快的城市，該地作為他們養息之所已有11年以上。但他們知道自己此生是朝聖者和異鄉人，因此便不甚注意此等事情，而將眼睛望向天空，仰望他們最親密的故鄉。上帝已在該處為他們預備了一座城池（《希伯來書》第11章第16節），始他們在該處心寧神靜。當他們抵達德佛特－赫文時，他們發現船隻和一切東西皆已齊備：凡不能與他們同行的朋友，也跟著他們來了。各種各樣的人從阿姆斯特丹前來看他們開船，與他們道別。當晚大多數人都睡得很少，不是進行朋友間的款待，基督徒間的交往，便是進行其他真正基督徒之愛的真誠對話。翌日他們即行登船，他們的朋友伴送他們。眼看那悲傷的別離景象，耳聽他們之間的嘆氣、啜泣和祈禱的聲音，真是淒涼。每隻眼睛都湧出眼淚，彼此的心都為簡潔的語言所刺穿，連站在碼頭上旁觀的各色荷蘭的陌生人，都禁不住落下淚來。但潮水不能等人，呼喚他們啟程。他們捨不得離開，他們的聖職牧師在地上跪了下來，他們也隨之一同下跪，眼淚汪汪，向主作最熱烈的祈禱，求主賜福。隨後，他們相互擁抱，許多人彼此揮淚而別。而這一分別對當中許多人來說，後來證明了是永別。」

　　那批移民為數大約有150人，其中包括一些婦女和兒童。他們的目的，是在赫德遜河岸設一殖民地；然而，在大西洋中漂泊了些時候之後，他們卻被迫在新英格蘭不毛的海岸，現今成為普里茅斯鎮的一個地點登陸。朝聖者們上岸的那塊岩石，今天仍然可以看見。

「但在我們講下去之前，」我們的歷史家繼續說，「請讀者與我停一停，鄭重考慮一下這群苦命人眼前的景況，更加讚美上帝在他們保全性命時對他們所施的恩惠：因為他們現已越過重洋、渡過了面前預見到的洶湧大海，既無朋友來迎接他們，也無酒館來款待他們或使他們重振精神，更沒有房舍或遠比鄉鎮為小的村落，來供他們落腳獲得救濟。當時又正值冬天，而且熟悉冬天鄉下光景的人，都知道冬天是凜冽強暴的，要受兇猛的風暴襲擊。到熟悉之地去旅行都很危險，更勿論是去探索毫無所知的海岸了。而且，他們所能看到的，除卻一片滿是野獸和野人的可怕荒野，還有什麼呢？他們在該處有多大一群人，他們當時並不清楚：無論他們轉向何方（除了仰望上蒼），他們都無法在外界的目標上尋到什麼安慰和滿足。因為夏天早已過盡，一切東西外表上都呈現一幅風吹雨打的面容，而整個原野又全是樹林和矮樹叢，顯出一幅曾遭人狂砍亂伐的樣子。倘使他們回頭去望自己的背後，他們只見一片他們業已渡過的汪洋大海，現在這片大海已成一道主要的欄杆或鴻溝，將他們與世界所有文明地區分開來。」

絕不要以為清教徒的虔誠僅僅是一種高論，或認為清教徒不諳世事的道理。清教，像我已談到的，乃是一種差不多與宗教教義一樣的政治學說。那些移民才在納辛尼爾·摩爾頓所描述的不毛海岸登陸，第一件關心的事便是立刻簽署下列法案，組成一個社會：

「茲奉上帝的名宣誓。阿們。我等，凡在下面簽名之人，至尊至上之我王詹姆士的忠貞臣民，為榮耀上帝，傳播基督的信仰，廣播我王與我國的榮譽，特遠渡重洋，前來維吉尼亞北部首次殖民。現謹在上帝之前，當彼此之面，莊嚴聚集，訂此契約，將我等聯合一致，結成公民國家，以求我等獲得更好之秩序與生存，推進上述各項宗旨：並藉此經常制定、設立和設計凡認為最足以適合和便利殖民地普遍福利要求之公正而平等的法律、命令、法案、憲章和職守；我等決意對之作一切應有之遵守和服從，」等等。

這件事發生於1620年，從該時起，移民工作一直在繼續進行。查理一世在位的整個期間，宗教和政治激情席捲了英國，每年都把一群群新的信奉某些教派的人趕到美洲海岸去。在英國，清教徒的堡壘繼續是中

產階級；而大多數移民，也正是中產階級的人。新英格蘭人口迅速增加；當等級制度把母國居民專制地分成不同階級時，殖民地卻越來越接近一個奇觀，變爲一個各部分都很勻稱的社會。一個比古代完美的民主社會，已敢於夢想從一個古老封建社會中充分和披掛全副甲冑地開始發展了。

大批移民前往別處，解除了新的傾軋和更多革命的因素，英國政府對之並非不滿。相反，它還盡力加以鼓勵，對那些在美洲土地上逃脫自己的嚴刑峻法求庇護之人的命運彷彿毫不著急。看來，新英格蘭很像一塊送給了夢幻和讓革新者去作無限制試驗的地區。

英國殖民地（這正是它們繁榮的主要原因之一）一向比其他國家的殖民地享有更多的內政自由和更大的政治獨立。而這個自由原則，在任何地方都不如在新英格蘭各州應用得廣泛。

在這個時期，一般都承認，新世界的領土最先由歐洲哪一國發現，便屬於哪一國。因此，到16世紀末，幾乎整個北美海岸，都變成了英國的所有地。英國政府在這些新領土上所使用的殖民方法有好幾種：有時，國王隨意任命一個總督，代替國王並在國王直接命令之下，統治新世界的一部分；這是歐洲其他國家所採取的殖民制度。有時，王權授予一個人或一個公司某項特許狀；在此種情形下，所有民法和政治權力都落入一個或一個以上的人之手，而這個或這些人則在王權的監督予控制下，出售土地和管理居民。最後，第三種制度在於容許一定數量的移民，在母國保護下自行組成一個政治社會，只要不違犯母國的法律，便可隨意管理自己。這種殖民方法，對自由十分有利，僅僅在新英格蘭才被採用。

1628年，一個這種樣子的憲章，由查理一世授予前往麻薩諸塞組織殖民地的移民。但是，一般說來，直到新英格蘭各殖民地的存在已是既成事實，才有憲章授予這些殖民地。普里茅斯、普洛威頓斯、新港、康乃狄格和羅得島，都是未曾得到幫助，並且幾乎在母國所不知道得情形下建立起來的。新移居者的權力並非得自帝國元首，雖則他們並不否認它的無上權威；他們自行組成一個社會，過了三、四十年，到查理二世在位時，他們的存在才獲得一張皇家憲章的合法承認。

在研究新英格蘭最早時期的歷史和立法文獻時，這種情形常使我們很難發現那種把移民與祖國聯繫在一起的連鎖。他們繼續不斷地行使主權權力；他們提名行政官吏，締結和約或宣戰，制定治安條例，訂立種

種法律，彷彿僅僅臣服於上帝。再沒有比那一時期的立法更奇妙，而同時又更富於教益的了；現在美國呈現給世界的偉大社會問題，正可以在該處找到。

這些文件中最有特色的，是1650年小州康乃狄格所頒佈的法典。

康乃狄格的立法者們，從制定刑法開始。說也奇怪，他們從聖經上借用條款。

「凡除上帝之外敬奉任何其他之神者，」法典的緒言說，「必加處死無疑。」緊接著，有10到12條逐字從《出埃及記》、《利未記》和《申命記》中抄來的同一類立法。褻瀆神明、行使妖術、私通和強姦，都處死刑；兒子虐待父母，也以同罪補償。就這樣，一個粗野和半開化的民族立法，竟然適用於一個文明而講道德的社區了。結果，死刑的處罰從未這樣頻繁地被法規提到，也從未如此少地被人加以執行。

這個草擬刑法的機構所主要關心的，是維持社區內的守法行為和良好品行。因此，他們經常侵入人的良心所轄範圍，簡直沒有一件罪行不受行政官員的譴責。讀者已知道這些法律處罰強姦和私通之嚴厲，未婚者之間通姦，也同樣嚴加制止。法官有權罰款，施加苔刑，或讓輕罪犯人結婚。如果新港舊法庭的記錄可信的話，這一類訴訟並不是不常發生的。我們發現有個判決，簽署日期為1660年5月1日，對一個年輕女人課以罰款，並施申戒，因為她被告發，言語不當，並讓人親吻。1650年的法典，充滿了預防性措施。它嚴厲懲罰怠惰和醉酒。酒館老板賣酒給客人，禁止超過一定分量；而隨便一句謊言，只要有害，就要遭受罰款或用鞭撻加以制止。立法者在其他地方，完全忘記了自己當初在歐洲要求的宗教容忍的那種偉大原則，居然使禮拜上帝成為強迫事情，並且走得如此之遠，對願意按照一種與他不同的儀式去禮拜上帝之人施以嚴厲處罰，甚至判以死刑。真的，有時制法的熱情還誘使他管起最瑣碎的事來：所以在同一部法典中，還可以找到一條法律禁止吸菸。不應忘記，這些異想天開的壓迫性法律，並非政府當局所強加，而是由所有對之有興趣的人自由投票贊同的，而且該社區的習慣甚至比這些法律還要嚴峻和富於清教色彩。1649年，在波士頓竟設立了一個隆重協會，抑制世人蓄留長髮的奢侈行為。

這些謬誤，無疑有辱人類的理性；它們證明我們天性的低劣，證明我們的天性不能牢牢掌握正確和公正之事，常常採取兩種極端。這種刑法帶有十分明顯的狹隘教派精神，以及曾因迫害而趨激烈、當時仍在人

們當中激盪的那種宗教感情的痕跡。與這種刑法密切相關，可以找到一組政治法律，雖然寫在200年前，卻仍然比我們時代的自由還要前進。

作為現代憲法基礎的那些普遍原則，那些在17世紀還不曾在歐洲為人知道得很完全，甚至在大不列顛也不曾全部得勝的原則，在新英格蘭已全部為法律所承認和確立了：人民的參與公務、自由投票決定賦稅、掌權者的責任、個人自由、由陪審團參加審判──所有這些，全都不經討論而斷然決定了。

這些富有成果的原則，曾在該地被應用和發展到一種程度，歐洲至今都還沒有一個國家敢去嘗試。

在康乃狄格，選民團一開始就由全體公民構成；這個做法的意義是立刻就為人所理解的。這個年輕社區，財富差不多完全平等，意見更其一致。在這個時期，所有康乃狄格的行政官員都由選舉產生，包括總督在內。年過16歲的公民，有義務拿起武器；他們組成全境民兵，委任自己的軍官，時刻都準備好邁赴前線，保衛疆土。

在康乃狄格以及在所有新英格蘭的法律中，我們發現了鄉鎮獨立的發芽和逐步發展，而鄉鎮的獨立正是今天美國自由的命脈所在和主要發條。歐洲大多數國家的政治生活，都是從一些最上階層、逐步而不完備地擴展到下面不同的社會單位去的。在美國卻相反，可以說鄉鎮先在郡之前組成，郡又在州之前組成，而州的組成則先於聯邦。

在新英格蘭，鄉鎮早在1650年就肯定已完全組成了。鄉鎮的獨立，是本地利益、感情、權利和義務聚集和依附的核心，它給予一種徹底民主與共和的政治生活以自由活動的餘地。各殖民地仍然承認母國的至上權力；君主政體依然是各州的法律；但共和政治已在各個鄉鎮建立了。

各鎮自行提名它們的一切行政官員，制定稅則，徵收賦稅。新英格蘭的鄉鎮，並沒有採取代議制的法律；可是社區的事務，卻像在雅典一樣，由一個公民大會在市場上討論。

研究美國共和政體在這個早年時代所頒佈的法律，不可能不令人吃驚於立法者對政治和種種先進理論的知識。在該地形成的那些社會對成員的義務觀念，顯然要比當時歐洲立法者的觀念崇高和廣博；有一些在該地強加於社會的責任，在別處卻被輕視了。在新英格蘭各州，窮人的生活條件自始就受到照顧；為了保護道路，採取了一些嚴格措施，並任命了一些測量員去管理其事；每個鄉鎮都有檔案，記錄公眾審議的結論，公民出生、死亡和婚姻的登記；有些官員被任命去經管無人承領的

財產，有些任命去決定繼承地產的邊界，還有一些官員的職責，則是維持社區內的公共秩序。法律訂定了許許多多不同的細則，去預為照料和滿足一大堆社會需要，這些社會需要甚至在現在的法國，也感到非常不充分。

　　但是，使美國文明獨特性質令人一眼就能看得最清楚的，卻是與公共教育有關的一些法令。「鑑於，」那項法律這樣說，「人類之敵撒旦以人的無知作其最有力之武器，鑑於不應使吾人祖先之智慧永埋地下乃極重要之事，鑑於兒童教育乃本州主要關心事項之一，依靠主的幫助……」接下去便是一些條款，要在每個鄉鎮設立學校，並強迫居民在沈重罰款的痛苦負擔下支持這些學校。高一級的學校，在同樣方式下，也在人口較多的地區建立起來。城市當局只好強迫父母送子女入學；它們有權對一切拒絕服從的人施以罰款；在父母繼續違抗的情形下，社會便接替父母地位，佔有小孩，並剝奪那個做父親的一向用之於壞目的的那些天然權利。讀者從這些法規的序言中無疑將會注意到：在美國，宗教是通往知識之路，而遵守神聖的法律，則將人引向公民自由。

　　對1650年美國社會的情形匆匆一瞥之後，假如我們轉眼去看同一時期歐洲的情形，尤其是歐洲大陸的情形，我們將不能不發生驚愕。在17世紀初的歐洲大陸上，君主專制政體在中世紀寡頭和封建管轄地上處處都得到勝利。權利觀念也許從不曾在歐洲的光彩和文學中像這樣被完全忽視過；人民之中的政治活動從來沒有這樣少過；真正的自由原則也從來沒有傳播得這樣狹隘；而當那些原則為歐洲國家所蔑視或忽略時，它們卻在新世界的荒野中被人公開宣佈出來，當作了一個偉大民族的未來信條。人類心靈的一些最大膽的理論，居然被一個卑微得連政治家都不屑於屈身俯就的社區付諸實行了；而一種前所未有的立法制度，則隨隨便便地就由人們想像的獨創力產生出來。這個默默無聞的民主社會，到這時還沒有出過將軍，也沒有出過哲學家，也沒有出過作家。但在它的懷抱中，一個人卻可當著一群自由人站立起來，在大家的喝采聲中宣佈下列有關自由的美妙定義。

　　「關於自由，我注意到全國對之有一個大錯特錯的想法。自由有兩重：天性的（我的意思是說我們的天性現已墮落）與公民的或聯邦的自由。前者是人與野獸和其他動物所共有。憑藉這種自由，人與人相處時簡直可以為所欲為；它是一種既可作惡也可為善的自由。這種自由與權

威互不相容、勢不兩立，而且不能忍受最公正的權威的絲毫約束。若實施和維護這種自由，將使人變得更加邪惡，早晚會比野獸還要壞。這頭野獸，正是真理與和平之大敵，上帝的一切誡命都與之大相逕庭，要對之加以約束和使之馴服。另一種自由，我稱之為公民或聯邦的自由；從上帝與人之間的聖約，從道德律和人們自己之間的政治契約和憲法看來，它也可以稱之為道德的自由。這種自由是權威所要達到的正當鵠的和目標，沒有它，權威就不能維持下去；而且它是唯一善良、公正和誠實的自由。這種自由是你們應挺身為之奮鬥，如有必要，不僅以你們的財物而且以你們的生命去加以維護的自由。凡與此種自由相左的，絕非權威，而是權威所產生的一種弊端。這種自由是用一種向權威服從的方式來維護和實施的；它是基督據以解放我們的同一自由。」

　　我已講了夠多的話，來陳述盎格魯－撒克遜文明性質的實情了。它是（這一點應常記於心）兩種不同成分合成的結果，這兩種成分在別處一直互不協調，但是美國人卻能使之在一定程度上彼此混融，而且結合得很可欽佩。我所指的，是宗教精神和自由精神。

　　新英格蘭的移居者，既是教派的熱心擁護人，又是大膽的革新家。儘管他們有些宗教見解十分狹隘，但他們卻不懷任何政治偏見。

　　因此便產生了兩種相互有別但又並不彼此反對的趨勢。在全國風習和法律上，到處都清晰可辨。

　　人們為了一項宗教見解而拋棄他們的朋友、家庭和國家；我們可以認為他們專心追求一些精神上的目的，竟花了這樣高的代價去購買。不過，我們也看見他們幾乎以同等的熱心去尋求物質財富和道德滿足；天堂在世界的那邊，而幸福和自由卻在此生此世。

　　在他們的手下，政治原則、法律和人類制度，彷彿都可以鍛鍊，能照意志成形和混合。當他們前進時，原先束縛社會，而且也阻擋著他們的那些障礙，都降低了；許多世紀以來控制著世界的那些舊看法，也不見了；一條差不多毫無止境的道路，一片望不見邊的原野，卻顯現了出來；人類精神勇往直前，並從四方八面向他們湧來。可是到達了政治世界的極限，這種人類精神便自行停步；它因為害怕而放棄了探索的需求；它甚至抑制自己，不去揭開聖殿的帷幕；它不加討論就畢恭畢敬地跪倒在它所接受的真理面前。

　　這樣，在道德世界中，一切便都被分成了類別，有條不紊，並且是

預先看見和決定了的；在政治世界中，一切卻被鼓動著，爭辯著和顯得不穩定。在一個世界裡面，是消極然而志願的服從；在另一世界裡面，則是瞧不起經驗、對權威懷抱妒意的獨立。這兩種分明十分矛盾的趨勢，一點也不衝突；它們攜手前進，而且互相支持。

宗教發覺公民自由替人的才能提供了一種高尚的練習機會，而政治世界則是創世主為心靈活動預備的一塊園地。宗教在它本身領域內自由自在，又強大有利，很滿足於為它保留的這種地位，當它在人心中除了憑本身力量不憑任何力量支持而統治時，它從不曾如此穩妥地建立過它的帝國。

自由則把宗教當作它在所有戰役和勝利中的友件，當作它幼時的搖籃和它的種種要求的天賜依據。它認為宗教是道德的保護物，而道德則是法律最安全的屏障，和持久自由最確切的保證。

盎格魯－美國人的法律和習慣，其所以顯出某些特點的緣由

存在於最完備的民主社會中的一些貴族制度的殘餘——何以會有這些殘餘？——在什麼是清教徒的與什麼是英國起源的事物之間，應加仔細區別

應當提請讀者小心，不要從已講的話中得出過於一般或絕對的推論。最早的移民的社會狀況、宗教和習俗，對他們本國無疑施展過巨大影響。不過，他們無法建立一套單從自己產生出來的狀況：誰也不能完全擺脫過去的影響；那些移居者，不管是有心還是無意，把他們得自教育和祖國傳統的習慣和想法，與純然屬於他們自己的習慣和想法混到一起了。因此，要了解和評斷現今的盎格魯－美國人，就一定區別什麼是清教徒的事物，什麼是英國起源的事物不可。

在美國，時常可以遇到一些法律和習俗，與周圍一切事物成強烈的對照。該地的法律，彷彿是根據一種與美國立法主旨相反的精神而草擬出來的；而這些習俗之違犯社會的一般格調，也不亞於此。假使那些英國殖民地當初是建立於一個黑暗時代，假使它們的起源已隨歲月流逝而湮沒，這個問題將會是無法解答的。

我想引個獨一的例證，來闡明我的意思。美國人的民法和刑法訴訟程序，只有兩個處置辦法：收監或保釋。行政官所採取的第一個行動，是要向被告索取保金，或在他拒絕的情形下，將之下獄；然後再去討論

控告他的根據，以及罪狀的嚴重性。

　　顯然，這樣一種立法是敵視窮人，而僅僅有利於富人的。窮人並非經常有保金可交，即使在民事案件中也是如此；假如他不得不在獄中等候公道，他很快就會遭殃了。相反，一個富人在民法案中卻總是逃脫監禁；不，更甚於此的是，如果他犯了罪，他很有可能立即違反保釋而躲掉懲罰。所以，對他說來，法律的一切刑罰，都縮減成了罰款。再沒有別的東西比這種立法制度更能趨於貴族化了。然而，在美國，制定法律的卻是窮人，而他們通常又總是把社會的最大利益留歸自己。對這個現象的解釋，只能在英國找到；我所談的這些法律是英國的法律，儘管它們不合美國人立法的一般主旨和大部分理想，美國人卻把它們保留了下來。

　　一個國家最不易於改變的東西當中，次於習慣的，就要數民法。民法只為律師所熟知。律師的直接利益，是不論民法好壞都要使之維持原狀，因為他們自己精通這些法律。全國的大多數人，卻很少熟悉這些東西；他們僅僅在個別案件中看到這些法律的作用，很難看出其趨向，所以也就不假思索地對之服從。

　　我已引用過一個例證，本來還很容易從它引出許多別的例證。假如我可以這樣說的話，美國社會的畫景，有一層表皮掩蓋著民主。在這層表皮下面，舊的貴族色彩有時還會冒出來。

第三章

盎格魯－美國人的社會狀況

社會狀況一般說來是環境的產物，有時也是法律的產物，但更常見的卻是兩者的聯合產物；不過，社會狀況一經建立，它立刻又可以很公正地被認爲幾乎是規定國家行爲之法律、慣例和思想的一切來源：舉凡非它產生的東西，它都加以變更。

因此，如果我們想要熟知一國的立法和風俗，我們就必須從研究它的社會狀況著手。

盎格魯－美國人社會狀況的驚人特徵
乃是它本質上的民主

新英格蘭的首批移民——彼等的平等——南部所推行的一些貴族法律——獨立革命時期——繼承法中的改變——此項改變所產生的後果——在西部新成立的各州，民主推行到了極致——天資的平等

觀察盎格魯－美國人的社會狀況，可以自行得出許多重要看法；但有一種看法，卻比其餘一切看法居上。美國人的社會狀況，最主要的是帶民主性；這是各殖民地建立時的特性，今天表現得格外顯著。

在上一章中，我已述及定居在新英格蘭海岸的那些移民中間的莫大平等。就連貴族政治的幼芽，也從未移植到聯邦的那一部分去過。該處受過的唯一影響，只是知識影響；人們變得習於尊敬某些姓氏，把它們當作知識和德行的代表。有些公民，在他們的公民同胞中曾取得一種本來眞可稱之爲貴族的權力，倘使該權力可由父親傳給兒子的話。

這是哈得孫河以東的情形：在該河的西南，一直到佛羅里達，情形卻有不同。在哈得孫河西南的大部分州中，有一些英國大地主定居下來。他們曾隨身輸入了貴族政治的原則和英國的遺產法。我已說明爲何一向絕不可能在美國建立一個強大貴族社會的理由；這些理由在哈得孫

河西南面的力量卻比較少。在南部，一個人藉奴隸幫助，可以耕種大片田野；因此在該地看見有錢大地主乃是很平常的事。但他們的勢力卻不完全是貴族的，像該名詞在歐洲所理解的那樣，因為他們不具任何特權；而且他們的莊園既由奴隸進行耕作，他們便沒有依靠他們為生的佃戶，結果他們也就沒有保護人和任命人的權利。不過，哈得孫河以南的那些大地主，依然組成了一個優越的階級，具有它自己的種種理想和趣味，並構成了當地政治活動的中心。這類貴族同情人民的整體，很容易就接受了人民整體的感情和利益；但它太脆弱和短命了，所以不曾激起任何愛或恨。這個階級正是在南部領導過叛亂，並給美國獨立革命提供過最優秀領導人物的階級。

在這個時期，社會一直動搖到了中心。鬥爭是以人民名義發生的，而人民則抱定宗旨，要行使它已獲得的權威；它的種種民主牌性被激起了；它既已擺脫母國的羈絆，便一心要求取得每一種獨立。個人的影響力逐漸不再感到了，習俗和法律合成一體，產生出了同一結果。

但是，遺產法卻最後才走向平等。我覺得很詫異，古代和現代的法學家們，竟都不曾認為這種法律對人類事物具有更大的影響力。誠然，這些法律屬於民事範疇；但它們仍應被放在一切政治規章制度之首；因為它們對人的社會情形施展著一種令人不能相信的影響，而種種政治性的法律，只不過表現出此種情形已如何如何而已。而且，它們用一種確切無疑而又始終如一的方式對社會起作用，可以說，它們影響著尚未出生的世世代代。通過它們的媒介，人獲得了一種對同胞未來命運的不可思量的影響力。立法者一旦制定了遺產法，真是大可休息，勿再做事了。這個機器一經開動，將長久運轉下去，彷彿自行導向一般，朝著一個預定目標前進。在被人按照一個特定方式制定時，這個法律把財產和權力聯合起來，聚在一起，投放在少數人手中；可以說，它使貴族社會平地生了出來。假如按照一些相反原則去制定，它的作用還更加迅速；它把財產和權力兩者同時分裂、分配和分散開來。那些因無法阻止它的活動而絕望的人，吃驚於它進展的迅速，至少想要努力用重重困難和障礙去阻攔它。他們徒勞無益地企圖以種種相反的做法去抵消它的影響；但它卻把每一種障礙都擊成粉碎，直到我們除了看見一蓬象徵民主到來的游移而又無形的塵土以外，再也看不見任何東西為止。當遺產法容許，尤其是判決一個父親的財產由其所有子女均分時，它所產生的後果是

兩種：把這兩種後果彼此區別開來很重要，儘管它們都趨於同一結局。

　　作爲遺產法的一種後果，每個所有人的死亡，都會在財產上引起一場革命；不僅他的所有物要易手，而且他的所有物的性質，本身也要改變，因爲它們已被分成幾份，每分一次便越來越小了。這是遺產法的直接的、也可說是物質的影響。在法律規定遺產平分的國家，財產、特別是地產，有一種持久的縮減趨勢。然而，這種立法的影響，如果是不加約束、聽其自行的話，只有在過一段時間之後才能察覺；因爲，假定那個家庭是由兩個小孩構成（在像法國這樣人口的國家，子女平均不超過三個），這些孩子彼此分享雙親的財產，不會變得比他們的父母更窮。

　　可是規定遺產平分的法律，不僅對財產本身施展影響，而且也影響到後裔的思想，使他們的感情發生作用。這些間接影響，強有力地傾向於摧毀大的財富，尤其是大的領地。

　　在繼承法以長子繼承權爲基礎的國家中，地產常常世代相傳而未經分割；這種情形的後果是，家族情感在某種程度上與產業合爲一體。家族代表產業，產業代表家族，家族的姓氏、起源、榮耀、權力和德行，就這樣在一片對過去的不可磨滅的記憶中成爲不朽，並被當成了對未來的確切保證。

　　當財產的平分爲法律所確立時，家族感情與祖產維護之間的密切關係，就被摧毀了；財產不再代表家族；因爲，財產在一兩代後既然不可避免地必須分散，它便明明有一種不斷縮減的趨勢，最後一定會完全分化乾淨。大地主的兒子們，如果數目很少，或者爲幸運所照顧，倒眞可以希望跟他們父親一般富有，可是卻不能希望保有他們父親所有的同一財產；他們的財富，必須由他們父親財物以外的成分組成。所以，只要你剝除地主從社交、傳統、家族榮譽得來的維護他地產的那種利害關係，你便馬上可以確信，他遲早會將地產脫手；金錢利益極力贊成出售，因爲流動資本比固定資本產生更高利潤，而且更加易於滿足現刻的慾望。

　　大地產一旦分化，便永遠不會重新聚攏；因爲按比例說，小地主從他的土地上比大地主從大地主的土地上，獲得的收益要更好；當然，他也用更高的速率出售土地。因此，引導富人出售大地產的經濟學理由，尤其會阻止他爲了湊成一塊大地產而去買進小地產。

　　所謂家族榮譽，常建立在一種利己的幻想上。可以說，一個人希望在子子孫孫心目中永垂不朽，凡在家族榮譽不再生效之處，個人的自私

心就起作用了。當家族觀念變得模糊、含混和不確定時，一個人就想到了他目前的便利；他提供直接的下一代人的產業，再下面的他就不管了。一個人要就必須放棄使家族不朽的想法，否則他無論如何只能用地產以外的辦法去完成它。

所以，遺產分配的法律，不僅使家族在完全維護祖先的領地上有困難，而且剝奪了它們企圖這樣做的意願，多多少少強迫著它們與消滅自己的法律合作。平分遺產的法律，靠兩種方法執行：藉對事物的處理而對人起作用：藉對人的感染而影響事物。這種法律用這兩個手段，終於順利地從根本上打擊地產，把宗族和財產兩者同時迅速趕走了。

我們19世紀的法國人，天天都目擊瓜分財產的法律所引起的政治和社會變化，要我們去懷疑它的影響力絕不可能。它在我國的影響，始終都是彰明較著的。它推倒了我們住所的牆垣，移開了我們田野的界碑。可是雖然它在法國已造成巨大影響，在法國卻有許多工作仍然留待它去做。我們的回憶、見解和習慣，對這種法律的進展提出了一些強大的阻礙。

這種法律在美國則已接近完成它的毀滅工作，我們在該處也最能研究它的成果。在獨立革命時期，關於財產遺傳的那些英國法律，差不多已在美國各州廢除。限定繼承人的法律被修改得那樣厲害，實際上已不能干擾財產的自由流通。第一代人逝去了，產業開始被一塊塊地分開來，隨著時間的進展，變化發生得越來越快。現在，才過了60年多一點的時間，社會面貌已全部改觀；大地產家族幾乎已完全與一般大眾混在一起。紐約州先前有許多這種大地產家族，現今則只有兩個還獨反潮流；而他們不久也定會消失。這些富裕公民的兒子們，都已成為商人、律師或醫生。他們多半已經默默無聞。世襲等級和差別的最後痕跡已被銷毀；財產分配的法律已把所有的人降到了一個水平。

我的意思並非說，富人在美國有何缺乏；真的，我不知道有一個國家的人，比美國人更愛錢如命，卻又比美國人更從心裡瞧不起財產永遠平等的理論。可是，財富卻以不能想像的速度流通著，而經驗則表明很少有兩個相連的世代都充分享有它。

這幅圖景也許可能被人認為言過其實，但對於那些正在西部和西南部發生的情形卻仍然只提供了一個極不完備的概念。上一世紀末，有幾個大膽的冒險家進入了密士失必河流域，廣大人群很快就朝那個方向移動：一些截至當時從未聽說過的社區，突然出現在荒野。幾年前還沒有名稱的州，在美國聯邦中也要求取得它們的地位了；而在西部那些聚居

地，我們更可以看到民主發揮得淋漓盡致。在這些隨便和可以說是偶然
建立起來的州內，居民不過是昨天才來的人。最相近的鄰居很少相識，
彼此都不知道對方的歷史。因此，在美洲大陸的這一地帶，居民不僅逃
脫了大家族與大財富的影響，甚至也躲掉了知識與德行的天然貴族的影
響。人們因追念一個人終身在他們眼前做了好事，而慨然贈予的那種可
敬的權力，在該地沒有人能使用。西部那些新成立的州已有人居住，但
社會卻還不存在。

　　在美國，人們不僅財富平等，甚至他們所分享的學識，在某種程度
上也是整齊劃一的。我不相信世界上再有一個人口相當的國家，其中沒
有知識的人竟如此之少，而有學問的人卻又那樣不多。初等教育，倒是
人人都可以受到；高等教育，卻很少有人能夠問津了。這並不出奇；事
實上，這正是我在上面所陳述的一切的必然結果。所有的美國人差不多
都處在小康之境，因此能獲得人類一些最起碼的知識。

　　美國只有少數人富有；所有美國人幾乎都不得不就一門職業。而每
門職業，都需要作一行手藝的學徒。美國人只在一生的早年去專心接受
普通教育。他們在十五歲時就進入自己的行業，所以他們的教育一般都
在我們教育開始之時就結束了。假使他們的教育繼續進行，超過了這一
點，那只是為了某種特殊和有利的打算；一個人之研究科學，恰如他之
做生意；而他僅僅抱定那些眼看能夠即刻收效的抱負。

　　在美國，大多數富人先前都很窮；那些現下享受閒適的人，年輕時
都埋頭生意；這種情形的結果是，當他們愛好讀書時，他們沒有時間；
而時間充裕時，他們卻已不再有讀書興趣了。

　　這樣看來，美國沒有一個階級對知識樂趣的愛好是隨世襲財富和悠
閒而代代相傳的，沒有一個階級，在其中智力勞動是受人尊敬的。因
此，一般人都同樣缺少實現這些目標的願望和力量。

　　一個中庸的求知標準，已在美國定下，所有的人都盡力去接近它；
有的是在發達之時，有的卻在落魄之際。當然，可以找到許許多多人，
他們對宗教、歷史、科學、政治經濟學、立法和行政抱著一樣多的想
法。天資直接來自上帝，人無法防止它分配不均。不過，儘管人像創世
主所想要他們的那樣，彼此才力不同，我剛才所說得一切至少造成一種
結果：美國人所能找到的應用才力的手段卻是平等的。

　　在美國，貴族社會的因素，自始一向薄弱；如果說今天它實際尚未
被摧毀，無論如何它已變得一無所能，我們簡直不能說它對事態的進程

還有任何影響。

相反，民主原則卻已隨時間、隨事件、隨立法而獲得了如此大的力量，變得不僅居於支配地位，而且力大無窮。看不出有任何家族或法團的權威存在；甚至連任何持久的個人影響力常常都找不到。

這樣，美國就在她的社會狀況中顯示出一種非凡現象。人們在該地比在世界任何其他國家或歷史上任何想得起的時代，都對財富和智力享有更大的平等，或者換言之，都在力量上更加平等。

盎格魯－美國人社會狀況的政治影響

像這樣的一種社會狀況，其政治影響是容易推斷的。

不能相信平等不會像在其他一切地方所行的那樣終於設法進入政界。要想像人們會在一點上永遠保持不平等，而在所有其他點上皆已平等，這也是不可能的；他們最後必會在所有各點上取得平等。

現在，我只知道兩種在政界建立平等的方法；權利必須給予每一個人，否則就根本不給予任何人。因此，對社會生活已達到盎格魯－美國人同一階段的民族來說，要在民權至上與個人專權之間尋求一個中庸之道，是十分困難的事：要否認我一直在描述的社會狀況之易於陷入其中一種後果，一如易於陷入其中另一種後果，將也是徒勞無益的。

事實上，有一種要求平等的豪勇而合法的激情，鼓舞人們希望大家都有權和體面。這種激情傾向於把低下之人提到偉大之人的等級；可是人心中也存在著一種敗壞了的對平等的愛好，驅使無力之人企圖去把有力之人拉到自己的水平，使人寧願在奴役中處於平等，而不願在自由中不平等。這並非說社會狀況是民主的那些民族天生都鄙視自由；相反，它們對自由還有一種本能的愛好。但是，自由不是它們慾望所主要和經常要求之物；平等才是它們的偶像；它們作一些迅速而又突然的努力去取得自由，倘使達不到目標，便心灰意冷，失望下來；但除了平等，什麼也不能使他們滿足，它們寧死也不願失去平等。

從另一方面說，在一個所有公民實際上全都平等的國家，要他們維護獨立、反抗對權力的侵犯，那對他們便會變得困難了。他們當中，沒有一個人強大到足以有效地單獨從事鬥爭。除了聯合一致，什麼也不能保全他們的自由。不過，這樣一種結合，卻並非經常都是可能的。

這樣，從同一社會地位，各民族可能得出兩個偉大政治結局中的這

個或那個結局；這兩個結局彼此極端不同，卻同出一源。

　　盎格魯－美國人，是被暴露在這個可怕抉擇面前而十分幸運地逃避了專制統治的第一個民族。他們依靠他們的環境、起源、智慧，尤其是他們的道德，建立和維持了至上的民權。

第四章
美國的民權主義

民權主義主宰整個美國社會——美國人即使在獨立革命前，即已應用這一主義——獨立革命給予這一主義的發展——選舉資格之逐漸和不可抗拒的擴大

每逢討論美利堅合眾國的政治法律時，我們必須從民權學說開始。

在幾乎所有人類制度的底層，一向多少都能找到的民權主義，一般都隱蔽起來，為人所看不見的。它被人遵從卻不為人承認，如果有人在片刻之間把它揭示出來，它必又馬上匆匆地被人重新投入幽暗的聖堂。

「民族意志」是被每個時代的詭計多端和專制暴虐的人濫用得最多的字眼之一。有些人曾在收買來的幾個附從的選舉中看到過這種講法；另一些人則在一個膽怯或為私心所支使少數當選票中看到它；還有一些人甚至在民眾的沈默中也發現它，以為服從的事實便建立了統治的權利。

民權主義在美國不像在某些其他國家那樣，既非赤裸裸地可以看見，也非遮遮掩掩地被人藏了起來；它為習慣所承認，並為法律所公告；它自由傳佈，而且毫無障礙地就達到了一些最遠效果。如果世界上有一個能在其中對民權主義作公平的鑑賞，根據民權主義應用到社會事務的情形而對之進行研究，並在其中對民權主義的危險和好處作一判斷的國家，那個國家無疑正是美國。

我已指出，從各英國殖民地在美洲建立之日起，民權便是大多數那些殖民地的基本原則。不過，當時民權主義對社會政府所施展的影響，卻遠不及今天之大。有兩個障礙，一個是外在的，一個是內在的，阻止了它的勢如破竹的進展。

殖民地的教育仍被迫必須服從母國，民權主義無法在這些法律中公然露臉；因此，它不得不在各省的立法會議，尤其是各鎮區中祕密統治。

美國社會當時尚未準備好去接受民權主義及其全部後果。新英格蘭的才智和直到哈得孫河以南的鄉間財富（像我在上一章所指出的），曾

長期發生過一種貴族影響，這種影響趨向於使社會權力的行使操縱在少數人手中。公共官吏並非全部由大眾選出，而所有公民也並非都是選舉人。選舉權到處都多少受到限制，必須具有一定資格才行，而這種資格在北部要求很低，在南部卻高出甚多。

美國獨立革命爆發了，民權主義從那些鄉鎮出來佔領了各州，每個階級都贊助民權主義的主張；爲它進行了種種戰役，取得了種種勝利；民權主義變成了法律的法律。

一種變化幾乎同樣迅速地在社會內部發生。遺產法在這裡完成了消除地方勢力的大業。

一旦這種法律和獨立革命的效果使人人都能看清，民主事業立即一勞永逸地宣告了勝利。事實上，一切權力都已集中到它之手，反抗已不再可能。較爲上層的階級，毫無怨言、毫不掙扎地就屈從於一個此後無法躲避的禍害。通常喪權失勢的命運在等待它們；它們階級內的每一成員都依自己的利益而行；既然想從原先不曾討厭到要與之拚命的人手中奪回權力已不可能，它們唯一的目的便只好是不惜任何代價去討好它。結果，最民主的一些法律，正是由利益受這些法律傷害的人投票通過的；這樣，那些較高的階級，雖不曾煽起民眾的激情去反對自己，卻自動加速了事態的勝利；所以，單憑這樣一個變化，我們便發現民主衝動最不可抗拒的州，反而是原先貴族掌握得最牢的那些州。馬里蘭州本來是地位高的人建立的，卻第一個宣告普選，並在整個政府中採納了一些最民主的結構。

當一個國家開始修改它的選舉資格時，很容易就可以預見，那種資格限制早晚都會全部廢除的。在社會歷史上，再沒有比這更加一成不變的規律了：選舉權擴展得越遠，進一步再加以擴展的需要也就越大；因爲民主的力量隨每次讓步增加，而民主的要求卻又隨它的力量而增加。那些不合格的人雄心被激動的程度，正好與合格人數之多寡成正比。最後，例外反倒成了一般，讓步接連讓步，不到選舉權普及再也不能停頓。

今天，民權主義在美國已取得人能想像的一切實際發展。它並沒有受到其他國家投到它身上來的那些流言蜚語的妨礙，而且還按照情況危急的程度以一切可能形式出現。有時，像在雅典一樣，它的法律由人民作爲一個整體去制定；有時，它又由普選選出的代表，以它的名義在它直接的監督下處理事務。

在一些國家中，有一種對社會本體雖然無關，卻指導它、迫著它遵

循一條特定道路前進的法律存在。在另一些國家中，統治權卻分開來，一部分存在於人民行列之中，一部分存在於人民行列之外。可是這樣的情形，在美國卻一件都看不到；在該國，社會是爲自己而管理自己。所有權力都集中到社會懷抱，簡直沒有一個人膽敢跑到別處去尋找這種權力的想法，更毋庸說是敢於把此種想法講出來了。全國的人都以選舉立法者的辦法去參與立法，又以挑選行政人員的辦法去執行那些法律；留給政府的那份權力是如此脆弱和有限，行政當局簡直很少可能忘懷它們來自大眾，並從大眾得到它們的權力。全國的人差不多都可以說是在自己統治自己。人民在美國政界中之掌權，正如神之統治宇宙一樣。他們是一切事物的根源和目的，一切也全神貫注在他們身上。

第五章
考察整個聯邦狀況之前必先考察各州狀況

在本章中,我們將考察依據民權主義而在美國建立起來的政府的形式;它的行動手段是什麼,它的障礙、好處和危險又在何處。首先出現的困難,來自美國憲法的複雜性。該憲法由兩個不同的社會體系構成,兩者彼此相關,而且可以說一個包含在另一個之內;有兩個全然分開而且幾乎各自獨立的政府,一個履行普通職責,應付一個社區日常的無窮要求,另一個的權力,則局限在某些界限之內,只對與全國普遍利益有關之事行使一種障礙重重的方法。美國聯邦政府的形式,是最後才採取的;事實上,它只不過是對那些流行於在它之前即已存在的整個社區內,並不依它而存在的共和原則的一個總結而已。而且,正如我剛才所說的,聯邦政府乃額外之物;各州政府才是一般的東西。企圖在說明細節之前即將整幅圖書展示出來的作者,必會把事情說得混淆不清,並且重複連篇。

現在統治美國的那些偉大政治原則,無疑是在各個州中起源和成長起來。因此,為了獲得一條理解其餘問題的線索,我們必須先知道州。就制度的外觀而言,現今組成美國聯邦的各州,全都表現出同樣一些特徵。它們的政治或行政生活,以三個堪與指揮人體活動的神經中樞相比擬的活動焦點為中心。依秩序,第一是鄉鎮,其次是郡,最後則是州。

美國的鄉鎮制度

何以作者考察政治制度要從鄉鎮入手──鄉鎮存在於所有國家
──建立和維護地方自治的困難──其重要性──何以作者要
以新英格蘭之鄉鎮制度作其主要討論題目

我從鄉鎮開始來談這個題目,並非是無意的。鄉村或鄉鎮乃是唯一完全天然的人類結社,只要有若干聚集,彷彿就會自行組成。

於是,所有國家之中都有鄉村或十家區存在,不論其法律或習慣如何:造成君主國和建立共和政體的是人,可是鄉鎮卻好像直接來自上帝

之手。但鄉鎮之存在雖與人之存在同時，它的自由卻是一件不常見的脆弱之物。一個國家始終可以建立大政治議會，因為它通常有一定數量的人，如非習於便是適於指導公務。相反，鄉鎮卻由比較粗糙的材料構成，立法者要加以鑄造，並不那樣容易。隨著民眾知識的日增，建立鄉鎮自治的困難，與其說日漸縮小，不如說日漸增大了。一個文明程度很高的社區很難容忍地方自治，它厭惡地方自治的許多冒失做法，易於在實驗完成之前就對成功絕望。另外，經過重重困難才獲得的鄉鎮豁免權，在免受最高權力侵犯上，所受的保護是最少的。它們無法單槍匹馬地去與一個頂大而又富於進取心的政府抗衡，而且除卻它們與全國的習俗統一，並受輿論支持，它們也無法有效地進行自衛。因此，在鄉鎮自治與民眾風習融合為一以前，鄰鎮自治是易於被毀滅的；同時它也只有在法律上存在很久以後，才能這樣融合。都市自由並非人類努力的結果；它難得由別人創造，而可以說是在社會半野蠻狀態中自行悄悄產生的。法律、民族習慣和特殊環境的繼續不斷的作用，還有在這一切之上，時間的繼續不斷的作用，可能會使它鞏固；可是在歐洲大陸上的確沒有一個民族曾得到過它的好處。然而，都市制度卻構成了自由國家的力量。鄉鎮會議之於自由，恰如小學校之於科學；這些會議將自由帶到人們所能觸及的範圍，教人怎樣行使和享用它。一個國家可以建立一個自由政府，但是沒有都市制度，它便不可能有自由的精神。片刻的激情，暫時的利益，或是偶然的機會，可能會創造出自治的外表，但已被注入涉社會制度內部的專制傾向，遲早都會重新冒出表面來。

　　為了使讀者明白美國的郡和鄉鎮的政治機構據以建立的一般原則，我曾想到最好莫如挑選一個新英格蘭的州來作例證，詳細考察它的憲法結構，然後再去流覽全國的其餘部分。

　　鄉鎮和郡在聯邦每一部分，並非都是照同樣方式組織起來的；不過，也很容易看出，在整個聯邦中，幾乎相同的一些原則曾指導兩者的組成。我偏於相信，這些原則在新英格蘭曾比在別處推行得來更遠和得出更大的結果。因此，它們在該地聳立得更鮮明，而且給外方人提供了一些更便利的觀察條件。

　　新英格蘭的鄉鎮制度，構成一個完整而有秩序的整體；它們是古老的；它們得到法律的支持，還從社區得到更強大的支持，而它們對社區也施展著莫大的影響。由於這一切原因，它們值得我們特別注意。

鄉鎮的範圍

　　新英格蘭鄉鎮的地位，介乎法國的最小行政單位，村社與村之間，平均人口是兩千到三千。所以，一方面，它並未大到居民利益可能會起衝突的程度；另方面它又不太小，僅僅使有能力理事的人可以經常處於公民之中。

新英格蘭鄉鎮的權力

像其他地方一樣，人民乃鄉鎮內一切權力之根源--並無市議會——權柄大部分交在行政委員之手——行政委員如何辦事——鄉鎮會議——鄉鎮官員之名目——義務官職和有薪官職

　　像在各地一樣，人民在鄉鎮中是權力的源泉；但它在任何地方行使權力，都沒有在此處直接。人民在美國構成了一個主人，必須盡最大限度的可能去對之服從。

　　在新英格蘭，人民中的多數在處理州的一般事務時，是靠代表去行事的，不如此做不行。但是在鄉鎮內，政府的立法和行政活動離被治者較近，便沒有採用代議制。鄉鎮內沒有鎮公會；但選民團在選擇行政委員之後，卻在一切事情上指導他們，其簡單和普遍的程度，還要超過州法律的執行。

　　事態與我們的想法如此相反，又與我們的習慣不同，我必須提出一些例證來使之易於瞭解。

　　鄉鎮內的公務，像我們將會看到的那樣，極其繁雜，而且分得很細；可是大部分行政權，卻交託在幾個每年選任的、被稱爲「行政委員」的人手中。

　　州的通行法律給這些行政委員加了某些職務，他們可以不經本鎮人的許可而加以執行。但對這職守的疏忽，則只能他們自己負責。例如，州法律要求他們編製一份本鎮的選民單；假使他們不盡這項義務，他們就要犯罪。不過，在一切由鄉鎮會議表決的事項上，行政委員卻實施大眾的訓令，彷彿法國市長之執行市議會命令一樣。他們做事通常都要自行擔負責任，僅僅實行先前已爲大多數人認可的一些原則。可是，如果他們想要對現存事態作任何改變，或去從事任何一項新的事業，他們就必須請示他們的權力來源了。比方說，如果要設立一間學校，行政委員

便找一個確定時間在一個預定地點召開選民會議。他們說明需要之迫
切；讓大家知道滿足此項需要的辦法，大致所需的費用，以及看來最宜
於辦學的地點。會議在這幾點上徵見；它採納原則，定下地址，表決稅
款，而把執行決議的任務委託給行政委員。

　　唯有行政委員才有召集鄉鎮會議的權力；但別人也可以要他們這樣
做。如果有十個公民想提出一項新計畫邀本鎮同意，他們可以要求召開
一個鄉鎮會議；行政委員不得不答應，並只有權主持會議。這些政治形
式，這些社會習慣，在法國對我們無疑是有點陌生的。我在此並不想去
批判它們，或讓大家知道它們據以產生和維持的那些秘密因素。我只是
把它們描述出來而已。

　　行政委員是在每年三月或四月選任的。鄉鎮會議同時挑選許多其他
官吏，這些人被委以種種重要行政職責。財產估價官給鎮區估價；稅務
官收稅。一名警官被任命來維持治安，看守街道，執行法律；鎮文書則
記錄鄉鎮的投票、法令和補助。司庫掌管經費。貧民救濟委員執行實施
濟貧法的困難任務。一些委員被任命來照料學校和公共教育；而照管本
鎮或多或少道路的公路測量員，則是完成這個主要職務人選名單上的最
後一位官吏。但另外還有一些別的小官員；諸如查核公共禮拜費用的教
區委員會；指導公民在發生火災時如何救火的消防監督官；徵收什一稅
的稅官，監督殺豬的官吏，籬笆檢查員，量木員和度量衡器的檢查員。

　　在鎮區內，一共有十九個主要官員。每個居民都必須承擔這些不同
的職責，違者罰款。不過這些職責多半都是付酬的，以便較窮的公民能
付出時間而無所損失。一般來說，每件公務都有付酬價格，而官員則依
他們所完成的工作，按比例付酬。

鄉鎮的生活

人人都是本身利益最好的裁判者——民權主義之必然結果——
此等學說在美國鄉鎮中之應用——新英格蘭鄉鎮在與其本身單
獨有關一切事項上皆是主權至上的，在所有其他事務上則從屬
於州——鄉鎮對州的義務——在法國，政府借人員給村社使用
——在美，恰好相反

　　我已談到民權主義主宰著盎格魯-薩克遜人的整個政府制度。本書每
一頁，都會使用同一理論得到新的應用。在承認民權至上的國家中，每

個人都有一份同等大的權力，平等地參與國家管理。那麼，他何以要服從社會，而此種服從的自然界限又何在呢？每個人總是被假定與他的公民同胞一樣見聞廣博，一樣講究德行，一樣強壯有力。他之服從社會，並非因他比管理社會的那些人低劣，也不是因他在管理自己上不如任何他人能幹，而是因他承認與同胞聯合在一起之有用，因他知道沒有制約力量，任何這種聯合都不能存在。在一切與公民彼此義務有關的事務上，他是一個庶民；可是在一切與他本人有關的事務上，他卻是自由的，僅僅對上帝負責。由此就產生了一個原理，人人都是自己私人利益最好和獨一的裁判者，社會無權干涉一個人的行動，除非他的行動不利於公共福利，或者除非公共福利要求他的幫助。這個學說，在美國是普遍被人承認的。往後我將考察它對生活中普遍活動所施展的影響，而現在我只談它對鄉鎮的影響。

鄉鎮整個說來，在與中央政府的關係上，只是一個個別的人。我剛才敘述過的原理，對之也像對任何人一樣可資應用。因此，鄉鎮的自治在美國，正是民權主義的自然結果。美國各州，都或多或少承認它，但環境特別厚待它，使它適於在新英格蘭生長。

在聯邦的這一部分，政治生活始於鄉鎮；而且每個鄉鎮開始可以說形成了一個獨立國。後來，當英國的國王維護他們的至上權力時，他們也只是滿足掌握州的中心權力。他們讓鄉鎮保持原狀！雖然它們現在從屬於州，它們最初卻非如此，或很難如此。它們並不曾從中央當局取得它們的權力，相反，它們還把自己的一部分獨立給予了州。這是一個重要的區別，讀者必須經常憶及才行。鄉鎮一般只在我稱之為社會性的利益上從屬於州，因為這些利益乃所有其他鄉鎮所共同。它們在所有僅僅與本身有關的事務上，都是獨立的；而且我相信，在新英格蘭居民中找不到一個人會承認州有任何干預他們本鎮事務的權利。新英格蘭的各個鎮，買賣東西，控告別人和被人控告，增減預算，從沒有一個州當局曾想對之作何反對。

不過，有某些社會義務，它們卻非盡不可。假如州需要錢用，鄉鎮不能拒不供給；假如州計畫築一條路，鄉鎮不能不讓路從其境內通過；假如州訂立一套治安條例，鎮必須加以實行；假如制定了一套統一的公共教育制度，每個鎮都非設立法律規定的學校不可。當我談及美國的法治時，我將指出在這些不同情況下，如何以及用何手段逼使鄉鎮服從；在此，我僅僅表明義務之存在。此種義務雖很嚴格，州政府只在原則上

加以要求，實行時鄉鎮卻恢復了它所有的獨立的權利。所以，賦稅是由州議決，但稅款卻由鄉鎮徵收；設立學校乃是義務性的，但修建學校、花錢辦學和監督學校的，卻是鄉鎮。在法國，是州的稅務官去收地方稅款；在美國，卻是鎮的稅務官去收州的賦稅。所以，法國政府把人員借與村社，而美國鄉鎮卻把人員借與政府。單是這個事實，就足以表明兩國間的區別如何之大了。

新英格蘭鄉鎮的精神

新英格蘭鄉鎮如何受居民的鍾愛——在歐洲創造地方公共心之困難——對地方公共心有利的美國鄉鎮的權利和義務——美國地方感情的由來——鄉鎮精神如何在新英格蘭自行表現——此種鄉鎮精神之可喜結果

在美國，市鎮體不僅存在，而且因鄉鎮精神而活著，受到鄉鎮精神的支持。新英格蘭的鄉鎮具有兩種大爲激發人類利益的好處：那就是獨立與權柄。不錯，它的活動範圍有限；但在這範圍內它的活動卻是無拘無束的。單是這種獨立，就給了它一種它的範圍和人口所不能確保的眞正重要性。

應當記得，人的感情一般都趨於抓權。在一個被征服的國家裡，愛國心不會持久。新英格蘭人之依戀其鄉鎮，主要並不是因爲他生在鄉鎮裡面，而是因爲鄉鎮乃一自由強大的社區，他是其中的一份子，該鄉鎮值得費心去管理。在歐洲，地方公共心之欠缺，對那些當權者來說，是一件經常值得惋惜的事情；人人都同意，除卻地方公共心，安寧和秩序沒有更確切的保證，然而也再沒有比地方公共心更難創造的東西了。要使市鎮獨立和有力吧，又怕它們變得太強，使國家流於無政府狀態。不過，一個沒有權力和獨立的鄉鎮，可能包藏好的順民，卻不可能有積極的公民。另一個重要事實是，新英格蘭鄉鎮的構成，恰恰足以激發人類最溫和的感情，而又不去煽起人的野心。郡的官員不是選舉出來的，他們的權柄非常有限。甚至州也不過是個二等社區而已，它無聲無色的行政提不出足夠的誘導力，去把人們從本身利益所在的家園吸引到紛亂的公務中來。聯邦政府授與管理它的人以權力和榮譽，但這些個人的人數絕不可能很多。總統的高位，要先經歷過一段生活才能達到；其他聯邦高級職守，一般也都要運氣好或在某些其他行業中已出名的人才能擔

任。這樣的職位不能成為野心的人一貫追求的目標。可是鄉鎮處於普通
生活關係的中心，卻給想得公眾敬仰之心，汲汲求利的打算，以及掌權
和出風頭的愛好，提供了活動的園地。而那些通常使社會困擾的感情，
在如此靠近本土本鄉和家庭圈子的地方找到了出氣孔，也改變了它們本
身的性質。

在美國鄉鎮中，權力被用值得佩服的技巧分散開來，以便盡可能使
最多的人對公共福利發生興趣。選民時常都要應召行動。不過權力在選
民之外，卻由數不清的職員和官吏分掌，這些人在幾方面代表強有力的
社區，並以社區名義行動。地方當局就這樣為許許多多個人提供了一種
確實可靠的利益和關懷源泉。

將地方權柄分給如此多的公民的美國制度，並未發生顧慮，要去加
大鎮官員們的職守。因為愛國心在美國，據信是一種因遵守禮拜而加強
了的信念，其實也確係如此。這樣，鄉鎮活動便經常都觸目可見；它每
天都在一件義務的履行或一項權利的行使中表現出來。於是，一種雖則
柔和但很經常的活動，便在社會中繼續進行了。這種活動使社會生氣勃
勃，但又不擾亂社會。美國人依附他的小小社區的理由，正與山民據守
小山的理由相同。因為他的國家的典型特徵，在鄉鎮中表現得格外突
出；它具有一副更為突出的外貌。

一般說來，新英格蘭鄉鎮所過的生活，是一種幸福生活。他們的政
治適合他們的趣味，而且又是由他們自己選擇的。在流行於美國的深沉
和平與普遍舒適中，地方騷亂並不常見。在地方上很容易做生意。人民
的政治教育早已完成；簡直可說在他們最初落腳於這塊土地上時即已完
成。在新英格蘭，沒有等級區別的傳統存在；社區裡沒有任何一部分人
想去壓迫其餘的人；而在一般的普遍滿足中，那些可能傷害孤零零的個
人的過失，也被人忘懷了。假使政府有錯（要指出政府的錯，無疑很容
易），這些錯也不引人注意，因為政府實際來自它所治理的人，不論它
做得是壞是好，這事實總給它的過失投射了一種親骨肉般的護符，而
且，他們沒有可以用來與它相比之物，英國先前統治殖民大眾；但人民
在鄉鎮裡一向卻至高無上。人民的統治，在該處不僅古老，而且自始就
已存在。新英格蘭本地人依戀他的鄉鎮，因為他的鄉鎮獨立而又自由：
他對鄉鎮事務的參與，保證了他鄉鎮利益的休戚相關！鄉鎮提供給他幸
福，所以也就取得了他的感情；而鄉鎮的福利，則是他野心和未來努力
的目標。當地發生的每一件事，都有他的份；他在力所能及的小範圍

內，練習行政藝術；他使自己習於一些政治結構，沒有這些政治結構，自由便只能靠革命去提倡；他吸取了這些政治結構的精神；他對秩序取得了愛好；他懂得怎麼維持均勢；從他的義務性質和權利的範圍，他獲得了明白而又實際的概念。

新英格蘭的郡

新英格蘭之分郡，與法國之分郡區，有很多相似處。兩者的範圍都是任意劃定的，其所包括的各區，彼此間既無必要關係，也無共同傳統或天然同情，更無彼此相通的生活；它們的目的，僅僅是為便利行政。

鄉鎮範圍太小，無法容納一套司法制度；因此，郡就成了司法活動的第一中心。每郡都有一間法院，一個執法警長，還有一座關犯人的監獄。有某些需要，是郡內所有鄉鎮同樣感到的；因此它們自然會因為有一個中央的掌權當局而滿意。在麻薩諸塞州，這個權柄操在幾個行政官之手，他們是由州長根據咨議會建議而任命的。郡的行政委員只有一種有限的額外權柄，僅僅能在某些預定情況中加以使用。州和鄉鎮握有普通事務以及公共事務所需的一切權力。郡的行政委員只能草擬預算；而預算則由立法機關通過，並沒有直接或間接代表全郡的議會。因此，嚴格來說，郡內並沒有政治生活。

在大多數美國制度中，都可以看出一種雙重趨勢，迫使立法者一方面集中立法權，一方面分散行政權。新英格蘭的鄉鎮，本身有一種不能破壞的生活原則；但這種特殊的生活只能假想地傳入郡內，因為郡內對它的需要還不曾為人感到。所有鄉鎮聯合在一起，只有一個代表，那就是州，一切國民權力的中心，在鄉鎮和州的活動之外，可以說除了個人活動就沒有別的活動了。

新英格蘭政府的行政

在美國感覺不到行政——何故？歐洲人認為自由靠禠奪社會某些權威而增進；美國人則用分散社會權力之使用的辦法去增進自由——幾乎所有行政工作都局限於鄉鎮，並由鄉鎮官員分掌——無論在鄉鎮之中或鄉鎮之上，均查不出有特殊行政體系的痕跡——情形何以如此——何以州的行政偏又整齊劃一——誰授權迫使鄉鎮和全國服從法律——司法權之導入政府——選舉

原則擴展用於一切官職之後果──新英格蘭的治安推事──由
誰任命──郡長：確保鄉鎮行政工作之推行──高等民事法庭
──其判案方式──誰提案件到這個法庭前來審理──調查與
起訴權力，像其他行政職責一樣分派──罰款之分配，鼓勵告密

對一個在美國旅遊的歐洲人來說，再沒有比見不到我們稱之為政府
和行政這件事更令人吃驚的了。成文法在美國是存在的，人們看見它們
每天都被人執行；不過，儘管一切都按部就班地推行，卻無論在何處都
發現不到推動者。操縱社會機器的那隻手是穩而不見的。可是，正如所
有的人為了表達思想，都必須依靠某些文法結構一樣，一切社區為了求
得生存，也不得不屈從於一定量的權威。沒有這種權威，它們便會陷於
無政府狀態。這個權威可能用幾種方式散佈開來，但它必定始終存在於
某處。

在一國之內，有兩種縮小權威力量的方法。第一是不許或防止社會
在某些情況下自衛，藉以從本質上削弱最高權力。照這種方式去削弱權
威，是歐洲建立自由的方法。

第二種縮小權威影響的方式，則不在於剝奪社會的一些權利，也不
在於使社會的努力癱瘓，而在於使它的權力分散在一些人手中行使，在
於曾多職守，給每種職守在履行職責時所必需的一定的力量。也許有些
國家，在實行這種社會權力的分散時，可能會流於無政府狀態，但這種
做法的本身卻不是無政府的。真的，權威像這樣分散開來以後，不再為
人無法抗拒，而且也較少危險，但權威並不曾被摧毀。

美國的獨立革命，是由一種對自由的成熟和經過深思的喜愛，而不
是由一種模糊或莫名其妙的對獨立的渴望而促成的。它與無政府的騷亂
激情毫無關聯之處，相反，它的途徑卻以愛好秩序和法治為特色。

在美國，從來沒有人假想過一個自由國家的公民有權為所欲為；相
反，在該處加於他的社會義務還要比任何其他地方為多。從沒有人立意
要去攻擊社會的原則或褫奪社會的權利；但社會權威的行使卻是分散
的，為的是使政府的機關有力，官吏微賤，為的是使社區同時既有規則
又有自由。在世界上，沒有一個國家的法律，像美國法律那樣鐵面無
私；也沒有一個國家運用法律的權力，像美國那樣操在如此多人之手。
美國的行政權在它的結構上，既未表現出任何中央集權色彩，也未表現
出任何層層節制的體系；它行使時所以不為人察覺，其原因就在此。力

量存在，但力量的代表無論在何處都看不見。

我已提到，新英格蘭的獨立鄉鎮是在監護人之監護下自行照料本身利益的；城市行政委員若非執行州法律的人，便是監督法律執行的人。在一般法律之外，州有時也通過一些普通治安條例；但更通常的情形是，鄉鎮和鄉鎮上的官員與治安推事一道，按照不同地方的需要，規定社會生活的一些次要細節，並頒佈一些有關社區衛生以及公民安寧和道德之類的命令。最後，這些鎮行政委員不必受任何外來的推動，就自行處理那些常在社會中發生的不能預見的緊急事項。

從我敘及的這些情形，在麻薩諸塞州中，結果行政權就幾乎全部限制在鄉鎮之內，又在鄉鎮內分散到一大群人之手。在法國村莊中，嚴格說，只有一種官職——就是村守；在新英格蘭，我們卻看見有十九種官職。一般來說，這十九種官職，彼此並非互相依賴的。法律為這些行政委員中的每一個人，仔細劃定了活動圈子；在該圈子內，他們都有全權不受任何其他當局的干擾而盡他們的職守。假使我們再往鄉鎮之上看，我們簡直看不到一絲行政系統的痕跡。有時郡裡的官員偶爾改變一項鄉鎮或鄉鎮行政委員的決定，可是一般說來，郡當局除了在與郡有關的事項上，卻無權干預鄉鎮政府。

鄉鎮行政委員以及郡的行政委員，在少數預定事項上，必須把他們的行動報告中央政府。但中央政府並不是由一個代理人作為代表，去發佈警章和種種執法的命令，或與鄉鎮和郡的官員保持經常聯繫，或去監察他們的行為、指導他們的活動或譴責他們的錯誤。沒有一個固定的點作為行政半徑的軸心。

這樣，政府怎能指揮一個統一計畫呢？而且，又如何去迫使郡和郡的行政委員，以及鄉鎮和鄉鎮的官員服從呢？在新英格蘭各州，立法當局比在法國處理更多的問題；立法者透了行政核心；法律管到事情的細枝末節；同一法案既規定法律原則也規定應用方法，從而給州的下屬機構和官吏強加上一大堆嚴格和細密規定的義務。這樣做的結果是，如果政府屬下所有的官吏遵從法律，社會的各枝幹便會步調一致地進行工作。依然留下的問題是，如何強迫下屬機構和行政官吏遵從法律。可以斷言，社會一般只有兩種強迫執行法律的方法：要就是把決斷權力賦予這些官吏中的一個，使他指揮其他一切官吏，並在他們不服從時加以撤換；再不然，則可要求法院對違法者施以懲罰。但是這兩種方法，卻不是可以採用的。

督導一個民政官的權力，必須先以下列權力爲條件：即在其不服從命令時能將其撤職，在其按規定盡責時能予提升以資鼓勵。但是，一個民選行政委員卻不能加以撤職或提升。所有選舉出來的官職，在其任期終結前，都是不能撤換的。事實上，民選行政委員除了從他的選民，別無可期或害怕之處；而當一切公職都由投票決定時，也決不可能有連串的官銜，因爲發號施令和迫使他人服從的雙重權力決不可能授與一個人，同時也因爲頒發命令的權力決不可能與懲罰和獎勵的權力合在一起。

因此，下級官吏均由人民選舉的政府，不可避免地要迫使大量利用司法懲戒來作爲行政手段。這種情形，乍看上去並不明顯；因爲那些當權的人總容易把選舉官吏的制定看作一種讓步，同時又把選出來的行政委員對人世上法官的服從看作另一種讓步。他們同等嫌惡這些新的辦法；由於他們被迫去答應前一種辦法比被迫去答應後一種辦法緊急，他們便同意民選行政委員，而讓他獨立，不受司法權的轄制。然而這兩項辦法中的第二項，是唯一有可能與第一項辦法相抗衡的東西；而且人們終將發現，不受司法權管轄的民選政府，遲早不是會逃避控制，便是會被毀滅。法院是中央權力與行政體之間的唯一可能有的媒介；唯有它們能迫使民選官吏服從而又不侵犯選民的權利。因此，司法權在政界的擴展，應當與選舉權的擴張恰成正比；假如這兩個制度不攜手前進，國家便一定會陷入無政府和奴役狀態。

一向總有人說，司法習慣並不特別使人適於行使行政權。美國人從他們的父輩英國人的手中借來了一種歐洲大陸所不知的制度概念：我指的是關於治安推事的想法。

治安推事是一個名詞，其意義介乎行政委員和上流社會人士之間，介乎文官和法官之間。治安推事是個見聞廣博的人，雖則他不一定讀過法律。他的職守僅僅要他執行治安條例，在這個工作中，良知和誠實較諸法律科學更爲有用。治安推事在參與行政時，把一種對於繁文縟節和公開宣傳的愛好帶入了政府，這種情形使他成爲專制政治最無用的工具；而在另一方面，他卻又不是那些法律迷信的奴隸。這些法律迷信，使法官推事不適於擔任政府成員。美國人採取了英國的治安推事制度，同時卻革除了使這個制度在母國出名的那種貴族性質。麻薩諸塞的州長，在每個郡中都任命了一定數目的治安推事，其任期達 7 年之久。他又進一步從整批治安推事中指定三個人，在每個郡中組成所謂高等民事法庭。這些治安推事在公共行政中有份；他們有時與民選官吏一道，被

委以一些行政職能；他們有時又組成一個法庭，審理行政委員對一個桀敖不馴的公民的即席控告，或者傾聽公民對某個行政委員濫施權力的投訴。但是他們之執行他們最重要的職能，卻是在高等民事法庭裡面。這個法庭每年在郡內開庭兩次；在麻薩諸塞州，它有權迫使大多數公共官吏服從。必須指出，在麻薩諸塞州，高等民事法庭同時完全可被稱爲一個行政體和一個政治公斷所。前面已經提到，郡純然是個行政單位。高等民事法庭主理少數與幾個鄉鎮有關或與所有鄉鎮共同有關而又不能交託給其中任何一個鄉鎮單獨處理的事務。在與郡有關的一切事務上，高等民事法庭的工作都純然是行政性的；如果在處理過程中，它偶爾採用一些司法程式，那只是爲了便於自己查考，或作爲它所審理的那些人的一種擔保。可是，在鄉鎮政府出席它的法庭時，高等民事法庭就作一個司法機構來判案，而只在某些少數情形下才作爲行政機構活動了。

　　第一項困難，是使鄉鎮本身，一個幾乎獨立的權力，服從州的一般法律。我已述及，估稅官是每年由鄉鎮會議提名來徵收賦稅的。假使鄉鎮企圖以不提名估稅官的辦法去逃避納稅，高等民事法庭便會罰它巨款。罰款是向每個居民徵收；郡警長乃是執法官員，由其執行判決命令。所以，在美國，政府當局急於想不讓人看見，便把自己躲在司法形式後面；而它的影響力，同時則由於人們歸於法律形式的那種不可抗拒的力量，而得到了加強。

　　這些辦事程序都是易於追索和理解的。一般來說，對一個鄉鎮的要求，都是明白和精密地規定好了的；這些要求表現爲一件簡單事實，或一項未經引用到細節的原則。但是，困難並非開始在鄉鎮的服從，而開始在應強加於鄉鎮官吏的服從上。一個公共官吏可能觸犯的應予申斥的行爲，可以歸結爲下列幾端：

　　他執法可能不賣力，不熱心；

　　他可能疏忽法律的要求；

　　他可能做法律禁止之事。

　　只有最後兩種失職行爲才上法庭；法律訴訟的不可缺少的基礎，是一件確實可知的事實。所以，行政委員在鄉鎮選舉中忽略了法律手續，便可能被罰款。但是在官吏執行職責不熟練。或遵守法律條文不賣力和不熱心時，司法干涉卻對他沒有辦法。高等民事法庭，即使賦予行政權，在這種情形下也不能獲得更令人滿意的服從。害怕被免職是對這種類似犯法行爲的唯一制止物；高等民事法庭並不產生鄉鎮當局；它不能

撤換非它所任命的官吏。而且，要給失職或不起勁的官吏定罪，必須不斷加以監督才行。注意，高等民事法庭一年才不過開庭兩次，又只審理引它注意的犯罪行為。高等民事法庭不能在公共官吏身上取得那種積極和開明的服從，而要取得那種服從，唯一保證則在於斷然將其撤職。在法國，這種最後保證手段，由政府首腦執行；在美國，則憑選舉原則去取得。

這樣，用幾句話將我已敘述的再扼要重述一下，便是如此：

假使一個新英格蘭的公共官吏在執行職務時犯了罪。普通法院總是應召去處罰他。

假使他以行政官員資格犯了錯誤，一個純然屬於行政性質的法庭有權處罰他，而且如果事件重大或緊急，法官便做官吏本來應做之事。

最後，假使同一個人犯了那種人類法官既不能確定也不能評斷的無法捉摸的罪，他每年都要上一個不許上訴的法庭去，這個法庭既可把他貶為默默無聞之人，也可以撤消他的罪狀。這個制度無疑具有一些很大的好處，但執行起來卻有實際困難，而指出此種困難則是很重要的。

我已講過，稱為高等民事法庭的行政審判所，無權監察鄉鎮官吏。只有行政委員的行為特別置於它的注意之下，高等民事法庭才能干預，這正是這個制度的脆弱部分。新英格蘭的美國人沒有在高等民事法庭內設置檢察官，而我們也立刻可以察覺，要設立一個這種檢察官很難。如果僅僅在每個郡的首要鄉鎮任命一個專管起訴工作的行政委員，而他在鄉鎮又無事務官協助，他將不比高等民事法庭上的成員更熟知郡內發生的事情。可是，要在每個鄉鎮為他指派事務官吧，那又會把最大權力、一個司法行政系統集中到他個人身上。而且，法律是習慣的子女，從來沒有這一類的東西存在於英國的立法中。因此美國人把調查和控訴的官職，以及所有其他行政職守都分開來。大陪審團的陪審員，受法律的束縛，必須把可能在他們郡內犯下的一切罪行，都通知他們所屬的法院。有某些大罪，是由州正式起訴的；可是處罰懈怠者的任務，更多時候卻移交給財務官，他的職權範圍是收集罰款；這樣一來，鄉鎮司庫員就承擔了引起他注意的這種行政罪的起訴工作。但是，美國立法卻格外特別注意每個公民的私人利益；在研究美國法律時，經常都可以遇到這個偉大原則。美國立法者相信人的聰明比相信人的誠實更加容易；執法時，他們在不少地方依賴私人利益。當一個人真正而且明顯地為政府濫用權力所傷害時，他的私人利益保證會使他起訴。可是，如果起訴所需要的

法律手續不論對社區如何有利，對個人則無關宏旨，那就可能不易找到原告；於是，在默契之下，法律可能就廢而不用了。美國人被他們的制度迫得走上了這個極端，在某些案件中便不得不給告密者一部分罰款，藉以來鼓勵人告密；而他們也就這樣，用降低人民道德的危險的權宜辦法，去保證法律的執行。

老實說，在郡行政委員之上，就不再有行政權力，而只有一種政府權力。

關於美國行政的一般意見

聯邦各州在行政制度上的區別——越往南方，鄉鎮當局活動越少，組織越不完備——行政委員權力增加；選民權力縮小——行政權從鄉鎮移往郡——紐約各州；俄亥俄；賓夕法尼亞——可應用於整個聯邦的一些行政原則——公共官吏之選舉，其職務之不能轉移——沒有等級差別——司法程序之用於行政

我已說過，在仔細考察了新英格蘭鄉鎮和郡的結構之後，我要對聯邦其餘部分作一概觀。鄉鎮和郡的配置，在每個州中都存在，但在聯邦任何其他部分都遇不見與新英格蘭鄉鎮確然近似的鄉鎮。我們越往南走，鄉鎮或教區的事務，便越變得不那樣積極；它具有較少的行政委員、職責和權利，居民對公務施展著較小的直接影響；鄉鎮會議開得不那樣經常，爭辯[問題爲數也比較少。民選行政委員的權力增大了，選民權力則縮減。同時，本地社區的公共心，也不那麼激昂和富有影響。這些區別，在一定程度上，可在紐約州察覺到，在賓夕法尼亞州，則不十分明顯。但是假如我們往西北方走，它們就變得不那麼觸目了。定居在西北各州的移民，大多數都是新英格蘭本地人，他們把母國的一些行政習慣帶進了移居的國家。俄亥俄的鄉鎮，與麻薩諸塞的鄉鎮並沒有什麼不同。

我們已看到，在麻薩諸塞，公共行政的大發條在鄉鎮。它形成了公民利益和感情匯聚的共同中心。但是，當我們去到一些州，該地知識傳播得不那樣普遍，結果鄉鎮所提供的賢明和積極行政的保證也較小，該地情形就不再是如此了。因此，離開了新英格蘭，我們就會發現鄉鎮的重要性逐漸轉移到郡，郡變成了行政中心和介乎政府與公民之間的權力。在麻薩諸塞，郡的事務由高等民事法庭主理，而高等民事法庭則是由總督及其咨議會所任命的法定人數組成的；但是郡卻沒有代議會，它

的經費由州立法機關表決通過。相反，在偉大的紐約州，以及俄亥俄州和賓夕法尼亞州中，每郡的居民都挑選一定數目的代表來組成郡議會。郡議會在一定限度內有權向居民徵稅；而它在這一點上，正是一個眞正的立法機構。同時，它在郡內還使一種行政權，時常指導鄉鎮的行政，把鄉鎮的權柄限制在比麻薩諸塞鄉鎮權柄小得多的範圍內。

　　這就是呈現在北部聯邦各州中的郡與鎮的行政系統的主要區別。倘使原先我打算詳盡地考察這個問題，我本來還應進一步指出幾個社區在行政細節上的差異。但我已講得夠多，足以表明美國行政據以建立的種種一般原則了。這些原則會得到不同的運用；其後果在不同地方多少都是很繁複的，但它們在本質上卻總是相同。法律有差別，外表有變化，但同一精神使這些法律生氣勃勃。假使說郡和鄉鎮並非在一切地方都依同一方式組成，至少可以說郡和鄉鎮在美國總是以同一原則爲基礎：那就是，人人都是與他單獨有關的事的最佳裁判者，也是供給他本身需求的最適當的人。因此，鄉鎮和郡非照顧他們的特別利益不可；州在統治，但並不執行法律。可能會遇到這個原則的例外情形，但遇不到相反的原則。

　　這個原則所產生的第一結果，是使所有行政委員若不是由居民選擇，至少也是來自居民當中。由於各地官吏都是選舉或任命來任職一個時期的，要建立層層節制的權威體系的統治，一向都不可能；有多少職守便差不多有多少獨立的官吏，而行政權則散佈在一大群人手中。於是就產生了一種需要，必須使法院控制行政，並採取罰金制度。由此下屬機構及其代表，便只好服從命令了。我們發現聯邦從這個頭到那頭，到處都採取這個制度。不過，懲罰行政上的錯誤行爲，或在緊急情勢下推行行政措施的權力，在所有的州中卻並不曾授與同樣一些法官。盎格魯－美國人從一個共同來源得來治安推事的制度；但是，這個制度儘管存在於所有的州內，卻並非始終用於同一用途。治安推事在一切地方都參加鄉鎮和郡的行政，不是作爲公共官吏，便是作爲審理公共罪行的法官；但在大多數州中，比較重要的公共罪行，都歸普通裁判所處理。

　　這樣，民選公共官吏，其職位不能更動，沒有權力等級，以及對下屬行政部門採取司法行動，乃是從緬因州到佛羅里達州的美國制度的主要和普遍特點。在一些州中（紐約州朝這個方向走得最遠）行政集權形跡已開始可以辨別出來了。在紐約州，中央政府的官員們，在某些情形下，對下屬部門行使著一種檢查和控制的權力。有時，他們又組成一種

上訴法庭去決斷事情。在紐約州，司法處分作爲一種行政手段，比在別處用得爲少；而對公共官吏罪行的起訴權利，則操在較少數人的手中。同一趨勢，在某些其他州中，也可以模糊地觀察得到；不過，普遍來說，美國行政的顯著特色，卻是它過度地方分權。

關於州

我已描述了鄉鎮和行政；現在剩下要談的是州與政府。這是我可以一筆帶過而不怕被人誤解的問題，因爲凡我所必須說的，都已寫在不同的成文憲法上，而這些憲法的複印本是很容易取得的。這些憲法依據一個簡單而又合理的原理而訂立；它們的大多數形式，已爲一切立憲國家所採用，並爲我們所熟知。

因而我在此只須作一簡單敍述；往後我將致力於對我現在描述的情形作一評判。

州的立法權

立法機構分爲兩院——參議院——衆議院——這兩個機構的不同職能

州的立法權操在兩個議院之手。第一個，一般稱爲參議院。

通常參議院是個立法機構，但有時又變成一個行政和司法機構。按照不同的憲法，它用幾種方式參加政府工作；但它最常掌握行政權，是在提名公共官員的時候。它在某些政治罪案的審判中，有時還在某些民事案件的審判中，也分享著司法權。它的議員人數，總是很少。

立法機構的另一分枝，通常稱爲衆議院。它在行政上無論什麼都沒有份，而且只是在參議院面前彈劾公共官員時，才參與一部分司法權。

一切地方的兩院議員幾乎都必須具備同樣的資格條件。他們是由同一些公民，用同一方式選出來的。兩者間所存在的唯一區別，是參議員任期一般比衆議員任期長。後者任期很少超過一年，前者在任則通常有兩三年之久。

法律授與參議員能當選數年和任滿得以連任的特權，藉以注意在立法機構中保存一些已熟悉公共事務、並能對新來者施展一種值得尊敬之影響的核心人物。

美國人像這樣把立法機構分開，很明顯地並非想使一個議院成爲世襲、另一個議院成爲民選，一個議院屬於貴族、另一個議院屬於民主。他們的目的並非在於把一個創立來作爲權力的屏障，而把另一個創立來代表人民的利益和感情。在美國，兩院目前結構的唯一好處，是把立法權分開來，以便隨之而對政治活動能使抑制作用；連帶著，它還創立了爲修訂法律之用的上訴法庭。

不過，時間與經驗卻使美國人確信，使立法權分散的好處即使只有這些，它也仍然是個最必需的原則。賓夕法尼亞是美國中起初企圖建立一個單一議院的唯一的州，富蘭克林本人當初對民權主義的邏輯結論入迷太深，竟也同意了這個方案；但賓夕法尼亞州不久就被迫改變該項法律，並創立兩個議院了。於是，使立法權分散的原則，最後就這樣確立了起來。而它的必要性，今後可能會被認爲是一項已被證明的眞理。這個幾乎爲古代共和國所不知道的原理，像許許多多其他偉大眞理一樣，最初差不多是偶然被介紹到世界上來的。它曾爲幾個現代國家所誤解，最後卻成了目前時代政治科學中的一個自明之理。

州的行政權

一個美國州中的州長職位——他與立法的關係——他的權利和義務——他對人民的依靠

州的行政權以州長爲代表。我之使用這個字眼並非出於偶然；州長代表這個權力，雖則他只享有它的一部分。具有州長頭銜的最高行政委員，是立法機構的正式議長和議員。他有否決或延擱權作爲武裝，容他隨意阻止、或至少耽擱立法機構的活動。他把全州的需要放在立法機構面前，指出他所認爲滿足這些需求的有效辦法；在一切與全州普遍有關的事項上，他是立法機構法令的自然執行者。在立法機構不開會時，州長必須採取各種步驟去保護州，防止種種激烈的震盪和意外的危險。

州的整個軍權，由州長任意使用。他是民兵的指揮官和軍隊的司令。當大眾以法律加以同意的政府當局遭到漠視時，州長便就任武裝部隊統帥，鎮壓反抗，恢復秩序。

最後，州長除了通過任命治安推事，不參予鄉鎮和郡的行政。而治安推事，他是不能在任命之後加以免職的。

州長是一個民選的行政委員，一般只選任一兩年，所以他始終是繼

續不斷地緊緊依靠遴選他的大多數人。

行政分權在美國的政治效果

集權政府與行政集權之間的必要區別──行政在美國並非集
權：政府的大集權──行政極端分權對美國產生的一些不良後
果──此種作法在行政上的好處──行政的權力不如歐洲的正
規、文明和有學識，但比歐洲的要大得多──此種作法在政治
上的好處──在美國，國家使人處處感到它──社區給予政府
之支持──社會條件越益民主，地方機構按比例越加必要──
其理安在

「集權」是一個常常使用的字眼，但人們卻沒有賦予它任何確切的意
義。不過，現有兩種性質不同的集權存在，必須準確地加以區別才行。

某些利益是一國所有地區共有的，諸如制定全國的普遍法律和維持
全國的外交關係。其他一些利益，則是該國某些地區所特有的，例如幾
個鄉鎮的商業等等。當指揮前者或指導普遍利益的權力，集中到一地或
同一些人手中時，就組成了一個集權政府。用同樣方式把指導後者或指
導地方利益的權力集中到一地，就構成了可以稱之為行政的集權。

這兩種集權在一些點上相合，可是把落入每種集權領域中來的比
較特殊的目標加以分類，它們就很容易被區別開來。

顯然，一個集權政府與行政集權聯合在一起，便取得了龐大權力。
這樣合併以後，集權政府慣於使人時常完全把自己的意志撇開，不僅是
一次或在一點上，而是在各方面在一切時間上都去服從它。因此，這種
權力的結合，不但強迫壓服他們，而且影響他們通常的習慣；它先使他
們孤立，然後再分別影響他們。

這兩種集權彼此協助，又互相吸引，但決不應該假定它們不能分
離。不能想像再有比存在於法國路易十四治下更加完全集權的政府了；
當同一個人既是法律擬定者，又是法律解釋者、既在國內又在國外代表
法國時，他確有理由公言他即法國。不過，在路易十四治下，行政卻遠
不如目前集中。

在英國，政府的集權進行到了十分完備的境地；國家具有一個人的
旺盛精力，它的意志使廣大人群活動，並且喜歡把它整個力量投放在何
處便投放在何處。但是，在過去五十年間完成了此種偉大事情的英國，

卻從來不曾把它的行政集中。眞的，我不能設想一個國家沒有強大的集權政府而能生存和繁榮。但我認爲一個集中起來的行政，由於不斷削弱地方精神，只會損傷它所存在的那些國家的元氣。縱然這樣一種行政在某個時刻，在某一點上把一個民族可使用的所有才智聚到一起，它卻損害了那些才智的再生。它可能在鬥爭時刻確保勝利，但它卻逐漸使力量的筋骨鬆弛。它可能對一個人轉瞬即逝的偉大頗有幫助，但卻無補於一個民族的持久繁榮。

留意看吧，凡說一國因不曾集權而不能行動時，說此話的人是指政府的集權。常有人斷言，而我也贊同該項意見，說德意志帝國一向未能將其全部力量付諸行動。但其理由是因國家從未能使人服從它的一般法律；那個大機體內的幾個成員總是自以爲有權，或找到了手段去拒絕與共同當局的代表合作，即使在事情牽涉到人民大眾時也是如此；換言之，理由在於沒有集權政府。同樣的話，也可以用之於中世紀；封建社會的一切苦難很深，是由於不僅行政的控制權，而且政府的控制權，都分散在無數人之手，而且用無數方式分裂開來。由於缺少集權政府，歐洲一些國家一直無法精神勃勃對地循著任何直路前進。

我已表明，在美國沒有集中起來的行政，也沒有層層節制的公共職守。地方當局的權力已被推行得遠到任何歐洲國家不經極大不便決不能忍受的地步，而且甚至已在美國產生出某些不利的後果。但是在美國，政府的集權是完美無缺的；很容易就可證明，全國力量在該處比在歐洲各古老國家所曾集中過的都要集中得多。在歐洲，不位每國只有一個立法機構，不僅每國只存在著一個政權根源，而且一般說來，許多區和郡的議會都不曾繁殖起來，怕的是它們竟敢圖謀放棄本身的行政職責而去干預政府。在美國，立法機構在每州卻都是至高無上的；沒有一件東西能阻礙它的權威：特權不行，地方特有權限不行，個人影響也不行，甚至連理性王國都不能阻礙它的權力，因爲它代表大多數人，而大多數人則自稱是理性獨一的器官。因此，它本身的決定便是它行動的唯一界限。與它並列和處在它的直接控制之下的，是行政權的代表，其職責是用更強大的力量去逼便不聽話的人就範。唯一軟弱的徵候，在於政府行動的某些細節。美國的各共和州沒有常備兵去威嚇不滿的少數；可是，既然迄今還沒有少數人被逼得要公開宣戰，軍隊的需要也就一直不曾被人感到。州通常僱用鄉鎮和郡裡的官吏來與公民打交道。於是，比方說，在新英格蘭，就由鄉鎮估稅官規定稅率；鎮上的收稅官收稅；鎮的

司庫把稅款送交公共財務部；而可能發生的爭端，則送交普通法院處理。這種收稅辦法是既遲慢又不便的，對一個大量需錢的政府而言是一種妨礙。不論物質上起何影響，政府由它自己的官吏服役，總是比較合意的。這種官吏由它自己任命，可以隨意撤換，並習慣於迅速處理事情的方法。可是，像在美國那樣組織的中央政府，要照它的需要採用一些較爲有力和有效的方法，總是很容易的。

這樣看來，缺少集權政府，並不會如人們時常所斷言，將會使新世界共和國毀滅；美國的各種政府遠非集權不足，以後我將證明它們已經太集權了。每天侵及政府權力的各立法機構，它們的趨勢是像法國國民議會一樣，要把政府權力全部吞爲己用。像這樣集中起來的社會權力，經常都在易手，因爲它從屬於人民的權力。它在意識到本身力量時，常常忘記明智和先見的箴言。由此就出現了它的危險。它的活力，而不是它的無能，大概將成爲它最後毀滅的原因。

行政分權的制度，在美國產生了幾個不同的後果。依我看來，美國人在使政府行政孤立時，好像把一個良好的政策實行得過了頭；因爲即使在次要問題上，秩序也是一件對全國很重要的東西。由於州沒有本身的行政官員駐派在其境內不同地點，不能予他們一種共同的推動力，結果州便很少企圖去頒發任何普遍性的治安條例。這些條例的缺少，已被人敏銳地感到，並常爲歐洲人所察及。顯現在美國社會表面上的那種紊亂，最初使人以爲該社會是處於一種無政府狀態；而且在更深地研究該問題以前，這個人也不會察覺他的錯誤。對整個州來說，某些事業十分重要；但這些事業無法執行，因爲沒有州的行政當局去加以指導。這些事業被丟給鄉鎮或郡去努力，由一些民選的臨時性人員去料理，最後一無所成，或至少得不到長遠利益。

歐洲鼓吹集權化的人常堅持說，政府管理每個地區的事能比公民自行管理得更好。當中央政府有知識而地方當局無知時，當中央政府警覺而地方當局遲鈍時，當中央政府慣於做事而地方當局習於服從時，這種情形可能是實在的。眞的，隨著集權程度的增加，這種雙重趨勢顯然定會加大。一方之敏於工作和其他各方之無能，定會變得越來越觸目。可是，當人民像美國人一樣，與中央政府同等有知識，同等警醒於他們的利益，並同等慣於對之作思考時，我就否認情形乃如此了。相反，我確信在此種情形下，公民的集體力量將永遠比政府當局能對公共福利貢獻出更多效力。我知道，很難舉出一些辦法去喚醒一個沉睡中的民族，給

它以它所沒有的感情和知識；我也很明白，要說服人去爲他們自己的事奔忙，乃是一件費力的工作。宮廷儀式的細節，常比修繕他們簡陋的住宅更易於引起他們的興趣。但是，每逢中央行政當局全然假意要去撤換那些與事情最有利害關係的人時，我相信它不是無心騙人，便是存心騙人。一個中央權力不論可能何等有知識和有技巧，它不能一手管盡一個大國生活中所有的細枝末節。這種留神一切事情的警醒，超過了人力之所能。而當它企圖獨力去創造這樣多根複雜的發條並使之開動時，它必定不是得到極不完美的結果，便是勞而無功地耗盡自己的精力。

真的，集權在逼使人們外部行動一致上，是很容易成功的。這種一致性，我們最後會弄到因它本身關係而喜歡它，完全不管它用於何種目的，就像那些拜菩薩的人忘記了菩薩所代表的神祇一樣。集權毫不費力地給日常事物一種值得羨慕的規則，很熟練地爲社會治安提供種種細緻規章，壓平小型騷亂和懲處微小罪行，維持從改進和退步中一樣得來的現狀，使行政首腦慣於稱之爲良好秩序和普遍安寧的那種處事上的令人昏睡的循規蹈矩狀況永遠保持下去。一句話，它長於預防，而不長於行動。當社會的感情深深激動，或在途中加快步伐時，集權的力量就拋棄它了；同時，一旦當它進一步推行措施而非有公民的合作不可時，它無能的祕密便洩露出來。這個中央權力即使在絕望中像公民求援，它也對他們說：「你必須只照我的意思行事，我要你做多少就做多少，並且必須按照我喜歡的方式去辦，你只許去管細節，不許去妄想指導整個制度；你只許盲目工作；事後你可以按照結果來評判我所做的事情。」這不是能據以獲得人類意志聯盟的情形；人類意志必須來去自由，對它自己的行爲負責，否則（這正是人的素質）公民便會寧做一個消極的旁觀者，而不願做種種他所不知道的計畫中的侍從了。

無可否認，在美國常可感到缺乏控制每一法國居民的那種統一規則。可以遇到一些社會冷漠和疏忽的顯著例證；而且與周圍文明大不相同，時時可以見到一些不體面的污點。一些必須不斷注意和嚴密從事才能成功的事業，常被放棄；因爲在美國，正如在別的國家一樣，人們是依照突然的衝動和暫時的努力去行事的。歐洲人慣於發現近處總有一個官吏干預他所從事的一切工作，所以很難使自己順從鄉鎮那種複雜的機構和行政。一般說來，可以斷言那些使生活趨於平易和舒適的次要治安條例，在美國是被忽略的。但對人在社會中的主要保障，美國卻與任何其他地方一樣堅固。在美國主持行政的力量遠不如歐洲的那樣井井有

條、富於知識和技巧熟練，但比歐洲的卻要大一百倍。世界上沒有一個國家，其中公民對公共福利曾作這樣的努力。我不知道有一個民族，其所設立的學校有如此之多，如此有效，其所建立的公共禮拜場所比美國更適合居民需求，或者能把道路保養得比美國更好。不要想去美國找統一和持久的計畫、精密安排的細節，以及完善的行政制度；我們在該處所發現的，是一種雖有點狂野、至少卻是強健的力量，是一種雖有偶然變化、卻生氣蓬勃和奮勇進取的生活。

讓我們暫且假定，美國的村與郡，由一個他們除了從自己當中選出的官吏以外從未見過的中央當局來管理要比現在有效；為了辯論的緣故，讓我們再承認，假使美國整個行政集中到一人之手，美國將會更加安全，而社會資源也會得到更好利用——即使如此，美國人從他們集權制度所得到的政治利益，也仍然誘使我寧願採取相反的計畫。儘管警醒的當局不需我費心留神，總是保護我的安寧快樂，移開我路途上的一切危險，假使這同一當局竟是我自由和生命的專制主子，假使它竟如此地壟斷活動與生活，當它衰弱時周圍一切都必須衰弱，當它睡覺時周圍一切都必須睡覺，當它死去時連國家本身也必須死去，那麼，說到頭來，它於我也毫無益處。

在歐洲，有些國家的本國人，認為他們自己是一種外來移民，毫不關心住在地的命運。一些最大的變化都未經他的贊同，不為他們所知道（除非機會偶然通知他），而在該地發生；不，有甚於此，他村中的狀況，他街上的警察，他村教堂或牧師住宅的修繕，都與他無關，因為他把這一切都看成與他不相干的東西，看成一個他稱之為政府的有勢力的陌生人財產。他對這些東西，只有一種終身所有權，卻沒有物主身分或對之作任何改良的念頭。這種對本身事務的缺乏興趣，竟然發展到如此之遠，如果他本人或他子女的安全最後真的遭到了危險，他將非但不去躲避危難，反而抄起雙手，等全國的人來幫助他。這個完完全全犧牲了他本人自由意志的人，將不會比任何其他的人愛好服從；不錯，他在最不足道的官吏面前也畏縮，但他帶著戰敗的精神，只要比他強的敵人力量後撤了，他立刻會不把法律放在眼裡；他永遠都在奴性和放縱之間搖擺。

當一個國家達到此種境地時，它只能不是改變它的習慣和法律，便是滅亡；因為公共道德的源泉業已枯竭；儘管它可能還具有庶民百姓，但它卻沒有公民了。這種國家是外國征服的一種天然犧牲品；假如它們不曾完全從舞台上消失，那只是因為它們周圍是一些與它們類似或不如

它們的其他國家；只是因為它們還有一種難於界說的愛國本能，還有一種不自覺的以他們國家為榮的心理，或者還有一種對它過去名聲的模糊回憶，足以給他們一種自衛的衝動。

某些民族為保衛一個他們可以說曾作為外邦人住過的國家而作了巨大努力，此種情形也不能被引用來支持這種制度；因為在這些情形下，將發現主要激勵他們的東西乃是宗教。民族的功績、光榮和昌盛已成為他們信仰的一部分，在保衛他們的國家時；他們也是在保衛他們都是其中公民的聖城。土耳其各部落從來不曾積極參與它們事務的處理，但只要蘇丹的勝利乃是回教信仰的勝利一天，它們便一天會完成了不起的事業。現時它們正在迅速衰退，它們的宗教正在分崩離析，而它們的專制政體已成廢墟。孟德斯鳩認為專制權力有一種它本身所特具的權威，照我看，是給了專制權力一種它不配有的榮譽；因為專制政體，單靠它自己，不能使任何東西持久。我們仔細考察便會發現，使一個專制政府長命和昌盛，一向是宗教而不是恐懼。不管你怎麼做，除了在人們憑本身意志所組成的自由聯合中，人們當中再沒有真正的權力；而愛國心和宗教，則是世界上唯一能長期激勵所有的人奔赴同一目的的兩種動因。

法律不能重新點燃已熄滅的信仰，但人們可能為法律引起對他們國家的興趣。愛國感情永遠不會拋棄人類的心靈。要去喚醒和指導愛國的模糊衝動，則要依靠法律。假使愛國心與思想、感情和日常生活習慣結合起來，它可能鞏固為一種持久的合理感情；因為國家不會像人一樣衰老，每一代新人都是一個新的民族，準備好隨時去擔負立法者的工作。

我在美國最欽佩的，不是分權的行政效果，而是分權的政治效果。在美國，全國利益在各地都置於人能看到之處；它們是整個聯邦的人所掛心的一件東西，每個公民都熱心關切它們，就像它們是他自己的利益一樣。他以他國家的光榮自豪；他誇耀它的成功，而他認為自己對它的成功又有過貢獻；同時他也因使他得到利益的普遍繁榮而歡喜。他對州所懷抱的感情，與聯結他和他家庭的那種感情類似，而他是由於一種自私心才使自己對全國福利發生興趣的。

對歐洲人說來，公共官吏代表一個上級權力。對美國人說來，他卻只代表一項權利。在美國，可以說沒有人服從人，人只是服從法官，服從法律。如果他對自己的看法誇大，他的做法至少也是有益；他毫不猶豫地信託自己的權力。在他看來，他自己的權力綽綽有餘。當一個人私自策劃一樁事業時，不論該事業與社會福利如何直接有關，他絕不會想

到要去乞求政府的合作。他只是把計畫發表出來，表示願意執行這個計畫，尋求其他個人的幫助，並果敢地與一切障礙作鬥爭。無疑，他常常不如國家站在他的地位那樣成功；但最後說起來，這些私人事業的總和卻遠超出政府可能完成的一切工作。

行政當局在一定程度上代表公民。由於它處在公民能夠觸及的範圍之內，它既不會引起他們忌妒，也不會招致他們仇恨。同時又由於它資力有餘，人人都覺得不應當單靠它的幫助。所以，當行政當局覺得應該在本身範圍內行動時，它便不像在歐洲那樣只有單靠自己。公民個人的責任並不因州已採取行動而終止；相反，每個人都樂於引導和支持它。這種個人的行動，與公共當局的行動合在一起，常完成一些最有精力的集中行政所不能完成的事情。

要引幾件事來證明我的見解原很容易，但我寧願只舉一件我所最熟悉的事。在美國，政府當局所擁有的發現罪行和逮捕罪犯的手段很少。沒有州警察存在。誰都不知道通行護照這種東西。美國的刑事警察，也不能與法國的相比。行政委員和公務員人數不多。他們不是經常採取步驟去逮捕罪犯；對囚犯的審查既迅速，又採取口頭辦法。不過，我相信，沒有一個國家的罪行，能像美國這樣少地逃過懲罰。原因是人人都認為提供罪案的證據和抓住犯罪的人，與自己的利害有關。在美國逗留期間，我親眼看見一個郡，為了去追捕和懲罰一個犯了大罪的人，而自動組織了一些委員會。在歐洲，罪犯是個不幸的人，要與當權的官吏掙扎求生，而人民則僅僅是衝突的旁觀者。在美國，罪犯卻被視為人類的敵人，整個人類都與他作對。

我相信分省制度對一切國家都是有用的，但在我看來，對一個民主的民族更其需要。在貴族政體下，永遠可以在自由中維持秩序；由於統治者可能喪失的東西很多，秩序對他們便是一件利害攸關的事情。同樣，貴族政體也保護人民使其不受過分專制的壓迫，因為它始終具有一支有組織的力量，可以隨時抵抗暴君。但是，一個民主政體如果沒有分省制度，便沒有抵抗這些禍患的保障。在小事上都不曾用慣民主的平民百姓，怎能學會在大事上穩健地使用它呢？在個人都很軟弱而公民也不曾被任何共同利益聯合起來的國家，又能給予暴政何種抵抗呢？凡害怕暴民的放肆和恐懼專制的權力的人，同樣都應該希望地方自由逐步發展。

我也確信，民主國家是最有可能落入集權行政束縛的國家。理由有幾個，最主要的如下述：

　　這些國家的經常趨勢，是把政府的一切力量集中到直接代表人民的那些人之手，因為在人民之外，除了廣大的平等的個人，便什麼也看不到。但是，當同一權力已具有政府的一切屬性時，它便會忍不住要去管理行政上的種種小事了。而這種機會出現了一次，就必然會長期出現，有如法國情形一般。法國大革命有兩種方向正好相反的衝動，絕不應加混淆；一種傾向喜愛自由，一種傾向屬意專制。在古代君主政體下，國王是法律的唯一制定人；而在君主權力下，某些一半已被毀壞的分省制度的痕跡，依然可以辨出。這些省級機構都互不相關，安排得不好，並常常顯得荒謬可笑；在貴族手中，它們有時竟被轉化為壓迫的工具。法國大革命同時宣佈了它是皇族和分省制度的敵人；它在不分青紅皂白的仇恨中，把在它以前已有的一切東西，專制權力和阻止專制權濫用之措施，全都混為一談；而它本身的傾向則是既趨於共和化，又趨於中央集權化。法國大革命的這種雙重性格，是一種一直為專制權力的友人所圓滑利用的事實。當他們保衛大革命的偉大新設施之一——集權行政時，能控告他們，說他們是在為專制的事業效勞嗎？這樣，享眾望的人便可能對人民的權利懷敵意，而秘密的暴政奴隸便可能公然自稱是自由的愛好者了。

　　我曾訪問過兩個省區自由制度建立得最完備的國家，並聽到該兩國中不同政黨的意見。在美國，我遇見過打算秘密摧毀聯邦民主制度的人，在英國，我發現另一些人在公開抨擊貴族政體，但我卻沒有找到過一個人，認為省區自治不是一件大好事。在兩國之中，我都聽見人把國家的弊端歸於許許多多不同的原因，但從沒有人把地方制度列入其中。我聽見公民把他們國家的強大和繁榮歸於一大堆理由，但他們全都把地方機構的優越放在理由之首。

　　人們在宗教見解和政治理論上自然地會發生分歧，難道我竟會去認為他們在一點上彼此同意（這一點他們最能評判，因為他們在這一點上有日常經驗）卻都錯了嗎？否認省區自由效用的國家，不過是那些最少省區自由的國家；換句話說，只有不懂得那個制度的人，才會譴責那個制度。

第六章
美國的司法權及其對政治社會的影響

盎格魯——美國人保留了司法權在其他國家中所通有的特徵——
——不過，他們把它造成了一個強有力的政治器官——怎樣違
法——盎格魯——美國人的司法制度在何種方面與其他國家不
同——何以美國法官有權宣佈法律違憲——彼等如何運用此種
權利——立法者為防此項權利之濫用而採取的預防措施

　　我曾經想過，應該單用一章來談美國的司法當局，免得因為僅僅偶然提及它們而在讀者眼中減低它們偉大的政治重要性。聯邦除了存在於美國，也存在於其他一些國家，我不單在新世界海岸上、也在別處見過共和國：代議制政府已為幾個歐洲國家所採用；但我卻不知道，迄今為止，地球上有任何國家曾用美國人的同樣方式創立過司法權。美國的司法組織，是外來者最難理解的制度。他聽見每天發生的政治事件都在尋求法官行使權力，於是他自然會得出結論，認為法官在美國是重要的政治職守；然而，當他考察那些法庭的性質時，那些法庭與法庭通常的習慣和特性，乍看上去，又並無任何相反之處；同時在他看來，行政委員彷彿只是偶然干預公務，不過這種偶然性每天又都在重複發生。

　　當巴黎的最高法院抗議或不肯登記一項政府佈告時，當它傳一個被控瀆職的官吏出庭時，作為一個司法機構，它的政治影響是明白可見的；但這一類事情在美國卻看不到。美國人保全了司法當局的一切普通特徵，並小心地將它的活助動局限在它職守的通常圈子內。

　　所有國家中，司法權的第一特徵，是盡仲裁的職責。但必須先有權利的爭訟，法庭才有干預的根據；而在法官能斷案以前，又必須先有訴訟提出。因此，只要法律一天不曾引起爭論，司法當局即一天不會受託去討論它，而該項法律也可能一天存在而不為人所察覺。當法官在一個假定案件中攻擊一項與該案件有關的法律時，他是擴張了他慣常的職責圈子，不過他卻不曾跨出他的圈子，因為在斷案以前，他多多少少不得不先對法律作一決斷。但是，假如不從審判一件案子開始，據爾便對一

項法律宣判，那他就顯然跨出他的範圍，侵犯立法當局的權限了。

司法權的第二特徵，是對特殊案件宣判而不對一般原則宣判。假使一個法官在斷定某一點時，下了一個判決，由於否認了一項普遍原則的一切推論，而使該原則受到破壞，結果並將之完全取消，這位法官仍然是立在他職權範圍之內。但是，假使他心中並沒有一個特定案件作為目的，卻直接攻擊一項普遍原則，那他就離開所有國家都同意的限制他權力的圈子了；他擅自取得了一種比行政委員影響力更大而且也許更有益的影響力，但他卻不再代表司法權了。

司法權的第三特徵，是它只有在受到請求時，或用法律術語說，只有在審理一件案子時才能採取行動。這個特徵不如其他兩個普遍；但是，儘管有例外，我想它可以被認為是根本的特徵。司法權，從它的性質說，是沒有什麼行動可言的；為了產生結果，必須使之活動才行。當它被請出來制止一件罪行時，它便懲罰罪犯；當一件錯誤必須糾正時；它立刻可以糾正；當一個法令需要解釋時，它隨時都準備好予以解釋；但它不去追捕罪犯，尋出錯誤，或自動檢驗證據。一個應領頭去批評法律的司法官員，多少會消極冒瀆他的權威。

美國人保全了司法權的這三種顯著的特徵：一個美國法官，只有在有人起訴時才能判案；他只與特別的案件打交道，而且在案件正式遞到法院來以前，他不能採取行動。因此，他的地位恰好與其他國家的行政官一樣；不過他卻被授與了巨大的政治權力。這種情形是如何產生的呢？假使他的權力範圍和行動手段與其他法官一般無二，他又從何處取得其他法官所沒有的權力呢？這種區別的原因在於一個簡單事實：美國人承認法官按照憲法而不按照法律斷案的權利。換句話說，美國人允許法官不應用在他們看來可能是違憲的法律。

我知道，其他國家的法院有時需要求承認他們具有類似的權利，卻沒有效果，可是在美國，這種權利卻為當局所承認；沒有一個政黨，甚至沒有一個人，曾經說它無效。這個事實，只能以美國憲法的種種原則去解釋。在法國，憲法是，或至少被假定是，不能更改的；公認的學說是沒有任何權力可以改變憲法的任何部分。在英國，憲法可能繼續不斷地改變，或者無寧說，憲法實際上根本不存在；議會是一個立法機構，同時又是一個制憲會議。美國的政治理論比較簡單，也比較合理。一部美國憲法，並非像在法國那樣被假定是不能更改的；但也不像在英國那樣，可以隨便為社會的普通權力所修改。它構成了一個分離的整體，這

整體由於代表全民意志，對立法者的約束力不亞於對公民個人的約束力。但它也可在一些預定情形下，按照一些既定規章，由人民意志加以更動。因此，在美國，憲法可能變化；但是只要它存在一天，它一天便是一切權力的根源和統治力量唯一的傳達工具。

這些區別必然會對我所引到的三個國家的司法機構的地位和權利發生何種作用，這是很容易發覺的。假使在法國，法庭以法律違憲爲理由，有權不服從法律，那麼，立憲權利事實上就會操在那些法庭之手，因爲只有它們才會有權去解釋沒有權威能改變其條款的憲法。因此，那些法庭便會代替國家，而對社會施展一種種權勢。司法權先天的脆弱性能容這些法院多麼專制，它們便會把這種權勢行使得多麼專制。無疑，由於法國的法官們無力宣佈一部法律違憲，修改憲法的權力便間接賦予了立法機構。因爲沒有合法的障礙，會出來反對立法機構可能作的那些更改。不過，把改變人民憲法的權力賦予代表人民意志的人（不論多不完美），仍勝於交給那些除了代表自己誰也不代表的人。

授與英國法官抗拒立法機構的權利，將會更不合理。既然制定法律的議會也制定憲法，由僧侶上院議員、貴族上院議員和下院議員通過的法律，在任何情形下便都不能違憲。不過，這些話也不能用於美國。

在美國，憲法像管轄公民個人一樣管轄立法者：由於它是根本大法，它不能爲普遍法律所修改；因此，法庭的服從憲法，非先於服從任何法律不可，這情形與司法官的職責最關緊要；因法官之要挑出他所必須最嚴格遵行的法律義務，頗有幾分類似行政委員之要明白什麼是人的自然權利。

在法國，憲法也是根本大法，法官們同樣有權把它當作他們斷案的根據；可是，倘若他們要行使這個權利，他們定會被迫侵犯一些比他們本身權利更神聖的權利：那就是，侵犯他們以其名義行事的社會的權利。遇到這種情形，國家的理由顯然勝過一般的原因。在美國，國家永遠可以用修改憲法的辦法來使它的行政官服從，沒有這一類的危險需要害怕。因此，在這一點上，政治的理由與邏輯的理由終於達成一致，而人民和法官都同樣保存了他們的特權。

每逢一項法官認爲爲違憲的法律被提上美國的法庭，法官可以拒絕承認它是一道法令；這個權力是美國推事所特有的唯一權力，但它引起了巨大的政治影響。老實說，很少法律能長期逃脫司法權的挑剔分析，因爲很少法律不是有損於這些，便是有損於那些人的私人利益，而且沒

有一條法律不可能由政黨的選擇或案件的必需而被提到法庭上來。但是，只要一個法官拒絕在案件中引用某一項法律，那項法律便立刻喪失它的一部分道德力量。那些利益受到損害的人，弄明白有一些辦法可以消除該項法律的權威，於是類似的訴訟便增多了，直到該法律變得無力為止。這一來，變通辦法不是人民必須更改憲法，便是立法機構必須廢除法律。因此，美國人雖然交託給他們法院的政治權很大，但這個權力的弊端，卻因為除通過法院即無可能攻擊法律而減少。假使法官有權以一般理論為理由去與法律爭辯，假使他能領頭檢查立法者，他會扮演一個卓越角色，作為政黨的戰士或敵手，他會把全國同仇敵愾的感情帶入爭端。但是，當一個法官在一場不出名的爭辯或某件特殊案子中與法律爭論時，他的攻擊的重要性，就不會引起公眾注意了；他的判決只影響到一個人的利益，而那項法律只是偶然受到輕視。還有，該法律雖然受到檢查，卻未被廢除；它的道德力量可能減輕了，但權威卻不能被奪走；而它的最後毀滅，則只有在司法官吏反覆的攻擊下才能完成。同樣，也會看到，由於只讓私人利益來批評法律，由於把對法律的審判與對個人的審判緊密聯繫在一起，立法便得到保護，使之不致遭受放肆攻擊，或天天受到黨同伐異精神的侵擾。立法者的錯誤，僅僅在遇到實際需要時才暴露出來；而要起訴，永遠又都必須有一件確實可查的事實作為根據才行。

我偏於相信，美國法院的這種作法，同時既最有利於自由，也最有利於公共秩序。假如法官只能公開和直接地攻擊立法者，他有時會不敢去反對他；可是在另一些時候，黨同伐異的精神卻又可能鼓勵他，使他處處蔑視他。結果，產生法律的權力軟弱時，法律便會受攻擊；產生法律的權力強大，法律便會被遵守；也就是說，當尊重這些法律無用時，法律常會引起爭論；當法律很容易被轉化為壓迫工具時，法律便會被尊重。但是，美國法官是憑他本人的意志，被獨立地帶上政治舞台的。他所以要審判法律，只不過因為他不得不審判案子。他被召喚來決定的政治問題，與政黨利益有關，如果他拒絕對之下判決，無異等於是拒絕主持公道。他細細履行他的推事職業的種種責任，從而盡了他作為公民的職守。不錯，根據這個制度，法院對立法機構所作的司法檢查，不能毫無差別地擴用於一切法律，只要有些法律絕不引起那類稱之為訴訟的確切爭端，那就不能應用；即使有可能發生這種爭端，也許也會出現這種情形：沒有人願意把它提到法院裡去。美國人常感到此種辦法的不便；

但他們聽任補救之道不完備，免得給予補救之道一種在某些情形下可能證明是危險的效力。在這些限度內，授與美國法院宣稱一項法令違憲的那種權力，形成了迄今發明來對抗議會專橫的最強大障礙之一。

賦予美國法官的其他權力

在美國，所有公民均有權在普通法院中控告公務員──彼等如何使用此項權利──法蘭西共和國8年憲法之第75條──美國人和英國人不能理解這一條款的主旨

在一個像美國這樣的自由國家中，所有公民均有權在普通法院上控告公務員，而所有法官又都有權力對公共官吏定罪，這種情形差不多是不必說的。授與法院在政府人員犯法時予以懲處的權利，乃是一項十分自然的權利，不能視作一種額外特權。在我看來，美國政府使一切公共官員對法庭負責，並未使政府的發條受到削弱。相反，美國人倒用這個方法，使政府當局應得到的尊重有所增加，同時使這些當局小心不要犯法。美國所發生的政治審判，其數量之少，令我吃驚，但我也不難說明造成此種情形的原因。一次起訴，不論性質如何，總是一件困難而又費錢的事。在報章雜誌上攻擊一人很容易，要把他拉上法庭卻必須鄭重考慮了。任何人在想對一個公共官吏起訴之前，必先有一個控告的可靠根據。而這些官吏在害怕別人對他起訴時，是會留心不去給人這種控訴根據的。

這種情形之存在，並非依靠美國制度的共同形式，因為同樣情形也在英國發生。這兩個國家並不把對國家主要官吏的彈劾看作它們獨立的保證。但這兩個國家卻都認為，自由之得以維護，與其說依靠在事已太遲之前極少採用的那種大訴訟程序，無寧說依靠最卑微的公民在任何時候都能提出的次要訴訟。

在中世紀，很難抓住犯罪的人。當時法官對逮捕到的少數罪犯，往往處以可怕的刑罰；但這樣做也未減少罪行的數目。從那以後，大家發現審判越是正確，越是溫和，也越是有效。英國人和美國人主張，對待暴虐和壓迫應像對待任何其他罪行，所以他們減輕了刑罰，簡化了判罪手續。

法蘭西共和國在共和國8年，草擬了一部憲法，其中採納了下列條款：「第75條。所有部長級以下之政府人員，只有憑國務委員會之命

令，方能對與其職守有關之罪行進行檢舉；在此情形下，起訴可在普通法庭進行。」儘管全國的人對之都有公正怨言，這個條款比共和國 8 年的那部憲法還活得更長，今天依舊保持。在把這個條款的意義解釋給英國人或美國人聽時，我常感到困難，而且自己也幾乎不能理解。英國人和美國人立刻察覺，法國的國務委員會乃是設立在帝國中心的一個大法庭。要求第一步把一切原告送到它跟前，可以說是一種暴政。但我告訴他們，國務委員會並非普通意義的司法機構，而是一個由國王下屬組成的行政委員會，所以國王在命令他的一個稱為郡長的臣僕去做下一件不法之事後，又有權力命令他的另一個稱為國務委員的臣僕使前者免於受懲。我又向他們表明，一個曾受君主命令傷害的人，不得已要去請求君主給他賠償。但英國人和美國人不肯相信竟有這樣罪惡昭彰的濫用權力的行為，於是他們總容易罵我在說假話或無知。在大革命之前，常發生這種情形：一個法國的最高法院發出一張傳票，去傳一個犯了罪的公共官吏；有時王權卻加干預，取消了那場訴訟。這時，專制政體公開暴露了它的面目，人們只是因為屈服於佔優勢的武力才服從了它。察覺我們比我們的祖先墮落到更其卑膝的境地，這是很痛心的，因為我們竟讓單憑暴力強加的事，在公正色彩和法律許可下通行。

第七章
美國的政治審判權

政治審判權的定義——法國、英國與美國對政治審判權之理解
——在美國，政治法官只審理公共官吏——他判處撤職，常多
於判處普通刑罰——美國現存之政治審判權雖則溫和，而且也
許正由於溫和，乃是多數人手中一項最有力的工具

　　照我理解，政治審判權，乃指可能授與一個政治機構的那種宣佈法
律判決的暫時權利。

　　在專制政府中，要採取任何額外訴訟程序是沒有用的；作爲對犯人
起訴名義的君主，既是法院的元首，也是其他一切東西的元首。凡包含
他權力的想法，本身就是一種足夠的保證。他所必須害怕的唯一事情，
是由於想要加強他的權威而忽視司法的外在手續，使他的權威丟臉。可
是，在大多數人對法庭永遠都不可能具有與專制君主同等影響力的自由
國家中，司法權多半偶然也會授與人民的代表。人們曾經覺得，與其違
反政府統一的必要原則，不如把不同當局的職責合併在一起。

　　英國、法國和美國，已用法律建立政治審判權；看看這三個大國對
它的不同運用，倒是頗有意思的。在英國和法國，上院和貴族院組成該
國最高的刑事法庭；雖然它們在習慣上不審判一切政治犯，它們卻有資
格審判他們全體。還有一個政治機構，有權向貴族院起訴；兩國之間在
這方面所存在的唯一區別是：在英國，下院可以喜歡對上院彈劾誰便彈
劾誰，而在法國，下議院員卻只能用這種起訴方式去控告國王的部長。
在兩國之中，上院都可以用該國現存的一切刑法去懲罰犯法的人。

　　在美國，一如在歐洲，立法機構當中的一支受權彈劾，而另一支則
受權裁判：眾議院控告罪犯，參議院懲罰他。但參議院只能審判眾議院
提到它面前來的人，而那些人又必須屬於公務員階級。所以，美國參議
院的審判權，不如法國貴族院審判權廣闊，同時美國眾議員的彈劾權，
卻又比法國眾議員的彈劾權廣泛。但是，歐洲與美國之間所存在的大分
別在於：歐洲的政治裁判所，能夠引用刑法的一切法規；而在美國，當

他們剝奪犯人的官階，宣佈他將來不能擔任任何公職時，他們的司法裁判便算告終，而普通法庭的裁判就開始了。

　　比方說，美國的總統，萬一犯了很嚴重的叛國罪，眾議院彈劾他，參議院將他免職。接下去，他必須受一個大陪審團的審判，只有大陪審團能剝奪他的自由或生命。這種情形，正確地說明了我們正在討論的問題。歐洲法律所建立的政治審判權，是打算審理大犯人，不論他們的在國內的出身、等級和權力如何。而為了達到這個目的，法院的一切特權暫時都給予了一個大政治集會。這時，立法者便轉變成法庭推事了；他被召喚去驗明、區別和懲處罪行；而當他行使法官的一切權威時，法律也加給他這個高等職位所有的一切責任，並要求他講究審判的各種手續。當一個公務員受英國或法國政治裁判所彈劾而被裁定有罪時，判決據此便解除他的職守，並可能宣佈他將永不能復職或擔任其他任何公職。但是，在這個案情中，政治上的停職乃是判決的結果，而非判決的本身。這樣看來，歐洲政治裁判所的判決，與其說是一個行政措施，還不如說是一項司法判決了。在美國，發生的情形與此相反；儘管參議院的裁決在形式上是司法的，因為參議員不得不照法院規章手續辦事；儘管參議院的裁決所依據的主旨也是司法的，因為參議院一般都不得不以習慣法作基礎來判決一件罪行；不過，政治判決與其說是一件司法行為，卻不如說是一項行政措施。假使美國立法者當初的意思是要把大司法權授與一個政治機構，這個機構所審理的訴訟便不會限於公務員。因為國家最危險的敵人，可能並不擔任任何公職；這種情形在共和國中尤為真切。在該處，政黨的勢力最大，許多領袖的力量反因他不行使合法權力而增加。

　　假使美國立法者當初想照普通法庭的做法，使人畏懼懲罰，從而給社會本身以防止人犯大罪的方法，所有的一切手段本該給予政治裁判所。但它只給了政治裁判所一種不完備的武器，這種武器絕不能抓到最危險的犯人，因為凡立意推翻整個法律的人，十分之八九都不會在被停職時口出怨言的。

　　因此，美國所獲得的政治審判權的主要目標，不在於撤消濫用權力者的權力，並防止他以後重新取得該權力。這分明是一種得到司法判決承認的行政措施。在這件事情上，美國人創造了一種混合制度；他們把撤除公務員職務的舉動圍上政治審判的所有一切護符，於是他們最嚴屬的處罰便受不到政治的譴責。該制度的每一環節，都可以很容易地從這

一點探索出來；我們立刻就察覺，何以美國要使所有文官都服從參議院的裁判管轄，而罪行可能更爲強大的軍人反而免於受該法庭的審判了。在文官當中，沒有一個美國公務員能說是可以被撤換的；他們當中有一些人所佔據的職位不能轉讓，還有一些人選任時有個不能縮短的任期。因此，爲了撤消他們的權威，便必須審判他們。但軍官受州首席行政官的管轄，而州首席行政官本人又是一個公務員；這樣，判它有罪，等於是對他們全體的一個打擊。

假如我們現在比較一下美國和歐洲的制度，我們將在它們各自產生的或可能產生的效果中，遇到同等令人吃驚的差別。在法國和英國，政治機構的審判權被視爲一種非常手段，只有在從罕有危險中拯救社會時才加使用。不容否認，像在歐洲組成的這些法庭，違反了國家分權的保守原則，不斷威脅平民百姓的生命和自由。美國的同一政治審判權，則只是間接地對國家分權懷抱敵意；它不能脅迫公民的生命，而且也不像在歐洲那樣騎在整個社區的頭上，因爲它只管及那些因擔任公職而自願屈從於它權威的人；眞的，美國的立法者，並不曾把這種審判權看作救治社會比較狂暴的弊端的萬應藥方，而只把它當作政府行事的一種普通手段。從這方面看，它在美國大概比在歐洲對社會本身施展著眞實的影響。我們不應該因美國立法與政治審判權有關各方面的外表上那種溫和而受迷惑。首先，應該看到，在美國判案的法庭，像彈劾犯罪官吏的機構一樣，都由同樣成分組成，受同樣一些勢力的影響，而這就給予黨同伐異、同仇敵愾的感情一種幾乎無法抗拒的刺激。倘使說，美國的政治法官不能像歐洲的政治法官一樣判十分重的刑罰，那麼也可以說，他們開釋一個罪犯的機會比較少；判的罪如果不是那麼可怕，但也比較確實。歐洲政治法庭的主要目標在於懲罰犯人；美國政治法庭的主要目標，則在於撤消犯人的權力。因此，美國的政治判決，可以看作一項預防措施；沒有理由要法官去死扣刑法的確切定義。再沒有比美國法律描述應稱之爲政治犯的犯人之模糊更可驚了。美國憲法第 2 條第 4 款，作如下的規定：「美國之總統、副總統及所有公務員，因叛國、受賄或其他大小罪行而受彈劾或判罪，應予撤職。」許多州的憲法，甚至更不明白。麻薩諸塞州的憲法如此說：「公共官吏行爲不檢或施政不善，應受彈劾。」維吉尼亞洲的憲法宣佈，「因施政不善、貪污或其他大罪而觸犯州法律之一切公共官吏，可由眾議院加以彈劾。」在有些州中，憲法並不曾舉出任何罪名，這樣就使公務員負擔著無限責任。我要冒昧斷

言，唯其美國法律溫和，所以它們在這方面才如此可怕。我已表明，在
歐洲，一個公務員之被撤職，以及他的政治資格之喪失，乃是他要受懲
罰的後果。在美國，這些事卻構成了懲罰的本身。結果便成了這種情
形：歐洲的政治法庭被授與了一些它們不敢使用的可怕權力，它們怕懲
罰得太重而礙住自己的手腳，所以根本不去懲罰。但是，在美國，卻沒
有人會遲疑去施以一種人性不會退縮的刑罰。為了奪取政敵的權力而將
之處死，這是犯了全世界都會罵為可怕的暗殺罪，但宣稱政敵不配行使
該項權力從而使他無法得權，既不傷他性命也不損他四肢，看去則可能
是鬥爭中的一種公平作法。但這種十分容易宣佈的判決，對大多數被判
的人，也同樣致命嚴厲。大犯人無疑可能會憑他的精力徒勞無益地拚下
去，但普通犯人卻會害怕該項判決，把它看作是一件懲罰，摧毀他們在
世間的地位，使他們名譽掃地，迫令他們過比死亡還要糟糕的羞恥無為
的生活。在美國，政治機構的審判權對社會進步所施展的影響，按它看
來不那麼可怕的比例說，要比外表上強大。它並不直接壓制平民百姓，
但它卻使人民中的大多數對當權者更加專制；它並未給立法機構一種只
能在某抑重大危機中行使的無限權威，但它卻建立了一種隨時都可採用
的穩健和正規的影響。權力如果是減少了，另一方面卻也能更便利地為
人行使，更容易地被人誤用。美國人由於防止政治法庭施加司法懲罰，
彷彿躲掉了立法專制，而不是躲掉了專制本身的一些最壞後果。我不敢
說，考慮到所有的情形，照美國現在這樣設立的政治審判權，不是有
史以來操在人民中多數手裡的最強大的武器。當美國各共和州開始變壞
的時候，要檢驗這個說法是否確實，只要看看政府彈劾的數目是否增加就
行了。

第八章
聯邦憲法

截至目前為止，我已把每州當作一個單獨整體來考慮，解釋了人們在各州中開動的不同發條，以及各州所採取的不同行動手段。但我先前認為獨立的所有各州，在某些情形下，卻被迫都要服從聯邦的最高權威。現在應該探究一下授與聯邦的這部分主權，並對聯邦憲法投以迅速的一瞥了。

聯邦憲法的歷史——第一個聯邦之起源——其弱點——國會向具有主權之選民呼籲——從此次呼籲到新憲法公佈，其間之兩年間歇

在將近上一世紀末期同時擺脫英國羈絆的13個殖民地，正如我已說過的，具有相同的語言、相同的宗教、相同的習慣，以及差不多相同的法律，並且是對一個共同敵人進行鬥爭；這些原因已強到足以使他們彼此聯合，並將他們結為一個國家。但是，由於它們各自都有單獨的生活和本身能加掌握的政府，便產生出一些分別的利益和特有的習慣。這些利益和習慣，對於會把每州的個體重要性併入全體重要性中去的這樣一種契約和親密聯合，是有妨礙的。於是便出現了兩種對立趨勢，一種敦促盎格魯－美國人把他們的力量聯合起來，一種慫恿他們把力量分開。

只要與母國的戰爭持續一天，聯合的原則便由於需要而活著一天；雖然組成聯邦的法律很有缺陷，共同的紐帶卻不管法律的這些不完備之處而繼續存在下來。但是和約剛一締結，這種立法缺點就立刻變得明顯，而國家彷彿在突然之間就解散了。每個殖民地成了一個獨立共和國，自稱具有絕對主權。聯邦政府被它的憲法弄得無能為力，不再有共同的危險作它的支持，眼看歐洲大國冒犯它的國旗卻毫無辦法，同時也幾乎不能保住地盤免被印第安部落進襲，並且無法償付獨立戰爭期間的債款利息。當它正式宣佈無法管理政府，並向握有主權的選民呼籲時，

它已瀕於毀滅的邊緣了。

如果說美國曾其躋於（不論時間多短暫）其居民的自豪想像所慣於指點的那種榮耀頂峰，那就是在這個國家權力可以說自動禪讓的難得時刻。一切時代都曾提供出一個民族爲了贏得獨立而精神勃勃地進行鬥爭的壯觀；不過，美國人爲擺脫英國羈絆所作的努力，卻一直有不少誇大。距離敵人有 3 千哩之遠，中間隔著一個海洋，又有一個強大同盟者支持，美國的勝利應歸因於它們地理位置的地方，要遠比歸因於它們軍隊的勇氣或公民的愛國心的地方大得多。要拿美國的戰爭與法國大革命的那些戰爭，或者拿美國人所作過的努力與法國人所作過的努力相比，那會是可笑的。當時，法國爲整個歐洲所攻擊，沒有錢，無處告貸，找不到同盟者，把二十分之一居民開出去迎敵，一隻手在國外擎著革命火炬，一隻手卻去按熄那正吞噬國內的火焰。但是，看一個偉大民族在接到立法機構通知，說政府車輪已停止轉動時，用鎮定而又精細的眼光打量它自己，看它仔細檢查禍患的範圍，耐心地足足等候兩年，直到發現出一個補救辦法爲止，不要人流一滴淚，不要人流一滴血，便自願服從它，這在社會歷史上卻眞是一件新穎事情。

當第一部憲法的疏漏被發現時，美國剛好有雙重便利之處：一是具有接替獨立革命時興奮心情的那種鎮定，一是得到獨立革命所創造出的那些偉大人物的幫助。接受起草第二部憲法任務的立憲會議很小；但喬治・華盛頓是它的主席，而且其中包括了新世界所曾出現過的最精明、最高貴的人物。這個國民議會經過長期深思熟慮，建議人民接受至今仍然管理聯邦的那部普遍大法。所有各州都接連加以採納。新的聯邦政府，在兩年中絕期之後，終於在1789年開始它的職守。美國獨立革命結束之際，正好是法國大革命開始之時。

聯邦憲法梗概

聯邦政府與州政府之間的權力劃分——州政府爲主，聯邦政府爲輔

等待美國人解決的第一問題，是將主權劃分開來，俾組成聯邦之各州得以繼續在一切與其內部繁榮有關的事務上管理自己，同時又能使聯邦所代表的全國繼續組成一個結實的整體，以應付一切普遍的危機。這問題是一個複雜而又困難的問題。要想事先用任何準確的程度去解決兩個政府中每一個該分享多大權力，其不可能的情形，正如想要預見一國

生活中將發生的一切偶然事件相仿。

聯邦政府的義務和權利是簡單而又易於界說的，因為聯邦原先就是根據明確目的組成，要去應付某些巨大的普遍需要；但是，另一方面，各個州的權利和義務，就複雜而且多樣了，因為州政府透入了社會生活中的一切小事。聯邦政府的屬性曾予以仔細界說，凡為它所不包括的，則被宣佈留歸各州政府所有。這一來，州政府就仍然繼續為主，而聯邦政府則為輔了。

但是，當時曾經預見，這個為輔當局之確切權限，在實踐中將可能產生一些問題，而任這些問題由各州自行設立的普通法院去決定則很危險，所以便設立下一個聯邦最高法院，其職責之一正是在憲法設立的兩種互競的政府間維持權力的均衡。

聯邦政府的權力

歸於聯邦政府的宣戰、媾和、徵收一般賦稅之權 —— 聯邦政府可指導全國內政政策的哪一部分 —— 聯邦政府在某些方面比舊法蘭西王國之國王政府還要集權

人民本身只是一些個人；他們所以需要在一個政府下聯合起來，是因為只有這樣做他們才能在外國人面前顯得有利。因此，媾和與宣戰，締結商約，招募軍隊，以及裝備艦隊的全權，便授與了聯邦。在社會內政的指導上，一個全國政府之需要，卻感到不如此迫切；但是有些一般性利益，只能由一個總的當局處理，才會有利。聯邦受權管理貨幣制度、統理郵政、鋪築連接全國各地區的大路。各州政府在其境內之獨立，是得到承認的；然而，聯邦政府卻受權在幾種預定情形下，也就是在各州輕率行使其獨立而可能危害整個聯邦安全時，干預各州內部事務。所以，雖為加入聯邦各共和國保留下隨意修改和變更其立法之權力，卻不許它們訂立追究既往的法律，或頒發任何貴族頭銜。最後，由於有必要使聯邦政府能夠償清它的債務，它具有無限的徵稅權力。

考察聯邦憲法所建立的分權制度，一方面指出為各州所保留的那部分權柄，另方面說明給予聯邦的那一部分權力，很明顯地可以看出當初聯邦的立法者具有一些對於政府集權的十分明確的想法。美國不僅組成一個共和國，而且組成一個聯邦；然而國家權力在該地卻比歐洲幾個專制君主國還要集中。我在此只舉兩個例證。

　　在法國，曾經存在過13個最高法院。一般說來，這些法院都有權解釋法律而不許上訴。那些稱為輕稅的省份，有權拒絕繳納代表國家的君主來徵收一筆稅款。

　　在聯邦，則正如只有一個立法機構制定法律一樣，只有一個法院解釋法律；而國家代表所投票通過的稅額，對一切公民均有約束力。因此，在這兩個主要點上，聯邦都比法國君主政體集權，雖則聯邦只不過是聯合的諸共和國的一個集合體。

　　在西班牙，某些省份具有建立與它們本身特別有關的稅收制度的權力。雖然這個特權，按其本身性質說，屬於國家主權。在美國，則唯獨國會才有權規定各州彼此間的商業關係。因此，聯邦政府在這方面比西班牙王國還要集權。誠然，法國或西班牙的主權，總是能憑武力去獲得凡國家憲法所不肯給他們的東西，所以結果最後還是一樣；不過，我在此討論的，卻是憲法的理論。

　　決定聯邦政府職權範圍以後，下一步要解決的，便是它應當如何去行使職權了。

聯邦政府的立法權

立法機構分為兩支——兩院組織方式之分別——各州獨立的原則支配參議院結構——眾議院之組織則為民權主義所決定——憲法只有在國家年輕時才合乎邏輯，此項事實之唯一意義

　　事先已在幾州憲法中定下的方案，在聯邦權力的安排中都得到了遵循。聯邦立法機構包括一個參議院和一個眾議院，一種妥協精神，使這兩個議院按照不同原則組成。我已表明，在訂立聯邦憲法時，有兩種利益曾互相對立。這兩種利益，產生了兩種意見。一方希望把聯邦轉變為一些獨立國的聯盟，或者說轉變為一種大會，幾國的代表可在其中會晤，討論某些有關共同利益的問題。另一方則打算把美洲各殖民他的居民聯合起來，結成同一民族，並設立一個雖然範圍有限、卻作為全國唯一代表行事的政府。這兩種理論的實際效果，十分不同。

　　假如目標在於設立一個聯盟而非設立一個全國政府，那麼，所有各州中的多數，而非聯邦所有居民中的多數，將會制定法律；因為每一個州，不論大小，都仍然會充分保持獨立，並以完全平等的資格加入聯邦。可是，如果美國的居民被認為屬於同一國家，那就自然應由聯邦公

民制定法律了。當然，較小的州在答應實行這個原則時，不能不在事實上把自己的生存讓給聯邦的主權，因為它們不會再有同等地位和同等權利，而只變成了一個偉大民族的一個微不足道的部分而已。前一種制度會授與它們過份大的權威，而後一種制度則會把它們的影響全部消滅。處在此種局面下，正如處在利害與理由對立的情形下一樣，邏輯的規則結果就被打破了。立法者想出下一個中庸之道，用強力把兩個在理論上不能調和的制度合到一起。

在參議院的結構上，各州獨立的原則得到了凱旋；在眾議院的組織上，國主權的原則卻贏得了勝利，每州要送兩名參議員，以及按人口比例的一定數量眾議員進入國會，由於這種安排的結果，今天紐約州有33名眾議員，卻只有2個參議員；德拉瓦州有2個參議員，卻只有1名眾議員；因此，德拉瓦州在參議院中與紐約州平等，但紐約州在眾議院中卻有德拉瓦州33倍的影響力。於是全國在參議院中的多數，就有可能使它在另一院中的多數代表所作的決定陷於癱瘓，而這種情形則是與立憲政府的精神背道而馳的。

這些事實表明，在理性上和邏輯上，要把立法的幾部分合併為一，是何等的稀罕和困難。在同一民族中，隨時間之進展，總會產生出一些不同利益，總會認可一些不同的原則。當一個總的憲法要設立起來時，這些利益和原則對任何政治制度的嚴格的徹底應用，都多少是些天然的障礙。國家生活早年的一些階段，是它有可能使立法嚴格合乎邏輯的唯一時期。當察覺一個國家在享受此種便利時，我們不應匆忙遽下結論說它是智慧的，而只應記住它還年輕。在擬定聯邦憲法時，各州獨立的利益和全民結為聯邦的利益，乃是盎格魯－美國人中間唯一互相矛盾的利益，所以有必要使他們達成妥協。

不過，應當公正承認，聯邦憲法的這一部分，迄今仍未產生出當初可能害怕過的那些弊端。所有各州都很年輕，又相互毗鄰；它們的習慣、理想和需要，並非不相類似；而由它們的大小不同所產生出來的區別，並不足以使它們的利益過於懸殊。因此，小州從未在參議院中結為聯盟去反對較大各州的計畫。而且，人民意志在立法上表現出一種如此凌厲而不可抗拒的權威，參議院對眾議院多數投票所能提出的，也只是一種微弱反對而已。

此外，還不應忘記，美國立法者無力把他們代之立法的人民，縮小成一個單一國家。聯邦憲法的目的，當初並非要消滅各州的獨立，而只

是要給這種獨立限制。由於承認這些第二層社區具有真正的權力（其實也絕不可能剝奪它們這種權力），美國立法者事先就聲明，將不採取強迫推行多數決議的習慣作法。這一點既經規定，各州影響之導入聯邦政府機構，就不值得奇怪了，因為這件事僅僅證明了一種已被承認的權力的存在，這個權力可以試著去抑制，卻絕不能加以強行限止。

參議院與眾議院的進一步區別

參議院議員由州立法機構提名；眾議院議員由民眾提名——前者經複選；後者則用單一選舉——不同職位的任期——各院的特殊功能

參議院與眾議院之不同，不僅在於它的代表原則，而且在於它的選舉方式，議員任期，以及職能性質。眾議院由人民選出，參議院則由各州立法機構選出；前者乃用直接選舉，後者則由一個當選機構複選；當選眾議員的任期是 2 年，參議員的任期則為 6 年。眾議院的職能純然是立法，它所分享的司法權只限於對公共官吏的彈劾。參議院在立法工作上與眾議院合作，審判眾議院提請它判決的那些政治犯。它同時也擔任全國大行政委員會的工作；總統所締結的條約必須經過參議院批准；總統所作的任命，為了在法律上生效，也必須徵得同一機構的同意。

行政權

總統之依附性——他由人民選舉，責任重大——他在本身職權內自由，受參議院監察，卻不受參議院指導——他的薪俸在就職時規定——延置否決權

美國立法者擔負了一項艱難任務，企圖創立一種行政權，使之一面依賴人民多數，一面卻又強大到足以在本身職權範圍內不受限制地行事，行政權的代表必須服從全國意志，這對政府之維持共和形式乃是不可少的。

總統是一個選舉出來的行政官。他的榮譽，他的財產，他的自由，以及他的生命，乃是人民暫時讓他使用權力的一些擔保物。但他在行使他的權柄時，並不是完全獨立的；參議院要審理他與外國的關係，以及他對公職任命的分配，所以他既不能自行腐化也不可能被人腐化。聯邦

的立法者承認，除非行政權享有比各州賦予它更大的穩定性和力量，它便不能體面而方便地完成它的工作。

總統的當選任期爲4年，連選得以連任，以使將來當政的機會能鼓舞他爲共同福利推行一些富有希望的事業，並給他一些將這些事業付之實行的手段。總統被當作聯邦行政權的獨立代表；曾經小心不使它決定從屬於一個委員會的決議，因爲後一種作法是一種危險作法，既容易阻礙政府行動，又容易減低政府責任。參議院有權取消總統的某些作法；但它不能強迫總統採取任何步驟，也不能參與行政權的行使。

立法機構對行政權所採的舉動可能是直接的，我剛才已表明美國人小心避免此種影響；但在另一方面，這種舉動又可能是間接的。立法會議有力量取消一個國家官吏的薪給，這就侵害了國家官吏的獨立性；而且由於它們可以自由制定法律，這就使人害怕它們會逐漸將憲法授與該官吏的一部分權柄侵爲己有。行政權的這種依附性，是共和制度固有缺陷之一。美國人一直無法抵制立法會議非佔有政府不可的趨勢，但他們曾使這種傾向變得不是那樣不可抗拒。總統在整個在職期間的薪俸，在他就任時規定。此外，總統還擁有一種延置否決權作爲武裝，容他反對通過可能損毀憲法授與他的那部分獨立性的一類法律。不過，總統與立法機構之間的鬥爭，必定始終是一場力量不相等的鬥爭，因爲後者用堅持它的方案的辦法，有把握壓服任何反抗；但延置否決權卻迫使它至少必須重新考慮該項問題，假使動議堅持再度提出，那時至少必須有全院三分之二人數支持才能通過。而且，否決權是一種對人民的呼籲。行政權沒有此種保障，便可能暗地受壓迫。它採用這個手段來爲它的主張辯護，並陳述它的動機。但是，如果立法機構堅持它的方案，它能不能永遠壓倒反抗呢？我的答覆是，在所有國家的不論何種憲法中，總有一點存在。在這一點上，立法者只有依靠他公民同胞們的良知和德行。這一點，在共和國中比較接近，也比較突出；而在君主國中則較爲遼遠，而且被更細心地掩蔽起來；不過，這一點卻永遠存在於某個地方。沒有一個國家，法律在其中能提供一切東西，或者政治制度能在其中證明是常識和公共道德的代用品。

美國總統之地位在哪些方面
與法國立憲君主不同

美國行政權像其所代表之主權一樣有限，一樣居於輔助地位

　　——法國行政權像國家主權一樣擴張到一切事物——國王乃立
法機構之一支——總統僅爲法律的執行者——從兩種權力之任
期所產生出來的區別——總統行使政權時受到抑制——國王行
使行政權則是獨立的——儘管有此種種區別，法國之近似共
和，甚於聯邦之近似君主國家——兩國依靠行政權的公共官吏
人數之比較

　　政權對國家命運具有如此重大的影響，我想詳細討論一下我的問題
的這一部分，以便更清楚地說明它在美國所以巧妙扮演的角色。爲了對
美國總統地位取得一個明確的概念，不妨將之與法國一個立憲君主的地
位作一比較。在此種對比中，我不打算去注意權力的種種外在標幟，這
些標幟與其說易於導引觀察者的研究，不如說易於淆亂觀察者的眼光。
當一個君主國逐漸轉變爲共和國時，行政權遠在國王眞正權柄已消失之
後很久，還保留了國王的頭銜、榮譽和禮節。英國人在斬了一個國王的
頭，把另一國王從寶座上趕走以後，依然習慣於只好跪著向那些君主的
繼承者談話。但是，當一個共和國落到受一個獨夫之支配時，元首的風
貌仍舊一樣簡樸和不加虛飾，彷彿他的權威還不曾達到頂點似的。當皇
帝們對他們的公民同胞的財富和生命施展著一種無限支配權時，大家慣
於在對話中把他們稱爲凱撒；而他們也總是習於在朋友家中不拘禮節地
吃飯。因此，有必要看一看表面底下的情形。

　　美國的主權，是由聯邦與各州分享的。而在法國，它的主權卻不曾
被分開，成爲一個結實的整體。由此就產生出美國總統與法國國王間所
存在的第一和最顯著的區別。在美國，行政權像它藉其名義行事的主權
一樣有限和居於輔助地位；在法國，它卻像國家主權一樣，無所不包。
美國人有一個聯邦，而法國人則有一個全國政府。

　　這種低下地位是自然形成的，但它並非唯一低下的地位，第二個重
要的地位低下之處，在於下述情形。主權可界說爲制定法律的權利。在
法國，國王眞的行使一部分主權權力，因爲假如他不認可，法律便沒有
重量；而且他又是法律一切命令的執行者。總統也是法律的執行者，不
過他卻不參與制定法律。同爲他拒絕同意，並不能阻礙法律的通過。因
此，他就不是主權權力的一部分，而僅僅是主權權力的代理人。然而，
法國國王卻不僅構成主權權力的一部分，而且還對作爲主權權力另一部
分的立法機構的提名出力。他通過任命議會一院之議員而參與該院的工

作，又可隨意解散議會的另一院。反過來，美國總統在立法機構的組成中卻沒有份，而且也不能解散它。國王像議會兩院一般，同樣有權提出議案。這種權利，總統卻沒有。國王在議會兩院中都有他的大臣作他的代表，這些大臣解釋他的意圖，支持他的意見，維護政府的原則。總統和他的閣員卻同樣被排除在國會之外，他的影響和意見只能間接透入那個龐大機構。因此，法國國王與立法機構是處於平等地位，立法機構不再離得開他，而他卻可以不要立法機構。而總統，則像一個低級和從屬的權力一樣，被置於立法機構之旁。

即使在行使應稱之爲行政權的權力上，在使其地位彷彿處於最近似法國國王地位之一點上，美國總統也是在幾種低下的情況中操勞。首先，法國國王的權柄在任期上就優於美國總統的權柄；任期是力量的主要要素之一；受人愛戴或令人害怕都算不得什麼，要緊的是看去能夠經久。美國的總統，是一個選任 4 年的行政官。法國國王，則是一個世襲的君主。

在行使行政權時，美國總統經常都受著一種忌妒的監視。他可以準備，但不能締結一項條約；他可以提名，卻不能任命一個公共官吏。法國國王在行政權力的領域內，則是獨斷獨行的。

美國總統要對他的行動負責；但法國國王個人，則爲法國法律宣稱是不可侵犯的。

不過，話雖如此，輿論作爲一種指導力量，高於美國總統的程度也不下於高過法國國王。這個力量在法國不如在美國明確、顯明，也沒有那樣爲法律所認可；但輿論卻存在於法國。在美國，輿論藉選舉和法令而行事；在法國，它卻靠革命來推行。所以，儘管這兩個國家具有不同的憲法，輿論在兩國中都是居於統治地位的權威。立法的基本原則，一種本質上屬於共和的原則，在兩國中都是相同的，雖然該原則的發展多少有自由與不自由之分，而發展的結果也有所不同。所以，我被導引得出結論：具有國王的法國之近似共和，甚於具有總統的聯邦之近似君主國家。

在以上各部分，我只觸及了區別的主要點；如果我能深入細節，對比本來還會更加驚人。

我已提及，美國總統的權柄僅在部分主權範圍內行使，而法國國王的權柄則未被分割。我本可繼續討論下去，指出法國國王政府的權力超出它的天然範圍，不論這些範圍如何廣闊，並由許許多多不同途徑透入

私人利益的管理。在有關這種影響的例證中，可以引述的是由於公務員人數之龐大而產生的那種影響。這些公務員全都是由政府當局任命的。現在，這個公務員的人數，已經超過以往一切極限；任命總額達於13萬8千人，其中每一個都可被認為是權力的分子。美國總統沒有任何公職的專權，而公務員的總數，則幾乎不超過1萬2千。

可能增加行政勢力的一些偶然因素

聯邦的對外安全保障——6千人的陸軍——幾艘船隻——總統具有大權，但無行使機會——在行使大權時，總統也很軟弱

假如說，美國的政府當局比法國政府當局軟弱，其原因應歸於環境之處也許多於應歸於國家法律之處。

一國行政權施展它技巧和力量的機會，主要是在對外關係上。如果聯邦的生存不斷受到威脅，如果它的主要利益每天都與其他強國相關，行政當局便會隨大家期望他採取以及它會執行的那些措施，兩成正比地顯出一種日益增加的重要性。不錯，美國總統是陸軍統帥，但美國陸軍只有6千人：他指揮艦隊，但艦隊算起來總共才幾艘；他主理聯邦外交關係，但美國又是一個沒有鄰居的國家。它與世界其餘部分隔著汪洋大海，暫時又很軟弱，還無意去獨霸海洋。它沒有敵人，它的利益很少與地球上任何其他國家利益發生接觸。這證明它的政府的實際活動，不應使用它憲法的理論去評判。美國總統幾乎具有皇室特權，卻沒有機會去行使；而目前他能使用的那些特權，又十分有限。法律容許他強大，但環境卻使他軟弱。

另一方面，法國皇室特權的巨大力量，來自環境的地方卻遠比來自法律的地方多。該地行政當局經常在與大障礙鬥爭，同時也有巨大手段去克服它們；所以用不著修改憲法，它便被它成就的範圍，以及它所控制的事件的重要性所擴大了。假使法律當初把它設立得像美國聯邦一樣軟弱，一樣限制重重，它的影響不久還會變得更佔壓倒優勢。

美國總統為了繼續推行政府工作，
何以不需在兩院中取得多數

在歐洲，這已成為一個定論，說一個立憲君主，如遭立法機構兩院

的反對，便無法統治。但是，大家都知道，美國有幾個總統在立法機構中失去了多數，卻並未被迫得放棄最高權力，也沒有對社會造成任何嚴重禍患。我曾聽見這個事實被人引來證明美國行政當局之獨立和權力；可是，相反，片刻的思考就會使我們確信，這正是它軟弱的一個證明。

歐洲國王需要立法機構的支持，以便使他們能夠履行憲法加於他的職責，因為那些職責很大。一個歐洲立憲君主，是法律的執行者，法律條款的執行全部要仰仗於他，這就使他有權力在法律反對他的計畫時去使法律失效。他要立法會議協助他制定法律，但這些立法會議卻需要他幫忙去執行法律。這兩個權力當局彼此缺了對方便不能盡責。只要它們發生不和，政府機器便會立刻停頓。

在美國，總統不能阻止任何法律的通過，也不能規避實施該項法律的義務。執行公務時，他誠摯熱心的合作，無疑很有用處，但也並非絕不可少。他在一切重要行動上，都直接間接受立法機構的支配。而他可以自由使用的權柄，他也不能用之去做什麼。因此，使他能用來與國會繼續作對的，只是他的軟弱而非他的力量。在歐洲，王權與立法機構必須和睦相處，因為它們之間的衝突可能被證明是嚴重的；在美國，這種和睦卻非必不可少，因為絕不可能發生這樣一種衝突。

總統之選舉

民選總統制度危險之增加與總統特權範圍之擴大成正比——因為不需強大行政權，所以此種制度有可能在美國存在——環境如何有利於民選總統制之建立——何以總統之改選並不改變政府原則——總統改選對下屬官員之影響

用於一個大國行政首腦的選舉制度，其危險已為經驗及歷史例證充分證明。我想單就與美國有關的此種制度的危險談一談。

這些危險之大小，可能與行政權所佔的地位，以及它在國家中所具的重要性成比例，而且它們也可能根據選舉的方式，以及選民所處的環境而有不同。反對民選首席行政官的最有分量的論點乃是說，這種選舉制度對個人野心提出了一個太吸引人的誘惑，而且十分易於激發人去爭權奪利。這樣，當合法手段欠缺時，武力就不免常會去攫取權利所無之物了。很明顯，行政當局的特權越大，這種引誘也就越大；候選人的野心被激起得越大，他們的利益便會被一群黨羽擁護得越熱烈。這群黨

羽，是希望在他們恩主贏得錦標時，能分享權力的。因此，民選總統制度危險的增加，與行政權在國家事務中所施展的影響的增加，恰好成為正比。波蘭的一些革命，不獨可歸因於一般的民選首腦制度，而且可歸因於當選君主乃是一個強大王國的國王。

　　在能討論民選首腦制度的絕對利益之前，我們必須先作一些初步調查，看看要採用民選首腦制的民族，其地理位置、法律、風俗、習慣和民意，究竟是否容許建立一個軟弱和依賴性的行政當局。因為，在我看來，企圖賦予國家代表人以強大權力，同時又要他經由民選，等於是在採納兩個互不相合的方案。要把世襲的王權縮小成民選的當局，我所熟知的唯一辦法，是事先限制它的行動範圍，再逐漸減少它的特權，使人民一步步地習慣於不在王權的保護下過活。但這是歐洲各共和國從未想到過要去做的事；他們當中很多人之憎恨暴政只因為他們受了暴政的欺凌，激起他們敵意的是壓迫而不是行政權的範圍；他們攻擊壓迫，卻沒有察覺壓迫與行政權力何等接近。

　　迄今為止，沒有一個公民曾願拿自己的榮譽和生命去冒險，以便當上美國的總統，因為該職位的權力是暫時、有限和從屬的。獎品必須很大，才能激發冒險家去孤注一擲。至今還不曾有一個候選人，能鼓起人們危險的熱情和激烈的同情去擁護他。原因很簡單：因為當他成為政府首腦時，他只不過具有很少權力、很少財富和很少榮譽來與他的朋友分享。而且他在國內的影響又太小，不足以左右一部分指靠他當權的人事業的成敗。

　　世襲君主政體的巨大好處在於，一個家族的私人利益既然總與國家利益密切相關，這些國家利益便一刻也不會被忽視。同時，即使一個君主國的事務主持得不如一個共和國好，不管好壞，它的事務至少總有個人在按其能力主持。相反，在民選首腦的國家中，政府車輪在臨近一場選舉，甚至在選舉之前一些時候，彷彿就自行停止了。真的，法律可以加速選舉的進行，選舉也可用十分簡單的迅速辦法辦理，使權力的席位永遠不會空著；可是，儘管有這些預防辦法，人民頭腦中還是必然會產生一種中斷想法。

　　在一場選舉臨近時，行政當局的首腦只想到正在迫近的鬥爭；他不再有任何可以指望的事情了；他不能去從事任何新的工作，而且他將只會冷漠地實行那些也許會被另一人終止的計畫。「現在我已如此接近我的退職時間，」傑佛遜總統於1809年1月21日，在選舉前6個星期（原

文如此；其實是他離職前 6 個星期）這樣說：「我沒有任何願望，我不偏袒任何一方，我也不抱任何感情。依我看來，我只需要把那些業已開始的措施留交我的後任，由他去進行，由他去負責了。」在另一方面，全國人的眼睛卻集中到一點：大家都在注視這樣重大的一個事件之逐漸誕生。

行政權擴張得越廣，它的經常行動越大和越必要，權力中斷的期間也就越有致命的影響。而一個習於受政府管理的國家，或者更甚於此，一個受慣了強大行政權管理的國家，將必會被一場選舉所震撼。在美國，政府的行動則可能因不怕受罰而鬆弛下來，因為它始終是軟弱受到重重限制的。

民選首腦制度的主要弊端是，它總給國家內外政策帶來一定程度的不穩。但是，如果授與民選行政官的那份權力很小，這種不利之點也就不會被人感到得那樣尖銳。在古羅馬，雖然執政官每年改變，政府原則卻不曾起任何變化，因為作為世襲機構的元老院掌握了主政的權柄。在大多數歐洲君主國中，如果國王乃由民選，那麼，王國在每一次新選舉中都會發生革命。在美國，總統對國務施展一定的影響，但他並不主理國務；壓倒的力量掌握在全國議員手中。因此，全國的政治準則是依據廣大人民，而非依據總統一人；所以民選首腦制度，在美國對政府的穩定性也就沒有十分不利的影響。但是，缺乏固定原則，究竟是民選首腦制度的一個根深蒂固的弊端。在總統權力施展的狹窄範圍內，它仍然非常易於察見。

美國人承認，行政權首腦為了履行職責，為了承擔全副責任的重擔，應有自由挑選下屬和隨意將他們撤職之權；立法機構注意總統行為，應多於指導總統行為。但結果卻是，在每次新選舉中，所有聯邦公共官吏的命運都懸而不決。在歐洲立憲君主國中，行政機關較卑微的職員的命運，常要依部長的命運去決定。但是，在民選首腦的政府中，這種弊端更要大得多；而其原因，則非常明顯。在立憲君主國，接任的政府各部迅速組成；由於行政權的主要代表永不改變，革新精神總不致越出界限；變化與其說發生在行政系統的原則上，不如說發生在行政系統的細節上。可是，像在美國那樣，每隔 4 年，根據法律用一個系統去代替另一系統，那卻是去造成一種革命了。不過談到這種事態可能落到個人頭上的不幸，那卻應該說明，公職任期的不固定還未在美國產生出它預料在別處可能產生出的那些有害後果。在美國，要取得一個自食其力

的地位是如此容易，失去官職的公共官吏可能會得不到舒適生活，但決不會喪失謀生之道。

　　我在本章開始處已經談到，用於國家首腦的民選制度，其危險因採用它的民族的特殊環境而增大或減少。行政權不論如何受限制，總必對一國的外交政策施展一種巨大影響，因為除非由單一的政府人員經手，談判便無法開始或順利進行。一個民族的地位變得越是不穩，越是危險，便越是絕對需要一項固定和首尾一貫的外交政策。這樣，民選首席行政官的制度，也就會變得越加危險。美國人對整個世界關係的政策極其簡單；幾乎可以說沒有人需要他們，他們也不需任何人。他們的獨立從未受到威脅。因此在他們目前情況下，行政權職能之受環境限制，並不亞於受法律限制；總統可以時常改變他的政策，卻不致陷國家於困難或毀滅。

　　不論行政權所有的特權是什麼，即將舉行選舉之前的時期，以及選舉進行的期間，總應被認為是一個國家的緊要關頭，其危急程度與國家內部困擾和外部危險成正比。歐洲的國家，每逢在不得不選舉一個新國王時，很少能逃避無政府或被人征服的災禍。在美國，社會組織得不需幫助就能站穩腳跟；它不需要害怕外界的壓力；總統選舉是一件激動人心，卻不是導向毀滅的事情。

選舉方式

美國立法者從他們所採取的選舉方式中顯示出來的技巧——特殊選民團之設立——此種選舉人的獨立選票——眾議院應召挑選總統的情形——憲法訂立以來之12次舉結果

　　除卻制度本身所固有的危險，還有許多別的危險可能從選舉方式中產生出來；但這些危險可由立法者的預防辦法加以防範。當一個民族全副武裝到某一公共地點去選它的元首時，除了民選首腦制度本身的危險以外，還容易惹起這種行事方式所引起的一切內戰可能。波蘭法律使國王的選舉動輒為一個獨夫否決，暗示人只有去殺死那個獨夫或為無政府狀態開路。

　　考察美國的制度以及它的政治和經濟狀況時，我們不能不吃驚於天賦和人力之和諧結合與相得益彰。該國具有兩種內部和平的主要因素；它是一個新的國家，卻住著一個老於運用自由的民族。而且，美國沒有

需要害怕的敵意鄰居；美國立法者得益於這些有利環境，創立了一個軟弱和附屬的行政權。這個行政權，可以不冒險，使之成為民選。

　　這樣，剩下要他們做的，便只是在不同選舉方式中挑選一種最少危險的方式了。而他們在這一點上定的規章，又很美妙地恰與全國物質和政治構造所提供的保障相合。他們的目的，是要找出一種選舉方式，最能表達人民的選擇，卻又最少可能淚動人心和造成懸而不決。首先，大家都公認，這個問題應由天真純樸的大多數人決定；但困難卻在於如何不要拖延一段時間即可獲得這個多數，因為拖延正是應加避免的最要緊的東西。難得有個人，在一個大國的第一次選舉中，就能取得多數選票；在一個由地方勢力非常發達和強大的數州聯合組成的共和國中，這個困難更增大了。而預防這第二種障礙的辦法，是把全國選舉權託付給一個代表全國的團體。這種選舉方式，使多數更近乎確實；因為選舉人越少，達成協議的機會越大。這種辦法也附帶提供了一個多半能作賢明選擇的可能性。接下去，留待決定的問題，則是究竟應把這個選舉權交給立法機構本身，交給國家的普通議員，還是應組織一個專為挑選總統而用的特別選舉院。美國人選擇了後一辦法，因為他們相信那些只被選來制定法律的人，在選舉全國首席行政官時僅能不完備地代表全國意願；同時那些議員當選已超過一年，他們所代表的選民到此時可能已改變意見了。他們認為，假如給立法機構選舉行政首腦的權力，它的議員們在選舉之前，有段時間就容易受貪污腐化和鉤心鬥角的影響；而那些特別選舉人卻會像大陪審團一樣，在選舉日以前一直與大眾混在一起，到那天才僅僅為投票出面一下。

　　因此，就決定每州應提名一定數目的選舉人，而他們則應依次去選舉總統。但像前面已說過的，實行選舉制國家中的這些被委託來選擇首席行政官的會議，不可避免地會變成一些激情和陰謀的中心；它們有時篡奪了不屬它們的權力；而它們的議程以及由議程而產生的不明不白的情形，有時又會拖得太久，危及國家的福利。於是又決定，不必召集這些選舉人到同一地點，要他們在同一天投票。這種複雜選舉辦法，雖不一定能得出多數，卻有助於求得多數；不過，這些選舉人也並不強於他們所代表的選民，因為他們也可能無法達成協議。遇到這種情形，就只好在三種辦法中採取一種辦法了：要就任命新的選舉人，否則便再次去徵詢那些已被任命的選舉人的意見，再不然，就把選舉工作交給另一當局。這三個辦法中的前兩個，姑不論其結果多麼難確定，多半會拖延最

後決定，並讓一種必定始終帶來危險的民眾不安永久拖延下去。因此，第三個權宜辦法便被採納了。大家都同意，應將選票密封，送交參議院議長，在一個指定日子，當參議員和眾議員的面開封和清點。假使沒有一個候選人獲得多數，眾議院便應立即著手選舉總統；但也有一條件，那就是他們只能在選舉院所選出的三個票數最多的人當中選定一人。

這樣。總統的選舉便只有在一種不可能經常發生、而且也永遠無法預見的情況下，才交給全國普通的議員了。而且，即使在這個時候，這些議員也被迫只能挑選一個已為特別選舉人中強有力的少數所選定的公民來出任總統。多虧這個可喜的權宜辦法，才使得對大眾呼聲應有的尊敬，與最迅速的執行辦法兩者結合起來，並獲得了全國利益所要求的種種預防措施。但是，眾議院對問題的決定，並不一定能對困難提供一個立刻解決的辦法；因為該院能否得到多數，仍大有可疑。遇到那種情形，憲法就沒有定出補救之法了。不過，話雖如此，把候選人數目限為三個，同時又把問題提到一個明智的共同團體跟前去作決定，這個辦法究竟剷平了民選首腦制度本身固有的一切障礙。

聯邦憲法公佈後的 44 年中，美國曾選過 12 次總統。在這些選舉中，有10次是由各州特別選舉人同時投票，立即選出的。眾議院只有兩次行使了它這種在不能確定總統情形下，去作決定的有條件的特權：第一次是在1801年傑佛遜先生的選舉中；第二次是在1825年約翰·庫恩賽·亞當斯先生被提名的時候。

選舉的危機

選舉可視為為全國的危急時刻——何故——人民之激情——總統之憂慮——繼選舉之不安而來的平靜。

我已經說明，促使美國採取民選首腦制度的是哪些環境，以及立法者用來避免危險的是哪些預防手段。美國人習慣了各種各樣的選舉；他們憑經驗知道可以容人心之不安發展而又不破壞安全的最大程度。全國幅員的廣大和居民意見的紛紜，使政黨之間的傾軋比別處較少可能，也較少危險。選舉一向據以進行的那些政治環境，至今還未曾引起過任何真正的危險。不過，美國總統的選舉時期，仍然可被認為是它國務上的一個危機。

總統對國務所施展的影響，無疑是脆弱和間接的；但總統的選舉，

雖對每個公民個人無關重要，卻與公民的集體很有關係；而一項不管何等微小的利益，一旦成了普遍利益，就立刻獲得很大的重要性了。與歐洲的國王對比起來，總統只具有很少培植私黨的辦法；但歸他處置的職位，卻足以直接或間接使幾千選舉人對他的成功感到關懷。而且，美國的政黨，總是傾向於糾合在一個人的周圍，以便在群眾眼中取得更可覺察的形象。總統候選人的名字，總是被提出來作爲他們學說的象徵和化身。因爲這些緣故，各政黨之對贏得選舉勝利發生強烈興趣，與其說爲了在當選總統的主持下使他們的主義得勝，不如說是想藉總統之當選去表明擁護那些主義的人現在已構成多數。

在指定的選舉時間到來以前，有很長一段時間，選舉成爲大眾重要和可以說一致熱中的討論題目。黨派的熱情加強，一個幸福和平的國家的想像力能創造的一切虛假感情，都被激動和暴露了出來。而且，現任總統全神都貫注在如何自衛上。他不再是爲了國家利益，而只是爲了自己再度當選的利益而治理國家。他對大多數人討好，不但不照他職責所要求那樣去節制他的感情，反而時常令他的感情反覆無常，糟糕到了極點。隨著選舉臨近，老百姓中的陰謀和擾亂增多了；公民分成了對立的陣營，每個陣營都打著它所屬意的候選人的名號；整個國家都興奮若狂；選舉成了報紙每天的標題、私人交談的題目、一切思想行動的目的，以及當前大家唯一有興趣的東西。不錯，只要選擇一經決定，這種熱情立刻就會消散，平靜便會隨之恢復，而那條原先幾乎決堤的河流，也會落入通常的河床。可是，原先居然掀起這樣一場風暴，誰能禁住不吃驚呢？

總統之連選連任

> 行政首腦再度當選時，國家成了陰謀和腐化的根源——再度當選，是美國總統的首要目的——總統連選連任對美國所特有的不利之處——民主之天然弊病在於使所有當局逐漸屈從於多數人最微小的願望——總統之連選連任鼓勵此種弊端

美國的立法者當初容許總統連選連任，是對還是錯呢？乍看上去，不許行政首腦再度當選，彷彿違背一切理性。一個人的才能和品格，對整個民族可能起的影響，這是大家都清楚的，尤其是在艱難的環境和危急的時刻。法律禁止首席行政官連選連任，將會剝奪公民確保他們國家

的繁榮和安全的最好手段；而且，憑一條奇特的前後不符的法律，正當
一個人證明有能力管理得很好時，他卻會被排出政府。

　　不過，如果說這些論點很強，也許可舉出一些更有力的理由去反駁
它們。陰謀和腐化是民選政府的天然弊端；當國家首腦能連選連任時，
這些弊端更大大提高，危害國家本身的生存了。一個候選人想靠陰謀出
人頭地，他的計算只能在非常狹小的範圍內施展；可是首席行政官上了
候選人名單，他卻借用政府的力量去達到他本人的目的。在前一種情況
下，是個人薄弱的才智在活動；在後一種情況下，則是國家本身用它巨
大的影響力，在忙於營私舞弊。運用該受責備的詭計去獲得權力的公
民，他私人只能以一種間接損害公眾繁榮的方式去活動。可是，如果行
政代表降身參加爭鬥，對他來說，政府的貴幹就縮小為次要事情，而他
自己在選舉中的勝利則成了他第一關心的事了。所有公家的談判，以及
一切法律，對他都不過是競選方法而已；政府職位成了不是對國家，而
是對首腦服務有功的獎賞；而政府的影響，如果不是對國家有害，至少
也不再對它為之而創造的社區有益了。

　　考慮到美國國務的常規，不可能不察覺，連選連任乃是著總統的首
要目標；他的政府的整個政策，甚至他的最不在意的措施，都趨向於這
個目標，尤其在危機迫近時，他私人的利益就代替了公眾的普遍利益。
有資格再度當選的原則，使民選政府的腐化影響格外廣泛和有害。它易
於降低人民政治道德，使縱橫操持的手腕成為愛國心的代用品。

　　在美國，這種原則還要更直接地損害國家生存的基礎。每個政府彷
彿都為它天性中固有的某種禍害所苦，而立法者的天才則在於看清這種
禍害。一個國家可能承受一大堆不好的法律而活下來，那些壞法律的影
響常常都被人誇大了；但一項法律鼓勵內部癰癌生長，最後必將證明有
致命的效果，雖然該法律的壞結果可能不會立即被人察覺。

　　專制君主國毀滅的根源，在於王族權利無限和不合理的擴張。有一
些措施，趨於撤消那些中和此種影響的憲法條款。即使它們的直接後果
並不立即引起禍害，它們也將嚴重地有害。推而廣之，在人民永遠把一
切權力集中在自己之手的民主國家當中，那些增加或加速這些活動的法
律，便會直接攻擊到政府的本體了。

　　美國的立法者的最大功績，是清楚認識這個真理，並有勇氣據之行
動。他們認為，在人民整體之上設立一定的當局乃是必要的；這個當
局，在其職權範圍內應享有一定程度獨立，而又不完全脫離大眾控制；

這個當局，會被迫按照大多數人平時的決定辦事，但也能抗拒大多數人的反覆無常，拒絕大多數人的一些最危險的要求。爲了達到這個目的，他們把全國整個行政權集中到一個枝幹；他們授與總統廣大特權，又用否決權把他武裝起來，使之能反抗立法機構的侵犯。

可是，由於採用總統連選連任原則，他們卻把自己的這些工作，部分地加以摧毀了；他們賦予總統大權，但又使他不大想使用這個大權。假如沒有再度當選的資格，總統就不會脫離人民，因爲他的責任不會終止；討人民的喜歡便對他不致於變得那麼必要，以致誘他在各方面都去遵從人民意願。假如有連選連任資格（這在今天，當政治道德廢弛而偉人又很稀少之時，尤爲確實），美國總統在多數人手中，便成了一個百依百順的工具了。他採納大多數人的喜愛和怨恨，預測它的願望，事先防止它的抱怨，他屈從於它的一些最無聊的熱望，不單不像立法機構原先屬意要他做的那樣去導引大多數人，反而僅僅唯大多數人之命是聽。這樣，原先爲了不使國家喪失對個人才能的運用，那些才能倒反而被弄得幾乎毫無用處了；原先爲了保留一項防止臨時的危險辦法，全國反而容易惹起不斷的危險了。

聯邦法院

美國司法官在政治上的重要性——處理這種問題的困難——司法權在聯邦中的效用——何種法院被用於聯邦——設立聯邦法院之必要——全國司法組織——最高法院——最高法院與所有已知的其他法院有何區別

我已考察了聯邦的立法和行政權，現在留待考慮的是司法權；但我在此無法對讀者隱藏我的恐懼。盎格魯－美國人的司法制度，對他們的狀況施展了很大的影響。這些司法制度在應稱之爲政治制度的制度中，佔著十分重要的地位：在這方面，它們特別值得我們注意。但是，不談談與美國法院結構以及判案方式有關的一些技術細節，我簡直不知如何去說明它們的政治行動；而涉及這些小節，我又無法不以這個題目天然的枯燥味來煩累讀者。不過，我怎能把問題談得簡短而同時又清楚呢？我不能希望逃避這些不同的弊病。普通讀者將抱怨我講得沉悶，法律學家將說我講得過於簡單。但這些是我的題目，尤其是我現在要討論的一點本來就有的不利之處。

　　最大的困難，不在於知道如何組織聯邦政府，而在於找出一個實施它法律的方法。政府一般只有兩種克服被治者反對的手段：那就是，它們本身所握有的物質力量，以及它們從法院判決得來的道德力量。

　　一個政府，除了用暴力以外便別無他法去逼使人服從，必定離毀滅非常之近。因爲這時兩種情況之一，大概就會發生在它身上。假使它脆弱而有節制，它只會在最不得已時才依靠暴力，並假裝不見許多局部的不服從行爲；那時，國家就會逐漸墮入無政府狀況。假使它強大而有進取心，它便會天天都依持物質力量，這樣它很快就會變爲一個軍事專制國了。所以，政府的活潑與遲鈍，對被治者將同等有害。

　　司法的偉大目的，在於以權利觀念代替暴力觀念，並在政府與物質力量之使用中間，設置一道法律屏障。人類公意所給與法院的那種干涉權威，眞是一件奇怪東西！它甚至附著在司法的單純手續上，連法律影子都給人一種具體的影響力。法院所具有的道德力量，使物質力量很少使用，而且時常代替了物質力量；可是，如果證明非用武不可，武力的力量也會因與法律觀念聯合在一起而倍增。

　　一個聯邦政府比任何其他政府都更需要司法制度的支持，因爲他天生脆弱，而且容易遭到強大反對。假如它遇事永遠不得不先依靠暴力，它就不能完成它的工作了。因此，聯邦特別需要一個司法部來使公民遵守法律，並保護公民不受侵犯。但是，由哪些法院來行使這些特權呢？是否應該將這些特權交與已在各州設立的那些法院呢？或者，是否有必要組織聯邦法院呢？可能很容易證明，聯邦不能使各州司法權適合它的需要。州的司法權與其他權力的分離，對各州的安全和自由都是必需的。但是，各州的幾種權力應該同出一源，遵循同一些原則，並在同一領域行使。換句話說，這幾種權力必須彼此相關，性質相同，這對國家生存而言，也不可或缺。我猜想，沒有一個人曾想要把在法國犯下的罪，拿到一個外國法院上去審判，以便保證法官公正無私。

　　從美國人與他們聯邦政府的關係上來看，美國人是一個統一的民族。但在這個民族當中，卻一直容許各式各樣的政治單位存在。這些政治單位，在若干點上附屬於全國政府，在其餘各點上卻又獨立自主。它們都有本身不同的起源、自己特有的行爲準則和處理本身事務的特殊方法。將執行聯邦法律的工作交給這些政治單位所組織的法院，無異容許外國法官主持全國審判。不，較此尤甚；各州之於整個聯邦，不僅形同外國，而且永遠都是敵手。因爲聯邦所喪失的任何權力，都轉而於各州

有利。所以，藉州法院去執行聯邦法律，將不僅會容許外國的，而且會容許有偏見的法官來審判全國。

可是州法院的數目，比州法院的性質，還要使它們不適合於為全國所用。當聯邦憲法制定時，美國已有13個判案之後無法上訴的法院。現在這個數目已經增加到24了。假想一國基本法律要同時遵從24個不同解釋而這個國家仍能生存，這等於是提倡一件既於理不合而又違反經驗的事情。

因此，美國立法者同意創設一項聯邦司法權，去應用聯邦法律，決定某些事先仔細訂明的影響全體利益的問題。聯邦的全部司法權，都集中在一個稱為美國最高法院的法院上。但是，為了促進事情的便利，其下又補設一些下級法院，受權審理一些不上訴的次要案件，以及較大的還要上訴的案件。最高法院的法官，既非由人民任命，也非由立法機構任命，而是由美國總統在咨詢參議院後任命。為了使最高法院法官獨立，不受其他權力影響，他們的職位是被定為不能轉移的；而且還決定，他們的薪俸一經規定，便不能由立法機構縮減。要宣佈聯邦司法的原則很容易，但到要決定其審判權的範圍時，困難就增多了。

決定聯邦法院審判權之方法

決定聯邦內不同法院審判權之困難——聯邦各法院有權規定本身審判權——此項規章在哪些方面侵入為若干州所保留的那一部分主權——這些州的主　權受法律以及法律解釋的限制——因此而由若干州引起的危險屬於表面者多，屬於實在者少

由於美國憲法承認兩種不同的主權彼此對面存在，而從司法觀點說，這兩種不同的主權又以兩種不同級的法院為代表，所以在規定這兩種法院各自的審判權時即使極端小心，也不足以防止兩者經常發生衝突。於是，問題就轉到該把決定每個法院權限的權利交給誰了。

在組成一個單一國家的民族中，當兩個法院間因審判權而起爭辯時，一般由就近的第三法院去解決爭端；而這件事不經困難就能完成，因為在這些民族中司法權限問題與全民主權問題無關。但是，在聯邦的高級法院與一州的高級法院之間，卻不可能創立一個不屬於這兩級中之一級的仲裁者。因此，便有必要容許這些法院中的一個自行斷案，審理或暫後審理爭訟中的問題了。將此種特權授與各州不同的法院，會使聯

邦主權名存實亡；因為對憲法的解釋，將使各州很快恢復憲法條款已為它們剝奪的那一部分獨立權。創立聯邦法院的目的，是在防止州法底各行其是去決定涉及全國利益的問題，以便建立一個統一的司法體去解釋聯邦法律。即使若干州的法院避免判決自認屬於聯邦的案件，但如果它們能假說那些案件不屬聯邦管轄範圍，上述目的也依然不會達到。因此，美國最高法院便受權決定與司法權有關的一切問題。

這是對州主權的一個嚴厲打擊。這樣一來，州主權便不僅要受法律限制，而且要受法律解釋的限制，既受一個已知範圍又受一個未知範圍、既受一個明確規章又受一個任意規章的限制了。憲法固然已定下聯邦最高權力的確切界限，但每逢這個最高權力為各州之一所爭訟時，決定這個問題的卻是聯邦法院。不過，儘管如此，各州的獨立受這個訴訟程序的威脅而產生的危險，並不如表面看去之嚴重。我們往後將看到，美國授與各州的實權，要遠遠地大於授與聯邦政府的權力。聯邦法官自覺他們領其名義而行使的權力比較脆弱；遇到一些案件，法律在其中與其說賦予他們進行審判的權利，不如說斷言他們有一種依法不能要求的特權時，他們更多偏於放棄審判權利。

不同的審判案件

案件與訴訟關係人乃聯邦進行審判之首要條件──牽涉外國大使在內之訴訟──有聯邦介入之訴訟──涉及一州之訴訟──由誰審判──因聯邦法律而產生之案件──何以要由聯邦法院審理──有關不履行合約的案件由聯邦法院審判──此種安排之後果

確立了聯邦法院權限以後，聯邦的立法者又界定了何種案件應歸這些法院審理。據決定，一方面，不管訴訟具有何種特殊性質，必須永遠有一定的訴訟關係人在聯邦法院出庭；另一方面，勿論訴訟關係人是誰，某些案件又必須始終提交同一些法院。因此，訴訟關係人與案由，被公認為聯邦審判的兩項基礎。

與聯邦敦睦之各國的大使，凡涉及其個人之事，在某種程度上也與聯邦有關。因此，當一位外國大使乃是訴訟中之一造時，由於爭端影響全國福利，自然要召集聯邦法院予以審理。

聯邦本身也可能涉入一些訴訟程序。遇到此種案件，除向代表聯邦

本身主權之法院上訴以外，再向其他法院上訴便是背理和違反所有國家習慣的事情。因此，只有聯邦法院受理審判這些爭端。

當原告被告兩方屬於兩個不同的州而進行訴訟峙，案件提交任何一州都不適當。最穩妥的辦法，是挑選一個不致引起任何一方疑心的法院，而這個法院自然就非聯邦法院莫屬。

當訴訟的兩造並非私人而係兩州時，為了求得公平的同一考慮，還加上了一個重要的政治上的權衡。在此案中，兩造性質給予它們爭端以全國的重要性；可以說，兩州之間再微小的訴訟，都影響全國的和平。

案件的性質，時常規定法院該具有何種資格。所以，一切有關海運事務的問題，很明顯地都歸聯邦法院審理。所有這些問題，幾乎都依據對國際法的解釋去決定。在這方面，它們主要涉及聯邦與外強關係的利益。而且，由於海洋不屬任何一國或他國的審判權範圍，所以只有國家法院才能審理由海運事務所引起的案件。

憲法把所有在性質上屬於聯邦法院審理的案件，幾乎全置於一個項目之下。它所定下的通則很簡單，卻包藏著一整套想法和一大堆事實。它宣佈，最高法院的司法權，及於美國法律產生出來的一切法律和平衡法上之案件。

有兩個例證，將使立法者的用意一目瞭然。

憲法禁止各州制定有關貨幣價值和流通的法律。假如一州不顧此項禁令，通過了一條這種法律，而有關各方因其違憲而拒絕遵守，那麼，這個案件就必須提交一個聯邦法院，因為這個案件是從美國法律產生出來的。另外，假如徵收國會通過的進口稅發生了困難，也必須判決這個案子。因為這案子也是由美國法律的解釋產生出來的。

這條通則完全符合聯邦憲法的基本原則。照1789年情形建立起來的聯邦，主權固然有限，但它曾立意在主權範圍內組成一個單一民族。在那些範圍內，聯邦是至高無上的。這一點既經確立，並得到承認，推論就很容易得出了。因為大家業已公認，美國由其憲法規定在其領土內只構成一個民族，那就不能拒不給它們其他國家所有的權利。但自有社會以來，大家一向又都容許各國有權由其本國法院決定有關其本身法律執行的問題。而聯邦在這一點上，卻處於十分獨特的地位：它在與某些問題有關時只構成一個民族，而在與其餘一切問題有關時卻又什麼都不是。不過，從這種處境引伸出來的結論，仍然是聯邦在與前些問題有關的法律上具有絕對主權權利。困難之處是在於知道那些問題是什麼；而

這一點一旦解決（在談及決定聯邦法院審判權的方法時，我已表明這一點是如何解決的），就再不會產生疑問了。因為只要確定一件訴訟是聯邦的——那就是說，該訴訟屬於憲法為聯邦保留的那一部分主權範圍——結果自然就是，該訴訟應歸聯邦法院審判。

美國法律每逢受到攻擊，或採自衛手段，就必須向聯邦法院上訴。所以，聯邦法院之擴大和縮小範圍，恰好與聯邦主權之增減成正比。我已說明，1789年立法者的主要目的，是要把主權分成兩個部分。他們讓一部分主權管理聯邦的一切普遍利益，讓另一部分主權管理構成聯邦各州的特殊利益。他們最關心的是用足夠力量把聯邦政府武裝起來，使它能在它的領域內抵抗若干州的侵害。至於對這些州，立法者則採納了普遍使其在本身一定範圍內獨立的原則；在該範圍內，中央政府不能控制各州的行為，甚至連檢查也不行。談到主權的分割時，我已指出後一項原則並不曾始終被尊重，因為各州被禁通過某些分明屬於其本身利益範圍的法律。當聯邦之州通過一項法律時，受害的公民可因其執行而向聯邦法院上訴。

這樣，聯邦法院的審判權就擴大了，不僅包括從聯邦法律產生出來的一切案件，而且包括所有從若干州與憲法對立的法律產生出來的案件。各州不許在刑法上制定溯及既往的法律，任何因這一類法律而被判罪的人，都可向聯邦司法權上訴。同樣，各州也不許制定可能損害契約義務的法律。如果一個公民認為一項此種義務為本州所通過的法律所損害，他也可以拒絕服從該項法律，並向聯邦法院上訴。

依我看來，這個規定乃是對各州獨立最屬害的打擊。為了明顯的全國性目的而授與聯邦政府的權利，都是確切而易於理解的；但這個條款已賦予聯邦的那些權利，卻既不能為人明白感到，也不是準確地界定。因有許多影響契約成立的政治法律，都可以像這樣被用作觸犯中央主權的藉口。

聯邦法院的訴訟程序

聯邦各州司法的天然弱點——立法者應盡可能使私人而不使州出席聯邦法院——美國人在此點上如何獲致成功——聯邦法院對私人之直接起訴——對違反聯邦法律之州的間接起訴——最高法院法令只削弱而不損毀各州法律

　　我已述明聯邦法院的權利是一些什麼權利。同樣重要的，是要指出這些權利如何行使。主權未經分割的國家，其不可抗拒的司法權來自一個事實：這些國家的法院，在與法令所轄的個人爭訟時，代表的是整個國家；權力觀念就像這樣被用去鞏固權利觀念。可是，在主權分割的國家，情形便非總是如此了；在這些國家，司法權與其說是用以反對孤立的個人，不如說更經常是用以反對國家中的一部分人。結果，它的道德權威和物質力量便減少了。在聯邦國家中，法官的權力自然減少，而受審訴訟關係人的權力則增大。因此，聯邦國家立法者的目的，應當是使法院地位類似於它們在主權未經分割的國家中所佔的地位。換句話說，他應當經常努力，堅持使聯邦司法權作為國家代表，同時又使受審的訴訟關係人作為個人利益的代表。

　　每個政府，不論其憲法如何，都必須有辦法去強迫百姓，使之履行義務，以及保護政府本身特權，使之不受百姓進犯。就政府對被治者所採取的直接行動而論，美國憲法用高超的手法，訂明聯邦法院在奉行法律時，應只審理以個人為資格的訴訟關係人。因為，既已宣佈聯邦乃由一個單一民族在憲法規定的領域內組成，推論下去，由這個憲法所創立並在這些領域內活動的政府，就被授與了全國政府的一切特權，其中主要項目之一，就是直接對公民私人發佈命令的權利。例如，當聯邦投票通過徵收一種稅款時，它並不是去向州徵收，而是按其估稅比例，向每個美國公民徵收。受權執行此項聯邦法律的最高法院，並非對一個不聽話的州，而是對納稅的私人施展它的影響力；所以，像其他國家的司法權一樣，它只是對一個個的人發生作用。應該指出，聯邦是自己選擇敵手；由於敵手軟弱，它自然就佔了上風。

　　可是，當訴訟不是由聯邦對別人起訴，而是別人告發聯邦時，困難就增加了。憲法承認各州的立法權；而該項權力所制定的法律，又可能違犯聯邦的權利。在此情況下，聯邦與通過該項法律的州之間，不可避免地會發生一場衝突，到那時，便只好選擇最少危險的補救辦法了。先前我已確立的總原則，指明了這個補救辦法是什麼。

　　可以想像，在考慮的這個案件中，聯邦也許會在一個聯邦法院之前控告那個州，而聯邦法院則會取消該州的該項法律；這可能是最自然的訴訟程序。但是，這樣一來，司法權就被放在直接與州對立的地位了，而合意的作法卻是盡可能地避免這種狀況。美國人認為，一項新法律不會用它的一些條款去損傷某些私人利益，這幾乎是不可能的。美國立法

者把這些私人利益看作是一些攻擊可能不利於聯邦的措施的手段，最高
法院所要加以保護的正是這些利益。

假定一個州賣了一部分公地給一個公司，一年後卻又通涸一項法
律，用另外辦法處置那部分公地。於是，憲法上那條禁止法律損毀契約
義務的條款，就被違反了。當第二次的購買者要去佔有那塊地時，根據
第一次契約而佔有那塊地的所有者向聯邦法院起訴，這就使要求取得那
塊地所有權的人，頭銜被宣佈取消和作廢了。這樣，事實上，聯邦司法
權就是在與州的主權要求爭訟；但它只採取間接行動，並只在一件細節
的應用上行動。它攻擊的是那項法律的後果，而不是那項法律的原則；
它與其說是摧毀那項法律，不如說是削弱那項法律。

最後，再假設一個案例。美國各州都是一個享有獨立存在和不同公
權的自治體，因此各州都可在法院上告人或被告。這樣，一州便可以對
另一州起訴了。在此種情況下，聯邦並非應召來與一州之法律爭訟，而
是應召來審判一件以州為訴訟關係人的訟案。這個訟案，除了訴訟關係
人的性質不同外，與任何其他案件完全相似。在此，本章開始時所指出
的危險仍然存在，避免的機會更要少些。聯邦各項制度，竟會在國家內
部創立出一些對司法自由執行的有力障礙，這是聯邦制度本體中固有的
毛病。

最高法院在州的各項大權中所居的高位

*沒有一個民族曾像美國人一樣創立如此大的司法權——其特權
範圍——其政治影響——聯邦之平靜和存在本身，有賴於7位
聯邦法官的審慎*

考察了最高法院的組織細節和它行使的全部特權以後，我們會立即
承認，任何民族都從未制定過更強大的司法權。最高法院在它權利的性
質上，以及在它所掌握的受審訴訟關係人的等級上，都被置於比任何其
他已知法院都要高的地位。

在歐洲所有文明國家中，政府始終極反對把與它本身利害相關的一
些案件，交由普通法院判決。政府越專制，這種反對情緒自然也就越
大；同時，在另一方面，法院特權隨著人民自由日增，也越益擴展；但
是至今還沒有一個歐洲國家，主張所有司法爭論，不管其起源如何，全
部能夠交給習慣法的法官解決。

　　在美國，這個學說實際上卻一直都在實行，美國最高法院是全國唯一的最高法院。它的權力擴張及於由全國各當局所訂法律和條約產生出來的一切案件，擴張及於有關海員和海運審判權的一切案件，以及一般說來涉及國際法的一切問題。甚至可以斷言，雖則它的組織主要是司法性的，它的特權卻差不多完全是政治性的。它的唯一宗旨在於實施聯邦法律，而聯邦則只規定政府與公民、全國與外強之間的關係；至於公民本身之間的關係，則幾乎全由各州主權去規定。

　　這個法院的還有一個、也可說是更大的優越處。在歐洲國家中，法院只應召去審判私人間的糾紛；但美國的最高法院卻把州的主權權力傳上法院。當法院書記按照法院程序辦事，簡單地宣讀「紐約州控告俄亥俄州案」時，不可能不令人感到他當堂宣讀的法院不是一個普通機構；當我們想起這兩個訴訟關係人，其中一個代表 100 萬人，另一個代表 200 萬人時，我們更會吃驚於那7位法官責任的重大，因為他們的判決大概會使他們公民同胞中這樣大一個數目的人滿意或失望。

　　聯邦的和平、繁榮和生存本身，都交託在 7 位聯邦法官之手了。沒有他們，憲法將只是一紙空文：行政權向他們呼籲求援，去抵抗立法權的侵犯；立法機構要求他們保護，去抵抗行政權的進襲；他們防禦聯邦，使其能得各州之服從，又保護各州，使其免受聯邦過份的要求；他們保障公共利益，使之免受私人利益侵害，又維護穩定的保守精神，使其不受民主朝三暮四精神的擾亂。他們的權力是巨大的，但那是公意的權力。只要人民尊重法律，他們就力大無窮；但要反對大眾忽視或輕蔑法律，他們就會無能為力了。公意的力量，是下屬當中最不聽話的力量，因為其影響的確切範圍是不能界定的；超出界限之危險，並不下於留在界限之內的危險。

　　聯邦法官不僅應該是品行良好的公民，是具有一切行政官所不可少的見聞和誠實的人，而且必須是政治家，善於識別時代的徵兆，不怕面對不能克服的障礙，而且也敏於避開那威脅著要把他們連同聯邦至上權威和對法律應有的服從一掃而光的狂潮。

　　總統可能犯錯而不致在國內引起巨大災害，因為總統的權力是有限的。國會可能作出不當的決定而不致毀滅聯邦，因為國會所由產生的選舉單位，可用改換國會議員的辦法，使之撤回決定。然而，最高法院一旦由冒失或不好的人組成，聯邦卻可能被投入無政府狀態或內戰了。

　　不過，這種危險的根源，並不在於法院的結構，而在於聯邦政府性

質的本身。我們已經看到，在聯邦各州中，特別需要加強司法權。因為那些獨立的人，在沒有一個別的國家，能用更大權力去與社會抗衡，或處於更好地位去反抗政府的物質力量。但是，一個權力越是需要加強，那就越是必須使之廣泛和獨立；而它濫用權力可能造成的危險，則被它的獨立和力量提高了。因此，弊病的根源不在權力結構，而在使此種權力有必要存在的國家結構。

聯邦憲法在哪些方面優於各州憲法

聯邦憲法如何能與各州憲法相比──可歸因於聯邦立法者智慧的聯邦憲法之優越性──聯邦立法機構的依靠人民，不如州立法機構之甚──行政權在其領域內更為獨立──司法權較少屈從多數意志──這些事實之實際後果──民主政府所固有的危險被聯邦立法者減少，卻被州立法者加多

聯邦憲法在其打算完成的種種目的上，與各州憲法根本有別；可是在達到這些目的的手段上，兩者之間卻比較類似。這兩種政府目的不同，但形式卻一樣；從這個特殊觀點看來，將兩者互相作一比較，會有某種益處。

我認為，根據幾個理由，聯邦憲法優於任何州的憲法。

目前的聯邦憲法，其制定時期晚於大多數州，可能因吸取經驗而得到過一些好處。但是，當我們回想到在聯邦憲法制定後已有11個州加入聯邦，而這些新共和國差不多又總是誇大了它們對先前各州憲法缺點所作的彌補，那我們就會確信，時間之晚只是聯邦憲法優越性的次要理由而已。

聯邦憲法所以優越的主要原因，在於制定憲法的那些立法者的品格。在聯邦憲法訂立之時，聯邦彷彿隨時都會垮台，它的危險是舉世皆知的。在這個危急時刻，人民寧可選擇一些最值得尊敬的人，而沒有去選擇那些受全國愛戴的人。我已指出，聯邦的所有立法者幾乎全以他們的才智聞名。但他們之出眾，卻更因為他們的愛國心。他們全部是一個時代培育成的。那時候，自由精神因一場反對強大而又專構的當局的持續鬥爭而振奮起來。當鬥爭終止時，人民大眾照舊抱著激奮感情去與已不存在的危險作戰，但這些人卻即刻停止了激動；他們對他們的國家，投了較為平靜和更有眼光的一瞥；他們察覺，一場決定性的革命業已完

成，美國此時必須害怕的只是那些可能從自由的濫用而產生出來的危險。他們有勇氣說出他們認為真實的事情，因為他們都從對自由的誠摯熱愛中獲得了蓬勃的生氣；他們敢於提出一些約束的建議，因為他們堅決反對毀滅。

大多數州的憲法，都把眾議院任期定為一年，參議院任期定為兩年，以便立法機構的議員能經常和嚴格地受制於選民最微小的願望。聯邦立法者則認為，立法機構的這種過度依賴性，改變了代議制主要成果的性質，因為它不僅把權力根源授與人民，而且也把政府交給了人民。他們加長了議員任期，以便給予議員行使其本身判斷力的更廣範圍。

聯邦憲法，像各州憲法一樣，把立法機構分為兩支。但在各州，這兩支立法機構卻由同一成分組成，也依同樣方式選舉。結果，人民大眾的感情和愛好，在這院或那院中都同樣迅速和容易得到代表，而法律則全部由暴力和輕率制成。依據聯邦憲法，兩院也都由同樣方式，從人民的選舉產生；然而，當選資格和選舉方式卻改變了，以便像某些國家的情形一樣，使立法機構之一支即使不代表另一支所代表的同一些利益，至少也能把那些利益代表得更為智慧。要當參議員，必須具有成熟的年齡；而參議院則由一個成員數目有限的民選會議選出。

將整個社會力量集中立法機構之手，這是民主國家的自然趨勢；由於這是最直接從人民中產生的，它具有人民的壓倒力量之較大部分，自然趨向於壟斷各種影響。這種權力的集中，對一個行政良好的政府當局非常有害，同時卻於多數人的專制有利。各州立法者常常屈從於民主的這些嗜好，但聯邦的建立者對之卻始終勇敢地加以抵抗。

在各州，行政權操在一個行政官之手。他表面上被置於與立法機構平行的位置，實際上卻只是立法機構意志的盲目代理人和消極工具。他不能從職位的任期得到任何權力，因為他的任期一年就終結了。他也不能從特權的行使中獲得任何權力，因為他不能說具有任何特權。立法機構可把執行自己法律的工作交給自己議員組成的特殊委員會，從而譴責行政官無所作為；它又可以削減行政官的薪俸，從而取消他暫時的威嚴。聯邦憲法卻把行政權的一切特權和全部責任，都授與了一個人。總統任期定為4年；在此任期內，他的薪俸不得改變；總統有一隊侍從保護，並有延置否決權作為他的武裝；簡言之，聯邦憲法作了一切努力，要授與行政權一個在規定給它的範圍內的強大獨立的地位。

在各州憲法中，司法權是最不受立法權干預的權力；可是，所有各

州的立法機構，卻都爲自己保留下規定法官薪給的權限，而這種作法必然會使法官易受立法機構的直接影響。在有些州內，法官只是臨時任命的，這就剝奪了他們一大部分的權力和自由。在另一些州內，立法與司法權完全混淆。例如，紐約州的參議院，在某些案件中就成了該州的高級法院。另一方面，聯邦憲法卻仔細地將司法權與所有其他權力分開；它宣佈法官薪俸不能予以減少，其職能不能轉讓，從而給了法官獨立的地位。

這些不同制度的實際後果，是容易察覺的。一個眼光周密的觀察家，很快就會注意到，聯邦的事務處理得要比任何一個州都好。聯邦政府的行爲，要比各州的行爲公平、有節制；它更細心和審慎。它的計畫較爲持久，也結合得更有技巧。它的措施執行得更有力，更一致。

我用幾句話，把這一節的要旨，再扼要地重述一遍。

民主國家的生存，受兩個主要危險的威脅：那就是立法機構完全屈從於選民團的意志，以及政府一切其他權力完全集中於立法一支。

這些弊端的發展，曾得到各州立法者的助力；但聯邦立法者，當初卻盡力使之力量不那樣強大。

美利堅合衆國聯邦憲法與其他一切聯邦國家憲法相較之下的特點

美國聯邦看去類似其他一切邦聯——但其效能不同——何以如此——此聯邦與所有其他邦聯在何點上有別——美國政府並非一個聯邦政府，而係一個不完備的全國政府

美利堅合衆國不算是聯邦的第一或唯一例證。有幾個聯邦已存在於近代的歐洲，且不提古代那些聯邦了。瑞士、德意志帝國、以及尼德蘭共和國，不是曾經作過聯邦，便是今天仍爲聯邦。研究這些不同國家的憲法時，我們會詫異於它們授給聯邦政府的那些權力，與美國憲法賦予美國政府的權力幾乎一樣。它們交給中央政府有關締和宣戰、集款募軍、應付全國危局和謀求全國共同利益的同一些權力。不過，這些不同國家的聯邦政府一向之以其脆弱和無能出衆，正有如美國聯邦向來以其活力和能幹聞名。另外，第一個美國邦聯的消滅，是由於其政府過度脆弱；然而這個脆弱政府卻具有今天聯邦政府一樣大的權利和特權，在某些方面，它的權利和特權甚至還要更大。但是，目前美國的憲法卻包

含某些施展著最重大影響的原則，雖然這些原則並不馬上引起觀察者注意。

這部憲法，乍看上去，可能與在它之前的那些聯邦憲法相混淆。其實，它所依據的卻是一個全新的理論，這個理論可說是近代政治科學的一大發現。在1789年美國憲法之前的一切聯邦中，各州為一個共同目的聯合起來，同意遵守一個聯邦政府的命令；但它們卻為自己保留了發佈和實施聯邦法律的權利。1789年聯合起來的美國各州，則同意聯邦政府不僅應頒佈法律，而且應執行它自己的法規。在兩種情況中，權利都是一樣，但權利的行使則不相同；而此種不同，卻產生了最重大的後果。

在美國聯邦之前的一切聯邦中，聯邦政府要滿足本身需要，必須去求諸各州政府；如果它所規定的事項為州政府中任何一個所不同意，各州政府可以找到手段去規避它的要求。假使聯邦政府強大，就會依靠武力；假使聯邦政府較弱，便會裝做不見聯邦法律，也就是它的主權所遇到的反抗，而以無能為力為藉口，什麼都不做。在此情形下，兩種結果之一必隨之而來：不是聯合各州中最強的一州取得聯邦當局的特權，並以聯邦名義統治其餘各州，便是聯邦政府為其本來的支持者所拋棄，各州流於無政府狀態，聯邦則失去一切行動機能。

在美國，聯邦的臣民不是州，而是公民個人：全國政府不是向麻薩諸塞州徵稅，而是向麻薩諸塞州每個居民徵稅。舊的聯邦政府管轄的是社區，而美國聯邦政府管轄的卻是個人。它的力量不是借來，而是自生；而且它是由本身文武官員、軍隊和法院為其服役的。無可懷疑，民族的精神、大眾的激情，以及各州的地方偏見，仍會一致趨於縮小如此組成的聯邦當局的權限，並使大家容易反抗它的命令。不過主權有限當局的相對軟弱性，原本就是聯邦制度所固有的弊端。在美國，各州想作反抗的機會和誘惑比較少；而且，如果這樣一種圖謀要付諸實行，也不可能不公開違犯聯邦法律，直接破壞普通的司法程序，公開宣告反叛。一句話，不可能採取人們永遠不敢貿然採取的斷然步驟。

在以往所有的聯邦中，聯邦特權所提供的傾軋因素多於權力因素。因為這些特權增殖了國家的要求，卻不曾增加取得這些要求的手段。所以，聯邦政府的真正弱點，差不多總是與它們有名無實的權力成正比。而美國聯邦的情形卻非如此。像在普通政府中一樣，聯邦權力在聯邦政府中，有辦法堅持它有權作的一切要求。

人類智力發明新事物比發明字眼容易，所以我們只好勉強使用一些

不恰當和不充分的說法。若干國家組成一個永久聯盟，並設立一個最高
當局。這個當局雖不能像一個國家政府那樣管轄個人，卻依然可對結成
聯盟的各國採取行動。這個與其他一切政府根本不同的政府，稱爲一個
聯邦。後來又發現了另一種社會，其中若干國在某些有關共同利益的方
面合爲一國，但在所有其他方面則仍舊保持本身或同盟一員的特性。在
此情況下，中央權力直接管轄被治者，用國家政府一樣的方式去加以統
治和審判，只不過範圍較爲有限而已。顯然，這種政府就不再是聯邦政
府，而是一種不完備的國家政府，既非嚴格的國家，也非嚴格的聯邦
了。可是應該用來表現這個新穎東西的新字眼，卻還不存在。

對於這種新類別的聯邦的無知，曾經是促使所有聯邦發生內戰、遭
受奴役和麻木不仁的原因；組成這些聯盟的國家，一向都太遲鈍或太膽
怯，所以未能看出或應用這個偉大的補救辦法。第一個美國邦聯，也是
由於同一缺點而滅亡的。

可是在美國，聯邦各州在獲得獨立以前，卻早就慣於組織爲一個帝
國的一部分了。它們不曾染上全部自治的惡，國家的偏見也不曾在它們
頭腦中根深蒂固。在政治知識上，它們優於世界其餘部分的人。在它們
自己之間，他們之具有此種知識又彼此不相上下。通常在一國之中反對
聯邦權力擴張的那些激情，很少使它們動搖。那些激情，被它們最偉大
的一些人物的智慧所抑止了。美國人意識到該項弊端，立刻就堅定地採
用了補救辦法；他們修改法律，拯救了國家。

聯邦制的一般優點及其在美國之特殊功用

小國的幸福和自由——大國的力量——大帝國有利文明的成長
——實力常爲國家繁榮的第一要素——聯邦制目的在將小領土
與大領土的雙重利益聯合起來——美國從此項制度中所收的益
處——法律應民眾之急；民眾則不需遵從法律的緊急要求——
美國社區的活動、進步、以及對自由的愛好和享受——聯邦的
公共精神只是各地愛國心的集合——原則與事物在美國領土自
由流通——聯邦像小國一樣幸福自由，卻像大國一樣受人尊敬

在小國內，社會留心到各個地方，要求改良的願望遍及最微小的事
情；人民的野心必然會受它脆弱的抑制，公民的一切努力和才智都用於
謀求社區內部福利，而不大會消磨在榮譽的空洞追求上。個人力量一般

都有限制，按比例說，他的願望也就很小。財產中平，使不同的生活條件近乎平等，居民的生活方式都是井然有序和簡單的。所以，考慮到所有情形，承認道德和文化程度容有不同，我們將會普遍發現小國的人處於小康之局者比大國爲多，小國的人也更爲安分守己，寧靜度日。

當暴政在小國中建立時，它比在別處還要暴虐。因爲暴政在一個比較窄小的圈子內行使，圈中的一切東西都會受其影響。它無法施展雄圖大略，便憑暴力或可恨的干涉插手一大堆最細微的小事，以之作爲替代；而且它離開本來從屬的政界，攪亂私人生活的安排。愛好像行動一樣都要順從規定，公民家庭像國家一樣都要受到統治。不過，這種對於權利的侵犯難得發生，自由實際上是小社區的自然狀態。政府對野心提供的誘惑太弱，而個人的才智要使大權輕易落入一人之手也嫌太小；而且這樣一種事件倘若竟然發生，國內老百姓也很容易就能聯合起來，不費太大力氣便把暴君和暴政同時推翻。

因此，小國一向是政治自由的搖籃；許多小國因變大而喪失自由的這個事實，表明它們的自由與其說是人民性格的後果，不如說是它們國家之小的結果。

世界歷史不曾提供一個例證，表明一個大國曾長年累月保持共和政府；這種情形使人得出結論，說這種事是無法實行的。至於我本人，我卻覺得人們每天惑於實際和眼前之事，常常被最熟悉的情形嚇一大跳，想去限制什麼是可能的，以及想去判斷未來將如何，未免有些輕率。但是，可以有信心地說，一個大共和國總容易比一個小共和國遭到更多危險。

對共和制最有致命影響的一切激情，隨領土的日益增大而增長。同時，於共和制有利的那些德行，則並不按同樣比例加大。公民私人的野心隨國家權力的增長而增加；政黨力量隨政黨在人民眼中重要性的加強而加強；但是應該去抑制這些毀滅力量的愛國心，在較大的共和國內卻並不比較小的共和國內來得大。眞的，可能很容易證明，這種愛國心在大共和國中力量更小，並更少發展。貧富的懸殊、城市的巨大、道德的廢弛、自私自制以及利益矛盾，差不多是一些必然會從國家的龐大中產生出來的危險。這些弊端當中，有幾個對君主國幾乎沒有損害，有些甚至還供給它力量，使之延年益壽。在君主國內，政府有它特殊的力量；它可以使用社區，但不依靠社區；人民爲數越多，君主的力量便越強。可是，一個共和政府所具有的對抗這種弊端的唯一保障，卻只在於多數

人的支持。不過這種多數人的支持，在大共和國中卻並非按比例大於小共和國的；所以，攻擊的手段在數量和影響力上同時都永遠在增加，而抵抗力則仍舊一樣，甚至無寧說是在縮小。因為人民的愛好和利益隨人口增多而變得更加繁複，要構成一個鞏固多數的困難經常都在加大。而且，大家已經看到，人類情感的激烈，已不僅為他們打算達到目的之重要性，而且也被為這些情感同時弄得熱烈的人數之眾多所提高。人人都有理由說，他的感情在一群彼此同情的人中，會比他獨自感到時來得大。在大共和國內，政治激情變得不可抗拒，不僅因為它們立意要達到一些巨大目標，而且因為它們同時被千千萬萬人所感到和共有。

因此，可以作為一個普遍定理斷言，再也沒有比大帝國對人的安寧自由更相矛盾的了。不過，承認大國特有的有利之處，也很重要。別的理由姑且不提，在這些社區中，單是權力慾，就比普通社區中來得強烈。對榮譽的愛好，在某些公民的心中也更為發展。他們認為受一個偉大民族喝采，乃是值得賣力去獲得的一項報酬，而且對人乃是一種激勵和鼓舞。假如我們願意去查明何以大國對知識的增長和文明的進步所作的貢獻要比小國有力，我們將發現有一個充足的原因就是，那些大國的大城市乃是知識中心，人類天才的一切光輝在其中都反射和融合起來，而種種理想則得到了更為迅速和富於精神的流通。除此以外，還可以補充說，最重要的新發現，都需要用小國政府所無法提供的國家力量去完成：在大國內，政府有較大的理想，而且更能全部擺脫陳套的先例和地方的自私感情；它的計畫訂得更有才幹，執行也更大膽。

在和平時期，小國的安寧，無疑比較普遍和完全；但它們從戰爭的災禍中，卻容易遭受比大帝國更屬害的苦難。因為大帝國的遙遠邊疆，可能使廣大人民長期避免危險臨頭，所以廣大人民固然常為戰爭所苦，卻不為戰爭毀滅。

可是在這個問題上，像在許多其他問題上一樣，關鍵性的一點乃在大國有無必要。如果只有小國存在，我毫不懷疑人類本會更加幸福自由；但大國的存在卻是不可避免的。

這樣，政治力量就變成國家繁榮的一個條件了。假如一國永遠容易遭受掠奪和征服，富足和自由對它並沒有什麼好處；如果外國握有海權，又主宰全球市場，小國有了工商業，也很少利益。小國常很悲慘，這不是因為它們小，而是因為它們弱；大帝國其所以繁榮，與其說因為它們大，也不如說因為它們強。因此，物質力量是國家幸福甚至生存的

首要條件。於是除非有非常特殊的情況介入，便發生了這種情形：小國最後總是不用武力便憑自願，聯成一些大帝國。我不知道還有一種別的情形，比一個民族不能自衛或供給本身需要更爲可嘆了。

聯邦制之創設，是想把因爲國家大小之分別而產生的不同利益混合在一起；看一看美利堅合眾國，就可以發現它們從採納聯邦制所獲得的好處。

在大集權國家，立法者必須給法律一種一致性，這種一致性不是經常都適應習俗和地區的差異的。由於立法者不是在主理特殊案件，所以他只能照一般原則立法。但大眾都非遵守法律的要求不可，因爲立法不能去適應大眾之急需和習俗。這一點，正是麻煩和不幸的一大根源。這個不利之處，在聯邦中並不存在；國會規定全國政府的主要措施，而一切行政細節則留歸地方立法機構決定。我們簡直不能想像，主權的這種劃分對組成聯邦的各州的安寧幸福作了多麼大的貢獻。這些小社區從不曾受擴張慾的攪擾，也無需去爲自衛操心，所有的公共當局和私人精力在其中都致力於內部改善。與公民直接發生關係的各州中央政府，每天都得知社會產生的需要；每年都提出一些新計畫，由鄉鎮會議或立法機構去討論，並經報紙傳播，以刺激大眾的熱情，引起公民的興趣。這種改良精神，在美國各州中經常都是生氣勃勃，而又不損害它們的寧靜；權力的野心屈服於追求安寧幸福的慾望，從沒有那樣高雅，也沒有那樣危險。一般都相信，新世界共和式政府之所以會存在和長久不變，有賴於聯邦制的存在和持久。而人們也常把落在南美洲那些新國家頭上的不幸，歸因於不去建立分割的聯邦主權，而不聰明地去創立大共和國。

在美國，對共和政府的愛好和習慣首先建立於鄉鎮和地方立法會議，這一點是沒有辯駁餘地的。例如在康乃狄格那樣一個小州，挖掘運河或鋪築道路，都是一個大政治問題。沒有軍隊要州去支餉，沒有戰爭要州去進行，也不能給予統治者多大財富和榮譽；再沒有比共和式政府能對該州更自然或更適合了。然而先在不同州中創造和培養出來，往後必然要普遍應用於全國的，卻正是這同一種共和精神，正是一個自由民族的這些生活方式和習慣。聯邦的公益心，可以說不過是不同省份愛國熱情之集合和總結而已。美國的每個公民，可以說，都把對自己小共和國的依戀之情轉移到了美國人愛國心的共同倉庫。保衛聯邦時，他是在保衛自己的州或郡的繁榮，是在保衛處理聯邦事務的權利，是在保衛能使聯邦採取一些對他本人利益有利的改良措施的希望；這些就是常常比

全國普遍利益和國家榮譽更能激發人的一些動機。

　　另一方面，假如居民的氣質和風習，使他們特別適於促進一個大共和國的福利，那麼聯邦制社會使他們的工作更少困難。美國各州所組成的邦聯，不曾引起過任何人們大結合通常所產生的不便。聯邦在範圍上是個大共和國，可是它的處事對象之少，卻使它與小州無異。它做的事很重要，但是不多。由於聯邦主權是有限和不完全的，因此這個主權的行使對自由沒有危險，更不會煽起對大共和國有致命危險的那些不能饜足的爭權奪名的慾望。由於全國沒有共同中心，沒有大都市，大家都不知道巨富和赤貧，以及突然爆發的革命；政治激情，不但不像野火燎原一樣傳遍全國，反而以它的力量去抵抗各州的利益和個人的激情。

　　不過，雖然如此，明白的目標和理想依然像在只有一個民族居住的國家一樣，在整個聯邦之內自由流通。沒有任何東西去抑制事業的進取心。政府歡迎一切有才能或知識為其服務的人的幫助。在聯邦的國境內，就像在某個大帝國的中心一樣，到處是一片昇平氣象；在國外，它與世上最強的國家並駕齊驅：兩千哩長的海岸對世界商業開放；由於它握著一個新世界的鎖鑰，它的國旗在最遙遠的海上也受人尊重。聯邦像一個小民族一樣幸福和自由，又像一個大國一樣光榮和強大。

聯邦制何以並非一切國家都可實行，盎格魯－美國人又如何能採用

　　每種聯邦制皆有挫折立法者努力的固有缺點——聯邦制度甚為複雜——它要求天天使用公民的智慧——美國人普遍均有政府的實際知識——聯邦政府的相對軟弱，聯邦制之另一固有缺陷——美國人縮小了此種缺陷卻沒有加以彌補——各州主權表面上較聯邦主權為小，實則更強——何以故——如是觀之，除法律外，組成邦聯之各州間必存有聯邦之成因——此種聯邦之成因在盎格魯－美國人中間為何——緬因州與喬治亞州相距千哩，但比諾曼第和布列塔尼聯合得更自然——戰爭乃邦聯之主要危險——此點甚至為美國例證所證明——聯邦無需害怕大戰——何以故——歐洲人如採用美國人的聯邦制所會惹起的危險

　　一個立法者經過許多努力，成功地對一些民族的命運施展了一種間接影響，他的天才受到人類的讚美。其實，該國的地理位置卻是他所不

能改變的。該國的社會狀況，未經他合作，即已產生出來。一些習俗和見解，他並無法追溯來源。而且，還有一種他所不知的原因，對社會進程施展著這樣一種不可抗拒的影響，連他本人在作了一陣無效的抵抗以後，也被潮流捲走了。他像領航員一樣，可以駕駛那艘載他的船。但他既不能改變船的結構，也不能起風，更不能使在他底下湧漲的潮水平靜下來。

　　我已說明了美國人從他們聯邦制中得到的好處；剩下來該指出的是使他們能採取這種聯邦制的環境。因為聯邦制的利益，並非一切民族都能享受。由法律產生出來的聯邦制的偶然缺陷，可以被立法者的技巧修正。但是有一些弊病卻是該制度所固有，非任何人力所能補救。因此，人民必須從本身找出忍受他們政府缺點的那種不可缺少的力量。

　　一切聯邦制最突出的弊病，是它們所採用的行事手段的複雜性。兩個主權必須彼此當面存在。立法者可以把這兩個主權中的每一個都限制在一個確切界定的權力範圍內，從而盡可能使它們的行動趨於簡單和平等；但他卻無法把它們合而為一，或防止它們在某些點上發生衝突。因此，聯邦制所依據的是一個最以複雜見長的理論，它要求被治者每天都要運用相當大的審慎。

　　一個主張必須明白，才能為一個民族理解採納。說得清楚而又細密的虛假想法，在世界上總是比講得含糊或混淆的真實原則更有力量。所以，像一個中心的小社區般的政黨，一概採用某個主義或人名作為象徵，這個主義或人名極不充分地代表著他們心目中的目的和使用的手段。但沒有象徵，它們便既不能行動，也無法存在。建立在一個能簡單加以界說的單一原則或單一感情之上的政府，也許並非最好的政府，但它們無疑卻是世界上最強大和最持久的政府。

　　由考察迄今存在過的最完美的聯邦憲法──美國憲法時，我們會吃驚於該憲法首先假定被治者必定具有那樣多種知識和那樣高的辨別能力。聯邦政府差不多完全依法律假設而存在；聯邦是一個理想國，可以說只存在於人的心裡，其界限和範圍只能靠理解力去辨別。

　　理解了總的理論以後，許多應用上的困難，仍有待解決；因為聯邦主權與各州主權糾纏得那樣屬害，不可能一眼分清其疆界。政府的整個結構是摹擬和因襲傳統的，用於一個不曾長期習慣處理本身事務的民族，或用於一個政治科學還不曾為社會最低階層所理解的民族，都會不大適合。我對美國人良知和講求實際印象之深，莫過於看他們躲避從聯

邦憲法中產生出來的數不清的困難。我所遇見過的普通美國人，幾乎沒有一個不能用驚人的敏捷，把國會法律所創造的義務與他本州法律所創造的義務分別開來；也幾乎沒有一個在區別了屬於聯邦審理事項和地方立法機構有資格規定的事項之後，不能指出聯邦法院和州法院的獨立審判權之間的確切界限。

美國憲法類似人類工業中的精緻產品，其發明者能發財和成名，但落到別人之手卻無利可圖。墨西哥當前的狀況，就是這個道理的例證。墨西哥人想建立聯邦制，他們把鄰居盎格魯－美國人的聯邦憲法拿來作為藍本，差不多全部照抄。但是，他們雖然借用了法律條文，卻無法把賦予法律生命的精神拿過來。他們因為自己二元政府的結構而捲入了無休止的麻煩；各州的主權和聯邦的主權，不斷超越各自的特權而發生衝突。直到今天，墨西哥仍然陷於不是無政府狀態的犧牲品，便是軍事專制政體之奴隸的循環中。

在所有缺陷中的第二個和最致命的，而我相信也是聯邦制固有的缺陷，是聯邦政府的相對軟弱性。一切邦聯所依據的原則，是主權劃分的原則。立法者可能使這種劃分不那樣顯眼，他們甚至可能使之瞞過公眾眼睛一個時期，但他們無法防止其存在；而一個分割了的主權，必然永遠比一個完整的主權軟弱。談到美國憲法時，我們已經表明美國將聯邦權力約束於一個聯邦政府的狹窄圍範內時，用何種技巧又給了聯邦政府一種全國政府的外貌，在某種程度上還給了它全國政府的權力。聯邦的立法者藉著這個辦法，縮小了邦聯的天然危險，不過卻不曾將之完全排除。

據說，美國政府本身並不與各州打交道，而只是把命令直接傳達給公民，強迫他們個別地依從它的要求。可是，如果聯邦法律與一州的利益和偏見相抵觸，該州的全體公民恐怕就會認為自己與一個不肯服從聯邦法律的單獨的個人利害相關了。假使該州所有的公民，都同時和同樣被聯邦主權弄得大為不滿，聯邦政府企圖個別地去壓服他們，便會徒勞無功；他們會本能地聯合起來，共同抵抗，並會發現主權已為他們準備好一個組織，而他們的州已被允許去享有主權。這樣，假設就會對現實讓步，而全國一個有組織的部分，就可能與中央當局抗衡了。

同一看法，也適用於聯邦的審判權。假使聯邦法院在一個私人案件中侵犯了一個州的一項重要法律，爭訟表面上雖然不是，實際卻會是在一個公民所代表的不滿的州，與一個法院所代表的聯邦之間進行。

　　有人以為，不可能依靠法律的假設的幫助，去防止人們尋找和使用滿足已為他們敞開的激情的那些手段。凡是如此想的人，對世上的事情必只有殘缺不全的知識。美國的立法者，雖已使兩種主權間的衝突可能性降低，卻並未毀除這種不幸的根源。甚至可以確定地說，如果此種衝突發生，他們還不能保證聯邦主權能夠取勝。聯邦擁有金錢和軍隊，但各州卻保存著人民的愛好和偏見。聯邦主權乃是一個抽象存在，只與很少的外在事物有關；各州主權卻能為感官所觸知，易於了解，並經常都很活躍。前者乃是新近才創立的東西，後者卻與人民本身永遠共存。聯邦主權是人工造成的，各州主權則天然自存，像父母權柄一樣，不必費力才能取得。全國的主權，影響著社會的幾種主要利益；它代表一個廣大然而遼遠的國家，一種模糊而又不明的感情。各州主權卻在一切情況下都時刻管轄著每一公民的個人；它保護他的財產、自由和生命；它無時不影響著他的安寧或不幸。當我們想到地方的傳統、習俗和偏見，以及與它們相聯的那種熟悉的依依不捨之情時，我們便無法懷疑一種依靠愛國本能和如此貼近人心的權力的優越性了。

　　既然立法者無法防止共存於聯邦制中的兩種主權發生衝突，他們的首要目標便必須不僅是去勸服聯邦各州不要爭鬥，而且也要鼓勵那些導致和平的傾向。所以情形便成了：除非在結盟的各社區中存在著若干誘導大家聯合的因素，使它們的相互依賴變得融洽，使政府的工作變得輕鬆，否則聯邦的契約便不會持久。除了良好法律的影響以外，如果不附加有利的環境，聯邦制也是不能成功的。曾經組成聯邦的一切國家，都曾被一些共同利益結合在一起，這些共同利益被當成了聯合的思想紐帶。

　　但是，人們有物質利益，也一樣有感情和主義。一定的文明一致性，對聯邦的持久，其必要不亞於組成聯邦各州利益的一致性。在瑞士，烏利州和瓦得州文明的分別，就像15和19世紀的不同；因此，嚴格地說，瑞士從來不曾有過一個聯邦政府。這兩州之間的聯邦，僅僅存在於地圖上；而這一點，只要一個中央當局企圖去為整個領土制定同一法律，很快便可發覺。

　　使美國易於維持一個聯邦政府的環境，不僅在於各州具有類似利益、共同起源和相同語言，而且也在於它們都達到了文明的同一階段。這一點，幾乎永遠使一個聯邦有可能存在。我不知道有任何歐洲國家，不論它多麼狹小，其不同省份所呈現的一致性不是低於美國人民。而美國人民，卻佔據了一塊有歐洲一半大的領土。緬因州距離喬治亞州大約

有一千哩；但緬因州的文明與喬治亞州的文明之間的差別，卻比諾曼第的風習和布列塔尼的風習的差別還要輕微。因此，被安置在一個大帝國兩極的緬因州和喬治亞州，反比一水之隔的諾曼第和布列塔尼有更多足以組成聯邦的因素。

美國的地理位置，增加了美國立法者得自居民風俗習慣的便利條件；聯邦制之能被採納和得到維持，主要正應該歸功於這個環境。

一國生活中最重要的事件，是一場戰爭的爆發。在戰爭中，一個民族為了保衛自己的生存、抵抗外國，行動得就像一個人一樣。只要當目的在於維持國內和平及促進內部繁榮，政府的技巧、社區的良知，以及人們對他們國家幾乎總是懷抱的那種自然的喜愛之情時，可能就足以達到這個目的；但是國家可能打一場大仗，那時人民就必須作更多痛苦的犧牲了；以為大多數人會自願服從這些緊急情勢的要求，這是暴露對人性的無知。所有曾被迫長期拼死作戰的國家，後來卻被引到加大它們政府的權力。那些想如此做而未成功的國家，則已被征服。長期戰爭差不多總是迫使國家在兩種悲慘選擇中作一抉擇：要就敗北而任自己毀滅，否則必須採取專制而取勝。因此，戰爭使政府的弱點最為明顯和怵目驚心；而我已說明，聯邦政府的固有缺陷，正是它的軟弱之處。

聯邦制不僅沒有集權的行政當局，沒有任何類似行政當局的東西，而且其中央政府本身也組織得很不完備。當全國與另一個由單一政府管理的國家敵對時，這個中央政府總是軟弱的一大根源。在美國聯邦憲法中，中央政府比任何聯邦政府都有更多實權，但是這個弊端依然極其明顯。舉一個例，就能說明這種情形。

憲法授與國會權利，可「召集民兵執行聯邦法律，敉平叛亂，擊退侵略」；還有一條宣稱，美國總統乃民兵總司令。1812年，總統命令北部各州民兵開赴邊境；可是，利益受到戰爭損害的康乃狄克州和麻薩諸塞州，卻拒絕遵行。這兩州爭辯說，憲法授權聯邦政府，在叛亂和被侵略時召集民兵；但在目前情況下，卻既無侵略也無叛亂。這兩州還補充說，授與聯邦召集民兵入伍之權的同一憲法，也給各州保留了提名軍官的權利；因此（照這兩州對憲法條文的理解），即使在戰爭中，除了總統親自出馬，沒有一個聯邦軍官有指揮民兵之權：所以在此情形下，他們乃是被命令去加入一支由另一個人指揮的軍隊。這些荒謬而又有害的說法，不僅為兩州州長和立法機構所贊同，而且也為兩州法院所認可；於是，聯邦政府便被迫只好到別處去召募它所需要的軍隊了。

　　美國聯邦法律既然只相對地完備，何以在發生大戰時它又不曾瓦解呢？那是因為它沒有遇上需要害怕的大戰。聯邦位於一塊給人類勤奮提供了無限園地的浩瀚大陸的中心，它差不多與世隔絕，就像所有邊疆都圍上了一條海洋的腰帶一樣。加拿大只有100萬居民，人口被分成兩個互相敵視的民族；氣候的凜冽，限制了它領土的擴展，在冬天的6個月內封閉了它的港口。從加拿大到墨西哥灣，可以遇到幾個野人部落，正在6千軍人面前退卻，一邊敗退一邊滅亡。聯邦向南與墨西哥帝國在一點上接壤，因此可能預科，有一天將會發生嚴重敵對情形。但是，墨西哥人的未開化狀態，他們的道德腐敗，以及他們的赤貧，在未來很長一段時間內，將使該國不能躋身於大國之林。至於歐洲強國，也離美國太遠，也不足懼。

　　如此說來，美國的巨大有利之點，便不在於它有一部能容許進行大戰的聯邦憲法，而在於它有一個使這種大戰極不可能發生的地理位置了。

　　沒有人能比我更樂於賞識聯邦制的優點。我認為，聯邦乃是最有利於人類繁榮和自由的組合之一。我嫉妒那些曾經能夠採納它的國家的命運；但我無法相信任何聯邦國的人民，能與一個政府是集權而力量相似的國家，持續地進行一場不相上下的長期鬥爭。依我看來，一個民族當著歐洲一些強大軍事王國之面，竟然將其主權分割成一些碎塊，它將會因此行動而放棄它的力量，也許還會放棄它的生存和名聲。但這正是新世界值得羨慕之處，因為在那裡人除了自己別無敵人，在那裡人為了幸福和自由只須決定自己想要如此就行了。

Second Book

第二部

到此為止，我已考察了美國的種種制度；我已檢閱了它們的立法，並描述了目前該國政治社會的種種組織。但在這些制度之上和這些特殊組織之外，卻有一個屬於人民的主權權力，可隨意毀壞或修改這些制度和組織。剩下應該表明的是，這個高於法律的權力用何種方式行動，它的本能和激情是什麼，延緩、加速或導引它不可抗拒的行程的是一些什麼隱秘的水源，它的無限權威有一些什麼後果，以及它未來的命運如何。

第一章
何以能嚴格地說美國由人民統治

在美國，人民指定立法機構和行政權，並提供懲罰一切犯法行為的陪審員。各項制度，不僅在原則上，而且在一切後果上，都是民主的。人民直接選舉他們的代表，而且多半每年選舉一次，以便保證他們自己的獨立。因此，人民是真正的指導力量；雖然政府形式是代議制，人民的主張、偏見、利益、甚至感情對日常事務處理所施展的不斷影響力，卻顯然不曾受到任何持久的阻礙。在美國，正如在一切人民至上的國家一樣，大多數人以人民名義執行統治。這個大多數，主要由溫和的公民組成。他們不是出乎愛好，便是由於利益，誠心希望國家的安寧。但他們卻被無休無止的政黨鼓勵所包圍，這些政黨企圖取得他們的合作和支持。

第二章

美國的政黨

政黨之間有很大區別——彼此形同敵國的政黨——正常的所謂
政黨——大小政黨之間的別區——產生政黨的時代——美國有
過大政黨——現已不復存在——聯邦黨——共和黨——聯邦黨
的失敗——在美國創立政黨之困難——為此意圖做過什麼——
在一切政黨中皆可遇見貴族性格或民主性格的人——傑克遜將
軍與美國銀行的鬥爭

在政黨之間，必須作一很大的別區。有些國家幅員那樣廣大，住在
國內的不同人口，雖然都聯合在一個政府之下，卻具有矛盾的利益，結
果它們可能處於一種永久對立的狀態。在此情形下，把人民中不同的派
別單純地看作黨派，還不如看作不同的國家來得較為恰當。假如爆發一
場內戰，鬥爭與其說是由同一國的派系，還不如說是由一些敵國進行。

但是，當公民對一些與全國有影響的問題，比方對政府行事應本的
原則問題有不同的見解時，那麼由此產生的各個流別，就可以正確地稱
之為政黨了。政黨乃是自由政府的不可少的災害；但它們並非始終都具
有同樣的性質和脾性。

一個國家在某些時期，可能遭到一些無法忍受的禍患的壓迫，以致
想去完全改變它的政治結構。在另一些時候，災禍來得還更深，社會本
身的生存都受到危險。這正是發生大革命和出現大政黨的時代。不過在
這些悲慘和混戰的時代之間，也有一些時期，在其中人類社會彷彿休息
下來，而人類也得到了喘息的機會。真的，這個間歇不過是表面的，因
為時間對國家之不停留，也一如對人之不停留。國家和人，每天都在向
一個他們所不知的目標前進。只是有時他們的進展逃過了我們的觀察，
我們以為他們停滯不動而已。這就像走著的人，在跑著的人看來，彷彿
是站立不動一樣。

然而，不論情形如何，在某些時代，國家的社會和政治結構的變
化，發生得那樣緩慢和難於察覺，人們禁不住會以為他已達到事物的極

致。而人類的頭腦，相信自己已牢靠地立於堅實基礎之上，在達到一定的水平線後，也不去進一步探索了。這些則是成立小政黨和鉤心鬥角的時代。

我稱之爲大的政黨，是那些寧願依持主義而不顧及主義後果，寧願著重一般而不願重視特殊，寧願講究理想而不願計較人的政黨。這些黨政，通常都因爲比別的政黨具有更高尚的人物、更豪爽的感情、更眞誠的信念和公開大膽的行動而聞名。在這種黨政中，總是在政治感情中扮演主角的私人利益，在公益的託辭下被更細心地掩蓋了起來。有時，它甚至還可能瞞過它所激起和驅使的那些人的眼睛。

另一方面，小黨一般卻缺乏良好的政治信仰。由於它們並不以崇高目的去支持自己或增加本身的尊嚴，它們在行動中赤裸裸地表現出自私的性格。他們裝得熱情洋溢，言辭激烈，行爲卻優柔寡斷。它們採用的手段，與它們所抱的目的同樣卑不足道。所以，當一個平靜的國家替一場狂暴的革命而出現時，便發生了這種情形：偉大人物突然不見了，而人類思想的力量也隱而不露。社會爲大政黨所震動，只受到小政黨的騷擾；它爲前者所撕裂，卻因後者而降低身價；如果說前者有時用有益的動亂去拯救它，後者卻擾亂它而永遠沒有好處。

美國曾有過大黨政，但現在已不再有了。如果說她的幸福當初曾因大黨政而大大增加過，她的道德也因之受過損害。當獨立戰爭結束，新政府基礎即將奠定時，全國的人分成兩種意見——兩種與世界一樣古老，而且在所有自由社區中以不同形式和各種名稱永遠都能遇到的意見：一種意見趨於限制人民權力，另一種意見則趨於使人民權力無限擴張。這兩種意見的矛盾，在美國從不曾像在別處時常表現的那樣達到暴力程度。兩方面的美國人，在一些最根本點上都意見一致：誰也不必去摧毀舊憲法或推翻社會結構以求獲勝。因此，兩方面中沒有一方具有會因成敗而受影響的私人利益。不過，有些高一層的道德原則，諸如對平等和獨立的愛好，卻與鬥爭相涉，而這些原則卻足以煽起狂暴的激情。

想要限制人民權力的一方，特別力圖使其學說用於聯邦憲法，因而獲得了聯邦黨的稱號。另一方則做出獨有自己才鍾愛自由事業的樣子，採取了共和黨的名稱。美國是民主之邦，因此聯邦黨總是居於少數；但他們把獨立戰爭所產生的偉大人物差不多全算在他們一邊，而他們的道德力量也非常可觀。而且，他們的主義也得到了環境的贊助。第一個邦聯的瓦解，使人民猶有餘悸，害怕無政府狀態。聯邦主義者從大眾的這

個暫時意向，得到了好處。有 10 到 12 年之久，他們主持政務，而且得以應用一些他們的主義。但是，敵對潮流一天天變得狂烈，簡直無法抑制了。1801年，共和主義者主政，湯瑪士・傑佛遜當選總統：他則以他的偉大名氣、卓越才能和極好人緣，增加了他們政黨的勢力。

聯邦主義者用以維持地位的方法是人為的，他們的手段都為效很短。他們所以能當權，是憑藉他們領袖的德行或才能，以及環境的幸運；當共和主義者依次取得該項地位時，他們便一敗塗地。絕大多數人宣佈反對落選的黨政，聯邦主義者發現自己成了微不足道的一個少數派，對未來的成功立刻感到絕望。從那個時刻起，共和黨或民主黨就從勝利走向勝利，直到在全國取得唯我獨尊的地位為止。聯邦主義者發覺自己已被征服，毫無指望，在國內陷於孤立，便分裂成兩部分，一部分加入勝利的共和主義者，另一部分則偃旗息鼓，改變了他們的名稱。他們整個不再成為一個黨政，已有許多年了。

聯邦主義者的當權，在我看來，是伴隨偉大美國聯邦的組成而出現的最幸運的偶然事件之一：他們抵抗了他們國家和他們時代一些難免的癖性。可是，不管他們的理論是好是壞，他們的理論整個說來卻有個缺點，就是不適於他們想去統治的社會，因此那個社會遲早必會由傑佛遜主持。不過，聯邦主義者的政府，至少給了新共和國時間去獲得某種穩定，而事後則不無便利地支持了他們所反對的那些學說的迅速成長。而且，他們相當多的原則，最後已體現在敵手的政治教義中。一直存在到今天的聯邦憲法，則是他們愛國心和智慧的一個不朽功業。

因為上述緣故，現時在美國就看不到大黨政了。真的，可能找到一些威脅聯邦未來的黨派，但沒有一個黨派表示反對政府的目前形式和社會的現行道路。聯邦受其威脅的那些黨派，所依據的不是主義，而是物質利益。這些利益在如此廣大的帝國的不同地區，與其說構成了一些黨派，不如說構成了一些敵國。所以，最近一次，北方激烈主張禁止通商的制度，而南部則拿起武器贊成自由貿易，這不過因為北方是工業區，南部是農業地帶而已。限制通商制度對一方有利，而對另一方卻有害。

美國不存在大黨政，卻充滿次要爭端。輿論對細節問題，分成了許許多多微小政見。當時沒有任何困難阻礙人們建黨；而今天要去創立政黨，決非容易之事。美國沒有宗教仇恨，因為所有宗教都受到尊重，沒有一個教派居於統治地位；沒有尊卑之分的嫉妒，因為人民乃是一切，誰也不能與他們的權威抗衡；最後，也沒有可用來進行煽動的公眾苦

難，因為全國的物質狀況給勤勉開闢了廣闊的園地，人只需不受干擾，就能完成奇事。不過，儘管如此，野心家還是會創成政黨的，因為很難單憑此處有別人垂涎為理由，而把一個人從權位上趕走。政界演員的整套技藝，全在於創立政黨的手腕。在美國，一個有心從政的人，開始時總是先去識別自己的利益，發現有哪些利益可以聚集攏來，與自己的利益合併在一起。然後，他便努力去尋找某種適合這個新組合的理論或主義，為了推出他的政黨和使之成名而加以採納：正如早先一本書的扉頁上總要印上國王的出版許可，從而使許可證與絕不相屬的書拉上關係。此點一經完成，新政黨就被引入政界了。

對一個外來者，美國人的一切內部爭端，乍看上去彷彿是難於理解或無聊的。他簡直不知究竟該去可憐一個民族把這種眾所周知的小事當作正經大事呢，還是應該去嫉妒使得一個社區能討論這些小事的那種幸福。可是，當他去研究支配美國各黨派的那些秘密脾性時，他卻很容易察覺，這些黨派大部分都與始終存在於自由社區的兩大派別，具有或多或少的關係。我們透入這些政黨最內在的思想越深，我們便越是會發覺其中一個的目標是限制民權，另一個目標則是擴展民權。我並非說，美國政黨的表面目的甚至隱秘目標是在該國促進貴族或民主統治；但我斷言，貴族或民主的感情，可以很容易地在一切政黨的根底上看出。這些感情雖則逃過了皮表的觀察，卻是美國每一派別的要點和靈魂。

不妨引一個最近的例證。當傑克遜總統攻擊美國銀行時，全國都感到興奮，一些政黨組織了起來。見聞廣博的那些階級，集合在銀行周圍；而一般民眾則擁護總統。但是，不應以為人民對一項給最有經驗的政治家們提出了這樣多困難的問題，已經得出合理的看法。絕非如此。那家銀行是一個巨大機構，具有獨立的存在；而人民一向慣於隨心所欲地做或不做任何事情。他們遇見了他們主權的這個障礙物，大吃一驚。在社會經久不息的變動中，社區看見竟有一個如此持久的機構，不免要去攻擊它，看它是否像一切別的東西一樣，也能加以摧毀。

美國貴族黨派的殘餘

富人對民主的秘密反對──他們的退隱還鄉──他們喜歡在家盡情玩樂和過奢侈的生活──他們在外的簡樸──他們對人們的假殷勤

　　在一個流行著不同見解的民族中，有時會發生這種情形：政黨間的均勢打破了，其中一個得獲壓倒優勢，克服一切障礙，消滅它的政敵，並擅自把社會一切資源據爲己用。被征服者放棄了成功的希望，隱姓埋名，默不作聲。全國彷彿受一個獨一的主義的治理，到處一片寧靜氣象，佔優勢的政黨取得了爲國家恢復和平和一致的功勞。可是在表面的一致下，卻依然存在著意見的深沉分歧和眞正對抗。

　　這正是發生在美國的情形。當民主黨佔上風時，它獨佔了公務的處理權。從那時起，社會的法律和習價，就改而適應於它的變化無常的本性了。今天，比較富足的社會階級，對政治事務已沒有影響力；而財富，不但不能授人權利，與其說是一種獲得權力的方法，不如說是一種不得人心的東西。富人因爲不願從事鬥爭，並因爲在鬥爭中常常徒勞無功，便放棄了向公民同胞中比較窮苦的階級挑戰。由於他們不能在公眾中佔據一個與他們在私生活中相等的地位，他們便放棄了前者，而埋頭在後者當中。他們在國內組成了一個私人社會，這社會有它自己的愛好和樂趣。他們把這種事態看作一種無法救治的災禍而逆來順受。但他們很小心，並不表現出他們因這種事態的持續而感到的惱怒。人們時常聽見他們當眾讚美共和政府和民主制度的好處。人不恨敵人，便最容易向敵人諂媚。

　　舉個例說，請注意那個富有的公民，他與中世紀猶太人一樣急於隱藏他的財富。他服裝樸素，舉動沒有架子，但他的居所內部卻一派豪華；除了幾個他驕傲地稱之爲同輩的精選客人以外，誰也不許深入這個聖殿。沒有一個歐洲貴族，在享樂上比他更唯我獨尊，對特權地位所授與的最微小利益比他更嫉妒。但是，這同一個人穿過城市，來到交通中心的一間昏暗的帳房，在這裡人人卻都可以隨意對他招呼搭話。假使他在途中遇見他的補鞋匠，他們還可能站住交談。兩個公民討論國家大事，分手之前還會握手道別。

　　然而，在這種虛情假意的下面，在這些對當道勢力的奉迎下面，卻很容易察覺，富人對他們國家的民主制度其實衷心討厭。人民構成了一種既令他們恐懼又令他們藐視的權力。在美國，假如民主的秕政有一天竟會帶來革命的危機，而君主制度有一天竟會變得可行，我所提出的看法的眞實性就會變得明顯。

　　政黨爲了取勝而使用的兩項武器，是報紙和公共結社。

第三章
美國的出版自由

限制出版自由的困難——某些國家所以要擁有此種自由的特別
原因——美國定期刊物的激烈言辭——美國的例子，證明定期
刊物有特殊本能——美國人對於用司法制止報紙弊病的看法
——出版在美國何以不如在法國強大有力

出版自由的影響，不僅及於政治見解，既變更習俗，也修改法律。
在本書的另一部分，我將試圖去決定出版自由對美國公民社會所施展的
影響程度，並指出它所給予那些已注入盎格魯－美國人性格和感情的理
想與格調的方向。此刻，我只打算考察出版自由在政界產生的效果。

我要坦白承認，我並不認爲出版自由的堅定和完全的愛好，常常乃
由本性極其良好的一些事物所激起。我之贊成出版自由，考慮到它能防
止弊端的地方，多過考慮到它能保證獲致利益的地方。

假如有誰能在輿論的完全自由與全受管制之間，指出一個中間然而
可以站穩的立場，也許我倒有意採取它。但是，困難卻在於去發現這個
中間立場。爲了糾正報紙的放肆，恢復純潔語言的使用，你可以先用陪
審團去審問犯人。可是，如果陪審團宣告他無罪，原先只是一個人抱持
的見解，就變成全國的意見了。因此，事情等於同時完成得太多，又完
成得太少。那麼，再進一步吧。你把犯了過失的人，帶到那些終身任職
的行政官之前去。然而即使是在此處，案子也必須先經審訊才能判決。
於是，沒有一本律書敢於認爲正當的那些原則，就在訴狀中被公開發表
出來了。原先在一篇文章中隱約加以暗示的東西，就這樣在其他文件中
被大量複述了。如果我可以說的話，語言只不過是表現思想的外體，但
它並非思想的本身。法庭可以給外體判罪，但著作的意識，著作的精
神，對於法庭的權威，卻是太微妙了。至此仍然是倒退得太多，達到你
的目的太少，你必須走得更遠一些。設立一個出版檢查制度。但是，美
國的演說人，將依然使其語音爲人聽見，你的目的還是達不到。你只增
加了毛病。思想不像體力，並不依靠使用人之多寡去決定。作家也不能

照組成軍隊的隊伍那樣去清點。相反，一個主義的權威，常常反因表現它的人數之少而增加。一個意志堅強的人向一個集會上聽眾的感情傾訴的話，比一千個演說家的喊叫更有力量。如果容許在任何公共場所自由演說，其結果將與容許在每一個村裡自由演說一樣。因此，演說自由必須與出版自由一樣取消才行。好，現在你成功了，人人都默不作聲了。但你原先的目的是制止自由的濫用，而你卻被帶到暴君的腳前。你被領著從獨立的極端，走到奴役的極端，途中連一個可以歇一歇的立腳之處都找不到。

某些國家除我剛指出的一般動機之外，還有一些特有原因，使它們要保有出版自由。因爲在一些聲言自由的國家，每個政府人員可能犯法而不怕受罰，因爲憲法不給受到傷害的人到法院去申訴的權利。在此情形下，出版自由不僅是公民們所具有的對他們自由和安全的保障之一，而且是他們自由和安全的唯一保障。假使這些國家的統治者提出要廢除出版獨立，全體人民可以回答，給我們到普通法院前面去控告你們罪行的權利好了，那樣我們也許放棄我們向輿論的法院上訴的權利。

在民權學說表面流行的國家設立出版檢查制度，不僅危險，而且荒謬。當每個公民都被承認有一份參與社會政府的權利時，必須假定人人都有能力在同時代人不同的意見中進行選擇，並且能夠鑑別據以作出推論來的不同事實。因此，民權和出版自由，可被認爲是互相有關的，正如出版檢查制和普選權乃是不能長期在同一民族制度中保有的兩件不可調和的對立物一樣。住在美國的千千萬萬人，至今還沒有一個敢對出版自由提出任何限制。我抵達美國時所看的第一份報，上面刊載著有下列文章：

在整個這件事情上，傑克遜（總統）所用的語言，一直是殘暴的暴君語言，他一心一意只想保全他本人的權柄。他的罪在於有野心，野心將來也會成為他的懲罰；陰險是他的天性，但陰謀也會打破他的詭計，奪走他的權力。他用腐化作手段來統治，他的不道德行徑會成為他的恥辱，使他陷於混亂。他在政界的行為，一直是無法無天的賭徒行為。他眼前是獲得了成功；但報應時刻已經臨近，他將不得不把他贏得的東西吐出來，把他的假骰子扔到一旁，在某種退休中一命嗚呼，在悠閒中去咒罵他的瘋癲。因為懺悔是一種德行，而他的心十之八九大概永遠不會

聽説這種德性的。（文森茲公報）

　　在法國，有許多人認為，報紙的橫蠻來自社會狀態的不穩，來自我們的政治激情，以及隨之而流行的普遍不安。因此，有人假定，只要社會恢復一定程度的鎮靜，報紙就會立刻拋棄它目前的激烈。就我本人來說，我倒願意把報紙所以會對全國取得大得出奇的權勢，歸於這些因素。但是，我並不以為這些因素對報紙的語言起了多大影響。依我看，不管被安置在什麼環境，期刊倒有它自己的激情和本能。而目前美國的狀況，則確證了這些看法。

　　美國此刻也許是全世界包藏革命細菌最少的國家。但是，該地報紙在主義上的破壞性，卻並不亞於法國報紙。而且，它沒有同樣的令人發怒的理由，卻表現得同樣激烈。在美國，一如在法國，報紙構成一種奇特的權力。它混雜著善惡，組織得那樣奇怪，自由沒有它簡直不能生存，而要反對它就很難維持公共秩序。報紙的權力，在法國確實比在美國要大得多，雖則在法國再沒有比聽說有人控告報紙更少的事了。這一點的原因十分簡單：美國人一旦承認民權學說，馬上就赤誠地加以應用。他們的意圖從來不是要從每天都在變化的因素中去創造能永遠長存的制度。於是，只要不是有心粗暴地違法，對現行法律的攻擊便沒有什麼罪了。他們也相信，法院無力制止報紙的胡亂行為，由於人類語言的妙處非司法分析所能捉住，這種性質的罪行總是逃過企圖抓住它們的手。他們認為想要有效地對付報紙，必須找一個不僅專心致力於維護現存秩序，而且能夠打破興論影響的法庭出來斷案才行。這個法庭應該在審判時不公開，應該宣佈判決而不提判決所依據的主旨，應該懲罰一個作家的意圖甚於懲罰一個作家的語言。但是誰要能創立和維持一個這種法庭，那他要去控告出版自由，就是白費時間了。因為他將成為整個社區的專制主子，可以任意除去作家和作家們的著作。因此，在這個問題上，奴役和許可中間沒有中庸之道。為了享用出版自由所確保的無法估量的利益，必須順從它所產生的不要避免的禍害。要想取得利益而又逃避禍患，是懷抱那些通常在國家患病之時將國家導入迷途的幻想之一。那時候，國家已厭倦於內訌，因努力而力竭，企圖使一些敵對見解和相反原則在同一土壤上共存。

　　美國報刊的影響力所以很小，可歸於幾個理由，其中有一些如下：

　　寫作自由像其他自由一樣，在它是新奇事物時，對一個不曾聽慣國

事在他們面前討論的民族來說，力量是最大的，使他們遇見第一個只代表自己的民眾保護人就默予信任。盎格魯－美國人從各殖民地建立之日起，就享有這種自由了；而且，無論報紙如何喜歡激起已存在的激情，它總不能創造人類的激情。美國的政治生活是活躍、多變、甚至動盪的，但很少受到那些只有物質利益受損時才會激起的深邃激情的感染。而在美國，這些物質利益卻又是發達的。隨便看一眼法國和美國的報紙，就足以表明存在於這兩國的區別了。在法國，刊登商業廣告的版面非常有限，知識新聞也不怎麼多，報刊的主要部分都是討論當天的政治。在美國，報紙的巨幅版面卻有三分之二都登滿廣告，剩餘地方常常都刊載政治知識和無聊的趣聞軼事；人們只是不時才發現報紙角落裡專登著一些激烈的討論，就像法國報刊每天給讀者閱讀的那些討論一樣。

　　觀察業已表明，甚至最渺小的暴君的確切本能也已經發現，一種力量使用的方向越集中，所產生的影響便越大。在法國，報紙兼有雙重集中；它全部力量幾乎都集中於一點，或者可以說，集中於同一些人之手，因為它的機構決非很多。像這樣設立的一份公眾報刊，其對一個充滿懷疑的國家的影響，當然是接近無限的。它是一個政府可以偶爾與之訂立休戰協定的敵人，但要長期抵抗這個敵人卻不容易。

　　這兩種集中，沒有一種存在於美國。美國沒有大都會，人民的知識和力量散佈在廣大國家的各地區，不但不從一個共同點放射其光輝，反而彼此交錯地光彩四射；美國人對於輿論並不比對於處事專心，也沒有在任何地方為輿論建立任何中心方向。這個區別，是從地方環境，而不是從人力產生出來的；但美國之像法國一樣不發給印刷商執照，不向編輯人收取保金，又像法國和英國一樣不抽印花稅，卻要歸因於聯邦的法律。結果，再沒有一件事比辦報更容易。因為只消有小量訂戶，就足以應付開銷了。

　　所以，期刊和不定期刊的出版量，在美國幾乎大得令人不能相信。最有知識的美國人，把出版影響力之小，歸咎於出版力量的這種過度分散；而該國政治學的一項原理則是，增加公共報刊數量，乃中和其影響的唯一辦法。我真不明白，何以這樣一種自明之理，在歐洲竟不曾更普遍地得到承認。我倒能看清，那些希望藉報刊發動革命的人，為何想把報刊局限於幾個強大機構。可是，擁護現存秩序的官方人士和法律的天然支持者，竟企圖以集中報刊力量的方法去分散報刊的影響力，這卻使人莫明其所以然了。歐洲各國政府，彷彿在用古時騎士對敵人所施的禮

節去威脅報刊；它們從本身經驗發現集中是一項強有力的武器，它們把
這個武器交給敵人，無疑是為了在打敗敵人時獲得真更大的光榮。

　　在美國，簡直沒有一個小村沒有自己的報紙。可以立刻想見，在這
樣多的鬥士中間，要講求紀律或行動一致，那是不可能的。結果，每個
人都自行作戰，各顯神通。真的，美國所有政治報刊，不是站在政府當
局一邊，便是反對政治當局；但是，它們卻用許許多多不同的方式攻擊
政府或為政府辯護。它們無法匯成沖潰最堅固堤防的輿論洪流。但報刊
影響力的這種分化情形，卻產生了另一些驚人程度簡直不亞於此的影
響。辦報的方便，使得報紙繁多；可是由於競爭使人不能獲得任何可觀
的利益，有大能力的人極少有興趣從事報業。公眾出版物數量如此龐
大，即使出版是一個財源，也找不到有能力的作家去加管理。美國的報
人，地位一般都十分卑微，受的教育很少，頭腦卑俗。多數意志是法律
準繩，建立了某些人人必須依從的習慣；這些共同習慣的總和，就是各
行各業的所謂行規；於是，便有了律師業的行規、法庭的行規、等等。
法國報人的行規，在於用一種狂熱然而時常都是雄辯和高尚的方式，去
討論國家的重大利益。這種寫作方式的例外情形只是偶然才有。美國報
人的特點，則在於公開和粗鄙地想去打動讀著激情；他不談原則，而去
攻擊個人品格，一直追縱到個人私生活，暴露個人的弱點和弊病。

　　再沒有比這種思想力之濫用更可嘆的事了。往後我將有機會指出報
紙對美國人民愛好和道德的影響，但我現在的題目則是專談政界。不能
否認，這種對出版極端放任的政治效果，倒間接有助於公共秩序的維
持。已經深受公民同胞尊敬的那些人怕在報上寫文章，從而失去他們可
以用來激起大眾激情以圖己利的最有力的工具。

　　編輯的私人見解，在公眾眼中無足輕重。公眾在報上尋找的，只是
實際知識。一個新聞記者只有改變或歪曲事實，才能對他自己的見解有
所補益。

　　不過，雖然出版的手段只限於這些，它在美國的影響卻是巨大的。
它使政治生活在廣大領土的各地區流通。它經常睜著眼睛偵察政治陰謀
的秘密來源，把各政黨領袖依次傳上輿論法庭。它把社區聚集在某些主
義的周圍，替每個政黨草擬綱領。因為他在那些彼此傾聽和通訊而永遠
不曾直接接觸的人之間，提供了交際的媒介。當許多出版機構採取同一
行動路線時，長遠說來，它們的影響是不可抗拒的。而輿論始終受著來
自同一方面的襲擊，到最後則必會在攻擊下屈弱。每個報刊在美國只施

展很小的權威；但期刊的力且卻僅次於人民。

在美國出版自由影響下確立的見解，常比
在別處受過檢查的許多見解根深蒂固

在美國，民主永遠不斷地選拔新人處理公務，因而措施難得保持一貫或有條不紊。但是，該國政府的一般原則卻要比許多別的國家穩定，而管理社會的主要主張也比許多別的國家持久。美國人一旦抱定一個主意，不論根據可靠不可靠，再也沒有比使他們打消主意更難的事了。同樣的固執態度，也曾在英國看到過。該國在過去100年間，曾經存在過比任何其他歐洲國家更大的思想自由和更多的牢不可破的偏見。我把這種情形，歸於乍看彷彿具有一種相反傾向的因素：那就是說，歸因於出版自由。具有這種自由的國家，其所以固守見解，出乎信念的地方與出乎傲慢的地方相等。它們之所以抱那些見解，因為它們認為那些見解公正，也因為它們憑自己的自由意志選擇了那些見解；它們堅持那些見解，不僅因其真實，而且因其屬於它們自己。還有幾個別的理由，有助於說明這一點。

一個天才曾經說，「無知在於知識太多和太少的兩極。」說得更正確些，也許是：強烈的信念只有在兩極才能發現，懷疑則在中間。老實說，人類智力可被認為分三個常常彼此銜接的不同階段。

一個人之所以信而不疑，是因為他不加調查就採納了一個主張。只要反對意見自行出現，他立刻就發生了懷疑。不過，他常常能夠成功地克服這些疑慮，於是他又開始相信了。這一次，他對真理不曾恍惚地看過一眼，但他卻明明看見真理就在他的前面，於是他就跟著真理投射的光輝前進。

當出版自由對處於這三種狀態的第一狀態中的人起作用時，它並不立即去擾亂他們不經調查就盲信的習慣，而只是天天改變他們輕信的對象。人類的頭腦，在整個知識的視野中，每次只不過繼續辨別一點，而那一點卻在經常改變。這正是突然發生革命的時期。最先採納出版自由的那些世代，願他們吃點苦頭吧。

不過，新奇觀念像走馬燈似的，不久就轉完了。經驗出來使人醒悟，把人投入了懷疑和普遍不信任之中。我們可以擔保，人類的大多數將永遠留在這兩種狀態中的一種裡面，不是相信他們不知其所以然的東

西，便是不知該相信什麼才好。少有人能達到另一種真知可從懷疑迷霧中產生出來的合理和獨立的信念所構成的狀態。

有人曾經說，在宗教熱情鼎沸的時代，人們有時能改變他們的宗教見解；而在普遍懷疑的時代，人人卻墨守他們舊有的信條。在出版自由下，同樣情形也發生在政治中。在一切社會科學理論都依次受到質疑的國家，原先採納了其中一種理論的人之所以固守那種理論，與其說是因為他們確信那種理論真實，不如說是因為他們沒有把握能否得到任何比這更好的理論。在目前的時代，人們並不十分情願為他們的見解而死，但他們很少有心改變見解；殉道者與變節者一樣的少。

還可舉出一個比這更有根據的理由：當沒有見解看來是真實時，人們墨守著他們的地位、純粹本能和物質利益，這些東西自然地比世上任何見解都更明確、實在和持久。

究竟貴族政體治理得最好，還是民主政體治理得最好，這是一個極難決斷的問題。可是，有一點卻是肯定的：民主政體使社區一部分人煩惱，而貴族政體則壓迫另一部分人。「你富我窮，」這是一個自行確立、不需討論的真理。

第四章
美國的政治社團

盎格魯- 美國人對結社權的日常使用——三種政治社團——美
國人如何將代議制用於社團——言由此而引起的對國家的危險
——1831年召開的關稅問題大會——該大會之立法性質——何
以結社權的無限使用,在美國不如在別處危險——何以如此做
法可視為必要——社團在一個民主國中之功用

結社原則在世界任何國家,都不如在美國使用得成功,或像美國一
樣應用於多種多樣目的。除了由法律以鄉鎮、市、郡的名稱建立的常設
社團以外,許許多多別的社團,也由人民經手組成和維持下來。

美國公民從小就被教導,要靠自己努力去抵抗生活中的患難。他用
不信任和擔憂的眼光看待社會當局。僅僅在非它不可時,他才要求它的
協助。這種習慣的形成,甚至可遠溯到學校。小孩在校中遊戲,常要服
從自己訂立的規則,處罰由他自己解釋的犯規行為。同樣精神普及於社
會生活的每件行為。假如街道發生阻塞,車輛來往不通,鄰近一帶的人
便立刻自行組成一個審議會。而這個臨時集會就產生出一個執行機構,
在任何人想到要求助於一個高於直接有關者的已存在的當局以前,就把
不便之處彌補好了。假如事關公眾樂趣,就會組織一個社團,去給娛樂
更多的姿彩並使之經常化。一些社團被組織起來抵抗專屬道德的弊病,
如減低酗酒惡習便是。在美國,一些協會被創設來促進公眾安全、商
業、工業、道德和宗教。沒有一個目標,人類意志會對之放棄希望,不
用結為社團的個人聯合力量去達到。

往後,我將有機會說明結社在公民生活中所產生的效果;目前我只
談政界。一旦結社權被承認,公民可用不同方式去行使。

一個社團可以單純地由一致贊成某些學說的若干人而組成,約好以
某種方式去提倡和傳播那些學說。這樣的結社權,幾乎消沒在出版的自
由中。但如此組成的社團,卻比報刊具有更大的權威。一種見解,在被

一個社團代表時，必會呈現出更確切和明白的外形。這個社團糾合黨羽，使他們獻身於它的事業；而它的黨羽則彼此結識，大家的熱情隨人數而增加。社團把不同人的心力納入一個途徑，催促他們精神飽滿地奔向一個它所清楚指示的目標。

結社權行使中的第二階段，是集會的權力。當一個社團被允許在全國某些重要地點設立一些活動中心時，它的活動便增加，而影響也擴大了。人們有了彼此見面的機會；執行的手段集合到一起；一些見解被人用一種書面文字永遠無法達到的熱情和精力維持下來。

最後，政治結社權的行使，還有第三個階段：擁護一種見解的人，可以組成一些選舉團，選代表到一個中央立法機構去代表他們。老實說，這正是將代議制之用於政黨。

所以，第一、社團是由宣稱具有相同見解的一些個人所組成，使社團保持聯合一致的紐帶純然是知識的紐帶。第二、一些小集團組織起來，只代表政黨的一派。最後，他們好像是在國中另成一國，在政府中另成一個政府。他們的代表像真正多數人的代表一樣，代表他們的政黨，而且也像多數人的代表似的，具有國家的外貌，以及隨之而來的一切道德力量。不錯，他們不像全國多數人的代表一樣，無權制定法律；但他們卻有權力攻擊那些有效的法律，並預先起草要成立的法律。

假使一個民族對自由的行使尚未完全習慣，或易於惹起狂烈的政治感情，而這個民族制定法律的多數人之旁，又有一個只能評議和採納法律的少數，那我禁不住要相信，公眾的那種平靜無事會在該民族中引起非常巨大的危險。證明一項法律本身比另一項法律好，與證明前者應為後者所代替，這其間無疑有極大區別。有時，一個國家碰巧分裂為近乎相等的兩黨，各黨都裝著代表多數。假如在領導權附近，確立了另一個施展著幾乎與領導力量同樣大的道德權威的權力，我們不能相信它會長久滿足於只說不行，或會永遠被抽象思考所限制：以為組織社團只是為了引導輿論，而不是去實施輿論，只是為了建議而不是為了制定法律。

我越細想出版獨立的主要後果，便越確信它是現代世界自由的主要的、或可說天然的因素。因此，一個決心保持自由的國家，不惜任何代價去行使這種出版獨立性，乃是正確的。不過，政治結社的無限自由，卻不能完全與出版自由相提並論。因為一個比另一個既少必要，又多危險。一個國家可以把結社自由限制在某些範圍內而又不喪失它的任何部分自相導引的能力；有時它為了維持本身的權威，還非如此做不可。

在美國，爲政治目的而結社的自由是無限的。一個例子將最清楚地表明這種特權被容許到何種程度。

設立關稅屏障還是採取自由貿易，這個問題在美國人的頭腦中引起過很大的激動。關稅制不僅作爲一個見解而成了辯論題目，而且影響到各州的一些重大物質利益。北方把它的一部分繁榮，南部把它的全部苦難，都歸因於這個制度。有很長一段時間，關稅制一直是激起聯邦政治仇恨的唯一原因。

1831年，當爭論趨於最狂烈時，有個麻薩諸塞州的公民，以報紙作媒介，私自向所有關稅制的敵人建議，請他們派代表到費城去，以便共同商議恢復自由貿易的最好辦法。這個建議，靠報紙的力量，在幾天之內就從緬因州傳到新奧爾良了。關稅制的反對者熱烈地採納了這個建議；所有地區都紛紛舉行集會，指派代表。這些代表都是大家知道的人，有的還享有相當大的名氣。後來爲同一問題而拿起武裝的南卡羅來納州，一州就派了63位代表。1831年10月1日，這個按美國習慣得到「大會」名稱的集會，在費城召開。參加會議的有200多個會員。會上的辯論是公開的，大會立即就取得了立法性質。國會權力的範圍，自由貿易的原理，以及關稅的不同稅則都得到了討論。到10天會期結束時，大會分裂，草擬了一封致美國人民的公開信，在信中宣稱：（一）國會無權訂立關稅，現行關稅稅則是違憲的；（二）禁止自由貿易，對任何國家均屬有害，對美國人民尤其有害。

必須承認，政治結社的無限自由，迄今爲止，在美國還不曾產生預料也許可能在別處產生的那些致命後果。結社權是由英國輸入的，一向都在美國存在。現在，這個特權的行使，已與人民的生活方式和習慣融混在一起。目前結社自由，已成爲反抗多數專制的一項必要保障。在美國，只要一個政黨居於統治地位，所有公共權柄都落入它之手。它的私人贊助者佔據了一切職位，而全部行政力量則都由它支配。由於反對黨最出色的成員無法打破那排除他們掌權的壁障，他們只好站在壁障之外，以少數派的道德權威去反對騎在它頭上作威作福的物質力量。於是，一項危險辦法，便被用去排除一種更爲強大的危險了。

多數人的萬能，在我看來，對美國各共和國眞是危險十足，用來抑制它的手段看上去總是利多於害。在此，我要道出一種看法，可能令讀者想起我在談鄉鎭自由時說過的話。再沒有比民主國家的社團，更需要防止派別專制和巨頭專權了。在貴族國家，貴族和富人團體，天然就是

抑制權力濫用的社團。在不存在此種社團的國家，如果私人之間不能仿造出一些臨時代用品去代替它們，我真看不出有什麼抵抗最可恨暴政的長遠保障。一個偉大民族，可能受到一個小派別或者一個獨夫肆無忌憚的壓迫。

　　常有可能成為一種必要手段的大政治集會（大集會有各種各樣性質），即使是在美國，也永遠是一種嚴重事件，一種令審愼的愛國者見之不能不驚愕的事件。這一點，在 1831 年的大會中，是十分容易察覺的。參加那次大會的所有最傑出的人，都竭力想使大會的語言變得平和，同時把它的目標局限在某些範圍內。這次大會曾對不滿分子的頭腦施展一種巨大影響，使他們有準備在1832年公開爆發對聯邦商業法的反抗，這大概是可能的。

　　不能否認，政治性結社的無限自由，乃是一個民族需要花最長時間才能學會使用的特權。假如說它會把一個國家投入無政府狀態，它更會永遠加大發生這種災禍的機會。不過，這種富於危險的自由，在有一點上卻提供了防止另一危險的保障；在結社自由的國家，未聽說過有秘密會社。美國有派系，卻沒有陰謀。

歐洲和美國對結社權的不同理解方式——對結社權的不同使用

　　在人的最自然的特權中，僅次於行動自主的，要數與同胞一致努力和共同行動的權利了。因此，依我看來，結社權在性質上幾乎與個人自由權一樣不能讓與。沒有一個立法者攻擊結社權而能不損害社會的基礎。不過，如果說結社自由對一些國家是利益和繁榮的泉源，它也可能被另一些國家濫用和行之過度，從生活的要素變為毀滅的因子。將自由得到正確理解的國家和自由被濫用的國家，其中社團所採用的不同方法作一比較，對政府和政黨兩者都可能有用。

　　大多數歐洲人，都把社團看作一種在鬥爭中應趕緊鑄造和立即試用的武器。一個會社是組織來討論問題的，但行動刻不容緩的想法，卻在組成會社的一切人頭腦中佔著上風。事實上，社團是一支軍隊；演說時間是用以計算力量、激發士氣的時間；演說完畢，他們就向敵人進軍了。對組成社團的人來說，合法手段可能被認作成功手段，但決非唯一手段。

　　不過，在美國，結社權卻不是照這樣理解的。美國的少數派公民之所以集在一起，首先是為了表示他們人多力大，以便削弱多數派的道德力量；其次，是為了激起競爭，從而找出那些最適於攻擊多數派的理由。因為他們始終抱著希望，能把大多數人吸引到自己這方面來，然後再以多數名義去控制最高權力。因此，美國政治社團的用心都是和平的，手段也都嚴格合乎法律；它們完全老實地聲言它們只想憑合法手段取勝。

　　美國人和歐洲人在這方面之存在不同，基於幾個原因。在歐洲，有些政黨與多數人的分別是如此之大，它們永遠不能希望取得多數人的支持，然而它們又自認強得足以與大多數人對抗。當這樣一個政黨結為社團時，它的目標不在於去說服人，而在於去戰鬥。在美國，抱著與大多數人的意見大相逕庭的個人，要想反對大多數人，絲毫無能為力。而所有其他黨派，則希望使他信從它們的主義。這樣看來，結社權危險之增加，與大黨派之發現自己完全無法取得多數，恰好就成正比了。在美國這樣的國家，意見的不同僅僅是色彩的差別，結社權可以任其不受限制而不產生不良後果。我們對自由之無經驗，促使我們把結社自由只看成一種攻擊政府的權利。當一個黨派和一個人意識到本身力量時，第一個自行出現的念頭總是以力服人；說服的念頭則出現在較晚時期，是由經驗當中產生出來的。英國人分裂成一些彼此根本不同的黨派，卻很少濫用結社權利，因為他們已經長期用慣了它。在法國，好戰感情是那樣強烈，沒有一件瘋狂的或於國家安寧福利有害的事，人們在犧牲性命去維護它時不是自覺很光榮。

　　但是在美國，趨於緩和政治結社暴力的最強因素，也許在普選權。存在普選權的國家，多數派永遠不是曖昧不明。因為沒有一個黨派，能合理地去冒充未經投票的那一部分社區。各社團和全國一般的人，都知道它們並不代表多數。真的，這一點是從它們本身的存在情形決定的；因為如果它們真正代表壓倒勢力，它們就會去改變法律而不是乞求改良了。這一點的結果是，它們攻擊政府，政府的道德影響力必大為增加，而它們自己的力量則大大削弱。

　　在歐洲，很少社團不冒充代表多數，或不相信代表多數。這種信念或這種冒充，使它們的力量驚人擴大，對於使它們手段合法化的幫助也不亞於此。在保衛被壓迫者權利的事業中，暴力看去彷彿可被原諒。這樣，在浩瀚而又錯綜複雜的人類法律中，極端自由有時倒能糾正自由之

濫用，而極端民主有時倒也可以消除民主的危險了。在歐洲，社團多多少少總把自己看作無法為自己說話的人民的一些立法和行政委員；憑著這種信仰，它們就行動和發號施令了。在美國，社團在所有人眼中卻只代表國家的一個少數派，它們只作爭辯的請願。

歐洲社團所使用的手段，是與它們打算達到的目的一致的。由於這些團體的主要目標是行動而不是爭辯，是戰鬥而不是說服，它們自然而然地便趨於不是採取一種市民的和平組織，而是採取一種部分具有軍事生活習慣和準則的組織。它們同樣也盡可能地將力量的指導權集中，把全黨權力交給少數領袖。

這些社團的成員，像值班的士兵一樣，依口令行事；他們宣言他們信仰消極服從的理論；其實他們不如說是，一經團結在一起，就立刻放棄使用自己的判斷和自由意志了；而這些社團所施展的專制統治，常常還遠比它們所攻擊的政府對社會所擁有的權威更不能忍受。它們的道德力被這些處置大大削弱，而且它們也失去了經常總是附著於被壓迫者反抗壓迫者鬥爭的那種神聖性。一口答應奴顏婢膝地服從同道的人，一手使自己意志甚至思想屈從於同道的控制的人，他怎能假裝說他還希望自由呢？

美國人也在他們的社團中建立了政府，但一律是借用民事行政的形式。每個人的獨立是被承認的；在社團中，所有成員都同時朝同一目標前進，但並非都要循同一條路走不可。沒有人放棄使用自己的理性和自由意志，但人人都使理性和意志去促進一個共同事業。

第五章
美國的民主政府

我很明白隨我要討論的這一部分問題而來的種種困難。不過，縱然我將使用的每一句話，會在某些點上與分裂我國的不同政黨感情相衝突，我也要道出我的全部見解。

在歐洲，我們覺得爲難，不知如何去斷定民主的真正性質和不變本能。因爲歐洲存在著兩種互相矛盾的主義，我們不知應把什麼歸於主義的本身，又把什麼歸於爭論產生的激情。然而，美國的情形卻非如此。人民在該處毫無障礙地統治著，他們沒有危險需要害怕，也不曾受到什麼傷害需要去報復。在美國，民主是隨興之所好而行的，它的途徑本乎自然，活動不受限制。因此，民主的真正性質，應在美國斷定。同時，這種探討，對任何一個民族，恐怕都不可能像對法國民族這樣生死攸關。因爲法國人被一種無法抗拒的日常衝動，盲目趨向了一種事態。這種事態也許可被證明是專制的，又可被證明是共和的，但它無疑都是民主的。

普選權

我已談到普選權爲聯邦各州所採納。最後，它已存在於社會地位十分懸殊的一些社區。我曾在一些不同的地方，在一些彼此因語言、宗教和生活方式的差別而近乎外人的種族之間，在路易西安那和新英格蘭，在喬治亞和加拿大，觀察過普選權的效果。我說過，普選權在美國遠未產生人們可能預期它會從歐洲產生出來的一切良好或不良後果。而且，其效果，與一般歸於它的也十分不同。

人民的選擇和美國民主的本能嗜好

在美國，最能幹的人難得主持公務——造成此種特殊情形的原因——法國下層階級所流行的嫉妒，並非法國人的感情，而只是民主感情——美國的卓越人物何以常常不問公事

　　許多歐洲人往往說而不信，或信而不說：普選權最大優點之一，是把公務的指導交託給最值得公眾信託的人。他們承認人民無法管理自己。可是他們卻斷言，人民總是希望國家安寧幸福，並本能地選出那些同樣富於善意和最適於行使最高權力的人。我要坦白承認，我在美國所作的觀察，卻與這些見解毫不相合。到達美國時，我曾吃驚地發現：公民當中，有如此多的卓越之人；而政府首腦裡面，有才的出眾之士卻又那樣稀少。這是一個常情：今天美國最能幹的人，難得主持公務。而且應當承認，這正是民主越超出它先前的界限便越會產生的結果。過去50年間，美國政治家的人種，分明是驚人地退化了。

　　這種現象的由來，可歸於幾個原因：經過最大努力，還是無法使人民智力高出一定水平；不論求知具有何種便利條件，不論簡易方法和廉價科學如何之多，人類頭腦如不專心在這些科目上相當長久，總是不可能得到訓練和發展的。

　　人們能不需工作而生活，其悠閒之多寡，是知識進步的一個準確指標。在有些國家中，這個界限要寬一些。在另一些國家中，這個界限都要小一點。但是要人們為了維持生計而必須工作一天，也就是說，只要他們繼續是人一天，這個界限便一定存在於某處。因此，正如很難想像一國公民全都富有一樣，也很難想像一個公民的見聞全都非常廣博。這兩種困難，是彼此相關的。我願欣然承認，廣大公民都真心實意想促進國家福利。不，比此尤甚，我甚至同意，較低階級在他們愛國心中所混雜的私人利益，少於較高的階層。但是，要較低階級的人去辨別達到我們真心希望的目標的最佳手段，卻或多或少總有困難。要對一個單獨的人的性格作一公正估計，長期耐心觀察和大量後天知識，均不可少。最偉大的天才尚且常做不到這一點，難道我們能假定普通人民永遠都會成功？人民既無時間，也無方法去作這一類考查。他們的結論，都是從對一個問題突出特徵的膚淺調查而倉促形成的。所以，常發生這種情形：各種騙子能討好於人民，而人民最忠實的友人卻反而得不到人民信任。

　　還有，民主不但缺乏選擇真正值得信任的人的健全判斷力，而且常常不想或不喜歡去把那樣的人找出來。不容否認，民主制度大大趨於提倡人心中的嫉妒感情。這種情形，與其說是因為民主制度給每個人提供了爬得與別人一般高的手段，還不如說是因為那些手段永遠令使用它們的人失望。民主制度喚醒和培養了一種它們永遠無法加以完全滿足的要求平等的激情。這種完全的平等，在人們以為已掌握它的一刻，卻從人

們手中溜走了。而且它還像巴斯噶所說，「一去永不復回」。人們追求一宗利益時，是興奮的。這利益比平時可貴，因爲它不是遠得使人不知道它，但又不是近得使人能享受到它。下層階級的人，被成功的機會激發起來。他們因爲成功沒有把握而惱怒。他們由追求的熱情，轉爲失敗的力竭，最後則只剩下辛酸的失望。無論什麼東西，只要超乎他們本身能力的範圍，便顯得是使他們慾望不能滿足的障礙。於是，不管上司多麼合法，在他們眼中沒有一個不是討厭的。

有人曾經推測，促使下層階級盡可能撤除上司，使其不能指導公務的那種隱秘本能，乃是法國人所特有的本能。然而，這卻是一個錯誤。我所提到的這種本能，並非法國人的本能，而是民主的本能。它也許會被特殊政治環境所增強，但它卻來自一個較高的根源。

在美國，人民並不恨社會上的較高階級，只是對它們不大喜歡，並細心地排斥它們當權而已。他們並不怕有卓越能力的人，只是難得愛好他們。總之，每個未經他們幫助而出頭的人，都很少能得他們歡心。

當民主的天然本能誘使人民排斥卓越公民作他們的統治者時，一種強大程度不下於此的本能，卻誘使能幹的人退出政治的競技場。因爲他們在這個競技場中，極難保持獨立，或者使自己飛黃騰達而不淪爲奴僕。這個見解，會被平衡法院院長肯特，很坦率地表達出來。他大大讚揚了授權行政當局提名法官的那一部分聯邦憲法，他說：「眞的，最適於履行這個高級職責的那些人，舉止定會十分含蓄，處事定會十分嚴峻。在採用普選制的地方，他們在選舉中不可能贏得多數。」這是1830年在美國發表而未遭反駁的見解！

我認爲這些話已足表明，普選制決不能保證大眾選擇的明智。不論普選制可能具有何種優點，這總不是它的優點之一。

可能部分糾正民主這些趨勢的因素

巨大危險對國家和對個人所產生之不同效果——何以50年前有那樣多卓越人物在美國主持公務——智力和道德對公共選擇的影響——新英格蘭的例子——西南部各州——某些法律如何影響人民之選擇——由選擇團體進行之選舉——此種選舉對參議院結構的影響

當國家遭到嚴重危險的威脅時，人民常能成功地選出最能拯救國家

的公民。有人曾注意到，人在危急關頭很少能夠保持常情，他不是超出，便是低於一向的水平。國家情形也是一樣。極端危險有時不但不能振奮一個民族的精力，反而會使之疲弱。這些危險激起了民族的激情，卻不曾加以導引。它們不但未使民族知覺力清醒，反而使之混亂。猶太人就曾經在他們冒煙的殿堂廢墟上彼此爭鬥，互相宰殺。但是，對國家和個人兩者來說，更常見的情形卻是：危險臨頭時反而得出一些意外優點。這時，一些偉大人物更引人注目了，就像通常黑夜的幽暗所遮掩的大廈，突然被一場大火的火光照亮了一般。在這種危急時代，天才不再猶豫，挺身而出。而人民，被危局嚇倒，也暫時忘卻了他們嫉妒的感情。這時，選票箱裡，可能開出一些偉大的人名來。

我已說過，今天美國的政治家，遠不如50年前那些主政的人物。這可以說是環境，也可以說是該國法律產生的後果。當美國在為獨立的崇高事業奮鬥，去推翻另一國家的奴役時，當它要向世界昭告一個新國家的誕生時，美國居民的精神已被激發到他們那些偉大目標所要求的高度。在這種普遍的興奮中，卓越人物已準備好，隨時響應社區的召喚。而人民則向這些人求取支持，唯他們馬首是瞻。但這樣的事是稀少的，我們的判斷必須依據事情的常態。

假如說偶然事件有時會抑制民主的激情，那麼社會的智力和道德對民主的激情則會施展一種影響，其力量不會小於偶然事件，而且較之更為持久。這種情形，在美國是容易察覺到的。

新英格蘭的教育和自由是道德和宗教的女兒。該地的社會已上了年紀，取得了足以使其形成主義和保有固定習慣的穩定性。在新英格蘭，普通人民已習慣於敬重知識和道德的優越性，毫不抱怨地對之服從，雖然他們一點也不把財富和門第帶到人間來的一切特權放在心上。因此，民主在該處，比在別處可作更賢明的選擇。

但是我們朝南走，到那些社會組成得比較晚近，而且也沒有那樣強大的州去。該地的教育，不如新英格蘭的普及。道德、宗教和自由的原則，也不是那樣可喜地結合在一起。於是我們就會察覺到，當地的當權的人，才德更其稀少。

最後，我們去到西南各州。其中的社會，只是昨天才組織成功，呈現出來的不過是冒險家和投機家的集合。那時，我們就會因公權有些人而吃驚。我們禁不住會問，除去立法機構和主持立法機構的人以外，該州能靠什麼力量取得保護，社會能靠什麼力量得到繁榮。

　　不過，有些民主性質的法律，卻多少有助於糾正民主的這些危險傾向。當我們走進華盛頓的眾議院時，我們會因那個大議會的粗俗舉止而吃驚。全院常常找不出一個傑出人物。它的議員幾乎全都是默默無聞之輩，誰的腦子都記不得他們的名字。他們大半是鄉村律師和商人，甚至還是社會下層階級的人。在一個教育十分普及的國家，據說人民的代表居然並非總是都能書寫無訛。

　　隔幾碼遠，則是參議院的大門。一個小小的空間，卻容納著大部分美國的名人。在裡面看見的人，簡直沒有一個不曾有過活躍而又顯赫的生涯。參議院是由雄辯的律師、傑出的將軍、賢明的行政官吏、著名的政治家組成。他們的辯論，可與歐洲最出色的議會辯論媲美。

　　兩院這種的奇異對照，是怎樣形成的呢？何以最能幹的公民能在一院中找到，在另一院中卻找不到呢？為什麼前一機構以其成員之粗俗知名，而後一機構卻彷彿獨享智力和才能呢？這兩個議會皆來自人民；兩者均由普選選出；而迄今為止，也尚未聽人在美國主張，說參議院敵視人民的利益。那麼，產生如此驚人區別的根源又何在呢？依我看來，唯一足以說明此點的理由，是眾議院乃由人民直接選舉，而參議院卻由選舉團選舉。各州公民指定各州的立法機構，聯邦憲法又把這些立法機構轉變為許多選舉團，而選舉團則選出參議院成員。參議員是由間接普選而產生的。因為指派參議員的機構並不是什麼憑本身選權而選舉的貴族或特權團體，而是由全體公民選出來的選舉團。他們一般是一年選舉一次，每年都有足夠多的新成員，被挑出來決定參議院的推舉事宜。但是，讓大眾主權通過一群挑選的人所組成的議會來行使，這種做法卻使大眾主權產生了一個重要變化：使它斷事更為周詳，選舉得到改良。用這種方式挑選出來的人，通常代表了統治他們的全國大多數人。他們與其說是代表擾亂社區的渺小感情，或代表社區丟臉的種種弊病，不如說是只代表流行於社區中的高貴思想和鼓勵社區採取高向行動的脾性。

　　有一天，時機必會到來，那時美國各共和國將被迫更經常地在它們的代議制中採用由選舉團從事選舉的計畫，否則它們便有在民主陷阱中慘遭覆滅的危險。

　　我毫不遲疑地承認，我認為這個獨特的選舉制，乃是使政治權力能為人民所有階層行使的唯一方法。那些希望把這制度變為政黨獨有武器的人，以及那些害怕使用它的人在我看來都同樣錯誤。

美國民主對選舉法所施展的影響

選舉少時，這些法律使國家面臨一場狂暴危險——選舉多時，
它們使人保持一種熱烈的興奮之情——美國人寧願採取兩種弊
端中的第二種——法律的改變無常——漢密爾頓·麥迪遜和傑
佛遜對此問題之看法

當選舉要經一段很長的間隔才再舉行時，每次選舉都會使國家產生
狂烈的騷動。這時，政黨爲了獲得一項難於抓到的獎品，對選舉都全力
以赴。由於失敗候選人的毛病幾乎無法矯正，他們在絕望的野心中，恐
怕什麼都幹得出來。另一方面，倘若合法鬥爭不久就能重新舉行一次，
失敗的政黨便可以忍耐了。

當選舉經常舉行時，反覆舉行選舉，會使社會保持熱烈的興奮之
情，並使公務處於連續的不穩狀態。所以，一方面是使國家易於惹起革
命的危險，另方面卻是使國家永遠變動不居。前一制度威脅政府之存
在，後一制度卻使穩定和一貫政策之採取成爲不可能。美國人在這兩個
弊端中寧取第二個而不取第一個。但他們得出這個結論，出乎本能之
處，多於出乎理性之處。因爲愛好變化，乃是民主所特有的感情之一。
所以，美國人的立法，出奇地多變。

許多美國人認爲他們法律的變化無常，乃是一種有利制度的必然結
果。但是在美國，卻沒有人假裝否認這種變動不居或選舉競爭不是一項
重大弊端。

漢密爾頓，在論證了一項可能防止或至少可能阻撓不良法律之頒佈
的權力的功效後，又補充說：「也許可以說，防止頒行不良法律的權
力，也包含著阻撓制定良好法律的力量，既可用於這一目的，也可用於
另一目的。可是這個反對意見，對於能適當估量法律變動不居之壞處的
人，卻無足輕動。法律的變動不居，已構成我國政府性質和精神的最大
污點。」（《聯邦主義者》第73節。）

另外，在同一著作的第62節中，他又說：「立法之方便和過多，彷
彿是我國政府最易患的毛病。」

美國迄今爲止所產生的最偉大的民主主義者，傑佛遜本人，也指出
了同樣一些危險。

「我國法律的不穩定，」他說，「確實是一件嚴重的不便事情。我想
我們應當除去它，決定在提出一件法案後，應容許經一年之時間才予以

最後通過。然後，法案應交付討論，在沒有可能作何更改的情形下予以表決；如果情勢要求作更迅速的決定，則該項法案不應只由簡單多數，而應由至少佔每院三分之二的多數決定。」

美國民主治下的公務員

美國公務員的簡樸外表——沒有官式服裝——所有公務員均付報酬——此項制度之政治後果——在美國不存在終身公職——這一事實的後果

　　美國的公務員，不是與公民大眾分開的；他們既無宮殿，也無衛士，更無典禮中穿的制服。當權人物的這種簡樸外表，不僅與美國人性格的特點有關，而且與美國社會的基本原則有關。照民主的看法，政府並非一件有利的東西，而是一個少不了的災害。必須授與公務員一定程度的權力，因為沒有權力，他們便不會有什麼用處。但是，在外表上裝得像大權在握的樣子，卻決非執行公務所不可少，反而會無謂地予公眾以刺激。公務員自己十分明白，他們所享有的權威得自公民同胞，要想駕臨於公民同胞之上，他們必須在舉止行動上使自己與整個社區處於同一水平才行。公務員在美國，作風一律都很簡樸，平易近人，事必躬親，回答謙和有禮。我很喜歡民主政府的這些特點；我很欽佩對官職的尊敬甚於對人的尊敬，以及想到權力標幟不如想到行使權力的人之多，我欽佩這樣做的人的獨立不羈的精神。

　　我相信，服裝在我們生活的這種時代的影響力，一向都被過於誇大了。我從未發覺一個美國公務員在執行職務時，曾因他本身優點不曾被外在標幟所襯托，而較不受人尊敬。相反，在公務員並不想在別方面使自己受人尊敬時，究竟一種特別服裝能否誘使他們尊敬自己，也大有可疑。當一個行政長官故意怠慢一群在他面前受審的人，或拿他們尋開心，或在他們答辯時聳聳肩膀，或在列舉他們罪狀時得意地微笑（在法國，此種情形並不鮮見），我真想剝下他的官服，看看當他被脫到只剩一個公民打扮時，究竟他還會不會記起人類一部分天然的尊嚴。

　　美國的公務員都沒有制服，但人人都領薪俸。而這一點，比上述各點，更自然地來自民主原則。一個民主國家可能容許行政長官擺闊，用絲綢和金銀去裝扮它的官員，而不嚴重地損傷它的原則。這一類特權都是暫時的；它們屬於官職地位，而不屬於人。但是，如果公務員不拿薪

俸，一個富有而又獨立的公職人員的階級便會被創立起來，而這個階級
則將構成一個貴族階級的基礎了。那時，人民倘若仍保有選舉權利，他
們就只能從公民的某些階級中去作選擇。

當一個民主共和國要求領薪的公務員不拿薪水供職時，可以十拿九
穩地推論，該國正走向君主政體。而當一個君主國對截至當時為止一直
不付薪俸的官員開始付給報酬時，這是該國趨於專制或採用共和式政府
的一個明確信號。依我看來，用付薪公職人員去代替不付薪給的公職人
員，這件事的本身就足以構成一場真正的革命。

我把美國全無不付薪的職位一事，看作民主在該國施展著統治全權
最突出的標幟之一。所有公職，不論性質如何，都付報酬。因此，人人
不但有權執行公務，而且有方法去執行公務。不過，雖然在民主國中所
有公民都有資格擔任公職，大家卻並不都願去管試。可以應徵的人數和
資格，多於實際要求應徵者應具備的條件，這就限制了選擇人的抉擇。

在選舉原則擴展到一切事物的國家，嚴格說來，不存在任何一種政
治生涯。人們好像偶然擔任一個職位，卻絕無把握繼續保有它。當選舉
每年舉行一次時，這種情形尤其真確。結果是，太平時節，公職對於野
心只提供了很少的誘惑。在美國，從事政治的錯綜複雜生活的人，都是
些抱負不大的人。對財富的追求，通常都使大才和有志之士放棄追求權
力；常常發生這種情形：一個人不到顯示出沒有能力處理本身命運，是
不會去指導國家命運的。擔任公職而十分平庸的人，其數目之龐大，可
歸因於這些因素之處，一如可歸因於民主選擇不良之處。在美國，即使
具有高超能力的人希望當選，我也沒有把握說人民會選中他們；但這一
類候選人不會出面，這一點卻是肯定的。

美國民主治下行政官的專斷權力

何以行政官的專斷權，在專制君主國和民主國大於在君主立憲
國——新英格蘭行政官之專斷權

行政官在兩種政府中行使相當大的專制權：那就是，一人統治的專
制政府，以及民主政府。這個相同的結果，產生於一些十分相似的原因。

在專制國中，沒有人的命運有保障；公共官吏並不比私人安全。國
王操持他所僱用的人的生命、財產，有時還操持他們的榮譽。他認為他
們沒有可害怕的地方，所以容許他們具有很大的行動自由範圍，因為他

確信他們不會用這種自由去反抗他。在專制國家，國王與他的權力是那樣密不可分，他不喜歡受約束，甚至受他自己規章的約束都令他討厭。他喜歡看臣屬不按規章辦事，彷彿只是偶然地想去證實他們的行動永遠不會違抗他的願望一樣。

在民主國中，由於多數人每年都有權取消他們原先任命的官吏，他們沒有理由害怕這些官吏會濫用權威。既然人民永遠能對主政者表示他們的意志，他們就寧願讓主政者自由行動，而不願去規定一套不變的行事準則。這種準則，將會同時束縛主政者的行動和大眾的權威。

深入考察起來，甚至可以說，在民主國的統治下，行政官的專斷行為必定還要比專制國大。在專制國內，國王能立刻懲罰他所得知的一切過失，但他卻無法希望得知所有犯下的過失。相反，在民主國中，主權的權力不僅最高，而且無所不在。事實上，美國公職人員在法律替他們劃定的行動範圍內，比歐洲任何公務員都要自由得多。十之八九，只對他們簡單地指出要他們完成的目標。而方法的選擇，則留待他們自己斟酌。

例如，在新英格蘭，各鎮區行政委員必須開列擔任大陪審團陪審員的名單。唯一訂下來指導他們挑選的法則，是說他們應挑選具有選舉權和名譽良好的公民去擔任陪審員。在法國，假使一個公共官吏被授與任何一種如此強大的權力，老百姓的生命和自由就會被人認為處在危險之中了。在新英格蘭，同一些行政委員還有權把酗酒的醉漢姓名貼在酒館門口，禁止鎮上居民給他酒喝。這樣一種監察官的權力，在最專制的君王國內，也會激起人民的反抗。然而，在此地，卻毫不費力地就得到服從了。

沒有一個地方的法律，像在這些民主共和國中一樣，曾留下如此多的事去歸行政官專斷，因為這些民主共和國對專斷權沒有什麼可害怕之處。甚至可以斷言，隨著選舉權越益擴張，隨著行政官任期越益縮短，行政官的自由便益發增加。這樣，要把一個民主共和國改變為君主國的大困難便出現了。行政官不再由民選，卻保有民選官吏的權限和習慣，這就直接導向了專制。

只有在君主立憲國內，法律才訂明公共官吏的行動範圍，規定他們行事的一切方法。這樣做的原因，很容易便可發覺。在君主立憲國內，權力是由國王和人民分有的，兩者都對行政官的穩定有興趣。國王不敢將公共官吏置於人民控制之下，怕的是它們會被誘，出賣他的利益。另一方面，人民也怕行政官完全依賴國王，從而為壓迫全國的自由去效

力。因此，行政官們既不能說依靠這一個，也不能說依靠那一個。誘使國王和人民讓公共官吏獨立的同一原因，也提示出有必要採取這樣一些保障，去防止公共官吏的獨立性侵犯前者的權威或後者的自由。他們最後終於同意，有必要把官吏限制在預定的行動範圍之內。而且他們也發現，加予官吏某些他不能迴避的規定，對他們是有利的。

美國行政的不穩定

在美國，社區的公共措施，常比家庭行動留下更少的痕跡——
報紙是唯一的歷史遺跡——行政的不穩定有損施政的藝術

公務人員在美國擁有的權柄是那樣短暫，他們那樣快就與全國永遠變動的人口混在一起，所以社區的行動常比私人家庭事件留下更少的痕跡。公共行政的活動，可以說只憑口述和傳說，很少用筆寫下來的那一點，又像古代女巫的葉子一樣，很快就被最微的風吹走了。

美國歷史保留下來的唯一遺跡是報紙。如果缺少一份，時間的連鎖就會被打斷，而目前就與過去隔開了。我確信，50年後要收集有關今天美國社會狀況的確鑿文獻，將比尋找法國中世紀行政遺跡更其困難。假如美國有一天遭蠻族侵略，要想明白此時住在美國的民族任何事情，就只得去依靠其他民族的歷史了。

行政的不穩定，已深入人民習慣。看去，它甚至合乎一般人的口味。誰也不關心在他以前的時代發生過什麼事：沒有人去講究方法系統，沒有人去成立檔案局。收集文件本來十分便當，但也沒有人把文件收集攏來。有文件存在的地方，也很少加以保存。我手頭的文獻中，有幾份原始公文，是我在公家辦公處詢問時，別人作為回答而給我的。在美國，社會彷彿是戰場上的一支軍隊，靠手和嘴行事。不過，行政技術無疑是一門科學，假如接連的世代不把各種發現和觀察按其發生秩序收集起來，任何科學便都不能改進。一個人在他短促生命中注意到一個事實，另一個人想到一個主意；前者發明一項執行方法，後者把一個原理化為一套公式。人類在它前進的途程中，把個人經驗的果實收集起來，逐漸就形成了種種科學。但是，在美國，主持行政的人都很少能互相提供任何教益。當他們負起引導社會的責任時，他們僅僅具有廣佈在社區內的那些成就，而沒有任何特有的知識。因此，民主推行到它的極端，對行政技巧是不利的。由於這個緣故，民主對一個已熟悉行政事務的民

族，比對一個在公務上尚未入門的民族，要更適合一些。

　　眞的，這句話並非只能用於行政科學。雖然民主政府建立在一個十分簡單和自然的原則上：預先總得有一個高度文化和文明的社會存在，它才能夠存在。最初，它可能被人假定屬於世界最早的時代，但更成熟的觀察卻使我們確信，它只有在人類歷史最後一個階段才會到來。

美國民主治下各州所徵稅款

在所有社區中，公民可被分爲一些階級——各階級主持公共財物之習慣——何以人民主政時公共開支必定趨於增加——在美國，什麼使得民主的浪費不那樣可怕——民主治下的公共開支

　　在能說清民主政府是否節約以前，我們必須建立一個比較的標準。假如我們拿一個民主共和國與一個專制君主國來對比，這個問題就容易解決了。我們將會發現，前者的公共開支，要大出後者相當多。一切自由國家與不自由國家對比起來，情形也是如此。專制國家之使個人破產，由於禁止他們生產財富之處，遠比由於剝奪他們已生產的財富爲多。雖然它通常都尊重既得財產，但它卻使財源枯竭。相反，自由所生產出來的貨物卻遠比它毀滅的貨物爲多；因自由制度而得益的國家，無不發現資源的增加甚至要比稅收的增加還快速。

　　我目前的主題，是將自由國家彼此作一比較，指出民主對一國財政的影響。

　　社會和有組織的團體在組織上必須受某些它們不能脫離的規則的支配。它們由某些在一切時代，一切環境下都共有的成分組成。人民也許永遠可分爲三個階級。這些階級中的第一個包括富人；第二個由小康之家組成；第三個的成員，則是少有或沒有財產，依靠爲前兩個較高階層工作而維持生活的人。這幾個派別的人數比例，可能依社會條件而有不同，但派別分割的本身卻永遠無法消除。

　　很明顯，這些階級中的每一個，都會根據本身特有的利益，對國家財政的主理施展一種影響。假如三個階級中的第一個獨擁立法權，它大概將不會吝惜公款，因爲對大財富徵收的稅款，只減少了它的一點餘數，無關痛癢。假如第二個階級擁有立法權力，它準定不會被抽過多的稅，因爲再沒有比小收入而被課重稅更沉重的負袒了。在我看來，中產階級政府是最節儉的政府。我並不說它是自由政府中最有知識的，而且

它也肯定不是自由政府中最慷慨的。

　　現在，讓我們假定，立法權被授與了最低的那個階層。有兩個顯著的理由表明，用費的趨勢將是增加，而不是減少。

　　由於制定法律的絕大多數人沒有可納稅的財產，花在社區中的錢彷彿都於他們有益而又不用他們自己掏腰包。同時，那些略有薄產的人，很快就能找到方法，使稅額定得壓制富人而有利窮人，雖然富人在當政時不能得到同樣好處。

　　在窮人獨掌立法大權的國家，不應期望公共開支能有顯著節約。開銷數字永遠都會相當的大；而其所以會如此，不是因為稅款不出在抽稅人身上，便是因為抽稅方式使稅款不致出在較窮階級身上。換言之，民主政府乃是訂立稅則的人能逃避納稅的唯一政府。

　　人民真正的利益，在於勿使富人財富受損。因為從長遠看來，人民將會在緊隨富人財富受損而來的普遍窮困中受害。若要反對這個道理，是徒勞無功的，難道使臣民幸福，不也是君主真正利益的所在？依據新兵的情形，承認其等級，不也是貴族真正利益的所在？假如遙遠的利益有力克服一時的激情和危困，那就絕不會有暴君或唯我獨尊的貴族這樣的東西存在了。

　　不過，有人可能反對說，窮人永遠不會獨掌立法大權。然而，我的回答則是，凡已確立普選權的地方，多數人毫無問題地會行使立法權。如果事實證明窮人永遠構成多數，難道不能絕對正確地補充說，在窮人具有普選權的國家，窮人也獨擁有立法權？在世界一切國家中，較大的多數總是由沒有財產的人，或為了取得舒適生活而財產尚不足以使他們免於工作的人所構成。因此，普選權事實上使窮人管理社會。

　　民權有時對國家財政施展災難影響，這在古代一些民主共和國中，已可清楚看出。在這些共和國中，為了賑救貧困的公民，或供應大眾遊戲和戲院的娛樂，公共財產被用至枯竭。然而，當時代議制差不多還不曾為人知道，卻也是實情。同時目前大眾的感情，在公務的處理上已感到得較少。很可以相信，議員最後總會遵照他選民的原則，照顧他們的嗜好和利益的。

　　不過，隨著人民都取得一份財產，民主的奢侈浪費將照比例減少其可怕性。因為那時，一方面，富人的出錢已不如先前的需要。另方面，要想使徵稅者不納稅也更困難。由於這個緣故，普選權在法國，也將會比英國較少危險。因為英國所有可納稅的財產，幾乎都操在少數人之

手。而在美國，大多數公民都擁有一些產業，處境比在法國還要有利。

　　還有一些因素，可能增加民主國家公開開支的數額。當貴族統治時，主持國政的人，由於在社會中所處的地位，都免於匱乏。他們滿足於自己的命運，奮力以求的唯一目標只是權力和名望。他們高居在默默無聞的群眾之上，並非經常都能看清人民大眾的安寧幸福會怎樣反過來增加他們自己的權勢。真的，他們對窮人的苦難並不是毫無感覺；但他們對那些苦難無法感受得像受者一樣切身。只要人民顯得安貧知命，統治者便心滿意足，除了政府不再進一步去要求什麼東西了。貴族政體對維持現狀，比對改進現有條件，更為熱心。

　　相反，當人民被授以最高主權時，他們卻不斷尋求某種更好的東西，因為他們感到了自己命運的困苦。改進的渴望，伸展到了無數目標：它體察下情，注意到了最細微的枝節，尤其是那些要花相當多的錢才能完成的改變，因為目標在於改進無法出錢的窮人的生活條件。而且，所有的民主社區，都被一種說明不來的興奮和躍躍欲試的熱烈情緒所激動了。這種興奮和躍躍欲試的情緒，創造了許許多多差不多全是很花錢的新設施。

　　在君主政體和貴族政體下，有野心的人為了投合統治者對權力和名望的天然愛好，時常挑動他們去幹十分昂貴的事業。在民主政體下，統治者是窮苦的人，除了用一些能改善他們福利的手段，絕不能說動他們。而這些改善，卻是沒有錢就實現不了的。當一個民族仔細思索自己的局勢時，他們發現許許多多自己以前不曾意識到的匱乏。而為了滿足這些急需，就只好靠國庫了。所以便發生了這種情形：公共開支隨國家文明程度之增加而增加；而知識越是普及，稅款也就越增。

　　使民主政府貴於任何其他政府的最後一個原因，是民主政府即使想節省也總是降低不了開支，因為它不懂得節約之術。由於民主政府經常都在改變它的目的，而且更經常地換用人員，它的事業常常主持不好，或半途而廢。在前一種情形下，國家為其打算完成的目的多花了錢；在後一種情形下，則國家花了錢還毫無所得。

美國民主在公務員薪給方面的趨勢

在民主國中，制定高薪的人並無機會牟利——美國民主的趨勢是增加下級官吏薪俸，降低比較重要職位的薪給——如此做的原因——美國與法國公共官吏薪給之對照

通常有一個強有力的理由，誘使民主國家撙節公共官吏薪給。制定薪額的人，數目非常之多，很少有機會獲得官職，去領取那些薪水。相反，在貴族國家中，制定高薪的人卻幾乎都有一個模糊希望，可從高薪中獲利。這些官職的設置，都可看作他們爲了自己，或至少爲了他們的兒子而投下的資本。

而且，還應明白指出，民主國家對它任用的主要人員最爲吝嗇。在美國，下級官吏比在別處的收入好得多，而較高級的官吏的收入卻遠不如別處。

這些相反的後果，來自同一原因：人民既決定高級官吏薪給，也決定低級官吏薪給，而報酬的等級則是以他們本身需求爲對照而決定的。有人主張，應使公僕與公眾本身一樣處於小康之境才算公平。但是，當問題轉爲決定國家大官吏的薪給時，這個法則卻不起作用，只有偶然因素去引導大眾的決定了。窮人對社會高階層的需求沒有足夠認識。在富人看來微不足道的錢數，在他看來卻很大，因爲他的需要不超出生活的最低要求。照他看來，一個州的州長，每年有1萬2千或2萬元收入，真是一個幸運和值得羨慕的人。假如你設法說服他，告訴他一個偉大民族的代表，在外國眼中應顯出一些顯赫氣派才行，他起初會同意你的說法。可是，當他想到自己簡陋的住所和刻苦工作所得來的微薄收入，憶及他用你所斷定爲不足之數曾做到的一切事情，他一眼看見這樣大的一筆財富，定會大吃一驚，或者差不多被嚇壞。另外，他又想到，下屬公共官吏與人民差不多處於同一水平，現在卻要把另一些人提升到這些下級公共官吏之上。於是前者激起了他的同情，而後者卻開始引起他的嫉妒。

這種情形，在美國可以清楚地看到。在美國，如果容我直說的話，薪給彷彿隨公務員權柄之加大而減少。

相反，在貴族政體的統治下，高級官員得到優薪，下級官吏則常連維持最低的生活也不夠。造成這種情形的原因，很容易從一些與我剛指出的十分類似的因素中發現。正如民主政體不能想見富人的娛樂，或者看到時不能不懷嫉妒一樣，貴族政體也遲於理解窮人的困苦，或者無寧說不知道窮人的困苦。老實說，窮人與富人非屬一類，而是另一種人。因此，貴族政體不大關心下屬人員的生活狀況；下屬人員的薪水，只有在他們拒絕爲這樣微薄的報酬服役時才有增加。

使民主政體被人認爲具有大於它實際所有的節約傾向的，是它對於主要官吏的吝嗇。它確實很少使主政者能維持優裕的生計；但它卻毫無

吝嗇地花大筆的錢去滿足人民的需求和促進他們的享受。由徵稅籌集起來的錢，也許應用得比較好，但用得卻並不經濟。一般說來，民主國家對人民用得很慷慨，對管理人民的人卻用得很節省。貴族國家的情形則正好顛倒過來，國家的錢多半用在主事人的身上。

鑑別促使美國政府節儉的各種因素之困難

我們常常易於犯錯，要在一些事實中去尋求法律對人類命運的眞正影響。因爲，再也沒有比鑑定一件事情更難的事了。一個民族天生浮躁和熱情；另一個卻沉靜而又富於心計；這些特點，產生於它們的體質或別種因素，而我們卻不知道。

有些民族，喜歡遊行、熱鬧和慶典，花百萬金錢求一時快樂也不後悔。相反，其他一些民族，卻愛好比較安靜的享受，而且差不多羞於顯得快活。有些國家很看重公共建築之美；另一些國家，人們卻漠視藝術成果，凡不能產生實際收益的東西都遭人鄙視。在一些國家，支配人們慾望的是名譽；在另一些國家，支配人們慾望的卻是金錢。

除開法律，所有這些因素，對一國財務的處理都單獨施展著一種有力影響。假使美國人永不把人民的錢花在公共慶典上，那不單是因爲稅款在人民控制之下，而且也因爲人民不喜歡慶典。假如他們在建築上放棄一切裝飾，除了實用和樸素什麼都看不上眼，那也並非因爲他們生活在民主制度之下，而是因爲他們乃是一個商業民族，私生活的習慣，在公眾生活中繼續了下來；我們應當把依賴於他們制度的那種節儉，與來自他們風俗習慣的自然結果的那種東西仔細區別開來。

美國的開支究竟能否與法國的開支相比較

要估計公共費用之大小，必須確定兩點：國富與稅率——法國的國家財富和費用不能確知——何以聯邦的財富和費用也不能確知——作爲研究賓夕法尼亞州的總稅額而作的調查——可以表示一國公共費用總額之一般徵兆——對聯邦所作此種調查的結果

最近在法國，有許多人曾試圖將該國公共費用與美國公共費用作一比較。然而，所有這些嘗試都毫無結果。其實，用幾句話也就足以表

明，他們本來就不可能獲得滿意結果。

要估計一個民族公共費用的總額，有兩個先決條件必不可少：首先，必須知道該民族的財富；其次要查明該財富有多少用於國家公共開支。要不談預定用作完稅的財源而去說明稅收總額，將是一件徒勞無功之事；因為我們想知道的並不是開支，而是開支與稅收的關係。一個富有的納稅者可能輕易繳納的稅率，往往會使一個窮人淪為赤貧。

國家財富由幾個成分構成；其中第一是不動產，第二是個人財產。很難準確知道一國可耕地的總數和其天然或既得價值；要估計一國可處置的全部個人財產，比這還要困難；這些財產因樣式紛繁，出現形狀又萬般不一，所以無法作最嚴格的分析。真的，我們發現開化時間最長的一些歐洲國家，甚至包括其中行政最集中的國家，至今都未能斷定它們財富總額的確數。

在美國，從來不曾有人作過此種打算；因為在一個新國家裡，怎能作這樣一種打算呢？在這個新國家內，社會尚未安頓下來形成固定的平靜習慣，全國政府還不曾得到一大批能用一個目的加以指揮和導引的下屬人員的協助，而且由於沒有一個人能收集到必要資料或找到時間去作研討，所以統計材料也沒有得到研究。這樣，在法國已作出的那些初步計算材料，在聯邦就無法獲得。兩國的相對財富都無人知道：前者的財產至今未經確定，而要計算後者的財產，卻根本沒有計算的辦法。

因此，我贊成暫時把這個必要的名詞「對比」放開，使自己限於計算實際稅額，而不去考察稅收與稅源的比例。不過，讀者將會察覺，我的工作並未因這樣縮小研究範圍而得到方便。

不容懷疑，法國中央當局在它所能調遣的所有公共官吏協助之下，本可能確定它直接和間接向公民徵收的稅款總額。但是，這個任何私人都無法作的調查，法國政府迄今為止尚未完成，或者至少其結果尚未公佈。我們得知國家費用的總數；我們知道各部開支的總額；但是各村社的用款，則未經計算。所以，法國公共費用的總額，結果還是不知道。

現在，假使我們轉向美國，我們將發現困難倍增，而且加強。聯邦發表一份有關它的開支總額確數報告；48州的預算案也發表相似的報告；可是各郡和各鄉鎮的用費，卻無人知道。

聯邦當局不能強迫各州政府幫忙說明這個問題；而且即使這些州政府願意一同給予協助，究竟它們能否提供令人滿意的答覆，也大可懷疑。撇開這件工作的種種天然困難不談，全國政治結構也會妨礙它們努

力的成功。各鄉各鎮的行政委員，並非由州當局所任命，不受它們管轄。因此，有理由假定，即使各州十分情願提供我們所要的報告，它的計畫也會因他們那些非僱用不可的下屬官吏不理會而被取消。事實上，要促成此項調查而去探詢美國人可能做什麼，根本是無用的，因爲迄今爲止他們肯定什麼也不曾做。今天，在美國或歐洲，沒有一個人能告訴我們，聯邦每個公民每年要爲全國公共費用出多少錢。

這樣，我們便必須得出結論，要去比較社會開支，其困難不下於去估計法國和美國的相對財產了。我甚至要加上一句，企圖作此種比較，將會是危險的。因爲不以絕對準確計算爲根據的統計材料，不僅不能引人得出正確結論，反而會把人導入歧途。統計材料即使是錯誤的陳述，也會具有虛假的精確外貌。人類頭腦很易受這種虛假的精確外貌的欺騙，很有把握地採納一些披著數學眞理外衣的謬見。

因此，讓我們放棄數字調查，去希望遇到另一類材料吧。在缺乏確實文獻的情形下，我們可以從觀察一個民族外表是否昌盛，而對它的稅收與實際財富間的比例下一判斷：看看在向國家繳納稅款之後，窮人是否仍能維持生計，富人是否依然保有享受的財力；看看這兩個階級是否好像滿足於它們的地位，同時又不斷努力於改善它們的地位，使得勤勞永遠不缺資本，而資本又永遠能僱到勤勞。憑這些跡象進行推論的觀察家，無疑會導致一個結論：美國人民所交給國家的他的一部分收入，遠比法國公民交給他國家的那一部分收入要小得多。眞的，其結果也不可能兩樣。

法國的一部分債款，是因兩次被侵略而欠下的；美國卻沒有相似的災難需要害怕。法國的地理位置使它不得不維持一支龐大的常備軍；美國孤懸於大西洋彼岸，卻使它只要 6 千軍人即可。法國有一支 600 艘船隻的艦隊；而美國人卻只有 52 艘船。既然如此；美國居民怎麼會負擔法國居民一樣重的稅呢？在兩國的財政中，再也找不出情形如此不同的對比了。

我們能評判美國政府究竟是否眞正節省，乃是依靠對美國實際發生情形的考察，而不是依靠美國與法國的對比。瀏覽一下組成美國聯邦的各州情形，我察覺各州政府在事業中時常缺乏堅持精神，而且對僱用的人也不能始終如一地加以控制。於是我自然得出結論，它們必定時常漫無目的地花費人民的金錢，或浪費了多於它們事業眞正需要的錢。政府忠於它所來自的人民大眾，作種種巨大的努力去滿足較下層的各階級人

的需求，向他們打開當權之路，在他們中間普及知識和舒適。窮人得到了扶養，每年都花巨額款項從事公共教育，所有服務都得到報償，最卑微的人員也有良好的待遇。這樣的政府，看上去當然是有用和合理的。但我不得不承認它很花錢。

凡是窮人領導公務和掌握國家財源的地方，好像必會如此：由於國家開支對他們有益，他們將經常增大開支。

因此，不需依靠不準確的統計，不需冒險去作可能被證明為不正確的對比，我的結論是：美國人的民主政府，不像人們有時所斷言那樣，並非一種廉價政府。而且我不怕預言，倘使美國有一天捲入嚴重困難，該地稅收將會迅速提到與大多數歐洲貴族國家或君主國家一樣高。

民主國統治者的貪污腐化及其對公共道德之影響

在貴族政體下，統治者有時竭力腐化人民——在民主政體下，統治者好像常常自行腐化——前者的弊端直接有損人民道德——後者的間接影響更加有害

當貴族政體與民主政體互相指責對方助長貪污時，必須對之加以區別。在貴族政府中，居於主政地位的都是富人，他們貪圖的乃是權力。在民主政府中，政治家都很窮，有待發財。結果，在貴族國家，統治者便難得受賄，對金錢很少渴望。而在民主國家，情形卻正好相反。

但是，在貴族國家，由於想要掌權的人都擁有相當大的財富，又由於他們可藉其幫助而騰達的人數目較少，如果容我直說，政府等於在被交付拍賣。相反，在民主國家，貪圖權力的人很少富有，而能授人權力的人則又為數極大。也許民主國家當中可被收買的人數目不小，但買主卻很難找到；而且，要收買，一次必須收買那樣多的人，作此打算也無用處。

過去40年間統治法國的人，有許多曾被指控，說他們犧牲本國或盟邦而去發財。這種譴責，在舊的君主國，很少加於擔任公職的人。但是，在法國幾乎從不知道的收買選舉人的作法，在英國卻聲名狼藉地公開進行。我在美國從未聽說有誰被指控出錢收買選票，但我卻常聽說一些公共官吏的廉潔發生問題；而比這更經常的，是聽說他們靠玩弄卑鄙陰謀和不道德行徑，才取得成功。

這樣看來，如果說在貴族政府中主政的人有時竭力腐化人民，那麼

民主政府的首腦就常常自行腐化了。在前一種情形下，人民的道德直接
受到襲擊；在後一種情形下，腐化卻施展了一種更加可怕的間接影響。

　　由於民主國家的統治者幾乎經常被人懷疑有不名譽行為，他們多少
會引導政府當局作出一些他們被指控的低賤事情。這樣，他們便提供了
危險的榜樣，使爭取德行良善而獨立不阿的鬥爭受到挫折，替當局隱秘
邪惡的陰謀作了掩蔽。假使聲言說，邪惡感情在社會各階層人身上都可
找到，它們憑世襲權利登上了王位，而我們在貴族國家的首腦和民主國
家的心腹中都可找到可鄙的人物，這個辯解在我衡量起來沒有什麼分
量。偶然掌權的人的腐化，其中有一種粗鄙的傳染病者，使之危害大
眾。相反，在貴族的墮落中，卻有一種高雅和偉大的氣派，常使這種墮
落不傳到外而去。

　　人民永遠都不能參透宮廷陰謀那片莫測的迷津，而且始終很難發覺
潛藏在漂亮的舉止，文雅的愛好和精美的語言下面的奸惡。但是，掠奪
公眾錢財，出賣國家恩惠，卻是最卑鄙的無賴都能懂得，並希望輪到自
己去試一試的事情。

　　另外，值得害怕的倒不大是偉人的不道德，因為事實上不道德也可
使人偉大。在民主國家中，公民私下看見一個生活在他們同一階層的
人，幾年之間就從無名小卒爬到有錢有勢的地位；這個奇觀令他們吃驚
眼紅，他們禁不住會去探索，何以那個昨天還與他們平等的人，今天就
成了統治者，要把那人的發跡歸因於他的才德，這是令人不痛快的，因
為這等於默認他們自己比那個人的才德不如。因此，他們便總是把他的
成功，主要推到他的某些邪惡上，而這樣看也常常是正確的。於是，奸
惡和權勢、下賤和成功、有出息和不名譽這些概念，便發生了一種醜惡
的聯繫了。

民主能作的努力

迄今為止，聯邦為其生存只作過一場鬥爭——戰爭開始的熱情
——戰爭將近結束時的冷漠——在美國建立徵兵制或海員強迫
服役制之困難——何以民主國的人民不如任何其他國家人民善
作不懈努力

　　我要提醒讀者，我在此處講的是遵循人民真正意志的政府，而不是
僅以人民名義發號施令的政府。再沒有比以人民名義發號施令的專制權

力更難抗拒的力量了，因為它一面使用屬於較大多數人意志的那種道德力量，一面又以一個獨夫的敏捷和堅韌行事。

一個民主政府在國家發生危機時，很難說能作何種程度的努力。迄今為止，世界上還不曾有過大民主共和國。用共和去稱呼1793年統治過法國的寡頭政權，那會是對共和政府的一種侮辱。美國替這種政府，提供了第一個榜樣。

美國聯邦到現在已活了半世紀，它的生存只受過一次攻擊：那就是，在獨立戰爭期間。在那場長期戰爭開始時，人們為了為國效勞，曾熱情地作過種種非凡的努力。但是，隨著戰鬥的延長，個人自私就開始重新冒頭了。國庫收不到錢；軍隊募不到兵；人民仍然希望獲得獨立，卻不肯使用唯一能取得獨立的手段。「徒然增多了徵稅的法律，」漢密爾頓在《聯邦主義者》一書（第12節）中說，「徒然試用了一些新的徵稅辦法；公眾的期待已一律化為失望；而美國的國庫則依然空空如也。平民政府性質所固有的平民行政制度，正好碰上了金錢奇缺以及隨之而來的貿易蕭條和破壞，使得截至當時為止的每一種擴大徵稅的試驗都歸失敗，終於教會各州立法機構認識企圖那樣做的愚蠢。」

從那個時期起，美國不曾進行過一次嚴重的戰爭。因此，要知道民主國家可能逼使自己作何犧牲，我們必須等到美國人民像英國人作過的那樣，不得不把全部收入的半部交由政府處理的時候，或者等到美國人像法國人作過的那樣，必須把全人口約二十分之一送上戰場的時候。

在美國，徵兵制是大家所不知道的，人們被獎金引誘去投軍。美國人民的想法和習慣與強迫兵役制那樣大相逕庭，我不相信它有一天能為法律所認可。法國的所謂徵兵制，無疑是對人民所課的最重的稅；然而一場大陸上的大戰，沒有徵兵制又怎能進行呢？美國人不曾採取英國人的強迫海員服役的做法，他們沒有什麼與法國海員徵調制相當的制度；海軍與商船上的人員，都是志願投效的。但是，不易想像，一個民族不依靠這兩個制度中的一個，怎能對付一場海洋上的大戰。真的，已在海上光榮作過戰的聯邦，從來不曾有過一支大艦隊，而裝備它的幾艘船一向也是非常花錢的。

我曾聽見美國政治家坦白承認，聯邦不採取海員強迫服役制或海員徵調制，將很難維持它的海權；但難辦的地方卻是勸誘行使最高主權的人民去服從這樣的措施。

在危急時期，一個自由民族所表現出的精力，要遠比任何其他民族

爲多，這是無可爭辯的。但我偏於相信，這種情形在那些貴族成分佔優勢的自由國家尤爲真確。在我看來，民主用於承平時代管理社會，或用作一種精神勃勃的突然努力，比用以應付長期經受威脅國家政治生活的大風暴，要適合一些。理由很明白：熱情使人不畏艱險，然而不經深思熟慮，這些熱情便不能持久。即使是一時的豪勇，也具有比一般假想要多的心計。雖然最初的努力全靠激情，只有看清了爲戰鬥，才能使人堅持不懈。我們拿我們所珍貴的一部分東西孤注一擲，爲的是拯救其餘部分。

但是，民主所經常缺少的，正是這種建立在判斷和經驗上的對未來的清楚理解。人民運用感覺，比運用推理容易；假如他們目前受的苦難很大，隨失敗而來的更大苦難卻恐怕會被人遺忘。

另外還有一個原因，使民主政府的努力，趨於不如貴族政府努力的堅定。較低階層的人，不但對未來禍福的可能性不如較高階層警醒，而且對眼前的困苦也受得更厲害。真的，貴族是冒了生命危險，可是享受榮譽的機會原與受害機會相等。假如他爲國家犧牲了收入的一大部分，他等於暫時使自己失去了一些富裕所享受的歡樂；但是對窮人來說，死並沒有什麼光榮，而僅令富人討厭的稅款，常常卻使他生活的必需品沒有著落。

民主共和國在危急時刻的這種相對弱點，也許正是在歐洲建立這樣一個共和國的最大障礙。爲了使這樣一個國家能在歐洲存在，必須使同樣制度爲所有其他國家同時採用才行。

我相信，一個民主政府，最後總會趨於增加社會的實力；但它絕不能在一個規定時間內，在某一點上，像貴族政府或專制君主政府一樣集中那樣大的權力。假如一個民主國家，在整個世紀中一直服從共和政府的管理，它到時期終了時，大概會比鄰近專制國家更富足、更多人口和更繁榮。但是，在那一世紀中，它卻常常會招致被這些專制國家征服的危險。

美國民主的自制

美國人民對有利於他們的事順從得很慢，有時還不順從——美國民主的過失，大部分均可彌補

民主國家克服從未來觀點看來只是暫時性的激情，以及壓服只是暫

時性願望所遭到的困難，可以在美國的一些最微小的事情上觀察到。被奉迎拍馬之人包圍的人民，發覺很難克服自己的癖性；每逢被要求去經受一椿困難或任何不便時，即使是要去達到一個爲他們本身合理信念所認可的目的，他們最初差不多也總是拒絕答應。美國人對法律的服從，會很公正地得到人們誇獎；然而必須補充說明，美國的立法工作是由人們爲了自己而進行的，美國法律於那些在別處最想躲避法律的人有利。因此，可以預測，一項多數人看不出其直接效果的討厭法律，不是不會訂立，便是訂立後不會爲人遵守。

美國沒有懲罰虛報破產的法律。這並不是因爲這種事少，而是因爲這種事多。對被控破產的害怕，在多數人心目中，要大於因別人破產而使自己傾家的恐懼。公衆良心對一件人人責之爲個人能力不行的罪過，作了一種寬恕。在西南部一些新成立的州中，公民一般都把司法操在自己手中，而殺人則是常發生的事。這種情形的發生，是由於那些荒地上的居民作風粗魯和無知，他們情願決鬥而不情願起訴。

有一天，在費城，有人對我說，美國所有的罪行，差不多全由酗酒造成；較低層的人能放懷痛飲，因爲酒很便宜。「你們爲什麼不對酒抽稅呢？」我問道。「我們的立法者倒是常想到這個辦法，」告訴我消息的人回答說。「可是事情有困難：採取這個辦法，估計會發生反抗。那些投票贊成這項法律的議員，定會去掉議席。」「這樣看來，」我接著說，「我只好得出結論，醉漢在你們國家是多數，而禁酒在你們國家卻不得人心了。」

當有人向美國政治家指出這些事時，他們回答說：「假以時日，不幸的經驗會教會人們，使他們知道真正利益所在的。」這倒常是實情；雖然一個民主國比一個君主國或一群貴族易於犯錯，但它一旦承認錯誤，回到正途的機會也比較大，因爲它極少受那些與多數相矛盾和與理性權威相對抗的利益的困擾。不過，一個民主國只有憑經驗的結果才能獲得真理；而許多國家，在等候錯誤得出分曉時，可能早已滅亡了。美國人的巨大特惠，不在於比別的民族更有知識，而在於他們犯了錯誤而能改正。

還應補充說，一個民主國，除非達到某種知識和文明程度，不能從過去經驗得益。有些民族的基礎教育是那樣不完備，而人民的性格又顯得是一種激情、無知和對一切事物的錯誤觀念的奇異雜會，他們看不出自己不幸的根源，於是便成了一些他們所不知道的病害的犧牲品。

　　我曾經過一些廣闊土地面，先前這些土地上住著強盛的印第安民族，現在卻已絕滅了。我曾在一些殘餘部落中消磨過若干時日，這些部落曾目睹自己人口的衰竭和自身獨立光榮的衰落。而且，我也曾聽這些印第安人自己預測，他們種族的末日即將到來。每個歐洲人都看得出拯救這些不幸的人，使之免於毀滅的辦法。不然，他們的毀滅是不可避免的。他們獨自很難看出補救的辦法。他們感到年復一年堆到他們頭上來的悲哀。但他們就是滅亡到只剩一人，也不會去接受治療的辦法。將不得不採用武力，才能使他們活下去。

　　過去四分之一世紀中震撼南美各國的連綿不斷的革命，不能不使人驚愕。我們經常都在希望這些國家不久就能回復所謂自然狀態。可是，誰又能斷言，革命在現時不是南美西班牙人最自然的狀態呢？該地的社會正在一個深淵底下掙扎，而它本身的努力卻不足以拯救它自己。西半球那塊不小的土地上的居民，彷彿死心塌地埋頭在互相消滅的工作中。假使他們因筋疲力竭而暫時安靜下來，那場休息也會使他們養精蓄銳，很快地投入另一場狂亂。當我考慮到他們不是受苦受難便是犯罪作惡的景況時，我不禁會相信專制本身對他們倒是一種恩澤，假如「專制」和「恩澤」這兩個字眼有一天能在我心中聯繫起來的話。

美國民主對外務的處理

華盛頓和傑佛遜給予美國外交政策的指導——在外務的處理上，民主制度固有的缺點，幾乎全部顯露出來；而其優點則不那樣易於察覺

　　我們已看到，聯邦憲法把經常指導國家外務的責任交託給總統和參議院，而總統和參議院則或多或少地趨於使聯邦總的外交政策脫離人民直接控制。因此，不能確切地說，外交事務是由民主指導的。

　　有兩個人曾給予美國外交政策一種今天仍被遵循的方向；第一個是華盛頓，第二個是傑佛遜。華盛頓的值得敬佩的臨別贈言是對他的公民同胞作的，可以看作他的政治遺囑。在這篇演說中，他說：

　　「在對外方面，我們處事的一條重大法則，是擴展我們的商業關係，盡可能少與外國發生政治關係。就我們已簽訂的條約說，讓我們信實不渝地履行這些條約。但是讓我們到此為止。

「歐洲有一套我們所沒有，或對我們十分疏遠的根本利益。所以她必然要經常捲入糾紛。而這些糾紛的根源，本質上則與我們無涉。因此，今後以人為的紐帶，使我們自己與歐洲政治日常變遷，或她的友敵結合和衝突牽連在一起，必然是不明智的。

「我們遠離各國和獨處一隅的處境，歡迎我們，也使我們能以遵循一條不同的道路。假如我們繼續在一個有力政府之下結成一個民族，在不遠的將來，我們將可以不怕外來侵擾的物質傷害，那時我們將可能採取一種態度，使我們在任何時候決心維持的中立受人悉心尊重；那時各交戰國因不可能從我們身上取得讓步，將不敢輕舉妄動，向我們挑釁；那時我們將可以依正義的指導，憑本身利益的考慮，而選擇是和是戰。

「為什麼要放棄如此特殊的一種處境的好處呢？為什麼要拋棄我們自己的立場而去站在外國立場呢？為什麼要去把我們自己的命運與歐洲任何部分的命運相混雜，從而使我們的安寧和昌盛與歐洲的野心、競爭、利害、脾氣和任性做法糾纏在一起呢？

「避免與世界任何部分的外強作永久的聯盟，乃是我國真正的政策，我的意思是說，只要我們像現時這樣，可以隨意這樣做，這便是我們真正的政策，請不要把我的話理解為我是在贊助不守現行條約協定。誠實總是最好的政策，我在公務上信守這個箴言，不亞於我在私事上信守這個箴言。因此，我重複地說，應該按照那些條約協定的真義，遵守那些條約協定；可是依我看來，擴充那些條約協定，則是不必要和不明智的。

「始終留心，用適當的措施，使自己保持一種不容人輕侮的防禦姿態，我們在意外的危急關頭可以信託暫時的聯盟。」

在同一篇演辭的前面部分，華盛頓曾說過這句值得敬佩的公正的話：「一個國家，動輒對另一國家習以為常地懷恨或喜愛，多多少少是一個奴隸。它是本身仇恨或愛好的奴隸。仇恨或愛好都能將之引入迷途，離開它的責任和利益。」

華盛頓在政治上的所作所為，始終受這些箴言的指導。當地球上所有其他國家都捲入戰爭時，他成功地使他的國家保持著和平。而且他把這一點當作根本原則定下來：在歐洲列強的內部衝突中，美國人真正利益之所在，是保持絕對的中立。

傑佛遜走得還要更遠，把另一箴言應用於聯邦政策，那就是「為了不被迫讓出類似的特權，美國人永遠不應向外國要求任何特權。」

這兩個十分明瞭和公正的原則，人民很容易理解，並已使美國外交政策大為簡化。由於美國聯邦不參與歐洲事務，嚴格說來，它簡直沒有什麼外國利益可以討論，因為它至今在美洲大陸上還沒有一個強鄰。美國因為地理位置，一如因為本身願望，離開了舊世界的激情，既不號召人去拋棄那些激情，也不鼓勵人去加以偏袒。同時，新世界的紛爭，卻仍然隱藏在未來之中。

聯邦不受任何先存的義務的拘束；它能得益於歐洲一些舊國家的經驗，卻又不像它們一樣，不得不盡量利用過去，使之適合現狀。它不像歐洲那些舊的國家，被迫要去接受祖先遺留下來的一大筆遺產，一筆光榮和災難混合的財產，一筆與國家好惡相矛盾的聯盟的遺產。美國的外交政策，主要是一種觀望政策；它更多地在於有所不為，而不是在於有所為。

因此，目前極難確定，美國民主在該國外交政策的處理上，將表現出多大的賢明。在這一點上，它的朋友和敵手，都必須暫時勿忙判斷。至於我本人，我毫不遲疑地說，民主國家，依我看來，在外交關係的處理上尤其不如其他政府。經驗、教導和習慣，差不多總是在民主國家中創造出一種樸實的實用知識，以及所謂良知的有關生活瑣事的科學。良知也許足以指導社會通常的行動；而且在一個教育受得完備的民族中，民主自由的益處在該國內部事務中可以補償民主政府固有的弊端而有餘。可是，在對外關係上，卻並非經常如此。

國際政治簡直不需要民主所特有的任何素質；相反，它們所需要的，差不多正是民主所缺少的那些素質的完美運用。民主有利於增加一國的內部資源；它普及財富和舒適，提倡公益心，在社會各階層中加強對法律的尊重：所有這些，都只是對一民族與另一民族的關係起間接影響的益處。但是，一個民主國家要費很大困難，才能制定一個重要計畫的細節，堅持一個固定方案，不顧種種嚴重障礙而加以貫徹執行。它不能祕密地把它的措施合併起來，或耐心地等這些措施得出結果。這些素質格外屬於個人或一個貴族政體；而它們恰恰是一個國家像個人一樣據以達到統治的素質。

相反，假如我們去觀察貴族政體的天然缺陷，我們將發現，比較起來，貴族政體的那些缺乏並不損害國家外務的指導。貴族政體可能被非難的首要缺點，是它們為貴族自己工作，而不為人民工作。在外交上，貴族把自己的利益與人民利益區別開來的情形是很少的。

誘使民主國家服從衝動而不慎重行事，使其爲了滿足一時激情而放棄成熟方案的脾性，在法國大革命爆發時，可在美國清楚地看到。在當時，一如在目前，頭腦最簡單的人都能看出，美國人的利益不容許他們在那場鬥爭中介入任何一方。那場鬥爭正要血洗歐洲，然而對他們的本國卻沒有損害。但是，人民對法國的心情宣示得那麼激烈，若不是華盛頓具有不屈不撓的性格，並且深得人心，沒有任何東西能阻止美國人向英國宣戰。而且即使是在當時，這個偉大人物用他嚴峻的理智，去抑制公民同胞慷慨然而輕率的激情，他所作努力也幾乎剝奪了他所聲言希望得到的唯一報償——他的國家對他的愛。多數人都責備他的政策。但他的政策，事後卻得到了全國的贊許。

假使憲法和公眾的支持，當初不曾把指導全國外交事務之責交給華盛頓，美國當時定會採取它現在所譴責的那些揩施。

從羅馬帝國到英國，曾因想出、遵循和執行種種廣大計畫而對世界命運起過有力影響的國家，幾乎都是受貴族制度管理的國家；可是當我想到，世界上再沒有一種政體的觀點有如貴族政體之保守，這種情形也就不足爲奇了。人民大眾可能被無知或激情引入迷途；一個國王的頭腦可能抱有偏見而在計畫中猶豫不決，而且，國王並非不死之人。但是一個貴族集團，其人數之多使之不致爲陰謀引入歧途，但這種人數又不是多到能令其隨便陶醉於不假思索的激情。一個貴族政體，是一個永遠不會死去的堅定而有知識的團體。

第六章
美國社會從民主政府獲得的眞正利益

在進入本章以前，我必須提請讀者回想一下我在書中不只說過一次的話。美國的政治結構，在我看來，是一個民主國可以採取的政府形式之一；但我並不認爲美國政體乃一個民主民族可能建立的最好或唯一政體。因此，在說明美國人從民主政府中所取得的利益時，我絕非斷言或相信類似利益只有從同一些法律中才能取得。

美國民主治下法律的總趨勢及執法者的本能

一個民主政府的缺點容易發現——其優點只有憑長期觀察才能見出——美國民主常不熟練，但法律則一般趨向有利——在美國民主社會中，公共官吏沒有與大多數人不同之長遠利益——此種情形的結果

民主政府的缺陷和弱點很容易就可發現，並能爲明顯事實所證明；而民主政府的健康影響，卻無法以明顯方式，甚至可說只能以隱秘方式，加以證實。民主政府的毛病一眼就足以看出，但它的優良品質卻只有靠長期觀察才能見出。美國民主的法律，常常殘缺不全；這些法律有時侵犯既得權利，有時又認可一些危及社會的其他權利；就算這些法律盡都良好，但變動的頻繁也仍然是一大毛病。那麼，美國各共和國怎樣又能繁榮和繼續存在呢？

在考慮法律時，必須在法律所要達到的目的與其爲了達到該目的而取的手段之間，在法律的絕對優點與相對優點之間，作一仔細區別。假使立法者的意圖在於犧牲多數利益去成全少數利益，同時假使他所用以實現心目中目標的手段兼有既最省時又最省力之利，那麼雖然法律的目的很壞，也可說它草擬得好，而它越是有效，也就越加危險。

民主的法律一般都趨於促進可能最多數人的福利，因爲這些法律來自公民中的多。公民中的多數容易犯錯，卻絕不可能有一種與其本身好處相對立的利益。相反，貴族政體的法律，卻趨於將財富和權力集中於

少數人之手；因為貴族，憑它本身性質，只構成少數。因此，可以作為一個普遍定理斷言，民主政體在立法上的目的，對於人類要比貴族政體的目的有用。不過，這是它的利益的總和。

貴族政體對立法的科學，永遠都比民主政體內行。它們受到一種自制力的保護，使它們免犯一時激動的錯誤；而且它們擬製一些遠大的方案，懂得怎樣使之成熟，直到有利時機到來。貴族政府處事靈巧熟練；它知道如何把全部法律的集體力量同時集中使用於一點。而這卻不是民主政體的情形。民主政體的法律幾乎總是效力不高或不合時宜。因此，民主政體的方法便沒有貴族政體的方法完備，它心不在焉地採取的手段，常常卻與它的主旨違背；不過，它心目中的目標，卻比較有用。

現在，讓我們想像，有一個自然形成或依憲法組成的社會，它能支持壞法律的追身訴訟，它能等候它立法的一般趨勢出現而不毀滅，那我們就會想見一個民主政府，不論它有何缺點，都最能使這個社區繁榮了。這正是發生在美國的情形；我把先前的話再重複一遍，美國人的巨大優點在於他們能犯錯誤，而事後又可把錯誤彌補起來。

關於公共官吏，也可作一個類似的觀察。要察覺美國民主政府常常選錯交託行政權力的人，這是很容易的；但要說明該國在這些人統治下何以會繁榮，那就比較困難了。第一、可以說，如果民主國的統治沒有別國統治者那樣誠實和有才，民主國的被治者卻更有知識而且更注意本身的利益。由於民主國的人民比較經常地警醒於他們的事務，更加生怕失卻他們的權利，他們會防止他們的代表放棄他們本身利益所要求的行動總路線。第二、應當記住，如果民主國的行政官易於錯用他的權力，他握有權力的時間也比較短。不過，另外還有一個理由，比這更加普遍和明確。各國應由有才有德之人統治，這對國家福利無疑是重要的；但那些統治者的利益不應與社會一般人的利益有別，這對各國也許更其重要；因為如果這些人的利益與社會一般人的利益不同，他們的德便可能成為幾乎無用，而他們的才也可能被用於壞的用途了。我已說過，當權者的利益不應與社會一般人的利益不同，這一點很重要；但我並不堅持他們必須具有與全民同一的利益，因為我還不知道有任何國家存在過這種情形。

迄今為止，還不曾發現有任何政體，對社會分裂成的一切階級的興盛和發展，都同等有利。這些階級，好像在同一國中繼續構成許許多多不同的社會；而且經驗已經表明，把這些階級的命運單獨交在它們當中

任何一個之手，其危險並不亞於讓國家中的一個民族成為另一民族的仲裁者。富人單獨統治時，窮人的利益總是受到危害；而當窮人出來定法時，富人的利益便遭受嚴重危險了。因此，民主政體的好處，並非像人們有時所斷言，不在於有利所有人的繁榮，而僅僅在於對絕大多數人的福利有所貢獻。

美國被授權去指導公務的那些人，在才德兩方面，常常都不如貴族政體中當權的人。可是他們的利益，與他們大多數公民同胞的利益，卻是相同和混在一起的。他們可能時常無信，時常犯錯，但他們永遠不會有系統地採取一條敵視大多數人的行動路線；他們無法給政府一種危險的或斷然的傾向。

而且，民主國行政官的管理不善，乃是一件孤立的事情，只在他當選的短促時期內發生影響。由於共同利益可能使人彼此永遠聯繫在一起，腐化和無能也不起作用。一個腐化或無能的行政官，不會僅僅因另一個行政官與他本人一樣腐化和無能，而把他的措施與後者的措施聯合在一起；而這兩個人也絕不會聯合努力，去促進他們後代的腐化和無能。相反，一個行政官的野心和策略，還會促使他去揭露另一個行政官。在民主國家中，一個行政官的弊病，通常都完全是個人的。

但是，在貴族政府下，公職人員就受他們階級利益的左右了。他們的階級利益有時與大多數人利益混淆不清，常常又十之八九與大多數人利益有別。這個利益是將他們結合在一起的共同的持久羈絆；它誘致他們聯合在一起，使他們共同努力去達到一種並非絕對大多數人幸福的目的；它不僅促使當權者彼此結合，而且使他們與相當大的一部分公民聯合在一起，因為有一批人數眾多的公民屬於貴族卻不曾擔任公職。因此，貴族的行政官，經常都得到社會的一部分以及他為其中一員的政府的支持。

在貴族政體中，使行政官利益與他的一部分同時代人利益相連的那種共同目的，也使行政官利益與未來世代的人的利益合而為一；他們的勞作是為目前，也是為了未來。貴族行政官同時被他本人的激情，被治者的激情，而且我差不多可以補充說，被他後代的激情，驅向了同一點。如此看來，他之不抵抗這樣反覆發生的衝突，難道足以為奇嗎？真的，貴族政體常迷於它們的階級精神，但是它們的階級精神並未使它們腐化；它們不自覺地使社會符合它們自己的一些目的，並準備把社會留給它們的子孫。

英國貴族政體，也許是迄今存在過的最自由的貴族政體。沒有一個人類團體，曾連續不斷地爲一國政府提供了那樣多可敬和有知識的人。不過，在英國立法中，窮人的利益常爲富人的好處而犧牲，多數人的權利常爲少數人的特權而遭受損害，這也逃不過觀察者的眼睛。結果，今天英國在她的社會中，就兼藏了極善與極惡的財富；她的窮人的困苦和悲慘，幾乎與她的力量和名望相等。

在美國，公共官吏沒有階級利益要去推廣。政府的一般和經常影響，是於人有利的，雖然指導政府的人常很笨拙，有時甚至可鄙。在民主制度中，的確有一種秘密的趨勢，使得儘管官民們有種弊病和錯誤，他們的努力卻有助於全體的繁榮；而在貴族制度中，卻有一種秘密的偏見，雖然那些主政者有才有德，這種偏見也仍然導引他們去爲非作歹，壓迫他們的同胞。公務人員在貴族政府中，常可能無心幹下壞事；而在民主政府中，他們卻可能獲致一些不曾想到的好結果。

美國的公共精神

本能的愛國心——深思熟慮的愛國心——前者消失時，各國應竭力取得後者——美國人爲取得深思熟慮的愛國心而作的努力——個人利益與國家利益密切相關

有一種愛國情緒，主要來自使人依戀出生之地的那種本能的、無私的和難以界說的感情。這種天然情操，與對古代習俗的愛好和對過去傳統的尊敬，連在一起；抱著這種情操的人，愛他們的國家，一如愛他們祖先的宅邸。他們愛國家爲他們提供的安寧；他們墨守在它懷中接觸到的和平習慣；他們依戀它所喚醒的回憶；而且他們甚至喜歡在服從的狀態中住在那裡。這種愛國心，有時爲宗教熱情所激起；那時，它就能作莫大的努力了。它本身就是一種宗教：它不作推理，只憑信仰和感情衝動行事。在一些國家中，國王被認爲是國家的化身；同時愛國熱情則被轉變爲效忠熱情，人們在國王的征服中引起一種驕傲的共鳴，並以國王的權力爲榮。有個時候，法國人在古代君主政體下，因依附於他們國王的專斷意志而感到一種滿足；他們常常驕傲地說：「我仍在世上最強大的國王統治下過活。」

可是，就像所有本能的感情一樣，這種愛國心只激起一些偉大的轉瞬即逝的努力，卻激不起持久不斷的勞績。它可能在危急環境中拯救

國家，卻常常任國家在和平時際衰亡。當一個民族的生活方式簡單，信仰不曾動搖之時，當社會穩然奠基在一些傳統制度上，而這些傳統制度的合法性又從不曾引起爭論之時，這種本能的愛國心常常是可以經久不衰的。

但是，另外有一種對國家的感情，比我剛才描述的感情合理。這種感情也許沒有那樣豪爽和熱烈，卻更有成效和持久：這種感情是由知識產生的；它由法律所培養，隨民權的使用而成長，最後則與公民的個人利益混在一起。一個人理解他國家的福利對他本人福利的影響；他知道法律允許他為該項繁榮作出貢獻，而他之出力去促進它，首先因為那繁榮於他有利，其次因為那繁榮的造成有一部分是他本人的功勞。

然而一個國家的生命中，有時也會出現一些時期，那時民族的一些舊風習改變了，公共道德破壞了，宗教信仰搖搖欲墜，傳統的誘惑力已被打破，而知識的擴散卻還很不完全，民權也依然不易獲得或仍被限制在一些狹小範圍之內。那時，國家在公民的眼中，便成了一模糊不明的影子。他們不再能在居住的土地上看到它，因為那塊土地對他們說來已是一片毫無生氣的泥土。他們也不再能在祖先的習慣中看到它，因為他們已學會把祖先的習慣看作一副降低人品格的牛軛。他們在宗教中也看不見它，因他們已懷疑宗教；在法律中也看不見它，因那法律並非從他們本身權力中產生出來；在立法者身上看不見它，因為他們害怕並鄙視立法者。他們的感官已不能知覺國家的存在了。他們既不能從國家本來的面貌，也不能從國家借來的面貌去發現它。於是他們便退入了一種狹隘而又閉塞的自私。他們從偏見的奴役中解放出來，卻又不承認理性的王國；他們既沒有君主國的本能愛國心，也沒有共和國的經過深思的愛國心；他們停步在兩者之中，陷入了一片混亂和苦惱。

要脫出這個苦境是不可能的。一個民族之不能恢復它年輕時的感情，亦如一個人之不能復得童年時代的一些天真愛好；這樣的事也許令人惋惜，但無法重新來過。他們必須前進，加速私人與公共利益的聯合，因為無私愛國心的時期已一去不復返了。

我絕非在斷言為了獲得此種結果，政治權利的運用應該立即賦予所有的人。但我堅持，我們所仍具有使人對他們國家福利發生興趣的最有力或唯一的手段，乃是使他們成為政府的參觀者。在我看來，目前公民的熱心好像與政治權利的行使分不開來；而我則認為，歐洲人民數目的增減，將會與那些權利的擴張或縮小成正比。

　　美國的居民，不過是最近才移居到他們現在佔有的那塊土地上去；他們既未帶去風俗習慣，也未帶去傳統；他們彼此在該處初次見面，以前並不相識；簡言之，該地簡直不可能存在對國家本能的愛。何以人人對他的鄉鎮、他的郡以及他的整個州的事務，都抱著一種彷彿對本身事務一樣熱心的興趣呢？這種情形，是如何發生的呢？那是因為，人人在其本分內，都對社會的管理起了一種積極的作用。

　　美國較低階層的人，都知道普遍繁榮對他們本身福利所起的影響；這個看法簡單，卻極少為人道出。而且，他們慣於把這個繁榮，認作他們自己努力的成果。公民將公共財富，看得好像他自己的財富一樣。他為州的利益效勞，不僅出於一種驕傲或盡責的意識，而且出於一種我大膽稱之為貪婪的心理。

　　要明白這個說法的真實性，並不必去研究美國人的制度和歷史，因為他們的生活方式已足以使這個說法的正確顯得明白了。由於美國人參加了在他國家所做的一切事情，他覺得自己有義務去維護事情的不論什麼被人非難之處。因為那時遭攻擊的，不但是他的國家，而且也是他本人。結果，他的國家榮譽感便要靠許許多多手段去維護，而且要去玩弄個人虛榮的一切無聊花招了。

　　在日常生活的交際應酬，再沒有一件東西比美國人這種易怒的愛國心更令人尷尬。一個外方人可能十分願意去讚美他們國家的許多制度，但是如果他懇求被允許去責備其中一些東西，這種允許他是至死也休想得到的。因此，美國是一個自由國家，但你在其中卻不許自由談論私人或任何州，不許自由談論公民或當局，不許自由談論任何公私事業，一句話，也許除了天氣和土壤，什麼都不許你自由談論，以免你的話傷及任何人。而且就是在自由談論天氣和土壤時，你也會發現美國人隨時準備為兩者辯護，就像他們曾合作製造出天氣和土壤來一樣。

　　在我們的時代，我們必須在全體的愛國心和少數人的政府中選擇其一；因為前者所帶來的社會力量和活動，與後者所給予的太平諾言是不可調和的。

美國的權利觀念

沒有一個偉大民族沒有權利觀念——何以權利觀念能給予一個民族——美國對權利之尊重——此種尊重從何而來。

在一般道德觀念之下，我不知道還有什麼原則高於權利的原則；或者，更不如說，道德和權利這兩個觀念是合而為一的。權利觀念不過是道德觀念之應用於政界而已。使人能確定無政府狀態和暴政，教導他們如何去獨立而不傲慢、服從而不奴顏婢膝的，正是權利觀念。屈服於暴力的人，因其順從而降低了人格；但是，當他屈服於他為同胞而承認的當局之時，他就反而多少高於那個發號施令的人了。沒有一個偉大的人沒有德行；沒有一個偉大的國家——差不多可補充說，沒有一個偉大的社會——不尊重權利；因為一個理性與知識相結合的存在，怎能單憑暴力的束縛而合在一起呢？

我確信現時我們所具有的傳授權利觀念，使之好像能為感官所觸知的唯一辦法，乃是讓所有人都能和平地行使某些權利。這在小孩中可以看得十分明白。小孩是沒有力量和沒有大人經驗的人。當一個小孩開始在周圍的物件中行走時，他本能地會想去把手能摸到的一切東西都據為己有；他不知道別人的財產這回事；但他逐漸明白事物的價值，開始察覺自己奪取別人東西，到時候也可能被人掠奪；他變得比較慎重了，並終於尊重他人的權利，因為那是自己也希望得到尊重的同一些權利。小孩從自己的玩具中得出的原則，也由大人的那些可稱為自己的東西教給了大人。美國是最民主的國家。在美國，從來聽不見歐洲一般常有的關於財產的控訴，因為美國沒有貧民。由於人人都有自己的財產要維護，人人都承認他據以保有財產的那個原則。

同樣的情形發生在政界。在美國，最低階層的那些人，都把政治灌利看得很高，因為他們行使那些權利；為了使自己的權利不受侵犯，他們也抑制自己不去攻擊別人的權利。當歐洲的同一階層有時連最高權利也反抗時，美國人卻毫無怨言地服從最卑微的行政官的權威。

這個道理，甚至也顯示在國家生活最細微的事情上。在法國，很少娛樂專為較高的階級保留起來；凡是富人能去之處，窮人一般也都能去；結果他們舉止有禮，遵守促進他們有份的一切享受的規矩。在英國，財富之壟斷娛樂一如壟斷權力，於是便有人抱怨，每逢窮人偶然進入專供富人享樂的場所，他們就淘氣地惡作劇：既然他們有把握毫無所失，這有什麼可奇怪呢？

民主政府把政治權利觀念帶到最卑微一級的公民，正如財富的公佈使所有的人都能具有財產觀念一樣。照我的想法，這是民主政府的最大好處之一。我並不是說，教人如何行使政治權利是容易事情。但我堅

持，當這件事有可能時，它所產生的結果極其重要；而且我還要補上一句，如果有應作此種打算之時，那便是現在。難道你們不見宗教信仰已經動搖，神聖的權利概念正在衰落，道德已經降低，道德權的概念因而也在隨之衰退嗎？辯論已代替信仰，而計算則代替了感情的衝動。假如在這普遍的分崩離散中，你無法把權利觀念與永遠在人心中不變的私人利益觀念連結起來，除了恐懼，你將有什麼辦法去統治世界？當別人告訴我，說法律脆弱而人民強橫，感情激動而道德權威癱瘓，因此不應採取任何手段去增加民主權利，我回答說，正因這些理由才採取那一類的手段。而且我相信，政府比社會上的一般人還有興趣採取那些措施，因為政府會消滅，而社會死亡。

可是我不願誇大美國的範例。該地人民曾在一個他們不可能加以濫用的時代，被授予了一些政治權利。因為當時居民人數很少，生活方式很簡單。隨著人口增加，美國人並不曾增大民主的權力，而只擴大了民主的範圍。

無可懷疑，將政治權利賦予一個先前不曾有過政治權利的民族的那一刻，乃是個十分危險的時刻。採取這個措施雖然常係必要，卻總是危險的。一個小孩在明白生命價值以前，可能殺人；他在明白自己的財產可能被人拿走以前，也許會剝奪別人的財產。較低階層的人初被授與政治權利時，對那些權利所處的地位，與小孩對整個自然界所處的地位相同。這個道理，甚至在美國也可察覺。公民享有權利最久的那些州，正是他們其中權利使用得最好的那些州。

這句話重複得再多也不為過：沒有一種才幹比保持自由的技巧收穫更豐；但也沒有一件事比實習運用自由更苦。專制政治的情形卻非如此：專制政治常許諾改正許多先前的病害；它支持權利，它保護被壓迫者，它維持公共秩序。全國在它製造出來的暫時繁榮中朦朧入睡，到後來卻被苦難的感覺所驚醒。相反，自由卻一般都是在暴風雨中困難地建立的；它在國內的傾軋中趨於完備；而它的益處在它已老之前是不能為人賞識的。

美國對法律的尊重

美國人對法律的尊重——他們對法律所抱的父母之情——每個人的個人利益增加法律的力量

　　制定法律時，不管要直接或間接與全體人民磋商，這都不是經常可能的；但也不能否認，在可能這麼做時，法律的權威就大大得到增強。這種於立法優越性和智慧有損的大眾來源，對立法力量卻大有補益。全民意志的表現，有一股無比的威力；當它發表意見時，那些想與之爭辯的人，甚至連想也不敢想了。這種情形的眞確性，是各黨派所熟知的。所以只要可能，它們無不努力去拼湊多數。假如它們得不到較多的人左袒自己，它們便斷言眞正的多數不願投票。假如它們甚至在這一點上失敗了，它們還可以依靠那些沒有投票權的人。

　　在美國，除奴隸、僕人和靠鄉鎮接濟的貧民以外，沒有一個階級的人不行使選舉權，而對立法作出間接的貢獻。因此，想要攻擊法律的人，不是必須改變全國輿論，便是必須踐踏輿論的決定。

　　還可舉出一個比這更直接和更有分量的理由；在美國，要求每個人服從法律，這件事與人人利害有關；由於少數派不久便可挽回頹勢，使多數派信從它的主義，對少數派來說，宣言尊重立法者法令便是有利的，因爲它不久就有可能同樣要求別人服從法律。不管一項立法何等令人厭煩，美國公民總是加以服從，這不僅因爲該法律乃多數人的立法，而且也因爲該法律乃是他自己的立法，他把該項法律看作一張本人是其中一造的合約。

　　這樣看來，把法律看作自己天生的敵人、對之心懷恐懼和不信任的爲數眾多的強橫大眾，在美國並不存在。相反，不可能不察覺，美國所有階級的人，對他們國家的立法都表現出徹底的信賴，而且以一種父母之情去愛護它。

　　不過，我用所有階級這個字眼，說得並不對。因爲在美國，歐洲的權利天平剛好被顛倒過來，該地的富人被放在類似舊世界窮人所處的地位。常常抱著疑心去看待法律的，反倒是富裕的階級。我已說過，民主的好處，並不像人們有時斷言的那樣在於保護所有人的利益，而在於它保護大多數人的利益。在窮人統治的美國，富人始終有所畏懼，害怕窮人濫用他們的權力。富人的這種天然顧慮，可能會產生出一種秘密的不滿；但社會並不爲這種不滿所擾，因爲使富人不予立法當局信任的同一理由，也使他們服從立法當局的命令：他們的財富阻止他們立法，同樣也阻止他們去反抗法律。在文明國家中，只有無所失的人才去反抗；如果說民主國的法律並非總是值得尊重，卻也始終都得到尊重；因爲通常犯法的人，總不致於不服從他們自己訂立和於他們自己有利的法律。當

違法對公民有利之時，他們卻爲本身人格和地位所誘導而去服從立法機構的決定，還不僅因爲法律是他們自己訂立的，同樣也因爲法律如果有害便可更改。一項法律所以被遵守，首先乃因法律是人們自己要來的一種禍患，其次乃因法律是一種爲期短暫的禍患。

美國遍及全國各地區的活動：此項
活動對社會所起的影響

憑空想像遍及美國的政治活動，要比憑空想像盛行於該國的自由平等困難——一年四季激動各立法團體的巨大活動，只是一般活動的插曲和延長——政治鼓動擴展到一切社交——此種情形，部分應歸因於美國人的商業活動——社會得自民主政府的間接益處

旅行者從一個自由之國去到一個不自由之國，不免會爲變化所震驚。在前一種國家，人人都奔忙活動；在後一種國家，一切卻彷彿安安靜靜，停滯不前。在一個當中，改良和進步是探究的題目；在另一個當中，社會卻彷彿只想享受已得的好處和在享受中休息。不過，憑不屈不撓地自行努力而獲得幸福的國家，一般卻要比表面顯得極其安然自得的國家更富足和繁榮。當我們拿它們來作一比較時，我們簡直不能想像，何以前者每天都會感到那樣多新的不足，而後者所存在的匱乏卻又是那樣稀少。

假如這個說法適用於那些仍保留著君主國體或貴族制度的自由國家，那麼，它更加適用於民主的共和國。在這些國家中，努力改進社會狀況的，不僅是人民中的一部分人，而是全體人民都在從事該項工作。法律條款不是去應付單獨一個階級的要求和便利，而是爲了同時應付所有階級的要求和便利。

要憑空想像美國人所享有的驚人自由，並非不可能。同樣，也可以對他們的極端平等建立起某種概念。但是，遍及於美國的政治活動，卻必須見過才能理解。只要落腳在美國土地上，你立刻就會爲一種紛亂所驚愕。四面八方都傳來嘈雜的喊叫。許許多多同時發出的聲音，都要求滿足它們的社會需求。你周圍的一切，都在活動。這邊，鎮上四分之一的人在集會，決定建築一座教堂；那邊，正在選舉一個議員；再過去一點，一個區的代表們正匆匆趕往鎮上，以便商量地方上的某些改革事

項；在另一地方，一群放下了田間工作的村民，正在思考一項築路或舉辦公立學校的計畫。有些會議召開的唯一目的，是宣佈與會者不贊成政府的行為。而在另一些集會中，公民卻向當局致敬，把他們稱作國家的元老。一些社團被組織起來，將酗酒看作國家罪惡的主要根源，莊嚴地發誓，要以身作則，做出禁酒的榜樣。

唯一吸引外國人注意的美國各立法團體的大政治活動，只不過是從人民最低層產生出來，而又接連擴展到社會一切階層的普遍運動的一個插曲，或者一種繼續而已。在幸福的追求中，不可能比這花費更多的努力了。

一個美國居民，由於關心政治，在生活中究竟承擔一個什麼角色，這是很難說的。參與社會的管理和討論社會管理，乃是美國人最關心的事，而且可以說，是他所知道的唯一樂趣。這種感情，滲透進了生活中最瑣細的習慣。甚至女人，也常把參加公共集會，傾聽政治上的高談闊論，當作她們家務勞動的一項消遣。辯論俱樂部，多少已成戲院娛樂的代用品；一個美國人不能與人交談，但能與人討論。而他的談話，總是形成一篇論文。他對你講話，就像對一群公眾演說一樣。而且，倘若他在討論中無意地熱烈起來，他會把與他談話的人稱為「先生們」。

在一些國家，居民彷彿不願去利用法律給他們的那些政治特權。看上去，他們好像把個人時間的價值看得太高，不屑於將之花費在公共利益上。他們把自己關閉在狹小的自私圈子裡，四面圍著插入地中的籬笆。但是，如果一個美國人竟然倒霉地把活動限制在本身事務上，他就會被奪走一半的生存。他將會在他過慣了的生活中感到莫大空虛，而他的悲慘則將是無法忍受的。我確信，倘使有一天專制政治竟然在美國建立，它要去克服自由已經形成的習慣，將比去征服自由愛好的本身更加困難。

民主政府帶入政界的這種無休無止的鼓動，影響到了所有的社交。我不敢確定，整個說來，這是不是民主的最大優點；但我之願為民主所作之事喝采，卻不如我之願為它將促成之事喝采為甚。

人民常把公務處理得很壞，這是無可爭辯的事實。但較低階層的人參與公務而不擴展他們思想的圈子，不放棄他們思想的陳套，這也是不可能的。在社會政府中辦事的最卑微的人，也獲得一定程定的自尊。由於他握有權柄，他可以使比他有知識的人為他服務。他被一大群申請者所遊說。這些人企圖用許許多多方法去勸服他，實際上卻啟發了他。他

參與一些政治事業，這些政治事業並非由他創辦，卻使他對同類政治事業發生愛好。公共財產每天都向他指出它們得到的改進，使他產生一種願望，也要去改進他自己的財產。他也許既不比在他之前任職的那些人幸福，也不比他們高明，但他卻比他們見聞廣博，也更積極。我毫不懷疑，美國的民主制度，與該國的物質條件合在一起，構成了居民巨大商業活動的原因（雖不像人們常斷言的是直接的，卻是間接的原因）。這種商業活動並非法律所創造，但人們卻憑他們得自立法的經驗，學會了怎樣去促進商業活動。

當民主的反對者聲言，一個人單獨去做他承擔的事，要比一個全民政府執行得更好。依我看，他們說得並不錯。假定兩方知識相等，一人主持的政府在辦事的細節上確比大眾的政府更一貫、更堅定、更統一、更精密，而且挑選任用的人也更有鑑別力。假如任何人否認這一點，他們必定是不曾見過民主政府，否則便是憑片面證據而遽下判斷。真的，即使地方環境和人民性情都容許民主制度存在，民主制度也拿不出一套有條不紊的管理系統來。民主自由絕不能用專制政體的熟練技巧去完成它的一切計畫。它常在計畫還不曾結出果實以前就把計畫拋棄了，要不就是在後果可能發生危險時還拿著計畫去冒險。但是，到最後，它所產生的成果，卻比任何專制政府多；如果說它辦好的事較少，它辦的事卻要多得多。在它統治下蔚為壯觀的，並非公共行政所完成的事，而是未經它或離開它而做成的事。民主並不給人最善於統治的政府，但是卻產生了一些最能幹的政府常創造不出的東西：那就是，一種遍及各地的永不停息的活動，一種多過頭的力量，一種與之不可分離，而且不論環境如何不利都能創造奇蹟的精力。這些正是民主的真正好處。

在目前時代，基督教國家的命運彷彿懸而未決。有些人在民主尚在成長之時，便匆忙地將它當作一種敵對力量而對它大施攻擊。另一些人，則已崇拜這個正從渾沌中脫穎而出的新神祇。但是，雙方對於他們仇恨或頂禮的對象，都還不曾完全熟識。他們在黑暗中隨便揮拳亂打。

我們首先必須了解人們何以需要社會及其政府。你想不想給予人類頭腦某種高尚思想，教它用慷慨感情去看待這個世界上的事物？想不想用一種對純然短暫利益的鄙視去鼓舞人，使人形成和培養出堅強的信念，並讓可敬的獻身精神不滅？你的目標是不是要去使習俗文雅、舉止有節、培養藝術、提倡對詩歌、美麗和光榮的愛好？你願不願意組成一個民族，使其能對其他所有國家採取強有力的行動，並有準備去完成不

論結果爲何卻會名留青史的那些高尚事業？假如你相信這些正是社會的主要目標，那就避開民主政府吧，因爲民主政府不會有把握地把你帶向那個目標。

但是，假如你認爲，把人的道德和知識活動轉用於製造人的舒適和促進大眾福利是有益的；假如你覺得，明白瞭解比天才對人更爲有利；假如你的目標不是去激起英雄的美德，而是去鼓勵和平的習慣；假如你看到的大抵與其說是罪行，不如說是弊端，只要罪行相形減少，你就是少見到一些高貴行爲也感到滿足；假如你以爲政府主要的目的不在授與全國最大可能的權力和光榮，而在保證全國獲得最大的享受，以及讓組成全國的每一個人免最大的痛苦——假如這就是你的願望，那就去使人們條件平等，建立民主制度吧。

不過，倘若可能作這種選擇的時機已過，倘若某種高於人的權力，不徵求我們的意願就已經把我們匆匆推向這兩種政府中的一種，那就讓我們努力盡量善自利用指派給我們的機會，讓我們尋找出那種政府的善惡兩種傾向，竭力助長前者而抑制後者吧。

第七章
美國多數的無限權力及其後果

民主政體中多數的天然力量——美國各州憲法多半以人爲手段增
加了此種力量——這一點如何完成—發誓信守諾言的議員——多
數的道德力——對多數不會有錯之看法——對多數權利之尊重
如何在美國增大

民主政府的眞髓，恰恰在於多數主權絕對至上。因爲在民主國家，沒有任何力量能與多數主權對抗。美國各州的憲法，多半都曾設法以人爲手段去增加大多數的這種天然力量。

在所有政治機構中，立法機構最易受多數意志左右。美國人決定，應讓立法機構的議員由人民直接選舉，並且任期非常之短，以使他們不僅服從選民的一般信念，甚至也服從選民日常的感情。兩院的議員都是從社會上同一些階級，用同一方式提名而選出的。因此，立法兩院行動得差不多與單一議會一樣快，而且也同樣簡直不可抗拒。幾乎所有政府的權柄，都交託給了這樣組成的立法機構。

法律在增加這些本身很強的當局力量的同時，卻越來越削弱那些天生就很脆弱的當局力量。它剝奪了行政權代表的一切穩定性和獨立性；同時由於使行政權的代表完全屈從立法機構反覆無常的意見，它連民主政府本性可能容許這些行政權代表施展的影響力，也給他們拿走了。在若干州中，司法權也受制於多數的選舉。而且在所有州中，司法權的存在也要取決於立法權的喜愛，因爲議員們每年授權規定法官的薪水。

習慣在這方面所做的工作，甚至比法律還要多。有一個辦事法則在美國越來越趨普遍，到最後把民主政府的種種保證廢除。常常發生這種情形：選民在選舉一個議員時，向他指出一定的行動路線，並且要他宣誓盡一些積極義務。除了喧囂，這同樣使多數好像在市場上議事一樣。

若干特殊環境合在一起，使美國多數派的力量，不僅居於壓倒地位，而且不可抗拒。多數在道德上的權威，有一部分是以一個想法爲基礎：認爲若干人聯合起來，要比一個單獨的人有知識和智慧；立法者的

數目，比他們的人品爲重要。平等的原理，就像這樣被用到了人的智能；而人的驕傲在它退到最後時，就像這樣受到了一種少數派不大肯承認和只是慢慢才予以接受的理論的攻擊。多數的權威，像一切其他權力一樣，要求時間對它認可，以便顯得合法。也許它比任何別的權力，還更需要如此。起初，它靠約束去強使人服從；它的法律在不曾確立很久以前，是不會受人尊重的。

多數以爲自己憑優越智能而得來的對社會的管理權利，由最早一些移民傳入了美國。而這個本身就足以創造一個自由國家的觀念，現在已與人民的習俗和社會生活的種種次要事件混在一起。

法國人在舊君主政體下，把「國王不可能犯錯」當作一種箴言；如果國王眞的做錯了事，該受責備的也是他的顧問們。這種想法使服從非常容易；它使臣民有可能埋怨法律而又不停止去敬愛和尊重立法之人。美國人對於多數，也抱著同一看法。

多數的道德力還以另一個原則爲基礎：那就是多數人的利益，優先於少數人的利益。很快即可察覺，此處所聲言給予較大多數人的尊重，必然會按照政黨情形而自然地增減。當一國分成若干巨大的不可調和的利益時，多數的特權常常就遭到忽視，因爲要依從它的要求是使人吃不消的。

假如美國存在著一個公民階級，立法的多數企圖取消他們長期獨有的特權，把他們從高尚地位降低到大眾水平，這個少數派大概不會那樣情願服從它的法律。但是，由於美國當初是由等級平等的人所殖民，它的不同居民的利益中還沒有任何自然或永久的分歧之處。

有些國家的社會體制，其中少數派的成員永遠不能希望把多數派吸引到他們一邊。因爲那樣做時，他們必須放棄他們與多數派之間的不一致處。所以，貴族保有它獨享的特權，便決不可能成爲多數；而它讓出了特權，卻又不再能夠成爲貴族了。

在美國，政治問題不能用如此一般和絕對的方式加以處理。所有政黨都情願承認多數派的權利，因爲它們都希望在某個時候能把多數操縱得於己有利。因此，該國的多數施展了一種莫大的實際權威，以及一種幾乎同樣強大的輿論力量；沒有任何障礙能去阻止甚至延緩的進展，使它聽取它在途中壓服的那些人的怨言。這種情形本身是有害的，而且對前途有危險。

多數的無限力量在美國如何增加了民主
所固有的立法與行政的不穩定性

美國人每年改變立法機構，又予立法機構一種幾乎無限的權
力，從而增加了民主所固有的法律易變性——對於行政，也產
生了同樣影響——在美國，要求社會改革壓力，遠比在歐洲強
大，卻不如歐洲有持續性

　　我已講過民主制度的天然缺陷；每種缺陷，都按比例，隨多數權力
之增加而增加。先談所有缺陷中最明顯的一個：法律的易變性。法律的
易變性是民主政府的一項固有弊端，因為民主政體自然地要提拔新人當
權。但這弊端多少能被察覺，與立法機構所具有的權威和行動手段恰好
成比例。

　　在美國，立法機構行使的權力是至上的；沒有東西能阻礙它們用不
可抗拒的力量去完成它們的願望，而且它們每年都得到新的議員補充。
那就是說，促成民主不穩定性的一些最有力的，而且在最重要問題上容
許任性的一些情形，在這裡得了充分發揮。這樣，在今天，美國在法律
生命最短促這一點上，便超出了其他一切國家。在30年間，幾乎所有美
國制度，都曾經過修正。因此，在此期間內，沒有一個美國的州沒有修
改過它的立法原則。至於法律本身，只消看一眼聯邦不同各州的檔案
局，就足以使人信服立法者的活動在美國永不懈怠了。這並不是說，美
國的民主天生比任何別的民主更不穩定，而是說它在制定法律的工作
上，容許法律順從它意願的天然不穩定性。

　　多數的無限權力，以及執行多數決定的迅速和專斷方式，在美國不
僅使得法律不穩定，而且對法律之執行和政府的行事也施展了同樣的影
響。由於多數是必須向之獻殷勤的唯一權力，多數的一切計畫便被人以
最大熱情加以實施。可是，多數注意力一經分散，所有這種熱情便立刻
煙消雲散了。而在歐洲的自由國家，行政當局既是獨立又是安全的，即
使立法機構注意力已轉向其他一些目標，立法機構的計畫也照舊被繼續
執行。

　　在美國，某些改革事業，比別處執行得要熱心和有魄力得多。在歐
洲，社會為提倡同樣一些目的而作的努力要少得多，不過卻更持久。

　　若干年前，有一些虔心的人致力於改良監獄狀況。公眾為他們的陳
述所感動，於是犯人的感化便成了一樁流行事業。一些新的監獄被建立

了；感化懲罰犯人的概念，第一次構成了監獄規則的一部分。

　　但是這個可喜的改變，無法在一朝一夕之間完成，雖然公眾對之精神勃勃，興趣極高，而且公民的一致努力使之勢不可當。當新的監獄正在興建，而多數意志正在加緊此項工作的進行時，舊的監牢仍然存在，並關著一大批犯人。這些監牢，隨新設施的越加改良和改進，變得越來越腐化而且不適合健康，形成了一個可以立即為人理解的對照。多數人那樣熱心地忙於建立新的監獄，那些已存在的監獄反倒被人忘懷了；而且由於一般人的注意力都被轉到一個新奇目標上，截至當時為止一直給予其他監獄的照顧反而停止了。那些有益的規章制度，先是鬆懈下來，隨後更遭到了破壞。於是，緊鄰著一所可以證明我們時代溫厚和開明精神的監獄，卻存在著一些令人想起中世紀野蠻的地牢。

多數的專橫

如何理解民權主義——想組織混合政府之不可能——主權權力必定存在於某處——必須採取預防措施去控制主權的行動——這些預防措施在美國並不曾被採取——其後果

　　然而，我卻曾經斷言說，一切威權都來自多數人的意見。那麼，我是不是自相矛盾呢？

　　一項擁有公正名稱的普遍法律，是不僅由這個或那個民族的多數人，而是由人類的多數人所制定和認可的。因此，每個民族的權利便不得越出公正的範圍。一個國家可被認為是一個大陪審團，受權代表社會上的一般人去主持公道，而公道則正是國家的法律。這樣一個代表社會的陪審團，是否應比它執行其法律的社會本身更有權力呢？

　　當我拒絕服從一項不公正的法律時，我並不是與多數的發號施令權爭論，而僅僅是從民權向人類的主權上訴。有些人曾不怕斷言，一個民族在其本身所特有的事務中，絕不可能越過公道和理性的疆界，而且最後一定會授與代表它的多數以全權。但是，這卻是奴隸的說法。

　　多數派合起來像一個人，它的意見，而且常常還有它的利益，都與稱之為少數派的另一個人相對立。假使承認一個具有專橫權力的人可以損害對手濫用他的權力，為什麼一個多數派一定不易遭受同樣的責備呢？人們並不因彼此聯合而就改變他們的性格；而且在障礙面前，他們的耐性也並不隨他們的力量而增加。至於我，我可不相信這一點；我應

該拒不交與我同等的人幹一切事的權利，我也絕不會授與任何數量的人以種種權利。

我並不認為，為了維護自由，可以在同一政府中把幾個原則結合起來，而真的任它們提此矛盾。通常稱為混合體的政府形式，一向在我看來，都只是一種妄想。實在說，並沒有通常給予混合政府這種名稱的含義的東西。因為在所有社區中，都可能發現某個行動原則，壓倒其他行動原則。一直特別被舉為這種政府例證的英國，上一世紀本質上是個貴族國家，雖然它包含著一些民主的巨大要素。因為該國法律和習慣的情形，使貴族最後不可能不取得壓倒優勢，照其本身意志去指導公務。錯誤的產生，是由於看到貴族利益永遠在與人民利益爭鬥，卻沒有考慮到爭端之所在。而爭端，才真正是主要的問題。當一個社區真的具有一個混合政府時——也就是說，當它分別受一些相反原則的支配時——它不是會經歷一場革命，便是會陷入無政府狀態。

因此，我的看法是，高於其他一切權力的社會權力，始終必須被放置在某處。但我又認為，當這個權力找不到一個可以耽誤它的進程，給它時間去緩和本身的激烈時，自由就要遭到危險了。

無限權力，本身是一件危險的壞東西，人類無能加以審慎使用。只有上帝才配具有無限力量，因為祂的智慧和祂的公正，始終與祂的力量相等。世上沒有一個權力，本身如此值得尊敬，或身披如此神聖的權利，使我會承認它的不受控制和壓倒一切的權威。當我看見專制統治的權利和手段被授與任何權力，不論其被稱為人民或國王，貴族政體或民主政體，君主國或共和國，我說那裡有暴政的黴菌，我要想法去別處，在別的法律管治下生活。

照我的看法，目前美國民主制度的主要弊端，並非像歐洲人時常斷言的那樣來自它們的脆弱，而是來自它們不可抗拒的力量。我對該國所盛行的過度自由，倒沒有對該國抵抗暴政的保障之不足，更放心不下。

當一個人或一個政黨在美國受害時，他能對誰去要求賠償呢？假如向民意，民意構成多數；假如向立法機構，立法機構代表多數，而且絕對服從多數；假如向行政權，行政權卻由多數任命，並在多數手中被用作唯唯諾諾的工具。公眾的軍隊由武裝起來的多數人組成；大陪審團是授與了審問司法案件權利的多數人；而且在某些州內，連法官也是由多數選舉的。不管你所投訴的措施是何等的不正或荒謬，你非盡可能地服從它不可。

另一方面，倘若立法權能被設立得既代表多數而又不必成為多數感情的奴隸，行政權能被設立得保有一份適當的權威，司法權能被設立得不受其他兩個權力的干擾，那麼，一個仍然民主卻很少引起暴政危險的政府就會被組成了。

我並不是說，今天美國時常使用壓制。但我堅持認為，該國沒有防止壓制的確切保障。而且緩和政府壓制的因素，能在該國環境和生活方式中找到的，要比在該國法律中找到的多。

多數無限權力對美國公共官吏專斷權的影響

美國法律留給公共官吏在一定範圍內的自由——他們的權力

在壓制和專斷權之間，必須作一區別。壓制可憑法律本身作手段而實行，在這種情形下壓制即非專斷；專斷權可為公眾利益而行使，在那種情形下它便不是壓制性的。壓制通常採用專斷的手段，可是它在必要時可以不靠專斷手段而行事。

在美國，對立法機構的立法專制有利的多數無限權力，同樣也對行政官的專斷權有利。多數在制定法律和監督法律的實施兩方面，都具有專制權力。由於多數對當權的人和被治的一般人具有同等權威，它把公共官吏當作它的唯唯諾諾的下屬，馬上交託給他們實現它的計畫的工作。他們職務的細節和他們將享有的特權，很少事先規定。它待他們有如主人之待僕役，因為他們始終在它的視察下工作，它能隨時隨刻予以指導或譴責。

一般說來，美國官員在為他們劃定的領域內，遠比法國文官還要獨立。有時，民眾當局甚至容許他們越過那些界限。由於他們受輿論保護，又有多數權力作後台，他們敢做一些連看慣了專斷權的歐洲人見了也會大吃一驚的事情。一些習慣就藉這個方法，在一個自由國家的心臟中形成了。而這些習慣，有一天將會證明對它的自由有致命危害。

多數在美國對輿論所起的影響

在美國，多數對於問題一旦決定而不能更改，所有討論即行停止——何以如此——多數對輿論施展的道德力——民主共和國對人心採取專制

　　我們之明白察覺美國多數權力超出我們在歐洲熟知的一切權力有多遠，是在考察美國思想使用情形之時。思想是一種嘲弄壓制一切努力的肉眼看不見的微妙力量。在目前時代，歐代最專制的王國，也不能防止某些敵視它們權威的見解在它們的國土上，甚至在它們宮廷內秘密傳播。美國情形卻非如此。只要多數一天猶未決定，討論就一天繼續進行。可是，多數的決定一旦發表而不能更改，每個人便都緘默了。那個措施的友人和反對者，都不分你我地團結起來同意它的妥當。造成這種情形的理由十分清楚：沒有一個君主能像多數一樣專制到把社會一切權力都握入自己之手，並打敗一切反對。多數既有權制定法律，也有權執行法律。

　　國王的權威是物質性的，控制人民行動卻不壓服人們思想。但是，多數卻具有一種同時既是物質性又是道德性的權力，對意志與對行動一樣起作用，不僅彈壓一切爭鬥而且抑制一切糾紛。

　　我不知道有一個國家，其中思想的獨立和討論的真正自由有如美國的稀少。在歐洲任何立憲國家中，各種宗教和政治理論都可以自由宣講和傳播；因為沒有一個歐洲國家，曾為任何一個單一權威如此壓服過，而不去保護大膽為真理高聲疾呼的人。假如他不幸而生活在一個專制政府之下，人民常常都站在他一邊。假如他住在一個自由國家，必要時他還能躲到國王背後。在一些國家，社會的貴族部分支持他。在另一個國家，社會上的民主部分支持他。可是在民主制度存在和組織得像美國一樣的國家內，卻只有一個權威，一個力量和成功根源，除此之外就再也沒有別的東西了。

　　在美國，多數在言論自由的周圍，豎立了一些強大障礙。在這些障礙內，一個作家可隨他的喜歡而寫作。但是如果越出界限，他就要倒霉了。倒不是他有遭受宗教裁判所審判的危險，而是他引起連連不斷的罵罵和迫害。他的政治生涯永遠結束，因為他已冒犯了唯一能為他打開這個生涯的權威。各種報償，甚至名氣，都沒有他的份了。從前，在公開發表意見時，他總以為他有同情者；現在他卻覺得不再有任何同情他的人，因為他已向大家暴露了自己。接著，責備他的人高聲批評他，想法與他一樣的人卻默不作聲，毫無勇氣地走開了。最後，他只有屈服。他已為每天不得不作的努力所累倒，他陷入了沉默，就像他因先前說了真話而覺得後悔一樣。

　　鐐銬和劊子手，是壓制政治先前使用的粗糙工具。但我們時代的文

明，已使專制趨於完善，雖則它彷彿沒有什麼要學習的事情。君主們可以說已將壓迫變為有形的東西。今天的民主共和國，卻把壓迫當成完全是一件心靈上的東西，一如它之打算去強制意志。在獨夫專制的支配下，為了壓服靈魂，身體受到攻擊；但心靈卻逃脫了打向它的拳頭，並且爬得更高。然而這卻不是壓制在民主共和國中採取的方法；在該處，身體任其自由，心靈卻受奴役。主子不再說：「你得照我一樣想，或你必須死去。」他只是說：「你可以自由思想，與我想得不同，保有你的生命財產和一切所有物；可是從今起，你在你自己的人中卻是一個外人了。你可以繼續保有你的公權，但那些公權對你將無用處，因為假如你想乞求你的公民同胞的選票，他們永遠不會選你，假使你要求他們尊敬，他們會假裝鄙視你。你將繼續留在人們當中，但你卻被剝奪了人類的權利。你的同胞會像避開瘟神一樣避開你；即使是那些相信你無辜的人也會拋棄你，怕的是到時候他們也會為人躲避。不許吵，走開吧！我已給了你生命，但是這種生還不如死。」

專制君主政體已使專制丟臉。讓我們留意，勿讓民主共和國將專制恢復，使專制對少數人還要更加難堪，從而讓專制在多數人眼中變得不那樣醜惡和可恥吧。

在舊世界的一些最驕傲國家中，曾發表過一些打算公開譴責時代弊端和愚蠢的作品：拉伯雷在寫他書中〈論偉人〉的那一章時住在路易十四的宮中，而莫里哀卻在一些上演於宮廷的劇本裡批評了朝臣。但是，美國的統治權，卻不容人嘲弄。最微小的責備都是激起它的敏感，略有任何真實根據的最輕微的弄笑都令它憤怒。從它的語言結構到它的完美品行，一切都必須當作讚美題目。沒有一個作家，不論多麼卓越，能避而不對他的公民同胞作這種奉承。多數人永遠生活在自我喝采聲中。有一些真情實況，美國人只能從外人和經驗中學到。

假如說美國人至今還不曾出過偉大作家，理由就在這些事實裡面。沒有言論自由即不可能有文學天才，而言論自由在美國卻不存在。宗教裁判從未能防止大量反宗教書籍在西班牙流通。多數人的帝國，在美國中所獲得的成就，要比西班牙大得多，因為它實際上打消了出版此類書籍的任何願望。在美國可以遇到不信教的人，但卻沒有不信宗教的公開組織。有些政府曾企圖禁止淫書去保全道德。在美國，沒有人曾因這類書籍而受懲罰，但也沒有人受誘去寫它們。倒不是因為所有公民都行為潔白，而是因為大多數人都正直和守規矩。

在這種情形中，權力的使用無疑是良善的；但我討論的是權力本身的性質。這種不可抗拒的權威，乃是一個經常存在；而它的使用得宜，卻只是一個偶然事件。

多數壓制對美國人之國民性的影響——美國之諂媚精神

迄今為止多數壓制的影響在社會生活方式上，比在社會行為上感受得更敏感——這種影響妨礙了偉大人物之發展——像美國一樣組成的民主共和國，給人民大眾灌輸了一種諂媚精神——何以人民的愛國心多於以人民名義統治的人的愛國心

我剛敘述的這些趨勢，至今在政界只能微微察覺，卻已對美國人的國民性施展了一種不利影響。我把美國政治生活中傑出人物數目之少，歸因於美國一直在增強的多數專制。

美國獨立革命爆發時，傑出人士大量湧現；因為當時公意不是用以去壓制，而是用以去導引個人努力。那些大名鼎鼎的人，分享著那個時期大家所共有的激動思想，卻各有其本身特具的崇高之處。這種崇高處在全國起著反響，但決非借自全國。

在專制政府中，最接近王座的大貴族們，對國王的激情阿諛奉承，而且志願屈服於國王朝三暮四的做法，但是全國的大眾，卻不用奴顏婢膝去降低自己；他們之服從，常常是由於軟弱，由於習慣或無知，有時則是由於忠誠。有些民族曾以犧牲自己願望，樂意而又自豪地去屈從於君主願望而聞名。他們像這樣用服從這個行動，去顯示一種思想獨立性。這些民族很不幸，但他們並未降低自己。做自己不贊成之事，與假裝贊成自己所做之事，這其間有個巨大的分別。前者出於一個柔弱的人的軟弱，後者卻正適合僕從的脾氣。

在人人多少都對國事表示意見的自由國家裡，在公眾生活與內部事務不斷地混在一起、主權權力從四面八方都能被人觸及、而其注意力又永遠都能被喧鬧所吸引的民主共和國裡，比在專制君主國中能遇到更多的推測主權權力弱點和靠滿足主權權力之激情過活的人。這並不是因為這些國家的人天生比別處壞，而是因為這些國家的誘惑比較強，同時也更易於接觸到。結果，則是品格更廣泛的降低。

民主共和國擴大了巴結多數人的做法，而且立刻將之應用於一切階

級；這是可以加於民主共和國的最嚴重的指責。這一點，對於組織得像美國各共和國一樣的民主國家，尤為真確。在該等地方，多數權力是那樣專制和不可抗拒，一個人如果打算脫離多數所定的道路，他必須放棄自己作為公民的種種權利，並且幾乎發誓不再作人。

從美國擁塞在當權之路上的一大群人中，我發現極少有人表現出先前常使美國人出名，以及構成我們無論在何處遇到的傑出人物主要特色的那種大膽的率直和豪邁的獨立。乍看上去，彷彿所有美國人的頭腦，都是一個模子鑄成的。他們那樣毫釐不差地走著同一條路。不錯，一個外方人有時會遇到一些對這些刻板公式表示異議的美國人，會遇到一些慨嘆於法律的缺點與民主的多變和無知的人。這些人甚至會走得如此之遠，竟談到那些損害國民性的有害趨勢，指出這樣一些可能採用的補救方法。但是在美國，除了你自己，沒有一個人聽他們的話，而這些秘密感想向之傾訴的你，卻不過是一個外方人，一隻過境的候鳥而已。他們非常情願把一些於你無用的真相告訴你，但他們在公眾地方卻使用一種不同的語言。

假如上述這些話有一天在美國被人讀到，我擔保會發生兩種情形：第一、那些精讀了這些話的人會大聲譴責我；第二、他們有許多人會在心底赦免我。

我在美國聽人談過愛國心，也在人民中發現真正的愛國心，但從未在人民領袖中發現過。這一點可用類推法加以解釋：專制政體敗壞被壓迫者，遠比敗壞壓迫者為甚。在專制君主國中，國王常具有偉大的品德，但朝臣卻一律很卑屈。不錯，美國的臣屬們並不說「大人」或「陛下」，這似乎與君主國的朝臣不同。他們永遠都在談他們侍候的人民的天然才智。他們並不爭論：到底他們的主子有何種美德最值得欽佩；因為他們向主子擔保，他已具有他還不曾或不想取得的一切美德。他們並不把自己的妻子女兒送給主子，隨其喜愛而納為嬪妃。可是由於犧牲自己的見解，他們卻出賣了自己。道德家和哲學家們，在美國並不是非把他們的見解藏在寓言面紗之下不可。然而，在冒險談一項令人不快的真理以前，他們總是說：「我們都知道，現在我們與之交談的人品格都太高，決不會沾染上人性的弱點，而使自己的脾氣有片刻失控。假如我們與之交談的人，其品德與知識不是好得使他們比世上其他人都更值得享有自由，我們就不該說這些話了。」路易十四面前奉迎拍馬的人，也不可能諂媚得比這更巧妙。

就我來說，我確信在一切政府中，不論其性質如何，奴性將在強力面前退縮，而諂媚則將隨權力而至。防止人們降低自己人格的唯一辦法，乃是不要授與任何人以無限權力，因為無限權力乃是敗壞人的最穩當的方法。

美國共和政體的最大危險來自多數的無限權力

民主共和國易因錯用權力而滅亡，卻不易因無能而滅亡——美國的共和政府比歐洲君主國政府更集權和有精力——由此而來之危險——麥迪遜和佛傑遜對這個問題的看法

政府通常不是由於無能，便是由於壓制而滅亡。在前一種情形下，是權力從政府身上逃跑；在後一種情形下，是權力被人從政府的掌握中奪走。許多曾經目擊民主國家無政府狀態的人，都以為那些國家的政府天生軟弱和無能。實際的情形是，政黨之間戰端一開，政府就喪失了對社會的控制。但我並不認為，一個民主強國天生沒有力量和資源。倒不如說，民主國家之所以失敗，幾乎是由於濫用力量和使用資源不當。無政府狀態總是由民主國家的壓制錯誤，而不是由它力量的匱乏所造成的。

千萬不要把穩定與強力，或一件事物的偉大與它的持久相混淆。在民主共和國中，指導社會的權力很不穩定，因為它時常易手和採取另一新的方向。但不論它轉向何方，它的力量差不多總是不可抗拒的。美國的共和政府，在我看來，與歐洲專制君主國的那些政府一樣集權，而精力則猶有過之。因此，我不認為它會因軟弱而消滅。

假使有一天，美國自由制度真被毀滅，那也得歸因於多數權力的無限。多數的無限權力，可能在將來什麼時候驅使少數忍無可忍，逼得他們使用武力。屆時結果將是無政府狀態，但引起無政府狀態的，則必定是專制政治。

麥迪遜先生在《聯邦主義者》一書的第 50 節中，表達了同樣的見解。「在一個共和國中，不僅要保衛社會，防其受統治者的壓迫，而且要保衛社會上的一部分人，使其免受另一部分人不公正的對待，這一點十分重要。公道是政府的目的，也是公民社會的目的。人們會一直、而且將永遠追求這個目的，直到獲得成功為止、或直到在追求中喪失自由時而被迫停止。一個社會，其中較強的一派人，憑藉社會的組織形式，能隨時聯合起來壓迫較弱的一派。可以確切地說，該社會就像處在自然

狀態一樣，處於無政府狀態。較弱的人在該社會，沒有抵抗較強的人暴力侵犯的保障。正如在自然狀況中，連較強的人也因對自己處境的不放心，而被迫服從一個既可保護弱者又可保護自己的政府。在無政府狀態中，比較強大的派別也會逐漸受一種類似動機的誘導，而願意成立一個能保護較弱和較強的一切派別的政府。無可懷疑，假如羅得島州脫離聯邦而自行生活，民權政府下的那種權利沒有保障的情形，在如此狹小的範圍內，便會被黨同伐異的多數派的反覆壓迫表現出來。在此情形下，完全不受人民挾制的某種權力，很快便會被那些派別召喚出來。正是這些派別的惡劣統治，證明出這種權利的必不可少。」

傑佛遜也曾說：「我國政府的行政權，並非我所擔心的唯一東西，也許甚至可以說不是我所關心的主要東西。立法機構的壓制才真正是最值得害怕的危險，而且在未來的許多年內都會繼續如此。行政權的專制也會依次出現，不過卻在較為遙遠的時期。」

在這個問題上，我樂於引用傑佛遜的見解，而寧願不引用任何其他人的見解。因為我認為他是民主政治自古以來最有力的擁護者。

第八章
減輕美國多數壓制的因素

沒有集權存在

全國的多數不要求包辦一切事情——多數不得不僱用鄉鎮行政
委員去執行其主權意志

我已指出集中行政與集權政府之間的區別。前者存在於美國,而後
者在該處卻幾乎無人知曉。假如美國社會的領導權力既有政府工具隨其
使用,又能將發號施令的習慣和權利結合起來,假如這個權力在確立了
行政的一般原則之後還要屈尊去管理應用的細節,假如這個權力在規定
了國家重大利害之後還要去過問個人利害,那麼,自由在新世界很快就
會被排除了。

但是,時常流露出暴君嗜好和脾性的美國多數,卻依然缺乏壓制的
最完備工具。

在美國各州,中央政府除了對突出到足以引起其注意的少數事項,
至今還不曾為其他事務繁忙。社會上的次要事務,從未經它的權威規
定,而且迄今為止,也沒有任何事違反它的意願,甚至要它去干涉。多
數雖然越來越專制,卻不曾增加中央政府的特權;那些重大特權,一直
都局限在某一領域內;雖然多數專制在一點上可能令人難堪,卻不能說
它的專制已擴充及於一切方面。全國佔優勢的派別,不論怎樣聽其激情
的驅使,它在推行計畫時不論如何熱烈,它都無法強迫全國所有公民同
時用同一方式去順從它的意志,代表多數的中央政府,在發佈一項命令
時必須委託一些官吏去執行它的抑制,而這些官吏卻不是它經常能予控
制,也不是它永遠能加以指導的。鄉鎮、市和郡,形成了那樣多的防洪
堤,不是阻擋便是間隔了大眾決定的潮流。即使是通過了一項壓制性的
法律,自由仍會因法律執行的方式而得到保護。多數無法管到事情的細
枝末節,所謂把事情統死。其實,多數連想也沒有想過要這樣做,因為
它並未充分意識到它的權威。它只知道自己天然權力的範圍,卻不熟悉
增加這些權力的技巧。

這一點很值得注意，因為假如有一天，一個類似美國的民主共和制度在一國中建立起來，而該國先前曾有一個獨夫確立了集權制度，並使集權制度深入人民習慣與法律，我毫不猶豫地斷言，在這樣一個新建的共和國中，將盛行一種比歐洲任何專制君主國家，或者，真的，比任何能在亞洲找到的這類國家都更難令人忍受的虐政。

美國法律業的性質，及其怎樣作為平衡民主的砝碼

探查法律業天然本能之功用——以法律為職業的人，在未來社會中將起突出作用——律師所持有工作，如何給他們的思想一種貴族氣質——可抑制此種傾向的一些偶然因素——把貴族和法律為職業的人結合起來的悠閒——律師對暴君之用途——法律業構成了與民主天然要素相結合的唯一貴族要素——使英國和美國律師頭腦易於具有貴族氣質的一些特別因素——美國貴族坐在審判席和律師席上——法律對美國社會的影響——他們的威風對立法機構，行政當局，甚至人民，都有作用

在訪問美國人和研究他們的法律時，我們發覺他們交託給法律界的人的權威，以及法律界的這些人對政府所施展的影響，乃是防止民主行為過度的現存最有力的保障。在我看來，這是一個普遍原因所引起的後果，而加以觀察卻會有用，因為這種情形可在別處仿造。

過去500年間，法律界的人曾參與歐洲政界一切活動。有個時期，他們被政治當局用作工具，但另一些時候，他們又能把政治當局變為他們的工具。中世紀時，他們對王權提供了強有力的支持；從那以後，他們卻卓有成效地致力於限制皇族特權。他們在英國與貴族結締了親密的聯盟；在法國，則顯得是貴族最危險的敵人。在所有這一切情況下，法律界的人是否受到突然和轉瞬即逝的衝動之左右，或多少受過他們天然和將在歷史上重現的本能之驅迫呢？我想弄清楚這個問題。因為這個特殊階級的人，在不久即將被創造出來的政界中，也許會起顯要作用。

對法律作過一番特別研究的人，從他們的行業中獲得某些有條不紊的習慣，喜歡講究手續，對觀念之間的正規關係懷著本能的敬重，這些情形自然會使他們非常看不慣大眾的那種革命精神和不顧前後的激情。

律師從他們研究中得來的特殊知識，使他們在社會上確保一個獨立等級，在知識水準上構成一種特權團體。這種優越觀念在他們執業時不

斷浮現在他們心頭：他們是一門必不可少而又十分普遍爲人懂得的科學的大師；他們在公民之間充當仲裁者；而將訴訟兩造的盲目激情導引到他們目的的習慣做法，則又在他們心中激起一種對大眾判斷的蔑視。除此以外，他們更天然地結爲了一個團體；這並非憑藉一種預先的瞭解，或依據一種引導他們共同致力於同一目標的協議；而是因爲他們研究的相似以及方法的相同，使他們連接成了一種可以團結努力的共同利益。

所以，貴族的有些愛好和習慣，可在律師性格中發現。他們對秩序和手續，抱著同樣的本能喜愛；他們對大眾的行動同樣厭惡，而對民治則懷著一樣隱秘的鄙視。我並不是說，律師的天然脾性強到足以使他們服服貼貼地受其支配，無法反抗；因爲他們像大多數別的人一樣，也受自己私人利益的統治，尤其受眼前利益的統治。

法律界的人，如果在政界不能享有他們在私生活中所處的地位，遇到這種社會狀態，我們可以擔保他們將成爲革命的急先鋒。可是，這種時候必須要問，誘使他們去進行革新和摧毀的原因，究竟來自他們常遠的性格，還是來自一種偶然事件。不錯，推翻1789年法國帝制的，主要歸功於律師；可是他們如此做法究竟是因爲研究了法律，還是因爲被禁止制定法律，卻有待弄清。

500年前，英國貴族領導過平民，並以他們的名義發言；現時，英國貴族卻支持王權，維護皇族特權。然而，貴族政體總有它特有的本能和脾性。我們應當小心，勿把一個團體的個別成員與團體本身混淆。在一切自由政府中，不論其形式如何，總會發現法律界的人站在所有黨派的前列。同一說，也適用於貴族政體；曾經震撼世界的民主運動，差不多都是貴族領導的。一個特權團體，永遠不能滿足它全體成員的野心：這個集團總是有過多的才能和激情，找不到地方使用，因此通常可遇到相當大一批人，他們總易於對那些不能很快轉爲己有的特權進行攻擊。

因爲這個緣故，我不斷言所有法律界的人，在一切時候都是秩序的朋友和改革的敵人。我僅僅指出，他們通常多半如此。在一個社會中，律師如占居高位而不受反對，該社會的一般精神顯然是保守和反民主的。當一個貴族政體把這一行的領袖排除出貴族行列時，他們便惹動最強大的敵人了。因爲律師憑其勞績不屬於貴族，但又覺得自己雖不如貴族有錢有勢，卻與貴族智力平等。可是，每當貴族政體同意給這些人一些特權時，這兩個階級便會欣然結合，彷彿一家人似的利害相關了。

同樣，我也偏於相信，一個君主國始終可以把法律界的人變爲它權

威最有用的工具。這個階級的人與行政權之間的親緣，遠比他們與人民之間的親緣來得大，雖然他們常常協助後者推翻前者。正如貴族與君主之間的感情大於貴族與人民之間的感情，雖則社會上的較高階層常與較低階層合作去反抗國王的特權一樣。

律師重視公共秩序，甚於重視其他一切事情。而公共秩序的最好保障，則是權威。同時，也不應忘記，如果律師很珍視自由，他們一般把合法還要看得更其貴重：他們害怕暴政不如害怕專斷權力之甚；而且，假如立法機構承當剝奪人們的獨立，他們也不會有何不滿的。

因此，我確信一個君主在面臨民主侵襲時，倘若竟去損害他治下的司法權，削弱律師的政治影響，他就會犯大錯：他會讓權威實體溜走，而只握有權力的影子。把律師用入政府，他會做得更智慧一些；而且，倘使他以暴力的形式將專制交給他們，也許他會發現專制在他們手中仍是專制，不過卻換了公正和合法的外表。

民主政府對律師的政治權力是有利的；因為當富人、貴族和國王被排出政府時，律師好像憑本身權利而接管了政府，因為他們是在人民之外唯一具有知識和智慧而又能成為大眾選擇對象的人了。這時，如果他們被本身愛好引向貴族和國王，他們本身的利益卻會使他們與人民接觸。他們喜歡民主政府，卻不參與民主的嗜好，也不模仿民主的弱點；於是他們便從民主得到雙重權威而又高過於民主。民主國家的人民對於法律界的人並非不信任，因為大家都知道法律界的人為大眾事業服務是有利可圖的；同時人民聽到他們說話也不氣惱，因為人民並不以為任何有罪的圖謀是出自他們之手。真的，律師並不想要推翻民主制度，不過他們經常致力於以一些與民主性質不合的方法去使民主脫離它的真正方向。律師的出身和利益屬於人民，習慣和愛好則屬於貴族；他們可被視作社會上兩大階級之間的連鎖。

法律業是唯一能夠不經暴力而與民主天然要素相混，並於其有利和永遠與之結合的貴族要素。我並非不知這幫人性格的固有缺點；可是如果沒有這種律師式的清醒與民主的原則相混合，我很懷疑民主制度能夠長久維持；而且，假如律師在公務中的影響不曾隨民權之增長而增加，我也不能相信一個共和國在現時能有存在的希望。

我認為法律業所通有的這種貴族氣質，在美國和英國比在任何其他國家更為明顯。這種氣質不僅來自英國和美國律師對法律的研究，而且來自兩國法律的性質以及法律解釋者在兩國中所處的地位。英國人和美

國人保留了先例法；那就是說，他們繼續依據前人的見解和判決，來建立他們的法律見解和判決。在一個英國或美國律師的頭腦中，對先例的愛好和尊敬，差不多總是與對正規的合法訴訟程序的愛好聯繫在一起。

這種傾向對法律業的性質和社會的一般動向，還有另一種影響。英國和美國的律師，乃是調查已做之事；法國的律師，則探究應做之事；前者提出先例，後者則標榜理性。一個法國觀察家，聽到英國或美國律師三番五次引證別人意見，卻那樣少提到自己的見解，不免會大大吃驚。而法國的情形則正好相反。在法國，即使是最小的官司，律師也從不會不引用一整套他特別使用的觀念。而爲了給法庭的判決一席地位，連法律的基本原則，也會被討論到。英國和美國律師所通有的這種對自己意見的克制和對前人意見的盲從，這種不得不假裝受思想的奴役，必然使他們在英國和美國養成比在法國更膽怯的習慣和更保守的性癖。

法國的法典常常很難理解，但人人都能讀它。可是另一方面，對未入門的人來說，卻再沒有比一項以先例爲基礎的立法更含混和奇異的東西了。在英國和美國所感到的那種非有人從法律上加以指點不可的需要，以及大家對法律界能力所抱的好評，趨於越來越使法律界脫離人民，而將之立爲一個不同的階級。法國的律師，僅僅是個通曉本國法規的人。可是英國或美國的律師，則有如埃及的祭司；因爲他像那些祭司一樣，是一種玄妙科學的唯一解釋者。

律師在英國和美國所佔據的地位，對他們的習慣和見解施展了不亞於此的影響。留心將一切與已類似的東西吸收到自己的範圍內來的英國貴族，將很高的重要性和權柄賦予了法律界成員。在英國社會中，律師並不居於首位，但他們卻滿足於分派給他們的職份：他們彷彿構成了英國貴族中較年輕的一支；他們依附他們的兄長，雖然他們並不享有他們兄長所有的一切特權。這樣，英國律師便把他們活動圈子裡的種種貴族趣味和理想，與他們職業的貴族利益混合在一起。

我所盡力描繪的這種律師式的性格，確實在英國最爲明顯：該國法律所以受尊敬，因其良好之程度，實在不如因其古老之程度爲甚。假如有必要在任何方面修改這些法律，使之適合時間在社會中引起的變化，那也必須做得極盡巧妙能事，以便維護傳統結構，使得所做的一切無不與早先世代的意圖相合，完成早先世代的勞績才行。從事這些修改工作的人，每個都否認他們有任何改良意圖，寧願說自己採用了一些荒謬的權宜辦法，而不敢冒大不韙去承認犯了修改之大罪。這種精神，更加屬

於英國律師。他們好像毫不關心自己處理之事的眞正意義，而把全部注意力都集中到法律文字上，彷彿寧可拋棄理性和人道，也不願違背法律上的一個金字。英國的立法，好比一棵古樹的樹幹。律師們在上面接了一些最不相同的細枝，希望這些細枝所結出來的果實雖然兩樣，這些細枝的簇葉卻至少可與支持整棵大樹的古老神聖的樹幹混淆在一起。

美國沒有貴族或文士，人民又慣於不信賴富人。結果律師在政治上形成了最高的階層，在社會上構成了最有教養的一部分人。因此，律師如要進行改革，會毫無所得。他們在對公共秩序的天然愛好之外，又添了一種保守的興趣。假如有人問我該把美國貴族置於何處，我該毫不猶豫地回答，美國貴族不在富人中間，因爲美國富人未經共同紐帶團結起來。美國的貴族，佔據了法庭的審判席和律師的席位。

我們越是思考發生在美國的一切情形，越會確信律師作爲一個整體，如果不是構成了平衡民主因素的唯一砝碼，也是構成了平衡民主因素的最強大的砝碼。我們很容易在該國察覺，法律業如何因其屬性，甚至因其缺點，而適於去中和平民政府所固有的種種弊端。當美國人民陶醉於他們的激情，或因理想之熱烈而忘形時，他們受到了法律顧問那幾乎看不見的影響力的抑制和阻止。這些人暗中用他們貴族的脾性反對全國的民主本能，用他們對古老事物的迷戀去反對民主對新奇之喜愛，用他們狹隘的觀點反對民主的好大喜功，用他們積久成習的拖沓反對民主的熱烈和急躁。

法院是法律界能用以控制民主的觸目可見的器官。法官是一個律師，他除了從法律研究中獲得對於規則和秩序的愛好以外，還由本身職能的不可讓與性取得了一對穩定的喜愛。他在法律上的成就，已將他提升到同胞中的顯要行列；他的政治權力更使他們地位的高貴得以齊全，並給了他特權階級的那些本能。

美國的行政官，有宣佈法律違憲的權力作武器，永遠都在干預政務。他不能逼使人民制定法律，卻至少能強迫他們不得不服從自己訂立的法律，並使他們不要前後矛盾。我發覺，美國有一種削減司法權的秘密趨勢存在；根據若干州的多數憲法，政府在立法機構兩院的要求下，可撤除法官的職位。另一些州的憲法，則使司法人員經由民選，而且這些司法人員甚至經常必須重新選舉。我敢大膽預言，這些新辦法遲早會引起致命的後果；而到未來的某個時期，人們將會發現，他們像這樣削弱司法的獨立性，不僅攻擊了司法權，而且攻擊了民主共和國本身。

而且，不應以爲在美國唯獨法院才有法律的精神；法律的精神擴展得遠超出了法院。由於律師構成人民信賴的唯一知識階級，他們自然應召擔任大多數公職。他們填滿了立法的議會，並居於行政機構之首。結果，他們對法律的制定和法律的執行，便施展了強有力的影響。不過，律師卻不得不屈從流行的公意。公意太強了，他們無法加以抵抗。但是假如他們能夠自由行動，也不難找出一些徵兆表明他們做什麼。在政治法律中作了那樣多改革的美國人，在民法中卻非常捨不得作任何改變。而且所作那一點點改變，也費了很大困難，雖然這些民法中有許多都與他們社會的狀況不合。造成這種情形的原因，是多數在民法問題上不得不尊重法律上的權威，而美國律師在能夠自行其是時又是不願改革的。

聽見美國中有人埋怨法律界人的呆板精神，以及他們袒護現行制度的偏見，法國人會覺得稀奇。

法律界習慣的影響，超出我已指出的確切範圍。在美國，任何政治問題發生而不能決定，幾乎遲早都會變爲司法問題的。因此，所有的黨派在它們日常的論爭中，都被迫借用司法訴訟程序的概念，甚至語言。由於公職人員多半是或曾經是執行律師業務的人，他們把自己行業中的習慣和術語，應用到公務的管理中來。大陪團更把這個習慣，推廣到一切階級。這樣，法律語言多少便成了粗俗用語；法律精神本來產生自學校和法院，卻逐漸透過學校和法院的四壁而進入了社會的中心，又從社會中心降到最低一些階層，使得最後全體人民都沾染上了司法官的習慣和愛好。美國的律師們組成了一個毫不足怕，而且幾乎察覺不出的派別。它並沒有本身特別佩戴的徽章，極其靈活地應付時代的危機，而且毫無反抗地使自己順應社會的一切運動。但這個派別卻擴展到了整個社會，而且滲入了社會上所有階層。它不知不覺地在全國起作用，最後卻使全國符合它本身的目的。

由大陪審團進行審判的做法，美國視之為一項政治制度

由大陪審團進行審判，乃人民行使主權的形式之一，足以和確立該主權的其他法律相匹敵——美國大陪審團的結構——由大陪審團進行審判對於國民性之影響——此種審判教育人民——此種審判如何對於樹立行政官的威望和在人民中擴展法律精神

既然我的題目引導我談及美國的司法行政，我決不會不提陪審制而

一筆帶過。由大陪審團進行審判，可從兩個不同觀點來考量：一是作為司法制度，一是作為政治制度。假如我的目的只在探索由大陪團進行審判，尤其是在民法案件中對於於良好的司法行政是否有所助益，我承認陪審制的功用可能引起爭論。由於大陪審團最初建立時，社會尚處在襁褓時期，法院僅僅決定一些簡單的事實問題，要使陪審制適合一個高度發展的文明社會的需要，決非一件容易的工作，因為這時人們之間的相互關係已增加到一種驚人的程度，並具備一種開明的理智的性質。

現在我的目的是要把大陪審團當作一種政治制度來考慮；任何別的途徑，都會使我離題。因此，把大陪審團的審判當作司法制度考慮，我在此將談得很少。當英國人採行陪審制時，他們還是一個半野蠻的民族；從那以後，他們已成為世上最有知識的國家之一，而他們對於這個制度的愛慕也彷彿隨他們教養的增加而俱增。他們已移民和殖民到地球上能居住的每一地帶，建立起殖民地或獨立國；母國保持著它的君主立憲政體，而它的許多後裔，則建立了強大的共和國；但它們到處都誇耀由大陪審團審判的特惠。它們在所有的移居地上都已建立，或者急忙重新建立了這個制度。一個司法制度，在這樣長的一連串世紀中獲得一個偉大民族的贊成，並在文明的每一階段，被各個地區，以及一切形式的人類政府中被熱心地複製，當然不可能違背公正的精神。

但是，暫時撇開問題的這一部分不談。把大陪審團僅僅視為一種司法制度，卻是一種十分狹窄的看法；因為不論它對法庭判決的影響如何重大，它對社會上一般人命運的影響卻更為重大。大陪審團首先是一項政治制度。為了充分評價它，必須從這個見地去看待它。

我所謂的陪審團，是指一定數目的公民，他們被抽簽抽出來，而授與臨時的審判權。在我看來，用陪審團審判去制止罪行，是政府中一個顯著的共和成分。理由如下。

陪審制可能帶貴族性，也可能帶民主性，這要依陪審員被選的階級而定。但是陪審制卻始終保有共和性質，因為它把社會的真正指導權交在被治者手中，或交在一部分被治者手中，而不交在政府手中。強力永遠不過是轉瞬即逝的成功因素，在強力之後才來了權利觀念。一個只能在戰場上擊敗敵人的政府，很快便會毀滅。政治法律的真正制裁，在刑法中才能找到；如果缺少制裁，法律遲早便會失去力量。因此，誰懲罰罪犯，誰便社會的真正主人。現在，陪審制把人民本身提高，或者至少把一個階層的公民提高到了法官的席位。於是陪審制便將領導社會的權

力授與了人民，或授與了那一階層的人民。

　　在英國，陪審員是從該國的貴族部分中選出來的；貴族制定法律，
運用法律，懲罰違法行為；一切都建立在這個首尾一貫的立足點上，而
英國真可說是組成了一個貴族的共和國。在美國，同一制度則被用於全
體人民。每個美國公民，既是合格的，也是合法的選舉人。美國所理解
的陪審制，在我看來，像普選權一樣，同是民權的直接和最終後果。它
們是促使多數居於至高無上地位的兩個力量相等的工具。所有想憑本身
權威進行統治，想指導社會而不服從社會指導的君主，都曾摧毀或削弱
陪審制。都鐸王朝曾把拒絕判罪的陪審員下獄；而拿破崙則令他的親信
挑選陪審員。

　　不管大多數這些真理有多麼明白清楚，它們並不曾得到人們的普遍
同意。至少，在法國，人們對於由陪審團進行審判一事，仍然不很瞭
解。假如問題發生在陪審員的正當資格上，討論將局限於可能當選陪審
員的公民的智能和知識，就像陪審團是一種司法制度一樣。可是，依我
看來，這卻是問題最不重要的一部分。陪審團分明是一種政治制度；它
應當被視為人民主權的一個形式：當該項主權被推翻時，它一定會被否
定，否則便一定要變得適合於該主權據以確立的那種法律才行。正如立
法機構是一國中的立法部分一樣，陪審團乃是一國中的執法部分。為了
使社會得到固定和統一形式的管理，有資格充任陪審員的人的名單，應
隨選民的名單而增減。這一點，我認為最值得立法者注意；其餘一切則
都是附帶的。

　　我完完全全確信陪審團乃是一項政治制度。當陪審制用於民法案件
時，我也依然抱持這個見地。法律除非建立在一國的習俗上，否則總不
穩定；習俗是一個民族唯一持久的阻力，當陪審團只審理刑事罪時，人
民只目擊到它在一些特定案件中的偶然行動；他們在日常生活中慣於用
不著它；它被認為是獲得公道的一種工具，卻並非唯一的工具。

　　相反，當陪審團同樣審理民事案件時，它的作用就經常能為人看見
了；它影響到社會所有人的利益；人人都與它的工作合作：它就像這樣
透入了生活的一切習俗，使人類的頭腦適合它所特有的框子，並逐漸與
公正概念的本身聯繫在一起。

　　陪審制如果限於審理刑事案件，它永遠處於危險之中。可是一旦它
被用於民事訴訟程序，它就不怕時間和人的侵襲了。假使當初英國能使
陪審制像脫離法律一樣容易地脫離習俗，陪審制本來早在都鐸王朝時期

就會消滅了；事實上，民事陪審團在那個時期也並不曾拯救英國的自由。不管用什麼方式使用陪審制，陪審制都不免會對國民性施展一種強大影響。不過，當陪審制應用於民事案件時，這種影響就大大增強了。陪審團，尤其是民事陪審團，能把法官精神傳入所有公民的頭腦；而這種精神以及件隨這種精神而來的一些習慣，則是自由制度最充實的準備。它使所有階級的人，對裁決的事都產生一種尊重，並把權利觀念灌輸給他們。假如取消了這兩個要素，獨立的愛好便會成爲一種純然屬於破壞性的激情。這種精神還教人練習講求公正；每個人都學習照自己可能被人裁判一樣地去裁判鄰人。這種情形，在陪審民事案件時尤其眞確；因爲當有理由害怕刑事訴訟的人爲數很少時，人人便都會易於去打官司了。陪審團教每一個人不要在自己行動所擔負的責任面前退縮，並以大膽的信任去使人感動。沒有這種信任，任何政治道德都是不可能存在的。陪審團還授與每個公民一種長官地位，使他們全都感到對社會應盡的義務和在政府中應起的作用。由於迫使人們關心本身以外的他人事務，陪審制擦去了社會身上那一層自私的銹跡。

　　陪審團對判決形成作出有力的貢獻，並增加人民天然的智能。照我的看法，這正是它最大的益處。可以把陪審團看作一所永遠開著的免費公共學校。每個陪審員在其中都學到自己的權利，與上層階級最有學問和知識的人員日常接觸，並變得實地精通法律。這些法律，是被法庭的努力，法官的忠告，甚至訴訟關係人的激情帶到陪審員的知能範圍內去的。我相信，美國人之具有實際知識和政治良知，主要應歸功於他們在民事案件中對於陪審制的長期使用。

　　我不知道究竟陪審團對打官司的人有無用處，但我確信它對那些陪審的人卻十分有益。而且，我把陪審制看作社會能夠用以教育人民的最有效的方法之一。

　　我已說過的話適用於一切國家，但我以下要談的則只能特別地用於美國人和用於民主社會。我已指出，在民主國中，法律界的人和司法官構成了能緩和人民運動的唯一貴族團體。這個貴族團體並不曾被授與任物質力量；它對人們的頭腦施展它的保守影響；而它的權威最富饒的泉源則是民事陪審制。在刑事案件中，社會與一個單獨的人爭論，陪審團易於把法官看作社會權力的唯唯諾諾的工具，而不信賴他的忠告。而且，刑事案件全憑一些簡單事實去作決定，常識能夠立即加以鑑別；在這個立場上，法官和陪審團兩者是平等的。然而民事案件則與此不同；

在審理民事案件時，法官在訴訟關係人互相衝突的激情中，顯得是一個不偏不倚的仲裁者。陪審員們信任地指望著他，懷著敬意聽取他的意見。因爲在這種情形中，法官的智力完全駕馭著他們的智力。把那些使他們記不住的不同論點總結起來的是法官，引導他們通過迂迴曲折的訴訟程序的也是法官；他指點他們注意請他們來決定的事實的問題所在，並且告訴他們如何去回答法律的問題。他對他們的影響幾乎是無限的。

假如有人要我解釋何以我不大看重從陪審員在民事案件中的無知而得出的那些議論，我回答說，在這些訴訟程序中，凡要解決的問題不是單純的事實時，陪審團就僅僅徒有司法團體的外表而已。陪審團只是認可法官的裁決；他們憑他們所代表的社會權威，憑理性和法律的權威認可這個裁決。

在英國和美國，法官對刑事審判施展著法國法官從來不曾具有的一種影響。此種區別的由來，很容易發現；英國和美國的行政官先在民事案件中確立他們的權威，只是到後來才把這種權威移用到另一種法庭。而在這種法庭中，他們最初並未獲得該項權威。在有些案件，而且常常是最重要的案件中，美國法官有權單獨判決。他們在這些情形下，偶然被放到了法國法官習以爲常的地位，不過他們的道德力卻要大得多。他們在記憶中，仍被陪審團所包圍；而他們的判決則與那個制度所代表的社會聲音，幾乎具有一樣大的權威。他們的影響力，遠超出法院範圍。美國法官在私人生活的娛樂中，在公務的紛亂中，在公眾場合，以及在立法的會議上，都常受到一些人包圍。這些人習慣地認爲法官的智能，優於他們自己的智能。而且，在案件審判中行使過權力以後，法官繼續影響著在他官職中與他一道行動的那些人的思想習慣，甚至性格。

這樣看來，彷彿限制了司法權的陪審團，實際上卻鞏固了司法權。法官在任何國家，都沒有在人民分享著他的特權的國家那樣強大有力。美國的司法官之能把他們的行業精神甚至灌輸到社會最低階層，特別有賴於在民事案件中使用陪審團的這種做法。因此，陪審是使人民進行統治最有力的方法，也是教導人民如何進行良好統治最有效的方法。

第九章

有助於在美國維持民主共和的主要因素

美國是一個民主共和國；本書的主要目的，一直在於說明它得以存在的原因。這些原因中，有幾個原先因為我要接連討論問題，曾不得已而被略過，或只暗暗提示了一下。還有一些原因，則根本一直無法討論。而我論及得最多的那些原因，也彷彿被本書的細節所掩埋了。

因此，我想在進一步談到未來之前，應把能夠說明現狀的那些理由收集到一個小範圍中來。在這回顧性的一章中，我將說得簡短，因為我將注意只極其扼要地提醒讀者他已知道的一些事情，並只挑選一些我尚未指出的最突出的事實來討論。

有助於在美國維持民主共和的一切因素，可歸納為三條：

一、上帝把美國人安置到一個特殊的偶然環境。

二、法律。

三、人民的生活方式和習俗習慣。

有助於在美國維持民主共和的偶然或天意因素

聯邦沒有強鄰——沒有大都巨市——美國人生得其所——美國地廣人稀——此種環境如何有助於在美國大力維持民主共和——美國荒地是怎樣開發的——盎格魯-美國人佔有新世界荒野的貪慾——物質繁榮對美國人政治見解的影響

除去人的意志以外，有許許多多環境促使民主共和在美國得以維持。這些原因中，有的已為大家所知，還有一些也很容易指出；但我只限於談一些最主要的。

美國人沒有強鄰，所以不用害怕大戰、財政危機、或被人侵襲和征服；他們既不需要巨大的稅收，也不需要龐大的軍隊或偉大的將領；他們不用擔心一種比這一切禍患聯合起來還要對共和國損害更大的災害：那就是，軍事榮譽。軍事榮譽對民族精神不可想像的影響力，是無法否認的。美國人兩次選作政府首腦的傑克遜將軍，是一個性情暴躁，才能

十分平庸的人；在他一生中，沒有一件事證明他有資格統治一個自由民族；真的，聯邦有知識各階級的大多數人，始終都反對他。但是，他登上了總統寶座，而且一連據守其位，僅僅因為大家記得20年前，他在新奧爾良城下打過一場勝仗；然而，那場勝仗卻是一個十分平常的成就，只有在戰爭稀少的國家才能被人記住。現在像這樣被榮耀幻景迷住心竅的那個民族，無疑是世上一切國家中最無情趣、最愛斤斤計較和最不懂軍事的民族，如果容我直說，也是最平凡的民族。

美國沒有一個城市，其直接或間接影響能為全國整個地盤所感到。我認為，這是使美國能保持共和制的重要原因。在城市中，不能防止人們聚集議事，喚起相互間的激動，從而促使激烈革命突然爆發。城市可被視為一些大集會，所有居民都是集會中的成員；它們的平民百姓對行政官施展著莫大影響，常常不受公共官吏的干涉而實施自己的願望。

因此，使各省服從都會，等於是把帝國的命運，不僅不公正地交在一部分人之手，而且十分危險地交在一批實現自己衝動的百姓之手。因此，大城市的優勢，對代議制是一種嚴重損害；它使近代共和國遭致古代共和國的同一缺點，古代共和國全都因為不理解這個制度而滅亡。

要我列舉許多在美國對於建立民主共和有貢獻，以及現時協助維持民主共和的次要因素，那將會很容易。可是，在這些有利環境中，我發覺有兩個主要的有環境，急於將之指出。我已談到，美國人的起源，或我稱之為他們的出發點，可被視為目前美國繁榮所應被歸功的最根本和最有效的因素。美國人的出身於他們有利。他們的祖先把條件平等和知識平等輸入美國，於是民主共和自然就在該處興起。整個情形，還不止如此。因為除了共和的社會條件，早期移民還給子孫留下一些最能促使共和成功的風俗習慣、生活方式和見解。當我沉思這個根本事的種種後果時，我想我看到了美國命運早已體現在第一個登陸美國海岸的清教徒身上，正如全人類以人的始祖為代表一樣。

有利於在美國建立和維持民主共和的主要環境，是美國人居住的那片領土的性質。美國人的祖先，給了他們對平等和自由的愛好。可是上帝卻把他們放在一塊無邊無際的大陸上，從而給了他們保持平等和自由的手段。普遍繁榮對一切政府都有益處，但對民主政府格外有利。因為民主政府依靠多數意志，尤其依靠社區中最易於感受匱乏的那一部分人的意志。當人民統治時，必須使這些人幸福，否則這些人會推翻國家。困苦會刺激他們做出過分之事。而在過分的舉動中，野心則會使人稱王

稱帝。除法律以外，促進普遍繁榮的物質因素，在美國，比在世界任何其他國家，比在歷史上任何其他時期都要多。在美國，不僅立法民主，連大自然本身也贊助人民的事業。

在人類歷史的什麼部分能找到任何情形與我們眼前目睹的北美所發生的情形相類似呢？古代一些著名國家都建立在敵對國家之間，它們在能就地昌盛之前，都不得不屈從於這些國家。甚至有些近代民族發現在南美某些地帶，有大片土地住著文明程度低劣的居民，已佔據和耕種了那塊土地。這些近代民族要建立新國家，勢必絕滅和降服無數人口；為了使文明本身成功，他們竟使文明羞愧。可是，北美卻是只住著一些遊牧的部落，他們沒有想到要從土壤的天然富源中得益。嚴格說來，那片遼闊的土地，仍然是一個空曠的大陸，一塊等候居民的荒地。

美國的一切東西都與眾不同，居民的社會條件以及法律都是如此。但是，這些制度在其上建立的那塊土地，卻比其餘一切更不平常。當創世主把世界給予人們時，大地上是人稀物豐、取用不竭的，但人們軟弱而且不知如何利用。當人們學會利用大地含有的寶藏時，大地的表層已佈滿了人，不久就只好用刀劍去獲致一個休息和自由的避難所了。正在這時候，北美洲被發現，彷彿先前一直被神保藏起來，剛從洪水的水面冒出來一樣。

那塊大陸，像在原始時代那樣，仍然呈現出一條條源頭永不枯竭的河流，一塊塊青蔥潤濕的原野，一片片從未經莊稼人犁頭犁過的無邊無際的土地。它就以這種狀態提供予人，不是給予人類早年時代那種野蠻、無知和孤立的人，而是給予已掌握自然大部分重要奧秘、與同胞團結一致、並受過5千年經驗教導的人。就在此刻，有1300萬文明的歐洲人，正和平地分佈在那些肥沃平原上；而他們對該地的資源和面積，還沒有精確的瞭解。有3、4千軍人，正在追趕本地遊牧部落；這些軍人後面則跟著一批拓荒者，他們披荊斬棘，嚇走猛獸，探尋內陸河道，為文明跨過荒野的勝利進軍作好準備。

在寫這部書時，我常提到美國的物質繁榮對該國制度的有利影響。這個理由，在我以前早已有許多人談到；而且彷彿由於它能為感官所觸知的緣故，它也是歐洲人所熟知的唯一理由。所以，除了補充幾項事實以外，我將不擴大討論這樣經常為人論及並且這樣清楚為人理解的一個題目。有個普遍的錯誤想法，認為美國荒野中住著每年從歐洲前往新世界的移民，而美國人則在他們祖先耕耘的土地上繁殖。然而歐洲移民達

到美國時，通常都無親無友，而且常常無資無財；爲了謀生，他們不得不受僱於人，很少越過毗連海洋的那個勤勉的人口地帶。荒野沒有資本或錢財，決不能開發；人的身體在暴露於森林之前，也必須先習慣於新氣候的凜冽。每天放棄自己的出生地，到遙遠地區去取得廣大領土的，其實是美國人自己。所以，歐洲人離開他的茅屋前往大西洋的彼岸，而出生在那個海岸上的美國人卻依次奮不顧身地投入了美國中部的荒野。這種雙重的移民，是接連不斷的；它從歐洲中部開始，越過大西洋，向新世界的荒野前進。千千萬萬人同時開向同一條地平線，他們的語言、他們的宗教、他們的生活方式都不相同，但他們的目標卻是一樣。幸運曾答應他們在西部某處可以找到它，於是他們就去西部尋找。

也許除了令羅馬帝國覆亡的那些外族入侵的人潮以外，沒有一個事件能與這種人類繼續不斷的遷徙相比。當時，一如現在，一群群的人都被迫朝同一方向前進，在同一地點相遇和鬥爭；可是天意的安排過去卻不一樣。當時，每個新來者都隨身帶來毀滅和死亡。如今，則人人帶著繁榮與生命的因素。未來仍把美國人向西部的這種遷徙的遙遠後果，對我們隱而不露。但我們已能即刻領悟它的直接結果。由於各州每年都有一部分在該處出生的居民離境，這些州雖已建立很久，人口增加得非常之慢。所以在康乃狄格州，至今每平方哩仍只有59個居民，40年來人口之增加不超過四分之一，而同一時期英國的人口則已增長三分之一。因此，歐洲移民總是在人口半滿和需要人手的地區登岸。他成了一個生活小康的工人，而他的兒子卻到無人居住的地區去碰運氣，變爲一個富有的地主。前者聚歛資本，後者則將資本投放出去。外方人與本地人，卻一樣不虞匱乏。

美國的法律極有利於財產的分散。但有一個比法律更強的因素，卻防止財產過於分散。這種情形，在最後開始變得人煙稠密的一些州內，非常容易察覺。麻薩諸塞州是聯邦人口最密的地帶，但每平方哩只有80個居民，遠比法國少。在法國，同樣大的一塊地據估計有162人。但是，在麻薩諸塞州，地產很少分散；一般都是由長子繼承地產，其他的兒子則去荒野碰運氣。法律已廢止長子繼承權。但是，環境卻協力用一種無人能抱怨和沒有公正權利會受損的方式，重新加以樹立起來。

一件簡單的事實，就足以表明像這樣離開新英格蘭，去定居在荒野中的人數之大。1830年，據報有36名國會議員生於小州康乃狄格。康乃狄格的人口，只構成美國人口的四十三分之一，卻像這樣提供了議員

總數的八分之一。不過，康乃狄格州本身只送了5位議員進國會，其餘31位議員分別代表一些新的西部的州。假如這31個人原先繼續留在康乃狄格州，他們大概不僅不會變爲富有地主，而且會繼續做卑微勞工；他們十之八九都會默默無聞，而不會進入政界；並且他們非但不會成爲有用的立法者，反而可是些難以駕馭的公民。

這些情形，逃不過我們自己的觀察，也逃不過美國人的觀察。「不容懷疑，」平衡法院院長肯特，在他的《論美國法律》（第4卷第580頁）中說，「當地產的分散進行過度，以致每一小塊地不足以養活一家人時，定會產生出巨大的災害；不過這些弊端在美國卻從不曾感覺到，而且它們一要過了許多代，才能爲人感到。我們供人居住的領土範圍，鄰近土地的充裕，從大西洋沿岸向內陸源源而來的移民，現在足以而且長久足以防止地產的劃分。」

要描述美國人蜂擁競取命運提供的這種巨大寶藏的貪慾，是很難的。他在追求中不畏印第安人的箭，也不怕森林中的疾病。猛獸來到近邊也不會使他驚動，因爲有一種比對生命的愛還要強烈的激情驅策他前進。在他前面，擺著一塊無邊無際的大陸。他被催促前進，彷彿時間不待，他怕找不到施展自己力量的餘地似的。我曾談到一些較老的州向外移民的情形，可是我怎樣去描述比較新近成立的一些州所發生的移民情形呢？俄亥俄州成立幾乎還不到50年，大部分居民都不是在它領土範圍內出生的；它的首府才修建了30年，領土上仍有大片未經耕種的原野。然而俄亥俄的人口卻已開始西移了，前往伊利諾州肥沃草原落戶的移民大都是俄亥俄州的公民。這些人當初離開他們的第一個鄉土，爲的是改善環境；他們拋棄了第二塊鄉土，是爲了使環境變得更好；到處都有運氣等待他們，卻沒有幸福。想發達的願望，在他們心中已成了一種熱烈不安的激情，而這種激情又隨它的飼料而增加。他們很早就打破了將他們繫於出生地的那種紐帶，而他們在途中也不再固守任何新的地方。遷移對於他們，起初是一件迫不得已的事情，不久就成了一種碰機會的遊戲；他們之追求它，出於它所激起的感情，一如出於它所帶來的收穫。

有時，人進展得那樣快，荒野甚至在他背後重新出現。樹林彎腰給他一條通道，等他一過，便又生長起來。穿過西部那些新州時，在荒野中遇到被人拋棄的住所，並非不常見的事。旅行者常在最偏僻的地點發現木屋痕跡，既證明人的力量，也證明人的無常。在這片被人拋棄的田野和這些一時的廢墟上，原始森林很快便散佈了一片新鮮的草木；野獸

重新在原先屬於它們的地方出沒；大自然微笑著用綠枝和繁花來掩蓋人的足跡，把他朝夕之間踩出來的路塗去。

我記得，在穿過至今仍滿佈紐約州的一個林區時，我到達了一個藏在與世界一樣古老的森林中的湖岸。一個長滿樹林、岸邊為樹林濃密簇葉遮沒的小島，從湖水當中升起。湖濱沒有一件東西證明有人存在，只能看見天邊有一縷炊煙從樹梢直升雲霄，彷彿是從天而降而不是朝天際上升似的。沙灘上曳著一隻印第安人的獨木舟，引誘我去看一看最初引我注意的那個小島。過了幾分鐘，我便涉足在小島的岸上了。整個島嶼形成了一個新世界的那種賞心悅目的幽靜地點，幾乎要令文明人惋惜此地居然經常會有野人出沒。一片繁茂的草木，表明土壤無比肥美。北美荒野上通有的那種深沉的寂靜，只被斑鳩千篇一律的唧咕聲，以及啄木鳥在樹幹上的啄木聲打破。我決沒有想到這個地點住過人，大自然彷彿完全任其自在，不曾受過打擾。可是，當我抵達小島中心時，我想，我是發現一些人跡了。於是我開始細心審視周圍的東西。很快我就發覺，有一個歐洲人無疑曾來此處避過難。然而，在他勞動過的現場，已發生何等多的變化啊！當初他匆忙砍來為自己蓋一間小屋的那些圓木，已重新發芽生長。那些支柱，已為活生生的青蔥草木纏結起來。而他的小屋，則已變為一座茅菴。在這些灌木叢中，可以看到幾塊石頭，已為火燒黑，面上覆著一層薄灰。原先爐灶無疑就設在這裡，但搖搖欲墜的煙囪卻已將灶頭蓋滿了垃圾。我在該地默默站了一些時候，讚嘆大自然的才力和人的渺小。當我不得不離開那塊迷人的幽靜地點時，我悲傷地嘆息道：「難道此處已成了廢墟？」

在歐洲，我們常把坐立不安的性情、貪財無厭的願望、以及對獨立自主的過分愛好，看作對社會十分危險的一些脾性。然而，這些卻正是確保美國各共和國能得到長遠與和平之未來的要素。沒有這些不安的激清，人口就會集中在某些地點，很快就會經驗到舊世界那樣難於滿足的匱乏。因為這正是新世界目前運氣好的地方：此處居民的惡習對社會之有利，簡直不遜於他們的德行。這些情形，對人類在兩大半球行為的估價，起著巨大影響。我們應稱之為貪婪的東西，美國人常常名之為值得敬佩的勤勉。而我們認為是清心寡欲的德行，他們卻責之為膽小怕事。

在法國，單純的愛好，有規則的生活方式，家庭的情感，以及人們對出生地的依戀，被視為國家安寧幸福的重大保證。可是在美國，卻好像再沒有什麼東西比這些德行對社會更有害了。原籍法國的加拿人，忠

實地保存了他們古代習俗的傳統，已在他們狹窄的領土內因機會不足而困惱。而這個如此晚近才開始存在的小社區，不久就會在一些災難性的偶然事件中，成為一些舊國家的掠奪品。在加拿大，一些最有知識、最愛國和最厚道的居民，正在作非凡的努力，去使人們不要滿足於他們還覺得不錯的小康現狀。在該處，財富的好處被人熱心稱頌，其情形與舊世界的誇讚資產適中的好處一樣；對於挑起公民情慾所作的努力，還要大過別處為了使公民清心寡慾而作的努力。假如聽他們解釋，我們將聽到，再也沒有別的事情比這更值得讚美，那就是：把窮人也能在本國嚐到的純潔平靜樂趣換成到國外去享受發達的那種不著實的快樂，離開家傳的爐灶和先人長眠的故土──換句話說，就是拋棄生者與死者，而去追求幸福。

　　美國現時為人類的努力提供了一塊園地，遠比任何勞力的總和所能使用的還要廣闊。在美國，太多的知識不能普及；因為一切知識既可為所有者效力，也可對那些不具有該項知識的人有利。該處不用害怕出現新的需要，因為新的需要能毫不困難地予以滿足。人類激情的增長也不用擔心，因為所有激情都可能找到一項容易而又合法的使用目標。同樣，人們在該處也不致於被弄得過分自由，因為他們簡直不曾被引誘過去濫用自由。

　　今天美國的共和社會，就像一些冒險家的公司，被組織來共同開發新世界的荒原，為一椿興隆的生意忙碌。把美國人挑動得最深的激情，並非他們的政治激情，而是他們的商業激情。或者，不如說，他們把做生意的習慣帶入了政治生活。他們愛好秩序；沒有秩序，事業便不能發達。而且他們特別看重循規蹈矩的做法，因為循規蹈矩是使商業穩固的基礎。他們寧願要斂財的良知，而不願要富於冒險心的天才而常使財富散失。平凡的想法，使他們的頭腦警醒。他們的頭腦習於作確實打算。他們認為實踐比理論高強。

　　人們要到美國，才能學懂物質繁榮對政治行動施展的影響。甚至對於除了理性本不應受任何東西左右的輿論，物質繁榮也一樣起著影響。這種情形的真實性，在外人當中格外容易察覺。前往新世界的歐洲移民，多半都隨身帶著那種對獨立自主的狂熱愛好，以及對我們的災難十分容易產生的變化的狂熱愛好。我有時在美國遇到一些歐洲人，他們原先因自己的政治見解被迫離開本國。他們全都以他們所用的語言令我吃驚。但他們當中，有一個卻比其餘的人更使我驚訝，當我途經賓夕法尼

亞州最偏僻地區之一時，我趕路趕到了天黑，不得不在一個富有的種植
園主門前求宿。他原先是法國人，請我坐到他的爐火旁邊。於是，我們
便像兩個離開本土兩千里格而在半開墾地區相遇的人的那樣，開始無拘
無束地交談起來。我發覺，主人40年前原是個偉大的平等主義者和熱烈
的煽動家，史書上都載有他的名字。因此，聽見他像一個經濟家或一個
地主那樣討論財產權，我一點都不覺得奇怪。他談到了財富在人們中間
建立的不可少的等級，談到對既定法律的服從，談到了良好道德在共和
國內的影響，還談到了宗教見解對秩序和自由的支持。他甚至更進一
步，引用救世主權威的話，去支持他的一項政治見解。

　　我一面傾聽，一面不禁對人類理性的脆弱稱奇。我們在科學的不可
靠和經驗的矛盾教訓中，怎能發現一個命題是真是假呢？一件新的事
實，驅散了我的一切疑慮。我本來很窮，現在變得富有；我不能期望富
裕會左右我的行為而任我的判斷自由。事實上，我的見解隨我財富之多
寡而改變；而我使之對我有利的幸運環境，則為我提供了先前缺乏的決
定性論點。

　　繁榮的影響，對美國人比對外人還要施展得更自由無礙。美國人總
是看見公共秩序和大眾繁榮在他眼前緊密地連結在一起，肩並肩地前
進。他甚至不能想像，公共秩序與大眾繁榮彼此能缺一而存在。因此他
像許許多多歐洲人一樣，並不需要忘掉什麼，才能去重新學習早年的功
課，事實上他也沒有忘掉什麼。

法律對於在美國維持民主共和之影響

維持民主共和的三個主要因素——聯邦——鄉鎮的制度——司
法權

　　本書的主要目的，一直在於使大家知道美國的法律。假如這個目的
已經達到，讀者必定已能自行判斷哪些法律真正有助於維持民主共和，
而哪些法律則危害民主共和的生存。如果我在本書的全部篇章中還不曾
解釋明白，我也不能希望在一章之中完成此項工作。我並不打算折回已
走過的路，我只消用幾段文字，就足以扼要重述我已說過的話了。

　　在我看來，有三種情況比所有其他情況，都更有助於在美國維持民
主共和。

　　第一是美國人所採取的聯邦政府形式，這種政府使聯邦能將一個大

共和國的力量與一個小共和國的安全結合起來。

其次是那些鄉鎮制度，這些制度限制了多數的專制，同時又灌輸給人民一種對自由的愛好和保持自由的技巧。

第三個要素，則在於司法權的結構。我已說明法院如何抑制民主的過分行為，以及如何約束和引導多數的衝動而又不中止它的活動。

風俗習慣對於在美國維持民主共和之影響

我在前面已提到，人民的生活方式，可被認為民主共和得以在美國維持的重大因素之一。我在此使用風俗習慣這個字眼，與古代賦予風習這個字眼的含義相同。因為我用這幾個字眼，不僅指嚴格應稱之為生活方式的東西──也就是說，可以名之為心理習慣的東西──而且指流行在人們中的種種觀念和見解，指構成他們靈性的那一大堆概念。這樣，我就把一個民族的全部道德和知識狀況，都包含在這個名詞之下了。我的意圖並不在於描繪一幅美國風俗習慣的圖畫，而僅僅在於指出那些風俗習慣中有利於維持他們政治制度的一些特色。

大大有助於美國人維持民主共和，而且可被看作一項政治制度的宗教

北美住著一些宣稱信奉民主共和的基督教人士──天主教徒的到達──何以天主教徒現在構成最民主和最共和的階級

在每一宗教之旁，都可找到一種與之血肉相連的政治見解。假如任人類心靈隨其所好，它將把社會上的塵世和靈性制度統一起來。而且如果容我說的話，人還會去致力使塵世與天堂調和。

英屬美洲，當初絕大部分住著一些人，他們擺脫了教皇的統治，不承認任何其他宗教具有至上權威。他們隨身帶往了新世界一種基督教；這種基督教，我除了稱之為一種民主共和的宗教，實在找不到更好的方法描述。這一點，曾大大有助於共和與民主在公務中的確立；而且從一開始起，政治與宗教便結成了一種從來不曾瓦解的聯盟。

大約50年前，愛爾蘭有一批天主教徒，開始蜂擁地移居美國。美國的天主教徒在這些人身上找到了新的入教者。所以，此刻聯邦有100多萬基督徒，宣言信奉羅馬教會的真理。這些天主教徒忠實遵守他們的宗

教儀式，虔誠而又熱烈地信奉他們的教義。可是，他們在美國卻構成了最共和與最民主的階級。這個事實，乍看可能會使觀察者吃驚。但其原因，思考一下也很容易發現。

我相信，天主教曾一直被人錯誤地認作民主的天然敵人。在基督教的不同教派中，我覺得天主教反而是最有利於人們之間條件平等的一個教派。在天主教中，宗教社區由兩個成分組成：教士和人民。唯獨教士居於教民的等級之上；所有的人，在他之下都屬於平等。

在教義論點上，天主教信仰把人的知能放在同一水平。它要智者和愚夫，天才與俗眾，一律服從同一教規的細節。它把同樣一些儀式強加於富翁和窮人，要強者和弱者同樣遵守一些嚴厲規章。它不聽允對凡人的妥協，但在把全人類貶到一個標準後，它卻又在同一聖壇前面打破了社會的一切區別，正如這些區別在上帝眼中都不存在一樣。假使說天主教先要信徒服從，它卻肯定不是要他們準備去接受不平等。但新教可以說卻正相反，它一般總是更趨於使人獨立自由，而不是趨於使人平等。天主教就像一個專制君主國，如果除去了國王，社會上所有其他階級，比在共和國中還要平等。

天主教教士離開聖職，與社會上的統治權混在一起，在平民的等級中佔一席地位，這樣的事並非不常發生。這種宗教影響力，有時曾被用以去使他所從屬的政治局面持久。所以，我們曾見到一些天主教徒，因宗教的動機而偏袒貴族政體。但是，只要像在美國那樣政教完全分離，馬上便可發現，沒有一個階級的人比天主教徒更自然地有意把條件平等的教義轉用於政界。

這樣看來，如果說美國天主教的公民沒有被他們教義的性質逼著採取民主和共和主義，他們至少不一定非要反對這些學說不可。他們的社會地位，以及他們的有限人數，迫使他們採納這些見解。天主教徒大半都是窮人，除非政府對所有公民開放，他們根本沒有機會參政。他們構成了一個少數派，若想確保他們能夠自由行使本身特權，則所有權利都必須予以尊重。這兩個原因，誘使他們永遠不自覺地採納一些如果他們有錢有勢也許便不會那樣熱心支持的政治學說。

美國天主教的聖職人員，從來不曾企圖去反對這個政治趨勢；他們反倒竭力證明它的正當。美國天主教的教士，把整個知識分為兩部分：在一部分中，他們放入了自己不經討論而同意的那些天啟教的教義；在另一部分中，他們撇下了那些他們認為上帝留歸大家自由探索的政治眞

理。因此，美國的天主教徒同時是最馴服的教徒，又是最獨立的公民。

　　這樣看來，可以斷言在美國中沒有一項政治學說，對民主和共和制度表現最輕微的敵意。所有不同教派的神職人員，都用同一語言說話。他們的見解與法律一致，人類的心靈可說在一股不可分割的洪流中向前奔流。

　　當我受邀參加一個支持波蘭人，以及向他們提供武器和金錢的公共集會時，我曾偶然在聯邦最大城市之一中停留。我發現，有兩三千人聚集在一個準備給他們開會使用的大廳裡。一會兒，一個身穿教袍的教士，走到台前。在場的人都一齊站立，脫去帽子，默默地站在那裡聽他講下列的話：

　　「全能的上帝！萬軍之主！當我們祖先為他們民族獨立的神聖權利而戰鬥時，您曾增強他們的心力，指導他們作戰！您曾使他們戰勝可恨的壓迫，賜予我們同胞自由和平的恩典！哦，主啊，請您用您的慧眼注視一下另一半球吧；請垂憐俯視一個英雄民族，他們甚至在此刻，也像我們當初一樣，正在為同一些權利而奮鬥。您曾把人創造成同一模樣，請不要讓暴君損毀您的工作，而在世上建立不平。全能的主啊！請您關注波蘭人的命運，使他們配得自由吧。願您的智慧引導他們的計議，願您的威力支持他們的武裝！願您的恐怖落在他們敵人的頭上；使那些商量與他們為敵的列強分散；請不要容許世界已目擊50年之久的不義之事在我們時代登峰造極。哦，主啊，您的強大的手，掌握著各國的心，一如掌握著世人的心。願您召集起同盟軍，為正義的神聖事業而戰鬥吧。願您使法國從它的統治者使之保持的冷淡狀態中醒來，使它重新去為世界自由戰鬥吧。」

　　「主啊，請把您的臉轉向我們，俯允我們能永遠做世上最虔敬和最自由的民族。全能的上帝啊，請垂聽我們今天的祈求。我們以您的愛子，我們的為了拯救全人類而死在十字架上的主耶穌基督的名懇求您，願您拯救波蘭人吧。阿們！」

　　整個集會，都虔誠地唱和說：「阿們！」

宗教見解在美國對政治社會的間接影響

所有教派一致講究基督教的道德──宗教對美國人生活方式的影響──對婚姻關係的尊重──宗教如何將美國人的想像力限制在某些範圍內，又如何抑制革新的激情──美國人如何看待

宗教的政治功用——美國人為擴展和獲致宗教權威而作的努力

　　我剛已表明宗教在美國對政治的直接影響。但是，依我看來，宗教的間接影響還要更為可觀。它對自由什麼也不說，但它教導美國人保存自由的技巧，其充分程度空前絕後。

　　美國所存在的教派，多到無可計數。它們對創世主的禮拜各不相同，但對人與人間應有的義務卻看法一致，每個教派以其本身特有方式崇敬上帝，但所有教派都以上帝名義宣講同一道德律。假如對人來說，作為個人，他的宗教的正確最關重要，對於社會來說卻非如此。社會沒有來世生活可以指望或害怕；假定公民宣佈信仰一種宗教，那個宗教的特殊教義對社會的利益並沒有什麼重要。而且，美國所有的教派都被包含在基督教的大統一中。基督教的道德，到處都是一樣。

　　完全可以相信，若干美國人之所以奉行一種特殊禮拜形式，出於信念不如出於習慣之甚。在美國，宗教是至上權威，所以偽善一定很普遍。不過，基督教在世界任何國家，都不如在美國對人的心靈保有更大影響力。同時，也再沒有比基督教的影響在世上最有知識和最自由的國度為人有力感到這件事，更能證明基督教的功用和它的符合人性了。

　　我已經談到，美國教士一般都贊助公民自由。甚至那些不同意宗教自由的教士，也不例外。但是，他並不支持任何特定的政治制度。他們對黨派和公共事務，都敬而遠之。在美國，宗教對法律和輿論的細節，沒有什麼影響。可是，它指導社區的風俗習慣，而且因為約束家庭生活，它也約束了國家生活。

　　我毫不懷疑，在美國能觀察到的生活方式的那種極端嚴峻，首先來自宗教信仰。宗教常常無法抑制人，使其不受機會提供的無數誘惑；它也不能防止樣樣事物都促人產生的那種攫取的激情。但宗教對女人頭腦的影響卻是至高無上的，而女人則是道德的保護者。世界上的確沒有一個國家比美國對婚姻關係更為尊重，或者對夫妻幸福給予更高評價和讚賞。在歐洲，所有社會上的不安，差不多都是從家庭生活之紊亂產生的。鄙視家庭的天然結合及合法樂趣，無異染上一種縱慾的愛好，一種不寧的心境和起伏的慾望。歐洲人在家中被一些時常擾亂他居所的喧囂激情所騷擾，在外面又因國家立法權迫他服從而弄得惱怒。可是，美國人從公共生活的紛亂退回到家庭的懷抱時，卻在家中找到了安寧和秩序的形影。他在家中的愉快，簡單而又自然；歡樂純真而又平靜。由於發

現秩序井然的生活是獲致幸福最穩妥的道路，他很容易便習於使自己見解持平，愛好適度。當歐洲人竭力在社會上鬧事以忘卻家庭內部糾紛時，美國人卻從自己家中獲解了那種他日後帶往公務中去的對秩序的愛好。

在美國，宗教影響並不以生活方式為限，還擴展到人們的智力。盎格魯－美國人當中，有些人信奉基督教學說，是出於真誠信念；還有一些人雖也信教，卻是因為怕被人懷疑他們沒有信仰。因此，基督教得到普遍同意，毫無障礙地為人信奉。結果，正如我先前所說，雖然在政治上凡事都任人們辯論和實驗，在道德上每種原則卻是刻板和決定了的。這樣，人心便從不曾被丟棄在一塊無邊的園地上任其徘徊。不論它怎樣自負，它經常都受到一些它所不能超越的障礙的阻攔。在它能夠革新以前，某些主要原則已被定下。最大膽的概念，也要屈從於某些耽誤和阻止它們完成的格式。

美國人的想像力，即使在飛翔得最高時，也是小心謹慎、遲疑不決的。它的衝動受到節制；它的工作得不到完成。這些約束習慣也表現在政治社會中，對人們的安寧和他們所設立的制度的持久，都極其有利。大自然和周圍的環境，把美國居民都變得很大膽，這點已在他們尋求幸運的進取精神上充分證明。假如美國人的頭腦不曾受到一切束縛而能自由施展，他們很快就會成為世界上最大膽的革新家和最糾纏不休的爭論者。但是美國的革命家，對基督教的道德和公正，卻不得不表面宣示尊重。這種道德和公平，不容許他們任意違反那些反對他們圖謀的法律。而且，即使他們能克服自己良心的責備，他們也會發現不易克服同黨人的良心譴責。迄今為止，在美國還沒有人敢提倡這個箴言：為了社會利益，一切都是可被允許的。這是一條不敬的格言，彷彿是在一個自由時代發明來庇護一切未來的暴君的。所以，法律允許美國人隨意行事，宗教卻阻止他們懷抱鹵莽或不正之念，禁止他們幹下鹵莽或不正之事。

宗教在美國，並不直接參與社會的管理。可是，必須把宗教看作美國人政治機構中的首要機構。因為它雖不予人對自由的愛好，卻促進自由之使用。真的，美國的居民正是從這同一觀點去看待宗教信仰的。我不知道所有的美國人究竟是否都對他們的宗教抱有真誠信仰——畢竟，有誰能探測人的心呢？——但我肯定，他們都認為維護共和制度，乃必不可少。這個看法，並非為只是一個階級的公民或一個黨派所特有，而是屬於整個國家和社會的每一階層的。

在美國，如果一個政客攻擊一個教派，這件事可能不會妨礙該名政

客屬於那個教派的黨羽支持他。但是，如果他攻擊到所有教派，那麼，人人都會拋棄他，他就眾叛親離了。

當我在美國時，碰巧有一個證人被傳上徹斯特郡法庭（紐約州），但他宣稱不信有上帝存在，也不信靈魂不滅。法官拒絕他的作證；所據的理由是，證人在准許他作證前即已讓法庭對他失去信任。報紙登載了這件事，但沒有作進一步評論。

美國人在心中把基督教觀念和自由結合得那樣密切，要他們想像這一個而不想像另一個，簡直是不可能的。而且，在他們身上，這種信念並非來自彷彿移植而非活在心靈中的那種貧瘠的傳統信仰。

我知道美國人組織了一些社團，派傳教士到西部那些新成立的州，去建立學校和教堂，怕的是宗教在那些邊遠的移居地上消失，同時也怕移至新興各州的人將不像在他們原來的家鄉那樣享受自由。我遇過一些富有的英格蘭人，他們拋棄土生土長的鄉土，爲的是到密蘇里河兩岸或在伊利諾州的草原上去奠定基督教和自由的基礎。這樣，宗教熱情在美國，便永遠被愛國火花所燒暖。這些人並非純然考慮到來世生活而行事；永生只是使他們獻身這個事業的一個動機。假如你與基督教文明的這些傳教士交談，你會吃驚於他們那樣頻繁地談到今世的好處；而你在本以爲會遇見一位教士的地方，卻往往會遇到一個政客。他們會告訴你：「美國各共和州都是互爲一體、彼此相關的。假如西部那些共和州竟落入無政府狀態，或爲一個獨夫所主宰，此時在大西洋海岸盛行的共和制度，也會遭到莫大危險。因此，爲了繼續保有我們的自由，讓那些新建立的州同樣信奉宗教，對於我們是有利的。」

這些就是美國人的看法。倘若任何人認爲我所欽羨的宗教精神正是美國最糟的東西，認爲大洋彼岸人類自由幸福所缺少的唯一要素乃是與斯賓諾沙一道相信世界的永恒，或與喀巴尼思一道相信人的思想爲腦隱蔽，我只能回答說，講這些話的人從未去過美國，而且從未見過一個虔信宗教的或自由的國家。當他們到該國訪問一次回來，我們且聽他們如何說吧。

在法國，有一些人把共和制度只看成一種獲得權勢的手段。他們衡量了把窮困苦難的他們與有錢有勢的顯貴分隔開來的鴻溝，打算用廢墟的殘片破瓦將之填滿，好讓他們跨過去。這些人是自由的傭兵隊長，不管他們穿什麼顏色服裝，他們都是在爲本身利益戰鬥。他們認爲共和國會站得長久到把他們從目前倒霉的狀態中打救出來。我並不是在與這些

人攀談。另外還有一些人，他們指望得到一種共和式的政府，把它看作現代社會每天都受時代理想和生活方式催逼而去建立的長治久安的國家，而且他們眞誠地願意敎育人們去獲得自由。當這些人攻擊宗敎見解時，他們是服從自己的激情，而不是服從自己利益的指揮。專制可以不要信仰而進行統治，自由卻不行。宗敎在他們用燦爛的彩色建立的共和國中，遠比他們攻擊的君主國中更不可少。宗敎在民主共和國中，比在其他任何國家中更加需要。當政治羈絆鬆弛而道德羈絆又不曾隨之增加時，社會怎能免於毀滅呢？一個民族自己作主時，如果不服從上帝，又能拿他們怎麼辦呢？

使宗敎在美國強大的一些主要因素

美國人對政敎分離之注意——法律，輿論，甚至敎士的努力，都共謀達到此一目的——宗敎在美國對人心的影響應歸功於這個因素——其理安在——什麼是目前人們在宗敎上所處的自然狀態——在某些國家中，是哪些特殊和偶然因素，阻止人們達到此種狀態

18世紀的哲學家，曾用一種非常簡單的方式解釋宗敎信仰的逐漸衰退。他們說，自由建立得越普遍，知識普及得越廣，宗敎熱情便必然會消滅。不幸的是，事實與他們的理論絕不相符。在歐洲，有些國家的人之沒有信仰，正好與他們的無知和墮落相等。而在世界最自由和最有知識的國家之一的美國，人們卻熱烈地履行宗敎的一切外在義務。

當我到達美國時，該國的宗敎外表是令我注意的第一件東西。而我在該國逗留得越久，對於這種新事態在政治上的強大影響，也就看得越多。在法國，我差不多總是看見宗敎精神與自由精神背道而馳。可是在美國，我卻發現兩者緊密團結，共同統治著同一個國家。我想找出造成此種現象原因的願望與日俱增。爲了滿足這個願望，我向所有不同敎派的成員提出詢問。我特別找神職人員的社團，因爲他們是傳佈不同敎義，而且特別關心自己敎義能夠持久的人。由於我本身是羅馬天主敎敎徒，我特別與該敎的幾位敎士接觸來往。我對這些敎士的每一個，都談到了我的驚訝，說明了我的不解之處。我發現，他們僅僅在問題的細節上看法不一。他們全都把宗敎在他們國內的和平得勢，主要歸因於政敎分離。我不妨斷言，當我逗留在美國的期間，我未曾遇到過一個人，不

論是教士還是俗人，在這個問題上不是抱著同一見解。

　　這種情形引導我比以前更專心地去考察美國教士在政界所佔據的地位。我吃驚地發覺，他們不充任任何公職；我不曾見過他們有一個人在政府裡面；他們甚至在立法議會中也沒有代表。在若干州中，法律排除他們參加政治生活，輿論更是在所有的州中都排斥他們干政。而探詢教士本身對此問題的看法時，我發現，大多數神職人員彷彿都自願不去握權，他們以不從政作為自己這一行的榮譽。

　　我聽見他們痛罵野心和奸詐，不論這些惡習可能潛藏在何種政治見解之下。可是，我從他們的講道中得悉，在上帝看來，不會因真誠宣稱任何有關政治管理的見解而有罪，一如他們不會因蓋錯了一座房屋或犁錯了一條犁溝而有罪一樣。我發覺這些傳教士像關切私人利益一樣，急著避開一切黨派。這些事實使我確信，別人告訴我的話都是真的。於是，調查這些事的成因，探究何以宗教權威竟因一些削減它表面力量的事態反而增加，便成為我的目標了。而這些成因，不久也就沒有逃出我的研究。

　　60年的短暫光陰，決不能滿足人的想像。這個世界不完美的歡樂，也不能使他心滿意足。在一切創造物中，唯獨人對生存表現出天然鄙視，卻又具有一種無限的貪生慾望。他瞧不起生命，卻又害怕滅亡。這些不同的情感，不明地促他凝想未來狀態，而宗教則將它的沉思引向該處。這樣看來，宗教僅僅是希望的另一方式，其對人心的自然，不亞於希望的本身。人們拋棄宗教信仰，精神不能不感到一種錯亂，真正的天性不能不經受狂熱的紛擾。他們無法可想，只好恢復更虔誠的感情。毫無信仰是偶然的，信仰才是人類經常的狀態。假如我們僅僅從人的觀點來考慮宗教信仰，宗教信仰可說從人本身取得一種用之不竭的力量要素，因為它們屬於構成人性的元素之一。

　　我知道，在某些時代，宗教可藉助於法律的人為力量，以及那些指導社會的塵世制度，去增加這種原來從它本身產生出來的影響力。大家都知道，宗教曾與人世上的政府緊密團結，以施展建立在恐怖和信心上的最高權力。可是，當宗教締結這種性質的聯盟時，我毫不猶豫地斷言，它犯了人為了眼前福利而犧牲未來的那同一種錯誤。在獲得它無權擁有的權力時，它是在拿正當地屬它本身的權威去冒險。當宗教把它的帝國建立於活在每個人心中要求不朽的願望上時，它可以希望具有普天之下的統治權。但是，當它與一個政府連接時，它就只好採取一些僅能

應用於某些國家的準則了。所以，宗教與一個政權建立聯盟，增大了它對少數人的權威，卻失去了它支配一切人的希望。

只要宗教一天依賴那些安慰一切不幸的事情，它便一天有可能吸引全人類的愛好。但是，如果它與世界上辛酸的激情廝混在一起，它便可能被迫去維護它的利益所給予它，而不是愛的原則所給予它的那些盟友了。再不然，宗教就是把那些不論怎樣反對與它聯盟的權力，卻仍然皈依它的人斥為敵手。教會要分享國家的塵世與權力，不能不成為後者所煽起的仇恨的一部分目標。

看上去建立得最鞏固的一些政治權力，其存在的期限也不會比一代人的見解、當時的利益或一個人的生命更久遠。法律可以變更彷彿最牢固和確定的社會條件；而隨著社會條件，其他一切都必須改變。社會的權力，像我們消磨在世上的歲月一樣，多少都是短暫的；它們彼此迅速接替，有如人生中轉瞬即逝的愁慮。至今還從沒有一個政府，是建立在人心的不變氣質，或建立在不朽利益之上的。

有一些情感、癖好和慾望，在歷史上一切時期，都以同樣形式出現。宗教只要一天受它們支持，便一天可以不怕時間作難，或至少只能為另一宗教所毀滅。可是，當宗教依附現世利益時，它就變得幾乎像塵世權力一樣脆弱的東西了。宗教是所有權力中唯一能希望不朽的權力；但是如果它與那些朝生暮死的權力發生聯繫，它雖然分享那些權力的榮華富貴，卻可能隨單獨支持那些權力的激情而崩潰。宗教與政治權力締結的聯盟，對它本身必然麻煩重重，因為它並不需要靠那些政治權力幫助過活，而它給予它們的幫助卻可能導致自己滅亡。

我剛指出的危險始終都是存在的，但並非永遠能夠同樣看清。有些時代，政府彷彿不滅。另一些時代，社會的生存又似乎比人的生命還要岌岌可危。有些政體讓公民處於昏睡狀態，另一些政體則令他們熱烈興奮。當政府彷彿十分強大，法律好像十分穩定時，人們並未察覺政教聯合可能產生的危險。當政府顯得虛弱，法律顯得不定時，危險是有目共睹的，但已來不及避免了。因此，我們必須學會即早察覺危險。

隨著一個國家的社會狀況趨於民主，以及社會本身日益走向共和，把政教制度聯合在一起，便會越來越危險。因為權柄相互傳授，政治理論彼此相承，人物、法律和制度天天都會消失或改變的時代正在來臨。不僅一季如此，而且將永遠如此。運動和變化不息，是民主共和國固有的本性，正如停滯和昏睡是專制君主國的定則一樣。

　　美國人每四年改換一次政府首腦，每兩年選舉一次新立法者。每隔十二個月重新任命一次州官員，把政界交給了革新者去作種種嘗試。假如他們不曾把宗教放在那些革新家鞭長莫及的地位，他們在人們意見紛紜時能夠據守什麼呢？在派系鬥爭中，那種對宗教應有的尊重將會存在於何處呢？而在普遍衰亡中，宗教的不朽又會變成什麼樣呢？美國的神職人員最早發覺這個眞理，並照之而行。他們看出，如果要競取政治權力，他們就必須放棄自己宗教的影響力。結果，他們寧願不要政權支持，而分享國家盛衰的苦樂。

　　在美國，宗教也許不如它早先在某些時期和某些國家中的強大，可是它的影響力卻更爲持久。宗教只用本身所有的一些方法來產生影響力，但這些方法卻沒有人能剝奪。它的圈子是有限的，但它卻盛行於其中，並牢牢地控制著這個圈子。

　　我們在歐洲，四面八方都聽見一些聲音，抱怨缺乏宗教信仰，追問有什麼辦法可使宗教恢復它先前殘剩的一點權威。在我看來，我們首先應當仔細考慮，目前在宗教方面，人的自然狀態應當是什麼。當我們知道有什麼可以希望、有什麼可以害怕時，我們才可能看出我們所應努力達到的目標。

　　威脅宗教生存的兩大危險，是教派的分立和大眾的冷漠。在信心熾烈的時代，人們有時拋棄他們的宗教，但他們擺脫一種宗教的目的，在於信奉另一宗教。他們的信仰改換了目標，卻並沒有低落。那時，舊的宗教在西方不是激起熱烈愛慕便是挑起尖刻敵意。有些人怒氣沖沖地離開它，另一些人卻懷著增強了的信心皈依它。雖然信仰目標不同，不信教的事卻是聞所未聞。然而，當宗教信仰暗中被一些可稱爲否定的學說所敗壞時，情形卻不是這樣了。那些學說之可稱爲否定，因爲他們否認了一個宗教的眞理，卻不曾肯定另一宗教的眞理。這時，人類心靈便在沒有激情的協助、而且幾乎不爲他自己所知的情況下，發生了巨大的變革。人們就像忘懷似的，喪失了一些他們最心愛的希望目標。他們爲一股不可察覺的洪流席捲，沒有勇氣堵擋，只有惋惜地隨波逐流，因爲那股洪流將他們從他們喜愛的信仰，沖到了一片把他們投入絕望的懷疑。

　　在合乎此種描述的時代，人們背棄他們的宗教見解，與其說是出乎厭惡，不如說是由於冷漠。他們並不是被革出教門，而是變節了。但是，不信教的人雖不承認宗教是眞的，卻依然認爲宗教有用。從人生方面看待宗教信仰，他承認宗教信仰對生活方式和立法的影響。他承認宗

教信仰可能有助於使人和平地過活、安詳地等死。他為他所喪失的信仰抱憾；由於他被剝奪了一筆他知其價值的財產，他怕從那些仍然保有那筆財產的人手中把那筆財產拿走。

另一方面，那些繼續信教的人，則並不害怕公開承認他們的信仰。他們把不具他們信念的人，與其說看成敵對者，不如說看成值得惋惜的人。他們知道，要取得不信教人的尊敬，並不一定非效法那些人的榜樣不可。這樣，他們對世界上的任何人便都不敵視。由於他們並不認為他們生活的社會乃是一座宗教必須在其中面臨它無數死敵的競技場，他們一面譴責同代人的弱點，悲嘆他們的錯誤，一面卻喜愛他們的同代人。

既然不信教的人隱藏起他們的懷疑，而信教的人又表白出他們的信仰，輿論便宣告自己贊成宗教：熱愛、支持和榮譽都給與了它。我們只有在檢查人類的心靈時，才能查出它曾受到的傷害。永遠不會沒有宗教情感的人類大眾，並不覺得有任何東西與既成信仰不一致。盼待來世生活的本能願望，把大眾帶到了聖壇周圍，使人們把心敞開來接受宗教的教訓和安慰。

但是這幅圖景卻不能適用於我們法國，因為我們中間已有一些人不再信仰基督教，而又不曾採納任何別的宗教。另一些人卻處於疑惑的混亂中，裝出不信教的樣子。還有一些人，則害怕公開宣示他們暗中仍然懷抱的基督教信仰。

在這些冷淡的信徒和熱烈的反對者中，有少數信仰者存在。他們隨時都不顧一切障礙，不怕一切危險，去保衛他們的信仰。他們為了高出輿論一頭，粗暴地對待人類弱點。他們為自己的努力所激動，簡直不知該在何處停止。由於他們知道，當初法國人用以取得獨立的方法首先就是攻擊宗教，他們滿懷恐怖地看著他們同時代的人，驚愕地從他們公民同胞竭力想獲得的自由中退縮回來。由於不信宗教在他們看來是一件新奇的事，他們對一切新穎東西都不分青紅皂白地統統加以仇視。他們與他們的時代和國家處於作戰狀態。他們把國內提出的每一種見解，都看成信仰的敵人。

這並不是今天人們在宗教方面的自然狀態。某種不平常的或偶然的因素必定在法國起作用，阻撓人類頭腦按其天然的愛好發展，驅使它越出應當自然停止的界線。

我十分確信，這個不平常的偶然因素，正是政教的密切聯繫。歐洲不信宗教的人之攻擊基督徒，與其說是把基督徒當作宗教的敵人，不如

說是把他們當作政治的對手。他們仇視宗教信仰，出於它是一個派別意見之處，多過出於它是一種錯誤信仰之處。而他們之排斥教士，因爲教士是上帝的代表，卻不如因爲教士乃政府的盟友之甚。

在歐洲，基督教一直與塵世權力密切聯合。那些權力現已衰微，而基督教則彷彿被埋在它們的廢墟底下。宗教的活的身體，彷彿一直被腐朽的國家屍體壓在底下；只要割除約束它的那些羈絆，它就會重新站起來。我不知道什麼能使歐洲基督教恢復早年的精力；那個權力是單獨屬於上帝，但是，人類的政策卻可以任信仰充分施展它仍然保有的力量。

美國人的教育、習慣和實際經驗，如何
促進他們民主制度的成功

所謂美國人民的教育，應作何理解——人心在美國所受的教導，比在歐洲所受的教導更膚淺——沒有人全未受過教育——其理安在——即使在西部半開化的各州中，輿論也普及得很迅速——實際經驗對於美國人，比書本學問更有用

關於美國人的教育和習慣對他們政治制度之維持所施展的影響，我只有極少可以補充之處。

迄今爲止，美國產生的著名作家，非常之少。它沒有偉大的歷史家，而且連一個傑出的詩人也沒有。該國的居民，用不大贊成的眼光，看待應正式稱爲文學的東西。歐洲有一些次要城鎮，每年出版的書籍都要比美國24州合起來所出版的多。美國人的精神討厭籠統觀念，他們不求獲得理論發現。政治或工業，都不引導他們作此種考察。雖然美國不斷地在訂立新法律，但迄今爲止卻不曾有一個偉大作家去探究立法的一般原則。美國人有律師和評論家，卻沒有法學家。他們寧願對世界提供教訓而不提供範例。同樣的觀察，也可以用於工藝。在美國，歐洲的發明都被賢明地採納。這些發明，被弄得更加完善，而且被值得欽佩的技巧改得更合全國需要。美國有製造業存在，但製造的科學卻不曾得到培養。他們有良好的工匠，卻很少有發明家。富爾頓不得不爲外國服務了很長的一段時間，才能專心爲祖國效勞。

想對盎格魯－美國人的教育狀態形成一得之見的觀察家，必須從兩個不同的觀點來考慮這同一問題。假如他單挑有學問的人，他會吃驚地發現美國有學問的人何其稀少。可是，如果他把無知者也算進去，美國

人民將顯得是世界上最有知識的人，像我在本書另一處說過的一樣，美國的全人口處在這兩極之間。

在新英格蘭，每個公民都得到了人類知識的基本觀念。而且，他還學到他的宗教的學說和論據、本國歷史，以及本國憲法的一些主要特色。在康乃狄格州和麻薩諸塞州，難得找到一個人對這些事不大熟悉。而要找到一個對這些事全然無知的人，那就有點像奇事了。

當我把希臘羅馬那些共和國與美國各州拿來比較比較，把前者的手抄本圖書館和它們的無教育的人口與後者的無數刊物和有知識的人民拿來對比，當我回想起人們藉助那些古代共和國來評判現代共和國所作過的一切努力，而從兩千年前發生過的事來推斷我們時代將發生的事時，我真想把我的書燒掉，以便除了使用新奇觀念以外不用別的觀念來描述這樣新奇的一個社會狀態。

不過，我所談到的新英格蘭的情形，不能毫無差別地用於整個聯邦。當我們朝西部或南部前進時，人們的教育減少了。在鄰近墨西哥灣的那些州中，像在法國一樣，可以找到一定數量的人，他們連最起碼的教育也不曾受過。可是，在美國，由於一條非常簡單的理由，卻沒有一個區域陷於全然無知。歐洲各國是從一種野蠻狀態的黑暗中朝文明之光前進的，它們的進度一向很不平衡；有些進展神速，有些則耽擱於途，有的則停頓下來仍在路上睡覺。

美國的情形卻不是如此。盎格魯－美國人本來已經開化，他們在子孫將佔據的領土上安頓下來，不用從頭學起，而原先學過的東西也不至於忘記。現在，這同一些美國人的兒女，正是年復一年把他們的居所搬進荒野的人。而隨著居所，他們也帶去了他們已取得的見聞和對知識的敬重。教育曾教給他們教導的功用，使他們能把那種教導傳給後代。因此，美國的社會沒有搖籃時期，它在建立時就已經是成年。

美國人從不使用農民個字眼，因為他們對該名詞所表示的那個階級全無概念。比較遙遠時代的愚昧，鄉村生活的簡樸，以及村民的粗魯，都不曾在他們中間保存下來。而他們對文明早期階段的那些德行、惡習、鄙俗的習慣和簡單的禮節，則一樣毫無所知。在聯邦各州邊界的極限地帶，在社會和曠野的交界之處，有一批由大膽冒險家構成的居民在當地安家落戶。他們為逃避在家鄉等待他們的貧困而深入美國林區的荒地，想在該處覓得一塊鄉土。只要拓荒者到達一個可供他安身的地點，他立刻砍倒一些樹木，蓋起一座木屋。再沒有比這些孤零零的居所，更

使人感到淒涼了。旅行者在黑幕降臨前走近這樣一座木屋，看見爐灶中的火焰從牆縫中忽明忽暗地閃現。而在夜間，如果颳起了風，他會聽見用樹枝紮成的屋頂，在大森林中搖來晃去。誰會不以爲這座可憐的小屋是粗魯和愚昧的收容所呢？然而，拓荒者與他藏身的住所，卻找不出任何一種相似之處。他周圍的一切都是原始和粗野的，但他本人卻是19世紀勞苦和經驗的產兒。他穿著城市的衣服，講著城市的語言。他熟知過去，對未來好奇，而且隨時都可以爲目前辯論。簡單地說，他是一個文明程度很高的人，答應到森林地帶去住一段時間。而他帶著一本聖經、一把斧頭和一些報紙，就深入了新世界的荒原。思想在這些野地上傳播的那種神速，是很難想像的。我不相信法國最有知識和人口最多的區域，有這樣多的知識活動存在。

無可懷疑，在美國中，人民的教育對民主共和大有支持。而且，在啓迪智力的教育和匡正人心的道德感化不相分離的地方，我相信情形永遠都定會如此。但是，我不願誇大這種有利之處。而且，我遠不像歐洲那麼多人一樣，以爲只要教會人們讀書寫字，人們就即刻能夠成爲公民。眞實的見聞，主要得自經驗。假使美國人當初不曾逐漸習慣於管理自己，他們的書本學問今天也不會對他們有多大幫助。

我曾與美國人一道生活過。我簡直無法表達我是多麼敬佩他們的經驗和良知。永遠不要引一個美國人去談論歐洲，因爲那時他多半會表現得非常自大和顯出十分愚蠢的驕傲；他會發表一些在全世界都只能唬住無知人的淺薄和曖昧的想法。但是，假如你問到他自己的國家，那麼，使他智力昏庸的那層迷霧立刻便會煙消雲散。他的言語將與他的思想變得一樣明晰而又準確。他將告訴你，你的權利是藉一些什麼手段而行使的，他將能夠指出政界有的那些風俗習慣。你將發現他對行政的種種規則十分熟悉，而且他很懂得法律的結構。美國的公民，並非從書本上獲得實用科學和實在觀念，他所受的教導，也許使他有準備去接受那些觀念，卻不曾提供給他那些觀念。美國人是靠參與立法行動而懂法律的；他從統治中學習了行政方式。社會的工作，永遠在他們眼前，甚至彷彿就在他的手下進行。

在美國，政治是教育的結果和目的。在歐洲，教育的首要目標，卻在使人能處理私人生活。公民之干預公務，是太稀有的事，不用事先加以教導。隨便看一眼兩半球的社會，這些區別甚至在它們的外表上都顯示出來。

我們在歐洲常把私生活的一些觀念和習慣用到公務中去。當我們一下子從家庭圈子走進國務的管理，別人時常可能聽見我們用朋友間交談的方式討論社會的重大利益。美國人則相反，把公共生活的一些習慣移入了他們私人的生活。在他們的國家裡，陪審制度被用進了學童們的遊戲，而在慶典儀式上則可以看到代議制。

法律比物質環境更有助於在美國維持民主共和，風俗習慣又比法律猶有過之

美洲所有國家的社會都處於民主狀態——但民主制度僅在盎格魯－美國人中才得到支持——南美西班牙人與盎格魯－美國人一樣得益於物質因素，卻不能維持民主共和國——採用了美國憲法的墨西哥處於同一苦境——西部的盎格魯－美國人維持這種制度，也不如東部盎格魯－美國人——造成這些差別的原因

我已談到，美國之能維持民主制度，應歸因於該國的環境、法律和風俗習慣。大多數歐洲人只知道這三個因素中的第一個，而且總是易於給它一種它實際並不具有的壓倒的重要性。

不錯，盎格魯－美國人當初是以一種社會平等的狀態移居到新世界的。他們中間，找不到出身微賤的人和貴族。行業的偏見與門第的偏見，一樣不爲人所知。這樣，由於社會狀況是民主的，民主統治就毫不困難地建立了。但是，這種情形並非美國所特有。幾乎所有的美洲殖民地，當初都是由彼此平等，或因遷居到那些殖民地上而變得平等的人建立的。歐洲人在新世界的任何地帶，都沒能夠建立起一個貴族政體。不過，話雖如此，民主制度卻除了在美國，在任何地方都不曾昌盛。

美國聯邦沒有需要對抗的敵人；它像海洋中的島嶼一樣屹立在荒野中。不過南美洲的西班牙人被自然孤立起來的情形，也不亞於此；但他們的地位並沒有使他們免於維持常備軍。當它們沒有外敵需要對抗時，它們卻彼此作戰；而盎格魯－美國人的民主政體，則是迄今爲止唯一能在和平中自立的民主政體。

聯邦的領土爲人類活動呈現了一片無邊無際的園地，爲勤勞提供了取用不竭的物資。發財的慾望，代替了野心；而黨爭的熾烈，則爲繁榮的意識所減輕。可是，我們在地球上的哪一部分，能找到比南美洲更肥沃的平原，更偉大的河流，或更不曾爲人開採和取用不竭的富源呢？然

而，南美洲卻一直不能維持民主制度。假如各國的幸福有賴於處在邊遠地帶，而面前又有無限廣闊的可居住的領土，那麼，南美洲的西班牙人本不會有理由埋怨他們的命運。儘管他們享受的繁榮可能比美國居民差一些，他們的命運依然會好得引起歐洲某些國家的忌妒。可是，世上卻再沒有一個國家，比南美那些國家更悲慘了。

可見，物質因素不僅未足以在南美產生出那些類似在北美產生的效果，而且還未能把南美居民提升到高出歐洲各國的水平。在歐洲，物質因素的作法正好相反。因此，物質因素對各國命運具有的影響，並不像人們一向以為的那麼重大。

我在新英格蘭遇見過一些人，他們正要離開自己原可留下來過優裕生活的鄉土，而到荒野中去碰運氣。離那個地區不遠，我在加拿大則發現了一群法國居民，雖然近處有同一荒野，他們卻密密地擠在一塊狹小的領土上。當來自美國的移民用短期勞動收入買進一大片地產時，加拿人卻付出可能在法國一樣多的錢去買一塊地。所以，大自然同樣把新世界的荒野給了歐洲人，但他們卻不是始終都知道怎樣去使用大自然的禮物。美洲的其他居民，具有與盎格魯－美國人一樣繁榮的物質條件，卻沒有盎格魯風－美國人的法律和風俗習慣。而這些人的處境，則是悲慘的。因此，盎格魯－美國人的法律和風俗習慣乃是使他們偉大的特別和壓倒的因素，而這也正是我所要探索的對象。

我在這裡絕非假定美國法律都是出類拔萃地良好。我並不以為美國法律能應用於一切民主國家；在我看來，這些法律中有幾條甚至在美國中也很危險。但是不可否認，整個說來，美國立法極其適應它所打算管理的人民的天才和國家的性質。因此，美國法律是良好的，而美國民主政府所獲得的成功，有一大部分應歸功於它們。不過，我也不相信美國法律是該項成功的首要因素。假如我覺得美國法律比物質環境對美國人的社會幸福更有影響，那麼，我還有理由相信法律的影響不如美國人民風俗習慣所產生的影響來得大。

聯邦法律無疑構成了美國立法最重要的部分。墨西哥座落的位置，其有利性不亞於美國；該國也採取了與美國同樣的這些法律，可是卻不能使自己習慣於民主政府。因此，除了物質的環境和特殊的法律以外，還有一些別的因素在起作用，使民主能在美國統治。

另外，還可以引用一個更明顯的證據來證明這一點。聯邦領土上的居民，差不多都是同一祖先的後裔。他們說同一語言，用同一方式禮拜

上帝，受同一些物質因素的影響，也遵守同一些法律。那麼，他們之間所特有的種種區別是從何而來的呢？何以聯邦東部各州的共和政府會顯得既有活力又有條理，而且行事深思熟慮呢？它們又從何處得來那種給它們行動賦予特色的智慧和持久性呢？相反的，爲什麼在西部各州，社會卻彷彿受偶然性的支配呢？西部的公共事業，都是用一種紊亂方式，以及一種不能擔保持久的激烈或幾乎可說是狂熱的感情去管理的。

　　我不再拿盎格魯－美國人與外國比較，而以他們自己互相對比，並竭力發現他們何以如此不相像。從物質環境和立法差別引伸出來的種種特點，在此都被棄置一旁了。必須求助於某種別的因素，但除了人民的風俗習慣，另外又能有什麼因素呢？

　　盎格魯－美國人以民主制度管理得最久的是東部各州，而一些最有利於維持民主的思想，也是在那裡形成的。民主已逐漸滲入他們的習慣、見解和社交方式。在所有日常生活的細節上，一如在法律上，都可以找到它。東部各州，人民的書本教育和實際訓練已辦得無比完善，宗教已徹底與自由混合爲一。這些習慣、見解、俗套和信仰，如果不是我所稱爲的風俗習慣的東西，又是什麼呢？

　　相反，在西部各州，同樣的優點至今有一部分卻依然缺少。西部的美國人，有許多都出生在森林之中。他們把野蠻生活中的想法和習慣，與父兄的文明混合在一起。他們的激情更加強烈，宗教道德沒有那麼可靠，信念也不如前人堅定。居民對同胞不作任何控制，因爲他們彼此簡直不大認識。西部那些居民，多少有點像一個處在搖籃時期民族，缺乏經驗而且比較粗魯。因爲他們雖由一些舊的成分組成，究竟直到晚近才聚在一起。

　　這樣看來，美國人特有的風俗習慣，正是使他們能支持民主政府的獨特因素。盎格魯－美國人在各州建立的民主制度在細節和發展程度上有所差異，也正是風俗習慣的影響。所以，一國地理位置可能對民主制度之持久產生的影響，在歐洲是被誇大了。歸於立法的重要性過多，歸於風俗習慣的重要性則太少。這三個偉大因素，無疑都有助於調節和指導美國的民主。可是，如果依序排列，我應該說，物質環境不如法律有效，而法律的效力比起人民風俗習慣的效力來，則又要小得多。我確信，若違背一國的風俗習慣，縱有最佳的局面和最優良的法律，也無法去維繫一個政體。而一國的風俗習慣，則可能把最不利的地位，和最糟糕的法律，也變得略微有利。風俗習慣的重要性，是研究和經驗不斷提

醒我們注意的一項普遍眞理。它可被看作觀察範圍的中心點，也可被視
爲我全部探索的共同終結。我是那樣認眞地堅持這個要點。如果截至目
前爲止，我尙未能使讀者感到美國人的實際經驗、習慣和見解，亦即他
們的風俗習慣對維持他們制度所起的影響，那麼，我就還未達到我工作
的首要目標。

除了在美國，法律和風俗習慣在其他國家
究竟能否維持民主制度

盎格魯－美國人假使被移往歐洲，將不得不修改他們的法律—
—在民主制度與美國制度之間，應加區別——民主的法律，可
比美國已採取的法律構思得更好——或至少構思得不同——美
國的例證只在證明，有可能藉助風俗習慣和立法去制約民主

我已聲言，美國民主制度的成功，應歸功於法律和人民習慣之處，
多於應歸功於國家天然條件之處。但是，卻不能據此認爲，同樣一些因
素如放到別處去作用，將會產生同樣的結果。假如一國的自然條件不足
以代替法律和風俗習慣，法律和生活方式能依次在該國出現嗎？馬上就
會明白，答覆這個問題的要素是缺乏的：除了盎格魯－美國人以外，在
新世界還可以找到其他居民，這些居民像前者一樣受著同一些物質環境
的影響，他們是可以拿來公平地與美國相比的。可是，除了美國，雖沒
有一個國家缺少盎格魯－美國人特有的物質條件的優點，卻沒有一國曾
採取同樣一些法律和風俗習慣。因此，沒有比較的標準存在，我們只能
姑妄得出一種意見。

首先，依我看來，必須對美國制度與一般民主制度作一區別。當我
思索歐洲現況，想到歐洲強大的國家、人口眾多的城市、龐大的軍隊和
政治的複雜性時，我簡直不能想像，如果盎格魯－美國人帶著他們的觀
念、宗教和風俗習慣移居到我們的半球，但他們不對自己的法律作相當
改變，還能生存下去。如此看來，難道不能設想一個政府乃眞正建立在
多數意志之上，但這個多數又約束自己要求平等的天然本能，並爲了國
家的秩序和穩定，而同意把行政權的全部屬性都授與一個家族或一個人
嗎？難道不可以設想，一個民主社會，其中國家權力比在美國還要集
中，其中人民對公務施展著一種比較不那樣直接和不可抗拒的影響，而
每個公民又擁有某些權利，能在他的範圍內參與政務的處理嗎？我在盎

格魯－美國人中看到的情形，誘使我相信，審慎地將這種民主制用於一個社會，使之逐漸與人民習慣混合，逐漸滲入人民見解，這種民主制度除了在美國，也可能在其他國家存在。假如美國的法律真是唯一能想像出來的法律，或可能設計出來的最完善的法律，我只好承認它們在美國的成功，並不證明一般民主制度能在一個自然條件較差的國家取得成功。但是，由於美國法律在我看來有幾方面還有缺點，由於我已能想像另一些更好的法律，該國所特有的優點便不曾向我證明：如果以較優良的法律從事管理，民主制度也不能在環境較差的國家裡取得成功。

　　假如美國的人性與別處的人性不同，或者假如美國的社會條件在美國人當中所創造出來的習慣和見解與同樣社會條件在舊世界中所產生的習慣和見解有別，那麼，美國的民主便不會提出任何方法來使人藉以預測其他民主國家可能發生的情形。假如美國人像所有其他民主國家一樣顯示出同一些癖性，而且假如他們的立法者曾依靠國家的天然條件和環境的優點去把那些癖性約束在應有範圍之內，那麼，應純然歸因於物質因素的美國的繁榮，對於願意仿效他們例證卻又不具有他們天然優點的民族，便不會提供任何鼓勵了。可是，這些假定，並沒有一個曾得到事實的支持。

　　在美國，可以遇到像在歐洲遇到的同樣一些激情，有的來自人性，有的則由社會的民主狀況所引起。我在美國曾發現人心的急躁不安，那是在所有等級都近乎平等，而升遷機會對一切人都相等時，人們自然會有的情形。我在該處發現，民主的忌妒感情，以許許多多不同形式出現。我曾說過，該處的人，常在處事中表現出一種既無知又專橫的態度，而且我曾推言，在美國也像在法國一樣，人們同樣會遭到失敗、染上惡習。可是，在更專心地考察社會狀況時，我卻很快又發覺，美國人曾作過一些偉大而有效的努力，去抵制人性不完備的地方，並糾正民主的天然缺陷。我覺得，他們各式各樣的市政法律，是許許多多的手段，把公民不安的野心約束在一個狹小範圍之內，並使那同一些本來可能在國內進行破壞的激情轉為鄉鎮或教區謀福利。美國的立法者，在用權利觀念去反對忌妒感情上，在用宗教道德的不變性去對抗政治的經常變遷上，在用人們的經驗去彌補他們對理論的無知上，在用人們商業的實際知識去克服他們慾望的急躁上，似乎多少取得了成功。

　　這樣看來，美國人並未依靠他們國家的天然條件，去沖淡那些從他們憲法和政治法律中產生出來的危險。對於一切民主國家共有的弊端，

他們應用了一些除他們自己誰都不曾想到的補救辦法。而且，他們雖是第一個作此實驗的人，他們卻實驗成功了。美國人的生活方式和法律，並非唯一適合民主民族的生活方式和法律；不過美國人卻表明，放棄希望，不藉助風俗習慣和法律去調節民主，將是錯誤的。假如其他國家從美國人借用了這個普遍然而意味深長的觀念，卻不仿照他們使用那個觀念的特殊方式，假如他們打算採取上帝旨意彷彿命定他們時代的人採用的那種社會狀況，以便逃避威脅著他們的專制或無政府狀態，又有什麼理由假定他們的努力一定不會圓滿功成呢？在基督教世界中組織和建立民主政體，乃是我們這個時代的偉大政治問題。美國人無疑還未解決這個問題。但他們對那些從事解決該問題的人，卻提供了有用的資料。

已發生的事對歐洲國家的重要性

我所以要在前面作這些探索的意圖，讀者很快就能發覺。此處所討論的問題，不只是與美國利害相涉，而且與全世界利害相涉。它不僅關係一國，而且關係整個人類。假使那些具有民主社會狀況的國家，只能在它們住在未經開發的地區時才能保持自由，我們對人類未來的命運只好絕望。因為民主正在迅速地取得更廣泛的支配權，而荒野則已逐漸有人居住。如果法律和風俗習慣真不足以維持民主制度，除了獨夫的專制，還有什麼避難所仍對各國開放呢？我知道，現時有許多可尊敬的人，他們對這兩者中必取得其一的抉擇並不驚慌，而且他們已對自由十分厭倦，樂於遠離自由風暴而去安息。但是，這些人對他們正要前去的歇息所，並不熟知。他們受記憶的支配，先入為主，所以用專制權力過去的樣子，而不用它在我們時代可能變成的樣子，去評判它。

假如專制權力在歐洲民主國家中重新建立，我確信它會採取一種新的形式，顯出一些我們祖先所不知道的特色。有個時期，法律和人民的同意，曾在歐洲授與國王們無限的權柄，但這些國王很少加以利用。我不談貴族的特權、高級法院的權柄、那些自治體和它們的特許權利，也不談各省的特惠。這些東西，都有助於挫敗國王權力的打擊，而在全國保持一種反抗精神。這些政治制度，不論可能怎樣妨礙個人自由，卻有助於使自由的愛好繼續活在人們心中，而且在這方面可被視為有用。但是，除卻這些政治制度，全國的生活方式和輿論，也把皇權限制在一些障壁之內。這些生活方式和輿論，並不因其不那樣惹人注意，而就力量

差些。宗教、人民的喜好、君主的仁愛、榮譽感、家族驕傲、地方偏見、風俗習慣和輿論，都限制了國家權力，而把它們的權威局限在一個肉眼看不見的圈子裡。當時，國家政體是專制的，但風俗習慣卻是自由的。國王擁有權利，卻既無辦法也不打算去隨心所欲地行事。

可是，先前阻止暴政的那些藩籬，而今又安在呢？從那以後，宗教已喪失它在人們心靈中的帝國。區分善惡的最顯著界標，已被推翻。在道德界中，一切都彷彿可疑和存而待決。君主和國家，都受偶然指導而見機行事。誰也不能道出，專制和放肆的天然界限是在何處。長期革命已將人們對國家統治者所抱的尊敬永遠摧毀。從此，統治者已不消再去取得公眾的尊敬。而君主今後也可以毫無恐懼地陶醉在專斷權力中了。

當國王發現臣民心向他們時，他們是寬厚仁慈的，因為他們意識到自己有力量。他們留心去取得人民喜愛，因為人民的喜愛乃是王權的堡壘。這時，君主和人民之間便發生了一種彼此親善的關係，就像家庭生活中的禮尚往來一樣。老百姓對君主的法令可能嘖有煩言，卻不願使君主不快。而君主則用帶有父母之情的手，從輕去處罰他的臣民。

可是，當王權的迷惑力一旦在革命的紛亂中被人打破，當一個個國王相繼登上王座，接連向人民顯示出他們權利的弱點和力量的殘暴，君王便不再被人視為國家之父，而只為眾人當作主子畏懼了。假使他軟弱，他就令人鄙視；假使他強大，他便遭人憎惡。他本人充滿了仇恨和恐慌。他發現，他在本國形同外人。而他對待臣民，則有如對待被征服的敵人一樣。

當各省各城在它們的國家中形成如此之多的不同小國時，它們都各有自己的意志，這種意志是與一般的服從精神相對立的。可是，同一帝國所有的地帶，在喪失了它們的豁免權以後，它們的風俗習慣、偏見和傳統，甚至它們的名望，已習慣於服從同一些法律。這時要把它們聚在一起，施以壓迫，並不比先前分別壓迫它們更有困難。

當貴族享有他們的權力時，貴族政體的體面授與了他們個人的反對者以一種莫大力量。真的，甚至在貴族權力喪失很久以後，情形也依然如此。那時，可以找到一些人，不論他們如何軟弱，他們個人的優點依然享有很高評價，他們敢單槍匹馬地去對付公眾的權威。可是，今天，當一切等級越來越無區別時，當個人已消失在人叢之中並易於像大眾一樣落入默默無聞的狀態時，當君主政體的榮譽已差不多喪失它的力量而又不曾為德行所接替時，當沒有東西能使人出人頭地時，誰能說權力的

施展和弱者的順從將到哪一點才能停止呢？

　　只要家族感情活著一天，反對壓迫的人便一天不是孤立的。他環顧周圍，可以發現他的侍從、世交和親戚。假如缺少這種支持，他還覺得自己有祖先作後盾，而他的後代則使他生氣蓬勃。可是，當世襲地產分散，當幾年的時間就足以將種族的區別混淆時，又能到何處尋找家族感情呢？一個已經改變，並仍在不斷改變外貌的國家，其中暴政的每一舉動都已有先例，而每一罪行都已有一種典範，其中沒有一件古老的東西其古老程度能使其免於毀滅，也沒有一件史無前例的東西其新奇程度足以防止其完成，這樣一個國家的風俗習慣能有什麼力量呢？性格如此柔順並時常屈服的風俗習慣，又能提供什麼抵抗呢？當沒有20個人是由一條共同紐帶聯繫起來時，當沒有一個人、一個家族、一個具有特許狀的自治體、一個階級、一個自由機構具有權力去代表或行使公意時，當每一公民由於同等軟弱、貧窮和孤立，只有由本人的無能去反抗政府有組織的力量時，甚至公意，也能保有什麼力量呢？

　　法國歷史不曾提供任何類似該國當初可能被推翻的情形。不過，當人們生活方式腐化、傳統泯滅、習慣被毀、見解動搖、而自由又不容於法律並在國內無法存身時，當公民無所保障而又不能再保護自己時，當人性被人玩弄、君主先厭倦於上帝的仁慈又使臣民忍無可忍時，也許更易於以之與往古那些時代，以及羅馬那些可怕的壓迫時期相比。那些希望重振亨利四世或路易十四王國的人，依我看來，是患了神智不清的毛病。當我考慮到若干歐洲國家的現狀，考慮到這種其他國家都趨向的狀況時，我不禁相信，它們不久將不再有別的抉擇：不是只走向民主自由，便是走向獨裁暴政。

　　難道這一點不值得考慮嗎？假如人們真的必須來決定這個問題：究竟他們是要全盤解放還是要盡受奴役，究竟他們是要使所有權利歸於平等還是讓一切權利盡被剝奪，假如社會的統治者被迫不是要把群眾提高到他們自己的水平便是讓所有公民全墮落到人性水平之下，難道多數人不該把疑慮收起，不該使良心堅定，而且不該準備作重大犧牲嗎？在那種情形下，民主的生活方式和制度的漸次成長，就不應被視為維護自由的最好手段，而應被視為維護自由的唯一手段了。而且，姑不論民主式的政府如何，民主的生活方式和制度也可當作彌補社會目前弊病的最合適和最良好的藥方而加以採用。

　　要使人們參與政府的管理很難。可是，為了使他們管理得好，要供

給他們經驗，灌輸他們那種他們需要的感情，卻更加困難。我承認，民主的願望反覆無常，工具粗糙，法律又不完備。但是，如果在民主的統治和獨夫的專權之間，真的很快就沒有任何公正的中間之路可循，難道我們寧可自暴自棄地屈從後者，卻不傾向於前者嗎？而且，假使我們命定要變得完全平等，那麼，讓自由制度把我們拉平，不是比讓暴君把我們拉平更好嗎？

有些人讀過我的書以後，如果竟以為我寫此書的意圖，是在提出盎格魯－美國人的法律和風俗習慣以供所有民主社會仿效，他們就大錯特錯了。他們對我思想的外形，必然比對我的思想實質給了更多注意。我的目的，一直是想藉美國的例證來表明，法律、尤其是風俗習慣，可能容許一個民主的民族保持自由。但我絕非妄想，我們應遵照美國民主的榜樣，抄襲它用以達到此項目的的種種手段。因為我很明白，一個國家的自然條件和政治先例對其政體所起的影響。而且，倘若自由竟以同樣一些特色存在於全世界，我還會將之視為人類之大不幸呢。

可是，我卻認為，假如我們不卓有成效地漸次將民主制度引用到法國來，假如我們放棄希望，而不去把先能使公民有準備取得自由、隨後又能容許他們享有自由的那些觀念和情感灌輸給他們，那麼，不論是中產階級還是貴族，不論是窮人還是富人，大家都不會有獨立自主，而暴政則將統治所有的人。而且我預見，如果多數的和平統治不及時在我們當中建立，我們遲早將落於一個獨夫的無限權威之下。

第十章

住在美國領土上的三個種族的現狀
及其未來之大致情況

　　我所加於自己的主要工作現已做完：那就是，已盡我所能，說明了美國民主的法律和風俗習慣。我原可到此停筆；但是，讀者也許會覺得我還不曾滿足他的期望。

　　我們在美國發現的，並不限於一個專制和龐大的民主國。新世界的居民，可用不止一種觀點去看待。在本書寫作過程中，我的題目常引我談及印第安人和黑人。但我一直不曾得閒，以便說明這兩個種族在我描述的那個民主民族中所佔的地位。我已說明盎格魯－美國人的聯邦用何種精神和依據哪些法律組成。但我對於威脅該聯邦的危險，只作了匆忙而不完備的一瞥。而且，除去它的法律和生活方式以外，我對它繼續存在的可能性，也未能作一詳盡敘述。談到那美國的的共和制度時，我從未對該制度在新世界的運用隨便作過臆測。而在經常提及聯邦所盛行的商業活動時，我也未能探索美國人作為一個商業民族的未來情形。

　　這些題目都與我的主題附帶有關，卻不屬於我的主題的一部分。它們關乎美國人，卻與民主無涉；而描繪民主，則一直是我的主要目的。因此，當初擱置這些問題是必要的，現在我則用它們來作為本書適當的終結。

＊　　　　＊　　　　＊　　　　＊

　　現今為美國聯邦所佔有或聲稱據有的領土，從大西洋海岸一直延伸到太平洋海岸。在東面和西面，邊界是大陸本身。往南，幾乎伸展到熱帶；往上，則直達北部的冰區。

　　分佈在這塊空間內的人，不像在歐洲那樣，形成同一人種的許多分支。一眼看去，就可在他們中間發現三個天然有別，而且我幾乎可以說彼此敵視的種族。教育、法律以及他們的血統和外在特徵，在他們中間豎立起一些幾乎無法逾越的屏障。可是，天命把他們一齊放在一塊土地上。他們在該地混雜，卻沒有合併，各個種族還是分別按其命運過活。

　　在這些差別很大的人種中，第一個引起注意的，是在智力、權力和

享受上都最優越的白人，即歐洲人，或者可以稱之為傑出的人；其下則是黑人和印第安人。這兩個不幸的種族毫無共同之處，血統、外貌、語言和習慣都不相同。他們唯一相似之點，在於他們的不幸。他們在居住的國家裡，都同樣處於低劣地位，兩者都因暴政而吃苦。假如他們所受的虐待不一樣，那些虐待卻出自同一些人之手。

如果我們從世界發生的情形來推論，我們幾乎應該說，歐洲人之於人類其他種族，有如人的本身之於比較低下的動物。他使他們卑屈地為他所用，當他不能使他們服從時，他便將他們消滅。壓迫，一舉就幾乎剝奪了非洲人的全部人類特權。美國的黑人，連對本國的記憶都喪失了。他祖先所講的語言，在他周圍從未聽人用過。當他不再屬於非洲而又未曾取得要求歐洲特權的權利之時，他卻放棄了祖先的宗教，忘記了他們的風俗習慣。可是，他留在兩個社會的中途，在兩個種族之間孤立起來；他被一個賣掉，卻又為另一個所拒絕；除了主人屋頂提供遮蔽的那個家的模糊影像以外，他在宇宙間找不到一個可稱為鄉土的地點。

黑人沒有家庭；女人僅僅是男人尋樂的暫時伴侶。他的孩子從出生起，就與他立於平等地位。在某些州內，黑人看去彷彿對他極端悲慘的處境毫無知覺，而且對他不幸的根源幾乎具有一種卑鄙的愛好。這種情形，我是該將之稱為上帝慈悲的明證，還是該稱為上帝憤怒的天罰呢？黑人陷入了這種禍患的深淵，卻簡直不覺得自己災難的處境。暴力使他成為一個奴隸。而奴役的習慣，則給予了他奴隸的思想和願望。他羨慕他暴虐的主人多過於恨他們，並經由卑屈地模仿那些壓迫他的人而尋得歡樂和驕傲。他們智力墮落到與他的心靈一樣的水平。

黑人一出世，立刻就成了奴隸；不，他也許在娘胎中就被人購買，還沒有存在以前就做起了奴隸。他既無匱乏，也沒有享受，對自己毫無用途。他從生下來的最初一些念頭中，就學會懂得他是另一個人的財產。保全他的性命與那人利害有關，而照料這件事卻不歸他自己負責。在他看來，甚至思想的力量，也是上帝給他的一件無用的恩賜。於是，他只默默地享受他墮落狀態的一切特惠。

假使他獲得自由，獨立自主常被他覺得是一種比奴役還要重的負擔。因為，他在一生當中，已學會除了對理性，必須屈從一切。他對理性要求他服從於它的一切命令，太不習慣了。許許多多新的慾望纏繞著他。他既沒有必要的知識，也沒有必要的精力去反抗它們。這些才是他必須與之抗爭的主子，但他已學會只是屈膝和服從。一句話，他墮入了

這樣深的一個悲慘深淵，奴役把他當作禽獸看待，而自由則將他毀滅。

壓迫對印第安人所起的致命影響，一直不亞於對黑人，但其效果卻不相同。在白人到達新世界以前，北美的居民安安靜靜地住在森林裡，忍受著盛衰興亡的變遷，實行著野蠻民族所通有的德行和罪惡。歐洲人在擊潰印第安人以後，把他們趕入了荒野，判定他們過一種充滿不可言喻的痛苦的流浪生活。

野蠻民族只受意念和風俗習慣的支配。當北美印第安人喪失了對他們國家的依戀之情時，當他們家族分散、傳統泯滅、記憶連鎖被打斷時，當他們的一切習慣均已改變而需求又過度增加時，歐洲人的暴虐使他們比以前還要紊亂和更少文明。這些部落的道德和物質狀況不斷惡化，他們越是悲慘，也就變得越是野蠻。不過，歐洲人卻未能改變印第安人的性格。雖然他們有力量去毀滅，他們卻一直未能降服印第安人和使之開化。

黑人的命運被置於受奴役的極限，而印第安人的命運則處在最自由的邊緣。奴役對前者所發生的影響，並不比獨立不羈對後者所發生的影響來得致命。黑人喪盡了一切財產，連他自己在內。他不能賣掉自己而不犯一種欺詐之罪。可是，野人只要能行動，便是自己的主人。他不知道什麼叫做親權。他從來不曾對這一類權威屈從過自己的意志，也不明白自願服從與可恥屈服之間的區別。法律這個名稱，他向來都不知道的。自由在他，象徵著擺脫社會一切的鐐銬。由於他喜歡野蠻的獨立不羈，寧願消滅也不願犧牲絲毫的獨立，文明對他便沒有什麼支配之力。

黑人作了許許多多徒勞無功的努力，去巴結那些不理他的人。他順從他們的愛好，採納他們的見解，希望仿效他們而成為他們社會的一員。從幼年時代起別人就告訴他，他的種族天生低於白種人。他同意這種說法，並以自己的天性為恥。他在自己容貌的每一點上，都發現奴隸的形跡。如果他有那個力量，他真願消除使他成為他的每一件東西。

相反，印第安人卻在想像中因自己出身的虛假高貴而得意，並在這些傲慢的夢想中過活和死去了。他決不願使自己的習慣依從我們的習慣。他愛他的野蠻生活，將之作為自己種族顯著的標記，而且拒絕通向文明的一切進步。而他之所以要這樣做，出於對文明仇恨之處，也許不如出於怕與歐洲人相似之處之甚。當他除了依靠荒野沒有一件東西可用來與我們完美的技藝對抗時，當他除了蠻勇沒有別的辦法來對付我們的策略，當我們仔細斟酌過的計畫只遇到野蠻生活的自發本能時，如果他

在這場相差懸殊的鬥爭中失敗，又有誰會覺得奇怪呢？

黑人誠心希望自己的種族能與歐洲人的種族融混，可是做不到這一點。印第安人，本來多少可做到這一點，卻又不屑於作此打算。一個的奴性使之注定為奴，另一個的驕傲則使之死亡。

我記得，當我途經仍然掩蓋阿拉巴馬州的那些森林時，有一天，我來到一個拓荒者的木屋。我不想冒昧地進入那個美國人的住所，只在相距不遠的樹林中一條溪水旁歇息了一會。那地方，鄰近格里克印第安人聯盟所在。我正坐在那裡時，來了一個印第安女人，後面跟著一個黑人女人，手中抱著一個5、6歲大的白人小女孩。我猜想，那小女孩定是拓荒者的女兒。那個印第安女人，服飾有些粗野的浮華，鼻孔和耳朵上戴著金屬圈環，佩著玻璃珠的頭髮披散在雙肩上。我看出她還沒有結婚，因為她仍戴著貝殼項鍊，而那是新娘經常用來放在新床上的。那個黑人女人，則穿著一件骯髒的歐洲式長袍。她們三個人，都走來坐在小溪旁。年輕的印第安女人抱起孩子，像母親般對她愛撫備至。而那個黑人女人，卻使著種種不同的花招，竭力想逗小混血兒注意。那個小孩，在她最細微的姿態中，流露出一種優越感，剛好與她的幼稚和軟弱形成一個奇異對照，就像她是屈駕去接受同伴的注意似的。那個黑人女人，坐在女主人面前的地上，留神孩子最細微的願望，顯然一面對孩子抱著近乎母愛的感情，一面卻又懷著奴性的恐懼，不知應該怎麼辦才好。同時，那個野人在她的柔和中，則透出一副幾乎是兇猛的自由和傲慢神氣。我走近那一群人，默默地注視著她們。可是，我的好奇心，大概使那個印第安女人很不高興。因為她霍地站起來，粗魯地把身邊孩子一推，怒目看了我一眼，就馬上走進叢林中去了。

在同一地方，我常偶然看到住在北美的這三個種族的人聚在一起。我曾從許多不同的特性，察覺白人處於優越地位。但是，在我剛描繪的那幅圖畫中，卻有一種特別動人的東西，一種在此地將壓迫者和被壓迫者結合起來的感情聯繫。大自然為了把他們聚在一起而作的努力，使偏見和法律在他們中間設下的巨大距離顯得更加觸目。

住在聯邦領土上的印第安人的現狀及其未來大致情況

土生部落的逐漸消失——消失的方式——伴隨印第安人被迫遷徙而來的慘狀——北美野人只有兩條逃避毀滅之路，不是戰鬥

便是開化——他們已無力作戰——當初他們有力，何以拒絕開
化；現在他們想要開化，何以又不可能——格里克人和契羅基
人的例子——個別州對待這些印第安人的政策——聯邦政府的
政策

　　原先住在新英格蘭領土的印第安部落，如納拉甘塞特人、莫希干人
和皮科特人，除了在人的記憶中，已沒有一個存在。150年前在德拉瓦
河兩岸接待威廉・潘恩的勒納普人，已不見了。而我本身所遇到過最後
一個易洛魁人，則在討飯。我在前面提到的那些部族，當初曾佈滿全美
國，直到海岸。可是，今天的旅行者卻必須深入內陸100里格以上，才
能找到一個印第安人了。這些野蠻部落不僅遠走，而且已被消滅。由於
他們退讓或滅亡，一個人數日增的龐大民族，住滿了他們的地盤。在人
類史冊上，還找不出一個增長得如此巨大和毀滅得如此迅速的例證。後
一變化發生的方式，是不難描述的。

　　當印第安人是他們後來被逐出的那片荒野的唯一居民時，他們的需
求很少。他們的武器是自造的，他們唯一的飲料是溪水，他們的衣服由
獸皮做成，而野獸的肉則充作他們的食物。

　　歐洲人給北美野人傳入了火藥、燒酒和鐵；他們教會印第安人放棄
先前滿足他們的簡樸粗糙衣服，而改穿工業品。印第安人取得了新的愛
好，卻沒有滿足這些愛好的技巧，於是只好依賴白人的手藝。可是，要
換取白人的產品，這些野人除了他們樹林中仍很充裕的豐富獸皮以外，卻
提供不出任何東西。這樣，狩獵便成為必要了，不僅為了維持生活，而
也為了滿足歐洲人的無聊慾望。印第安人不再單純為了獲得食物，而且
也是為了取得能作為物物交換的物資而打獵了。土人的需求像這樣日
增，但他們的資源卻在不斷縮減。

　　從歐洲人移居地在印第安人領土附近建立的一刻起，獵捕的野獸就
受到了驚恐。當初，成千上萬的野人在森林中遊蕩，沒有固定住所，並
不曾驚動牠們。可是，一旦在鄰近地方聽到了歐洲人勞作的不斷聲響，
牠們便開始逃走，退避到西部去了。牠們的本能教會牠們，仍能在西部
找到廣大無邊的荒野。「野牛繼續不斷地在退卻，」克拉克和卡斯先生
在他們1829年的「報告」中說，「牠們走近阿利根尼山麓才不過是幾
年前的事，可是幾年之後，在一直伸展到落磯山脈的那些廣大平原上，
也難以見到牠們的蹤影了。」有人曾向我保證，白人臨近的這種影響，

常在離他們邊境200里格外的地方就被人感到。他們的影響，就像這樣施展在他們根本不知其名的部落上。而那些部落則在認識造成他們苦難的人以前，早就遭到冒名頂替者的禍患了。

大膽的冒險家很快就深入了印第安人拋棄的鄉野。當他們從白人邊境的前哨前進約 15 或 20 里格時，他們就在荒野中建築起文明人的住所。由於狩獵民族的領土地界劃得不準，這種情形毫無不費事就能完成。那片地是部落的公有財產，並不特別屬於某一個人，所以保護那片地的任何部分並不與個人利益相涉。

有幾家歐洲人佔據的地點，彼此相隔十分遼遠，很快便把留在他們住處中間的野獸趕跑了。印第安人先前生活得好像豐衣足食，這時卻發現難以維持生計，而要想獲得他們急需的以物易物的物品則格外困難。趕走他們的獵物，與使我們農人田地貧瘠的影響相同。他們被剝奪了生活之資，落得像餓狼一樣，悄悄在已被拋棄的樹林中來回捕捉野獸。他們對鄉土的本能的愛，使他們依戀自己出生之地，即使在那片土地除了痛苦和死亡再也不出產什麼，他們也流連不去。最後，他們終於被迫默從，離開故土了。他們跟著大角鹿、野牛和海狸的足跡前進，在選擇未來鄉土時受這些野獸的指引。因此，嚴格說來，攆走了美國土人的，並非歐洲人，而是飢荒，一件逃過了早先時代詭辯家的注意而我們近代的發現又深受其惠的可喜的殊勳！

這些被迫遷徙的人所受的可怕苦難，是不堪設想的。作這些遷徙的，是一個已筋疲力竭，衰弱不堪的民族。而這些人要去的那些鄉野，則已住著用妒意和敵視接待他們的其他部落。他們背後是飢餓，前面是戰爭，而苦難則從四面八方包圍著他們。為了逃避這樣多的敵人，他們分散開來了，每人用孤立的辦法悄悄去尋取謀生手段，像文明社會無家可歸的人一樣在廣大荒野中過活。災殃早已削弱社會的羈絆；這時，社會的羈絆更是瓦解了。他們已不再有一個國家，不久更將不成其為一個民族。他們本人的家族已經湮沒，姓氏已被遺忘，語言已經消滅，而他們起源的一切痕跡則盡已不見。除了在美國考古家和歐洲幾個有學問人的記憶中，他們的民族已經不再存在了。

1831年末，我在密士失必河左岸一個歐洲人稱作孟斐斯的地方。當時來了一大群查克陶人（路易西安那的法國人叫他們柴克托人）。這些野人離開故土，竭力想取得密士失必河右岸。他們希望尋一個美國政府答應給他們的避難所。那時正是仲冬嚴寒。雪在地上已凝得很硬，河裡

漂著龐大的冰塊。那些印第安人帶著家眷，後面還隨著一些傷者和病人，有新生的嬰兒，也有垂死的老人。他們既沒有帳篷，也沒有車輛，只有臂膀和一些食糧。我看見他們開始渡那條大河，那樣壯觀的場面將永不會從我的記憶中磨滅。在那群密集的人群中，聽不見哭喊，也聽不見抽泣，所有的人都默默不言。他們的災難自古已有，他們知道那些災難是無可避免的。那些印第安人全都走下了那艘要載著他們過渡的三桅帆船，但他們的狗卻依然留在岸上。當那些畜生發覺主人們終於已離岸時，立刻狂嘯亂吠起來，一齊跳進密士失必河的冰水，跟著船游去。

今天，對印第安人的驅逐，常以一種正規，而且彷彿合法的方式進行。當歐洲人口開始接近一個住著野蠻部落的荒野邊界時，美國政府通常會派遣一些使者。他們把印第安人召集到一大塊平地上，先與他們大吃大喝一通，然後這樣對他們說：「你們拿你們祖先的地幹什麼用？要不了多久，你們將只好靠挖他們的骨頭來過活了。你們居住的地方有什麼好壞的分別？難道除了你們住的地方，別處就沒有森林、沼澤和草原嗎？難道你們除了在自己太陽底下，就沒有可住的地方嗎？在你們看見的天邊那些大山的那一邊，在你們領地西面盡頭的那個湖的那一邊，有著大片大片的地，上面至今還多的是可以獵取的猛獸。所以，把你們的地賣給我們，到那些荒野裡去過幸福日子吧。」講過這番話以後，他們就在印第安人面前，攤出一些火器、毛衣、酒桶、玻璃項鍊、金屬手鐲、耳環和鏡子。假如印第安人看見所有這些寶物仍然猶豫，就巧妙地暗示他們，他們不能拒絕非同意不可的事，政府本身不久就會有權來為了他們的權利而保護他們。這些印第安人有什麼辦法呢？他們一半信服，一半被迫，遷到新的荒野上去住。而討厭的白人，也不會讓他們在那些荒野裡太太平平地住上10年。美國人就用這種方式，用非常之低的價格，買到了歐洲最富有的君主也買不到的大片大片土地。

這些做法是罪大惡極的。不過，必須補充一句，依我看也是無法矯正的。我相信，北美印第安民族注定要滅亡。一旦歐洲人在太平洋海岸立足，那個種族便會不再存在。印第安人只能在戰爭或開化中擇其一；換句話說，他們要就必須消滅歐洲人，否則只能作與歐洲人同等的人。

在第一個殖民地建立時，印第安人原以為有可能憑自己聯合起來的力量，不受那些在他們大陸上登岸的一小股一小股外來人的侵擾。他們曾幾次企圖這樣做，而且瀕於成功邊緣。可是，今天他們的手段與白人手段比較起來，懸殊太大，究竟不容許他們存此念頭了。在賢明和有勢

的印第安人當中，常有人預見到那種等待著土生部落的最後厄運，而努力想把所有部落聯合起來，共同與歐洲人對敵的。不過，他們的努力還是無用。鄰近白人的那些部落，都過於軟弱，提不出什麼有效的抵抗。而其他一些部落，則帶著野人生活的特點，幼稚任性，對明天之事漠不關心，只等危險逼近而不準備去加以應付。有的部落是無能，有的部落是不願採取行動。

很容易預見，印第安人不是永遠不願使自己開化，便是在願如此嘗試時卻已太遲。

文明是社會長期進展的結果，在同一地點產生，而又代代相傳。每一代人都得益於上一代人的經驗。在一切民族中最難開化的，照例都以狩獵爲生。眞的，遊牧部落時常改變住處，但在遷徙中依照一定秩序，常回到舊時的駐地。而狩獵部落的居所，則隨他們追捕的動物而變化。

加拿大的耶穌會會員和新英格蘭的清教徒，曾幾次企圖在印第安人中普及知識，都未能節制印第安人流動的習性。這些努力，沒有一個曾取持久的成功。文明在小木屋中開始，但不久就退隱到森林中消失了。這些心想幫助印第安人的立法者最大的錯誤，在於未能懂得：要使一個民族開化成功，必須先讓他們永遠定居下來。而要使他們定居，又非誘使他們耕種土地不可。印第安人應當先習慣務農。可是，他們不但缺乏文明的這個不可少的前奏，而且連想獲得這個前奏都極困難。人們一旦投身於捕獵的不安冒險的生活，他們對耕作所需要的經常和有恆勞動，總是覺得厭惡。這一點，甚至在我們自己的社會中也得到證明；但在那些對狩獵的偏愛已成其民族性一部分的種族中，則顯得格外清楚。

除卻這個一般困難以外，還有一個特別屬於印第安人的困難。他們認爲勞作不僅是一樁惡習，而且是一件丟臉事情。所以，他們的傲慢對抗文明，與他們的懶惰對抗文明，一樣固執。

沒有一個印第安人，是可儔得不在他樹皮蓋的屋頂下對本人價值懷抱一種崇高觀念的。他認爲勤苦操勞，乃是低賤的營生。他把莊稼漢與犁田的牲口等量齊觀。而在我們的每一種手藝上，他只見出了奴隸的勞作。他對白人能力和智慧的偉大倒是不乏欽佩之感，可是我們努力的成果雖使他吃驚，他卻鄙視我們獲得此種成果的那些手段。當他承認我們的權勢時，他仍相信自己的優越。在他看來，戰鬥和打獵彷彿是值得人幹的唯一工作。印第安人在他森林淒涼孤寂的荒地上，抱著中世紀貴族在古堡中所抱的同一些觀念和見解。他只需變成一個征服者，便與中世

紀貴族一般無二了。因此，不論看上去好像多麼奇怪，但歐洲古代偏見今天仍然存在的地方，並不在歐洲人所住的海岸上，而在新世界森林中。

我在本書中，已不止一次致力於說明，社會狀況對人們法律和生活方式所施展的莫大影響。在這個問題上，請允許我再補充幾句話。

當我察覺到存在於我們祖先日耳曼人與北美那些狩獵民族的政治制度之間，以及存在於塔西坨所描述的與我有時親眼看見的那些風俗習慣之間的相似處時，我禁不住要想，同一些因素曾在兩半球引起同一些結果，而且在外表紛繁不一的人類事務中還可發現某些其他事實據以產生的其本事實。這樣，我在我們通常稱之爲日耳曼人的制度中，便不免只發覺一些野蠻習慣，而在我們稱之爲封建主義的原則中便很容易只發覺一些野蠻見解了。

不管北美印第安人的惡習和偏見對他們的務農和開化抗拒得如何激烈，有時需要也逼得他們非如此做不可。有幾個人數相當之多的南方部落，還有契羅基人和格里克人，發現他們自己似乎受到歐洲人包圍。這些歐洲人在大西洋岸登陸，不是順俄亥俄河而下，便是溯密士失必河而上，同時來到了他們的邊境。這些部落不曾像他們北部同胞那樣，被從一處攆到一處。但是，他們像獵物被趕進圍欄，只等獵人一擁而上似的，已逐漸困在一些狹小範圍裡。像這樣被放在文明和死亡之間的印第安人，被迫像白人一樣，只好靠勞動過活。他們從事農業，卻沒有完全丟棄舊有習慣或生活方式。他們只是作了一些爲生存所必不可少的犧牲。

契羅基人走得比較遠一些。他們創造了一種書面文字，設立了一個常設政府。同時，由於一切事情在新世界都進展神速，他們在全體都穿衣服以前還出了一份報紙。

混血兒的出現，明顯地加速了歐洲人的習慣在印第安人中間地傳播。混血兒從父方得來聰明，而又不曾完全喪失母方那些野蠻的風俗習慣，因此在文明與野蠻之間便形成了一種天然的連鎖。凡有這類人增殖的地方，野蠻狀態便得到緩和，而人們生活方式也起了一種偉大變化。

契羅基人的成功，證明印第安人有能力開化，但並不證明他們定能開化成功。印第安人之所以會發現自己難於開化，是源於一個普遍原因，其影響是幾乎非他們所能逃脫的。留心觀察歷史，就可證明，野蠻民族一般說來都是逐步憑自己努力而開化。每當他們從異族取得知識時，他們與異族關係都是征服者，而非被征服者。當被征服的民族是開化而征服者卻是半野蠻，像當初羅馬帝國之受北方民族入侵，或中國之

被蒙古人侵佔那樣時，勝利賦予野蠻人的權力足以使其在開化的人中間保持顯要地位，而且容許他在變爲那些開化人的對手之前與他們平等。一個有武力支持，另一個則以智力見長。前者欽佩被征服者的知識和技藝，後者則羨慕征服者權力。野蠻人最後允許開化的人進他的宮殿，而開化的人反過來也將他的學校對野蠻人開放。可是，當擁有實力的一方也具有智力的優越時，被征服的一方便很少得到開化，不是退卻便是被毀滅了。因此，可以說野人一般都是手持武器去尋取知識，而不是在知識來到面前時去接受它的。

假如現今住在大陸中心的印第安部落，當初能鼓足力氣去使自己開化，他們本有可能使自己成功。它們已比周圍的野蠻民族優越，可以逐漸地取得力量和經驗。而當歐洲人出現在他們邊境時，至少也可以維護他們土地的所有權，使自己與征服者合爲一體。但是，印第安人卻不幸在自己仍處於半野蠻狀態時，接觸到一個文明而又同時是地球上（必須承認）最貪婪的民族。他們不幸找到了一個同時既是主子又是教員的人，所以他們在接受知識時也接受了壓迫。北美印第安人住在森林的自由境界中是貧窮的，但他們對任何人都沒有自卑感。不過，當他想擠進白人社會階層時，他立刻就只能處於社會最低等級了，因爲他無知而又貧窮地走進學識和財富圈子。在過了一陣不安生活以後，他受著禍患和危險的包圍，心中又充滿高傲感情，只好服貼地處於一種無聊、卑微而又低賤的狀態。在他看來，用刻苦和不光彩勞動去掙養活他的飯食，不過是文明能以誇耀的唯一成果而已。而且就連這種飯食，他也不是永遠有把握能掙到的。

當印第安人著手仿效他們的歐洲鄰居，像他們一樣去種地時，他們立即遭到了可怕的競爭。白人精通農藝，而印第安人在他所不熟悉的技藝中則是一名粗糙的生手。前者毫不費事就得到了豐收，而後者在種植農作物上碰到無數障礙。

歐洲人是處在一群需求爲他所知而且與他相同的人當中。野人則在一個敵視他的民族中被孤立起來。這些人的風俗習慣、語言和法律，他都不十分熟悉。但沒有他們的協助，他又無法生活。他必須拿自己的貨物去交換歐洲人的商品，才能取得使生活舒適的物資。因爲他的同胞的協助，已完全不足以滿足他的需求了。這樣，當印第安人要賣掉他的勞動產品時，他並不能總是找到買主。

而歐洲人卻隨手就獲得了一個市場。前者只能花相當大的代價，才

生產出後者用低價出售的東西。於是，印第安人剛一逃脫野蠻民族易於遭到的禍患，馬上又落入了文明社會的比那還要大的苦難。他發現生活在我們的富足中，其困難簡直不亞於生活在他自己森林的深處。

他還不曾丟棄他的流動生活習慣。他的祖先的傳統，以及他對狩獵的愛好，依然活在他的心中。早先使他在森林中生氣蓬勃的那些狂野享樂，痛苦地激起了他的不安想像。當初在森林中忍受的窮困，在他看來，並沒有那麼厲害。而先前遭受的危險，也不如現在可怕。他把原先在平等人中所具有的獨立，此時在文明社會中所處的奴役地位加以對照，另一方面，那些曾長久作過他自由之家的荒野仍在近處，只消走幾個鐘頭就能使他重回舊地。白人提出願為那塊他難以維持生計的半開發地，付他一筆在他看來彷彿相當多的錢。歐洲人的這筆錢，也許有可能使遠離他們，去過一種幸福寧靜的生活。於是，他便放下犁頭，重新拿起土人武器，永遠回到荒野中去了。我已提到的格里克人和契羅基人的狀況，很足以證明這幅悲慘圖景的確實。

印第安人在他們所做的極少事情中，無疑已表現出與歐洲人在他們最偉大的事業中一樣多的天才。可是，民族和人一樣，不論多麼聰明和熱心，都需要時間學習。當那些野人致力於使自己開化時，歐洲人繼續不斷從各方面包圍他們，把他們限制在一些狹小範內。兩個種族漸漸相遇，現在他們彼此已經直接接觸了。印第安人已優於他的野蠻祖先，但依然遠在他的白人鄰居之下。歐洲人憑他們的才智和既有知識，很快就侵佔了土著本來可因據有土地而取得的大部分利益。他們在土著中定居下來，用低價買了地，或用武力佔了地。而印第安人，則在一場他們無法支持的競爭中破了產。他們在自己國家裡處於孤立地位。他們的種族，在一個人數眾多和居於統治地位的民族中，只構成一小塊愛惹事生非的外方人的殖民地。

華盛頓在他致國會的一篇咨文中，曾說：「我們比印第安各民族更文明、有強有力；因此，為了體面，我們必須和善地，甚至豪爽地對待他們。」可是，這個善良而又高尚的政策，卻沒有被遵行。移民的巧取豪奪，通常都受到政府的專制的支持。雖然契羅基人和格里克人在歐洲人到達以前就已在他們領土上住定，而且雖然美國人對待他們常像對待外國人一樣，周圍各州卻一直不願承認他們是獨立民族，並著手要這些森林子女服從盎格魯－美國人的行政官、法律和風俗習慣。貧困曾將這些不幸的印第安人驅向文明，但如今壓迫又把他們趕回了野蠻。他們有

許多人拋棄已著手開闢的土地，恢復了野蠻生活的習慣。

假如我們考慮南部那些州的立法機構曾經採取的暴虐措施，考慮那些州長的行徑，以及其法院所頒發的種種命令，我們將確信，把印第安人驅逐乾淨，乃是這些州政策全部努力想要導致的後果。聯邦裡住在那個地區的美國人，用忌妒眼光看著土著仍擁有的土地。他們明白，這些部落還沒有丟掉野蠻生活的傳統。而在文明使印第安人永久定居在土地上以前，他們打算用使印第安人陷於絕望的辦法去逼使他們離開。格里克人和契羅基人，受那幾州的壓迫，已向中央政府提出控訴。中央政府絕不是感覺不到他們的不幸，而且也真願拯救殘存的土著，維護他們保有聯邦保證給他們的那塊領土的自由權利。可是，當中央政府想實施這個計畫時，那幾州卻大力反抗。於是中央政府為了不危害美國聯邦的安全，便決意不去採取比較便當的辦法，而任幾個野蠻部落消滅，因為他們早已一半死絕了。

不過，無法保護印第安人的聯邦政府，卻樂於減輕他們命運的困苦。聯邦政府懷著這個意圖，著手用公費把那些印第安人遷往一些邊遠地區。

在北緯33至36度之間，有一片廣大原野，因為灌溉它的主要河流而取得阿肯色的名稱。它一邊與墨西哥疆界為鄰，另一邊與密士失必接壤。境內有許多河道縱橫交錯，氣候溫和，土壤肥沃，只住了幾大群流動的野蠻部落。聯邦政府想把南部零星的一些殘餘土著，搬到離墨西哥最近而距美國人聚居地又還有一大段距離的這個地帶去。

到了1831年尾，有人向我們擔保，已有一萬名印第安人去阿肯色河兩岸，而且經常還有一批批新人跟著他們前去。不過，國會對它有意保護的人，卻未能作出一致決定。真的，有些印第安人歡天喜地同意遷出被壓迫的場所。但是大多數已開化的印第安人，卻不肯拋棄他們的居所和正在成長中的莊稼。他們認為，開化工作一旦受到干擾，將永遠無法恢復。他們害怕新近才養成的家庭生活習慣，會在務農之人無以謀生而且仍然野蠻的鄉間失而不可復得。他們知道，他們進入那些荒野，將受到一群群敵視部落的反對。而他們在喪失了野蠻人精力的同時，一面卻又還不曾獲得抵抗那些野蠻人攻擊的文明才智。此外，印第安人還立即發現，提供給他們的聚居地，僅僅是暫時性的。誰能擔保他們會一直被容許太太平平地住在他們新的避難所裡呢？美國政府倒是自行保證維護他們住在該處。可是，他們現在據有的領土，先前也是用莊嚴的誓言為

他們取得的啊。的確，美國政府現在並不是搶他們的地，但是它卻容許他們的地永遠遭人侵佔。再過幾年，現在聚集在他們周圍的白人，無疑會重新把他們趕到阿肯色的荒地上去。那時，他們將遭受同一些禍患，卻沒有同樣的補救辦法了。由於大地最後將使他們再無存身之所，他們唯一的庇護，便只有墳墓了。

聯邦對待印第安人，沒有若干州那樣貪婪和粗暴。但兩種政府同樣鮮廉寡信。那些州把它們所謂的法律恩典施於印第安人，相信印第安部落會遠走而不會遵守法律。而答應在西部給這些不幸人一個永久避難所的中央政府，則十分明白它是不能為他們取得那個避難所的。這樣，那些州的暴政便逼得那些野蠻人不得不退卻；而聯邦則用它的許諾和手段，促進了他們的退卻。這些措施，正好達到了同一目的。

「憑我們在天之父，全世界之主發誓，」契羅基人在他們對國會提出的請願書中說，「美國紅人已變弱，而白人則已變強大和有名。當美國各國人民之祖先初抵美國海岸時，他們原發現紅人很強：雖然紅人愚昧而又野蠻，紅人卻和善地款待了他們，並給他們乾地歇息勞累之腳。他們和平相遇，握手言歡。不論白人需要什麼，要求什麼，後者無不欣然給予。當時紅人是主，白人是從。可是，如今景象改變。紅人力量已經變弱。隨著鄰人人數之增加，他的權力也越來越少。當初佈滿各美國的那許多強大部落，如今只能看見幾個——從一場席捲全部印第安人的瘟疫中剩下的幾個。北方那些部落，當初人數眾多，力量強大，如今則已近乎絕滅。慘事就像這樣發生在美國紅人之中。難道我們這些殘剩的人，應遭受同一命運嗎？

「我們所站立的這片地，是作為遺產，得自我們的祖先。而他們則受我們在天共同之父的恩賜；從人所不能記憶之時起，即已擁有這片地了。我們是他們的子孫，他們傳給了我們，而我們則神聖地將之保存，用以收留我們心愛的殘剩族人。此項繼承權利，我們從未出讓，也未喪失。請問，除了繼承和從無法記憶之時起即和平據有的權利以外，一個民族還能有何更充足的權利擁有一塊國土呢？我們知道，喬治亞州和美國總統曾說，我們已喪失該項權利。但我們以為，此種說法站不住腳。我們之喪失該項權利在何時？我們究竟犯過什麼大罪，竟必須永遠被剝奪我們的國土和權利？難道是在獨立戰爭期間，當我們與美國敵對，參與大不列顛國王一邊作戰之時？倘係如此，何以如此種的權利的喪失，

不曾在美國與我們心愛族人的條約中訂明呢？何以條約中不曾插入如此一個條款：『美國與契羅基人締和，但鑒於契羅基人在上次戰爭中曾經參戰，特宣告彼等僅係隨意租佃特許彼等居住之區域，在美國認為不方便時彼等應隨時遷出』呢？當時乃僭取這樣一種所有權之適當時機。但當時卻無人想到，而且我們祖先也不會同意任何旨意在為剝奪他們權利和國土的條約。」

　　印第安人的說法就是如此。他們所說的乃是實情。他們所預見的事，彷彿是不可免的。我們不論從哪一方面考慮北美土著的命運，他們的災難好像都無法補救。假如他們繼續保持野蠻，他們會被迫退卻。假如他們企圖使自己開化，他們與一個比較文明的社會的接觸，會使他們遭受壓迫和貧困。如果繼續從一塊荒地漂泊到另一塊荒地，他們將會消滅。如果他們打算定居，他們依然一樣會消滅。要教導他們，歐洲人的協助乃不可少。可是歐洲人一來，卻使他們腐化，將他們驅入了野蠻生活。只要荒地一天屬於他們自己，他們就一天拒絕改變習慣。而最後當他們被迫屈服時，要使他們改變又太晚了。

　　西班牙人曾像追逐野獸一樣，用獵犬追逐印第安人。他們像風暴襲擊城市一般，毫無區分、毫不憐惜地洗劫了新世界。不過，毀滅最後總得停止，瘋狂也總有一個限度。逃脫了大屠殺的殘餘印第安人，與他們的征服者融混在一起，最後終於採納了他們的宗教和生活方式。另一方面，美國人對待土著的行為，卻有一個特點：非常愛講法律手續。只要印第安人保持他們的野蠻狀態，美國人便不管他們的事。他們對待那些印第安人，就像對待一些獨立民族一樣；不用條約購買，決不佔據他們的獵場。假如一個印地安民族碰巧受到強烈侵害，簡直無法在領土上生存下去，美國人卻和善地用手扶著他們，把他們送往一塊遠離他們祖先土地的墳場。

　　西班牙人用那些使他們蒙受奇恥大辱而且史前無例的殘酷手段，也並未能絕滅印第安人。他們甚至連把印第安人的權利完全剝奪，都沒有做到。可是，美國人卻用十分巧妙的手段，不流血，不在世人眼中違反任何一項道德原則，平平靜靜地、合法地、滿懷仁愛地達到了這雙重目的。要用比這更尊重人道法律的手段去毀滅人，是不可能的。

美國黑人的處境，以及黑人存在
對白人的威脅和危險

何以廢蓄奴制和消除蓄奴制的一切形跡，在現代人中比古代人中更爲困難——在美國，白人對黑人的偏見，彷彿隨蓄奴制之廢除而俱增——黑人在北方和南方各州中的處境——美國人何以要廢除蓄奴制——奴役使奴隸墮落，主子貧窮——俄亥俄河左右兩岸之對照——此種對照應歸因於什麼——黑人種族和黑奴制之向南退卻——此一事實的緣由——在南部廢除蓄奴制所遇到的困難——將發生的危險——一般人的憂慮——在非洲建立黑人殖民地之基礎——何以南部美國人一面因蓄奴制度的繼續存在而苦惱，一面卻又增加奴隸的困苦

　　印第安人將在他們原先生活的同一孤立狀態中消滅，但黑人的命運卻多少與歐洲人的命運交織在一道。這兩個種族的人彼此拴在一起，卻又不互相攙雜；他們一樣既不能完全分開，也不能結合。威脅聯邦未來的一切災害中，最可怕的將來自一批黑種人口出現在它的領土上。而在默察美國目前困擾和未來危險時，觀察家一致歸結到這一主要事實。

　　一般來說，人們必須作種種重大的不懈努力，才能造成長遠病害。可是，有一種禍患，卻偷偷僭入世界。它們最初混在普通的權力濫用中，簡直令人分辨不出。它是從一個歷史不曾保留他名字的人肇始的。它像某種可惡細菌一樣浮動在一部分土地上。可是，後來它卻養育了自己，不費勁地成長起來，並天然地在所屬的社會中散佈開來。這個禍害，就是蓄奴制度。基督教曾撲滅過蓄奴制，但16世紀的基督教徒又把蓄奴制度重新建立在他們的社會制度中。的確，他們是把蓄奴制作爲一種例外，而且限於人類的一個種族而採用的。但人性像這樣蒙受的一個創傷，雖不如先前廣闊，卻遠比先前難治。

　　在蓄奴制本身和蓄奴制後果之間，嚴加區別是很重要的。蓄奴制在古代人中產生的弊端，與在現代人中產生的弊端十分近似，但後果卻不相同。古代的奴隸，與他的主人屬於同一種族，而且常常還是兩者中教育和智力較爲優越的一個。有無自由，是他們之間的唯一差別。一旦賦予了自由，他們很容易就混在一起了。這樣看來，古代人有個擺脫蓄奴制的簡單方法：那就是給大家同等的公民權。他們只要普遍採取這個措施，立刻就獲得了成功。只不過在古代國家中，奴役痕跡在奴役本身被

廢除以後，還繼續存在一些時候而已。有一種自然偏見，驅使人看不起任何曾比他低下的人。即使這人已成爲與他平等的人，他也很久都看不起他。在財富或法律造成的眞正平等後面，始終都尾隨著一種植根在人們想像中的不平等。可是，在古代人當中，蓄奴制的這種次要後果，卻有一天然限制。因爲那個被解放的人，與那些生來自由的人一模一樣，很快便無法把他與那些人區別開來了。

古代人最大的困難，在於改變法律。現在人最大的困難，在於改變風俗習慣。至於我們，眞正的障礙則開始於古代人解脫之處。這種情形來自環境，因爲在現代人當中，奴役這個抽象而又暫短的事實，與膚色那個物質而又長遠的事實，致命地連結在一起。奴役的傳統使種族蒙羞，而種族的特點又使奴役傳統永遠存在下去。沒有一個非洲人曾自願移居到新世界海岸來，由此便引致一個結論：現今能在該處找到的黑人若非奴隸，就是從奴隸解放出來的自由民。黑人就像這樣，把他恥辱的永恆標誌傳給了他所有的後代。雖然法律可以廢除蓄奴制，但唯有上帝才能抹除奴役存在的痕跡。

現在的奴隸不僅在處境上，而且在血統上，都與他的主人不同。你可以使黑人自由，但你卻無法使他不被歐洲人僅僅看作外人。不僅如此。我們對奴役將之帶入我們中間的這陌生人，很少承認他具有人類共有的特徵。在我們眼中，他面目可憎，智力薄弱，趣味低賤。而且，我們幾乎習於把他看作一種介乎人獸之間的生物。這樣看來，現代人在廢除蓄奴制以後，還有三種偏見需要對抗。要攻倒它們，比攻倒奴役的單純事實更不容易，要征服它們尤爲困難。那就是：主子的偏見，種族的偏見，以及膚色的偏見。

我們的運氣好，生在天然與我們一樣並因法律而與我們平等的人當中。要我們設想在美國使黑人與歐洲人分隔的那些不可調和的區別，是很困難的。不過，我們可從類似情況取得某種模糊觀念。法國先前是一個有無數法律所創造的不平等存在的國家。再沒有一種東西比純粹法律上的低劣地位更虛妄，也再沒有一種東西比建立在這些分明類似的人當中的永久區別更違反人類本性了。然而，這些區別卻存在了許多世代；現在它們仍存在於很多地方；而它們到處又都留下一些只有時間才能抹除的想像痕跡。假如根除一種純然從法律產生的不平等都如此困難，那些彷彿建立在大自然本身不變法則上的區別又怎麼去打破呢？當我想起過去貴族團體，不論其性質爲何，在與人民大眾混雜時的極端困難，當

我想起那些貴族團體一連好多世代，爲了維護它們階級的理想疆域不受侵犯而極盡小心之能事，我眞禁不住灰心失望，怕看見一種建立在無形和不能消除的標誌上的貴族不能消失。那些歐洲人有一天會與黑人混合的人，依我看來，是在自欺。我並不是憑理由或是憑事實證據而導致這個結論的。迄今爲止，凡在白人最強大之處，他們都一直使黑人處於卑屈或奴隸地位。凡在黑人最強大之處，他們則一直在毀滅白人。這是兩個種族間曾出現過的唯一平衡局面。

今天，在美國領土的某一部分，我看得出，分隔兩個種族的法律藩籬正在漸漸撤除。可是全國生活方式上所存在的那種藩籬，卻並未撤除。蓄奴制退卻了，但蓄奴制所產生的偏見卻牢不可破。誰在美國住過，誰就必定會發覺，黑人在已不再是奴隸的聯邦那些地帶，一點也不曾更接近白人。相反，種族偏見在已廢除蓄奴制的各州中，彷彿比在仍存有蓄奴制的那些各州中還要強烈。而且，沒有一個地方的種族偏見，像那些從來不知奴役的州中一樣令人不能容忍。

不錯，在聯邦北部，黑人與白人可合法通婚。可是，公意會加予一個膽敢與黑人女子發生關係的人以污名。而且要舉出一件這種結合的例證，也很困難。在已廢除蓄奴制的所有州中，差不多都已授予黑人普選權。但如果他們出來投票，他們就有性命危險。假如使他們遭到壓迫，他們可以依法起訴。但他們將發現，法官中除了白人再沒有別的人。而且雖然按照法律他們可以充任陪審員，偏見卻拒絕他們擔任該項職務。學校並不同時收取黑人和歐洲人的孩子。在戲院中，金錢不能爲做過奴隸的種族在他們先前的主人身旁買到一個座位。在醫院中，他們分開著躺。雖然他們被容許向同一上帝祈求，但他們卻必須在自己的教堂裡，在不同的聖壇前，由自己的教士主持。天堂的大門並未對他們關閉，但他們地位的卑劣，卻一直繼續到另一世界的境界。黑人死去時，他的骨頭被丟棄一旁；條件的差別甚至勝過了死的平等。所以，黑人是自由的，但他既不能分享宣稱與他平等的人的權利、快樂、勞動或哀傷，也不分能享那些人的墓穴。無論是生是死，他都不能與那人處於平等地位。

在仍然存有蓄奴制的南部，黑人被隔離得並沒有這樣細心。他們有時還與白人一道勞動和娛樂。白人允許在一定範圍內與他們混雜。雖然立法對待他們很嚴，人們的習慣卻比較容忍和富於同情。在南部，主人不怕把奴隸提到自己的地位；因爲他知道，他能在片刻之間隨意將之粉碎。在北方，白人已不再清楚感覺將他與那個低賤種族分隔開來的壁

壘。但他更頑固地躲避黑人，因爲他怕有一天他們會混淆在一起。

在南部的美國人中，大自然有時重新維護自己的權利，在黑人與白人間暫時恢復平等。可是，在北方，自尊心卻約束了人類最傲慢的感情。假如國家法律不曾宣佈黑人女人可望作爲他的合法同床夫妻，北部各州的美國男人本來也許會容許黑人女人與他一道放蕩行樂，可是他卻因爲她可能成爲他的妻子而害怕地退縮回來。

所以，正是在美國，排斥黑人的偏見彷彿隨黑人的解放俱增，而當不平等爲全國法律所消除時，生活方式反倒加以認可。不過，如果住在美國的兩個種族的相對關係有如上述，美國人何以要在聯邦北部廢除蓄奴制，又要在南部維持蓄奴制，並使之更壞呢？答案很容易得出。美國之所以曾採取種種廢除蓄奴制的措施，並非爲了黑人的好處，而是爲了白人的好處。

第一批黑人，約在1621年輸入維吉尼亞。因此，在美國，像在地球其餘部分一樣，蓄奴制發源於南方。從該處起，它由一個聚居地傳播到另一個聚居地。不過，奴隸人數，越朝北走便越減少。而黑人人口在新英格蘭，始終都是非常有限。

各殖民地建立還不到一世紀，種植園主們就注意到一個驚人的事實了：比較缺乏奴隸的省份，在人口、財富和繁榮上，都比那些擁有許多奴隸的省份增加得快。不過，在前一些省份中，居民不得不自行或僱用短工來種地。在後一些省份，卻有不用付工資的人手可以用。然而，雖然一方勞苦花錢，另一方安閒節省，前者的制度卻更有利。這種結果，彷彿比較難於解釋。因爲南北的移民全都屬於同一歐洲種族，又具有相同的習慣、文明和法律。他們區別的影子，眞是微乎其微。

然而，時間繼續前進，盎格魯－美國人邁過大西洋海岸，深入西部荒野越來越遠。他們在該處遇到了一片新土和一種不習慣的氣候。他們必須克服一些性質最繁複的障礙。他們的人種雜了：南部居民紛紛北上，而北部居民卻往南下。可是，在所有這一切因素中，步步都發生了相同的結果。一般說來，沒有奴隸的殖民地，比那些盛行蓄奴制的殖民地，要變得更加人多和繁榮。他們越往前走，越是證明對待奴隸殘酷的蓄奴制，對奴隸主也不利。

可是，當文明抵達俄亥俄河岸邊時，這個眞理顯示得最令人滿意。印第安人曾用俄亥俄（意即「美麗的河」）爲名而使之顯赫的那條河流，灌溉著有史以來爲人居住的最美好的流域之一。起伏不平的土地伸展在

俄亥俄河的兩岸，地上的土壤為勞工提供了取用不竭的寶藏。在每一邊河岸上，空氣都同樣有益健康，氣候都同等溫和。而每一邊河岸，則構成了一個廣大的州的邊境盡頭。在左面跟著俄亥俄河蜿蜒曲折的，稱為肯塔基州。右面的州，則與河流同名。這兩州只是在一方面有別：那就是肯塔基州容許蓄奴，俄亥俄州則禁止在它境內有奴隸存在，所以，沿俄亥俄河順流而下，前往該河注入密士失必河口的旅行者，可以說是在自由與奴役之間航行。而只要放眼查看一下周圍的東西，他將確然知道兩者之中何者對人類更為有利。

河流的左岸上，人口稀疏。一個人常常老遠看見一群奴隸，在半荒蕪的田野上閒混。到處都重新出現了原始森林。社會彷彿已經入睡，人們懶散，唯一自然顯出一幅活動和生命的景象。

相反，從河流的右岸，卻可聽見一片嘈雜聲音，顯示遠方有人在辛勤幹活。田野上長滿了豐富的莊稼。而屋宇的雅緻，則宣示出工人的愛好和勞績。人們看去彷彿享受著富庶與滿足，而滿足正是勞力的報酬。

肯塔基州是1775年建立的。俄亥俄州的建立只晚了12年。可是，美國的12年卻多過歐洲的半世紀。今天，俄亥俄州的人口，比肯塔基州多25萬。奴役和自由的這些不同後果，很容易就可理解。它們足以解釋我們在古代文明和自己時代文明之間所注意到的許多區別。

在俄亥俄河左岸，勞動與奴役觀念混淆在一起。而在右岸，勞動則與繁榮和進步同義。勞動在一邊是低賤，在另一邊卻是榮譽。在前者領域內，找不到白人勞工，因為他們怕與黑人混同；所有工作都歸奴隸去做。在後者的領土內，卻沒有一個人閒散，因為白人把他們活動能力和智力，運用到每一種工作上。這樣，擔任耕作肥沃的肯塔基土地的人都是愚昧和遲鈍的；而那些積極和有知識的人，不是什麼也不幹，他是渡過俄亥俄河，以便到那裡去發揮自己的才智和不受污辱地運用才智。

肯塔基州的種植園主，確實不必對他們僱用的奴隸付酬，但他們從奴隸勞動所得的利益卻很小。而付給自由勞動者的工資，卻會收回他們勞動價值所包含的利益。自由勞工要付酬，但他的工作效率高於奴隸，而操作的迅速則是經濟效益的要素之一。白人出賣他的勞力，但他的勞力只在有用時才會受人購買。黑人並不要求對他的辛勞付給任何報酬，但他維持生活的費用卻永遠都是必需的。他在老年和壯年，在沒有收益的童年和精力旺盛的青年，在生病時和健康時，都要人養活。為了取得兩類人的服務，同時得付酬：自由工人領取薪金，奴隸要吃要穿，要受

教育和受照顧。奴隸主為了維持奴隸生活而花的錢，是逐漸和零星花出去的，所以幾乎不為人察覺。自由工人的薪水，則是整筆付給，看上去好像只有收款者致富。可是，最後算起來，奴隸的花費多於自由的僕人，而他勞動所生產的東西卻反而更少。

蓄奴制的影響，擴充得比這還要更遠：它影響奴隸主的性格，賦予他的觀念和愛好一種特有脾性。在俄亥俄河的兩岸上，居民性格都是奮發有為和進取的，但兩州所施展的活力卻非常不同。俄亥俄州的白種居民，非靠自己努力維持生活不可，把暫時的發達視為生存的主要目標。由於他所住的鄉土對他的勤勞呈現出不竭的資源，而且對他的活動提出永遠都在變換的引誘，他的貪得心超過了人類貪婪的普通極限。他備受發財慾望的折磨，勇敢地踏上幸運為他開闢的每一條路。他同樣毫不在乎成為水手、拓荒者、工匠或莊稼漢，而且同等恆心去支持這些不同行業所容易發生的疲勞和危險。他的聰明才智是驚人的，而他競取的熱望簡直堪與英雄行徑相比。

可是，肯塔基人卻不僅蔑視勞動，而且看不起勞力所推動的一切事業。由於他過著一種懶散獨立的生活，他的愛好全是懶散人的愛好。在他眼中，金錢已失去一部分的價值。他之貪戀錢財，遠不如他之貪戀快樂和刺激為甚。他的鄰人專心用以歛財的精力，在他身上變成了一種對野外運動和軍事操練的熱烈喜愛。他歡喜狂烈使用體力，熟悉運用武器，而且從很小的年紀起便不怕生命危險，所以，蓄奴制不但使白人不得富裕，而且甚至使他們不願變得富裕。

由於同一些因素，過去兩百年來一直在北美各英國殖民地上產生相反效果，最後它們在南部居民和北部居民經商能力之間，便造成了一種驚人的差別。今天，只有北美各州，才具有航運業、製造業、鐵路和運河。這個區別，不僅在拿北部和南部相比時可以察覺，而且在拿南部的若干州互相比較時，也可以察覺。那些在聯邦最南地區中進行商業活動，並致力於使奴隸勞動合算的人，差不多都是從北方移來的。生在北部各州的人，經常散播到那塊美國領土上來。他們在該處不那樣害怕競爭。他們發現一些逃過了本地居民注意的資源。在依從一項他們並不贊同的制度時，他們成功地使該項制度比最初建立它並仍然保持它的人變得更有利。

假如我願繼續像這樣對比下去，我將不難證明：美國南部和北部各州性格之間的差異，都來自蓄奴制。但是這樣做會使我離題。目前我的

意圖不在指出奴役的一切後果，而只在指出奴役對同意奴役的那些國家的物質繁榮所產生的效果。

　　蓄奴制對財富生產的影響，在古代必定不曾被人充分理解。因為那時整個文明世界都採納了蓄奴制，不知何謂蓄奴制的民族都是野蠻人。而且，基督教廢除蓄奴制，不過是替奴隸伸張了權利而已。現時則可用奴隸主的名義，去攻擊蓄奴制。在這一點上，利益就與道德調和了。

　　隨著這些真理在美國逐漸變得明顯，蓄奴制已在經驗的進展前退卻。當初奴役從南方開始，隨後向北蔓延，現在則已重新收斂，從北方發軔的自由，如今已節節不停地南下。在一些大州中，賓夕法尼亞此時構成了蓄奴制最北的邊界。不過，即使在那些領域內，蓄奴制也是搖搖欲墜的，緊接在賓夕法尼亞之南的馬里蘭，正準備廢除。再往下，鄰接馬里蘭的維吉尼亞，已在討論蓄奴制的功用和危險。

　　人類制度發生重大改變的原因，沒有不涉及繼承法的。當長子繼承法在南部通行時，每一家族都由一個不需要勞動、也不想去勞動的富人作代表。家族中其他不能分享遺產的成員，就像寄生植物纏繞著大樹一樣，包圍著他過與他一樣的生活。當時在南部一切家族中出現的情形，現在仍然發生在歐洲某些國家的貴族家庭內。那就是，年紀較小的兒子與他們的兄長一樣懶散，卻不像他們長兄那般富足。這個相同的結果，彷彿是由一些完全類似的原因在歐洲和美國造成的。在美國南部，全體白種人構成了一個貴族集團，由一定數目的特權人物領導。他們財富是永久的，他們的悠閒則來自世襲。這些美國貴族的領袖，使白種人的傳統偏見，繼續活在以他們為代表的那個集團中，並且體面地維持懶散。這個貴族集團中包含許多窮人，卻沒有一個人願意工作。它的成員寧願不勞而獲。所以，黑人勞工和奴隸，便沒有遇到任何競爭。而且，不論對黑人的用功和勤勞可能抱持何種看法，都非僱用他們不可，因為沒有別的人出來工作。

　　長子繼承法一廢除，財富立刻分散化小，而全國一切家族都下降到一種不勞動即不得活的狀態。從那以後，這些家庭中，有幾個已經消失。而所有家族都已學會向前展望，知道有一天人人都將必須自食力。富裕的人還是有，但已不再構成一個緊密和世襲的集團，而且也無法採取一套他們可以堅持並灌輸給社會一切階層的做法了。首先，誣衊勞動的偏見，已為大眾一致拋除。窮人的數目增加了，而窮人則被容許用勞力謀生而不以自己的勤苦為恥。財產平均分配最直接的後果之一，就像

這樣創造了一個自由的勞工階級。而自由勞工與奴隸間的競爭一開始，後者的低劣便立刻變明顯。於是，蓄奴制就從它的根本原則，即蓄奴主的利益上，受到攻擊了。

隨著蓄奴制的敗退，黑色人種也循著蓄奴制的退路，往當初來自的那些熱帶地區走回去。這個事實不論乍看上去可能如何奇妙，仍然馬上可以得到解釋。雖然美國人廢除了蓄奴的主義，他們卻並未讓他們的奴隸自由。為了闡明這個說法，我不妨引紐約州為例證。1788年，該州禁止在境內買賣奴隸。這是一個間接禁止輸入奴隸的方法。從此，黑人人數便只能按照人口的自然增長率而增加了。可是，過了8年，該州又採取了一個更果斷的措施：法律規定，所有在1799年7月4日以後為奴隸父母所生的兒童，都應獲得自由。這樣一來，增加奴隸的情形，便不可能再發生了。雖然仍有奴隸存在，蓄奴制則可說已被廢除。

一個北部的州既像這樣禁止輸入奴隸，立即便沒有人從南部把奴隸運到那裡的市場上出售。另一方面，由於該州禁止售奴，一個奴隸主除了把奴隸運往南方，也再無法將奴隸脫手。於是，奴隸反而成了他的一個累贅了。不過，當一個北部的州宣佈奴隸之子應生而自由時，奴隸也就失去了他的一大部分市場價值。因為他的後代已不再包括在該項買賣中。所以這時奴隸主把奴隸送往南部，於自己也極有利。這樣，防止奴隸從南部輸入北部的同一法律，便也把北部的奴隸趕到了南部。

可是，另外還有一個比我已敘述的更強有力的因素促成此事。隨著奴隸人數的遞減，一個州對自由勞工的需要也就按比例增加。但自由勞工幹的活越多，奴隸勞動產量便越少。於是，奴隸便成了一種無用的麻煩之物，非把他們輸送到不怕同樣競爭的南部去不可了。所以，廢除蓄奴制並非使奴隸自由，僅僅是替他換了一個奴隸主，把他從北部送往南部而已。

被解放了的黑人，以及那些在廢除蓄奴制後出世的黑人，確實並不從北部移往南部。可是，他們與歐洲人關係，卻與印第安人的處境並沒有兩樣。他們在一群遠比他們有錢和有知識的人當中，繼續處於半開化地位，失去了自己的權利，容易遭受法律和人們偏狹感情的壓制。在一些事項上，他們比印第安人還要可憐。因為奴役的記憶徘徊他們腦際，而他們又不能聲言任何一部分土地是屬於自己的。他們當中，有許多人悲慘地滅絕；其餘的聚集在一些大城鎮中，在該處擔任最卑賤的職務，過著慘淡和朝不保夕的生活。

　　而且，假使說黑人的人數在繼續照他們不曾獲得自由時期的比例增長，白人的人數在廢除蓄奴制後則以雙倍速率增加。黑人很快便會在一個外族人口中被吞沒的。

　　奴隸耕種地區的人口，一般都比自由勞工耕種的地區人口稀少。同時，由於美國還是一個新的國家，所以一個州在廢除蓄奴制時仍只一半住著人。蓄奴制度剛一結束，自由勞工的欠缺立刻就被感覺到了。於是馬上便有一群富於進取心的冒險家，從全國一切地區趕來。他們匆忙地從那時才對勤勉開放的新資源中牟利。土地很快便在他們之間分割開來，每一塊地都由一家白種移居者所佔有。此外，歐洲移民一概都前往那些自由州。因為一個越過大西洋來尋求安樂和幸福的窮苦移民，如果在一片將勞動視為低賤的土地上登陸，他能做什麼呢？

　　這樣，白種人口就由於天然的繁殖，同時也由於移民的大量湧入而增加。而黑種人口，卻沒有移民可接受，正在逐漸衰落。原先存在於兩個種族之間的比例，很快便顛倒了過來。黑人構成了一個人數稀少的殘餘人種。一個流浪者所組成的窮苦部落，消失在一個擁有那片土地的龐大民族中間。而黑人相貌的特徵，卻只於那種他們已成其犧牲品的不公平和苦難。

　　黑人在西部若干州內從未露過面。而在北部所有的州中，他們也在迅速衰落。所以，黑人前途的巨大問題，只限於一個狹小範圍。在這範圍中，雖然問題並並不曾變得更易解決，卻已變得不那樣可怕。我們越朝南走，要有效地廢除舊奴制，便越加因難。而這種情形，則產生於幾個有必要加以指出的物質因素。

　　這些因素中的第一個是氣候。大家都知道，歐洲人越走越近熱帶，勞動對他們而言便越加困難。許多美國人甚至斷言，他們在某個緯度範圍內會致命，而黑人在其間卻能毫無危險地工作。可是，我卻不信這看法能為經驗證實。這個看法，太贊助南部居民的懶惰了。聯邦南部地帶，並不比義大利和西班牙的南方熱，何以歐洲人不能像在後兩國中一樣在該處工作呢？假如蓄奴制當初在義大利和西班牙廢除而並未引致奴隸主滅亡，為什麼同樣情形必會在聯邦內發生呢？我不相信大自然在喬治亞州和佛羅里達州用死亡的痛苦禁止歐洲人靠地謀生。只不過他們的勞動，無疑要比新英格蘭居民更枯燥和較少出產而已。由於自由勞工像這樣喪失了一部分他對南部各州奴隸的優越性，促成廢除舊奴制的誘惑在當地也要少一些。

歐洲的草木，全都能在聯邦北部地帶生長。南部則有它本身的特殊產物。有人曾注意到，用奴隸勞動去種穀物，是一種很貴的方法。在沒有蓄奴制的國家，種糧食的農人慣於只保留少數僱工供自己使用，到播種和收穫時才僱用一些只在短期靠他過活的額外人手。可是，在一個蓄奴的州中經營農業的人，一年到頭不得不養著一大批奴隸，以便種地和收割莊稼，雖然他們只需要這些奴隸做幾個星期事情。因為奴隸們不能像自由勞工一樣，可一直等著受僱，同時靠本身勞力過活。為了使這些奴隸替自己幹活，就必須把他們買下來。因此，除了一般的弊端不談，蓄奴制格外不適宜一些只種穀類而不種其他農作物的國家。另一方面，種植煙草、棉花、尤其是甘蔗，卻需要不斷的照料。婦人和小孩在種麥時沒有什麼用處，在這些工作中卻用得上。於是，蓄奴制天然地便更適於出產這些東西的國家了。

煙草、棉花和甘蔗，唯獨只在南部生長，形成了那些州財富主要的來源。假使蓄奴制被廢除，南部居民便會被迫在兩者中作一抉擇：要就必須改變耕種制度，從而與更積極和更有經驗的北部居民競爭；不然，如果沒有奴隸勞力而繼續種植同樣農業品，他們便會不得不與仍保留奴隸的南部其他各州競爭。因此，在南部便存在著一些在北部不起作用的維持蓄奴制的特殊理由了。

不過，還有一種比其他一切動機更有力的動機，促使南部保留蓄奴制。真的，嚴格說來，南部本來也會廢除蓄奴制。不過，它怎樣擺脫境內的黑種人口呢？奴隸和蓄奴制，是被同一法律從北部趕來的。可是，南部採納了該項法律，卻沒有希望獲致這雙重結果。

為證明蓄奴制在南部比在北部更合乎自然和有利，我已表明前者的奴隸人數必定比後者大得多。第一批非洲人，是被運到南部那些聚居地的。一向輸入非洲人人數最多的，也是該處。當我們往南部走時，視懶散為正當的偏見，其力量增大了。在離熱帶最近的那些州中，沒有一個白種勞工。結果，黑人在南部就遠比在北部為多。而且，像我已談到的，這種不平衡狀態還在增加。因為蓄奴制在聯邦一個地帶被廢除，黑人立刻就被移往了另一地帶。這樣，黑種人口在南部的增加，便不僅由於他們天然的生殖力，而且也由於黑人在北部所受的強迫遷徙。非洲人種在南部的增加，其原因有一些類似於使歐洲人種在北部加速增長。

在緬因州，每300居民中有1個黑人。在麻薩諸塞州，這個比例數為100：1。在紐約州為100：2。在賓夕法尼亞州為100：3，在馬里

蘭州爲 100：34 。在維吉尼亞州則是 100：34 。最後，在南卡羅來納州，居民55%都是黑人。這是 1830 年黑人人口與白人人口的比例，由於北部黑人人口經常減少，而南部黑人人口經常增多，永遠都在改變。

顯然，聯邦南部大多數的州，都不能廢除蓄奴制而不引起重大危險。這些危險，在北部解放其黑種人口時，是無需憂慮的。我已表明北部各州怎樣藉助於使目前一代黑人爲奴而又讓他們後代自由的辦法，從奴役過渡到自由。黑人藉這個辦法，只是逐漸被吸收入社會。當可能濫用自由的人仍受奴役軛制時，那些被解放的人在成爲自己主子之前可以學會運用自由的技巧。可是，南部採用這個辦法，卻會發生困難。宣佈在某個時期以後出生的一切黑人將獲自由。無異於將自由的原則和觀念帶入蓄奴制心臟。像這樣被法律留在他們子女將得解脫的奴役狀態的黑人，對如此不平等的命運會大爲驚愕。而他們的驚愕，則是煩燥和發怒的前奏。從此，蓄奴制在他們的眼中，便會失去它從時間和習慣取得那種道德力量，而降低爲一目瞭然的暴力之濫用。北部各州從對照中沒有什麼可必怕的東西。因爲黑人在他們之中是少數，白種人的數量非常之大。但是，假如這種自由的曙光，向 200 萬人顯示他們眞實的地位，壓迫者會有理由顫抖了。南部各州的歐洲人，在解放了他們奴隸的子女後，很快便會被迫將同樣的好處擴展於整個黑種人口。

像我已談到的一樣，北部有一種雙重的遷徙隨蓄奴制的廢除而產生，在環境使之可能時，甚至先於蓄奴制的廢除而進行。那就是：奴隸離鄉背井，被送往南方；而北部各州的白人，以及來自歐洲的移民，則連忙塡補他們的位置。一方面，奴隸人數太多，不容人抱任何期望，能把他們遷離國境。另一方面，歐洲人和北部的盎格魯－美國人，又怕到一個勞動還未恢復其應有榮譽的地方來住。而且，他們十分公正地認爲，在那些黑人與白人相等或人數超出白人的州中，很容易遭到非常大的危險，因此他們便有所保留，不願朝那個方向走了。

這樣，南部居民在廢除蓄奴制時，便會無法像他們北部同胞一樣將奴隸逐漸導入自由狀態。他們無法去使黑人人口顯著地減少，而且他們在制止黑人放肆時將得不到支持。因此，只消幾年工夫，一個龐大的自由黑人的民族，就會存在於同樣大的白人國家中了。

那時，現在用以維持蓄奴制的同一些濫用權力的做法，將會成爲南部白種人口所遭到的一些最嚴重的危險的根源。目前歐洲人的後裔，是土地的唯一所有者和一切勞力的專制主人。唯獨他們擁有財富、知識和

武器。黑人缺乏所有這一切優勢。但是，他能不要這些些東西而過活，因爲他是一個奴隸。假如他自由了，必須自謀生活了，他還能不要這些東西而維持生活嗎？在蓄奴制存在時使白人得以享有目前優勢的那些道具，難道在蓄奴制被廢除時不會使他受到上千的危險嗎？

只要黑人身爲奴隸一天，他就一天可能被限制在一種距禽獸不遠的狀態內。可是，有了自由，他不免會獲得一定程度的教育，使他能夠感到自己的不幸，並看出改善自己不幸的辦法。而且，有個獨一無二的相對的公道原則存在，牢固地根植在人的心中。人們看到同階級內存在不平等而產生驚愕，遠甚於他們注意到那些可能存在不同階級間的不平等而產生驚愕。一個人可能使之明白蓄奴制的由來，但怎能讓幾百萬公民生活在遺臭萬年和世代不幸的重擔之下呢？北方的自由黑種人口感到了這些苦難和侮辱，但它的人和力量都很小。可是，南部黑種人口的人數和力量，就既多且大了。

一旦承認白人和得到解放的黑人被安置在同領土上，卻形同兩個外國社區，馬上能明白未來只有兩種可能：黑人和白人不是必須完全分離，便是必須完全混合。我已表白過我對後一結局的信念。但我不相信白人和黑人有一天能在任何國家以平等資格一道生活。但我相信，這樣做在美國比在別處更加困難。一個孤立的人，可能超越宗族、國家和種族的偏見。假如這個人是個國王，他還可能在社會上引起驚人變化。可是，整個民族則好像不能超脫自己。一個竟能將美國人和他們先前奴隸置於同一軛下的暴君，也許能將他們的種族混合成功。可是，只要美國民主一天主持事務，就一天無人會從事這樣艱巨的工作。而且，可以預見，美國的白種人口變得越是自由，便會越加保持孤立。

先前我已說過，混血兒是歐洲人與印第安人之間的眞正聯繫。同樣，黑白混血兒也是黑人與白人間的眞正過渡媒介。所以，凡在黑白混血兒眾多之處，兩個種族的混合並非不可能。在美國一些地帶，歐洲人的種族與黑人種族彼此那樣混雜，很少能遇見一個純然的黑人或白人。當兩個種族到達這一點時，它們眞可以說是混合了，或者不如說，已溶合爲使兩者連接而又不與任何一方等第三種族了。

在所有歐洲人中，英國人是最少與黑人混雜的。聯邦南部的黑白混血兒多於北部，可是，比起任何其他歐洲殖民地來，卻要少得多。黑白混血兒的人數，在美國絕非很多，他們本身沒有力量。當膚色差別而引起爭吵時，他們一般都站在白人一邊，如同歐洲大人物的僕從總是對下

層階級的人裝出貴族的輕蔑神氣一樣。

　　對英國人而言很自然的出身驕傲，在美國人身上又因民主自由所培養起來的個人傲慢特別加強了。美國的白種公民既以他的種族自豪，又以他本人自豪。可是，白人和黑人如果不在聯邦北部混合，怎麼一定又會在南部混合？能否暫時假定，一個南部美國人，像他永遠都會的那樣，被置於具有身體和道德上一切優越性的白人和黑人之間，竟會想去與後者廝混呢？南部各州的美國人，有兩種強大感情使之永遠保持超然遠離的態狀：第一是怕與他們過去的奴隸黑人同化；第二是唯恐墮落到他們的白人鄰居之下。

　　假如要我預測未來，我要說，在事物的普遍進程中，南部廢除蓄奴制後將增加白人對黑人的厭惡。我的這個看法，有我對北部作過的類似觀察為根據。我曾說過，當立法構構撤除了種族隔離之法律屏障，北部白種居民反而更小心地迴避黑人。同樣的結果，為什麼一定不會在南部發生呢？白人為一種想像中的危險所阻擋，不敢去與黑人混雜。在南部，既然危險是實在的，我不能相信恐懼反而會少一些。

　　如果一面承認（其實無可懷疑）有色人種永遠聚集在最南部並繁殖得比白人快，一面又確定不可能預見白人和黑人有一天會混合得從社會取得相同利益，難道不應據此推斷，黑人和白人遲早將會在南部州發生公開爭鬥嗎？可是，倘若問到爭端大概將是什麼，那就應當立即明白，我們不過是在此臆測罷了。人類頭腦好像能畫出一個大圈子，把未來都包括進去。可是在那個圈子裡卻由機緣作主，非我們的一切預見所能窺知。在每一幅關於未來的圖畫中，都有一個理解之眼無法看透的模糊之點。不過，看來白人在西印度群島注定將被打敗，而黑人在大陸上注定將被壓服，這卻是極其可能的。

　　白人種植園主，在西印度群島被孤立在廣大黑種人口中。黑人在大陸，則處於海洋與一個人數無比之多的民族間。這個民族，從加拿大的冰雪邊緣到維吉尼亞的邊界，從密士失必河岸到大西洋海岸，已結成一個緊密集團，並駕臨於他們之上。假如北美洲的白種公民保持團結，很難相信黑人會逃脫那威脅著他們的毀滅。他們定會不是為需求所屈服，便是為刀劍所打敗。可是，假如兩個種族間的鬥爭開始，而美國聯邦竟然瓦解，那麼，聚居在墨西哥灣海岸沿岸一帶的黑種人口就可望成功了。聯邦的紐帶一經破裂，南部的人便不能從他們北部同胞那裡指望任何持久的救援。後者十分明白，危險永遠不會臨到他們頭上。除非他們

因一種確切義務必須開去援助南部，可預見種族的同情心將是無力的。

然而不論爭鬥可能在什麼時期爆發，南部白人即使被遺棄得只有依靠自己，他們也有廣大優越的知識和作戰手段可持。黑人在他們方面，有人數帶來的力量和絕望所產生的精力，而這些則是人們作戰時的有力手段。南部各州白種人的命運，也許與摩爾人過去在西班牙的命運相似。在佔據那塊地一連好些世紀之後，它也許將逐步退回祖先所來自的地方，而把一塊上帝彷彿命定給黑人的領土遺棄給黑人，因爲他們能比白人更易於在上面勞動與過活。

聯邦南部各州白種和黑種居民發生衝突的危險（不論多麼遙遠，但可能必不可免的危險），就像一場惡夢，永遠縈繞在美國人腦際。儘管這種危險對北部居民並無直接威脅，他們還是把這當成一種日常話題。不過，他們想找一種辦法防止他們所預見的不幸，卻沒有成功。在南部各州，這個問題卻不曾被人討論。種植園主與陌生人交談時不提未來。他對親友也避不談此事，他把這些憂慮藏在心底不去面對。可是在南部緘默的兆頭中，卻有著一種比北部叫喊的恐懼更可怕的東西。

這樣普遍憂慮，產生了一件至今還很少人知道的事業，但這事業卻可能改變人類一部分的命運。由於害怕我剛敘述的那些危險，有些美國人組織了一個協會，其目的在由他們自己出錢，把願意擺脫壓迫的自由黑人，運送到幾內亞海岸去。

1820年，我所說的這個協會，在非洲北緯7度建立了一個聚居地，命名爲利比亞。最近消息告訴我們，有2500名黑人聚居在該處。他們把美國的民主制度，帶入了他們祖先的國土。利比亞有代議制政府、黑人陪審員、黑人行政官和黑人教士。教堂建立起來了，報紙創辦起來了；憑世界盛衰的道理，白人不許在聚居地上立足。

這眞是幸運反覆無常的一個奇怪表現。自從歐洲居民爲了把黑人運往北美海岸而使黑人生拉活扯地離開他的家人和家庭起，200年已經過去了。現在歐洲人正從事把那同一些黑人後代，送回原先將之劫來的那個大陸。野蠻的非洲人已在枷鎖中學到文明，並從奴役中熟悉了自由的政治制度。迄至現時爲止，非洲一直排斥白人的技藝和科學。可是現在歐洲的發明，經非洲人自己採用，也許能透入那些地區了。利比亞聚居地，是建立在一個崇高而又有益的理想上的。但不論它對非洲可能產生何種結果，它對新世界卻不能提供任何補益。

黑人移民協會在12年中，運送了2500名黑人到非洲去。同期間，

卻大約有70萬黑人在美國出世。即使利比亞殖民地每年能接受成千上萬的居民，即使黑人處在有利於被送往該處去的狀況，即使聯邦每年提供協會津貼，用政府船隻運送黑人，也仍然無法抗拒黑人人口的自然增長。由於不可能每年送走當年所出生一樣多的人，那就不可能防止逐日在各州增加的禍患的成長。黑種人將永不會離開他們當初被歐洲人的貪慾和惡習所帶到的美洲大陸。只要新世界繼續存在一天，它便一天不會消失。美國的居民可以延後他們憂慮的災禍來臨，但他們現在卻不能消除造成那個災禍的有力因素。

我不得不承認，我並不認為在南部各州中廢除蓄奴制，是防止兩個種族鬥爭的方法。黑人可能長期繼續為奴而不抱怨。一旦他們被提升到自由人的水平，他們很快便會因沒有一切公權而反抗了。同時，由於他們不能成為與白人平等的人，他們還會迅速以敵人面目出現。在北方，一切都促使黑人解放，廢除了蓄奴制而又不曾使自由黑人變得強大，因為自由黑人的人數太少，永遠不可能出來伸張他們的權利。可是，這卻不是南部的情形。蓄奴問題，在北方是一個商業和工業的問題；對南部的人來說，則是一個生死存亡的問題。天不容我像有些美國作家那樣，出來為奴役黑人的原則辯護！我只是說，過去採納這個可憎原則的國家，現在並非個個都能拋棄它而已。

當我默察南部狀況時，我只能為那些州中的白種居民找出兩種行動方式：那就是，如果不去解放黑人並與他們混合，便只有避開他們而使他們盡可能長久地處於奴隸狀態。一切中間線，在我看來，不久在最可怕的內戰中，而且也許在兩個種族的這個或那個的絕滅中，大概都行不通。這正是南部美國人對這個問題所抱的看法。而且，他們始終一貫地據此行動。既然他們已決心不與黑人相混，他們便拒絕解放黑人了。

南部居民倒不是把蓄奴制看作種植園主發財所必需的東西。他們中間有許多人，在這一點上同意他們北部同胞的看法，坦白承認蓄奴制對他們的利益有害。然而，他們卻深深相信，去除這個弊端，會危害他們自己的生存。現時已在南部普及的教育，使居民確信蓄奴制對奴隸主有害，不過也比從前更清楚地向他們表明，要擺脫蓄奴制幾乎是一件不可能的事。這樣，就產生了一個出奇的對照：蓄奴制的功用越是受到質疑，蓄奴制在法律上便越訂得鞏固；當蓄奴制原則逐漸在北方被廢除時，同一原則在南部卻反而產生越來越嚴酷的後果。

今天，南部各州關於奴隸的立法，呈現出一種史無前例的殘酷，簡

直足以表明人類法律整個被濫用了，而且透露出頒佈此種立法的社會正處於一種拼命掙扎的地位。真的，聯邦這一部分的美國人，並未增強奴隸的困苦。相反，他們還改善了奴隸的物質條件。古代人維持奴役的唯一手段，是鐐銬和死刑。聯邦南部的美國人，發現了一些保障他們權力持久更聰明的辦法。他們把專制和暴力用來對付人類的心靈。古時曾採取過一些預防措施，去防止奴隸掙脫他的鎖鏈。今天，則採用了一些辦法，連奴隸想取得自由的願望也加以剝除。古代人給他們奴隸的身體戴上枷鎖，可是對奴隸的思想卻不加約束，也不限制他們受教育。他們言行一致遵守他們所確立的原則，因為當時蓄奴制存在著一個天然終點，奴隸總有一天會得到自由而成為與他主人平等的人。可是，南部的美國人卻不承認黑人有一天能與自己混雜；他們用嚴厲的懲罰，禁止他們受教育、讀書或寫字。由於他們不願將黑人提升到自己的水平，他們便盡可能把黑人壓到禽獸一般的境地。

自古以來，一向都是容許奴隸懷抱自由的希望，以便使他們在處境的困苦中能得快活。可是，南部的美國人卻十分明白，當獲得自由的人永遠無法與他先前的主人同化時，解放只能帶來危險。給一個人自由，同時又讓他留在不幸和屈辱中，這無異於為奴隸的反抗準備一位未來的領袖。而且，早就有人說過，有一個自由的黑人出現，就會使比他不幸的同胞心中激動，並傳給他們一種模糊的權利概念。結果南部美國人在大多數案件中，甚至連奴隸主解放自己奴隸的權利也被剝奪了。

我在聯邦南部偶然遇到過一個老人，他曾與他的一個女黑奴私通，生了幾個孩子，而這些孩子生來便是父親的奴隸。真的，他曾常常想，至少把他孩子們的自由遺留給他們。可是，歲月流逝，他一直無法克服能使他孩子們解放的那些法律障礙。同時，他卻年老，快死了。他對自己描繪他的兒子們被人從一個市場拖到一個市場，從母親身邊被拖去受一個陌生人鞭打的情景，一直描繪到這些可怖的預測使他已經瀕於崩潰為止。當我看見他時，他是一個絕望的一切痛苦的犧牲品。那時候，我才明白大自然對違反她法律之人的報應是何等可怕。

這些禍害無疑是巨大的，但它們卻是現代蓄奴制原則不可免和可預見到的一些後果。歐洲人當初從一個與他們不同的人種中選取奴隸，他們有些人認為這個種族比人類其他種族低劣，一想到與之親密結合全都恐懼地退縮。當他們選擇這個種族的人做奴隸時，他們必曾相信蓄奴制會永遠長存。因為在奴役所造成的過分不平等，與獨立所產生的完全平

等之間，本沒有任何能持久的中間狀態。歐洲人確曾不完備地感到這個
眞理，可是他們連對自己也沒有承認。每逢非得與黑人打交道時，他們
的行爲不是受自己利益驕傲的主宰，便是爲憐憫所左右。他們先在對待
黑人的方式中侵犯了人性的每一種權利，後來卻告訴黑人那些權利是珍
貴和不可侵犯的。他們把自己的行列對黑人開放，但當後者竭力想進來
時，他們又鄙視地將黑人趕走。他們一面想採納蓄奴制，一面又不自覺
地任自己受自由之支配。他們沒有勇氣要就喪盡天良，要就完全公正。

　　假如不能預測南部美國人將在一個時候使自己血統與黑人血統混
合，難道能相信他們會危害自己的安全而去容許奴隸自由？而且，假如
他們是爲拯救自己家族被迫使那個種族爲奴，難道他們爲了達到該項目
的而採用的手段不可被原諒嗎？在我看來，南部各州發生的事件，是蓄
奴制最可怕而又最自然的後果。當我眼見自然的秩序被人推翻，當我聽
到人性與法律作徒然鬥爭而哭叫時，我的憤怒不是落在我們自己時代的
人身上。他們只是這些暴行的工具而已。我把我的詛咒保留起來，留給
那些在自由了一千年之後再度把黑人蓄奴制帶到世界上來的人。

　　不論南部美國人作何努力去維護蓄奴制，他們將不會永遠成功。現
在僅限於文明世界一隅的蓄奴制，曾被基督教責爲不義和被政治經濟學
指爲有害，目前又與我們時代的民主自由和聰明智慧成爲對照，是不可
能活下去的。憑奴隸主的行動，或奴隸的意志，它將終止。而不論在這
兩種情形的哪一種下，預料都會接連發生巨大災難。假使拒絕不給南部
黑人自由，他們最後將會自行強力奪取。假使給予他們自由，他們要不
了多久則會加以濫用。

美國聯邦持久存在的機會及威脅著它的危險

何以壓倒性力量存在於各州而不存在於聯邦——所有各州願屬
於聯邦一天，聯邦才會存在一天——驅使各州聯合的一些因素
——聯邦對抵抗外敵和將外人排出美國之功用——各州間沒有
天然壁障——沒有互相衝突的利益使各州分裂——北部、南部
和西部各州的互惠——聯邦的知識紐帶——輿論一致——因公
民性格和感情之差別而產生的對聯邦的危險——南部和北部公
民的性格——聯邦的迅速成長乃其最大危險之一——人口之向
西北移展——權力有向同一方向伸展的傾向——因運氣突然轉
變而產生的感情——聯邦現有政府究竟趨於得勢還是失勢——

其衰落的一些不同跡象——內政改良——荒地——印第安人
——銀行——關稅——傑克遜將軍

　　若干州之能維持現存制度，一部分有賴於聯邦本身之得以維持。因此，我們首先必須探索聯邦未來的可能前途。有一點立刻可以確定：如果目前的聯邦解散，依我看，現在組成聯邦的各州絕不會回到原先孤立的境地。到那時，會結成幾個聯邦來代替現在的一個聯邦，這是無可辯駁的。我的意圖不在探討這些新聯邦大概會據以建立的原則，而僅在表明可能促使現存聯邦解體的是一些什麼因素。

　　談到這個問題，我不得不折回已走過的一些舊路，重新涉及已討論過的一些題目。我知道，讀者可能罵我重複，但是問題的重要以及仍有待於研究，卻可以使我得到原宥。我寧願說得過多，不願未曾被人充分瞭解。我寧可使作者挨罵，不願忽略問題。

　　1798年制定憲法的立法者們，會致力於授予聯邦一種獨立存在和較高權力。可是，他們受到了工作條件的限制。他們並非被指定去組織一個單一民族的政府，而是被指定去安排若干州的結合。而且，不論他們原意如何，他們只能分割主權的行使。

　　為了明白這種分割後果，有必要在政府不同的職能間作一簡短區別。有些事務，依其本身的性質，屬於全國。那就是說，這些事務牽涉整個國家，只能交託給最能代表全國的一個人或一群人組成的會議。在這些事務中，可能算上宣戰和外交。另外有些事務，依其本身性質，卻屬於各省。那就是說，這些事務只影響某些地方，只能在該地得到適當處理。例如，一個市當局的預算。最後，還有一些混合性事務，由於涉及組成國家的一切公民而屬於全國，又由於不必要由國家本身出面處理而屬於地方。諸如規定公民的民權和政治地位的種種權利，便是這種事務。沒有一個社會能沒有民權和政治權而存在。因此，這些權利與所有公民都同樣利害相關。但是這些權利又始終並不是國家生存和繁榮所必要，非加統一或隨之應由中央當局規定不可。

　　這樣看來，有兩類不同的事務，都受最高權力支配。而這些事務在一切組織良好的國家中都可找到，不論其政體基礎如何。可以認為，在這些兩極性的事務中，存在著我稱之為混合性的事務。由於這些事務非純然屬於全國，又不完全屬於地方，便可依照訂約各方的協議，把這些事務交給全國或地方政府去照料，而在任何方面都無損於聯合的目的。

　　最高權力，通常都由構成一民族的個人所聯合組成。個人權力或集體力量各代表最高權力的一小部分，這是在總的政府之下所能找到的唯一要素。在此情形下，總的政府更自然地會被要求，不僅去規定那些本質屬於全國的事務，而且去規定大多數我稱之爲混合性的事務。而地方政府，則降低到只擁有那一小部分保持它們福利所不可少的主權。

　　可是，有時最高權力卻因一些聯合之前的既成事實，由一些已組織好的政治團體所構成。在此情形下，州政府就不僅控制著那些特別屬於它們的事務，而且控制著全部或部分有待解決的混合事務了。因爲在聯合以前都擁有獨立主權的各州，仍舊代表著相當大的一部分最高權力的各州，只同意讓與總的政府行使那些聯邦所不可少的權利。

　　當全國政府除了本身性質所固有的特權，還被授予規定主權混合事務的權利時，它便具備著一種壓倒性的影響力了。不僅它本身具有一些權利很廣泛，而且它本身所不具有的一切權利也經默許而存在。這樣，地方政府的自然和必要特權，就怕被它剝奪了。

　　另一方面，當地方政府被授予管理混合性利益的同一些事務的權利時，一種相反的趨勢就在社會中傳開。壓倒性力量便留在地方，而不留在國家。這就令人擔憂，全國政府最後會喪失它生存所必要的特權了。

　　因此，單一國有集權的自然趨勢，而聯邦則有解體的自然趨勢。

　　現在，只消把這些普遍原則應用於美國聯邦就行了。若干州必然保留著管理一切純係地方性事務的權利。而且，這些同樣的州，還保有權利去決定公民的公民資格和政治資格，規定公民之間的互惠關係，以及主持審判——這些權利的性質屬於一般，但並不一定要屬於全國政府不可。我們已看到，聯邦政府在國家必須以單一和不曾分割的主權面貌出現時，被授予了以全國名義行動的權力。比方說，在外交關係和對共同敵人作共同的抵抗上，便是如此。簡言之，在主理我稱之爲純係全國性的事務上，更是如此。

　　在主權權力的這種分割中，聯邦享有的那一部分權力，乍看上去，彷彿比各州享有的權力大得多。可是，更深入地考察，卻發現聯邦所分享的權力要少得多。聯邦政府所從事的工作比較廣泛，但不常有機會去全部推行。州政府所從事的工作比較小，卻不斷在實行，並使這些工作所代表的當局保持活力。聯邦政府照管著國家的普遍利益。可是一個民族的普遍利益，對個人幸福只有一種靠不住的影響，而各州利益則對居民的安寧福利起著直接作用。聯邦確保國家的獨立和偉大，這並不直接

影響公民個人。可是，各州卻維護著每一公民的自由，規定每一公民的權利，保障每一公民的財產，保全每一公民的生命和整個未來幸福。

聯邦政府遠離百姓，而州政府則處於能與他們直接接觸的範圍，並隨時能聽到他們最微小的呼籲。中央政府有幾個想領導它的卓越人物的感情去支助它。可是，在州政府一邊，卻擺著所有那些次要人物的利益。他們只能希望在本州內掌權，卻對人們施展著更大權威，因為他們與人們更加接近。

因此，美國人對於各州的期望和害怕，遠比對於聯邦的期望和害怕要高。而且，依照人心的自然趨勢，他們依附前者之處顯然也多於後者。在這方面，美國人的習慣和感情，與他們的利益是融洽無間的。

當一個人口密集的國家將其主權分割，並採用聯邦式政府時，人民的傳統、風俗和慣例會長期與法律鬥爭，並給中央政府一種法律所不容許的影響。可是，當若干州郡合起來組成一個單一國之時，同一些因素卻起著相反作用了。我毫不懷疑，假使法國像美國一樣變為一個聯邦共和國，它的政府最初會比聯邦政府更有精力。而假使聯邦把它的國體像法國一樣改為君主國，美國政府則會長期比法國政府軟弱。當盎格魯－美國人作為國家而存在時，他們久已作為殖民地存在了。一些必要關係已在同一些州的鄉鎮和公民個人之間建立起來。他們已慣於把一些事務當作大家共同的事務考慮，而又將其他一些事務當作有關本身特殊利益去處理。

聯邦是個廣大團體，提不出愛國感情得以依附的任何確定對象。州的外形和範圍則明白可辨，因為它代表著公民都熟知和共同珍惜的一些事務。州是與土地、財產權和鄉土感情，與過去的記憶、目前的勞動和未來的希望一致的。這樣看來，常常只不過從個人自私心擴大起來的愛國心，仍然趨向於州，而不曾從州傳到聯邦身上。所以，人們的利益、習慣和感情，都趨於將政治活動集中在州內，而不集中在聯邦之內。

只要留意兩個政府行使各自權力的方式，便很容易衡量它們的不同力量。每逢一個州政府與一個人或一群人談話時，它的語言是清楚明白和帶強制性的。聯邦政府對個人說話時，用的也是這種口吻。可是只要聯邦政府與一個州有何交涉時，它立刻便轉用談判口氣，解釋它的動機，為它的行為辯護，爭辯和勸說，一句話，什麼腔調都用，就是不用命令腔調了。假如兩個政府的憲法權限發生了疑義，州政府總是大膽提出它的權利要求，並即刻採取一些有力步驟去維護它的權利。而聯邦政

府呢，卻出來講說道理，求助於全國利益，良知和榮譽。它採取姑息手段，協商態度，不到迫不得已，決不採取行動。乍看上去，可能令人以為擁有國家權力的是州政府，而國會則只代表一個單獨的州呢。

因此，儘管建立聯邦政府的人採取了種種預防措施，聯邦政府還是十分軟弱，比任何其他政府都更需要被治者的自動同意才能存在。很容易察覺，聯邦政府的目標，是在於使各州能便利地實現它們想保持團結的決定。只要這個先決條件存在一天，它就一天是智慧、強壯和積極的。憲法使聯邦政府有能力去控制個人，並易於克服個人慣於提出的種種障礙。可是憲法絕不曾抱一種目的，把它建立得使一個或一個以上的州可能自願脫離聯邦。

今天，如果聯邦主權與各州主權發生糾紛，可以說是肯定預言它會失敗。而這樣一場鬥爭之將會激烈進行，也不是不可能。每逢一州對聯邦節節反抗，都會發現聯邦讓步。迄今為止，經驗已表明，只要一州不屈不撓地要求，它準會成功。如果一州明白地拒不照做，它必定可以隨意行事。

而且，即使聯邦政府本身具有何種力量，全國物質環境也會使它行使該項力量非常困難。美國包括一片廣大領土，各州之間相距很遠。而人口又分佈在仍然一半荒涼的國土上。假如聯邦要用武力去力聯合的各州服從，它會處於一種類似英國在獨立戰爭時所處的地位。

一個政府不論多強，總不容易逃避它當初同意作為國基原則的那種種後果。聯邦是由一些州自願同意而組成的。而這些州在聯合起來時，並未喪失它們的主權，也不曾結合為一個完全相同的民族。假如各州之一願把自己的名字從合約中取消，那就很難駁斥它這樣做的權利。而聯邦政府不論用武力或權利，都無法直接維護它的權利要求。為了使聯邦政府易於平復任何成員可能對它作的反抗，像聯邦歷史上常有的情形一樣，必須有或一個以上的成員對聯邦的存在特別利害相關才行。

假由聯邦紐帶聯合起來的各州中，有一些州獨享聯邦的主要好處，或者它們的繁榮完全依賴聯邦的持久存在，它們無疑永遠會欣然支持中央政府，逼使其他的州服從。可是，這樣中央政府就不是行使一種來自它本身的力量，而是行使一種來自違反它本性原則的力量了。各州組成聯邦，本來為的是從它們的聯合中得到同等好處。而在剛才所提的情形中，聯邦政府卻是從那些好處在各州不平的分配中得到權力。

如果結成聯邦的各州，有一個取得壓倒優勢，使之足以壟斷中央當

局，它將把他的州看作屬下省份，而使它本身的至上權力借用聯邦主權名義而受到尊重。這時，在聯邦政府的名義下，雖可能完成種種偉大事情，可是聯邦政府的實質卻不再存在了。在這兩種情形下，以聯邦名義行事的權力變得越強，它就越會拋棄聯邦的自然狀態和公認原則。

在美國，現存的聯邦對所有的州都有利，但對任何一州卻又都非不可少。有幾州可能割斷聯邦紐帶而不會損害其他各州福利，雖然它們共同繁榮的總和會減少一些。由於沒有一州的生存和幸福完全依賴目前的憲法，也沒有一個州會作重大的個體犧牲去維護它。另一方面，迄今為止，還沒有一個州彷彿曾因其野心，非常有興趣於維護現存聯邦。它們對聯邦的各種集會確非全都施展著同樣的影響，但也沒有一州能希望對其餘各州作威作福，或把它們當作不如自己的州或屬地來對待。

依我看來，如果聯邦任何部分真想脫離其他各州，無疑是沒有可能加以阻止的。真的，它們也不會作此打算。而且，我認為目前的聯邦，只有在組成聯邦的成員繼續願意成為成員才會留存。假如此點得到承認，問題就不是那樣難於解決了。我們的題目，不是在探討現存聯邦各州究竟能否分離，而是在探討它們究竟是否會繼續聯合。

使現存聯邦對美國人有用的種種不同理由中，有兩個要理由對觀察者特別明顯。雖然美國人好像獨處在他們大陸上，商業卻把一切與他們貿易的國家都變成了他們的鄰國。這樣，儘管外表孤立，美國人卻必須強大才行，而他們卻又只有保持聯合才能強大。如果各州分裂的話，它們不僅會減低現有抵抗外國的力量，而且很快就會引致外強侵佔它們的領土了。社會要建立一套內陸稅收制度，流域將會為想像中的邊界分開，河道將會受阻，一大堆障礙將會阻撓美國人使用上帝要他們管轄的那一片廣闊大陸。目他們沒有外敵入侵之憂，從而也不用維持常備軍和徵稅。假如聯邦解散，所有這些麻煩東西，不久便都會需要了。這樣，美國人便都最關心於維持他們的聯邦。另一方面，現在也還幾乎找不出有何私自利益會使聯邦某一部分脫離其餘各州。

當我們注視美國地圖時，我們發覺阿利根尼山脈從東北一直延綿到西北，跨過一塊將近1千哩的原野。我們往往會以為上帝的安排是要在密士失必河域和大西洋海岸之間豎立起一道天然屏障，遮斷人們的相互來往，並給不同的州形成一些必要範圍。可是，阿利根尼山的平均高度，都不超過800公尺。它的滾圓山巔，以及山隘所圍合的寬敞谷地，從幾方面都很容易進入。而且，注入大西洋的一些主要河流，哈得孫

河、薩斯奎漢納河、以及波多馬克河，都起源於阿利根尼山那一邊的一塊與密士失必河流域接壤的空曠高起的平原。這些溪離開這個地區，小心翼翼地穿過彷彿要使它們西流的壁障，在蜿蜒流過那些大山時為人開闢了一條易行的天然通道。

沒有一個天然屏障分隔著現為盎格魯－美國人居住的地區。阿利根尼山離分開的各州太遠，甚至不曾將不同的州分開來。紐約州、賓夕法尼亞州和維吉尼亞州，都被包含在它們的邊界內，向西和向東都一直伸展到這些山脈邊上。

現在聯邦24州佔據的領土，以及雖已住人卻仍未取得州地位的三大區域，擁有13萬1144平方里格（約100萬2600平方英里）面積，大約相當於法國面積的5倍。在這些區域內，土壤質量、溫度和物產，都極端不同。美國各州所佔據的領土面積廣大，曾使人懷疑他們的聯邦是否能夠維持。在此必須作一區別。一個廣大帝國不同省份有時所產生的相反利益，常以公開衝突而告終。這時，國家的面積對國家的長久生存，便最有害。可是，如果這些廣大區域的居民並不曾為相反利益所分裂，領土的廣闊便對他們的繁榮有利了。因為政府的統一，推廣地上不同產品的交換，並且由於便利它們的銷售而增加了它們的價值。

真的，在聯邦不同的地帶要發現不同的利益，那是很容易的。但我還未見過有任何利益彼此敵對。南部各州差不多都專務農。北部各州比較特別致力於商業和製造業。西部各州，則同時務農和從事製造。南部的農作物，包括煙草、米、棉花和糖。北部和西部的農作物，則是小麥和玉米。這些都是不同的財源。但聯邦卻是使得這些財源公諸大眾並對大家同等有利的媒介。

北部把盎格魯－美國人的產品運送到世界所有地帶，又把地球上的產品運回聯邦來。為了使美國生產者和消費者的人數維持得盡可能地大，北部顯然有興趣於使聯邦維持目前狀況。北部一方面是聯邦南部與西部之間最自然的聯絡者，另方面又是聯邦與世界其餘部分之間最自然的聯絡者。因此，為了使南部和西部繼續向它提供工業原料和航運貨物，北部對聯邦以及對南部和西部的繁榮，都是利害相關的。

南部和西部，在它們方面，對於保持聯邦以及保持北部的繁榮，更有直接利害關係。南部的出產，大部分都輸往海外。結果，南部和西部便需要北部商業的幫助。它們對於使聯邦保有一支強大艦隊，以便有效保護它們，同樣利害與共。南部和西部都沒有船舶，卻樂於出錢建立海

軍。因爲倘若歐洲艦隊封鎖了南部港口和密士失必三角洲，南北卡羅來納兩州所出產的米，維吉尼亞所出產的煙草，以及密士失必河流域所生長的糖和棉花將怎麼辦呢？因此，聯邦預算的每一部分，都有助於維持聯邦所有各州的共同物質利益。

除去這種商業上的功用，南部和西部還從它們彼此結爲聯邦以及它們與北部爲聯邦這件事，取得重大的政治利益。南部擁有巨大的黑人人口。這個人口已引起驚惶，將來還要變得更爲可必怕。西部各州佔據著一個單一流域。在它們領土上縱橫交錯的河流，起源於落磯山或阿利根尼山，注入密士失必河，使它們朝墨西哥灣前進。這樣，西部各州便由於地理位置，與歐洲傳統和舊世界文明完全隔絕了。於是南部的居民，爲了利用聯邦來保護自己防衛黑人，便被誘去支持聯邦。而西部的居民，爲了與地球其餘部分自由來往不被隔斷，以及爲了不被關閉在中美的荒野上，也被誘支持聯邦。北部像現在一樣，爲了使那個廣大地區與世界其餘部分之間保持聯繫，當然情願維護聯邦。

這樣看來，聯邦所有地帶的物質利益都密切相關。而對那些可稱之爲人們非物質利益的見解和感情，同一說法也是眞實的。

美國的居民對他們愛慕國家之心，談得很多。可是我要坦白承認，我並不信賴那種建立在利益之上，而利益一變就可能將之摧毀的斤斤計量的愛國心。同樣，我也不大看重美國人在日常對話中所表示出來的那種打算維護他們祖先所採納的聯邦制的說法。一個政府對其大量公民之保有支配力，出乎大眾自願和本著理性而應允之處，遠遠少於出乎感情之相仿、見解之類似所產生的那種本能的以及有點勉強的同意。我絕不承認，人們僅僅因爲服從同一首腦和同一些法律，便組成了一個社會體。只有在多數人從同一方面考慮多數事情，只有在他們對許多問題抱著同一些見解，只有在同一些事件在他們心中觸發了同一想法和印象之時，社會才能存在。

根據這個原則去考察美國正在經驗之事的觀察家，立刻會發現美國居民雖然分成24個不同的主權國，卻仍然構成一個單一民族。他也許還可能不禁認爲，盎格魯－美國人的聯邦，比一些生活在同一立法機構和同一君主下的歐洲國家，更名副其實地是一個團結的社會。

盎格魯－美國人雖然有幾個教派，卻全體都用同一方式對待宗教。他們對最有助於良好行政的方法，見解並非始終一致。而且他們對有利於採取的一些政府形式，看法也有差別。從緬因州到佛羅里達州，從密

蘇里州到大西洋，人民都被當作一切立法權的來源。同一些州，都尊重
自由和平等，尊重出版自由、結社權利、陪審制和政府人員的責任。

假如我們從他們的政治和宗教見解，轉而去看那些約制他們日常生
活行動及管理他們行爲的道德和哲學原則，我們還會發現同樣的一致
性。盎格魯－美國人像承認公民大眾的政治權威一樣，承認社區理性的
道德權威。他們認爲，公意乃是合法或被禁，眞或假的最可靠的公斷
者。他們當中的多數人，都相信一個人循著他正確理解的本身利益行
事，將達到公正與良善。他們認爲，每個人生來都具有自治權，沒有一
個人有權利壓制他的人類同胞，使之不能幸福。他們對於人能達到至
善，都有一種強烈的信心。他們斷定，知識傳播必然有利，而愚昧的後
果則有致命的危險。他們全都把社會當作一個處在改進狀態中的機體，
而把人性看作一種正在改變的場景，其中沒有一件東西是，也沒有一件
東西應該是永久不變的。而且他們承認，今天在他們看來是良好的東
西，明天可能被某種更好的東西所超過。我並不是把這一切作爲正確的
見解，而是作爲美國人的見解講出來。

盎格魯－美國人不僅被這些共同見解團結在一起，而且被一種驕傲
感與其他一切民族分隔開來。過去50年間，他們曾不惜一切痛苦，使美
國居民確信他們是世界上唯一虔信宗教，富有知識和自由的民族。他們
發覺，目前他們自己的民主制度正在昌盛，而其他民族的民主制度則在
失敗。所以他們對自己的優越自視甚高，幾乎相信自己是人類當中一個
不同的人種。

這樣，威脅美國聯邦的危險，便不是來自利益或見解分岐，而是來
自美國人不同的性格和感情了。住在美國廣大領土上的人，幾乎全是同
一血統的子孫。可是，氣候，尤其是蓄奴制，已逐漸在南部各州的英國
移民與北部各州的移民之間，帶來一些明顯的區別。在歐洲，一般人都
相信蓄奴制已使聯邦一部分之利益與另一部分之利益相反，但我卻未發
現如此情形。蓄奴制並未在南部創造出與北部利益相反的利益，卻改變
了南部本地人的性格，變更了他們的習慣。

我已說明了蓄奴制對南部美國人經商能力的影響。這同一影響，也
延及了他們的生活方式。奴隸是個永不抗議的僕人，對一切事都毫無怨
言地服從。他有時可能暗殺主人，但絕不反抗主人。在南部，沒有一個
家庭會窮得沒有奴隸。南部各州的公民，從小便成了一種家庭內部的獨
裁者。他在人生中獲得的第一個觀念，在於他是生來發號施令的。他養

成的第一椿習慣，便是沒有反抗地進行統治。這樣，他的教育便教給了他傲慢和輕率，使他性情急躁而又粗暴，窮奢極欲，遇到障礙便不耐煩，而且如果一遭到失敗便容易洩氣。

北部的美國人，小時在他周圍沒有見過任何奴隸。他甚至不曾被自由的僕人服侍過，因爲他通常都不得不自己照料自己。當他進入世界時，窮困觀念立刻從四面八方向他襲來。他很快就學會，準確地知道自己權利的天然極限。他從不曾期望用暴力去壓服反抗他的人。而且，他知道取得同胞支持的最可靠辦法，乃是贏得他們的喜愛。因此，他變得有耐心，審慎而寬容，做事從容不迫，計畫堅持不懈。

在南部各州中，生活上比較急需的東西總有人供應。因此，居民生活的物質愁慮有別人替他們操勞，用不著他們自己擔心。他們的想像力，轉移到了一些比較奪人心魄卻又不那樣實在的目標上。南部的美國人喜歡排場、奢侈、名望，喜歡狂歡和作樂，而且尤其喜歡悠閒懶散。沒有一樣東西迫使他爲餬口而操勞。由於他沒有任何必要職業，他便任自己懶惰，甚至連想有出息都不去想。

可是，北方財富的平等和蓄奴制的缺乏，卻使其居民投入了南部白人所瞧不起的那些物質操勞。他們從小就被教導去與貧窮搏鬥，把財富放在一切智力和心理樂趣之上。想像力被生活瑣事撲滅了，理想變得爲數較少也較不普遍，不過卻遠比過去實際、清楚和確切。由於致富是他們的唯一目標，人人都全力以赴。他們利用自然力和人力去競求最大的財富。社會被巧妙地安排得有助於每個成員的福利。而個人的自私，則是普遍幸福的泉源。

北部的美國人，不僅有經驗，而且有知識。不過，他看重科學，並非把科學當成一種享受，而是當作一種手段，只是急於要去掌握科學的有用用途。南部的美國人，行事更本乎衝動。他比較聰明、坦率、豪爽，更有知識和才華。前者擁有更大程度的活力、常識、見聞和一般才能，具有中產階級所特有的那些優劣品質。後者卻具有一切貴族所有的那些愛好、偏見、弱點和氣量。

假如有兩個人聯合在一起；他們利益相同，而且在一定程度之上，見解也相同，不過性格、學識和文明的式樣卻各異；這兩個人十之八九都不會同意。同樣的說法，也可用於國家的聯合。

這樣，蓄奴制便不是直接利益上侵害美國聯邦，而是間接從它的生活方式上侵害美國聯邦了。

　　1790年同意締結聯邦契約的州是13個。現在，聯邦已包括24個成員。1790年接近400萬的人口，在40年內則增加了3倍多。到了1830年，人口總數已近1千300萬。這樣大的變化，不可能不伴隨危險。

　　一個由國家組成的社會，以及由個人組成的社會，有三種賴以持久的機會，那就是：成員的智慧、個人的軟弱、以及成員數目的有限。拋開大西洋海岸而投入西部荒野的美國人，都是冒險家。他們受不住約束、貪財，而且常常還是一些從他們出生的州中被驅逐出來的人。他們到達荒野時，彼此互不相識。他們既無家族感情，也沒有模範力量去抑制他們的放縱行爲。在他們中間，法律的權威是脆弱的，道德的權威更弱。這樣，不斷在密士失必河流域落戶的移民，在每一方面，便都低於住在聯邦較老一些地帶的美國人。不過，他們已在他們的鄉鎮集會中施展重大影響，並在學會管理自己之前就已成立共和政府了。

　　聯合的各方本身軟弱性越大，聯合契約持久的可能性也便越大，因爲這時各方安全都依賴於它們的聯合。1790年，美國各共和國中，人口最多的也沒有50萬居民。每個共和國都感到本身作爲一個獨立民族的微不足道，這種感覺使它們更易於服從聯邦的權威。可是，當結爲聯邦各州中的一個，像紐約州一樣，算起來有200萬居民，而且佔據著一塊相當於法國四分之一領土時，它就覺得自己有力了。雖然它可能認爲聯邦對其繁榮有用而仍舊支持聯邦，它卻不再把聯邦看成它存在所不可少的東西了。當它答應繼續留在聯邦之內時，它的目的在於在聯邦議會中取得優勢。只要州的數目增加，便會削弱聯結各州的紐帶。被置於同一觀點的人，並不用同一方式去看同一些目標。觀點不同，他們就更少能夠如此了。這樣，依例類推，美國共和國數目變得越多，它們在立法問題上取得一致的可能性也就變得越少了。目前聯邦不同地帶的利益，還不互相矛盾。可是，一個國家每天都有新的城鎮建立，而且幾乎每年都有新州加入，誰又能預見到它未來的各種不同變化呢？

　　從英國各殖民地第一塊聚居地建立之時起，居民人數大約每22年即增加一倍。我發覺，在未來100年內，大概不會有何因素去抑制盎格魯－美國人人口的這種增長率。而且，在那段時間過完以前，我相信美國的領土和屬地將會佈滿1億以上的居民，分成40個州。我看這1億人，不會有什麼不同的利益。相反，我還假定他們會同等有興趣於維護聯邦。不過，我仍要說，正因爲他們有1億人，又構成40個同等強大的不同的州，聯邦政府的繼續存在下去，只能是一個幸運的偶然事件。

　　不論我對人之趨於至善具有何種信心，除非人性改變，人們整個變形，我將拒絕相信：一個被要求把散佈在一塊相當於歐洲一大半領土上的40個不同國家聯繫在一起的政府能維持多長久。這個政府要避免40個國家之間的對抗、野心和鬥爭，要把它們的獨立活動引導去完成一些共同計畫。

　　可是，聯邦由於增大而暴露的最大危險，卻來自它內部力量的不斷轉移。從蘇必略湖到墨西哥灣直線距離是1200多哩。美國的邊界，繞著這條長線的整個空間轉動，有時縮回一點，但更經常的情形是遠遠越過它而進入荒野。曾經有人統計，白人平均每年沿著整個這條廣闊疆界前進17哩遠。常常碰到諸如不毛之地、湖泊和或是印第安民族的障礙。這時，前進的隊伍便停頓一下，縮回兩肢。但只要重新聚攏，他們又立即前進了。歐洲人種的這種朝落磯山節節不停的前進，有一種神遣的莊嚴性。它像一片永不枯竭的人所匯成的洪水，每天被上帝的手向前推湧。

　　在征服者的移民前線後面，一些城鎮和大州建立了起來。1790年，只有幾千拓荒者星羅棋佈地分散在密士失必河的一些河谷內。今天，這些河谷中的居民卻已接近1790年整個聯邦的人口，總計將近有400萬。華盛頓市，是1800年建立在聯邦正中心的。可是發生了種種的變化，現在它竟座落在聯邦的一極了。而西部最遠各州的議員，爲了出席國會，已不得不走一段像維也納到巴黎一樣長的旅程。

　　聯邦各州都同時在趨向繁榮，可是所有的州無法以同一速度成長和發達。在聯邦北部，阿利根尼山脈的分支一直伸延到大西洋，形成了一些寬闊的通道和港口，經常可以容納最大的船隻。可是，從波多馬克河沿岸，直到密士失必河口，海岸則是沙質和平坦的。在聯邦的這個地帶，所有河流的河口，差不多都被阻塞。存在這些海灣中的少數港口，不曾給船舶提供同樣的深度。因此，對商業所呈現的便利，便不如北部的那些港口。

　　處於劣勢的首要和天然因素，與另一個從法律產生的因素，結合到了一起。我們已看到，北部已廢除的蓄奴制，仍然存在於南部。我已指出蓄奴制對種植園主本人利益的致命影響。

　　因此，北部在商業和製造兩方面，都比南部優越；其自然後果則是，北部境內人口和財富的增長更迅速。大西洋沿岸各州，已經有一半住人，而且大部分土地都有了主人，因此不能像西部各州接受那樣多移民。西部仍有一塊無邊無際的原野對勤勞開放。密士失必河流域，遠比

大西洋海岸肥沃。這個原因，與其他一切原因加在一起，有助於驅使歐洲人向西移動，這個事實，可以從數字上得到有力的證明。據發現，美國人口的總數，40年大約增加了3倍。可是，鄰接密士失必河那些新州的人口，在同一時期卻增加了31倍。

聯邦的權力中心，一直在不斷地轉移。40年前，聯邦大多數的公民都定居在大西洋沿岸，在現今華盛頓城座落地點的附近。可是，此刻大部分人卻在朝內陸，朝北方移動了。所以20年內，多數的人無疑會在阿利根尼山的西面。假使聯邦繼續存在下去，密士失必河盆地分明已因它的肥沃和面積，被選為聯邦政府永久的中心了。在3、40年內，那片地將取得它的天然地位。那時，很容易就可以計算出，它的人口與大西洋海岸人口，比較起來大概將是40：11。幾年後，當初建立聯邦的那些州將對聯邦政策失去領導權，而密士失必河流域的人口在聯邦議會內則將佔據優勢。

聯邦權力和影響不斷向北轉移的趨勢，每隔10年都表現一次。那時會作一次人口普查，而各州派往國會的議員則將重新確定。1790年，維吉尼亞州在國會中有19名議員。這個數字一直繼續增加到1813年，當時到達了23名。從那時起，維吉尼亞州議員人數即開始減少；1833年，只選了21名。同一時期，紐約州卻朝反方向發展：1790年，它在國會中有10名議員；1813年，27名；1823年，34名；1833年，40名。俄亥俄州在1803年只有1名議員；到1833年，則有19名了。

即使一國的富強並非形成另一國貧弱的原因，也很難想像一個富強之國與一個貧弱之國的聯合能夠保持長久。不過，在一方喪失力量而另一方獲得力量時，要維持一個聯邦便更加困難了。某些州的這種迅速和不平衡的增長，威脅著其他州的獨立，紐約州用它的200萬居民和40名議員，也許可能在國會中向其他州發號施令。不過，即使強的州不打算去壓迫較小的州，這種危險也依然存在。因為可能做出此種行動，與這種行動的本身，都同樣危險。弱者一般都不信賴強者的公道和理性。不如其他州增長得迅速的州，用忌妒和猜疑的眼光看待那些那比較幸運的州。因此，在南部便產生了那種可被察覺的根深蒂固的不安和莫名其妙的激動，而且與聯邦其他地帶所通有的自信和繁榮形成驚人對照。我偏於相信，南部最近所採取的敵對態度，原因不在其他，而在於此。南部各州的居民，在所有美國人中，對維持聯邦是最有利害關係的。讓他們獨自生存，他們管保會吃虧最大。然而，唯一威脅著要打斷聯邦紐帶的

也正是南方各州。南部曾爲聯邦提供四位總統，但發覺自己正在聯邦中失勢。南方的國會議員數目正在逐年減少，而北部和西部各州的議員則在增多。我們很容易發覺，南部所住的都是性情熱烈和急躁的人，而且正變得越來越惱怒和驚恐。南方居民懷著怕受壓迫的人的憂鬱和不安，思考著他們的現狀，回想著他們過去的勢力。假如他們發現聯邦有一項法律不是明白贊助他們的利益，他們便對之抗議，說該項法律是濫施權力。假如他們熱烈的抗議不爲人聽取，他們便威脅著要退出一個加予他們重擔而又剝奪他們利益的聯合。「關稅使北方發財，」卡羅來納州的居民在1832年聲稱，「卻使南部破產。假如情形不是如此，北方憑它寒冷的天氣和貧瘠的土壤，怎能接連不斷地增加財勢，而堪稱美國花園的南部卻迅速衰落呢？」

倘若我所描述的改變是漸次發生，使每代人至少有時間隨他們生活在其中的事態而逝去，危險本來會少一些的。但是，美國社會的進展卻急促而帶有革命性。同一公民可能活著看見他的州在聯邦中領先，而後卻在聯邦的集會中變得軟弱無力。大家都知道，一個盎格魯－美國人的共和國，長得像人一般快；它從出生、幼年到成人，只消30年工夫。可是不應以爲，那些喪失了優勢的州也失卻了人口或財富。它們的繁榮並未受到任何阻礙，而且繼續往前增長得甚至比歐州任何王國都要迅速。不過，它們之所以喪失力量，乃是因爲它們突然接觸到一個比它們本身更強的力量。這樣，它們在感情和慾望上所受的損傷更大了。然而，此種情形卻大大足以危害聯邦的繼續存在。假使從開天闢地起，各個國王和民族眼中只有眞實利益，人類本來不會有什麼戰爭的。

這樣，美國的繁榮，便成了它們最嚴重的一些危險根源。因爲這種繁榮，易於在聯邦的一些州中造成那種隨財富迅速增加而來的陶醉，而又在另一些州中則引起通常會因財富喪失而來的那些忌妒、猜疑和後悔的情感。美國人倒是欣喜地去默察這種非凡進步。可是，他們如果懷著悲傷和懼去考慮它，也許還要智慧一些。美國人終必成爲世界上最偉大的民族之一。他們的後裔將分佈在幾乎整個北美洲上。他們所居住的大陸是他們的領土，逃不出他們的手心。是什麼東西催促他們要這樣快去佔有呢？財富、權力和名望到將來某個時候不會不是他們的，但他們卻搶著去撲這個巨大的運氣，就像他們只剩了一刻時間去據爲己有似的。

我想，我已表明目前聯邦的存在，完全依賴於組成聯邦各州的繼續同意。從這個原則出發，我已探討了可能誘使一些州脫離另一些州的種

種因素。不過，聯邦可能以兩種不同方式滅亡。聯邦各州中一州想退出盟約的願望，也許會屬害到割斷聯邦的紐帶。我之前所指出的，大部分適用於這種假設情形。再不然，就是聯邦政府可能因聯合的各共和國同時想恢復獨立趨勢，而逐漸喪失權威。中央權力接連被剝除了它的一切特權，因默認而變得無能，將無力去實現它的目的。於是，這第二個聯邦，便會因一種老朽之態，而像第一個聯邦一樣消滅了。聯邦紐帶的逐漸削弱，可能最後引致聯邦解散。這些不同的情形，在促成如此激烈的變化之前，可能產生種種次要後果。儘管聯邦政府已被降低到這樣空虛的程度，使得國家癱瘓、內部成為無政府狀態、全國普遍繁榮受到遏制，但聯邦可能依舊存在。

在研究了可能導致盎格魯－美國人分裂的種種因素以後，有必要探討一下聯邦如果繼續存在下去，其政府究竟是會擴展還是會收縮活動範圍，究竟是會變得更有力還是會變得更弱。

美國人顯然愛用恐慌態度看待他們的狀況。他們發覺，世界上大多數國家最高權力的行使，都易於落入幾個人之手。而且一想到本國情形可能如此，他們更惶恐了。甚至政治家也感到，或裝得感到這種恐懼。因為在美國，中央集權一點也不得人心。要討好多數，再沒有比痛罵集權之為害更可靠的辦法。美國人沒有察覺，存在集權的可怕傾向的國家，都是住著一個單一的民族，而美國則是由不同民族所組成的聯邦。這一事實，足以使一切可能從類比而得出的推論無所依據。我要坦白承認，我不免把許多美國人的這些恐懼，看作純然的假想。我想，聯邦政府不僅遠遠沒有增加他們的恐懼，使權力在聯邦之手趨於鞏固，而且分明正在失勢。為了證明這個斷語，我不用去舉任何發生得遠的事件，而只消提一提我親眼目擊和屬於我們自己時代的一些情況就行了。

注意考察美國正在發生的情形，很容易會使我們確信，該地正存在著兩種相反的趨勢，就像在同一條河道中向相反方向流的兩股激流一樣。聯邦至今已存在45年。時間已消除了許多最初與它權力相敵對的地方偏見。使每個美國人依戀本州的那種愛國心，已變得不如先前那樣排外。而聯邦的不同地帶，隨著彼此更為熟悉，則已變得更加親密。偉大的交通工具、郵政，現已抵達邊區森林地帶。輪船在沿海不同地點之間，已成為日常的交通工具。一種空前迅速的內河航運，把商品輸送到全國河流的上游和下游。而在這些天然和人工的便利之外，還可加上那些不息的追求，忙碌的心計和對金錢的愛好。這些東西，不斷地把美國

人驅入勤勉的生活，使他們與公民同胞發生接觸。美國人從各方面越過全國。他訪問了國土上所有不同的人口。法國沒有一個省份，其中的本地人，有如分佈美國領土上的1300萬人那樣彼此熟悉。

美國人混雜在一起時，彼此便實行同化。他們從氣候、血統和制度得來的區別，正在逐漸縮減。而他們全都越來越接近一個共同類型。每年都有成千上萬的人，離開北部到聯邦不同地帶去落戶。他們帶著自己的信仰、見解和生活方式。由於他們比他們就要去住在其中的那些人更有知識，他們很快便擢升到了主事的地主，並把社會改變得適應於他們本身的利益。這種從北向南的不斷移民，對於把不同的地方性格溶爲一種國民性，有特別的好處。看來，北部文明彷彿成了共同標準，有一天全國都會向之同化。

聯合聯邦各州的商業紐帶，已爲美國人日益增多的製造業所加強。而起初使各州聯合的見解，則已逐漸形成它們習慣的一部分。1789年曾縈迴在公民腦際的那些嚇人思想，已被時間進程一掃而光了。聯邦權力並未變成壓迫性的，它並未摧毀各州的獨立，也沒有使聯合的各州屈從於君主制度。聯邦也不曾使較小的州依賴於較大的州。聯邦的人口、財富和力量，都在繼續增長。因此我確信，使美國聯邦繼續存在的天然障礙，並沒有1789年那樣強大。而聯邦敵人的數目，也沒有那樣多。

不過，仔細考察美國過去45年的歷史，馬上就會使我們確信，聯邦的權力正在衰落。而造成此種現象的原因，也不難解釋。當1789年憲法頒佈時，全國備受無政府狀態的折磨。緊跟著那場混亂而成立的聯邦，激起了很大的恐懼和仇恨，可是也得到熱心的支持，因爲它滿足了一項迫切的需要。雖然聯邦權力那時所受的攻擊比現在所受的攻擊多，但正如一個政府因奮力鬥爭而獲勝的情形一樣，它很快使自己的權力達到高峰。那時，對憲法的解釋，與其說是約束聯邦主權，不如說是擴展聯邦主權。而聯邦在好幾方面都顯出了一個單一而未經分裂的民族的外表，由一個單一政府指導它的外交和內政政策。可是，爲了達到這個目標，人民在某種程度上，卻爬到了聯邦之上。

憲法並未消滅各州的個性。而所有的州，不論其性質如何，又都被一種穩秘的本能驅向獨立。這種脾性在美國這樣的國家更有決定性。因爲在美國，每個村都多少形成了一個共和國，習慣於管理自己。因此，各州要服從聯邦至高無上的權力，非作一番努力不可。而這些努力，不論多麼成功，必然會隨產生它們的因素而消沉下來。

隨著聯邦政府鞏固自己的權威，美國恢復了它的國際地位。邊疆回復了和平，而公眾信譽也重新建立了起來。混亂爲穩定所接替，使勤勉的進取精神得以充分自由發揮。正是這種繁榮，使美國人忘掉了產生繁榮的那種因素。危險一過去，當初使他們能不畏艱險的精力和愛國心，便在他們之中消失了。解除了那些壓制他們的憂慮，他們很容易回復通常習慣，毫不抗拒地任自己照天然愛好行事。當一個強大政府看去不再必要時，他們便再度開始覺得它討厭了。一切事情在聯邦下都得到了繁榮，各州也不願拋棄聯邦，可是它們卻想使聯邦所代表的權力行動得越輕越好。聯合的總原則被採納了，但在每件次要細節上卻有一種要求獨立的趨向。聯邦的原則每天都更易得到承認，卻更少加以應用。所以，聯邦政府創造了安寧秩序，反倒帶來了本身的衰落。

只要公意的這種趨勢表現到外面，依靠人們激情過活的黨派領袖便立刻著手使之變得對他們有利。這時，聯邦政府的地位就變得極端危險了。它的敵手具有大眾的愛好，又因發誓要減少它的影響力而獲得主理它事務的權利。從這時起，聯邦政府像接受各州政府挑戰時一樣，差不多總是被迫退讓。而且每逢有關聯邦憲法的解釋宣佈時，該項解釋一般總是反對聯邦而於各州有利。

憲法給了聯邦政府維持全國利益的權利。而且曾有人認爲，沒有別的當局像聯邦這樣適於監督對整個聯邦繁榮有影響的，諸如挖運河這樣的內政改良事務。但是，各州看到一個能如此處置它們一部分領土的權力，卻感到驚慌。各州害怕中央政府會藉這個手段而在它們領域內取得一種強大的恩人氣派，並施展一種它們本想專爲自己人員保留的影響力。民主黨經常反對聯邦權威的增長，它指控國會濫用職權，又說總統具有野心。中央政府被這些叫囂嚇倒了，最後只好承認錯誤，答應將來把勢力限制在規定範圍內。

憲法授予聯邦與外國交涉的權利。與美國接鄰的印第安部落，一直被當作外國看待。只要這些野人同意在開化的移民面前退卻，聯邦權利從不表示異議。然而，只要一個印第安部落企圖定居在某個地點，與該地接鄰的各州便聲言對那些土地具所有權，並對那些野人行使主權了。中央政府很快就會承認這兩項權利要求，並在把印第安部落當作獨立國與之締結條約以後，就任各州立法機構對印第安人實施暴政。

有些原先建立在大西洋沿岸的州，無限制地向西擴展，進入了歐洲人還不曾深入過的荒野地區。那些邊界已定好而不能更改的州，用忌妒

眼光看著像這樣向它們鄰州開放的無邊無際的地區。後者爲了安撫其他的州和便於聯邦行事，於是同意劃定本身邊界，而把本州之外的一切領土都交給聯邦。從此，聯邦政府便成了最初組成聯邦的13州之外一切荒地的主人了。換言之，聯邦政府有權劃分和出售這些土地，並將售地款項納入公庫，而且利用這筆財源從印第安人手中買入一塊塊的土地，開闢通往遼遠聚居地去的道路，以及加速文明的進展。一些新州已隨時間進展，在大西洋各州原先讓出的那些荒野上建立起來。國會則爲了全國的一般利益，繼續將那些新州所包含的荒地出售。可是，後者最後終於聲言，由於它們已充分組成，它們應有權將這些售地收入完全轉爲己用。隨著這些新州的抗議日益具有威脅性，國會覺得莫如免除聯邦迄今一直享有的一部分特權。於是1832年終通過了一項法律，將售地收入的最大部分稅收交與西部各新成立的州，但土地本身還是不屬於該州所有。

只要對美國稍作觀察，就能領會該國從合眾國銀行所取得的好處。這些好處有幾種，但其中有一種卻特別令外人吃驚。那就是該行的鈔票，在銀行所在地的費城，與在荒野邊界具有同等價值。

但是，合眾國銀行卻是主要的憎恨目標。它的董事們宣示了對總統的敵意，但他們卻被指控濫用影響力去阻撓總統當選；而此種指控，並非沒有可能，因此，總統便用個人的全副敵意，熱烈攻擊該銀行。他在進行報復時，還自信受著多數人私下願望的鼓勵。該行可被視爲聯邦的重大金融紐帶，正如國會乃是聯邦重大的立法紐帶一樣。想使各州獨立，不受中央權力約制的那些激情，都出力推翻該行。

合眾國銀行總是握有大量州銀行發行的紙幣。它在任何時候，都能逼使各州銀行將之兌換爲現金。它本身對類似要求則無所畏懼，因爲它的財富使它能應付所有要求。可是，地方銀行的生存卻像這樣受到威脅，而經營也遭受了限制，因爲它們只能發行合資本比例的一定量紙幣。地方銀行不耐煩地服從了這種有益的控制。它們所收買的報刊，以及由於本身利益而成爲它們工具的總統，卻無比激烈地攻擊合眾國銀行。這些報刊煽起全國的地方激情和盲目的民主本能，去協助它們的鬥爭。它們聲言，該行董事們構成了一個永久的貴族集團，盡其所能地對政府施加影響，總有一天會危及美國社會所依據的那些平等原則。

這個銀行和其對手之間的爭論，只不過是各州與中央權力、民主獨立精神與權力的合理分配和服從，在美國所進行的巨大鬥爭中的一個偶然事件而已。我並非說該行的敵人與在另一些問題上攻擊聯邦政府的那

些人是同一些人，但我斷言對合眾國銀行的攻擊，與向聯邦政府作鬥爭，乃出於同一些脾性，而且合眾國銀行的反對者眾多，正是聯邦政府力量日衰的可悲徵候。

但是，聯邦從未表現得像在有名的關稅問題上那樣軟弱。法國革命戰爭和1812年的戰爭，由於切斷了美國和歐洲的自由來往，曾使聯邦北部興辦了一些製造廠。當和平恢復，歐洲產物輸送到美國的通道重新打開時，美國人覺得為了雙重目的，應建立一種徵收入口稅的制度：一方面保護他們剛開辦的製造業，一方面償還戰爭期間所借的債款。南部各州沒有製造業可資鼓勵，純然從事農業，所以很快便對這個措施抱怨。我是不在冒充審查它們的抱怨究竟有無根據，而只是摘引事實。

早在 1820 年，南卡羅來納州便在一封國會請願書中宣稱，關稅是「違憲的，壓迫性和不公正的。」而喬治亞州、維吉尼亞州、北卡羅來納州、阿拉巴馬和密士失必州，隨後也多少提出了猛烈抗議。可是，國會根本不聽這些怨言，反而在1824年和1828年提高了關稅稅率，重新認可關稅據以建立的原則。這時，一種學說便在南部公開宣揚，或者不如說復甦了，名之曰「不守國會法令」。

我已在適當場所表明，聯邦憲法的目標並不在組織一個聯盟，而在創立一個全國政府。美國人形成一個所有情形都為憲法規定的單一民族。而在這些問題上，像在一切立憲法國家一樣，全國的意志均由多數的聲音表達。多數一旦講了話，少數就有責任服從。這是健全的法律學說，也是唯一與憲法條文和大家所知道的制定憲法之人的意圖相合的學說。

相反，南部「不守國會法令」的黨人，卻堅持認為，當時美國人聯合之意不在把自己結為一個單一民族，而只在組成幾個獨立州的聯盟。這樣，各州如果不是在事實上，至少也是在法律上，保有它全部的主權。它有權解釋國會法律，並在國會法律看來違憲和不公平時，便停止在該州領土上實行。

「不守國會法令」的全部學說，包含在該黨南部首領，副總統卡爾洪在1833年所講的一句話裡：「憲法是各州以其主權資格作為一方所締結的契約：不消說，凡是不承認共同公斷者作最後決定的各方締結的契約，各方在契約的性質、範圍和義務上均有權為其本身作出判斷。」很明顯，這樣一種學說，摧毀了聯邦憲法的一切基礎，把美國人用1789年行動所擺脫的無政府狀態又帶了回來。

當南卡羅來納州發覺國會對它的抗議裝聾作啞不予理會時，便威脅

要用「不守國會法令」的原則去對付聯邦關稅法。但國會堅持執行自己的制度。最後，風暴終於爆發了。1832年間，南卡羅來納州任命了一個國民議會，商議在最後關頭不得不採取的非常措施。同一年 11 月 24 日，這個國民議會用法令形式頒佈了一項法律，廢止了聯邦關稅法，不許徵收該法律命令徵收的稅款，並拒絕允許可能對聯邦法院提出的上訴。這個法令，準備到次年 2 月才付諸實行。它恐嚇說，假如國會在該時期以前修改關稅，則南卡羅來納州可能不作進一步威脅。後來它又含糊其詞地表示，願將問題提交聯邦所有各州的一個非常會議處理。同時，南卡羅來納州也武裝了民兵，準備作戰。

誰知原先輕視苦苦哀求的百姓的聯邦，一見百姓拿起武器，立刻便傾聽他們的苦衷了。國會通過了一項法律；依照該法，關稅在10年內將逐漸遞減，一直低到不超過政府開支所需的程度。這樣，國會便完全放棄了關稅原則，以一種單純的財政負擔去代替保護關稅制。聯邦政府為了掩飾失敗，曾依靠一個在脆弱的政府中十分流行的辦法。它對事實讓步，卻在原則上不屈不撓。當它改變關稅法時，另外又通過一個法案，授予總統額外權力，使其能用武力克服當時已無須再害怕的反抗。

然而，南卡羅來納州卻不答應聯邦享受這種說不上什麼成功的體面。原先廢除關稅法的同一國民議會，這時聚集攏來接受這個奉送的讓步，卻宣稱要把不守聯邦法令的學說堅持到底。為了證明它說話算數，它又廢除了授予總統額外權力的那個法律。儘管它十分有把握那個法律永遠也不會付諸實施。

我所談到的這些爭端，幾乎全發生在傑克遜將軍的總統任內。不容否認，在關稅問題上，他曾大力和巧妙地支持了聯邦權利。不過，我卻以為這位總統主理聯邦政府的方式，可被算作威脅聯邦政府繼續存在的危險之一。

一些沒有離開歐洲到美國實地考察的人，對於傑克遜將軍施予他本國事務的影響所抱持的看法，在那些身處現地考察的人看來，似乎太荒謬了些。我們曾聽人說，傑克遜將軍打勝仗，是個精力充沛的人，憑天性和習慣愛用武力，貪圖權力，生成是個暴君。這一切說法，也許都是真的。但從這些真相所作的一些推論，卻錯得離譜。有人曾假想，傑克遜將軍一心一意想在美國建立獨裁，推廣一種尚武精神，給中央當局一種其程度只能危害地方自由的勢力。不過在美國，做類似事情的時代，以及產生此種人物的時間，卻還沒有到來。假如傑克遜將軍曾想到用這

個方式去行使權力，他必然會喪失他的政治地位，危害他的生命。他向來不曾那樣冒失，企圖去做這一類事情。

總統決不曾想去擴展聯邦權力。他屬於一個政黨，這政黨希望照憲法的明文規定，對聯邦權力加以限制，這政黨從未作過一椿解釋，去贊助有利於聯邦政府的行動。傑克遜將軍決不曾站出去作爲中央集權的戰士。他只是各州猜忌心理的代理人。他是被一些最反對中央政府的激情放到崇高地位上去的。他之維持他的職位和人望，全靠不斷討好這些激情。傑克遜將軍是多數的奴僕：他屈服多數的願望、脾性和要求——嗨，不如說，他預測多數的願望、脾性和要求，而先予以滿足。

每逢州政府與聯邦發生衝突，總統一般都先懷疑他自己的權利。他差不多總是跑在立法機構前面。當聯邦權力的範圍惹起糾紛時，他好像老是站在反對自己的一邊。他把自己官職的利益遮掩起來，幹勞苦工作，降低自己的尊嚴。眞的，他決非天生軟弱或敵視聯邦，因爲當多數決定反對不守國會法律者的主張時，他又去站在多數之首，明白而又有力地聲言全國人主張的原則，並第一個建議使用武力了。但是依我看，如果容我使用美國人的說法，傑克遜將軍在愛好上是一個聯邦主義者，打起算盤來則是一個共和主義者。

傑克遜將軍卑躬屈節地去求取多數的好感。可是，當他覺得自己人望很穩時，他對多數所贊同或不存戒心的那些目標，卻又排除一切障礙和困難去追求了。他得到了他的前任們從所未有的一種力量支持，他的私敵阻撓他時，他總是用一種史無前例的便利方式去踐踏他們。他要對那些在他以前無人敢用的措施負責。他甚至用一種近乎侮辱的輕蔑態度，去對待全國的議員。他把否決權用於國會法律，常常甚至疏於答覆那個強大機構的詢問。他是一個有時對主人很粗魯的寵僕。傑克遜將軍的權力永遠都在增加，而總統權力則不斷在低落。在他手中，聯邦政府是強有力的。但傳到他後任的手中，聯邦政府卻會衰弱了。

如果美國的聯邦政府不是在不斷喪失力量，不是在逐漸從公務中退卻，不是在縮小行動圈子，我眞是錯得出奇了。聯邦政府天生本來脆弱，但它現在連有力的外表也拋棄了。另一方面，我卻覺得，我在各州中注意到了一種更活潑的獨立感和一種對各州政府更明顯的依戀之情。大家都想要聯邦，但只要它作爲一個影子。他們希望聯邦在某些情形下強大，而在所有其他情形下軟弱。打仗時，聯邦能把全國一切力量和資源集中到自己手中。和平時，聯邦的存在就簡直察覺不到了。這種一會

兒虛弱一會兒有力的交替情形，彷彿是自然或可能的一樣。

目前，我看不出有任何東西，能抑止輿論的這種普遍趨勢。造成此種輿論的因素並未停止朝同一方向起作用。因此，變化仍將繼續下去。可以預言，除非發生某種非常事件，聯邦政府每天都會變得越來越弱。

論美國的共和制度及其持久存在之可能

聯邦只是一件偶然東西──共和制度具有更持久的性質──目前，共和與盎格魯－美國人天然相得──其理安在──要毀滅共和，必須同時改變一切法律，並對生活方式也作重大更改才行──美國人建立貴族政體所會遭到的困難

不過我卻覺得，聯邦政府因無法保護自己和無力在國內維持和平而完全消滅，爲期還很遙遠。聯邦已爲人們的生活方式和願望認可。它的效果可以察覺，它的益處也可見到。當人們發覺聯邦政府的軟弱危及聯邦生存時，我毫不懷疑，將發生一種反應，以增強聯邦政府的力量。

迄今爲止建立過的一切聯邦政府中，美國政府是生來行動最多的一個聯邦政府。只要它不過是間接遭受法律解釋的攻擊，只要它的本體不曾受到嚴重損害，輿論的改變、內部的危機或戰爭，都可能恢復它需要的一切活力。我一直最急於說明的，只是這一點：許多人在法國以爲，美國輿論正在改變，趨於贊助把權力集中到總統和國會之手。但我則認爲，可以清楚地察覺到一種相反趨勢。由於聯邦政府已經變老，而越來越不得勢，越來越對各州主權無所威脅，我堅持認爲聯邦政府正在變弱，而且只有聯邦主權才處於危險。這是現時透露出來的事實。未來則把這個趨勢的最後結果，以及可能抑止、延緩和加速我所敘述的變化的那些事件隱藏了起來，我並不假裝，說我能把遮蔽它們的帷幕揭開。

聯邦由於現今各州發生戰爭、維持常備軍、獨裁或重稅而解體，最後終會危及共和制的命運了。可是，我們不應將共和的前景，與聯邦的前景混淆起來。聯邦是一件偶然東西，要環境有利於它一天，它才會存在一天。然而依我看來，共和式政府，卻與美國人天然相得。除非敵對因素繼續不斷朝同一方向起作用，沒有任何東西能使之變爲君主制。聯邦主要存在於組成它的法律中。一場革命，或一項公意的改變，都可能將之永遠毀滅。共和卻有一個更深的基礎，作爲它的依靠。

美國所理解的共和政府，是社會對其本身行動遲緩而平和。它是一

種眞正建立在人民開明意志上的正常事態。它是一種懷柔政府。各種決定都予以時間，讓其成熟，使之得到審愼討論，並要等到成熟才加以實行。美國的共和主義者，賦予道德很高的價值，尊重宗教信仰，承認現存權利。他們公開認爲，一個民族越是享有自由，應該越是講究道德，越是信奉宗教，而且越有節制才對。美國所謂的共和，是指多數的寧靜統治。多數在有時間審查自己，並提出它的存在證據後，乃是國家一切權力的共同來源。但多數權力，本身也不是毫無限制。在它之上，還有道德世界中的人性，公道和理性，還有政治世界中的種種既得權利。多數承認這兩個屛障。假如它不時越過這些屛障，那只是因它像個人一樣具有激情，並像個人一樣在分辨出什麼是正確之時易做錯事而已。

但是，歐洲的煽動家們，卻得出了一些奇妙的發現。照他們的說法，共和並非像迄今大家所想的那樣，乃是多數的統治，而是多數的不屈不撓的黨人在統治。在這種政府中，處於壓倒優勢的並非人民，而是懂得什麼是對人民有益的人。這個可喜的分別，能容許一些人不與國人商量而以國家名義行事，把國人權利踐踏在腳底還有權去讓國人對他們感恩。而且，他們認爲，共和政府乃是唯一有權任意行事，蔑視人們迄今尊敬的東西的政府。從最高的道德律到常識最卑俗的規則，一概都可蔑視。直到目前爲止，專制不論以何形式出現，向來總是令人討厭。可是現在居然有一項發現，以爲只要專制用人民名義實行，就可能有合法的暴政和神聖的不義這種東西了。

美國人關於共和所採納的觀念，使他們易於在共和制下過活，並保障了共和制的持久。對他們說來，共和在實際上即使常常很壞，至少在理論上良好。因此，人們最後總是照共和的原則行事。

要在各州建立集權，是不可能的。要在美國建立中央集權，更加困難。居民散住在一塊過於廣大的領土上，又爲太多的天然障礙所分隔，要由一個人去指導他們的生活細節，這是太難了。因此，美國分明是個該由州政府和市政府管理的國家。這個因素，是新世界所有歐洲人都明白感到的了。在這個因素之外，盎格魯－美國人又添了幾個他們本身所特有的別的因素。

北美各殖民地奠定時，地方自治早已深入英國人的法律和風俗習慣。移民不僅將之當作一件必要東西，而且當作一椿自己懂得如何賞識的好處而接納下來。我們已看到各殖民地當初如何建立起來。每塊殖民地，甚至幾乎每一個區，都分別住著一些彼此陌生或因非常不同目的而

相識的人。因此，美國的英國移民，很早便發覺自己分成了許許多多不屬任何共同中心的不同小社區。他們也發覺，這些社區中的每一個，都必須自行料理本身事務，因爲它們沒有任何天然從屬的中央當局，也不容易爲他們提供這樣一個中央當局。這樣，國家的性質，英國各殖民地建立的方式，最初移民的習慣──這一切情形結合起來，就促進了一種程度驚人的地方自由和各州自由。

因爲這個緣故，美國大部分的國家制度，本質上都是共和的。要想永遠摧毀構成共和基礎的法律，非同時廢除一切法律不可。今天，一個政黨想在美國建立君主政體，甚至會比一些人想把法國改爲共和更難。王權會找不到一套爲它事先準備好的立法制度。於是，君主政體實際上便會存在於共和制的包圍中了。君主政體的原則，在透入美國人風俗習慣時，同樣會遇到巨大困難。

在美國，民權並非一項與流行在人民中的習慣和觀念無關的孤立學說。相反，它可被看成維繫整個盎格魯－美國人世界的最後連鎖。上帝曾予每個人處理與他本身利益單獨有關事務所必要的理性，這是美國公民和政治社會據以建立的偉大箴言。家庭中的父親將之用於子女；主人將之用於僕役；鄉鎭將之用於官吏；郡將之用於各鄉；州將之用於郡；聯邦又將之用於州。這箴言，在擴大用於全國時，則成了民權學說。

這樣，美國共和的基本原理，與管理人類大部分行爲的那些原則，便是同一些原則了。共和的各種想法，自行滲入了美國人的觀念、見解和習慣，並得到了法律的承認。而要改變那些法律，整個社區必先經過革命才行。在美國，甚至大數公民的宗教，也是共和的。因爲這種宗教使另一世界的眞理服從於私人判斷，正如在政治中私人的暫時利益爲了人們的良知而被拋除一樣。所以，人人都被容許自由採取他認爲能引他上天堂之路，正如法律准許每個公民具有選擇本身政府的權利一樣。

顯然，除了一連串趨於同一方向的事件之外，沒有任何東西能用一大套相反的見解、生活方式和法律，來代替這個法律、見解和生活方式的組合。

假如共和的各種原則有一天竟會在美國消滅，那也只有在經過一段時常中斷而又時常復甦的辛苦過程以後才有可能。這些原則將會有許多明顯的復興。而在一個全新民族接替現存民族以前，它們也決不會完全消滅。沒有徵兆或預感，表示這樣一場變革正在臨近。再沒有比在政治社會中發現的喧囂激動，更令一個初到美國的人吃驚了。法律在不斷地

改變。乍看上去，一個如此三心二意的民族，彷彿在一段很短時間內，不會不採取一個全新形式的政府。可是，這種憂慮卻是不成熟的。影響政治制度的不穩定，一共有兩種，不應加以混淆。第一種不穩定，經常修改次要法律，與社會的固定本身並無矛盾。第二種不穩定，則動搖政體本身的基礎，攻擊到立法的一些基本原則。這類不穩定常常爲一些變亂和革命所尾隨。在這類不穩定下受害的國家，是處於一種狂暴和變化莫測的狀態。

　　經驗表明，這兩種立法不穩定的情形，彼此並無必然關係。因爲根據不同時代和環境，它們有時聯合在一起，有時又互相分離。第一種不穩定在美國很普通。第二種卻不然。美國人常改變他們的法律，但憲法基礎卻一直受到尊重。

　　共和主義在我們時代統治美國，正如君主主義當初在路易十四下統治法國一樣。那時的法國人，不僅是君主政體的友人，而且覺得要用任何東西去代替它簡直是不可能。他們之接受君主政體，猶如我們之接受陽光和季節的嬗遞。在他們當中，王權既無擁護者，也無反對者。共和政府以同樣方式存在於美國。既沒有人主張它，也沒有人反對它。既不用證明，也不用爭辯。而是像大家萬眾一心，都對之默然同意一樣。

　　不過，照我的看法，美國的居民像那樣常常改變行政方式，卻損害了他們政府的穩定性。我們有理由擔憂，人們由於立法機構的朝令夕改而計畫不斷受阻，將學會把共和看成社會的一種不方便的管理形式。這時，因次要法案之不穩定所造成的弊端，便會令人對憲法基本原則性質產生懷疑，並間接引起一場革命了。不過，這種時代，仍然非常遙遠。

　　即使是在現在，也可預見：當美國人喪失他們的共和制度時，他們將不經過長期君主立憲的間隔，而迅速成立一個專制君主政府。孟德斯鳩說過，再沒有比一個緊接共和而統治的君權更專制的權力了，因爲原先毫無恐懼地交給一位民選行政官的種種無限權力，這時都轉入了個世襲國王之手。這個說法是普遍正確的，但格外適用於一個民主共和國。美國的行政官，不是由一個特殊階級的公民，而是由全國多數人選舉。由於他們是大眾激情的直接代表，又完全依賴大眾的喜好，他們既不遭人忌恨，也不引人害怕。因此就像我已說明的，大家一直極少留心去限制他們的權柄，而他們卻握有一大把專斷權力。這種事態，已養成一些比它本身壽命還活得久的習慣。美國的行政官會保有他的無限權力，卻不再爲他的權力擔負責任。那時，能對暴政有什麼限制，就無法說了。

我們歐洲有些政客期望美國出現貴族政體，甚至已預言該項貴族政體將取得統治權的確切時期。我原先已經談過，現再重複一遍，依我看來，美國社會的目前趨勢越來越走向民主。不過，我並非斷言美國人在將來某個時候不會限制政治權利的範圍，或者不會將那些權利沒收而交給一個獨夫。但是我不能相信，他們有一天竟會讓一個特權階級的公民獨享那些權利，換句話說，不相信他們有一天竟會建立一個貴族政體。

貴族集團是由一定數目的公民組成的，他們離人民大眾並不十分遠，但又永遠居於人民大眾之上。這個集團容易捉摸到，卻難以打倒。人們天天與之接觸，卻永遠休想與之混合。再也不能想像有什麼服從，比這種服從更違反人的天性和違反人心中的私下本能了。能依本性而行的人，將永遠寧願順從一個國王的專斷權力，而不願順從一個貴族政體的管理。貴族制度如果不把人的不平等定為普遍原則，不預先使這個原則合法化，不將之像帶入家庭一樣帶入社會，它便不能存在。但這些事與天然的平等是如此矛盾，只能憑武力才能強加在人身上。

我想，從有人類社會以來，找不出一個民族，曾憑其本身的自由意志，經其自己的努力，在其內部設立過貴族政體。中世紀的一切貴族政體，都是經由軍事征服建立的。征服者便是貴族，被征服者則變成了農奴。於是，不平等便被武力強加在人身上。而不平等一旦引入國家生活方式中，便會自行確立，並自然傳入了法律。有些社會，由於原先就存在的一些情況，有生以來便是貴族式的。但它們在接連而來的每一個時代，都已變得更加民主。羅馬人，以及緊接他們之後而出現的野蠻人，命運便是如此。可是一個生來就是文明和民主的民族，竟會逐漸設立不平等條件，直到具有一些不可侵犯的特權和排他的階級，這倒會是世界上的一件奇事。沒有任何跡象表明，美國會第一個提供這種例證。

關於美國商業繁榮因素的一些須加考慮的事項

美國人命定要成為一個偉大的海洋民族——他們海岸的廣度——他們港口的深度——他們河流的長短——不過，盎格魯－美國人商業優勢應歸因於物質環境之處，少於應歸因於道德和知識因素之處——此種見解之根據——盎格魯－美國人作為一個商業民族之前途——聯邦的解體不會妨礙各州從事海運的活力——其理安在——盎格魯－美國人會自然供應南美居民的需求——他們將像英國人一樣，成為世界大部分地區的商務總管

　　美國的海岸，從芬地灣到墨西哥灣的薩賓河，全長有兩千多哩。這些海岸，構成了一條毫不中斷的線，而且全都受同一政府管轄。世界上沒有一個國家，具有比美國更大、更深和更可靠的商港。

　　美國的居民構成了一個偉大的文明民族，幸運處在一個未經開發的國家中，同時距文明的中心點又有3000哩遠。由於這個關係，美國便天天需要仰仗歐洲。美國人最後無疑會在國內生產和製造他們所需的大部分用品，但兩洲在需求、觀念、習慣和生活方式上的然聯繫如此密切，永遠也不能彼此獨立而不相依賴。

　　聯邦有一些特別產物現已變得於我們必不可少，因為這些產物不能在歐洲土壤上栽種，或者要在一大片土地上才能繁殖。美國人只消耗這種產物的一小部分，而把餘下的賣給我們。因此，歐洲是美國的市場，正如美國是歐洲的市場一樣。而海運業使美國能把它們的原料運到歐洲港口，也不亞於它之使我們能把製成品運去供給美國。因此，即使美國像墨西哥的西班牙人迄今所作的那樣放棄商業，它們也只有不是把大批生意供送給其他海運國家，便是使自己成為地球上第一流的海權國家。

　　盎格魯 - 美國人對於海洋，始終顯示出一種明顯的愛好。獨立宣言打破了那種把他們與英國聯繫在一起的商業覊絆，也給了他們自己的航海天才一種新鮮和有力的刺激。從那時起，聯邦的航運，增長得幾乎與它居民的人數一樣迅速。現在，美國人消費的歐洲產品，十分之九都由他們運往自己的海岸。而且，他們也把新世界四分之三的出口物，運給歐洲消費者。美國的船舶塞滿了合佛爾和利物浦的碼頭。而比較起來，在紐約港裡，英國和法國船隻的數目卻要少一些。

　　這樣，美國商人便不僅在他本身的立場上不怕競爭，而且也在本國港口內成功地應付了外國的競爭。這一點，立刻可用一個事實來說明：那就是美國的船隻，航海費用比較便宜。只要美國的商船航運業保持此種優勢，它將不僅保有它已取得的成就，而且還會不斷越來越更發達。

　　美國人為什麼能比其他國家用較低費用航行，其理由是很難說的。有個說法，最初把這種優勢歸因於自然給予美國人的物質利益。可是，事實卻非如此。美國船隻，造起來與我們自己的船隻一樣貴，而且造得並不比我們的好，一般壽命還要短一些。美國水手的薪水，高過歐洲船上人員的工資。這個事實，可由歐洲人在美國商船上工作人數之多獲得證明。那麼，美國人行駛船隻的費用低於我們行駛船隻的費用，這種情形又是怎麼發生的呢？我的看法是，他們處於優勢的真正緣由，不

應從物質優點中去尋找，而應全部歸因於他們的道德和知識品質。

下面的比喻，將闡明我的意思。法國人在法國革命的各戰役中，曾把一套新策略應用到戰術中去，使一些最老的將軍摸不著頭腦，幾乎摧毀了歐洲那些最古老的王國。他們先設法省卻了若干一向被認為打仗必不可少的東西。他們要求軍隊作了一些文明國從不曾想到的新奇努力。他們在令人不能相信的短促時間內完成一些壯舉，毫不躊躇地以人命孤注一擲去取得心目中的目標。當初，法國人在金錢和人力上都不如他們的敵人。他們的資源，也比敵人差得無限之遠。可是，法國人卻接連不斷地取得了勝利，直到他們的對手想仿效他們的榜樣為止。

美國人採用了一種類似制度到商業中來。當初法國人為了征服如何做，他們為了價廉也如何做。歐洲水手駕船謹慎，只在氣候良好時才航行。假如一件不曾預見的偶然事故落到他頭上，他便駛入港口。夜裡，他收起一部分風帆。當發白的浪頭表示挨進陸地時，他總會核對航向，觀察一下太陽。美國人卻忽略這些謹慎做法，不怕這些危險。風暴還沒有颳完，他就拔錨起航了。白天黑夜，他都對風揚帆。風暴可能對他船隻造成的損傷，他一邊走，一邊修。當他最後接近航程終點時，他一股勁地朝岸猛衝，就像已經老遠望見一個港口一樣。美國人時常沉船，但沒有一個商人過海如此迅速。由於他們用較短時間航行同等距離，他們便能用較廉價的費用航行了。

歐洲的航行者在長距離航程中，停泊於不同港口。他在靠岸或等待有利風向離岸時，損失了可貴的時間，而且每天又都必須交港口停泊費。美國人從波士頓出發，去中國買茶。他到達廣州，在該處逗留幾天，後就回來了。在不到兩年時間內，他航行了整個地球一圈那樣遠，而只見過一次陸地。不錯，在8或10個月的航程中，他飲的是鹹水，靠著醃肉過活，一直在與海洋、疾病和疲勞博鬥。可是，回來時，他每磅茶卻能比英國商人賤賣半個便士，而這卻達到了他的目的。

我除了說美國人在他們做生意的方式中表現了一種英雄氣概，實在無法把我的意思表示得更好。歐州商人將永遠覺得很難模仿他的美國競爭者。他的美國競爭者採取了一套我剛才描述的辦法，不是照計算，而是依天性的衝動行事。

美國的居民，體驗到了從一種進步文明產生出來的一切需要和慾望。由於他們不像歐洲人那樣置身於一個可以滿足他們一切需求的社會，常常只好自己去取得教育和習慣使他們非用不可的用品。在美國，

有時會發生這種情形：同一個人既耕田，又造屋，又鑄工具，又做鞋，還織他衣服需要的粗布。這種做法對工作的考究是不利的，但對喚醒工人的才智卻大有幫助。再沒有比勞動的極度分工，更易於使人變爲物，並使他們工作毫不用心了。在美國這樣的國家，人們很少專門從事特別行業。不可能要求任何接受職業的人，先做一段長久的學徒。因此，美國人隨時隨地都在改變謀生之道，他們使自己的行業適合現刻的要求。可以遇到一些接連當過律師、農人、商人、傳教士和醫生的人。假如說，美國人在每件手藝上不如歐洲人完美，卻至少可以說，簡直沒有任何行業對他完全陌生。他的才能比較普遍，他的知識範圍也比較廣闊。

美國的居民，從不受他們職業行規的束縛。他們逃脫了自己目前地位的一切偏見。他們依照一條行動路線，並不比依照另一條行動路線爲甚。他們之採用一套舊辦法，並在比採用一套新辦法容易。他們沒有根深蒂固的習慣。他們憑著一種信念，認爲他們的國家與任何其他國家都不同，認爲他們國家的局面在世界上都找不出先例，從而很容易便擺脫了其他國家習慣可能在他們身上施展的影響。美國是個奇境，其中一切東西都處在不斷運動中，每項變化彷彿都是一種改進。在該處，新奇觀念與改善觀念，不可分離地聯繫在一起。人的努力，好像沒有任何天然止境。在他眼中，未做成的事，只不過是他還未打算去做的事而已。

在美國國內進行的這種不斷變化，這些經常的運氣的變遷，這些私人和公共財富的意外起落，使人們頭腦永遠處於一種熱烈激動的狀態。這種狀態可讚歎激勵他們作種種努力，並使他們一直超出人類普通水平之上。美國人的一生，過得就像一場偶然的遊戲、一場革命的危機，或者一場戰役。由於同一些因素不斷在全國起作用，它們最後終於給國民性一種不可抗拒的衝動。這樣看來，美國人被拿來作爲他同胞的標本，必然是個願望極其熱切，富於進取心，愛好冒險，而且在一切之上最愛新奇的人。同一傾向，在他所做的一切事中都顯現出來。他把這種傾向帶進了他的政治法律，宗教教義，社會經濟理論和家務工作。他把它隨身帶進了森林地帶的深處，也帶進了城市的商業。正是這同一種激情，應用到航運業中，使美國成了世界上成本最低和最迅捷的商人。

只要美國的水手們保持這些精神上的優點，以及從這些優點得來的實際優勢，他們將不僅繼續供給他們本國生產者和消費者的需要，而且越來越會像英國人那樣，成爲其他國家的商務總管。這個都言已經開始實現。我們發覺，美國商人正在使自己充當幾個歐州國家商業的居間

人，而美國則會爲他們的進取心提供更廣闊的園地。

西班牙人和葡萄牙人在南美洲所建立的一些大殖民地，後來都已成爲帝國。內戰和壓迫，現在已使那些廣闊地區淪爲一片荒涼。人口沒有增加。散佈得很稀疏的居民，太操心於自衛，連任何改善自己處境的打算都沒有。不過情形將不會永遠如此。歐洲曾憑自己的努力，成功地突破了中世紀的幽暗。南美洲具有我們所有的同一些基督教法律和慣例。她擁有在歐洲各國或其子孫中成長起來的文明的一切胚胎，還可加上從我們例證中取得的種種好處。那麼，她憑什麼一定永遠不會開化呢？很明顯，這只是時間的問題。在將來某個時期，那時可能多少遠一些，南美洲居民將組成一些昌盛和文明的國家。

不過，當南美洲的西班牙人和葡萄牙人開始感到一切文明國家所通有的需求時，他們將仍然無法自行滿足那些需求。作爲文明最年輕的子女，他們必須強迫自己承認長兄們的優越。而他們在製造業和商業上取得成功以前，也將會長期務農。他們將需要外人居間，把他們的產物運到海外，去交換那些人們開始感到有需要的用品。

北美人有一天無疑會被召喚去供應南美人的需要。大自然已使他們接鄰，並給前者提供了一切手段去瞭解和鑑別那些要求，去與那些國家建立持久關係，並逐漸填補其市場的空缺。美國的商人，除非十分低於歐洲商人，否則不可能喪失這些天然的有利之點。但他在幾方面都比歐洲商人優越。美國人已對新世界一切國家施展一種偉大的道德影響了，他們是知識的源泉。所有居住在這同一大陸上的各民族，已慣於把美國人當作偉大美洲家族中最有知識、最強有力和最富足的成員。因此，所有人的眼光都轉向了美國，竭力想盡可能加以仿效。他們的政治原則和法律，正是向聯邦借來的。

美國人對南美人，恰好處於他們祖先英國人對義大利人、西班牙人、葡萄牙人和所有從英國取得日用品的歐洲民族所居的地位。因爲這些民族，在文明和貿易上，不如英國進步。英國此時是跟它來往的幾乎所有國家的天然貿易中心。美國聯邦將在另一半球，扮演同一角色。因此，在新世界建立或繁榮的每一社會，其建立或繁榮都將對盎格魯－美國人有利。

假如聯邦解散，現在組成聯邦各州的商業，在一段時期內無疑會受妨礙。但這段時期，不會如一個人想像之久。很明顯，不論可能發生什麼事情，各商業州將會繼續聯合。它們彼此接鄰，又具有相同的見解、

利益和生活方式，而且唯獨它們形成一支偉大的海權。即使聯邦南部脫離北部而獨立，南部也依然需要北部各州的幫助。我已談過，南部不是一個商業地帶。沒有任何東西顯示它將成為商業地帶。因此，美國南部的人民。將長期不得不仰仗外人把他們的產物輸送出去，並供給他們那些滿足他們需求的商品。可是，北部各州無疑能夠充當他們的居間人，而且比任何其他商人都更便宜。因此，他們將會被繼續使用，價廉是商業上的至高法則。主權意志和民族偏見，不能長期抵抗廉價的影響。再沒有一種仇恨，能比美國人與英國人之間所存在的仇恨更刻毒了。然而，儘管有這些敵對感情，美國人卻從英國取得他們大部分的工業產品，因為英國用比其他任何國家便宜的價格供應他們。所以，縱然美國人口口聲聲抱怨，美國的日益繁榮卻變得對英國製造業有利。

理性和經驗都證明，如果商業繁榮在危急時不能與海軍力量聯合一致，沒有一種商業繁榮能夠持久。美國對於這個道理的理解，跟任何別的地方一樣明白。美國人已能使他們的國旗受人尊重；幾年之內他們將使它令人畏懼。我確信，聯邦的解散，將不會發生削弱美國人海軍力量的影響，而只會大大增強美國人的海軍力量。目前，從事商業的各州，與其他不從事商業的州聯合在一起，後者不大情願看見只於它們間接有利的海權的增長。相反，聯邦裡從事商業的各州若組成一個單一國家，商業就成為它們最主要的國家利益了。結果它們就會樂於作出重大犧牲來保護航運。而在這一點上，什麼也不能阻撓它們去實現自己的願望。

國家像人一樣，幾乎總是在它們最早的年代，便透露出了它們未來命運的顯著特色。當我沉思盎格魯－美國人經商的那種熱情，沉思那些於他們有助的便利之處，以及他們事業的那些成就時，我不能不相信他們有一天會成為地球上頭等的海權國家。他們生來就是要統治海洋的，正如羅馬人生來就是要征服世界一樣。

結 論

　　我的研究將近結尾。迄今爲止，在談到美國未來命運時，我曾竭力將我的題目分成一些不同部分，以便更專心地探討每一部分。我些刻的目的，則在從一個觀點去統觀全局。我要談的話，將不如先前仔細，卻比先前更有把握。我察覺每一目標將不如先前之清晰，但我將更確切地望見一些主要事實。一個旅行者，剛離開一個通都大市，爬上鄰近的小山。他越走越遠，已看不見剛離開的那些人。那些人的居所，溶成了密密麻麻的一片。他不再能分辨出公共廣場，也尋不出那些通衢大道。可是，他的眼睛去看城市的邊界，卻不如先前之困難了。而且，他第一次看見整體的形象了。這正是我眼中所見的北美英國人種未來命運的情形。那幅廣大圖景的細節已爲黑影遮沒了，但我對於整個圖面卻得到了一個清晰的概念。

　　現在爲美利堅眾合國所佔據或擁有的領土，大約佔世界可居地的十二分之一。可是，縱然這個領域很遼闊，卻不應以爲盎格魯－美國人種會永遠留在這些領域之內。真的，它已遠遠起過這些領域了。

　　有個時期，他們本可在美洲荒野上創立一個大法國，去抵制英國人對新世界命運的影響。原先，法國在北美洲擁有一塊領土，其遼闊程度簡直不亞於整個歐洲。那時，北美大陸上的三條最大河流，都在她的疆域內流過。住在聖羅倫斯河口與密士失必三角洲之間的印第安各部落，聽不慣我們的語言，也聽不慣任何其他的語言。而分佈在那片廣大地區內的一切歐洲人聚居地，都回想到我國的種種傳統。路易堡、蒙特摩倫西、杜奎斯尼、聖路易、焚森茲、新奧爾良，是它們所得到的一些名稱。而這些都是對法國人來說親切熟悉的名字。

　　可是，一連串細敘起來會太乏味的情勢，卻奪去了我們的這筆光輝遺產。法國移民在當初人數不多並只部分確立的地方，一概都不見了。仍然留下那些法國人，則聚居在一小塊土地上，現在受著別人法律的管轄。下加拿大的40萬法國居民，如今構成了迷失在一個新民族中的古老民族的殘餘。在他們周圍，一片外國人口，正在不斷從四面八方增加。這些人已深入該國先前主人中間，在他們的城市中處於優勢，並敗壞了他們的語言。這個人口，正是美國的同一人口。因此，我起先斷言英國人種並未限制在聯邦領域之內乃是實情，因爲它已伸展到東北方去了。

　　朝西北走，除了幾個微不足道的俄國人聚居地，遇不見什麼東西。可是朝西南走，墨西哥卻成爲盎格魯－美國人的障礙了。所以，嚴格說來，西班牙人和盎格魯－美國人才是分配新世界所有權的兩個人種。他們之間的區分界限，已爲條約所訂明。不過，雖然條件對盎格魯－美國人有利，我卻毫不懷疑盎格魯－美國人不久就會破壞它。越過聯邦邊界而朝墨西哥伸展的一些廣大地區，仍沒有居民。盎格魯－美國人將比那些偏僻地區的有權居住者先住到那些地區去，他們會據有那片土地，在上面建立種種社會制度。這樣，當合法所有者最後來到時，將發現那片荒野已被人耕種，而一些陌生人已稍稍地定居在他的祖產上了。

　　新世界的土地屬於最先佔有它們的人。它們是給予最迅捷的拓荒者的天然報償。甚至那些已住了人的鄉土，在維護自己免受此種侵略上，也將會有一些困難。我已提過德克薩斯所發生的情形。美國的居民，正在不斷地移往德克薩斯，在該處買地。雖然他們遵守該處的法律，卻也逐漸建立起自己語言和自己生活方式的帝國。德克薩斯仍是墨西哥領土的一部分，但不久將沒有一個墨西哥人住在上面了。凡盎格魯－美國人與不同血統的民族接觸的地方，都發生同樣的情形。

　　不容否認，英國人種在新世界，對所有其他歐洲人種已取得一種驚人的優勢，並在文明、勤勉和權力上遠比它們優越。只要英國人種周圍僅僅是些荒野和人煙稀疏的國家，只要它在途中遇不到使它無法穿過的稠密人口，它管保會繼續擴張下去。各項條約標明的邊界不會使它停止，而它在一切地方都會越過這些假想的障礙。

　　英國人種在新世界所處的地理位置，特別有利於它的迅速增長。在它北部邊界的上面，伸展著北極冰區。而在它南部邊界的幾度之下，卻是赤道熾熱的氣候。因此，盎格魯－美國人是被安置在大陸氣候最溫和與最宜人居住的地帶。

　　一般人都以爲美國人口的巨大增長乃是它們宣佈了獨立宣言以後的事。但這卻是一種誤解了。美國的人口，在殖民制度之下會增加得與今天一樣迅速。那就是，在大約22年之內，增加了1倍。只是現在用於千百萬居民的這個比例，當初只適用於成千上萬的居民而已。一個世紀前簡直不曾爲人注意到的同一事實，今天對每一個觀察者則都變得明顯。

　　屬於一個國王的加拿大的英國人，增長和擴張得幾乎與生活在共和政府下的美國的英國移民一樣迅速。獨立戰爭打了8年。在戰爭期間，人口按同一比率，不曾間斷地增加。雖然當時存在的強大印第安民族在

西部邊界上曾與英國人結盟，可是向西移民卻從未遏止過。當敵人使大西洋沿岸變爲一片荒涼時，肯塔基州、賓夕法尼亞州西部地帶、佛蒙特州和緬因州卻住滿了人。同樣，戰後那種不穩定局面也未妨礙人口的增加，或阻止移民越過荒野前進。所以，法律的差別、和戰之不同，以及法治與無政府狀態，對盎格魯－美國人繼續不斷發展，並不曾施展過任何可以察覺的影響。這一點很容易就可理解，因爲沒有任何因素普遍到足以對這樣一塊遼闊領土的全部地區同時發生影響。全國的一部分永遠會對施於另一部分的災難，提供一個可靠的避難所。不論禍患可能多大，垂手可得的補救辦法更大。

因此，不要以爲新世界英國人種的衝動是可以阻止的了。聯邦的解散以及隨之可能產生的敵對局面，共和制度的廢除以及可能接踵成立的專制政府，也許都會延緩這種衝動，但決不可能阻撓人們最後實現他們的命運。世上沒有一種權力，能將那片肥沃的荒野關閉，使之不對移民們開放的。那片荒野對所有的勤勞提供了資源，對所有的匱乏提供了慰藉物。將來不論發生何種事情，都不會奪走美國人的氣候或內陸湖泊，也不會奪走他們偉大的河流和肥沃的土壤。不良的法律，革命和無政府狀態，也不可能抹除那種彷彿已成他們種族顯著特徵的對繁榮的愛好和進取精神，或把那種在他們途中指導他們的知識全部消除乾淨。

所以，在不能確知的未來中，有一件事至少是肯定的。在可以說很近的一個時期（因爲我們是在談一個國家的一生），只有盎格魯－美國人能獨自佔據著從極區到熱帶，從大西洋海岸一直伸展到太平洋海岸之間的那片廣大場所。爲盎格魯－美國人佔據的那片領土，也許相當於歐洲面積的四分之三。聯邦的氣候，整個來說，優於歐洲的氣候。而天然的有利之處，也同樣大於歐洲。因此，在將來某個時候，它的人口將與我們的人口相等。歐洲照它現在這樣，分爲許許多多國家，而且一連受著從中世紀野蠻生活方式中產生出來的連連不息戰爭的折磨，人口居然也到達了這樣一個程度，每平方里格有410個居民。有什麼因素能阻止美國到時候具備同樣多的人口呢？

必定要過許多時代，在美國的英國人種的不同分支，才不再呈現出同一相貌。而能在新世界建立持久的不平等狀況，時間則無法預見。不管偉大的盎格魯－美國人家族不同後裔的命運，由於和平或戰爭、自由或壓迫、繁榮或匱乏而產生何種差別，他們全都至少會保留一種相似的社會條件，並會共同擁有該種社會條件所產生的風俗習慣和見解。

　　宗教的聯繫，在中世紀強大到足以把歐洲所有一切不同人口，團結在同一文明之內。新世界的英國人，具有上千種別的相互聯繫。而且他們生活在一個平等傾勢已在人類當中趨於普遍的時代。中世紀是個一切都破碎的時期，每個民族，每個省份，每個城市，每個家族都強烈地想要維持其不同的獨立性。現時則彷彿流行著一種相反趨勢，各國好像正在向統一前進。我們的知識交接的媒介，把世上最遙遠的地帶聯合到了一起。人們無法繼續彼此保持陌生，或對地球任何角落發生的事無知。結果，今天歐洲人與他們在新世界的後裔，儘管中間隔著海洋，他們之間的區別還沒有13世紀某些只有一河之隔的城鎮之間的分別那樣大。假如這種同化趨勢使互為外國的國家彼此更加接近，它必然也是防止同一民族後裔彼此變為外人的一種穩妥手段。

　　因此，終有一天可以看到，有1億5000萬人住在北美，條件平等，全都屬於一個家族，來自同一起源，保持同樣文明，相同語言，同樣習慣，同樣生活方式，懷抱著同一些見解，在同一些制度下繁殖。其餘尚難斷言，但有一點卻可以肯定，那就是世界上將出現一個再豐富的想像力也無法想像的新穎局面。

　　現時世界上有兩個偉大民族，從不同點啟行，卻彷彿朝同一終點前進。我指的是俄國人和美國人。兩者都神不知鬼不覺地就成長起來，當人類注意力放在別處時，他們突然躋身到了各國的前列。世界差不多同時得知他們的存在和他們的偉大。

　　所有其他民族，彷彿都已到達它們天然的極限，只須要維持本身權力就行了。但這兩個民族，卻仍在生長。所有其他民族都已停滯不前，或仍在極其吃力地繼續前行。唯獨這兩個民族，正沿著一條看不出止境的道路悠閒而又神速地前進。美國人與自然放在他面前的障礙搏鬥，俄國人的對手則是人。前者是與荒野和野蠻生活戰鬥，後者則與全副武裝的文明作戰。因此，美國人所征服的東西是憑耕犁取得的，而俄國人則憑刀劍。盎格魯－美國人依靠私人利益達到他的目的，給人民機會去自由發揮他們不受指導的力量和常識；俄國人則把社會所有的權力都集中在一個人的單隻胳膊上。前者的主要工具是自由，後者的主要工具則是奴役。他們起點各異，道路相同。不過，兩者彷彿都被天意派定，要去支配半個地球的命運。

下卷

著者序

　　美國人處身於民主的社會狀態中，因而自然產生了其特有的法律和政治作風。民主社會狀態也使他們產生了許多有異于歐洲舊貴族社會的情緒和觀點。它還摧毀或改變了舊有的人與人間的關係，另建立了新的關係。政壇的面貌固然一新，公民的社會生活又何嘗不然。

　　我在 5 年前出版的《民主在美國》上卷裡，曾談到法律與政治方面的民主，本卷則擬專談情緒和觀點方面的民主。上下兩卷是相輔相成，連貫一氣的。

　　不過我要讀者勿對我心存偏見，由於本書曾把無數的結果歸因於平等原則，所以讀者難免以為我把平等原則視為形成當今一切事態的唯一因素。讀者如果持取這種看法，未免認為我的觀點太偏窄了。

　　當代有許多理論、觀點、和直覺，其成因都跟平等原則無關，甚至與平等原則相悖。以美國的情形為例，我很容易就可以證明這個國家的本質，居民的起源，早期移民的宗教，以及其國民的學識和固有的習慣，不論過去與現在，都對於人民的思想與情緒有極大的影響，但這種影響跟民主主義並無關連。反之，在歐洲方面，也有許多事情的成因同樣跟平等原則無關。

　　這些成因的存在與作用，我全明瞭，但它們不在本書討論範圍之內，因為我不是要指出我們的一切傾向與一切觀念之起源及性質；我只是想指出人類的傾向和觀念受到人類平等狀態的影響，究竟達到什麼程度而已。

　　我深信當代的民主革命是了不可抗拒的事實。反抗民主革命，不但無此必要，且亦有失明智。我既然持取這種信念，一些人士自然難免要問，我為什麼在本書裡對於革命所產生的民主社會，又時時嚴加指責？理由很簡單：正因為我不反對民主主義，所以我才要用坦誠的態度來談論民主主義。人不能從自己的敵人那裡得到真理，而朋友向他提供真理的情形也極少，我之所以坦白說明真相，正是基於這個緣故。我相信有許多人認為應該把建立平等制度所可望得到的好處告訴全人類，但肯把平等制度所與以俱來的危險向大家指出的，卻沒有幾個人了。因此，我主要的著眼點就在於這些危險。我相信自己已經清楚出其危險之所在，所以不能怕惹事不說。

　　讀者閱讀過本書上卷後，似已覺察其立論之公正，我但盼下卷亦將使讀者獲致同感。法國人民今天分持兩大相反的論調，我對兩者雖有同情之處，也有反感之處，但總力求隱藏一己內心之好惡。假若讀者發現本書有一字一語旨在討好當今煽動全國人心的各大派別，或旨在阿諛當今削弱國力之各小派系，那麼我希望他們不吝對我高聲提出指責。

　　本書所欲探討的範圍本極廣泛，蓋世界新形勢所引起的觀感與理論，幾全包括其中。我自知個人力有不逮，所以書中論述，連我本人都不滿意。不過我雖然不能達到預定的目標，至少希望讀者能夠諒解我是基於拋磚引玉的精神來計畫，來動手寫這本書的。

第一部

美國知識界在行動上所受的民主影響

第一章
美國人的哲學方法

　　我以爲世界上最不注意哲學的文明國家，莫若美利堅合眾國了。美國人沒有自己的哲學學派。歐洲有許多哲學派別，但美國人很少理會這些學派，甚至連名字都沒有聽過。

　　不過我們也很容易看出來，美利堅合眾國的所有人民，在思想運用的方式上，幾乎人人一樣，他們思想的傾向也是依據同一法則。這就是說，他們雖不理會這些法則的定義，但他們大家有一個相同的哲學方法。

　　擺脫制度、習慣、家規、階級主見的束縛，甚至多少擺脫民族偏見的束縛；把傳統認爲只是可供參考的工具，而以現存的事實作爲破舊立新的根據；親自探求事理；打破形式，深入本質——這一切就是美國人的哲學方法的主要本質。

　　如果從這些本質中再一步去尋出一個足以概括一切的最主要的本質，就知道每一個美國人運用思想的時候，大多數只是本諸其一己的理性、盡其個人的努力。

　　因之，美國這個國家最不研究笛卡兒的學說，可是處處都在實行笛卡兒的學說，這也沒有什麼可議之處。美國人不讀笛卡兒的著作，是因爲他們的社會環境不容許他們去作純理論的研究，至於遵循笛卡兒的學說，則是因爲這個同一的社會環境很自然地驅使他們去奉行這種學說。

　　民主社團所由形成的一個運動，在其連續運行的過程中，上一代和下一代的聯繫逐漸鬆弛甚或斷絕，一個人對於自己祖先的觀點，不但毫無所知，而且根本不加重視。

　　在這種社會形態之下，人不能純憑本身所屬階級的觀點，去尋出自己的信條，何況許多階級已經不存在，至於尚存一些階級，其成分也只是一些動盪不定分子，階級組織已經沒有力量來眞正控制本身的成員。

　　在這樣的國家裡，一個人的智力對於另一個人的智力，也是沒有什麼影響的，因爲全國公民完全處於平等地位，人人所作所爲，大家看得清清楚楚，既然沒有一個人能夠唯我獨尊，大家自不免時時以自己的理性，作爲眞理最明顯最方便的源泉。大家不但不信任某一個人的觀念，

甚至不相信任一個人有什麼權威。人人都以自己的理性爲出發點，用一己的理性來判斷外在的世界。

　　美國人遵循了這種實踐路線後，就養成了其他的習慣，完全依照他們自己的理解來建立判斷的標準。他們體會到，現實生活中時常出現一些小困難都能不靠他人援助而純由自己圓滿解決，則世界上的一切事物，在他們看來，自然都是有一個道理可以解釋的，任何事物，也都不會超出理解的範圍。於是，他們開始否定一切自己所不能理解的東西，結果他們對於非凡離奇的東西全不信任，對於超自然的東西，更是幾乎到了表示厭惡的地步。他們日久成習，只相信自己所尋出來的證據，所以對於一切本身所注意的事物，都要明明白白地探求其眞相。因此，他們盡量揭開一切事物的表層，剷除遮擋眞相的一切障礙，打破掩蔽事實的一切蓋子，以使眞相大白，事實彰顯。他們一旦有了這種觀念，就轉而斥責形式，因爲他們認爲形式正是他們與眞相間的一層無用且可厭的隔膜。

　　於是美國人用不著從書本上去尋什麼哲學方法。他們自己已經尋出了這個方法。其實歐洲也曾經有過同樣的情形。歐洲的社會形態出現一種比以前更平等的現象，同時人人越來越無區分的時候，這個方法也就確定了，普遍了。談到這裡，我們不妨檢討一下歐洲發生這種變化過程中幾個時期的關連。

　　16世紀的時候，歐洲革新派開始用私人觀點來嚴格估評舊宗教的一些教條，但對於其餘的教條，仍未予公開評論。到了17世紀，英國哲學家培根和法國哲學家笛卡兒分別在自然科學和哲學方面否定了一般所公認的定則，打破了傳統的束縛，並推翻了各個學派的權威地位。18世紀的哲學家終於普遍遵循上述原則，開始對自己所信仰的一切東西都加以私人的判斷。

　　馬丁路德、笛卡兒、伏爾泰都是採取同樣的方法，只是在運用上彼此有多少出入，這是大家曉得的。爲什麼革新派只是專在宗教觀念的圈子裡探討呢？爲什麼笛卡兒說人類只可以在哲學方面而不可以在政治方面運用自己的判斷呢？（笛卡兒的方法是可以援用到一切事物的，可是他只肯援用於特定的一些問題。）爲什麼到了18世紀，笛卡兒以及前人所未曾覺察到或不肯採用的方法，忽然一下子爲大家所接納而援用到一切問題上去呢？其次，爲什麼在這個時期，我們所說的這個方法突然由各學派發揚光大，進而深入社會並成爲知識界的共同準則呢？爲什麼等到

它在法國普遍通行以後，歐洲其他國家也卒於表面採納或暗中遵行呢？

上面所指出的哲學方法可能在 16 世紀已經產生，在 17 世紀則有了更確切的定義並更廣泛的被運用，但不論 16 世紀也好，17 世紀也好，它都未能普遍盛行，因爲當時的政治法律與社會形態以及由此產生的觀念習慣，都是跟這種哲學方法對立的。

人類開始求取地位上的平等並趨於平等的時候，才發現這種哲學方法。只有到了大家幾乎平等和整個人類幾乎無高低之分的時代，這種方法才能獲得普遍的奉行。

因之，18世紀的哲學方法，並不是法國獨有的，而是全民性的。這也就是它在歐洲爲什麼能夠風行而終於使社會面貌一新的原因。法國人所以震動世界，絕不是因爲他們改變了從前的觀點和摒棄了從前的態度，而是因爲他們乃是第一個把這個方法掘出來並加以普遍採納的民族。有了這個方法，就可以容易地攻擊一切舊東西，並爲一切新的東西鋪下一條平坦大道。

如果有人問：爲什麼今天法國人比美國人更嚴格地遵行也更經常地實踐這個方法呢？美國人的平等原則不是絕不比法國人差，而且比法國人還要久遠麼？我們的答覆是：這是由兩個環境所造成的。這一點我們必須首先認識清楚。

我們必須記住，英美的社會是由宗教產生的。在美國而論，宗教跟整個民族的習俗及愛國的觀念交織一起，所以宗教變成了一個特殊的力量。可是宗教在美國有其自己的範圍。宗教機構在美國完全是跟政治機構分開的，所以從前的法則很容易可以改變，而原有的信仰仍舊屹立不倒。因此，基督教在美國民間仍保有堅固的據點。我不妨特別說明，美國人不但受一個經過一番探究之後才予採納的哲學學說所支配，而且還受一個大家無須研討即一致信仰的宗教的支配。在美國，基督教的派別有許許多多，而且一直在變化，但基督教本身則爲一個根深蒂固無可抗拒的的事實，既無人對之抨擊，也無人替它維護。美國人對於基督教的基本教義毫不置疑。他們接受教義，也接受由宗教而產生以及與宗教教義有關的一切道德方面的眞理。因此，個人的思疑只限於狹窄的範圍，許多最重要的意見都不牽涉到宗教方面。

第二個環境是：美國人的社會形態和憲法都是民主的，但是美國人從沒有經過一次民主的革命。他們當年到達這片土地的時候，情形仍跟我們今天在美國所看見的情形差不多。這一點是相當重要的。

　　革命必然震撼原有的信仰，削弱當權者的力量，並對一般已經確立的觀點表示懷疑。每次革命發生，多少都會使人依一己的心情來採取行動，也替每一個人的心境開闢了一片無際的遠景。舊社會各階級間的長期矛盾一旦消滅而換上了人人地位平等的形態時，嫉、恨、無情、自尊、與過分的自信勢必一起湧上心頭，而大家在一個短暫的時期，也都受了它們的支配。於是，一個根本與平等無關的分界線，就在人與人之間建立起來，大家都不相信別人的判斷，除了向自己的內心探求眞理外，絕不向別人討求眞理。結果所至，每人只力求作自己的導師，並以自己對於任何問題都有主見爲榮。於是，人不能靠意見而結合，而變成只有利害關係的結合，好像人類的意見都變成了心智的灰塵，飄散四方，既不能集在一起，也不能結合爲一體。

　　因此，在平等開始建立之時，以及在平等建立完成的那段艱苦過程中，心境的獨立感強烈到無以復加，也發展到過分的程度。平等本須以心境的獨立感爲支往，但革命所造成的這種無政府狀態，跟平等所容許的思想自由，應該是不能混爲一談的。兩者必須分開來論，才不致於對未來期望過高或恐懼過甚。

　　我相信，在社會新形態下過生活的人，必然會時時運用其私人的判斷，但我認爲他們不會時時濫用判斷。我這樣說，是基於一個原因。這個原因在民主國家裡較爲普遍。這個原因最終必然把個人的思想自由限於特定的，甚至狹窄的範圍

　　我將在下一章裡指出這個原因。

第二章
民主國家的信念的主要源泉

教條信念在各個時代都是大同小異的。它產生的方式不盡相同，也可能隨時改變其目標與形式，但不論環境如何變化，教條信念絕不會消失。換句話說，人類對於某些意見不加研討即完全相信的情形，是永遠存在的。假若每人都訂出自己的意見並完全靠自己個人開闢的蹊徑來尋求眞理，則決不會有很多人肯在一個共同的信念下團結在一起。

一個社會要是沒有這種共同的信念，就不會欣欣向榮，這是很顯然的事。我們甚至不妨說，一個沒有信念的社會根本不能存在，因爲沒有共同信念，就不會有共同的行動。沒有共同行動的社會雖然仍舊有人，但不會有社會的機構。一個社會要生存，必須它的全體公民在心智方面能夠在某一個有控制力的概念下團結一致振作起來，至於這個社會要進一步求繁榮，就更不必說了。要產生這種現象，必須社會裡的每一個人肯時時從同一的源泉去汲取自己的觀點，並同意接納某些已經形成的信念。

縱使人人孤立自處，我們仍可以發現他還是需要教條信念才能獨自生活。這種情形，跟他需要教條信念來同別人合作，並無二致。假若一個人事事要憑自己探討出來的眞理來進行，那麼他的工作將永無完了的一天。他還沒有度過試驗的階段，就已經筋疲力盡了。人生非常短促，個人不但時間有限，智力與能力也極有限，絕不容那麼做，所以一個人終不免要相信許多早經智者能者探討出來或爲大眾所接受的事實與意見，因爲他自己一個人是沒有力量和時間去親自求證的。他只有根據已經確立的基礎去建立自己的思想體系。這並非他自願如此受人領導，而實在是限於本身不可抗的條件。哲學家要是不相信別人所發現的無數事物並接納別人所確定的無數眞理，而事事純憑自己求證，則世界上連一個偉大的哲學家也產生不出來。

共同信念不但是必要的，也是應該有的。一個人樣樣事如果都要親自去探個究竟，則他花在每件事的時間和精力必非常有限。他的腦筋將永遠沒有休息，結果就不能進入任何眞理的深處，或對於任何已經確定了的事有堅強的信念。他的智能將立時變成主觀的，軟弱無力的。因

此，一個人必須從人類所已經確信的許多事物中作一抉擇，並採納許多別人的意見而不再予置疑，然後才能進一步從他自己所預備探究的那個小範圍去求取更佳的東西。不錯，一個人要是接受了別人的意見，他的思想就受役於人，不過這是可敬的奴役。他肯如此、才能好好地運用他的自由。

因之，不管是在哪一種環境下，道德與知識方面多多少少離不開權威的原則。權威原則所佔的地位變化無定，但必有它的地位，則無疑問。個人意念的主觀成分可能多少不一，但總不能完全是主觀而不受他人意見的束縛。由此而論，在一個民主的時代裡，問題不在於知識方面的權威是否存在，而在於它究竟存在何處，並且用什麼標準來對它作一估計。

我在前一章曾經說明，社會地位的平等使人類在本能上不相信超自然的東西，並使人類對於自己的理解，產生了一種極崇高甚至過分的評價。在社會平等的時代，人是不會把自己所信從的知識權威列入超人範圍的。他們汲取真理的源泉，就是自己或和自己相似的人。在這個時代，新的宗教絕不可能生根，若有人想創立什麼新宗教，必然被人認為是邪惡的、荒謬的、不合理的。我們可以預料得到：一個民主的民族是不會輕易相信什麼神授論的。這個民族對於現代的先知，也必然加以嘲笑。這個民族必然從人類本身，而不是從超人的範圍，去尋求自己的信仰主宰。

要是社會各階層沒有平等，要是大家在社會地位上彼此不同，那麼就有些人會利用其高人一等的智力、學識、與教化來發揮權力，而一般大眾則淪於無知之境，並聽任偏見的擺佈。貴族政制下的人民會自然而然地以某一個高高在上的人或某一個高高在上的階級所定下的標準，作為自己的意見的標準。他們絕不肯承認大眾是不會錯的。

到了平等的時代，這種情形就反過來了。大家越接近平等相同的水平，每個人就越不易無條件的去信從某一個人或某一階級，而越來越願意信任大眾了。大眾的意見變成了統治著。在一個民主的國家裡，大眾的意見不但成為私人判斷的唯一準則，而且對這個民族具有無比的權力。在平等的時代，人人彼此相似，所以不會彼此信從，但正因為人人彼此相似，所以大家對於大眾所作出的判斷才有無限的信心。每個人既然具備了判斷的能力，則較多的人所作出的判斷含有較多的真理，自是可能的。

　　一個在民主國家居住的人把自己跟周圍的同胞一比，就覺得自己並不比任何人差，於是產生了自負之感。可是他估量到同胞的整體並把自己跟那麼龐大的一個整體比較的時候，又會立時感覺到自己的微不足道與脆弱。原先使他在群眾之中產生一己主見的那個本質，現在又使他孤零零地不能不受群眾的影響。因之，在一個民主的民族裡，大眾握著貴族制度國家所難以想像的奇妙權力。它並不強求一個人來信從大眾的信念，但它可以把大眾的信念注到每一個人的思想裡去，用群眾思想所發揮出來的龐大力量去壓倒個人的智力。

　　在美國，「多數」總是替「個人」提供了無數現成的意見，所以個人就無須另去想出自己的意見了。美國的每一個人都採納多數人所制定的哲學、道德、與政治理論；他相信大眾而不予置疑。我們要是仔細觀察，就知道宗教在美國並不是被人看做神的教條，而是被視為一種大家所共同接受的意見。

　　美國政治法律的本質，是多數對於一個社團具有最高的統治支配權。光是這一點，就已經使多數支配個人思想的力量，大為增加。依常理來說，一個人總認為那個壓迫自己的人在智力上要比自己高一等。在美國，多數既然在政治方面是全能的，那麼有了這種全能力量為後盾的輿論，自然就更有支配個人的力量。不過輿論力量的基礎，並不是建立在這種全能力量上面的。平等原則的本身，才是輿論力量的基礎，至於人在平等生活下所可能組織而多少受大家擁護的種種機構，並不是力量的基礎。在一個由君主治理的民主民族裡，多數人在思想方面的支配權，也許不及一個純民主的國家，不過仍然是絕對性的。在平等的時代裡，人類不管受哪一種政治法律管制，都必然把「信任輿論」當為一種宗教的信念，把多數當為先知。這是可以斷言的。

　　因之，思想方面的權威將來可能不同，但絕不會式微。我不但認為思想方面的權威不會消失，而且預言它將居於優越的地位，把私人的判斷限於更狹小的範圍，比他為達求崇高與幸福而應有的範圍更小。我清楚地看出來平等的原則有兩個趨勢：一個是把每一個人的心力導向從未經過考驗的思想方面，另一個是禁止人思想。我也看出來，在某些法律的支配下，對民主社會狀態有利的那種心境上的自由，也將被民主主義所熄滅。因此，人類的心境打破了過去等級的與人為的一切束縛後，又將緊緊地被最大多數人的大眾意志所束縛。

　　假若民主國家捨棄多數的絕對權，而又換上過去一度過分阻礙個人

心智發展的種種威權，那麼只是換上一個性質不同的邪惡而已。若是眞的那麼做，人人將無法過獨立的生活，而終將發現自己已經淪於一種新的奴役狀態，雖然要發現這一點，也不是易事。因之，我不免要在這裡再強調一遍，凡認思想自由爲神聖並且痛恨專制君主兼痛恨專制主義的人，應該對此加以深思。就我而言，我感到權力之手重重地壓在眉睫的時候，我從不理是誰在壓迫我，而還是欣然順從，因爲這是百萬人向我伸出來的手。

第三章

何以美國人比其祖先更喜好
一般性的概念

上帝並沒有把人類當作一個集團來看待。他向所有人類放眼一看，就看出了每個人和全人類的相像點和不同點，所以上帝用不著什麼一般性的概念。這就是說，上帝沒有必要去搜集很多同一形態的相似物件，以供思想的重要參考。

人就跟上帝不一樣了。假若人要把眼前每一件事都做個判斷，必因其細節的錯綜複雜而走入歧途，最後是什麼也看不見。人因為受了這項限制，所以就要依賴一種不完善而又必要的權宜辦法。這個辦法表現出了人的弱點，但也補救了人的弱點。

人把一些東西作了表面上的觀察並認出它們的相似點後，就給它們冠上一個共同的名稱，把它們擱在一邊，再繼續進行別的工作。

一般性的概念並不是人類心智強的證明，反而是人類心智不足的證明，因為在自然界中，絕沒有兩個完全相同的實體，絕沒有兩個一模一樣的實體，也絕沒有一個法則可以同時毫無差別地援用於幾個物體。一般性概念的主要好處，就是讓人可以一下子對許多物體作個迅速的判斷，可是一般性概念所定出來的見解是不完整的，雖然使人增進了一些理解力，也使人喪失了思想上的準確性。

社會團體隨著文明而進步的時候，不斷從新的事實得到知識，每天幾乎都在不知不覺之間接觸到一些特殊的真理。一個人得到這類的真理越多，就越易定下一般性的概念。人要是不能從無數個別的事實中去尋出它們的共同相連點，就無法看出它們個別的本質。幾個個別的事可以引出一「種概念」（species），幾個「種概念」又可以產生「類概念」（genus）。因此，一個具有悠久文化與廣泛知識的民族，在習慣上和愛好上必然是最傾向於一般性概念的民族。

不過，人類不得不把各種意念綜合為一般性的概念，或不能把各種意念綜合為一般性的概念，都還有別的原因。

美國人比英國人更喜運用一般性概念，也更欣賞一般性概念。乍看

之下，這是很奇特的，因爲兩個民族本是同源同種，在同樣的法律下生活了好多個世紀，並且一直到今天，彼此間仍不斷來往交換意見。如果我們注意到自己這個地區（歐洲）並把這個地區兩個最開明的民族（英法）作一比較，就更覺得英美間的對照是驚人的。英國人的思想似乎只有在極勉強、極不願意的情形下，才肯放下其對於個別事實的觀察，才肯追溯到各個事實的因果關係。英國人只在不知不覺之間產生了一般性的概念。反之，法國人對於一般性概念的愛好卻似乎熱烈到了極點，不管遇到什麼事情都要用一般性的概念來解釋。我每天一早起來，總聽到他們又發現了什麼一般性永久性的定律，而這些定律都是我以前聞所未聞的。甚至極平凡的小作家都個個想探出一些足以治國的眞理；他要是不能在一篇論文之內把全人類都寫盡，就絕不會心滿意足。

　　這兩個極開明的國家竟如此不同，實在令我驚奇。我們如果再轉頭來看英國並觀察過去50年英國國內所發生的事情，就不難知道英國人對於一般性概念的愛好，也已經隨著其古舊憲法的式微而增長了。

　　因之，光從文明的狀態去解釋人爲什麼喜愛或不喜愛一般性概念，還是不夠的。

　　人的地位極不平等而這種不平等形態又是永久存在的時候，人與人之間就越來越不同，到了最後，每一個階級都產生了本身的顯著特徵。在那麼多階級之中，只有一個階級是大家所同時看得見的。在這種情況下，人的觀察力必然忽略了人類整體所互相聯繫之共同點，忽略了一般的人，而只注意某一些人。因之，在貴族政治的社會裡，人們從不會產生有關本身的一般性概念，久而久之，甚至在習慣上不相信一般性概念，在本能上厭惡一般性概念。

　　反之，民主國家的人看見周圍的人們在各方面都沒有什麼大不同的地方，所以他的思想不能專注意到人類的某一個部分，而一定要擴大思想境界，一直擴大到包括整體爲止。在他看來，凡是可以援用於他自身的一切眞理，就同樣的或相似的可以援用於他的同胞和其他所有的人。他一旦在自己最感興趣並花了最多心血去研究的範圍內染上了這種習慣，就會在其他一切行爲上同樣有這種習慣。於是，他的心境產生了一種熱烈的甚至不自覺的慾望，這個慾望就是要把許多物體都歸納到同一原則之下，並用單一的緣由去解釋無數的事實。

　　古代人民對於奴隸的看法，最足以說明我這個論點。人本是相同的，每個人生下來就有自由的權利，這本是公認的事實，可謂最簡單不

過了。然而，在羅馬、希臘時代，縱是最明智最有氣量的人，也不會持這種看法。他們企圖用種種理由來證明奴隸制度是自然的法則，並認定奴隸制度將永遠存在。這還不算，甚至身受其害的古代許多奴隸，在未解放之前，也認爲奴隸制度是必然的，光從他們自己流傳下來的許多名著中，就可以看出這一點。

古代的名作家盡屬於貴族統治階級。他們覺得貴族制度是已經公認了的，無可非議的。他們的思想範疇曾經在幾個方面大爲擴伸，可是就是在貴族制度這一方面未能擴伸，所以最後才要籍耶穌降生的故事來教導大家，使大家明白人類是天生平等的，天生相同的。

到了平等的時代，人人須互相依靠，人人變得孤立、脆弱。大眾的行動本不是永遠由幾個人來決定和指導的，所以人類到了這個時代就好像永遠要比現狀還走前一步。人爲了解釋世間的現象，不得不追究天地萬物跟人類同樣殊途同歸的重大原因。這樣追究成習後，人在思想上更容易傾向於一般性的概念，也喜歡一般性的概念。

我曾經說明人人地位平等的時候，每一個人就喜親自追查眞理。我們不難看出來，每個人如此而爲之後，人類在思想上就必然傾向於一般性的概念。等級、職業、與家世之分可以完全摒棄，先例的權威可以拋諸腦後而純憑一己的理智去尋出自己的一條路之後，則一個人的意見，必以人性本身爲出發點，而結果必然是幾乎在不知不覺之中，就採納了許多極普通的見解。

上面所講的，無非是要說明英國人爲什麼不及同種同源的美國人那麼喜好一般性的概念，爲什麼更不及毗鄰的法國人那麼喜好一般性的概念，又爲什麼現代的英國人比自己的祖先喜好一般性的概念。

英國人長期以來一直是個極開明而又極專制的民族。他們開明，所以須不斷求取一般性的概念。他們有專制的習慣，所以又牢守著獨有的範圍。因之，英國人的哲學過去是既大膽又怯懦，既豁達又狹窄。直到今天，許多人還受著這種哲學的影響而在思想上停滯不前。

幾乎每一個民主民族都喜愛一般性概念，甚至熱烈求取一般性概念。他們所以如此，除了我上面所說的原因外，還有其他不大顯著，但卻同樣有力的原因。一般性的概念在本質上也是有區別的，我們必須認識清楚。有的概念是經過腦力的慢慢運用與細密分析的結果；人類的知識境界能夠擴大，是靠這一類的概念。有的概念只是才智的突然觸發，所產生的見解都是非常膚淺而站不住腳的。

　　人類平等的時代，人人都充滿好奇心，但空閒的時間極少。他們的生活都現實、雜亂、緊張、活躍得連思想的時間都沒有。人在這種狀況下就易於接一般性的概念，因為他對於各別的事物都懶得去研究了。我不妨說，他們在一個小範圍要容納許多東西，在一個短時期要想得到大收穫。他們作了一次簡單和漫不經心的調查即認為已經發現了某些物與物間的關連點之後，就停下不再調查，也不再詳細研究這幾個物質異同的程度，而即匆匆忙忙地將它們歸為一類，以便著手做第二件事。

　　民主時代的特徵之一，是大家都想不勞而獲，同時都喜眼前的享樂。知識分子如此，其他的人也是如此。平等時代下的人，有一大部分都抱負不淺，但作風則是又機警又懶惰。他們想事半功倍，不願意多花心血精力。這種矛盾的傾向使他們乾脆只追求一般性的概念，並且自認為可以憑藉一般性的概念來繪出種種物體的輪廓，不必費什麼功夫就可以引起大眾的注意。

　　我不感肯定他們這種想法是錯的，因為他們的讀者也跟他一樣，不願對任何事物作歸根結底的調查。他們的讀者所期望的，是不必費力就可以得到的安樂與知識。

　　反之，假若貴族國家不充分利用一般性的概念，或時時輕率地蔑視一般性概念，則民主的人民定將把這種概念推行得過分，定將不問後果熱烈採納這種概念。

第四章

爲什麼美國人從不像法國人那樣熱烈追求政治上的一般性概念

我曾經指出，美國人愛好一般性的概念，比法國人要差一層。這種情形在政治方面尤爲顯著。

美國雖然在立法方面採納一般性概念要比英國人多了許多，同時比英國人更著重於實踐與理論的配合，但美國的所有政治機構，決沒有一個像法國的國民議會和制憲會議那麼喜愛一般性概念。不管是在哪一個時代，美國人從不像18世紀的法國人那樣狂熱喜愛一般性概念。他們對於一個理論的價值和絕對正確性，也不肯盲目地遽予相信。

美法民族在這一方面的不同，係導源於幾項原因，但主要的原因只有一個。美國這個民主的民族一直都是由自己來管理公眾的事務；法國這個民主的民族則在一個長久的期間內對於如何管理公眾的事務，只能紛紛提出議論而已。法國人所處的社會環境使他們對於「政府」這個問題，想出了一些極爲普通的概念，但他們受了政治體制的限制，不能憑一次一次的實驗去矯正他們的概念，並慢慢地去探討各項概念的缺點。美國則不然，因爲美國的政治體制和人民的概念是不斷互相牽制平衡的，互相矯正對方的短處的。

驟視之下，這所說的跟我以前所講的，大相逕庭，因爲我以前說過民主國家之所以愛好理論，是由於它們的生活勃勃有生氣，有刺激所致。其實我們要是作深入的研究，就知道我前後所言，並無矛盾之處。

民主國家的人民極欲求取一般性概念，是因爲他們空閒的時間極少，只要得到了一般性的概念，就可以免得自己再在特殊的問題上費一番研究的功夫。這固然是事實，不過我們要知道，他們所不願詳細探究的那些問題，都是平時與他們無切身關係或他們在習慣上不願去探討的問題。例如，商人渴望得到有關哲學、政治、科學或藝術方面的一般性概念，但一旦涉及商業問題時，他們可就不會不加詳細探討或毫無保留地去接受一般性的概念。同樣的，政治家對於有關政治的一般性概念，也不會未加探究便接受的。

　　因之，民主國家的人民對於某一項問題假若完全盲目地耽溺於一般性的概念，唯一的矯正辦法只有使這項問題跟他們發生日常的切身關係。這樣一來，他們就不能不進一步探研細節，結果就會發現其先前所持理論的缺點所在。這樣的矯正辦法也多是痛楚的，但它的效果卻是肯定的。

　　平等原則實現以後，大家就不免過分喜好一般性的政治理論。民主機構所以強迫一個公民實際參加政府的事務，不外是要產生節制的作用，免得大家過分喜好一般性的概念。

第五章
宗教在美國何以有民主傾向

　　我以前曾經說過，人要是沒有教條信仰，是活不下去的，這種信仰實有存在的必要。現在我要補充一句，在各種教條信仰之中，我認為最有必要的是宗教方面的教條信仰。你只須想到世界上的一切活動而不必向更高的方面去想，就明白這項論斷了。

　　人的任何行動不管多麼奇特，都是從人對於神的看法、人對自己同類間關係的看法、人對於自己靈魂的本質的看法、人對於本身向人類應盡責任的看法等等概念引起的。人間其他一切，也都以這些概念為源泉，絕非任何事物所能制止。因此，人類對於上帝、對於靈魂、對於人類向造物主應盡的一般義務、對於同類應盡的責任等問題，都渴望得到一些可以固定不變的概念。假若人類對於這幾個最主要的問題都把握不定，那麼一切行動將無所本，結果人類就淪於混亂無能之境。

　　由此觀之，我們每一個人最重要的事，就是要有固定的概念。然而不幸的是，這正是我們每一個人極難單憑一己理性而遽下論斷的課題。只有不受日常生活煩惱並受過思想訓練而善於洞察入微的人，經過長期精細思考後，才能探到這些真理的深處。我們知道，甚至哲學家幾乎都一直處於思疑不定的境地；他們每向前深入一步，射在他們道路上的那道自然之光就更黯淡，更微弱。他們雖然盡了一切力量，但迄今只探求到幾個互相矛盾的概念，而人類的思想幾千年來就一直在這幾個概念上盪來盪去，始終沒有堅定把握到真理或發現了什麼新奇之點，甚至發覺了它們的一些錯誤時，也談不上有新奇之處。這一類的研究工作，本來遠非一般平凡人所能勝任的。退一步說，即使大眾都有能力來進行這種研究，他們顯然仍沒有餘暇深入探討。

　　有關上帝與人性的固定概念，是人類日常生活中絕對少不了的要素，可是人類又為了生活，以致不能把握到這些概念。

　　這似乎是個空前的難題。我們知道，科學之中，有的對人類大眾有用，也為大眾所能理解，有的則只能由少數人來研究而非大眾所能理解。大眾對於科學，除了期望將來對己有用外，別無他求。可是我這所

提到的一種關於日常生活準則的科學，則是大眾所無法研究、可是又為大眾所絕對不可少的。

有關上帝和人性的概念，是各種概念中最應當袪除私人判斷而只能接受權威者論斷的一種概念。喜歡依據一己的判斷來建立概念，本是人類的習慣行為，但我們談到有關上帝和人性的概念時，假若肯接受權威者的論斷，卻是有百利而無一弊的。

宗教的首要目標和主要好處之一，就是對於各個基本的問題，能夠替人類大眾提出一項明確、易於了解、和永久性的解決方案。有的宗教固然虛偽而且極端荒謬，不過任何一種宗教假若肯限於我先前所提到的那個範疇內，而不力圖走出範疇以外（須知世間有許多宗教為了全面束縛人類自由思想，確是力圖走出其本身應有的範疇的），則對於人類的智力，都能夠產生一種令人欽仰的束縛作用。我們也必須承認，這種不超越本身應有範疇的宗教，縱使不能使人類進入另一個美好的世界，至少可以幫忙人類在這個世界得到快樂，兼發揮人的偉大本質。

自由國土內的人民，尤其是這種情形。一個自由民族的宗教被摧毀的時候，高級知識分子必遲疑不知所措，其餘知識分子也將像半身不遂的人無能為力。於是每個人對於自己以及同類所最關切的問題，將莫知所從，因為他所聽到的，盡是令人迷亂和莫衷一是的言論。到了這時，他自己的觀點開始立不穩而易於放棄。他既無辦法獨自解答有關人類命運的難題，則絕望之餘，只有自暴自棄，根本不再去想這些問題。

到了這種地步，靈魂的力量開始衰退，意志力的源泉開始乾枯，整個民族將隨時進入奴役狀態。一個民族淪於這種境地後，不但會任憑自己的自由被奪取，而且往往自甘獻出自由。宗教一旦像政治一樣沒有權威法則的時候，事事將毫不受限制，人人將驚惶不定，大家在周圍事物的不斷激盪之下，必然害怕而弄到心勞力拙。精神方面既然樣樣不知所措，則大家必然認為社會機構方面至少應該堅強穩定。大家既然不能恢復過去的信仰，於是乃以主宰自居。

人類是否能夠不要宗教又能同時享受政治自由，我認為值得懷疑。我以為人若是沒有信仰，必然是受治者。人要自由，必須有信仰。

在平等高於一切的那些國家裡，更可以顯出宗教的重大作用。我們必須承認，平等雖然替這個世界帶來了重大的利益，但也使人類養成了一些極危險的脾性（關於這一點，將另予詳論）。平等使人與人彼此孤立，使每一個人只顧到自己，使人的心靈過分嚮往於物質的滿足。

　　宗教最大的好處，就是帶來了完全相反的原則。沒有一個宗教不是把現世的繁華視爲次要，而把人類眞正追求的目標置爲首要的。沒有一個宗教不是把五官的享受視爲次要，而把靈魂視爲首要的。也沒有一個宗教不規定一個人對於人類有其應盡的責任，不能時時刻刻專顧到自己的。甚至最虛僞最危險的宗教，都是如此。

　　因此，宗教氣氛濃厚的國家，其堅強處適可以彌補民主的弱點。這也更說明人類越平等，越有維護宗教的必要。

　　上帝利用超自然的手段把宗教注入人心。我對於這種手段，既無權批評，亦無意檢討。我現在只是完全從人的觀點去看一切宗教，我的目的，只在於探討人類在進入民主時代之際，宗教應該用什麼方法才能輕易保持其本身的影響力。

　　事實證明在文化發達與人人平等的時代，武斷的理論是打不進人心的，只有談及心靈方面的問題時，武斷的理論才勉強被人接納。這說明宗教爲什麼到了這種時代，本身必須比平時更加謹愼，務必把自己的活動限於本身的範疇；如果企圖把一己力量施展到宗教範圍以外，必招致危險，反而可能令人根本不相信宗教。因此，宗教對於自己一直束縛人類智力發展的企圖，應小心檢討，務使本身的企圖只能限於一個圈子，至於圈子外的一切，則應准許人類在思想上有自行發展的全部自由。

　　穆罕默德自稱從天而降，《可蘭經》內不但含有宗教教義，還有政治原理、民刑法則、和科學原理。反之，基督教只談人對上帝和人與人之間的關係，而不涉及其他。光是這一點，已足以證明這兩個宗教之中，前者在一個高度文化與民主的時代裡，是絕對不能長期居於控制地位的，而後者則不論遇到任何時代，俱能永久保持其影響力。當然，除了這一點外，還有千百個其他理由，這裡無需列舉了。

　　由是觀之，我覺得從人世的觀點來看，各種宗教要在民主時代保持一己的權威，必須將其本身的活動嚴格限於精神方面的範圍，至於它們的權力究有多大，亦得視它們信仰的本質、信仰的形式、以及它們加諸教徒身上的教規爲定。

　　我在上面曾經提到，平等的現象使人產生了極廣泛的概念。這一點尤可以從宗教方面來體認。人在這個世界既然彼此平等、彼此相似，自然而然會認爲上帝係以同一的法則來管理世人，每一個人也將在同一的條件下從上帝那裡得到未來的幸福。人類的同一性引起了人們想到造物主同一性的概念。反之，在一個不平等的社會裡，人分成許多等級，於

是民族、社會身分、社會階級、家庭，都有彼此之分，大家自然而然認爲神也有多個；天國雖只有一個，通往天國的道路卻多得難以數計了。

　　基督教多少已感覺到社會與政治的情勢對於宗教的觀點有影響。這是無庸否認的事。

　　基督教當初問世時，世人無疑已有接納的準備，因爲上帝已經先把人類中很大一部分置於凱撒下。這一部分像廣大羊群般的人類，有種種互異的特點，但也有一個共同點：那就是他們遵守的法律是一樣的，而且他們跟帝王一比，無不個個顯得衰弱無力、微不足道，所以若是拿他們的條件跟帝王的條件一比，他們人人都是一樣的，平等得沒有高下之分的。人類有了這種異常的狀態，自然易於聽信基督教所傳播的一般眞理。基督教當時所以能迅速深入人心，也就是基於這個緣故。

　　羅馬帝國毀滅後，相反的狀態就出現了。當時的羅馬帝國土崩瓦解，先前受其統治的每一民族又恢復了原有的個性。這些民族的基層裡，不久出現了等級，種族與種族間的界限比前劃分得更清楚，而每一民族之內，也分爲幾個依身分而定的社會階級。當人類的社會似乎被盡量分爲許多碎塊的當時，基督教並沒有忽略本身帶給世人的那幾項主要概念，可是它顯然盡力傾向於人類社會分裂後所引起的新趨勢。人類還是照舊崇拜唯一的上帝，即唯一的造物主，但每個民族、每個城市、每一個人都想得到一些特殊的利益，都想從上帝那裡爭取恩寵。他們既不能把唯一的神分爲多個，只有把神的數目增加，把神的使者捧得特別高。於是，大多數的基督教徒把聖經和天使尊崇得如偶像一樣，一時弄得基督教本身有倒退到過去迷信時代之虞，而忘了它才把迷信打倒不久。

　　民族與民族間以及人與人間的界線消除得越多，人類的思想自然越會接受上帝唯一且全能的概念，認爲這個唯一的上帝正以平等的法律與同樣的方式，施諸每一個人。因此，在民主時代裡，世人對於聖徒等次要角色的敬仰，是絕不容與其唯一造物主的崇拜混爲一談的。

　　另一個明顯的事實是，在民主時代，宗教的表面崇拜儀式應該比任何時期減少才對。

　　我先前談到美國人的哲學方法時，曾經說明在一個平等的時代裡，大家心裡最厭惡的就是崇尚形式。平等時代的人最不喜外表，而且覺得形式是無聊的手段，作用不外是隱藏眞相，讓它不見陽光。大家並不把宗教儀式放在眼裡，對於有關公開崇拜的一切細節，也認爲是次要的。

　　凡在民主時代仍然斤斤計較宗教形式的人，應該先認清楚人的脾

性，免得跟大家作不必要的衝突。

形式可以使人默思抽象的真理，使人的心境可以熱烈而又堅強地相信這些真理，所以我肯定形式是有必要的。我同時認為一種宗教要是沒有外表的崇拜形式，就無法保持本身的存在。不過，我也相信在我們所踏入的這個時代，如果把宗教儀式無限度地增加，實是極危險的。儀式應該以僅堪維持宗教本身生存的限度為足，因為宗教本身才是主體，儀式只是外形。在人類越來越平等的時代；一個越來越注重細節與崇拜儀式的死板宗教，到了最後，其教徒必然只剩下一小撮的狂熱分子，至於大多數的人必然對它表示懷疑。

我知道一定有人會提出異議說，一切宗教都有一般的和永久的真理作為本身的目標，如果為適應每一時代的變動而改變自己的形式，則在世人看來，宗教無異可以放棄其所認定的必然原則。關於這種論調，我的答覆仍然是：宗教所由構成的主要理論（亦即神學所說的宗教信條），跟它們的附屬品是必須嚴格劃分的。所有宗教必須堅守其理論，而不管某一個時代有什麼特點，但是在一個事事發生變動的時期裡，在人類習慣於世事變動而不願把自己思想範疇限於一個固定觀點的時期裡，宗教就必須特別小心，不要使本身受到形式的束縛了。外表的和次要的東西，只在一個文明社會固定不變之時才能保留下去，在其他任何的情形下，我認為都是難予保存的。

由平等引起或因平等而孕育的諸種慾望中，有一種特別強烈的，便是求幸福的慾望。民主時代一個顯著而不可磨滅的特徵，是愛享受。

若有一種宗教企圖消滅這種根深蒂固的慾望，則到了最後，宗教本身反而極可能被這種慾望消滅。若一種宗教企圖要人類完全不去想現世一切美好的東西，以便用全部精力去追求超世的事物，則到了最後，人類定將在思想上逃避宗教的束縛，而完全沉淪於現世的和物質的享受。

宗教的主要目的，是要在人類特別喜好幸福的平等時代，去潔化並限制他們的慾望，免其發洩得過分。宗教如果想完全克服或消滅這種慾望，必將鑄成大錯。人類愛財的毛病是無法可治的，但人類可以接受勸告，明白財富應用正當的手段來求取，不能用其他手段來追求。

說到這裡，我要提出最後一個觀點。這個觀點也可以概括上面所提的各點。人類的生活條件越來越平等，大家越來越同化的時候，謹慎地置身塵外的宗教，就越勿與當代的觀念作不必要的對抗，或違反大眾的永久性利益，因為大眾的意見越來越成為現有諸種權力中最強大的力量

後，宗教是得不到外來的強力支持以抵抗本身所遭受的攻擊的。不管君主制的民主國家也好，共和制的民主國家也好，都是這種情形。在平等的時代裡，帝王也許可以時時令人民臣服，但大眾永遠可以支配信仰。因之，就大眾而論，他們所尊敬的，只是他們所眞正信仰的東西。

我在本書裡曾經說過，美國的宗教人士是不干涉俗事的。這是他們自知克制的最明顯例子，但並不是唯一的例子。在美國，宗教完全有自己明顯的領域。在這個領域裡，教士的權力高於一切；但他們永遠戰戰兢兢，絕不踏出領域一步。在這個領域之內，教士是思想的主宰，但在領域以外，教士就讓人們有絕對的自由，讓大家依其個人的本性與時代的本質，發揮其自主與動盪不定的本質。我在美國所見到的基督教；可說是各國中形式與禮儀最少而又更能表達出明確、簡單、和一般性概念的。美國的基督徒雖然分爲許多派，但是各派對宗教本身的看法卻是一樣。羅馬天主教和其他宗教，在美國也是如此。美國的天主教司鐸更不著重瑣細的宗教儀式，也不想利用什麼特殊的辦法來拯救人類，或斤斤計較教義的字義而不顧及教義的精神。美國天主教會於只拜天主不拜聖徒的規定能夠嚴格地傳播，也能夠獲得教徒的普遍遵守。美國的天主教徒還非常謙虛，非常誠懇。

美國各教會還有值得一提的一點。基督教的牧師並無意要人們集中心思去想另一個世界的事，寧可人們分心去照顧現世的事，並認爲現世一切美好的東西雖是次要的目標，仍不失其重要性。牧師自己從不參加生產，但對於生產的進展至少表示關切，而且從旁讚揚。他們雖不斷向世人指出另一個世界才是教徒所期望追求的大目標，但他們並不禁止教徒以正當的方式來追求俗世的榮華。他們絕不向世人指出來世與現世兩者間的不相容處，反而細心研究，看看兩者間有什麼最密切的聯繫。

美國宗教界人士不但一致認清多數人民在思想方面的無比威力，並一致予以尊重。他們絕不與之作不必要的對抗。他們不參加各界的爭辯、但準備隨時接受全國和這個時代所達成的意見。他們寧隨著當代思潮走而不與之對立。他們努力修正現代人的觀點，但絕不與之背道而馳。因此，輿論從不對他們採敵視態度，反而支持他們，保護他們。他們靠宗教本身內在的力量和大眾的意見所產生的力量，來維持宗教的威力。

宗教最可怕的敵手是個人自主的意向。假若宗教能夠尊重一切與本身並非絕對相反的民主潮流，並進而利用某些民主潮流來求取本身的目的，則它必能圓滿戰勝敵手。

第六章
羅馬天主教在美國的進展

　　美國是世界最民主的國家，但根據可信的報告，羅馬天主教在這個國家卻獲得了最大的進展。驟視之下，這是可異的現象。

　　人在本性上是有自己的意見的，可是人在本性上喜歡人類社會的統治權力是一元化的、大公無私的。這是我們首先必須認清的兩點。因此，民主時代的人最易於把一切宗教的權威全予排除，但在另一方面，假若他們願意順從這種權威的話，也必然選擇一種一元化的權威。凡是不由一個共同的中心發出來的宗教權力，在民主時代的人士看來，自然都是可厭的。他們認為宗教與其同時有好幾個，不如不要宗教。

　　在這個時代，羅馬天主教徒似乎比以前任何時代更不虔誠，而新教徒則紛紛改信天主教。關於這種現象，你如果從天主教會內部去看，好像是衰退，但要是從外界去看，又好像是天主教的進展。我們這個時代的人已經不接近宗教，不過他們一旦決定信教，就本能地不自覺地走向天主教。天主教的許多教義和教規令他們驚異，但他們內心卻欽佩天主教的紀律，更嚮往於天主教內部的團結。假若天主教能夠置身於政治恩怨之外（政治恩怨本來就是由它引起的），則我相信目前的時代精神雖然表面上極反對天主教，但對於天主教實將極為有利，並使天主教可以突然獲得重大進展。

　　人類智力上最大的弱點之一，是企圖調和相反的原則，並且不惜犧牲邏輯以求和平。因之，過去以及今後都會有人把一部分宗教信仰自行放棄以順從威權的原則，然後又要威權的原則准許自己保有另一部分的宗教信仰，以讓自己的心境在自由與順從之間飄盪不定。不過，我相信持取這種觀念的人，在民主的時代將比任何時代更少。我們的子孫必然越來越趨向分為兩大類：一類是完全脫離基督教，一類是重新皈依羅馬天主教。

第七章
民主國為什麼傾向汎神論

民主的民族在政治方面如何表現出其對於一般概念的愛好，我將待後論述。現在我要指出這種愛好在哲學方面所產生的主要影響。汎神論（panthcism）在我們這個時代大為抬頭，是無可否認的事。歐洲的一部分論著中，就帶著顯著的汎神論色彩。德國人把它注入哲學範疇，法國人把它注入文學部門。法國想像派的著作多半帶著萬有神教的色彩或含有汎神教的觀點，至少表明那些作家有趨於汎神論的傾向。我認為這不是偶然的，而實具有持久不變的原因。

社會的條件越來越平等、人人越來越無區分、個人越來越弱或越來越微不足道的時候，大家在習慣上開始不再重視公民，心目中只有整個民族，大家開始漠視個人，而只想到同族同類。這時候人類的思想範疇企圖包羅萬象，並想把無數的後果歸根於一個單一的原因。人在這個時候嚮往統一，追求統一；假若他認為已經尋到了統一的觀念，就心安理得地把它作為信仰。他覺得天地萬物悉由造物主一手創造之說有缺點。他看到萬物有基本的區分、所以他把上帝與宇宙視為同一的渾一體。

假若有一個哲學體系能夠指出世界的一切，不論物質的與非物質的，不論可見的與不可見的，都是一個大渾一體的部分，而只有那個大渾一體是絕對永久的，其他一切都繞著它不斷變化——假若有這樣一個哲學體系，那麼這個體系雖然否定了人的個性，對於民主國家的人仍具有吸引性；甚至其令人嚮往之處，也許正在於它否定了人的個性。民主國家的人，在思想習慣上已經使他們易於產生這種理論，易於接受這種理論。因之，這種哲學系統自然引起了他們的注意而令他們陶醉，因為它打破了思想的惰性，提高了思想的境界。

哲學借助各種不同體系來解釋宇宙。我認為在各種體系中，汎神論在民主時代是最足以誘導人的思想的。所有堅信人之偉大的人士，應該一致起而反對這種理論。

第八章
美國人因平等而產生善無止境的概念

　　平等使人產生了幾個絕不可能由其他因素而產生的概念，又改變了過去深存人心的一些概念。我現在舉出人類的完善性這個概念作例子，因爲這是人的主要概念之一，它本身就是哲學的一個大理論，人世間的一切行爲，都以這個概念作出發點

　　人跟猛獸雖然有許多相似點，但有一個特徵是人所獨有的。這就是人能夠改善，而猛獸則沒有改善的本領。人一開始就發現自己與猛獸之間有這種差別，所以完善性其實是一個老早就有的概念，跟世界本身一樣古老。這種概念並不是有了平等才孕育的，不過平等使這項概念有了新的本質。

　　一國的人民如果依據地位、職業或家世來區分等級，或者人人都要憑機會來決定一生的事業，那麼大家不免以爲人的能力的最高限度，不外是身邊的那些可見的東西，誰也不會起而反抗命運的註定律。貴族政治下的人民並不是沒有自求改善的本領，但他們不能無限度地發揮這種本領。他們有改善的想法，但無力去改變。他們憧憬著未來較佳的社會，但那個社會跟眼前的社會並無基本的不同。他們承認人類有進步，而且今後可能尚有進步，但他們又斷言人類有許多絕對無法超越的限度。

　　因之，他們並不以爲自己已經到了至美至善的境地，（哪一個民族或個人又敢狂妄地去想這種境界？）但認爲自己距離本身在天生缺點的限度下所能達到的那個偉大境界與智能境界，已經很近了。他們既然沒有外在的推動力量，於是心安理得地自我陶醉，認爲一切都已經很美滿。於是，立法者喜歡制定永久性的法則，帝王與國家喜歡建立不朽的紀念碑，這一代要替未來的世世代代人定下他們的命運。

　　一旦階級無上下之分，一旦社會的各個階級互相混雜，一旦人與人間的往來加劇，而禮儀、習俗與法律俱發生變化，一旦新的眞理被揭開，一旦舊的意見逐漸爲新的意見所取代，人人在心境就相對地產生了一種理想而又不固定的完善影像。到了這時，人人都感覺得出周圍的一切在不斷地變。有些人處境變壞了，於是他開始了解一個人不管如何有

知識都不能自認為永遠是無錯的。有些人處境變好了，於是他開始認清一個人天生有不斷改善求進的本領。受挫的人明白從來沒有人曾經尋到至善至美；成功的人興奮之餘，再繼續向前追求更大的成功。於是，大家永遠追求，時時仆下又爬起，時時失望而又不絕望，無休無止地一直向無限的偉大境界前進，但那個境界卻在整個人類迄未走完的長程中的最盡頭，而且是不能明晰地見到的。

　　無數的事實，都從人類可以達到至善至美境地的哲理而生。甚至終生只有行動而無思想的人，都不自知地在行動上來配合這個哲理，足見其影響之深巨，幾乎令人難以置信。

　　我曾經跟一名美國水手閒談，問他為什麼美國船隻在建造的設計上都不經久耐用。他隨口回答道，航海術進步一日千里，一艘船不管好到什麼程度，過了幾年也就不堪再用了。這種話出於一個未受過高深教育者之口，又是偶然為了一個專門的問題而說的，可知這個偉大的民族對於一切行業都具有普遍的和有系統的認識了。

　　專制國家易於限制人類求取至善的能力，民主國家則易於把它作過分的擴大。

第九章
民主國亦有科學文藝發展力

我們必須承認，在當代寥寥可數的文明國家中，美國在高級科學方面的進步是比較少的（編者按：本書寫於 100 多年前，其中所言，乃美國初立國時之情形），至於大藝術家、名詩人、大作家，在這個國家也特別少見。許多歐洲人看到這種情形，往往大表驚異，以為這是平等所造成的必然後果，甚至認為全球要是普遍建立民主社會和民主機構，人類的心靈之光將逐漸黯淡而終於陷入黑暗之境。

我認為這種看法，實是把幾個必須分開個別研討的概念混為一談，也就是無意中把民主跟美國所獨有的特徵混為一談。

美國初期移民所皈依的以及傳給後代的宗教，形式至為簡單，教規嚴格到幾乎是苛刻的程度，對於外表浮誇的儀式尤為反對。這樣的宗教，對於美術與文學的發展，自然是不適宜的。美國人本是一個古老開明的民族，他們到了一個新的無邊際的國土，就任憑自己自由的發展，肆意擴展。這是世界史上前所未有的現象。在美國，人人都有求取財富或增加財富的辦法，而這種辦法在世界其他地方是尋不到的。求得的意念非常強，本來喜歡從想像中去追求快樂或在智力方面勤勞不息的心境，這時候都受到追求財富意念的驅使。美國跟其他國家一樣，有製造業和商人，但美國全國人民都從事謀利的工商業，卻是別處所見不到的獨特現象了。

不過，我深信美國人既有祖先們遺留下來的自由與知識，再加上本身獨有的熱情，縱使不與外界接觸，不久也會發現他們絕不能單憑應用科學就可以一直進步，而必須繼續研究科學理論才有進步。他們自會發現一切藝術都是相輔相成以止於至善之境的。不管美國人如何一心一意為追求慾望方面的主要目標而努力不懈，他們不久仍將承認，最後要達到這個主要的目標，反須不時離開它遠些。

心境的快樂在文明人而言，是個極自然強烈的慾望；高度文明國家最不肯放棄其對於心境快樂的追求，並永遠有一批人在不斷進行探討。知識方面的渴望一經啟發，就會很快獲得滿足。當美國人只顧科學的實

用與如何把生活變得舒適的時候，充滿學術與文藝氣氛的歐洲已經一方面在探討眞理的共同源泉，另一方面全力改善一切足以滿足人生快樂與人類慾望的方法。

舊世界的各個先進民族中，有一個民族跟美國人最相近。這一個民族跟美國人同種同俗。美國人發現這個民族有卓越的科學家，有才華煥發的藝術家和超逸的作家，而且它的文化珍寶可以隨便讓大家欣賞而無須另予大力聚積才能見到。美國與歐洲之間雖隔著大洋，但我認爲兩者是分不開的。我認爲美國人民只是英國人民的一部分。這一部分以開發新世界的深山叢林爲己任，而其餘的部分則享受較清閒的生活，操作之勞較少，所以才能把精力用於思想方面、並從各方面擴大思想的範疇。

因此，美國人的處境是很特殊的，而且我們相信今後不會再有一個民主的民族有相似的處境。美國人所以特別著重純現實的事物，實有數不盡的原因，我上面所指出的，只是幾項最重要的而已。這幾項是：他們原是簡樸的清教徒；他們有獨特的商業習慣；他們所居的國土使他們注意力分散，而不能把思想集中於科學、文學、藝術的追求；同時他們與歐洲相距甚近，即使不追求這些東西，也不會淪於野蠻之境。美國人的情慾、需求、教育、以及其他一切，都牽著他傾向東面。光是宗教信仰，就已經使他不時轉過頭來，對著這個東方的天堂作一次匆忙和發狂的觀望。因此，我們不應把一切民主的民族看做都跟美國民族一樣，而應當根據各國民族本身的特點，來分別估量它們。

假設有一個民族完全沒有階級等別之分，法律上也不承認誰有什麼特權，民族的遺產由法律分爲同等的股份平均分配，可是人人既無知識，又無自由。又假設一個暴君爲了本身的利益計，特許臣民一律平等，可是他要他們全體愚昧無知，以便易於統治，使他們永遠爲奴隸。像這樣的平等民族，不但不能表現出其在科學、文學、藝術方面的才華與愛好，而且可能永遠無法抓住科學、文學、和藝術。像這樣的民族，其民族遺產將自然而然地一代一代逐漸趨於毀滅，絕不會有新的財產來補充。像這樣的民族，窮人既無知識與自由，自然不會想到要把自己提升到富足的境地，至於富人則聽任本身逐步沒落而終致淪於貧窮的境地，連防範的意念都不會有。一個社會如果只有這兩種人，則絕對的和無敵的平等定能早日奠立。沒有一個人有追求心境快樂的時間或愛好，人人都在同樣愚蠢和同爲奴役的境況下，淪於癱瘓的地步。

我一想到這樣的一個民主社會時，就好像自己住在其中的一間矮小

而昏暗的屋子，雖然外界有時會射入一道亮光，可是跟著就趨於微弱而終至消滅。我突然感到心境的沉重，在昏暗中四下摸索，希望尋到一處出口，好讓自己再吸到空氣，見到陽光。

可是上面的一切假設，並不適用於一個本已開明而又保有自由的民族。這個民族把某些個人或某些階級賴以永遠保有財產的那些特別繼承法廢除之後，仍保有本身的自由。

一個民主社會的人民如果是開明的，自然曉得自己可以不受任何限制，也沒有任何限制來規定他們必須安於現狀。他們個個都會想增加財富。假若他們有自由，自然個個都會全力一試，但成功的程度卻不盡相同。不錯，立法機構已不准人們有什麼特權，但上蒼還是准許人們有特權的。人在智能上既然沒有平等之一說，則大家只利用一己的智力來求取財富，其所得的收穫就已經不平等了。

法律雖然使富足之家不能世世代代傳下去，但並未規定富人不准存在。人類時常想逃避平等，法律雖然時常把人類拉回到大家完全平等的境地，但是大家的知識越普遍，自由越增加，財富上的不平等就跟著越顯著。

在我們這個時代裡，有一派以才華聞名的新興分子主張全部財富歸由一個中心權力來控制，由這個中心機構日後依照每個人的功績，把財富加以分配。這似乎不失為一種避免人們走上絕對的永久的平等境地的辦法（須知絕對和永久的平等，對於民主社會的生存，實是一個威脅。）這也是一個較比簡單而危險性較小的補救辦法，足以使人人無特權，人人一切平等但又可以自由決定本身的地位。這樣一來，人類天賦的不平等自然抬頭，而財富亦將自動地轉入最能幹者之手。

到了這個時候，自由民主的社會將永遠有一批富裕或能幹的人。這批富有者不像以前的貴族階級那麼建立彼此間的密切聯繫。他們的志趣跟過去那個階級的不同，他們也不會把本身的閒暇享樂當做是終身性的，同時他們在人數上將遠比過去任何一個時代的富有階級多。這一批人不會專顧現實生活方面的事，而仍能各以不同的程度，追求心境的快樂。這也是很自然的事，因為人的心境雖然傾向於狹窄的一面（即物質的和可以拿來使用的一面），也會自然而然地追求無限的一面（即精神的和美好的一面。）有形的需求使心境傾向到現世的方面，但需求的束縛一旦解除，心境就將上升。

重視心靈產物的人，不但將比以前多，其對於心靈享受方面的鑑別

力也將逐步升高，甚至比貴族時代下那一批既無時間亦無能力來欣賞心靈享受的人還要高。財富既不能繼承，階級的特權既不存在，生以具來的特殊地位既已喪失，人人既須純靠自己的力量，則財富方面的高下之分顯然取決於腦力。於是，一切足以激勵或擴充腦力的東西，都立時身價大增。知識的用途，在大眾的眼中變得特別顯著，對於心靈產物沒有鑑別欣賞力的人，也知道思想成果的可貴而努力爭取。

在自由、開明、而民主的時代，沒有任何力量可以把人與人分隔，也沒有任何力量可以把人限於原來的地位。一個人可以突然發達，也可以突然倒霉。各個階級既然密切相處，自非互相來往不可。他們每天交談來往，彼此模仿，互相競爭，於是過去在階級界限鮮明和社會靜止不動下，人們所絕對想不到的種種意念與慾望，這時候都油然而生了。居於僕役地位的人，認為自己可以分享主人之樂或分擔主人之憂，貧富之間也有甘苦與共之處，鄉村的居民都模仿城市的居民，省區全向首都看齊。於是，誰也不肯專顧物質的生活，最低級的工匠也會時時向心智的深奧處偷窺一下。讀書人並不像貴族社會的讀書人那麼人人持取同一見解或抱負，同時讀書人越來越多，到了最後，人人無不讀書。

大眾開始重視心智的活動後，不久就會明白自己如果在某些部門能夠特別有成就，就可以名利與權力兼收。平等所產生的野心，馬上向這一方面發展。研究科學文學和藝術的人突然大增。知識界開始出現大量創造的活躍現象，每個人都想替自己闢出一條坦途以引起別人的注視。當然，他們所做的，往往不算美滿，但意圖卻是多到不可勝計的，個人的成果雖然很小，總和的成果卻極大。

因此，說民主時代的人在天性上不重視科學、文學、藝術，實與事實不符，只是他們向這一方面發展的時候，有其獨特的方式、條件和缺點而已。

第十章
美國人爲什麼較喜歡應用科學

民主社會和民主機構如果不想減低人民在心智方面的前進速度，就是毫無疑問地要引導他們偏向一方面。領導的力量雖然在外圍，仍是極強大的。我現在要在這一方面先作一番默察。

我以前談到美國人民的哲學方法時曾發表過一些言論，現在不妨再申述一遍。

人人平等之後，大家心就產生凡事應由自己判斷的慾望。平等使一個人喜歡有形的、眞實的東西，也使他蔑視傳統與形式。本章所要討論的，就是這種顯而易見的一般傾向。

在民主國家研究科學的人，最怕的是自己在空虛的推測中迷失了方向。他們對制度已失去信心；他們緊緊抓著事實，用自己的官能去考察事實。他們不會因爲別人已經聞名而即輕易加以信任，所以他們也不肯把別人當爲權威。可是，在另一方面，他們卻孜孜不倦地想挖出別人理論的弱點。他們決不重視科學的先例，不長期受限於各學派的奧秘學說，也不把別人天花亂墜的言論看作眞的。他們針對一己注意的問題，盡量深入探究其各個主要部分，更喜歡用通俗的言詞來闡釋這些部分。科學的探究工作比前更自由更腳踏實地了，但卻不及以前崇高。

我認爲科學可以分爲三個部分。

第一個部分是純理論的原則和較比抽象的見解。這些原則和見解是否能見諸實用，現時無從判明，即使能夠見諸實用，也是好久以後的事。第二個部分是一般性的眞理，雖然仍屬於純原理範疇，但可以明白且敏捷地用事實來證明。第三個部分是應用的方法和執行的方法。

這三個部分可以分開發展，雖則在道理和經驗上早就證明，任一部分倘若跟其他兩個部分完全隔離的話，本身是難以長久存在的。

美國人欣賞科學的實際應用部分，並密切注意應用部分所相連的那個理論部分，因爲那個理論的部分如不弄清楚，應用的部分就根本不能實現。在這一方面，美國人一向有其明確、自由、和創造性的表現。可是致力研究純科學理論和抽象科學知識的人，在美國卻幾乎尋不出一

個。不注重純理論，本是民主國家的普遍現象，但美國人在這一方面的
趨勢，卻是特別顯著的。

　　要研究高級的科學，最重要的是沉思（meditation）。民主社會機構
是最不適合於沉思的。在貴族統治的社會，上層的那個階級因為本身已
經富足而緘口不語，下層的那個階級因為已經斷了改善自身處境的念頭
而不敢冒險亂動。民主社會裡卻沒有這種現象。在民主社會，每一個人
都是動的，有的為利，有的為權。在熙熙攘攘、你爭我奪，大家不斷追
求財富的情形下，試問哪有靜靜的氣氛讓你去實現心智的深一層結合？
當每一樣東西都在你四周亂轉，當人的本身被一股激流衝倒而隨著萬物
順流而下的時候，你的腦子又怎能集中於一點來研究？

　　永久性的動盪，是一個和平民主社會的特徵，跟民主社會誕生前幾
乎必須有的動亂和革命運動，是不能混為一談的。一個高度文明的民族
一旦產生暴力革命，這個民族的情緒和思想必然受到革命的突然刺激。
如果發生的是民主革命，這種情形就更為顯著，因為民主革命把全民族
各個階級一下子叫醒了，使每個人的心同時發生極大的野心。法國於掃
除舊封建社會殘餘勢力之際，在嚴正科學（exact sciences）方面能夠有
驚人的進展，就是這個道理。不過，這種突然的成果跟民主主義無關，
而是民主主義誕生前那驚天動地的大革命所賜。這個時期的成果只能算
一個特殊的現象，如果認為是可以屢試不爽的通則，就大謬不然了。

　　民主國家發生大革命的情形，不會比其他國家多，我甚至相信民主
國家發生革命的情形只有比其他國家少。不過，民主國家裡卻一直存在
一種悲痛的小動盪，一種人與人間的不斷排斥，結果只有使心靈厭煩而
不能使它奮發向上。

　　民主社會的居民不但極少沉思，而且不重視沉思。民主社會和民主
機構使大部分的居民一直屬於動的狀態。一個慣於動的生活的心境，
是不適宜默思的。一個動的人往往必須安於一己所能得到一切，因為他
假若想樣樣細節都由自己做到十全十美的地步，則永遠不能達到目的。
他須時時依靠別人的見解，自己根本沒有餘暇來根究這些見解的真實
性，尤以他所著重的，只是別人的見解是否符合他的使用，而不著重於
這種見解是否真的正確。久而久之，他援用了別人不真實的原則後，反
而無甚損失，如果把自己的時間花於求證這些原則的真實性，則損失反
而更大。何況這個世界並不是由長期的論證或學者的論證來領導的。向
特殊的事件投了匆忙一瞥，把大眾飛逝即過的慾望作一番逐日的研究，

把臨時發生的意外事件拿來利用一下——一切世事就這麼決定了。

在每個人幾乎過著動的生活的時代裡，大家對於知識界偶發的驚人言論和表面的觀念，往往過於重視，同時對於知識界較慢較深的工作，則低估過甚。研究科學的人在判斷方面受了輿論的影響；他們在大眾的勸說下，知道自己如果只是探究用不著沉思的科學部門，則尚有成功的希望，至於需用沉思的科學部門，則只好對之趑趄不前了。

研究科學有幾種方法。大部分人在研究時，都帶著一種自私的、商業的、和貿易的意圖，跟那些內心無慾、專門為求知而研究的少數人，不可同日而語。想利用學問是一件事，純為學問而求學問又是一件事。我相信每隔一個長時期，必有少數的幾個人會在內心對真理發生熾烈的、無盡的愛。這種愛不受任何方面的支持，本身不斷發揚光大，但從沒有全部滿足的一天。正因為有這種追求真理的熾烈而無慾的愛，不能使人類向上接近無形的真理源泉，使人類從那吸取根本的知識。

巴斯噶（**Pascal**，17世紀的法國數學家兼哲學家）假若只是為了名利，就絕不能集中心力把天地間大部分隱藏著的東西發掘出來。他拋棄塵世俗事，全心探求學問，致而未老先衰，未屆40之年即離開人世。他不抱存一般人的動機而能夠創出那麼不平凡的成果，實令人驚異不置。

民主社會是否也像貴族社會易於出現這種稀見而又多產的求知慾，尚待日後事實證明。我個人相信它是不容易出現的。

在貴族政制的社會裡，領導言論和決定政務的那個階級因為可以世世代代居於庶民之上，便自然而然對本階級和人類有一種崇高的概念。這個階級喜歡為人類想出種種高貴的享樂，並開闢種種美好的境界以滿足人的野心。貴族政治常有極殘暴極不人道的行為，但鮮有卑賤的思想。貴族政治下的社會雖然耽迷於卑下的享樂，但內心卻傲慢地鄙視這種享樂，結果社會的一般水準為之提高。在貴族政治時代，許多概念都涉及人的尊嚴、人的力量、和人的偉大。這些概念對於研究科學的人和社會上的一般人，自然都有影響。這些概念使大家的心境自然而然地向思想的最高境界發展，使人的心境對真理產生一種崇高的甚至神聖的愛。

貴族政治時代的科學家於是耽迷於理論，甚至時常輕率地對實用科學加以蔑視。古希臘的史學家蒲魯塔克（**Plutarch**）說：「阿基米德（希臘數學家兼物理學家）治學的精神，崇高到決不肯自貶身價去撰寫如何製造兵器的論文。機器的發明與裝配科學，以及一切為實用目的而創下的技藝，在他看來都是卑鄙下賤而具有商業色彩的，所以他的才華和時

間，只用於撰寫美好精巧而又無實用的東西。」這便是貴族政治的科學目標，跟民主國家的科學目標是不同的。

民主國家的大部分人民孜孜追求實際的與有形的滿足。他們永遠不滿本身既有的地位，同時又有隨時脫離現有地位的自由，所以他們心中所想的，不外是如何改變自己的處境或增加本身的財富。於是，每一個可以成爲發財捷徑的新方法，每一個可以節省勞力的機器，每一種足以增進享樂或增加享樂的新發明，似乎都成爲人類智慧的最高目標。民主民族多半是在這種動機下才耽迷於科學的研究；它對於科學研究的認識與尊崇；也是在這種動機之下產生的。在貴族政治時代，科學的作用主要是爲了心的滿足；在民主時代，它的主要作用是爲了身的滿足。

一個國家越民主開明自由，耽迷於這樣的科學研究的人就越多，任何可以立時用於生產工業的發明，俱將替發明人爭到名利甚至權勢，因爲在民主國家裡，工人階級是參政的，凡是應該得到名利的人，榮譽和金錢的酬償自會加到他的身上。

在這樣組織下的社團，人會不知不覺地不重視科學原理，而反以無比的精力追求科學的應用，即使談到科學原理，也僅限於與應用有關的那個部分。他縱使本能地想升到更上一層的思想境界，也是徒然的，因爲實際的利益會把他拉下來，使他回到中層的思想境界。他在這個中層的思想境界，可能因孜孜不倦的探究而創出新奇的東西。我們只看從未發現出一個機械學原理的美國人，居然能夠發明出航行新儀器而改變整個世界的形勢，正是這個道理。

當然，我不是說當代的民主國家將眼看人類智慧的光芒趨於消滅，或者說這些國家將永遠不能射出新的光芒。世界進步到了今天，又有那麼許多開化的國家一直醉心於生產工業發展，則應用科學發揚光大之後，自會使人有不再漠視科學原理的一天，因爲誰都看得出來，科學的各個部門是互相貫連的。既然天天有那麼許多應用方面的反覆試驗，則一般原理之時時被揭發，應是無法避免的事。將來的大發明家雖然不會多，但大發現是不會少的。

其次，高級的科學職業亦將有助於科學的發展。民主的原則雖然不會誘導人們爲科學而研究科學，但勢必使研究的人大量增加。在那麼許多的科學家當中，總會時時有一些人爲了愛眞理而專心從事純理論的研究。這類的人，不管自己國家的本質是什麼，也不管自己處於什麼時代，只知鑽入自然界的最深處去窺測它的奧秘。他不需別人的協助，只

要別人不來阻擋就夠了。我講這些話，無非是說，在一個長期不平等的環境裡，人易於妄自尊大去追求抽象的眞理，而不問本身所得的酬報，但在民主的社會情況與制度下，他則易追求科學的眼前實用效果。這種傾向是自然的，無法避免的。

這種新傾向也將是無法抗拒的。當代各國的領導人如果能夠認清這種傾向，就知道民主國家的人民有了教育與自由之後，必然會促進工業方面的科學，所以政府當局今後的一切努力，應該是轉而支持最高的學術機構並培養純科學的研究風氣。當前人心傾向於應用的部門，所以必須強制它去進行純理方面的研究。當局不應聽任人的思想境界永遠對次要的部門作愼密的研究，而應使它時時離開次要的部門，以便升高一級，使其深入到事物的眞諦。

古羅馬帝國的文明因蠻族入侵而滅亡，於是我們不免認爲除了蠻族入侵外，文明是不會在其他方式下湮沒的。其實，領導人類之光如果會熄滅，勢將逐步自行消滅。如果專著重應用，則日久之後，原則即將消失。等到原則被完全忘掉之後，由這些原則所演變出來的方法，在運用上就不會健全。新的方法既不會繼續出現，大家也就在無知與缺乏技巧的情況下，使用原理早已失傳的舊方法。

300 年前歐洲人初到中國時，發現這個國家的一切工藝已經快到了至善至美的程度。一個民族到了這種境地而不能再進一步，實令那批歐洲人大惑不解。後來他們才知道中國的一些高深科學部門已經失傳，留下只是一點殘跡。原來中國那時全心全力發展生產工業，科學的方法雖然大部分賴以保存，科學本身卻不再存在了，結果乃造成一般人思想不前的奇異現象。中國人徒知效法祖先，而忘了祖先所賴以遵循的原理。他們運用原來的方式而不探究其中眞義；他們保留過去的工具，但已失掉改進革新的技巧。中國人由此喪失了變的力量，根本沒有改善的可能。他們只有隨時隨地仿效祖先之所爲，否則即有進入歧途而莫知所措之虞。到了這種境地，知識之源泉已經乾涸，河水雖然在流，但已不會再漲，也不會改道。（不錯，中國在這個情形下，仍能安全無事地存在許多世紀，其間外來的入侵民族甚至被它同化，而且全國一片繁榮。那時既未發生革命，也沒有什麼戰爭。）

因之，我們如果認爲蠻族距離我們尚遠，即以爲可以高枕無憂，實是錯誤的想法，因爲有的民族固然是因外族入侵而致文明無存，但也有一些民族卻是自己把自己的文明毀了。

第十一章
美國人發展技藝的精神

中產階級的普遍，大富之家的消失，生活舒適慾的產生，以及人人的力求舒適，都是造成人們先重實用再求眞美的因素，這裡無須再加贅述，以免浪費讀者和作者的時間。這些因素在民主國家是全部存在的，所以民主國家首先所要發展的，是使生活可以舒適的技藝，而不是用來充實生命的東西。它們在習慣上以實用居首，美好居次，並且認爲美的東西必須同時有用。

我把這個最主要的特點指出來之後，現在準備進一步概述另外幾個特徵。

在有特權的時代裡，幾乎每一種工藝的應用都成爲特權，每一種專門職業都成爲專有的行業，不是人人可以隨便踏入的。甚至在生產工業自由化之後，貴族時代的那種固定不變的本質仍會逐漸把同一工藝行業的人與外界分隔，自成一個鮮明的階級，同行的人永遠是那幾家，彼此之間非常熟悉，所以本行有本行的公意，跟著就產生了本行共有的自尊感，在這樣的一個階級或同業公會下，每一個工匠並非專爲掙錢，還要保持自己的名譽。本身的利益甚至顧客的愛好，都不會使他動搖。他所顧到的，只是本身所屬的那個團體，而這個團體所要求的，就是每個工匠能夠把最好的手藝表現出來。因之，貴族時代的工藝品只求做得好，不求做得快或盡量求其減輕成本。

反之，等到每一種行業完全開放之後，隨時都有踏入和脫離這個行業的人，陌生人也變成了行內人，彼此既鮮見面，彼此之間也互不關心，於是原有的社會聯繫宣告破滅，每一個工人只靠自己，所冀求的不外是如何多掙錢和盡量減輕成本。這時候他只顧到顧客的意旨。可是顧客在這時候也發生相對性的變化了。原來凡是財富和權力集中於少數人之手並由少數人掌握的國家，大部分的生產品都歸一小撮人享用。這一撮人永遠不變。其他的人或迫於生活，或怕人非議，或因本身慾望不高，都是享用不到的。這個貴族階級站在大塔的尖頂上，只要階級本身不增不減、固定不動，它的需求就不會變，它基於需求而表現的行動以

及這種需求對它的影響，也都不會變。這個階級的組成分子自然都是靠本身超越的和世襲的地位而來的，所以他們的趣味著重於一些製造最精良而又可以歷久不朽的東西。全國人民對於工藝的看法，無形中受到這個階級的趣味的影響。在這種國家裡，甚至農民想買一樣自己暗中喜歡的東西，也要買最好的，否則寧可不要。因此，在貴族國家裡，工匠只是替少數挑三撿四的顧客服務，自己能掙多少錢，純看本身手藝好到什麼程度而定。

等到一切特權取消，人人不分等級，彼此交往，而且大家在社會裡可以朝升夕沉以後，上述的情形就不再存在了。一個民主國家永遠有一批家產越分越薄的公民。他們在富足的時候曾染上某些慾望，現在雖然再無力量來滿足這些慾望，但慾望的本身仍然存在，所以總想尋出其他秘密的辦法來滿足需求。在一方面，民主國家裡永遠有一大批財產越來越多的人；但他們的慾望比財產增加得更快，所以還沒有辦法達到滿足之前，已經先高興地在期望了。這一類的人對於即將到手的東西仍然迫不及待，亟於尋找捷徑來求得滿足。

有了上面所說的這兩種現象，民主國家裡遂永遠有無數的人，其需求超過本身力量，也都寧願獲得不完美的滿足而不肯完全拋棄其慾望。

從事工藝的人馬上看出大眾這種心念，因為他自己也有同樣的心念。在貴族政治制度下，他把手藝以高價賣給少數人。現在他知道求富的捷徑是以低價賣給全體大眾。可是要減低貨價，不外兩個辦法。第一個是尋出更好、更快、更聰明的生產方法。第二個是大量生產每一樣東西都差不多，但在價值上都不及以前。民主制度下的工人把一切智力都集中於兩個目標，第一是努力發明方法，使自己不但可以做得更好，而且可以做得更快、更便宜。假若這個目標達不到，即轉而求其次，把成品的本質減低，但又要使它不完全喪失其原來的作用。過去是除了富人外，誰都沒有錶，而每一個錶幾乎全是極好的；現在是人人都有錶，但值錢的錶卻少得很。因此，民主的原則不但使人傾向於發展實用的工藝，而且一面誘導工匠以飛快的速度製造許多不完善的貨物，一面使消費者自滿於這種貨物。

民主國家的工藝業在必要的時候，並不是不能夠創出奇蹟。假若顧客肯出價償還藝匠在時間與功夫方面的支出，則有時也可能出現奇蹟。民主時代的每一種工業都有競爭，在彼此競爭和一再試驗之下，自會培養一些最優秀或手藝達於頂峰的藝匠。可是他們能夠表現手藝的機會卻

是極少的。他們吝惜手藝至於極點，永遠滯留於平凡普通的狀態，雖然大有本領可以超過水準，亦不肯爲。反之，在貴族政制下，藝人永遠盡力而爲，必須達到手藝的最高境界才肯停手。

只看一個國家的工藝品有的優美至於極點，我用不著研究它的社會情形和政治制度，就知道它是貴族的社會。假若在一個國家見到的多是品質較劣、數量極多、售價極廉的工藝品，我就知道這個現象的產生，必然是因爲特權制度在當地已趨於沒落，各個階級的人民已開始混雜，不久即將混成一體。

民主時代的工匠不但要把自己所生產出來的有實用的東西變爲大眾化的用品，而且想給自己的產品加上一點未來並不存在的特質，以吸引人的注意。在大家不分等級的社會，人人都希望顯出一點原不屬於自己的特徵，所以盡力地裝模作樣。這種任何人都有的心理，其實跟民主原則無關。並不是民主所造成的，但民主原則卻造成了物質方面的虛僞。道德方面的僞善是任何時代都有的，但奢侈的裝僞只有在民主時代才特別普遍。

爲了滿足人類的虛榮心，工藝品不惜依靠種種欺騙手法，有時甚至做得過分而致原意盡失。例如人造鑽石現在很容易亂眞，等到僞鑽製造法十全十美到眞僞兩種產品不辨的時候，可能兩種俱將受人唾棄，同時變成了毫無價值的小石子。

談到這裡，不免令我想到原屬於「藝」而又自成一門的美術。我不相信民主社會或民主制度將使從事美術的人減少，但對於美術的發展方式，必將發生強大的影響。許多過去愛好美術的人已經變成窮人了；反之，許多尚未富足的人已開始愛好美術，至少是附庸風雅了。光顧美術品的人增多了，但富裕而善於鑑別的顧客卻越來越少。因此，美術必跟手工藝一樣發生上面所說的現象。這就是說，美術品的產量增加了，但每一件美術品的價值則比以前低。美術家既不能再向偉大的境界上升，只有創出美麗好看的東西，結果變成了重外表而不重品質。

貴族國家可以產生幾幅偉大的畫；民主國家則產生無數幅平凡的畫。貴族社會的塑像是銅鑄的，民主國家的塑像是石膏做的。

我第一次從大西洋進入東河到達紐約的時候，望見市區外不遠處的岸邊有許多白大理石砌成的小宮殿，其中好幾座完全是古典建築。當時我非常驚奇。第二天我親赴其地，對特別引人注目的一座建築細加觀察，結果發現牆是磚的，不過外面刷了一層白粉，柱子是木做的，但外

面漆了一層漆。早一天晚上我心中所認爲偉大的建築物,原來都是一樣的貨色。

　　民主的社會狀態和制度還把一些特殊的傾向灌注到模仿性的藝術裡面去。它們專注重於身體部分的描繪,而沒有勾出靈魂。它們只有動作和感覺方面的描繪,而未能顯出心情和思想。總之,它們只有現實,沒有理想。

　　我想拉斐爾(Raphael,16世紀初的義大利畫家)大概不會如當代畫家那麼詳盡地研究人體的結構。他對於人體的描繪,並不像當代畫家那麼分毫不差,因爲他的抱負,在超出現實。他想把人畫得像超人,要把美潤飾出來。反之,大衛(J.L. David,19世紀法國畫家)派的當代畫家則不只是畫家,還是解剖學家。他們極精巧地把眼前的模特兒畫出來,但除此而外,鮮有超特的想像。他們忠於大自然,而拉斐爾則追求比大自然更美好的東西。現代畫家給世人的是一幅精確的人像,拉斐爾則讓人從他的畫裡瞥見了神。

　　以上說的是他們對於題材處理的不同。在選擇題材方面,也是如此。文藝復興時期的畫家所選的題材,一般都是超越本身和超越時代的東西,並由他們自己去發揮無限的想像。現代的畫家則常常以眼前的私人生活細節作爲發揮才華的題材。他們以自然界到處可見的平凡物體爲藍本,照著原形畫下來就算了。

第十二章
美國人立的紀念碑爲什麼宏偉平凡不一

我曾說過，屬於藝術部門的紀念碑在民主時代雖越來越多，但越來越不重要。這種說法也有例外，應當在這趕緊指出。

民主時代的個人非常脆弱，但代表眾人和控制眾人的「國」則非常強大。任何地區的公民都不像民主國家的公民那麼微不足道，任何一國都不像民主國家那麼外貌強大，任何一地的人也不像民主國家的人那麼時時在心裡想到國家。在民主社會裡，人想到自己的時候，想像力立時被壓縮，但想到國家的時候，想像力立時無限擴大。因此，住在小房裡過著平凡生活的人，遇到要立什麼公眾紀念碑的時候，往往會住宏偉的方面想。

美國人把自己準備建都的一個大城市劃出範圍，但這片地區的人口密度，只跟法國的彭圖瓦茲（Pontoise）差不多，雖則他們表示有一天它的人口將達到100萬。他們已把周圍10哩的樹木統統連根拔除，以便這個想像中的未來首都，可以讓居民通行無阻。他們還在市中心區建立了一座宏偉的國會大廈，並給它定了一個「國會議堂」的好聽名稱。

美國的幾個邦每天都在計畫或動手興建一些巨大的建設，其工程之大，連歐洲大國的工程師也嘆爲觀止。

因此，民主制度不但引導人們生產無數不足取的產品，也引導人民建立一些最大的紀念碑，但在這兩個極端之間，卻留下一段空白。光是幾座分散各地的大建築物，並不足以顯出這個民族的社會狀態和體制，也不會使我們更認識到它的偉大、文明和眞正的富足。不論哪一種力量，只要它能夠使全民族結合在一起去推行一件事情，就可以光憑一點點學識和許多時間，靠無數人的努力，來作出一些宏偉的事。但這並不足以斷定這個民族是非常快樂，非常開明，甚或非常強大的。

西班牙人當年發現墨西哥城到處有宏偉的廟宇和廣闊的宮殿，但這些建築並不能阻止西班牙的入侵。西班牙只靠600名步兵和16匹馬，就把全城攻下了。

羅馬帝國的人假若對於水力學的原理多有一點認識，就不會在他們

城市四周修建那麼多水道，而必會更有效地利用其力量與財富。假若他們發明了蒸汽機，也許就用不著靠人力來建造所謂羅馬公路，以盡量伸展其帝國版圖了。這一類宏偉無比僅供後人紀念的東西，雖然足以表示他們的偉大，也同樣表示他們的愚蠢無知。

　　一個除了在地裡鋪設幾條鉛管並在地面安裝幾條鐵枝就沒有留下任何遺跡的民族，也許比羅馬帝國更有資格征服自然。

第十三章
民主時代文學的特徵

遊客踏入美國的書店，細觀書架上的書籍，但見各種出版物似乎非常豐富，可是名家的作品卻少得可憐。書店裡擺著許多膚淺的論說，目的是把一類基本的知識傳給讀者。這一類的書多半還是歐洲人寫的，美國人不外翻印一道，並略加刪增，以適合本身的需用而已。除了這類書籍，最多的是宗教出版物，如聖經、佈道集、醒世故事集、神學方面的辯論和慈善團體的報告書等。宗教書籍之外，就是無數的政治小冊子了。美國的政黨不寫書揭櫫本身的政見或跟對方爭辯，而專出版小冊子，以驚人的速度在一天之內發行出去就算了。

這一堆堆無名作家的作品當中，偶爾有歐洲人所熟知的幾個作家的著作，就更顯得其可貴了。

在當代文明諸國中，美國大概是最不注意文學的一個。不過，美國仍有許多人對文藝發生興趣，雖然不是終生研究，至少是用它來消磨空閒的時間。可是這一類的讀者，其大部分的讀物，都是靠英國來供應的。所有重要的英國書籍，幾乎都在美國翻印一次。大不列顛的文學天才仍能把光芒射入新世界森林的深處。美國每一個墾荒者的茅舍裡，大概都有幾本莎士比亞。我記得自己還是在一間木屋裡第一次讀到《亨利五世》那本描寫封建王朝的劇本。

美國人不但時時汲取英國文學寶庫的藏品，而且可以說英國文學就在美國人的土地上發揚光大。美國人從事文學著作極少，但這極少數人當中，有大部分在本質上和外表上，實是英國人。他們以貴族體制下的國家為楷模，把那個貴族國家所流行的觀念與文學形式灌輸到民主體制裡來。他們借用外來的顏料來渲染自己。他們不能代表自己所由誕生的國土（指美國）所以在自己的祖國裡，極少能成為名家。

美國人堅信文學書籍不是為他們而寫的，所以他們通常都是等到某一作者的聲名在英國獲得認可之後，才敢評定這個作者的名次，就好像一幅畫必須經過專家鑑定後，才知它的真偽。

說得恰當一點，美國人今天沒有文學可言。我所承認的唯一美國作

家，只有新聞記者。他們自然不是大作家，但他們是美國人，而且能夠
把自己要說的話傳達出去。其他的作家，全是外國人。在美國人眼中，
這批外來的作家就像是我們文藝復興時代那些模仿希臘羅馬風格的人。
美國人對於這批人只是好奇，而不普遍表示同情。這批人的作品有消遣
的價值，但他們的寫作跟當地人民的風格並不相符。

　　我曾經說過，這種情形並不單純是民主主義所引起的。若論原因、
必須從民主原因以外的幾個特殊情況去探究。假若保有現在的法律和社
會狀態的美國人是從另一個國家被人運到另一個國土，那麼我敢說他們
必會產生自己的文學。甚至就是今天的美國人，我相信他們也終有一天
會產生出一種文學，不過這個文學在性質上將跟美國當代的文學作品不
同，而將另有其獨特的本質。我們現在就可以料到它的本質是怎樣的。

　　貴族政制下的民族是重視文字的，但在貴族社會裡，腦力方面的職
業跟行政部門的事務一樣，都集中在統治階級手裡。只有統治階級分
子，或最接近這個階級的人，才可以從事文字和政治的工作。明白了這
個大前提，其餘的可想而知了。

　　一小撮同等的人在同一時期從事同一性質工作的時候，很容易彼此
合作並訂出全體共同遵守一些法則。假若這一小撮人所嚮往的是文學，
那麼文藝作品就將受到他們許下的規範的嚴格束縛，而絕不容超出規定
的準則。假若這一小撮人在國內具有世襲的地位，那麼他們不但替自己
訂出一些永久的章則，還會遵循祖先以前所訂的那些原則。他們的信條
是嚴格的，是傳統的。他們在日常生活方面既然可以跟祖先一樣無憂無
慮（他們從來就不須為生活發愁），則對於上幾代的心血結晶，自會發
生興趣。他們曉得文學是一種藝術；它們完全是為文學而愛好文學，看
見別人遵守文學規範的時候，自己也像學者般感到滿足。這還不算，他
們因為終生可以過著無憂無慮的富裕生活，所以喜歡精選過的享受，也
自然而然養成了精選的癖好。他們在長期清閒與高度的享受下，心地特
別軟，所以對於任何令人震駭或過於劇烈的東西，全棄之不顧，縱然是
享樂方面的東西，也都是如此。他們求的是娛樂，不是刺激。他們只是
一件事發生興趣不是耽迷到發狂。

　　我們現在只須閉目一思這些人所寫的文學作品或專為這些人閱讀而
寫的文學作品，就不難想像到這文學在風格上是循規蹈矩的。每一個細
節都不會忽略，每一處都顯出它的技巧和功力，每一類寫作都有它固有
的章則，絕不容超出規範或跟別的章則相混。風格被認為跟思想同樣重

要，體裁跟內容同樣受重視。一字一句都是經過推敲斟酌而齊整無比的。心意的表達語氣，永遠是尊嚴的，輕易不作活潑生動之筆，作家們也只力求作品的完美，而不求作品數量的豐富。文藝界的人物因為長期不與外界來往，只顧獨自寫作，所以往往對於世界一無所知，結果在風格上變成了華而不實。他們替自己訂下了拘謹至於極點的文學規則，因而不知不覺讓自己遠離常識，卒致無視自然界的規範。他們力避通俗的詞句，使用的全是貴族的口語，跟通俗的語言和一般人民所使用的粗鄙口語相去極遠。這都是貴族文學的先天性危機。每個遠離人民的貴族階級必然脆弱無力，在政治方面是如此，在文學方面也是如此。

現在我們再轉過頭來看看民主社會的情形。這個民主社會不論從過去的傳統或目前的文化去看，都懂得心境方面的享受。這裡沒有等級之分，大家成為一體，知識和權力已無限度地分散到各個角落。這裡的大眾，三教九流無所不包，他們的知識需求是必須獲得滿足的。這批愛好心境享樂的新人物，在教育程度方面參差不一，不但跟上一代不同，而且本身永遠在變動，因為他們的居所、情緒、財產都在隨時更動。他們彼此之間，並無傳統或共同習俗的聯繫，也從無採取一致行動的力量、意向、或時間。然而這批不整齊而激動的大眾當中，仍產生了作家，而這些作家也靠大眾而名成利就。

貴族時代讀者和作家所認可的文學嚴格規則，在這種民族的文學裡必然是很少應用得上的。這樣的民族即使在某一個時期同意援用這種規則，到了下一個時期仍未必可以維持不墜，因為在民主國家裡，每一個新的世代就是一個新的民族。因之，在這些國家裡，你不能輕易用嚴格規章來加到文學的身上，任何這種規章也不可能永久保留。

在民主國家裡，從事文學的人未必都受過文學方面的薰陶。染上文學癖好的人，有大部分是搞政治或在職業上只許自己偶爾偷閒去享受一下心境快樂的。因此，這種享受並不是他們生活中美好的主要部分，但在終日勞碌之餘，又不能不暫時靠它來調劑一下。這樣的人對於文藝的認識程度，決不會深刻到足以欣賞它的更美好處，也必然忽略了文筆的微妙變化。他們花在文學方面的時間既然極短，就需要把時間作盡量的利用。他們喜歡容易到手、很快可以讀完、而又淺近易解的書籍。他們尋求無須探討就可以發現的美和易於欣賞的美，而最主要的，他們要新奇的東西。他們習於鬥爭、久經苦難，又過慣了枯燥的現實生活，所以需要堅強有力的感情，喜讀驚人的語句，書中所寫的不管是真是假，都

要生動活潑，足以啓發他們，並使他們好像是在暴力驅使之下，立時沉醉其中。

讀者看到這裡，自然都已經明白我的觀點，無須我再喋喋不休了。總之，民主時代的文學跟貴族時代的文學不同，不會把秩序、規律、科學、與技巧表達出來。反之，它的體裁通常是平凡的，甚至被人輕視的。它的風格往往是不可思議的，不正確的，囉唆而不緊湊的，幾乎可以說是激烈大膽的。作家只求快速，不求細膩的寫作。短篇的東西比長篇巨著更普遍，重想像而不重深度，俏皮而欠學識，思路蕪雜而不遵循前人的路線。作家的目的只是令讀者驚奇而不是令讀者滿意，只是刺激讀者而不是令他欣賞。

不錯，偶爾也有一些作家會選擇不同的路線，假若才華超逸，還會擁有一批讀者，不因讀者的缺點或作者的超特而受影響，但這一類例外的作家將非常少見。其次，這樣的作家在他們作品的主題上雖然與眾不同，但在一些細節上仍是不能免俗的。

我已經指出貴族時代下和民主時代下兩個極端的狀態，不過一個國家絕不會從第一種極端的狀態立時跳入第二種極端的狀態，而必然是分段演變，逐級蛻變的。一個有教育的民族從一個狀態變到另一個狀態的過程中，永遠會有一段期間是民主與貴族兩個時代的文人相貫通、攜手共同控制人類思想的時期。這個時期是過渡性的，但必然光芒四射，作品豐富而不充斥，活潑而不混亂。18世紀的法國文學就是最好的例子。

一個民族的文學永遠附屬於這個民族的社會狀態和政治組織。除此之外，尚有幾個原因可以影響文學作品的本質，不過我認為最主要的仍是社會狀態和政治組織。一個民族的社會政治情況跟作家的才華有很多密切的關係，能夠了解前者，才不會完全忽略了後者。

第十四章
文學的商業性

民主主義不但使商人階級產生了文學的愛好，而且使文學染上了商業的氣質。

在貴族政制下，讀者的要求高，讀者人數少。在民主政制下，讀者人數多得多，但要滿足他們的要求，可容易得多了。結果所致，文人要在貴族政制下成功，必須費很大的功夫，而費了大功夫後，個人可能成名，但決不會獲巨利。然而在民主國家裡，一個作家可以不必費什麼功夫即為自己掙到一份小名氣和一大筆資財。他用不著受人欽仰，只要受人歡迎就可以達到這項目的了。

讀者越來越多，而且都不斷想看一些新作品，於是大家所不大重視的書籍，也一定有銷路。

在民主時代下，大眾之視作家，往往有如帝王之視朝臣。這就是說，大家使作家發財，但看不起作家。試問出身宮廷或有資格在宮廷住的貪婪朝臣，除了要錢，還有何求怩？

民主國家的文藝界永遠有一批視文學為商業的作家。發揚文學的大作家寥寥無幾，但販賣文思的人可能要數以千計了。

第十五章
研究希臘文學在民主國家特別有用

　　古代最民主的共和國所說的「人民」，跟我們今天所說的人民，其意義是極不同的。雅典的全體公民都參加政務，但雅典的35萬居民中，只有兩萬人是公民，其餘全是奴隸，所做的工作多半是我們今天中下階級所做的工作。因此，雅典儘管實行普選制度，在本質上仍是貴族制度的共和國，只有全體貴族才有參政的同等權利。

　　古羅馬的貴族與庶民之爭，也可以用這種觀點來估量，因為它不外是同一個階級中元老派和少壯派之爭。貴族和庶民全屬於貴族階級，也同具貴族階級的本質。

　　其次，古代的書籍少而貴，不論出版和發行，都有極大困難，結果只有一小撮人有資格愛好文藝，於是在貴族的大政治圈子中，遂出現了一小撮傾向文學的貴族分子，因此，希臘和羅馬時代的人，從未把文學視為商業。

　　這個時代的社會不但是貴族社會，還是極洗鍊的自由民族，所以那時的文學作品自然也帶著貴族時代的特殊優點和缺點。我們只須約略涉獵古代作品，就足以發現那時的作家在題材方面雖然沒有什麼變化，在思想方面雖然欠缺膽量、活潑、判斷力，但在細節的描述方面總是極細膩極有技巧的。他們的作品，沒有一段一句是隨便下筆的，每一行都夠分量，都符合純美的概念，足供行家的推敲。沒一種文學能夠比古代文學更鮮明地把這些優美的本質表現出來，至於民主時代的作家，自然就缺乏這些本質。因此，民主時代應該對古代文學特別作一番研究。這種研究比任何方面的研究更能克服民主時代文學的內在缺點。至於文學的自然美，是自然產生的，用不著學就可以得到。

　　講到這裡，有一點是需要特別說明的。古代文學的研究，必須在不侵害這個民族的社會與政治需要的情形下，才能對這個民族的文學有用處。假若一個在習慣上以增加財產與保持既得財富為人人宗旨的民族，竟不斷專門傳授死的文學，則結果必將造就一批有高度文學修養但本質上又極危險的公民，原因是他們的社會和政治情況天天都令人產生許多

慾望，但他們所受的教育，卻不能使自己去滿足這些慾望，他們不但不能利用工業生產來增加全民的福利，反將使國家陷於混亂。

在民主社會裡，爲了個人的利益和整個社團的安全起見，大多數人顯然都需要科學、商業和工業教育，而非文學教育。希臘文和拉丁文不應成爲每間學校的課程，不過有的學校應該有古代文學的完整教學設備和培養眞正學者的設施，以便性近文學或身家富裕喜歡文學的人，可以有個進修的處所。要達到這項目的，應該依靠少數幾間優良的大學，而不應依靠比比皆是、辦理欠善的中學，因爲學到的東西假若只是一點皮毛，反而有礙良好的研究教學。

凡是渴望民主國家出現高水準文學的人，都應該時常在古代文學的清泉裡舒暢一下心境，因爲這是培養心力的一等良藥了。我並不是說古代文學作品是無缺點的，不過我認爲它們有一些特殊的優點，很值得我們效法，藉而抵銷我們自己特有的缺憾。我們最有摔倒危險的那一面，正可以賴它們來支撐。

第十六章
美國的民主如何改變了英語

　　讀者看我上面對於一般文學的討論，假若眞正了解的話，就不難進一步明瞭民主社會狀況和民主制度對於語文本身所可能產生的影響，因爲語文乃傳達思想的主要工具。

　　美國作家實在可以說是活在英國而不是美國的環境裡，因爲他們不斷研究英國作家的作品，並日日以英國作家爲模範。可是廣大的人民並非如此。美國民族所組成的那些特殊成因，對於人民的影響是較比迅速的。因此，我們如果要知道貴族社會語文變成民族語文後究將發生何種變化，應先從語言著手，而不應從文字著手。

　　凡是淵博的英國人以及對於語文細微變化的鑑別力比我高強的人，都一再對我說美國知識分子所說的話跟英國知識分子所講的，有很顯著的差別。他們指摘美國人不但用了許多新字（關於這一點，英美兩國間的差異與距離應爲主因），而且這些新字多半是從政黨、機械工藝、和商業等方面的術語而來的。此外，美國人往往把一些舊英文字加上新的字義解釋，拿來使用，同時把語法搞得令人莫名其妙，有時在英文裡應該絕對分開使用的兩個字，也被他們混在一起使用了。

　　這些話都是許多有分量的人在不同的時候對我說的，於是我對於這個問題作了一番思考。我根據理論思考而得的結論，跟他們根據實際觀察而得的結論，是一樣的。

　　原來貴族制度下的語文，跟一切事物停滯不動的靜態是分不開的。這種語文不會創出新字，因爲根本沒有創出什麼新東西來，即使創出新東西，也將使用已有的字來稱謂，至於這些字的意義，則早經傳統確定。假若貴族國家的思想界突然振奮，或者突然受到外來的光芒的照射而在語文上滲入新的東西後，這種新增的部分仍具有智慧的和哲學的本質，以表示它們不是從民主國家傳來的。君士坦丁淪亡後，學術界的潮流趨向西方，法文幾乎立刻就增加了許多外來的新字，但這些新字個個都從希臘與拉丁文蛻變而來。那時法國知識分子掀起了使用新語的風氣，但對於一般人民並無顯著的影響，縱使有影響，也是很慢的。

　　歐洲所有國家都先後產生了同樣的變化。詩人米爾頓一個人就替英文增加了600多個新字，幾乎全部是從拉丁文、希臘文、和希伯來文借來的。

　　反之，民主社會一直處於動的狀態，所以不但一般的情形會不斷改變，語文也會不斷改變。在思想全面動盪和競爭之下，許多新概念產生了，許多舊概念消失了，或消失之後又出現了，或分爲無數小枝。結果所致，許多字必然變成廢字，許多字必然又拿出來用。

　　此外民主國家本身就是喜歡變的，政治方面如此，語文方面也如此。它們有時雖無改變一個字的需要，仍有改變的慾望。

　　民主民族的天資，不但可以從他們使用新字之多表現出來，也可以從新字的字義上表現出來。在民主國家裡，一切法則由多數決定，語文方面的法則自然亦由眾人制定。多數高於一切的精神在各方面都可以表現出來，在語文方面也是如此。可是多數的人並不是文人而是商人，並不從事哲學或文藝研究，而是從事政治和商業。因此，新創的字或新用的字，自然都帶著政治和商業的色彩。這些字的作用，主要是能夠傳達出商業的需求、政黨的願望、和公共行政的詳情。這些部門的語文將不斷生長，至於形而上學和神學方面的語文則逐漸枯縮。

　　民主國家的新字句通常是從哪裡發源的？他們創造新字句的辦法又如何？這兩點都不難概述。民主國家的人民對於古代雅典人和羅馬人所用的語言，並無所知。他們要尋出一個字句來表達心意的時候，也不會費心思從古董堆裡去搜尋。他們有時假若有辦法探究到深奧的文字學的話，則基於虛榮，也不免會起興要從這些死的語文中去探究字彙的出源，但這是需要極淵博的學識的，他們未必有辦法探求出來。有時反而是最無學識的人最常用早已廢棄的字。民主時代人民的一個明顯慾望便是求虛名，縱使自己做的是卑下的職業，也要冠上一個希臘或拉丁的高貴名稱。工作越是粗俗，跟學識離得越遠，名稱上越是好聽，越是顯得淵博。例如，法國的走索人就把自己稱爲「奇技表演員」或「踩軟索者」。

　　民主國家對於已廢的古代語文，既無所知，勢須從現行的各種語文中去借用字句。他們跟現行各種語文彼此溝通，各國的人民在生活上彼此越來越相像，所以彼此仿效的地方也越來越多。

　　不過民主國家主要仍是企圖從本國的語文上求改革。他們時常把早被人忘記的舊字彙拿出來使用，或者借用某一個階級專有的術語，使其

成爲大眾日常生活中一種具有特殊意義的詞藻。許多專屬於某一行業或某一團體的術語，就這樣成爲大眾的用語了。

民主國家在革新語文上最常用的手法，是把一個已經流行的詞句加上一個罕有的意義。這種辦法既簡單，又快捷方便，不需什麼學識就可以用得妥妥貼貼，甚至毫無學識的人反而更可以用得恰當。不過，這種辦法對於語文本身卻是最危險的，因爲一個民主民族要是把一個字的意義這樣加了一倍，有時將使它的新舊兩個字義同樣難明。一個作家會把一個字解釋得跟原意略有偏差，於是就這樣曲解地把它拿來使用，以符合自己的目的。第二個作家又會從另一方面把原意曲解，第三個作家又是另一種用法，結果既無一個永久的裁判機構替這個字的字義作出明確的判斷，則這個字就一直意義不明；結果所致，作家所表達的意思，似乎都不止一種解釋，而有好幾種解釋，要讀者去判斷作家的眞意何在。

這是民主主義最可悲的結果。我寧可借用中國、韃靼、或印第安胡隆族的字而把本國的語文變得可怕，也不願自己的語文變成含糊不明。用字不明，文學本身就不是好文學，至於文體的和諧一致，已屬於文字上次要的美，何況嚴格說來，這一類的美只是拘泥習俗的表現，沒有它，同樣是可以的。

平等的原則也使語文發生幾種變化。

在貴族時代裡，各個民族不相往來，每一民族都喜歡有自己的特徵。往往同源的幾個民族會彼此像陌生人一樣，沒有親切感，因此，他們的語文雖然可以相通，說話的方式已經不同。在貴族時代裡，每一個民族還分爲若干階級，各個階級既鮮碰面，亦不來往。每個階級保有本身獨特的觀念，也選用了一些獨特的字詞，像財產般歷代相沿的遺傳下去。於是，同一種慣用言語又分爲窮人的言語和富人的言語，平民的言語和貴人的言語，文人的言語和通俗的言語。分界越深，社會階級間的壁壘越嚴，言語之分化越顯明。我敢說印度各個階級的言語必有令人不可思議的差別，最高級的婆羅門和最低級的賤民，其言語的不同，必然跟其衣飾的互異，同樣明顯。

反之，大家到了不再受身分階級的束縛而可以時常交往的時候，到了階級消滅和社會各界人士可以隨便相處的時候，言語上的用字也就混雜了。凡不適合於大眾的字詞必然淘汰，剩下的則成爲大家的庫藏，人人都可以隨便從中選擇自己所喜用的字。歐洲各國所獨有的種種方言，現在都已經明顯地趨於式微。新大陸上沒有方言；舊世界諸國的方言，

已日見沒落。

　　社會情況的變革不但影響言語的本身、也影響了它的風格。人人所用的字都是一樣的，而且是不加考慮地使用了。以前所訂的風格規則，幾乎全部廢除，粗鄙口語和文雅口語的劃分不再存在。社會各階層的人不管踏入什麼場合，仍舊是使用自己日常慣用的口語。字的出源跟人的出身一樣，早已被人遺忘。語言之混雜，不下於社會之混雜。

　　不錯，談到字的區分，有一些原則是跟社會的形態無關，而完全是由事物的性質來決定的。有的字句所以粗鄙下流，完全是因為它們所表達的意思就是下流的，另有的字句所以文雅，完全是因為它們所指的事物具有崇高的本質。這種區分與社會各個階級之是否混雜相處無關，亦非身分等級之消滅所能抹除的。不過，平等的原則總會把一切傳統和專橫的觀念連根拔除，所以民主民族將比其他民族更不重視上述的區分。民主國家的人，不論在教育、文化、和時間上，都沒有一個夠條件去終生研究文字語言的自然法則，更不會以身示範去遵守這些法則，以引起他人的尊崇。

　　民主國家的語言還有一個更大的特點，應該在這裡一提。我們知道民主的民族有其特殊的優點和缺點，但優點也好，缺點也好，結果所致，是使他們愛好籠統性的概念。這種愛好在語言上同樣表現出來。這就是說，他們通用一般性或抽象的詞句。這個是語言的優點，但從語言本身看，卻是它最不完善的地方。

　　民主民族非常愛好使用籠統性和抽象的詞句，是因為這一類的詞句可以擴大思想的範疇並有助於腦力的運用，使許多事物可以概括於一個小界限裡。一個民主的作家寫到一名有行為能力的人物時，喜用「能力」這個抽象性的詞而不指明這種能力是用於什麼地方。他又會舉「現狀」一詞來概述一切眼前的事物。民主作家不斷創出這類抽象的名詞，使語言中本已抽象的詞句更加抽象。其次，為了使他們的語法更簡潔起見，他們把這種抽象名詞所代表的東西賦與人性，使它變得好像跟真正的人一樣。

　　我可以把自己的寫作做例子。我曾經時常把「平等」一詞作獨立的用法，其實就是在許多方面把「平等」一詞人格化。比方說，我曾經說過平等會怎麼，或者說平等不會怎樣怎樣。我們可以斷言，路易十四時代的作家絕不會把這個字作這樣的用法，也絕想不到會把「平等」拿出來單獨使用。他們寧可根本不用這個字，也不肯把它變得像個活人一樣。

　　民主民族的語言中，像這一類抽象的詞，不知有多少，使用的時候，無須跟任何特定的事物連在一起，結果不是把它所要表達的意思擴大就是使原意模糊。它們使語法更加簡潔，但文意則沒有過去的鮮明。就語文而言，民主民族寧願其含糊不明，而不肯下一番細辨字義的功夫。

　　這種不嚴格的寫作與說話體裁，對於民主民族是否另有說不出的吸引力，我無從知道。總之，民主國家裡面的居民時常要靠個人的腦力去想，所以幾乎時時都在思疑的狀態。他們的生活環境既然時刻在變，則財產儘管可以不動，意見永遠是不能固定不變的。因之，民主國家的居民易於產生動盪不定的概念，並且需要含含糊糊的詞句來表達這些概念。他們既然不敢斷定今天表達的意見是否適合於明天自己所可能佔居的地位，則唯有使用抽象的詞句，久而久之，自然就成為習慣。抽象的詞句有如一個夾層的箱子，你可以隨便把一些概念塞進去，又可以隨便抽出，而不會被人發覺。

　　籠統的和抽象的詞句本是一切語言的基礎，所以我並不認為只有民主民族的語言中才有這一類的詞句。我只是說，在民主時代裡，人們特別愛好創用這一類的詞句，用最抽象的字義來表達思想，而且不論在任何場合都拿出來使用，縱使遇到了不必要使用抽象字眼的交談，也還是照樣使用。

第十七章
民主國家中詩的某些源泉

詩之一字，有許多意義，我如果在這裡逐一闡釋，藉以說明哪一種才是正確的定義，則讀者必感厭倦，因此我不如立刻指出自己所認為正確的定義。我覺得，詩就是理想的探求，理想的描寫。

詩人隱藏一部分真實，加上一些想像的渲染，把許多分別發生的真實混合在一起。詩人就是使用這幾樣手法，以求天工的完整，以補天工的不足。因之，詩的目的並不是要代表真實，而在於裝飾真實，把更高超的意境供人欣賞。韻文可能富有詩意，但韻文本身並不是詩。韻文是最美麗的文字。

我現在要討論的是，在民主民族的種種行動、情緒和見解中，有哪些是可以啟發人們產生理想的，也就是說，有哪些是可以稱為詩的自然源泉的。

首先，我們必須承認民主民族對於理想的愛好，絕對不及貴族民族那樣深，其表達理想時所得到的快樂，也絕對不及貴族民族那麼大。在貴族國家裡，肉體的活動有時好像是自發的，至於精神的活動則離不開恬靜。貴族國家的人民時常表現出詩意，他們的意境往往比四周的一切更高更遠。

可是，民主國家裡有許多因素去刺激人們求一己事業的發展，使他們不能有片刻時間離開其固有的軌道。這些因素是：追求肉體的滿足，期望個人環境的改善，喜歡競爭，期望個人的成功等等。人的才能，多半是為了這幾點而發揮始盡。想像力並未消滅，但想像力的主要作用是想出有用途的東西，想像力所代表的也盡是現實的東西。平等的原則不但使人不重視理想美的描寫，而且使可以描寫的東西越來越少。

貴族政治把社會保持於一個固定的地位，所以一方面有助於正統宗教的團結與維持，另一方面有助於政治機構的穩定。它不但使人的心境限於特定的信仰範圍，而且使人的心境易於皈依一種信仰後即不再變。貴族民族永遠認為在上帝與人之間，尚有一種居間的權力。宇宙間許多超自然的實體既非官能所能見聞，而只能由意境來觸知，則想像力當然

極為自由豐富。詩人可以描寫的事物，當數以千計，而詩人作品的欣賞者，則無法數計了。

反之，民主時代的人有時在信仰問題上，跟他們在法律問題上，一樣飄浮不定。心境既有所疑，則詩人的想像力自然回到人間，詩的題材也只限於真實的、肉眼可見的現世。宗教信仰縱使不受到平等原則的干擾，但在這個原則的影響下，宗教信仰定將簡化，使人的意境只不變地注視到最高的上帝，而不再顧及次要的聖者。

貴族政治自然地把意境導入過去，並在過去的範圍內停留不動。反之，民主主義使人對於古代的東西，產生一種本能的厭惡。光以這一點而論，貴族政治遠比民主主義有利於詩的創作，因為一個東西越古遠，就越大越模糊，越合於理想的意境。

民主原則剝奪了詩的過去，又剝奪了詩的一部分現在。貴族政治下的社會裡總有一些高踞人上的特權階級，所有財勢、名利、智慧、教養、和一切顯貴的東西，都是屬於他們的。大眾既不能走近他們身邊，也不能對他們作仔細的觀察，所以詩人用不著費什麼功夫，就可以把他們描寫得富有詩意。在另一方面，你天天都可以見到的大眾，因為任人奴役，因為愚昧卑下到極點，也同樣可以成為詩的合適題材，可以誇張他們的粗鄙和悲慘，就如同誇張特權階級的偉大和崇高。其次，貴族社會的各個階級之間，都隔著一道廣闊的鴻溝，彼此不能完全了解，所以對於對方的真實情形，只能想像，不是想像得誇大，就是不及。

在民主社會裡，大家極為相像，大家都是平凡的，所以一個人只須看看自己，就知道別人是怎樣的了。因此，民主時代的詩人不能拿一個人作為詩的題材。人既是一個平凡而又擺明在眾人眼前的物體，怎麼樣也不會使詩人興起理想的意念。因之，民主原則使原有的詩之源泉幾乎乾涸了。現在讓我們看看它是否可能關掘出一些新的源泉。

懷疑論使人不再嚮往天堂，平等論使每個人變成更小更顯著的相稱部分。在這種情形下，貴族時代可以用來作詩的大題材，都已經消失，詩人還沒有尋到可資代替的新題材之前，乃轉而注意無生命的自然界。他們既然看不到神和英雄，乃轉而描寫高山巨川。這樣的詩，稱為描寫類的詩，初見於18世紀。有人認為歌頌地球上一切有形且無生命物體的詩，是民主時代所特有的，但我覺得這種說法不對。我以為這只是過渡時代所特有的詩。

我相信到了最後，民主主義必會把人的想像力從身外之物轉到人的

本身。民主民族也許暫時對自然界的萬物有神往之感，但他們眞正神往的，還是人的本身。民主民族須從本身去發掘詩的源泉，也只有在這裡才能尋到源泉。我敢說，任何詩人如果蔑視這個源泉，不從這裡去求靈感，則他們的作品必不能動人，也不會引起別人的共鳴。

進步的概念和「善無止境」的概念，都是在民主時代產生的。關於這一點，我在本書裡已經提過。民主民族並不重視已有的現象；他們注意的，是未來的遠景。他們一想到未來，就產生無窮的想像力。這正是詩人可以盡量發揮才華的地方，因爲他們可以從眼前的事物轉到相當遙遠的境界。民主主義替詩人封閉了過去之門，但替他打開了未來之門。

民主社會的公民，幾乎是個個平等，個個相像的，詩人雖不能把任何一人拿出來作題材，但可以拿整個民族作題材。個人彼此相似，任何個人都不能單獨成爲寫詩的合適材料，但詩人可以把他們全體列入同類的影像，而對整個民族作一個總的觀察。民主民族對於本身的容貌，比其他任何民族有更明確的認識。這樣偉大突出的容貌，是值得詩人作一番理想的描寫的。

我可以不猶豫地指出，美國沒有詩人，但我不能說美國人沒有詩的概念。歐洲人大談美國尚未開化的地方，但美國人自己從未想到這些。美國人對於大自然的奇觀，並不覺得有什麼特別，甚至可以說，他們對於周圍的森林，要等到棵棵砍倒之後，才知道有森林的存在，因爲他們只顧到另一個景象：他們只是想到要越過那些未開化的地方，要抽乾沼澤的污水，要使河流改道，要拓荒，要征服自然。美國人並不是每隔一段時期才懷有這種壯志，我們可以說，他們時時刻刻都有這種抱負，不管是採取什麼最重要或最不重要的行動，都離不開這個目標。

在美國，人的生活眞是最不足道，最枯燥，最乏味——總之，最無詩意了。可是美國人生活上的種種表現，永遠有一種是充滿詩意的。這個民族的整個機構能夠勃勃有生氣，就是拜受這個隱藏的神經之賜。

貴族時代的每個民族和每個人，都各得其所，跟他人有一定的距離。民主時代則人事浮沉劇烈，大家又受一己慾望的驅使，活動永無止境，於是各國人民彼此雜處，互相觀摩，互取他人之長以補一己之短。結果，越來越相像的一大群人，已經不是同出一源的那個原來的族。各族已經彼此同化，而混合在一起的那個總集團，看起來就是一個民主大團體，每一個公民就是一個民族。把人類的形態這樣鮮明地表現出來，實是有史以來第一次。凡與全人類生存變化及未來一切有關事物，都成

為詩的豐富的題材。

　　貴族時代的詩人對於某一民族或個人的事蹟的描寫，非常成功，但沒有一個詩人曾對人類的命運列入詩的範圍。這項任務，大概要等民主時代的詩人來嘗試了。

　　每個人把視線擴大到國境以外而開始認識人類整體的時候，神的形象在他的心境裡就更加明顯更加莊嚴。民主時代的人對於正教或其分支的信仰，雖然往往有動搖或迷惑的現象，但對於天命，則有較廣泛的認識。他們對於天命之干預世事，產生了新的、更明確的認識。他們從整體去觀察人類，所以很快就發覺全人類的命運是受同樣的天道支配的，個人的行動都有天意可循。這個概念也許可以啓發詩人，使他從這個源泉中去汲取豐富的題材。這是民主時代的詩的一個新源泉。

　　民主時大代的詩人如果硬把鬼神天使變成肉身，硬把鬼神天使從天上拉下來跟人世至高無比的威權比一高下，則他們自身定將顯得平凡無力。反之，他們假若能把自己所要寫的世間大事跟一般天道天命連為一起，不直接道出神的所在，而只揭開天命的所在，那麼他們的話定將受人欣賞，定將引起共鳴，因為跟他們同時代的人都是自然而然地向這一方面去發揮想像力的。

　　我們同樣可以料到，民主時代的詩人將喜歡以人的情慾和概念為題材，而不喜描寫個人及其成就。民主人民的語言、服飾、和日常行為全沒有一點兒詩意，所以跟理想的觀念是不調和的。它們即使最初帶點詩意，但日日習以為常之後，也會詩意盡失，不足為詩的題材。因此，詩人勢必時時刻刻撇開這些五官所易感覺出來的表層，而向它的深處去探求靈魂。最足以引起詩人理想的，莫過於探討人心靈深處的奧秘了。詩人用不著踏遍天下去搜尋一個既偉大又渺小、既黑暗又光明、既有憐憫讚美、又有恐佈蔑視的一個奇異物體。他只須看看自己就尋出來了。人從空虛之中生出來，度過一段時間，又在上帝的懷抱中永遠消失，人出現的時間只有一個短暫階段；他在兩個虛無之間流浪了一陣又不見了。

　　人假若完全不認識自己，就不會把自己作為詩的題材，因為他不可能描寫自己心境中所未想到的東西。人假若完全認清了自己的本質，他的想像境界又會靜止不動，不會再添增新的東西。所幸人的本質是一方面明顯到使他對自己有部分的認識，另一方面又隱晦到使他對於自己的其餘部分毫無所知，致而令他永遠在暗中摸索，永遠希望對本身有更明

確的認識，但又永遠達不到這種願望。

　　民主民族的詩不會追述掌故或舊傳統。它的詩人不會把超人領到這個世界裡來，因爲讀者和他自己都已徑不相信超人的存在。詩人也不會冷靜地把善與惡變成人的化身，因爲不加渲染的善惡，將更使人看得清楚。這一切都不是詩人取材的源泉，但「人」永遠在那裡，詩人有這個「人」作源泉，實在用不著再向他處尋求了。人類的命運，人的本身（指呈現在大自然和上帝面前的那個人，撇開他的國籍及時代），人的情慾，人的疑慮，人的罕見的得志和不可想像的悲慘，俱將成爲民主民族的詩的主要題材，雖則未必是唯一的題材。

　　我們只須看一下世界轉向民主以來那些最偉大詩人的作品，就知道此言之不謬了。當代的大詩人，刻畫出浮士德、哈洛德、雷尼、卓士林等人的面貌時，並未力求錄下個人的行爲，而是把人心深處那個隱藏的部分揭開，讓它透進一點光。

　　這就是民主主義下的詩。平等的原則並未消滅詩的一切題材，只是減少了題材的數目，但在範圍方面，卻比以前更廣了。

第十八章
美國作家和演說家爲什麼時常
會用誇大的風格

　　我時常發覺美國人平時說話簡單明瞭，不加虛飾，而且率直到近乎粗俗，可是一遇到要發表什有詩意的言論時，立刻誇大其詞，幾乎一篇演講詞之中，從頭到尾都是言過其實。每次聽他們這樣過分渲染心中的概念，可能令人以爲他們不論談什麼，都不是簡明地表達的。

　　英國人犯這種毛病的時候比較少。要知這種現象是什麼原因造成的，並不困難。民主社會的每個公民在習慣上往往想到一個渺小的形象。這個形象就是他自己。他一旦擴大視界往上看時，就只見到整個社會的龐大形象或整個人類的雄偉形象。因此，他心中的概念，不是渺小明晰到極點，就是龐大空泛到極點，兩者之間，則是一片眞空。他每跳出自己範圍的時候，總希望有些奇異形象會引起自己的注意。他也就在這種期望下，才會暫時拋棄一己生命中那個細小瑣碎而且美好的部分。

　　我覺得光是這一點，已經足以解釋爲什麼本身只注意小事的民主人民，卻要詩人們提出極廣泛的概念並作出廣闊無邊的描寫。

　　民主作家們本就具有誇大的特性，所以自然樂於遵命。他們不斷誇大自己的想像，誇大到不受任何限制，誇大到往往已經不是「大」，而是「極大」。他們希望藉這種方法成名，希望大家把視線集中在他們身上。他們的希望並未落空，因爲大眾對於詩的要求，除了想看到容積廣大的東西外，並無他求。大家既無時間去準確地研究眼前一切事物在大小容積上的眞正比例，亦無本領馬上體認出比例上不相稱的地方。作家害了大眾，大眾也害了作家。

　　我們知道民主國家在詩的源泉方面是偉大的，但並不豐富。這些源泉不久就枯竭，於是一向不從眞實之中追求理想的詩人，就乾脆把理想的因素全部放棄而創出怪誕的東西。我並不怕民主國家的詩乏味或太近塵世，我怕的是它將在實際的高空迷失方向，而終至飛入純想像的境界。我怕民主國家詩人的作品將充滿無限的和不連貫的心像，充滿誇大的描述和怪異的創造。我也怕這些詩人的荒誕想像，有時會使我們不喜現實的世界。

第十九章
民主國家的戲劇

革命力量把貴族政制和社會組織推翻而開始向文學方面伸展的時候，首先受影響的，往往是戲劇。戲劇裡所表現的革命色彩，可以一直明顯地留存下去。

觀眾看了一齣戲，多少都留下一份無法抗拒的印象。看戲的人既不會有時間把劇情拿出來跟自己記憶中的事情做一對照，也不會同一些比自己更有判斷力的人詳加探討。他不自覺地開始受了文學新風氣的影響，而不會產生是否應加抗拒的念頭。他還沒有看清楚新風氣的實質之前，已經先向它低頭了。

大眾內心的傾向是什麼，作家是最容易摸清楚的。作家們時時依著大眾的傾向而改變作品的風格，而戲劇於預示文學革命行將來臨之餘，很快就負起這項革命的責任。因此，一個民主民族的文學是怎樣的，只須看它的戲劇作品就可以知道了。

舞台的文學往往是一國文學中最有民主氣息的部分，甚至貴族政制的國家也是如此。戲劇給予人們的文學滿足，是大眾最容易得到的文學滿足。他們不必經過一番準備或研究，就可以欣賞。他們有偏見也好，茫然無知也好，戲劇都可以把他們緊緊抓住。一個階級開始要一般精神方面的快樂的時候，首先想到的就是進戲院。貴族國家戲院裡萬頭鑽動的觀眾，都不是貴族階級。社會裡上中下三個階級能夠混合的唯一場所，就是戲院；上層階級肯聽下層階級的意見，或至少讓下層階級發表意見的唯一場所，也是戲院。有學識有文學修養的人，只有在戲院裡沒有辦法強使大眾追隨自己的欣賞觀點，而反要提防自己有一天成了低級趣味的欣賞者。戲院裡有包廂之設，就是為了這個緣故。

貴族階級既然無力抗拒大眾在戲院裡佔居上風，那麼我們只須進一步推想，就知道民主原則一旦伸入法律與習慣的範疇，各個階層一旦混合共處，上層階級一旦失其世襲的財勢以及一切傳統和悠然自在日子的時候，人民就居於最高的地位。因此，民主民族在文學方面具有什麼傾向和特別喜好，都可以先從戲劇上看出來，並將由戲劇轉而有力地蔓延

到其他方面。一般的寫作是和緩地、一步步地把貴族的文學規範修改過來，換句話說，是用合法的方式把它修改過來，但在戲院裡，大眾是用狂暴的方式把它推翻的。

戲劇把民主文學中的大部分優點和所有缺點都揭發出來。民主社會不重視文學與歷史方面的學識，也不注意古羅馬與雅典的情形；他們只求了解本身有關的事物和當代的現狀。假若戲台上時常走出古代的英雄，時常抬出過去的禮儀，而劇作家又毫不含糊地重視古舊的規則，實即表示民主的階級還沒有在戲院裡佔到上風。

然而戲劇的民主，並不足以證明整個民族已經有了民主，因為，正如上面所指出，甚至貴族政制下的戲劇，也會受到民主氣息的影響。不過，戲台上假若完全能籠罩著貴族體制的氣氛，則這個民族的整個社會，毫無疑問都是貴族主義的，同時可以大膽斷定那個足以左右劇作家的學術階級，也同樣左右了人民，並管制了全國。

趣味高超但舉止傲慢的貴族階級控制戲台一日，即領導戲劇一日，使其依照自己的意向，只能把人性的某一方面表現出來。叫貴族階級所著重的，只是社會的某些形態，戲台上所著重的，也就是這些社會形態的描述。他們認為某些「善」甚或某些「惡」更有演出的價值，就專強調這些善惡，讓觀眾去欣賞，去鼓掌，至於其他方面的善惡，則全部摒棄。貴族階級入了戲院，跟他們在其他的場合一樣，只願同有身分的人相晤，也只有戲台上演出帝王將相的不幸遭遇時，心裡才會難過。其實，在風格上也是如此；貴族階級規定劇作家必須表現某一種風格，使戲中的一切都以這種風格為中心。在這種情形下，戲台往往只能表現出人性的一面，有時表現出來的，甚至是人性中根本不存在的東西，是超自然的東西。

民主社會裡的觀眾卻沒有這種偏愛，也很少表現其心中的某一些嫌惡。他們希望戲台上能表演出目見耳聞的人間百態和各種各樣的意見與情緒。戲的本身比以前更觸目、更粗俗、更真實。不錯，民主時代的劇作家有時也會超出人性的範圍，不過超出的方向跟貴族時代的劇作家不一樣。民主時代的劇作家對於當代某些獨特的小事件以及某些人物的個性，都不厭其詳地盡情勾畫出來，而對於一般的民族性反而忽略了。

民主階級控制了戲劇的時候，一定在題材方面盡量讓它奔放，而不是肆加限制。戲劇的愛好在一切文藝愛好中既然是民主國家最自然的一種愛好，則劇作家、觀眾以及別的演出，必然在數字上與日俱增。這麼

多的人不但分子複雜，而且分散各地，所以無法接納同一的規章或遵守同一的法則。劇評家同樣多得難以數計，要他們觀點一致，更是不可能的，而他們自己又不知何日方能重新相聚一起，於是大家只有針對某一齣戲，個別發表一己的意見。如果民主主義的作用是對文學章則的威權提出質疑，那麼就戲劇方面而論，它根本否定了這些章則威權，任憑每一劇作家和觀眾依自己個人的章則來評判。

　　我曾經提到民主文學的風格（見第十三章「民主時代文學的特徵」）。民主國家的戲劇也用特殊的方式將這種風格表現出來。我們今天偶然讀到路易十四時代的一些劇評時，不免一方面驚異那時的觀眾對於情節是否近乎事實，以及劇中人物的性格是否前後一貫等問題，竟如此重視，另一面驚異劇作家對於劇中一些難懂之處，為什麼竟不加解釋。同樣令人驚異的，是語言的形式在那時極受重視，劇作家往往因用字發生問題而受抨擊，並引起無謂的爭論。在今天看來，許多在戲台上根本不會引起觀眾注意而只有在細細研究劇本的時候才會令人體會到的細節，似乎在路易十四時代都受到過分的重視。須知戲劇的重點在演出，主旨在感動觀眾。可是路易十四時代的戲院座上客和劇本讀者是一樣的：他們離開戲院後，又在家中火爐邊捧著劇本念，以便作一評價。

　　民主時代的劇詞只是供人聽的，不是給人讀的。常常光顧戲院的人並非專為了賞心悅目，亦在於求取情緒的發洩。他們不要聽文學的劇詞，只希望看到一齣好戲，所以只要劇作家能夠正確地運用本國的語言，使人人都聽得懂，只要戲中人物能夠引起觀眾的注意和同情，觀眾就滿足了。觀眾知道這只是一齣戲，並不要它符合現實。風格的準確，並非最主要的條件，因為一切規章是否嚴格遵守，在戲台上是較比不容易看出來的。

　　要劇情近乎事實，就無新奇、突然、和一幕緊接一幕一氣呵成之可言。因之，劇情是否近乎事實，劇作家是不重視的，縱使與事實不符，觀眾也加原諒。你只要能夠使觀眾有共鳴之感，觀眾是不會管到你使用什麼方法的，觀眾也不會因為你漠視戲劇原則去激起他們的情緒，而提出責難。

　　美國人不入戲院則已，一入戲院必然把我上面所說的種種特點，都廣泛地表現出來。不過我們必須承認，截至現時為止，美國的戲劇觀眾實在有限。不錯，過去40年來，進入戲院的人和戲劇演出的本身，在美國已大見增加，但大家對於這項娛樂，仍極為冷漠。這完全是因為美國

的情形特殊，至於特殊在那裡，前文已有說明，這裡只須扼要再提一下就夠了。

創建美利堅合眾國的清教徒不但反對娛樂，尤其憎惡戲劇。他們認為戲劇是可厭可鄙的消遣，所以在他們致力奉清教徒規則之日，完全沒有戲劇的演出。這些初期移民的觀點，留給後代子孫極深刻的影響。

美國人的生活習慣有一定的規律，道德的標準極為嚴格。這都是不利於戲劇發展的。美國沒有政治的巨變，一談愛情，必然產生美滿婚姻的結局，所以很難尋出戲劇的題材。其次，一個天天忙於賺錢而星期日則上教堂的人，是跟戲劇無緣的。

光從一件事去看，就知道戲劇在美國不是極普遍的。美國法律給人以無比的自由，甚至在任何方面准許人們肆意奔放地使用語文，可是一談到戲劇，卻無異對劇作家施使檢查制度。戲院要演一齣戲，必須得到市政當局的許可。市政社團有如個人，它們統治慾強，絕不會為了欲滿足別人強烈的欣賞力而作重大的讓步。

在一切文學部門中，戲劇文學跟社會現況的關係最多，也最密切。兩個時代之間假若經過了一場重大革命而使整個民族的舉止與法則全發生變化的話，則前一時代的戲劇絕對不適於後一時代。

前一時代的偉大戲劇作品或者可以供後世閱讀，但這種不同時代的劇本，絕不會為另一時代的觀眾所欣賞。過去的劇作家只能靠劇本來流芳後世。貴族時代的戲劇也許在民主國家裡可以維持甚至復興一個時期，這不外是因為某些人有傳統的嗜好，或者為了虛榮與好奇，再不然就是演員的天才特別高，不過到了最後，它仍將迅速倒下，不是被人推翻，而是遭人遺棄。

第二十章
民主時代史學家的一些特徵

貴族時代的史學家寫文章時，都不免把一切史實跟某些個人的意志和性格聯爲一談，並把最重要的革命歸因於細微的偶發事件。他們用銳利的眼光追溯出最微小的起因，但往往忽略了最大的因素。

民主時代的史學家正與此相反。他們很少認爲個人的力量可以決定整個種族的命運，也不認爲少數的公民可以決定全民的命運。他們認爲重大的起因，都是源於許多微小的事件。

貴族時代的史學家縱觀世界舞台的時候，一眼就望到幾個聞名的出色主角。這幾個人數極有限的大人物佔據了世界舞台的最前面，吸引了全球人類的注意，讓大家目不轉睛地望著他們。史學家只專心研究這幾個主角所言所行的秘密動機，至於其他一切，則予漠視。一些人物的所爲，確屬重要，於是史學家就誇大估計某一個人的力量，不自覺地認爲大眾的反應跟某一個人的特殊影響力有關。他解釋大眾的所爲時，必然涉及某一個人的言行。

反之，民主時代的公民是互不依賴的，但就個人而論，人人都是脆弱的，似乎沒有一個人能夠對整個社團發生大力量，更談不到發生永久的力量。驟視之下，個人對於社會似乎毫無左右之力，社會完全靠著全體成員的自由與自願的行動前進。在這種情形下，大家自然要探求那個同時操縱大眾的才能，而又使大眾的才能同時朝同一方向走的總原理在哪裡。

我堅信，縱使在民主國家裡，某一些人的天才和個人的善惡，對於一個民族的自然發展，都會發生遏阻或加速的影響，但這種次要的和偶然的影響力，在民主的時代，要比貴族的時代更分散、更隱藏、更複雜、更軟弱、也更不容易追尋出來。貴族時代史學家的任務只是從無數的事件中摘出一個人或幾個人的特殊影響力來探討。民主時代的史學家則要在錯綜複雜的形勢下作各方面的探討，在筋疲力竭而仍探不出頭緒之餘，他只好否定個人的影響力，因爲他根本看不出或指不出這種影響力的所在。他寧可談論民族性、國家的地理形勢、或文明的特徵等問

題，既可藉此減少本身的精力，又可同樣使讀者滿意。

　　拉法夷脫（美國獨立革命時率軍助戰之法將兼政治家）在他的《回憶錄》裡說，治史而專門強調一般性的原因，徒使第二流的政治家得到意外的慰藉。我在這裡不妨補充一句：第二流的史學家也同樣得到慰藉，因爲它使史學家可以憑恃一些有力的理由來卸除本身工作中最艱苦的部分，同時治史者的懶惰與無能，俱可不受責難，至於肯作深入探究的史學家，則特別覺得光榮。

　　就我個人而論，我以爲不管什麼時代，世界大事有一大半都是種因於極普通的事情的，但有一部分則種因於特殊的力量。這兩大類原因永遠是存在的，只是它們在比例上時時有升降而已。由一般性的事情造成的現象，自然是在民主時代多，貴族時代少。由個人影響力造成的現象，自然是在貴族時代多，民主時代少。在貴族時代，特別的影響力較爲強大，一般性的力量較爲薄弱，因爲社會地位既不平等，某些個人自然可以遏制大眾的一般傾向。

　　史學家把民主社會裡發生的事件歸因於一般性的事實，並以大部分的精力去探究這些事實，都是對的。可是他們不能輕易尋出某些個人的特別力量因而就完全否定這種力量的存在，卻是錯的。

　　民主時代的史學家不但喜歡把每一宗事件歸因於一個大原因，而且喜歡把各宗事件貫穿起來研究，以便從中尋出一個系統。貴族時代的史學家因爲一直專顧某些個人，所以忽略了事件與事件間的關連，也可以說，他們根本不相信其間有什麼關連。在他們看來，歷史的線索時常可以因某一個人一生之所爲而被截斷。反之，民主時代的史學家不重視演員，只重視演出，所以對於演出的經過，容易尋出前因後果的系統。

　　古代文學裡的史實記載，可謂優美豐富到極點，可是我們從其中尋不出一個重大的歷史系統，而近代文學連最簡陋的史實記載，也有無數的系統線索供我們去參考。古代的史學家似乎沒有充分利用一般性的理論，現代史家則又利用得過分。

　　民主時代的治史者還有一個危險的傾向。他追溯不出個人行動對民族的影響，於是看起來就好像這個世界只在動，而幕後的推動力則隱晦不明。他既然極難辨認和分析個人意志對整個集團所分別發生的推動力，則不免使一般人認爲一般集團的動是自然的，社會是不知不覺地受一種超然的力量所控制的。甚至有一天發現了這個世界確有私人意志的時候，仍不敢認定人類自由意志力的作用。於是大家將以爲這個世界有

一股無可抗拒的自然大力量，足以左右無數百萬的芸芸眾生，使他們結合一起並走向同一的目標。人類在過去既已向這股大力量屈服，則今後似乎也難抗拒。

因此，民主時代的史學家不但否認了少數人有決定全民族命運的力量，而且使整個民族失其改善本身處境的能力，使大家聽任一個不變的老天爺去擺佈，或純依本身基本的需要而行動。這一類的史學家認定每個民族的處境跟它的地理、起源、歷史沿革、和性格有不可分的關係，非人力所能改變。他們一代接一代，一種需要接著另一種需要往上追溯，一直追溯到世界的起源，然後鑄出一條緊密強大的鍊，把整個人類束縛起來。在他們看來，光是記載史實仍不夠，還要向世人說明過去的事實本來就注定如此發展，絕不可能改變的。他們從一個民族的某一個歷史階段談起，並一口咬定這個民族只有沿著歷史早已替它確定的路線走，沒有別的途徑可循。這樣的說法，比詳細說明一個民族過去應該怎麼做才可以走上較平坦的另一條路，自然省事得多。

我們讀貴族時代的歷史記載，尤其是讀古代的記載，就覺得那個時代的人似乎只要把自身治理好，就可以把他的同胞和地方管得服服貼貼。我們讀現代史家的記載，就覺得人對於本身和周圍的一切，都毫無決定的力量。古代史家教人如何管治；現代史家教人如何服從。寫史書者好像自己偉大無比，而人類則永遠是微不足道的。

現代的歷史寫作家喜歡強調所謂純需要的原則。假若讀史者也受到治史者的薰陶，卒而一般社會大眾都牢牢地相信這個原則，那麼現代社會的活動不久定將受其影響而告癱瘓，基督教徒亦將淪於蠻族的水平。

其次，我覺得在我們這個時代強調這個原則，尤其危險。現代人類對於人的自由意志，本來就發生懷疑，因為每個人都覺得自己有各方面的弱點。可是，現代的人仍承認人在社會裡團結後所發生的集體力量和獨立形態。我們不應忽略這一點，因為當前的大目標是要提高人的能力，而非使人屈服到永遠翻不起身。

第二十一章
談美國國會的辯才

　　貴族政制國家裡的人，彼此牽連並互相依靠，一層層的階級則具有貫穿的作用，使人人各安其位而又能從屬分明地連爲整體。這種情形在貴族國家的政治團體裡也可以見到。各個政黨都受黨魁的領導，黨內上下服從首腦，是出於本能，也是習慣成自然。次下級所表現的儀態，就是一般社會的儀態。

　　在民主國家裡，大多數的公民往往是朝著同一個方向走，但每個人前進的時候，都是出自本意，或至少自認是出於本意。他長期養成了自主的習慣，所以不管什麼行動，都不願聽任外界的指揮。這種獨立的性格和習慣，在國會裡同樣表現出來。他縱使爲了爭取共同的目標而同意跟別人結連一致，仍要保留一己的自由，希望能依照自己的方式來達到共同的成果。因此，民主國家的政治不受人控制，倘非發生國家重大危機，絕對無法加以控制。然而縱使在國家危急情況之下，領袖的權力至多是使人有所行動或發言，絕不能強大到可以使人閉口不語。

　　貴族政制下的政治性議會，其成員就是貴族政體的成員。每一個成員在這個政體裡已經享有很高的地位，所以他在議會裡的身分，就他本人看來，往往還不及自己官職的重要。基於這種原因，他盡可不參加議會裡的國務討論而寧可退避一隅。

　　美國的情形則不然，一名議員完全是因爲他在議會裡有地位才受人重視。因之，他永遠要在議會裡爭取重要的地位，渴欲同僚接受自己的意見。他這樣做，並不完全是爲了本身的虛榮和他選區裡選民的虛榮，也是爲了他時時刻刻必須對選民有所交代。在貴族國家裡，立法議會的議員極少是要絕對依靠選民的，因爲他在本區的選民看來，他就是當然的代表，甚至有時選民遠要完全唯他是賴。如果他在本區落選，仍可以輕而易舉地在他區當選，倘若真的不當議員而脫離公職，仍照樣可以享受清閒舒適的生活。反之，像美國這樣的民主國家，一名議員絕不可能在選民心目中留下不可磨滅的好感。不管選區多麼小，民主制度的變化可以隨時改變這個選區的觀點，所以議員必須時時刻刻討好選民。議員

是否能得到選民繼續支持，實毫無把握。假若選民有一天把他遺棄，他就毫無辦法，因為他的地位還沒有提高到遠近皆知的地步。何況，民間完全是自主的，他絕對休想朋友或政府會派他到另一個陌生的選區，再由那個區選為議員。因此，他要出頭，就得在周圍鄰里之間種下善因。他必須從這個小角落做起，逐步提高其身分，卒而達到治國平天下的地位。因此，民主國家裡的議員把選民置於自己所屬政黨之上，而貴族國家裡的議員則重政黨而輕選民，本是很自然的現象。

議員為了討好選民所發表的言論，未必就是對自己所屬政黨有利的言論。一個政黨要維護本身的利益，必須規定黨員勿談本身認識不足的重大問題，少談足以影響大問題的小問題，甚至最好是根本不談。一個普通的成員能夠緘口不語，就是對整體的最有益貢獻。

可是選民並不是這種看法。一個地區的老百姓選出一名參與國政的代表，完全是因為他們對於這個人的長處評價極高。選民中的人才是很缺的，所以一個人與周圍的庸庸碌碌相形之下而特別顯得偉大的時候，大家對於他的期望就特別高。因此，往往對自己選出的代表越不應該有什麼冀求的選民，越是對他期望得殷切，儘管這個代表是個庸才，大家還是要他有重大的表現，以免辜負他那個由大眾賜給他的名銜。

一個議員除了具備國家立法人員的身分，還被他本區裡的選民視為本區在國會內的保護人。每一名投票支持他的人都把他當作自己的代表，而且沾沾自喜地相信他在議會裡必然會以維護國家利益的同樣熱忱，來維護本區選民的私人利益。因此，一般選民心中早就認定他們所選出的議員，必然是個演說家，必然一有機會就發言，縱使不能不少說幾句，也一定要盡量就國家大事提出質詢，並代表本選區提出種種無關緊要的小指謫。他雖然不能時時站出來發表議論，仍須緊握每一機會來表示他的才幹。他不能一直濫用權力，而應時時把自己的權力收斂或限於一隅，專為他本人及自己的選區增光。唯有如此，他下次才能再當選。

德高才庸的人在這種情形下，實在毫無辦法。他們對自己的才華有自知之明，絕不願鑽到前面來發言，可是迫於時勢，又不能不講，以致其朋友們均大表驚異。他居然跟一批最有名的演說家分庭抗禮，把一場辯論弄得混亂不清，更使整個議場顯得無聊。

凡是使議員越來越依靠選民的法律，不但影響到議員的行動，也影響到他們的言論。這些議員對於國務的本身以及討論國務的方式，皆須顧到。

一名國會議員在休會返鄉之前，至少總要發表一次演說向自己的選

區作交代，而他慷慨激昂發言的時候，必然針對一般國事以及本區政務提出一些有用的建議。他向聽眾雜亂無章地提出一連串只有他自己才能了解的大道理，又提出許多只有他才知道的瑣事。結果是這一在大議場舉行的辯論往往空洞混亂不清，好像只是在慢慢地拖時間，而不是要達到一個明顯的目標。我相信一切民主國家的議會都有這種現象。

　　良好的環境和法律，也許可以把一批比美國現任議員更優秀的人士吸引到一個民主民族的立法機構裡去，但絕無法阻止一些庸才心安理得地坐在國會裡硬管大眾的閒事。我以為這種壞現象並不是不可救藥的，因為它的起因，不但與議會的程序有關，而且與憲法的規定有關。美國人民似乎就是從這個觀點來看此種問題。他們能夠表現出其長期議會政治的特徵，絕不制止議員發表糟得很的演詞，反而耐心地去聽他們發言。他們認為這是無法避免的邪惡，只有讓它去罷了。

　　上面所說的是民主議會裡政治辯論的微細處，現在我要指出它的堂皇特徵。

　　英國下議院過去150年的議事經過，從沒有一次轟動國外，會場內各個發言者所表示的意見和感覺，也從沒有引起英國近鄰諸邦的共鳴。然而，在美國革命時期，那個小小的美洲殖民地國會裡最初幾次的辯論，卻轟動了整個歐洲。

　　這種現象固然是由於那時情勢特殊，但也有其廣大永久的原因。一個大演說家在民主議會裡滔滔雄辯國家大事，真是比什麼都有力，更令人起敬。出席民主議會的代表無須為某一階級的切身利益而辯護，因為這個國家根本沒有什麼階級之分。他發言的時候，永遠站在全民族的立場，為整個國家而說話，所以胸懷才能寬廣，言詞才能有力。前人的先例在這裡沒有力量，財產上的特權不再存在，個人再享不到什麼先天的權利，所以要解決問題，必須本諸人性去探求大真理。因此，民主民族進行政治辯論，不論規模如何小，其意境的廣泛往往動人心弦。這些辯論是談到普天下「人」的問題，所以人人都表示注意。

　　反之，實施貴族政制的各個大國，縱使是辯論最廣泛的問題，也以某一時代的習俗或某一階級的特權為出發點，除了這個階級和它周圍有關的人外，誰也不感興趣。

　　法國的政治辯論有時引起全球的重大響應，就是基於上述原因，雖則法國民族的偉大和其他國家之願意傾聽，也有關係。法國演說家有時向其本國人民發言時，實是向全球發言。

第二部

美國人在情緒上所受的民主影響

第一章

民主國何以愛平等甚於愛自由

地位平等所產生的第一個和最強烈的情緒，用不著說，就是對於平等本身的熱愛。我在這裡先把它提出來討論，自不足異。

每一個人都說在我們這個時代裡，尤其是在法國，愛平等的情緒越來越烈。許多人一再指出現代人熱愛平等甚於愛自由，可是他們並未充分指出其原因所在，因此我不妨在這裡略作說明。

平等與自由是可能在一個終極點匯合在一起的。現在我們假設人人都參加政府，每個人也都有參政的同等權利。人人既然沒有與眾不同之處，就不會有一個人有行使專制權的力量。人人既然完全平等，自然就完全自由。反過來說，大家既然完全自由，自然就完全平等。民主國家所要達到的，正是這個理想的境地。這是人間平等最完美的形式。此外還有千百種其他形式，雖然沒有上面的一種那麼圓滿，也同樣為民主國家所珍惜。

平等原則可以在民間存在而未必在政治範疇內存在。人人雖不能在政府裡享到同等的地位，但他們可能具有同等的權利來享受同一的樂趣，來進入同一的行業，來踏入同一的地區。換句話說，他們有抉擇同一生活方式和利用同一手段追求財富的同等權利。

在政治的範疇內，也可能沒有政治自由而仍有平等。除了唯一的一個人外，人人都是平等的。這唯一的一個人是全體的主宰。他從全體之中，極平等地選出好些代理人，替他行使權力。此外，我們還可以想出許多毫無自由而有極大平等的機構，或者多少有點自由而有極大平等的機構。

人雖然非至完全自由才能絕對平等，甚至一旦平等推至極端之時尚可能與自由發出混淆，但自由與平等是有別的。人類之愛自由與其愛平等，事實上也是兩回事。我甚至可以說，在民主國家裡，它們是兩個不相等的東西。

我們只須細加觀察，就知道不管是哪個時代，人與人所以連在一起，總是由於某些特殊和重大的事實所牽引。這些事實幾乎永遠是某些

概念和某些主要慾望的孕育成因，把當代的所有見解與觀念都吸收在一起，就像是一條巨川，把附近無數的河流都匯合到一起。

自由曾以互異的形式在許多不同的時代裡出現過。它並不是只有在某種社會情況下才會產生；它出現的地方，也不限於民主國家。因之，自由並不是民主時代的特徵。地位的平等才是民主時代的特徵。人們在民主時代的主要慾望就是對於平等的熱愛。民主時代的人有了平等以後到底有什麼好，他們為什麼那麼牢牢地抱著平等不放，而對於其他的利益則不那麼珍惜，我們都不必探究。總之，平等是他們那個時代的特徵，光是這一點，就足以說明他們為什麼要特別珍惜了。

不過，除此之外，還有幾個理由使人類在習慣上將平等置於自由之前。

人必須經過長期艱苦的努力，才能消滅甚或減少其平等的本質。要做到這一點，必須改革原有的社會形態，廢除原有的法律，放棄原有的觀點，改變原有的習慣，去除原有的儀態。政治自由跟人的本質有別，很快就可以消失的，只要略一放寬，沒有把它抓緊，它就走掉了。因此，人之所以能夠牢牢地抓住平等，不但是因為平等特別顯明，也是因為它在人的心目中，是可以垂諸永久的東西。

政治自由運用得過分，就足以危害個人的安寧、財產、甚至生命，這是極為明顯的，甚至思想狹窄和從不加思考的人也得承認。反之，平等對於我們有什麼威脅，除了最清醒最有明見的人知道外，誰都看不出來，但知道的人也不肯明白向大家指明。他們明白，這種隱憂須許久以後才會出現，既然是後世之事，現時自不必抱存杞憂。反之，自由所偶然造成的禍害是眼前的，是誰都一目了然的，也是人人都多少受其影響的。平等走到極端後所產生的禍害是慢慢地出現的，逐漸地侵入整個社會機構的，而且只有每隔若干時期才出現一次，何況等到它出現而變得非常兇暴之時，人類早已習慣而已經不覺得它的兇暴了。

自由帶給人類的好處總是要到事後才明顯，而事後大家看到這些好處的時候，永遠想不到這是自由所賜的。反之，平等帶給人類的好處是當時即已呈現的，人人看到好處的時候，立刻就可以追尋到它們產生的源泉。

政治自由不時使一部分公民享受到大樂趣。平等天天使每一個人都享到許多小樂趣。平等的美好處可以馬上察覺出來，人人可以垂手而得，自視甚高的人不會對它無動於衷，販夫走卒見後更是高興無比。因之，平等所掀起的慾望必然是強烈的、普遍的。反之，人類要享到政治

自由，必須經過一些犧牲，更須經過一番努力。平等的樂趣是自發的，在生活的每個小節中都可以享受到，只要活著，就可以嘗到。

民主國家永遠愛好平等，不過有的時候其求平等的慾望，卻高漲到狂暴的程度。一個早已搖搖欲墜的舊社會制度，一旦經過一次激烈內爭而卒被推翻，致而階級間的屏障宣告撤除的時候，就會發生這種情形。到了這時，人人把平等視爲自己的戰利品，把它當爲寶物般緊緊地抱著，好似怕它有失去的一天。平等的慾望侵入人心的每一面，在人的心境裡擴伸彌漫。這時候你不必對他們提出勸導，或對他們說這樣專爲一種慾望作盲目的發洩將使其他最寶貴的權益有喪失之虞，因爲他們是聽不進的，你也用不著向他們指明，這樣只顧望著一個方向將使他們有喪失自形也極少，我之所以坦白說明眞之所相我正是基少於這個緣故。信是珍貴的。他們所能看到的，也只有這個東西。

以上所說的，是指所有民主國家而言。現在我要專談法國的情形。在最現代的國家裡，尤其是歐洲大陸最現代的國家裡，只有社會環境趨向平等的時候，人們才有自由觀念與自由愛好。在這種時候，社會環境之所以趨向平等，就是平等本身所造成的結果。原來專制帝王，是造成被治者一切平等的最有效人物。因此，自由尚被目爲時髦品的時候，平等已經存在了相當久。平等已經創造了許多習慣觀念和法律之後，自由才第一次出現。平等已經進入人們的習俗、儀態和生活裡最細微處的時候，自由還只在人們談論和欣賞的階段。這樣看來，我們這個時代的人把平等置於自由之前，又有什麼稀奇呢？

我認爲民主民族在天性上就是愛自由的。你不去理他們，他們也會尋到自由、珍惜自由，不肯讓別人來剝奪。但論到平等，他們的慾望是強烈的、無止境的、不斷的、無敵的。他們要在自由之中得平等，如果不能達到這個目標，也不妨在奴役之中求平等。他們可以忍受貧窮、奴役、野蠻，但不能忍受貴族政制。

每個時代都是如此情形，今天尤然。這是一個不可抗拒的慾望，企圖跟它抗衡的人或權力，必被它推翻毀滅。在這個時代裡，沒有平等就休想有自由，專制政權也要靠平等的支撐才能行使其統治權。

第二章
論民主國裡的個人主義

我上面說過，平等時代的人靠自己想出意見。現在我要說明，平等時代的人的一切觀感，都以他本人為中心。「個人主義」是個新奇的名詞，帶著新奇的概念。我們的祖先只聽過「利己主義」，也就是自私。自私是過分的愛己，以自己為一切事物的中心，並將自己置於一切事物之上。

個人主義是成熟的、沉著的感覺，使社會中的每一個人跟大眾隔離並與親戚友朋分開，等到他建立起本身的一個小圈子後，社會愛怎麼發展就怎麼發展，他完全不願管了。自私由盲目的本能而起；個人主義則由心力不足與性情倔強而起。個人主義可以說是由錯誤的判斷所引起，而非由卑鄙的心思所引起。

自私斷傷了一切美德的根源。個人主義最初不過是汲乾了公共生活的美德，但到了最後，它會撲滅一切其他美德而終於淪為單純的自私。自私是世界有了人類以來就存在的，不管是哪一種形式的社會，都有自私，在程度上也無強弱之別。個人主義則是有了民主形式的社會後才產生，但其蔓延之速，跟平等不相上下。

貴族政制下的國民，其家庭的情況可以幾百年不變，並且數代同堂，有如同一世代的人。一個人不但知道自己的祖先，尊敬自己的前輩，還愛後代子孫，好像遙遠的後人就站在他眼前。他甘心情願為祖先與後代盡職，為他們而犧牲一己的享樂。貴族體制下的機構還使每個人跟別的幾個人發生牢不可分的關係。貴族時代的人有階級上的明顯區分，居所固定不動，所以每一個人都被同類視為自己小國裡的公民，比大家所屬的那個大國裡的國民更親切，更討人喜愛。貴族國家裡的公民，各個地位固定不動，等級層次分明，所以人人頭上永遠有一個他必須靠的人，下面又永遠有一個他可以請其與之合作的人。於是，貴族時代的人永遠跟本身以外的一些事物發生密切的聯繫，也往往易於忘了自己。不錯，貴族時代的博愛觀念是微弱的，人很少會想到應犧牲自己以謀全人類的福利，但為了別人而犧牲一己的情形，則又屢見不鮮。反

之，在民主時代，每一個人對於全民族的責任比前明顯得多，替某一個人盡忠的情形越來越少，人與人間的愛雖比前廣，實比前淡。

民主國家裡的家庭，興衰無定，久未發達或久未沒落的家庭，也必然處境有變。時間織成的網隨時可破，歷代相沿的軌跡隨時被毀；前人不久就被遺忘，後人是怎樣的，誰也說不出來；人人所注意的範圍，不外是近身事物。等到各個階級互相接觸而交織在一起的時候，大家已無你我之別，階級的標誌隨之消失。貴族政制替整個社會造了一條鏈，徙農民到帝王都一脈相承；民主主義則打斷了這條鏈，並使其每一環節不相接繫。

社會條件越平等，有教育有財產的人就越會增加。這些人雖然財力和勢力都不足以左右他人，但在教育程度和財力上已可以滿足一己的需要。他們無所負於人，亦無所求於人。他們已養成了自主的習慣，認為自己的全部命運只操於自己的手裡。

因此，民主主義不但使每個人忘了祖先，而且使他看不到子孫，並跟同時代的人隔離。它使每個人事事依靠自己，到了最後，使每個人內心極感寂寞。

第三章
個人主義在民主革命末期特別強烈

　　民主社會在貴族主義廢墟上剛剛建立完成的時期，正是人人孤立和自私觀念表現得最強烈的時期。民主社會不但有許多自主的公民，還有無數甫行享受自主生活而即挾其新權力自我陶醉的人。這些人對本身的力量有傲慢的信心，自認今後將無須別人援助，所以肆無忌憚，只知有己，不知有人。

　　一個貴族體制絕不會未經過長期苦鬥而即肯屈服的。在這種鬥爭過程中，各個階級之間，必然仇深似海，縱使鬥爭結束之後，仇恨仍不會立時消滅，所以民主主義初建之時，可能有一段混亂動盪的時期。過去高高在上的權貴階級這時候還不能立刻忘掉自己舊日的高貴，把自己看做是新社會裡的局外人。在新社會中跟他們立於同等地位的人，在他們眼中看來都是壓迫者，不值得同情。同時，過去跟他們立於同等地位的人已經不知哪裡去了，他們跟這些人現在也用不著為了共同的利益而結連在一起。在這種情形下，他們個個孤處一隅，認為除了自身外，用不到再管別人。反之，過去社會地位卑微而現在突因革命而跟眾人平等的人，這時候雖然享受了新得到的自主，但內心裡都有一種不自然的感覺，一旦遇到了舊日的上級，難免避得遠遠的，一方面是表示自己的勝利，一方其實是內心仍有點怕。

　　因此，民主社會初建的時候，大家離群獨處的意向往往最為明顯。民主主義使人不接近他人；民主革命則進一步使人互相迴避，使不平等時期所造成的仇恨一直留存於平等的時期。

　　美國人最佔便宜的地方，是他們不必經過一場民主革命而即建立了民主。他們是生下來就平等，而不是後來才變成平等的。

第四章
美國人以自由體制對抗個人主義

　　暴政在本質上是多疑的，所以暴政認爲人與人間的隔離是維持本身存在的最佳保證，並不惜使用一切辦法使人們彼此隔離。在各種邪惡之中，自私是最受暴政歡迎的。臣民不愛暴君，暴君並不在乎，臣民之間如果彼此相愛，暴君決不肯輕易饒恕。暴君不會請自己統治下的臣民來助他治理國家，只要臣民不亟於要自治，他就心滿意足了。他把那些協力促進社會繁榮的人誣蔑爲亂民，爲歹徒，甚而顚倒字義，把徒知有己而不知有人的利己主義者譽爲善士良民。

　　因此，暴政所製作出來的惡，正是平等所培養出來的惡。暴政和平等這兩個東西，是惡性相輔相成的，平等使人並立，但是彼此之間毫無聯繫。暴政則在人與人之間建立層層障礙，使其完全隔離。平等使人不會想到別人，暴政則提倡人間的冷淡，把它當爲一種公德。

　　任何時代都可能產生暴政，民主時代尤須提防暴政。我們從這裡可以看出來，民主時代最不可缺的，是自由。社會大眾一旦不能不參加公眾事務的時候，自然會離開私利的那個小圈子，有時也會放棄主觀的立場。一個人既然要在眾人之間管理眾人之事，就會發現自己當初心裡存著不必靠別人的想法是不對的。他知道自己需要眾人的支持，但要得到別人的支持，必須自己先同別人合作。

　　治權一旦操於眾人之手，人人就會感到與眾友善的價值，也會盡力博取大眾的敬愛。於是，先前促成心情冷淡並使大家隔離的許多慾望，俱須收斂隱藏。傲慢必須掩飾，輕蔑不敢露之於形，自私須予抑制。在自由政制之下，公職多半是民選的，平時以個人才華抱負放在私生活方面的人，會時時感覺到自己不靠周圍人士的支持，是很難過日子的。這些有抱負有野心的人，就在這個時候想到別人，並不得不忘記自己。

　　或許有人提出異議，指出選舉的過程是勾心鬥角的，候選人既有卑鄙的表現，其對手也有中傷別人的行爲。不錯，選舉越普遍，這一類敵對的事件越多。這些事件自然是大邪大惡，不過它們只是暫時性的，而它們所帶來的好處卻永久存在。一些人爲了要當選，有時可能採取激烈

的敵對手段，但所有想當選的人，無不長期與人互相合作，縱因選舉而使兩人反目，選舉制度的本身仍造成無數公民的永遠團結。如果沒有選舉，這些人將永遠各自為政，互不相識。自由只是產生了私人間的仇恨，但平等則產生了大眾的冷淡。

平等使人有彼此隔離的趨勢，但美國人利用自由體制來對抗這種趨勢，並且已經將它克服。美國立法議員認為徒靠全民代表制，仍不足以預防民主社會所易於發生的致命性混亂。他們認為應該把政治生活灌輸到全國的每一地區，藉以無限增加社會大眾的合作機會，使大眾時時體會到互助互賴的必要。這個計畫確是聰明的。我們知道、國家大事只引起政界領導階層人物的注意。這些人物時時在同一的地方舉行會議，可是會議一結束，彼此即互不見面，彼此間也沒有永久性的聯繫。但是，假若讓當地的居民處理當地的事，那麼這些居民必然一直有聯繫，而且基於事實上的必要，必然不能不彼此認識，彼此自我克制以顧及別人。

要把一個人從他自己的圈子裡拉出來，再要他去注意國家大事，確是困難的，因為他根本不明瞭國家大事對他本身的命運究竟有什麼影響。但是，假若有人主張造一條公路經過他的田園，他馬上就體會到這件小公務跟他本人的大私事有連帶關係了。他用不著別人說明，就知道公私間的密切影響。如果能讓一般公民管理小事而不把大事情交給他們管，如果能使他們關心大眾福利事業並使他們相信大家必須互相幫忙才能各得其利，則效果必然不同。一個人可能因一次的行動而爭取到別人的好感，但要爭取到大眾的敬愛，就須長期替人服點小務，做好事，和藹待人，廉潔公正。地方性的自由體制使許多公民重視鄰里與同族之愛，縱使大家喜歡彼此隔離，仍不能不聚在一起，並被迫彼此互助。

比較富裕的美國人都小心翼翼，不要遠離百姓。反之，他們始終向下層人士表示友好，與之交談，並聽取其意見。他們曉得民主國家裡的富人永遠需要窮人的支持，而在民主時代，爭取窮人最有效的手段並不是給他什麼利益，而是對他表示友好態度。貧富間的分別，本來起因於收益，所以把利益給人，必使受者暗中起反感，但是可親的態度，是令人難以抗拒的。謙虛最足動人，縱使有時粗率，仍不失其親切感。這是真理，可惜富人並非一生下來就能領悟。在民主革命發生期間，他們通常跟這種真理反抗，甚至革命剛結束，他們也不肯立予接受。他們願意替一般大眾做點有益的事，可是他們仍喜歡跟大眾保持一段距離。

他們認為能夠替大眾做點有益的事已經很夠了，實則這種想法是錯

的。他們可能花光家產而仍得不到周圍居民的敬愛，因爲一般人民並沒有要求他們犧牲金錢，而是要求他們拋棄驕傲。

美國人的腦筋似乎都忙於發明致富之道與滿足大眾需求的良方。每一地區最有知識的居民，都利用一己的所知去發掘促進大眾繁榮的眞理，一旦發掘成功，立即交給大眾去享受。

如果我們細心檢討美國行政人員所時常暴露的邪惡和弱點，就不禁驚奇它的人民爲什麼還能如此繁榮。民選的地方官員並未使美國民主主義發揚光大。美國民主主義能夠發揚光大，是因爲地方官員全部都是選任的。

如果認爲美國人只是表面熱心於大眾福利而非出於眞誠，則實欠公道。美國人民固然跟世界其他各地人民一樣，種種舉動多半離不開私利，不過他們並不是一切行爲俱以私利爲出發點。我必須強調，我曾一再親見美國人爲了公益而作出個人的眞正重大犧牲。我也曾經不止百次親見他們眞誠地盡力幫助他人。 美國居民一方面有自由的體制，一方面又肯盡量行使本身的政治權利，這兩者使每一個公民都時時刻刻記住自己是活在一個社會裡，使他們明白造福同群不但對人有益，也對己有益。他既非大眾的主宰，亦非大眾的奴僕，所以他跟大眾無怨無仇，對於大眾，只有仁愛的感覺。美國人之熱心公益，最初是基於事實的需要，後來則是出於自願，最初原是有意，後來則變爲本能，久而久之，人人都養成一種爲人服務的習慣和愛好。

許多法國人認爲平等和政治自由都是邪惡。他們無法抗拒平等，但總想躲避政治自由。我則認爲要消滅平等所可能產生的邪惡，只有一個有效的補救之法。這便是政治自由。

第五章
美國人如何運用民衆團體

人爲了自衛而要反抗多數所定下的措施或反抗王權的侵害，必須借助政治團體。本章所談的，並不是這一類的團體，因爲我早已談過了。我曾指出，個人力量越來越弱而不能獨自維護本身的自由的時候，即須聯合同胞一起來護衛。假若每個公民不能依照本身力量逐漸削弱的程度，而相對地加強其與眾人的團結，則人類越平等，暴政即越猖獗，殆可斷言。

我這裡要談的，是不涉及政治的社會團體。美國的各種團體組織廣泛到極點，政治團體只是其中之一而已。美國人民不論年歲，不論身分地位，不論志趣，無不時時組織會社。他們不但有全體商家和廠商參加的商會與廠商會，還有千千百百的其他會社，有的是屬於宗教或德行方面的，有的認眞討論問題，有的只是空談閒聊，有的誰都可以參加，有的只限少數人加入，有的組織龐大，有的規模極小。美國人甚至爲了演戲或舉辦研討會，建立旅店，設立教堂，分發書籍，以及派遣傳教士前往異域，都要組織一個什麼會社。他們利用這些團體來建立旅店、監獄、學校。假若有誰提議向世人傳播某項眞理或以示範辦法培養某種風氣，他們就組織一個團體。法國人若有什麼新作爲，總是由政府出面倡導，英國則由什麼名流倡導，但在美國，必然是由團體出來倡導。

我曾在美國碰到過好幾個我事前對之毫無認識的團體。我看到美國人民往往能夠圓滿地向眾人提出一項需要許多人共同努力才能達到的目標，又能夠圓滿地勸導許多人自動地去爭取這個目標，眞是佩服他們手段的高明。

美國人有一些法律和許多風俗都是取自英國，可是我遍遊英國之後，覺得英國還不能經常熟練地運用團體。英國人常常單槍匹馬做一番大事業，美國人則爲了要完成一件最小的事，也組織一個團體。英國人固然認爲團體是採取行動的有力工具，美國人則認爲團體是行動的唯一機構。

美國這個世界上最民主的國家對於人民一致追求共同目標的技術，

真是發揮到極峰，且盡量把這種新科學應用到各方面。他們能夠這樣，是偶然的嗎？還是因爲團體跟平等有必然的關連呢？

貴族政制社會的大眾，本身沒有力量，但在這批大眾之中，卻永遠有一小撮有財有勢的公民，各個都有辦法單槍匹馬做出一番大事業。貴族政制社會的人用不著先聯合一致再採取行動，因爲他們本來就是嚴密地結連在一起的。每個有錢有勢的公民就是某一個永久性或強迫性會社的首腦，會社的成員則爲那批要依靠他或聽他差遣、執行其個人計畫的大眾。

反之，民主國家的公民各個有自主而薄弱，不容易單憑個人的力量來做一件事，同時誰也不能差遣誰來幫自己的忙。因此，他們如果不自動變成互助的作風，就各個毫無作爲。假若民主國家的人民沒有結社從事政治活動的權利，或沒有政治結社的興趣，那麼他們的財富與教化雖仍可保全，他們的獨立定將發生大危險。假若他們在日常生活中根本沒有結社的習慣，那麼連文明本身都受到威脅。任何一個民族，如果它的人民已經喪失了單槍匹馬完成大事的力量，而又不能利用群眾的力量來完成事業，那麼不久之後，這個民族即將淪於野蠻狀態。

然而，造成民主民族必須結社的社會因素，也正是這些民族比其他民族更不容易進行結社工作的因素。貴族社會裡假若有幾個人同意結合在一起，可以很容易就達到目的。他們每一個人既然都可以向團體提出一份有力的貢獻，那麼這個團體只要這幾個人也就夠了。團體的成員在數目上有限制，大家自然很快就彼此認識，彼此了解，從而定出一套固定的章則。民主國家可就沒有辦法這麼做了，因爲在民主國家裡要一個會社有力量，必須會社的會員特別多。

我知道我國人民（指法國人民）對於結社的困難並不覺得有什麼大不了。他們認爲公民個人越薄弱越無力，政府就自然越有力越活動，故盡可由政府來負起個人所無法完成的任務。他們認爲有什麼困難，都可以由政府來解決，但我覺得他們這種想法是錯的。

拿美國情形來說，政府可以負起美國一些最大的公司的任務，事實上有幾個州的州政府也曾經如此做，可是，政府又怎能執行美國公民依靠團體日常進行的那麼許許多多小事業？我們可以斷言，人類不久就要越來越不能靠自己個人的力量來生產最普通的日常必需品。管制的力量將不斷增強，它的範圍也將逐日擴伸。統治權伸到會社裡越多，個人所需於它的協助越增加（此時個人已沒有團結一致的概念），因爲這是互

爲因果的。任何個人所無力負起的生產管理工作，最後是否將由國家的行政機構來執行呢？假若土地越來越分散，以致有一天分散到成爲無數小塊而只能由群眾共同耕種的時候，一國的元首是否也須離開元首的職位而隨著大夥耕種？假若一個民主國的政府有一天完全篡奪了私有公司的職務，那麼整個民族的道德與思想俱將受其威脅。

人只有在互相影響之下，才能發揮感想與意見，才能擴大胸懷並發展思想。我曾經指出，許多民主國家都缺乏這種人人互相影響的現象，所以應有加以製造的必要，但製造這種現象，只有靠團體的力量。

貴族集團裡的成員採納了一種新意見或想出一個新意念時，就把它舉得高高的，以便大眾可以明顯地認識而輕易地打入人心。在民主國家裡，能夠這樣做的，只有統治權，但統治的權力在做法上永遠不充分，而且往往有危險。一個政府要是管制一切生產工業的部門，它本身就無法使一個偉大的民族生氣勃勃地彼此發揮感想與意見。一個政府要是企圖踏出政治的圈子，而走入這個新的範疇，則它定將在不知不覺之中施行一種令人不能忍受的暴政。政府只會頒佈嚴格的條例，只會嚴格實現本身所喜的意見；什麼是勸告，什麼是命令，在它是分不大清楚的。假若碰到政府特別喜歡禁止發表意見，那麼情形就更糟糕，因爲這種政府自願變成麻痺遲鈍，定將困守一隅，毫無作爲。因此，在民主國家裡，政府不應成爲唯一活躍的權力，還應該有人民的團體來代替過去存在而現時已被平等掃清的個人有力分子。

在美國，只要有幾個人想出了一個意見或產生了一種觀感而希望向外推廣的時候，他們就開始尋找志同道合的人，希望互相幫助。一旦尋到之後，就結成一體。從結社之時起，他們不再是孤立的個人，而是一個遠遠地就可以被人看得見的力量，一言一行，都會有人聽，有人仿效。我第一次轉說美國有10萬人結成一個戒酒會的時候，只覺得可笑而不信它是一個認眞的運動，也想不透爲什麼這些不飲酒的公民坐在家裡爐邊光喝白水之餘，還要來這個一套。後來我才了解這10萬名美國人是因爲看到四周的醉鬼越來越多，才決心戒酒。他們這樣做法，正好像是一個上流人物穿了樸素的衣服，希望一般人看到後，能夠拋棄浮華虛飾的風氣。這10萬名戒酒會員假若住在法國，可能將人人自採行動，個別敦促政府注意全國各酒館酒吧就算了。

我認爲最值得注意的，是美國的知識和道德會社。美國的政治和工業團體固可矚目，但是其他的團體卻被我們忽略了，即使我們發現了它

們的存在，我們也不能完全了解，因為我們自己過去從未見過這一類的
團體。

不過切蓋子，以使真切相大白事實彰顯。他們且有了切這不種彰觀
治和工業團體，甚或過之。在民主國家裡，結社的科學是一切科學之
母，結社的學問有進步，其他一切才有進步。

綜觀人類社會各種法則之中，有一種是清楚明確的。這便是：假若
人類要文明或繼續保持文明，那麼結社的藝術必須隨平等程度的增強而
更加發揚光大。

第六章
民眾團體與報紙的關係

人類沒有了堅強永久的聯繫而不再團結一致的時候，你要許多人跟你合作，唯一的辦法就是針對你所要借助的那些人，進行勸導工作，說服他們，使他們知道為了本身的利益起見，應該群策群力地跟別人一起努力。報紙是用來達到這種目的的習見而又簡便的工具。除了報紙以外，沒有別的東西能夠同時把同一的思想灌注到無數人的腦海。報紙是不請自到的顧問，每天在不延誤你私事的情形下，向你扼要講解有關共同福利的事。

人越來越平等，個人主義越來越成為可怕的東西後，報紙的需要性就相對地越增。你如果以為報紙的作用只在於維護自由，未免把它看得太低了。它的作用在維持文明。我不否認民主國家的報紙時時引導公民協力推行一些失當的計畫，不過假若沒有報紙，就根本沒有共同的活動。因此，報紙的弊害要比它的益處少得多了。

報紙的功用不但是向許多人提出一項同一的目的，還同時向他們提出如何執行共同計畫的方法，儘管這些共同計畫，可能是個人想出來的。貴族政制國家裡的主要公民，彼此從老遠就認得出來；他們如果想把自己的力量結合在一起，只須各自率著一章人，彼此集攏在一道就行了。反之，在民主國家裡，許多想結合或者要結合在一起的人，往往未能如願以償，因為他們每個人都微不足道，在廣大人群中彼此無法看到對方，也不知到哪裡去尋志同道合者。於是，報紙把許多個別所同時想到的意見或感覺，向每一個人傳達。大家於是立刻向這個指標集中，過去一直在暗中彼此搜尋志同道合者的人，至此卒於集結在一起。報紙使他們結合，而結合之後要終續不散，仍須依靠報紙。

民主民族裡的一個團體必須人數多，才能有力量。這個團體的成員分佈得很廣，每個成員勤勉不息，但收入有限，所以也不能輕易到自己居留區以外的地方走動。團體必須設法使他們每天能夠互不見面而彼此溝通意見，不必開會而彼此採取共同行動。這只有靠報紙，所以沒有一個民主團體是用不著報紙的。

　　民眾團體和報紙之間，於是發生了必要的關係。報紙製造團體，團體製造報紙。人類的地位越平等，團體必然越增加，而報紙的數目亦必隨著團體的數目而相對地增加。我們今天在美國看到那麼多團體和那麼多報紙，正是這種緣故。

　　我們從報紙的多寡和團體的多寡互相關連的這個事實中，又發現到報紙的發行情形跟一國的行政形式也有連帶關係。中央集權制越甚的國家，報紙越少，反之則越多。原來民主國家不像貴族政制國家，不能把地方行政權委託給幾個地方紳士去執行就算了。民主國家不是根本取消這種地方性的權力，就是把它交到當地廣大民眾的手裡，而當地民眾則依法組成一個永久性的團體來處理當地的事務。當地人民每天要做自己的事，所以他們需要一份報紙來逐日揭載有關公益的事。地方權力越廣泛，依法行使這種權力的人就越多，大家時時刻刻都想知道當地的情形，於是報紙也越多。

　　美國報紙那麼多，雖然歸根於政治的充分自由和言論的絕對自由，但最大的原因，是行政權的層層分散。美國人民有選舉權，但是假若這種選舉權只是用來選舉國會議員的話，那麼他們盡可不需要這麼多報紙，因為他們需要在一起採取重大行動的機會是極少的。可是美國人民還要定則，打破了傳統束縛並推翻各個了學派權束威地位。並至威地村鎮，都有依法成立的分會。每一個美國公民在法律的規定下，勢非和其他公民每天合作以達取共同的目的不可，所以人人都需要報紙，才曉得別人的所作所為。

　　我認為一個沒有全民性議會而只有許多地方性小權力機構的民主民族，其所發行的報紙，在數目上最後必然超過一個有中央政權和民選國會的民主民族。美國日報銷路如此之多，我認為是美國人民不但有全國性的自由，還有各種地方性的自由。

　　法英兩國現時流行著一種論調，認為報刊如果能夠免繳稅款，報紙的銷路必然大增。這未免把免稅的效果看得大大了。報紙數量的增加，跟本身售價低廉與否無關，而是要看一大群人把它作為互相溝通工具的需要性是否增大而定。

　　我還認為日報的影響力所以越來越增加，除了一般人所常說的原因外，還有別的原因。一張報紙唯有刊載一大群人所共有的心聲和共持的原則，才能生存。因此，一張報紙的經常讀者實即代表一個團體。這個團體可能多少有一定的界限，參加的資格多少有一些限制，參加的人數

也很多，但一張報紙能夠繼續生氣勃勃，已至少足以證明其讀者的心中已經有了這個團體的存在。

　　說到這裡，我不得不再提出一點，作爲本章的結語。人在地位上越平等，個人的能力越薄弱，每個人就越易在群眾的潮流下屈服，也越難堅持一項爲大眾所唾棄的主張。一張報紙就是代表一個團體。我們可以這樣說，報紙代表全體讀者向每個讀者發言，並向全體讀者發揮影響力，讀者個人的力量越薄弱，報紙的影響力就相對地越強。因此，人在社會上越平等，報紙的力量越大。

第七章
民眾團體與政治團體的關係

全世界只有一個國家的人民能夠享受絕對的政治結社自由。全世界也只有這個國家能夠始終不斷地在社會生活中運用結社的權利，能夠利用社團來得到文明所能給予的利益。

凡是不准政治社團存在的國家，其國內的民間社團也必然寥寥無幾。說這種現象是偶然，實在很難講得通，因為依常理而論，這兩種社團之間實在有不可分的關係。

有一些人對於某些事件碰巧發生共同的興趣。他們可能都要經營一種商業，或者要試一試某一種製造業，於是他們會商、結合，卒而逐步認識了結社的原則。小事情辦理得越多，大家對於共同辦理大事情的能力就越增，他們縱使本來對於這些大事情一無所知，也是如此。

因此，民間團體實有助於政治社團的組成。反之，唯有政治社團可以增強並改進民間社團。嚴格說來，每個人在社會生活中都以為自己可以滿足自身的需要，但在政治生活中，他就不會有這種想法。一個民族具有公共生活的認識後，大家自然會產生結社的見解和相聚的願望，縱使基於人類的本性而不能採取一致行動，也必然願意顧全整個團體而結合在一起。因此，政治生活使人更易產生結社的志趣與行動，使人有結合的慾望，並使平日互不來往的一大群人認清如何結合的方法。

政治不但產生許多社團，還產生範圍極廣的社團。在社會生活中，一大群人很少會為了某一種興趣而採取一致行動，而且要使這群人發生這種興趣，首先就需要很大的技巧。可是在政治方面，天天都有一大群人採取同一行動的機會。只有在大團體裡才能顯出結社原則的一般價值。個人力量薄弱的公民本來是不知道團結會產生力量的，必須示範才能令他們相信。但假若一個團體只有一千個公民，大家仍看不出自己結合在一起有什麼好處；要是有一萬人在一起，他們就清楚看出好處來了。曾覺察到或不肯採用的方法，忽然採用的一下忽子為大家。法接納政治性的集合，是為了做大事。他們在這種重要的事情中運用結社的原則後，就會體認出來自己在小事情方面如能彼此*互助*，也是有益的。一

個政治團體把許多不同圈子的個人拉攏到一起；他們儘管因年歲、想法、貧富的互異而彼此有隔膜，但這個團體卻使他們互相接近而發生接觸。他們只要相聚了第一次，就會繼續相聚下去。

人在社會上跟別人援手時，鮮有不把自己的一部分財產拿出來冒險的，一切製造業和貿易公司的合夥人，就是明例。人人開始明瞭結合的基本原則而尚無結合經驗的時候，總是惴惴不安，怕這樣的結合會使自己受到損失。因此，他們不要冒險，寧可不參加一個有力的、謀求事業成功的合作機構。可是他們對於政治團體，並不會產生這樣深的顧忌，因為加入政治團體沒有金錢上的可能損失，所以看起來是毫無危險的。可是他們參加了政治團體不久後，就知道要維持一大群人的秩序並使他們和諧而有系統地向共同的目標前進，應該採用什麼辦法，或施使什麼技巧。於是，他們學會了如何放棄私見以成全眾人的意見，又如何在大眾的動力下獻出一己的力量。這兩點是一個人參加政治團體後所必知的，也是參加社會團體所必知的。因此，政治團體可以被視為自由的大型學校，社會全體人士可以到它那裡學習結社的一般原理。

政治團體雖然未必直接有助於民間團體的發展，但是假若政治團體被查禁，民間團體亦必受害。大家為了特殊目的而公開集合在一起的時候，往往認為這是難得一見的特殊場合，也不會對這種場合多加思考。可是大家不論為了任何一種目的都能夠自由集合在一起的時候，就會體認到結社是人類用來達取其心中各種目的的通用辦法，甚或是唯一的辦法。於是，只要心裡有了一種新的慾望，立即想到要組織一個團體。結社的技術成為行動的源泉，成為大家學習與應用的對象。

如果有的團體須查禁，有的又可以成立，則何者將繼續存在，大家事前是難於區分的。在這種疑懼不決的情形下，大家對於所有團體，俱將採取敬而遠之的態度，同時社會上將流言紛紛，結果任何一個團體俱將被視為肥大的甚至非法的組織[1]。

因此，如果我們以為結社的精神在某一方面受到鎮壓之後仍可以在另一方面發揚光大，或者認為准許人們共同進行某一些事情就可以令他們同樣熱烈地開始共同進行其他事情，都無異是空想。社會大眾一旦在大事情方面獲准結合並習於結合的環境，則他們在小事情方面也將同樣願意結合在一起。假若只准他們在小事情方面結合，則他們決不願意結合。你要他們自由自在地共同策行他們本身的事情，是辦不到的。你雖然給了他們這種權利，他們是不會輕於一顧的。假若你竭力去消滅你所

要禁止的團體（其實你根本消滅不了），那麼你想勸導別人去組織你所要鼓勵的團體，也必然失敗。這大概是你事前意料不到的。

我並不是說一個禁止政治團體的國家，就不可能產生民間團體，因為在這個社會裡，人類必須群策群力進行某些事情才能生存。不過，我認為在這一類的國家裡，民間團體的數目必然極少，團體本身必然沒有健全的組織和熟練的運用，也不會有什麼崇高的計畫，即使有這種計畫，執行起來也必失敗。

於是，我不禁想到政治方面的結社自由對於公眾安定的危險性，並不如一般人想像之烈，甚而可能這種自由把社會攪動了一個時期後，反將有助於加強國家的安定。民主國家裡政治社團好比是一批唯一強有力的人，其目的在治理國家。於是，當代的各個政府對於這一類社團的看法，就跟中古時代帝王對於大諸侯的看法一樣，天生對它們表示厭惡，一有機會即施予猛擊。反之，各個政府對於民間團體卻有天生的好感，因為這類團體並不是領導大眾去注意政務，反而無形中要大家不理政務，同時這類團體必須在社會安定的狀態下才能達到一己的目標，所以足以阻止革命的發生。可是這些政府沒有認清一個事實，這個事實便是，政治社團有助於民間團體的倍增與發展，政府為了躲避一個危險的禍患，結果本身也喪失了一種靈驗的良策。

你看到美國人經常自由地組織社團來推動某些政治原則，來推舉某人出任首長，來奪取別人手裡的權力，不禁訝異為什麼那樣獨立自主的民族不會時時濫用自由。不過，你如果看一下美國國內如此多的貿易公司，看一下美國各界人士孜孜不息地執行重大艱巨的計畫，再想想這些計畫只要遇到一次小革命即將全部大亂的話，你就了解為什麼那麼多運用自由的人不會攪亂社會，也不會摧毀大家共同受益的公共安定狀態。

我們對於上述的各種現象，不應個別地看，而應尋其暗中彼此關連的地方。美國人士不論地位、思想、年歲，無不逐日從政治社團中領略到結社的滋味，日久之後，也即習於結社的運用。他們大夥兒在社團內相聚，互相傾談，彼此聆聽取對方的意見，彼此鼓勵進行各種活動。後來他們又把自己從政治社團那裡得來的見解轉用到社會生活的種種方面。因此，美國人正因為享有一個危險的自由，才懂得如何減輕自由的危險性。

假若我們只看一個民族的某個時代，自然容易證明政治社團如何為禍社稷且阻礙生產。可是我們如果縱觀這個民族的全部歷史，也許就易

於明瞭政治結社自由不但有助繁榮，甚至反而促成社會的穩定。

　　我在本書上卷裡說過：「政治結社的無限制自由，卻不能完全與出版自由相提並論。因爲一個比另一個既少必要，又多危險。一個國家可以把結社自由限制在某些範圍內而又不喪失它的任何部分自相導引的能力，有時它爲了維持本身的權威，還非如此做不可。」我也說過：「不能否認，政治結社的無限制自由乃是一個民族需要花最長時間才能學會使用的特權。假如說它會把一個國家投入無政府狀態，它更會永遠增加發生這種災禍的機會。」因此，我認爲一個民族不應永遠讓自己的公民有政治結社的絕對權利。我並且認爲，任何一國或任何一個時代，如果對結社自由不加任何限制，也是不智的。

　　有人說，一個民族必須把人民的結社權限於狹小的範圍，才能保持社會安定，維持法律尊嚴，並建立穩固的政府。不錯，社會安定、法律尊嚴和政府的穩固，毫無疑問都是極重要的。我也想像得到，一個民族爲了得到這樣的幸福或保持這樣的幸福，可能會對自己施行暫時性的嚴格限制。不過，一個民族仍須認清楚自己該用什麼代價來購買這種幸福，以免有失。一個人爲了挽救生命而割斷一隻手臂，也許是明智的，但如果認爲一個人割臂之後將與割臂之前同樣靈活，未免太可笑了。

注　釋

【1】政府的行政部門如果手操大權，可以擅自查禁某一團體或准許某一團體成立，則這種情形尤易發生。如果由立法部門規定某些團體爲法所不許，違者將受法律制裁，則流毒尚不至如此深烈，因爲每個公民事前可以有個相當明確的認識，在未受法律審判之前，已經先對自己做了一番審判，知道哪些團體是不應參加的，哪些是法所容許的。正因爲有了這些法律上的規定，所以自由國家始終承認結社自由是受限制的。假若立法機構不說明哪些團體是危險的、哪些團體是有益的，而只規定由人自行判斷，又要人在前一類的團體尚未壯大之前即先予消滅，而後一類的團體則准予建立，則人人既然無先見之明，結社的精神自然完全不敢發揮。前一類的條例只是禁止一部分的社團，後一類規定則針對整個社會，使全社會受害。我認爲一個尊崇法治的政府必然採取前一辦法，至於後一辦法，我認爲任何政府都無權採用。

第八章

美國人如何靠正確理解的私益原則
抵制個人主義

世界由少數幾個有財有勢的人統治的時候，這幾個人對於人的責任，喜歡抱取崇高的概念。他們說人應該不顧小我，爲善不應圖報，就好似是神的善行。這才是人値得讚美的地方，這也是那個時代的標準道德觀。

我不相信貴族時代的人比其他時代的人更善良，不過他們總是不斷談到道德之美，至於道德的功用，則只在私下討論。等到人的理想不再如此崇高並逐漸以個人爲思想的出發點後，自我犧牲的概念自然行不通，道德家也不敢拿它來教導人類。於是，道德家只能提出每個人的私利與全社會的公利是否相符合的問題。假若他們碰巧發現公私雙方有某一點相符相通的地方，就亟於促起人們的注意。這類發現逐漸倍增，最初談到公私相符，不過只是一句話，日後都變爲通則，變爲眞理，使人人都覺得爲己就是爲人，爲善對己有利。

我在本書裡曾經指出，美國人民用什麼方法使自己的私益可以跟大眾的利益相符合，現在我要指出他們能夠這樣，是靠了什麼通則。美國人幾乎絕口不談善行的美，但他們堅持善行是有用的，而且可以逐日證明。美國的道德家絕不說什麼捨己爲人是美德，或什麼人人都應犧牲小我以利大我；但是他們大膽地斷言這種犧牲也是爲了自己，所以是必要的。

這些道德家發現在他們那個國土和那個時代內，人有一種爲己的不可抗拒的力量，既然沒有辦法來制止這種力量，只有設法來操縱這種力量。因此，他們不否認每個人應該顧及自己的利益，但他們也盡力去證明每個人爲善，實對自己有益。我在這裡無須研討他們所提出的論據，因爲這與本書無關，何況他們的論據既已說服了美國人，則這裡更無一提的必要了。

蒙旦（16世紀的法國哲學家，屬懷疑論派，著有《論文集》）早就說過：「我縱使不是因爲一條直路的筆直而走那條路，仍將依據經驗之所

得而踏上那條路，因為它終究是最幸福最有用的道路。」因此，利益的
正確理解論已不是新奇的理論，但到了今天，只有美國人才一致接受這
個理論。它在美國極為普遍，人們的一切行動，一切言談，歸根結底，
都以這種理解為根據。富人持此看法，貧人也持此看法。歐洲人眼中的
利益論比悽域人眼中的利益論要粗鄙得多了。這種理論在歐洲既不像美
國那麼普遍，肯坦誠提到的人更少，因為歐洲人仍然裝出非常克己自制
的樣子，實則心中早已沒有這種念頭。

　　反之，美國人喜歡用私利的正確理解論來解釋其一切行動。他們很
自得地說明他們如何為了自己才彼此互助，情願犧牲自己的一部分時間
與財產，以謀全國的利益。關於這一點，我認為美國人是太過謙虛了，
因美國人跟世界其他各地的人沒有分別，都會時常表現出人性中捨己為
人的固有本質。可是美國人很少承認這一點；他們謙虛退讓，而把自己
那個利人即利己的哲學抬得高高的。

　　私利的正確理解論並不是崇高的理論，但是不失為一個明確的理
論。它不好高鶩遠，可以不必費什麼力氣就達到本身目標。它是人人都
可以了解的，所以每個人容易學到，容易保持。它跟人類的弱點完全符
合，所以能夠緊抓人心，但這種現象並無危險，因為這個理論使人的私
慾互相牽制而抵消，同時就是利用私慾來管制私慾。

　　私利的正確理解論不會使人有重大自我犧牲行為，但使人每天作出
一些自我克制的小行為。光靠這個理論，不會提高人的德性，但它使許
多人染上循規蹈矩、克己自制、溫和穩健、深謀遠慮、謹嚴律己等等習
慣。它縱使不引人堅定地走上道德之路，至少也會逐漸在習慣上走向道
德之路。用這個理論來支配整個道德世界，自然不會產生出驚天動地的
德行，但為非作歹的現象必然不會那麼普遍。私利的正確理解論也許不
能超越人世而升至更高的境界，但許多本來已經墜到人世水準以下的
人，將因它而得到拯救。你若是光看少數的幾個人，自然覺得這幾個人
已受它的影響而下降了，但是你要是縱觀全人類，就曉得人類已受它的
影響而上升了。

　　我可以大膽說，私利的正確理解論在我看來，是最符合於當代人類
需要的最佳哲學理論，也是人類用以防止自我侵害的僅餘辦法。我們這
個時代的道德家應該把注意力轉到它那一方面才對，因為它在道德家的
眼中，縱使不是十全十美，至少是必須採納的。

　　我認為我們自私的程度，不會比美國人強，不同的地方，是自私這

個東西在美國是擺明的，而在我們這裡則否。每個美國人都知道什麼時候應該犧牲私益中的一部分，藉以保全其餘的部分。我們都要保全每一部分，結果往往全部喪失。我周圍的每個人似乎都以身作則或諄諄教導別人，說有用的東西絕不會錯。為什麼沒有人肯出來教別人，使他們了解正確的東西可能也有用呢！

人人越來越平等之後，任何力量都不能阻止人去追尋有用的東西，也不能阻止社會上的每個成員著重於本身的利益。因此，人的一切行動縱使不以私益為唯一出發點，也必以私益為主要的出發點，不過每個人對於利益這個東西，是否有正確的理解，則尚待事實證明。假若社會大眾越平等、越無知、越粗暴，那麼他們在自私的引導下，將愚蠢到什麼程度，尚難預料。假若他們不犧牲一部分的私益以謀大眾的福利，則他們將到達如何可恥悲慘的境地，亦難予預料。

我認為今天在美國明白揭開的私益體系，還未能令人一看就完全明白，不過其中藏有許多真理，凡是受過教育的人，必然看得出來。那麼，我們就該實施教育，因為過去那個明白倡言自我犧牲與人性本善的時代已經遠離我們了，而沒有教育就休想維持自由公安與社會秩序的另一個時代，則已經迫在眉睫了。

第九章
美國人在宗教上運用正確理解
的私益原則

　　私益正確理解論假若只顧現世而不顧來生，則仍是美中不足，因為一個人作了許多犧牲，必須等自己到達另一個世界，才能獲的善報。不管你有多麼高的天才來說明善的功用，你也不容易使這個為善的人不想到死的問題。

　　因此，私益正確理解論是否與宗教信仰相符，是必須首先弄清楚的問題。倡導這個道德理論的哲學家們對世人說，一個人要在現世得到快樂，必須時刻注意自己的慾望，並逐漸控制慾望，免其發洩過分。他們又說，一個人只有拋棄無數一逝即過的滿足，才能得到永久快樂；一個人為了本身的利益，必須永久克服自己。這種說法，跟一切宗教創始人所抱持的見解，如出一轍。宗教家給人們指出的道路，跟私益正確理解論者所指出的道路是一樣的，但宗教家的目標較為遙遠。宗教家把個人犧牲的酬報放在來生，而不在現世。

　　不過，我不相信基於宗教動機的所有行善者，其行善的目的都是為了希望酬報。我見過很多熱誠的基督徒如何捨己為人的情形，也曾聽過他們如何自稱一切目的不外是想得到來生的幸福。我對他們極表欽仰，可是我不相信他們這種話。我認為他們是在騙自己。

　　不錯，基督教教人要永生，就必須把鄰人看得此自己更重要。可是基督教也說，一個人要愛上帝，就應該替同群謀福利。這是多麼崇高的說法！人靠了自己的智慧去探求神的心思，卒而發現上帝的本意就是要一切有序。人很豪爽地獻出自己的力量來協助上帝執行這個偉大的意旨。人犧牲私利以實現萬物之序的時候，除了想得到快樂外，絕不冀求其他酬報。

　　我不相信宗教人士的唯一動機是為了私益，不過我相信宗教用以控制人類的主要手法，就是動之以私益。他們用這種手法，才能深入人心，使宗教廣為傳揚。是絕無疑問的。因此，私益正確理解論並無損於人的宗教觀，反而增強人的宗教觀點。假設有一個人因為想得到現世的

快樂，於是時時與自己的本能對抗，終生所作所爲，無不熟加思考，不但絕不盲目順從一己強烈的情慾，反而能夠克制情慾，能夠輕易放棄一時的歡樂以求取終生的永久利益。試想，這樣的人如果是教徒，必須可以輕易地遵守宗教的一切戒律。他基於理性，已經先有遵從之心；他基於習慣，已經可以忍受種種限制。他縱使對於一己所期望的目標發生懷疑，仍不會中途而廢，而將照樣遵從下去，因爲他認爲犧牲現世的一點小利以換取來生的大幸，是明智的。法國哲學家巴斯噶說得好：「誤信基督教是眞的，倒不會令人有大損失，但誤信它是假的，可就非常可怕了。」

美國人並不假裝自己強橫地漠視來生。他們也不幼稚地驕傲地假裝自己藐視本身所亟欲躲避的危險。他們信教是問心無愧的，內心也沒有什麼弱點，但從他們熱誠的宗教活動中，可以發現一種無可名狀的安定而有系統和審愼的本質，似乎他們走入教堂，是本諸理智，而不是基於迷信。

美國人不但基於利益信奉宗教，而且往往把這個推動他們去信教的利益放在現世。中古時代的教士一開口就是來生，幾乎從不肯說明一個虔誠的基督教徒在這個塵世裡也可以成爲快樂的人。可是美國的傳教士卻一再提到現世，必須費盡心力，才能使人把集中於現世的注意力轉過來。他們爲了打動聽眾，總是向大家說明宗教的理論如何有助於自由與公安。從他們說教的內容看來，往往難以判明宗教的主旨到底是求取來生的永久幸福呢，還是求取現世的繁榮。

第十章
美好物質生活的愛好

美好的物質生活，是美國人的普遍慾望，而不是只有一部分人有此要求。大家在這種慾望的感覺上雖有不同，但同有這種慾望，則是事實。人人最關心的事，是如何滿足肉體方面的需要和如何使生活方便，縱使是極微小的需要和方便，也不放過。歐洲也有這種相似的情形，而且越來越明顯。東西兩半球在這方面有此相似現象，原因甚多，但有幾個原因與我所討論的題材有關，特別值得注視。

當財富可以遺傳而固定地留在一家之內的時候，許多人享受了舒適的生活，而未覺到這種生活上的舒適只是他們獨有的愛好。人對於自己已經安安穩穩地保有的可貴東西，並不會有什麼感覺，但對於想得到而未到手的東西，則會產生求得的慾望，到手之後又怕有一天會喪失。貴族社會裡的富人從未嘗過另一種生活，更用不著怕自己現有的生活狀況會改變，所以他們從未想到本身生活環境的存在。生活的舒適，在他們看來，並非人生的目的，而只是生活的方式。他們把生活的舒適跟生存的本身看為一體，所以對於生活的舒適這一點，完全是知而不覺。他們既在無憂無慮的情形下，滿足了人類本能地求取美好物質生活的慾望，自然就把精力轉到其他方面，或轉用於更艱巨更崇高的活動。這些活動令他們奮發，也佔去了他們全部的腦力。

因此，貴族享受物質生活之餘，往往以傲慢態度蔑視這種享受，並且在享受被剝奪之後仍能堅忍不屈地苟延下去。每一次革命把貴族政治推翻或消滅之後，都可以證明人類縱使過慣了侈奢生活，仍可以很容易度極清苦的日子，反而畢生追求權勢的人一旦失勢，就難於生存。

假若撇開上層階級不談，而專看下層階級，就可以發現類似的現象，但造成那種現象的原因，則完全相反。一個受貴族階級支配並由貴族階級保持穩定不變的社會，其一般百姓之安貧而不覺其苦，跟富足階級之享福而不覺其可貴，在程度上是一樣的。富足的人用不著使什麼力就享到舒適的生活，所以從不為生活焦慮；窮苦的人早已斷了享福的念頭，對於享福本身，更是所知有限，不會有此慾望，所以也不會想到這

件事。在這樣的社會裡，窮人的想像力只能用來尋找另一個世界。這種想像力雖受現世的痛苦所限制，仍能逃過它的控制，飛出去尋找遠方的快樂。

反之，等級區分與特權一旦完全消滅、遺產一旦分散、教育與自由一旦普及之後，窮人也會產生追求現世舒適生活的慾望，而富人對於快樂的生活，則有了朝不保夕的恐懼。許多小康之家出現了；他們在物質方面所享到的部分，已足以使他們興起追求快樂的念頭，而尚不足以使他們感到滿足。他們絕不是不費力就可以追求到手，而盡情享受的時候，也絕不是無憂無慮。因此，他們對於那麼可愛，那麼不足，那麼難於捉摸的物質美好東西，一直要竭力追求，而到手之後又要竭力保持。

如果有人問我，出身寒微、家產不豐而時時以此為憾的人，其最容易產生的慾望是什麼。我可以答覆，處於這種環境的人，最合理的慾望，就是對於有形的幸福的愛好。物質生活舒適的慾望，主要是中產階級的慾望。它隨著中產階級的成長而漸趨普遍，漸趨強烈。它從中產階級為起點，上達社會高層，下及一般庶民。

一個窮到極點的人，不會盼望自己有一天會過著富人的享樂生活，也不會對富人的享樂，產生嫉忌之心。命運倔強地使他得不到生活上的美好東西，所以他的想像力也不會轉念到這些東西。可是我在美國從未看過這樣的人。

反之，甚至在最富裕最荒淫的貴族國家裡，你可以看到富足的人對於美好的物質生活，傲慢地加以蔑視。可是我在美國比較富有的人士中，卻從未見過這種人。美國的富有階級，多半都經歷過窮苦的生活，早已受盡逆境的折磨，能夠深切體會到貧窮的痛苦，現在雖已脫離苦境，但當初力求上進時所產生的種種慾望，仍然未減，所以他們跟過去一樣，仍然迷戀其40年來追求不忘的那些生活上的小享樂（按本書脫稿時，美國立國才40年）。

這並不是說美國有異他處，根本尋不出一些靠祖宗遺產，自己不費什麼力量而即生活得很富裕的富人。不過，甚至這一類的美國人也是重視物質生活樂趣的。美好物質生活的愛好，現已成為全國的主要愛好，成為一股巨流，沿途所經之處，把萬物席捲一盡。

第十一章
民主時代愛好物質享受後的特殊結果

　　有人看到我上面所說的情形後，也許會覺得美國人爲了愛好物質享受，必然時時有不道德的行爲，或破壞家庭的安寧，進而威脅一般社會的安全。其實不然。物質享受的愛好在民主國家所造成的結果，跟它在貴族主義國家所偶然引起的結果，極爲不同。

　　貴族主義者有時逢到宗教衰落和國勢不振，不免在飽暖之餘，厭於政務，逐漸轉而追求肉慾方面的快樂。有時他們本身高貴的命運雖未受影響，但看到王室的橫行和百姓的無能，不免遠避政治，同時個人的偉大抱負既然發展無門，自然牢騷滿腹，卒而退隱求取肉體上的快樂，過去的豪邁大志，也全部煙消雲散。

　　一個貴族機構的組成分子淪到追求物質享受的境地時，多半都是把他們長期掌握所得的力量，一股腦兒投入這個方向。他們決不是達到生活上的舒適就心滿意足，還要力求淫奢墮落，極盡聲色享受之能事，似乎人人爭相自貶品格。一個貴族越強大、越聞名、越自由，就越墮落，縱使過去的美德光輝萬丈，但美的光芒定將爲惡的光芒鎮壓下去。

　　民主民族愛好物質享受，對不會淪於縱慾的境地。民主民族表現出其對於物質美好生活的堅定、獨有、而又普遍性的愛好，但愛好的範圍是有一定的。建造廣廈、巧奪天工、模仿自然、搜劫天下以供一己之享受，都不是民主民族所敢想像的事。他們心目中的希望，只是添購幾畝良田、闢植一個果園、擴建一所居室，盡力使生活更舒適更方便，避免外來的麻煩，並在不費力或幾乎不費錢的原則下求得生活上一些最微小的滿足。這都是小目標，但人人都夢寐以求，而且日日如是，終至除此以外，不作他想，有時甚至把這些目標當爲天地間的唯一目標。

　　或許有人說，我所講的只是指民主民族的一般平民而言，至於比較富有的人，還不是一樣要表現出貴族時代的種種嗜好。我不同意這種說法。我認爲就物質享受而論，民主國家裡最富裕的人在嗜好的表現方面，也跟一般平民沒有什麼特別不同，至於他們是否因爲自己是平民出身致而具有平民的嗜好，抑或自認在義務上應與平民具有同樣的嗜好，

我們無須深究。民主社會大眾的肉體享受是有節制的、穩定的，一切不會離開這個原則。一個人不論是善的方面或惡的方面，本來都難於離開一般的原則。因此，民主國家的富人更看重於最小的生活需要，而不看重最奢侈的享受。他們只求得到許多細小的滿足而絕不縱慾，所以他們損害精力的情形雖屬不免，傷風敗俗自甘墮落的情形，卻不多見。

民主時代的人在有形享受方面的特殊愛好，跟公眾秩序的原則並無自悖之處。反之，它得到滿足後，反而有益於公眾秩序的維持。這種愛好也不違反道德的規律，因為道德的作用也在於謀求公眾的安定和百業的發展。它甚至帶有宗教道德的概念，因為它指出人類可以在現世中盡量自求美好的生活，而不必向另一個世界去尋求機會。有些有形的享受是犯罪的行為；他們對於這一類的享受是絕對棄置不顧的。另有一些有形的享受則受宗教與道德的制裁，他們不但決不追求，甚至想都不想。他們只抓取較小的享受，至於造成人類光榮與偉大感的更可貴的東西，他們是看不到的。

我認為平等原則的作用，並不是在於它使人不再追求不應有的快樂，而是它使人一心一意只求那些准予享受的快樂。如此一來，世界上終有一天會實現一種善良的物質主義。這種物質主義雖然削弱靈魂，但不會使靈魂腐蝕，也不會把人的精神活動在不知不覺之中停止。

第十二章
爲什麼一部分美國人醉心唯心論

美國民族的一般慾望是要獲得世界的美好事物，但美國人也時時有忘記現世的短暫期間。這時候他們的心境似乎突然逃脫了物質的束縛，一直向天堂猛衝。美利堅合眾國所有各州，尤其是西部人口稀少的各州，有許多巡迴的傳教士到處向人民傳佈上帝的福音。全家男女老幼往往不惜跋山涉水，從老遠的地方到了露營大會的地點聽道。在那幾個晝夜中，他們忘了一切俗務，甚至忘了肉體方面最迫切的需求。

你在美國的社會裡，可以時時遇到醉心唯心論至於幾乎狂熱地步的人。這種狂熱在歐洲幾乎是不存在的。美國時時出現許多怪異的教派，個個都想開闢一條通到永遠樂境的坦途。宗教狂在美國是極普遍的一種現象。

這些現象其實並無可異之處。人之愛好永生與其追求宇宙間無限無邊的東西，並不是後天的，而是先天的。這些崇高的人類本能，不是人類反覆無常的意志所能養成的，而是堅固地嵌在人性裡的，不管一個人做什麼，這些本能都照常存在。人可以遏阻它們發展或使之變形，但絕不能把它們消滅。

心靈方面有其必須滿足的需求，如果盡力與心靈的意向相違，則縱有感官方面的享受，心靈仍將立時變得空虛、煩惱、不安。假若絕大部分的人只是全心全力追求物質方面的目標，則一部分人在心靈方面發出奇特的反應，自是意料中事。這一部分的人在神靈之境任意飄盪，以免自己再受肉體方面的緊縛。

因此，在舉世看重現世的環境裡，而有少數人表現出其瀟灑出塵之想，實不足爲奇。玄秘的教義在這一專顧塵世的民族當中倘若不能有一點進展，反將令人驚奇。

美國人假若不是受了其社會組織，其目前環境與其法律規章的影響而孜孜於塵世俗務，那麼他們一旦碰到心靈方面的東西，也許可以多有一點經驗與自制。可是他們現在是覺得受到了束縛，似乎無法跳越，因此只要一旦越過這種束縛，他們的心境就不知如何自處，而致亂撞亂闖於常識範圍之外。

第十三章
美國人爲什麼在繁榮中仍心神不定

今天你在舊世界的某些偏僻地區，仍不時可以見到一個似乎被世人遺忘的小村鎮。它在全球動亂之中，仍然一切不變，不理周圍的動態。這些地區的居民多半極無知極貧窮；他們與國務無關，且時常受政府的壓迫，但他們卻怡然自得，神態輕鬆。

美國人是我所見到舉世最自由、最開明、和環境最美好的民族，可是在我看來，美國人眉眼之間，似乎經常烏雲籠罩，甚至在歡樂的特候，都令人覺得他們愁眉苦臉，心事重重。

上述兩種不同生活情緒所由形成的主要原因，是前一類的居民根本不想到自己處境之苦，而後者則一直盤算如何把自己沒有的東西弄到手。看美國人那種瘋狂謀求自身福利的情形，再看他們一直憂慮無比、唯恐自己走的不是求富捷徑的那種樣子，實在令人驚奇。

美國人迷戀於現世一切美好的東西，好像自己將長生不老，絕無死之一日。可是他又急得那樣子，恨不得一下子就弄到手，以致在外人看來，他好像唯恐此生短促，將無福長久消受這些東西。每一件東西他都要抓，但沒有一樣守得牢，因爲抓到一樣後，他又放棄了而去抓別的新東西。

美國人往往蓋一座房子準備養老之用，但屋頂還沒有搭好，就先把它轉賣給別人了。他往往開闢一所花園，但樹木剛要結果的時候，他就把它租出去了。他耕耘，別人收割。他選了一種專門職業，不久又放棄。他選了一個地方安居，不久又捲起行李走路。假若料理了私事還有空閒的話，他馬上就跳入政治漩渦。假若勤勞了一整年而有幾天假期的話，他一定受好奇心的驅使而遍遊美國，在短短幾天之內，行程歷1500哩，不惜找罪來受。他盡力追求十全十美的幸福而一直追求不到。終於在他進行這種徒勞無功的追求而尚未露出倦態的時候，他死了。

驟視之下，這麼多生活幸福的人竟在一個富裕的環境裡如此坐立不安，真是奇怪。其實，這種現象自有人類以來，即已存在，但整個民族都如此，倒是少見的。

　　美國人的種種行動不自覺地露出其內心的不安，其變動不定的例子，更是每天可見，究其主因，無非是愛好物質生活所致。全心全力追求現世福利的人，永遠是迫不及待的，因為不論追求、抓取、或享受，他的時間都極為有限。他一想到人生的短促，就不能不急起直追。他除了手裡抓著的美好東西外，還時時刻刻想到數以千計的其他東西，知道自己如果不在有生之年趕緊設法去抓，就將死亡而沒有抓的機會了。這種想法使他焦慮、恐懼、悔恨，使他心情不定而致時時改變計畫，時時改換住所。

　　人假若除了愛好美好物質生活之外，還有自由的社會環境，使他可以自由改變自己的地位而不受法律習俗的限制，那麼他這種變動不定的性情必將更為激烈。那時他將時時改變路線，因為他所最怕的，就是尋不到通往幸福的最佳捷徑。

　　人如果太熱中於追求物質方面的滿足，必然很容易產生失望的感覺。他的目標是享受，所以達到目標的方法必須快而易，否則追求的艱苦將比物質生活的本身更令他苦惱。這時候他的心情將時而緊張狂烈，時而鬆弛無力。他不怕死，反而時時恐怕自己要一直不斷對著一個目標努力。

　　人有了平等的地位後，我上面所說的現象就更出現得快。世襲的特權和財產一旦取消，各種職業一旦廣開門禁，任何人一旦可以純靠自己的能力而出人頭地，則人人都可以施展抱負，似乎誰都自認前途無量，非凡夫俗子可比。這自然是種錯誤的觀點，只要有了普遍的經驗，就可以矯正過來。平等使人人都產生這種崇高的抱負，但也使人人更不容易實現其抱負，因為平等雖然使人人的慾望能夠更自由地發洩，卻使人的力量在各方面受到限制。人不但本身比以前更無力量，而且每向前走一步，必遇到強大的阻礙，而這些阻礙都是他先前所未及料到的。他曾經把一些同類昔日所有的特權掃除得精光，但他又打開了大家競爭之門。過去的阻礙仍然存在，只是變了另一形態而已。人到了大家幾乎相似並共同循著一條路線走的時候，任何個人想從密集的人叢中打開一條縫以便自己可以走得快一點，乃是極困難的事。平等使人慾念無窮，但平等並沒有把滿足慾念的方法教給人，於是在慾念之產生與慾念之滿足這兩者的永遠鬥爭下，人只有感到心境的煩惱。

　　人可以達到自己認為十分滿意的自由地步，而無憂無慮地享受其獨立自主的地位。可是人絕不可能達到自己認為滿意的平等地位。不論一

個民族如何努力，都不可能把社會的一切條件改進到十全十美的程度，大家縱使在地位上完全平等，腦力的不平等仍將存在，因為這是直接由上帝所賜，絕不是人間的任何法律所能控制的。一個民族不管在社會形態方面如何民主，也不問其政治機構如何民主，其每一個組成分子必然永遠覺得自己在某些方面有不如人的地方，他的注意力也必然朝這方面集中。條件的不平等假若是一個社會的通則，那麼這個社會裡最突出的不平等也不會引起一般人的注意。反之，一個社會裡的樣樣東西假若差不多都是平等的，那麼縱使是極微小的不平等現象也逃不過人的眼睛。因此，人越是平等，其求平等的慾望越無滿足的一天。

民主國家的人民可以很容易得到某一種程度的平等，但絕不能得到稱心如意的平等。稱心如意的平等永遠在他抓到之前就跑掉了，但又不是跑到遠得使他看不見，而且一面跑，一面引人來追。人以為快要把它抓到的時候，它又溜走了。人可以看得見它，對它表示羨慕，可是永遠得不到它。人還沒有完全嚐到稱心如意的平等之前，已經逝世了。

心神不定的原因除了上述的種種之外，還有一種便是民主國人民在富足生活中會產生出奇異的憂鬱感和厭世感。法國人自殺的案件現時已與日俱增，美國人自殺的事件很少見，但神經失常的人則比任何地區多。法美兩國人民的病源是一個，只是症狀不同。美國人不管如何心神不安，也不會自盡，因為他們的宗教禁止自殺。美國人雖然普遍追求有形的滿足，但物質主義在美國可以說根本不存在。他們在意志上抗拒物質主義，但在理性上又往往讓步。

民主時代的享樂比貴族主義時代多，有份享受的人更多，不過從另一方面看，民主時代人們的希望和慾望更易被摧毀，人在精神上更苦更不安，憂慮也更甚。

第十四章

美國人如何使有形享受的愛好與自由的
愛好及公共事務的關心連爲一起

民主政體一旦變爲君主專制政體時，一般人先前在公私兩方面活動所用的精力，將立時全部集中到私的一方面。在這樣的最初一段時期，物質的繁榮將大見增強，不過狂熱的情緒不久即告鬆弛，工業生產的數量亦隨之減少。我可以說，歷史上所有善於經商和製造業的民族，沒有一個不是自由的民族。因此，自由與生產工業之間實有密切的關係。

上面的論斷可以援用於所有國家，但對於民主國家尤爲適切。我曾經指出，平等時代的人永遠要結社才能得到他們所冀求的東西。我也曾經指出，政治的自由對於結社的藝術具有改善和發揚的重大作用。因此，在平等的時代，自由有助於財富的增加，而專制政制則造成相反的結果。

民主時代的專制權力，其本質並不暴虐兇狠，而是細瑣，是處處干涉。這一類的專制，雖然不蔑視人性，但與工商業的發展成死對頭。

因此，民主時代的人必須自由才能更容易獲得其長期冀求的物質享受。有時，他們對於物質享受因爲嗜好過分，以致隨便向任何一個首先出現的統治權力低頭。到了這時候，他們的物質慾望已失其意義，而他們在不知不覺之中，更把這種意義抛得遠遠的。

民主民族的歷史演變，有一段極危險的過程。假若他們的教育發展和他們從自由體制中所得到的經驗，都趕不上他們對於物質享受愛好的話，那種他們只要看到新的東西，就立時爲之神往而喪失一切自制力，一心一意只想把新東西抓到手。他們全心全力謀求財富的時候，根本沒有認清個人私有財富和全體人民繁榮的密切關係。你對於這樣的民族，用不著使用強力的手段去遏制他們盡情享樂，因爲他們有一天會乖乖地把抓著的東西放鬆。他們似乎認爲履行政治責任是一種討厭的阻礙，使他們無法專心於一己的工作。假若要他們選舉代表或親自出來替政府服務，他們就說自己騰不出空閒的時間，不能浪費自己寶貝的時光做這種無益的工作。他們認爲這是無謂的消遣，並說凡是認眞追求生活方面更

大利益的人，都不應有這種消遣。他們以為自己嚴守了不管他人之事的原則，不過他們對於這個原則的認識卻甚為粗鄙，因為他們在名目上雖是只管自己的事，實際上卻忽略了自己一件最主要的事。這件事便是：自己應繼續不受人統治。

公民既不理大眾之事，而過去一有空閒就以管理大眾之事為職責的那個階級又已不再存在，於是政府的位子成為虛缺。這時候只要有一個能幹和野心勃勃的人物把大權獨攬，就可以暢所欲為。這個人物假若專顧國內的經濟繁榮，則不久之後，將被全國視為無用的人。他最主要的事，是確保大眾的安寧，因為一般追求有形享受的人，在未發現自由如何有助於物質滿足之前，往往先發現自由局面下的動亂情形使他們的福利受到騷擾。一旦發生群眾騷亂的謠言，致而他們在私生活的小享樂方面感到不便的話，他們立時徬徨無主，驚慌不定。他們心裡一直恐懼無政府主義將有一天得勢，所以準備一有暴亂，就把自己的自由拋掉。

我承認大眾的安寧是件大好事，不過我也沒有忘記，所有的民族都有一段時期因為內部秩序一直良好而形同奴役。當然，這不是說一個民族應該漠視公眾的安寧，而只是說不要以安寧的狀態為已足。一個民族如果只求政府維持內部秩序不求其他，那麼它在心理上已經是個奴隸，替自己的福利作奴隸。

這樣的民族不但應提防個人專制主義的產生，也應提防派系專制主義的出現。社會大眾一旦為私人機構所壟斷，最小的集團在大眾事務方面就有望佔居上風。這時候世界大舞台上只有少數的幾個演員替無數缺席的或無動於衷的群眾發言。在舞台上活躍的只有他們幾個人，至於其餘的人全是不動的。他們任意作出一切規定，任意改變法律，任意施虐全國。這時候人們才開始驚奇為什麼一個偉大的民族竟會遭遇寥寥幾個一無是處的弱者的毒手。

美國人幸而躲避了上述各種危險。關於這一點，他們是值得令人欽仰的。美國是全球諸國中懶人最少的地區。在美國作工的人也比其他地區的人更努力改善本身的福利。美國人的物質慾雖然強烈，但並不亂來。理性雖不能夠約束美國人的物質慾，但至少仍能操縱它。

美國人有時專顧自己的事，好像這個世界就只有他一個人，但有時他又會全心全力為大眾謀福利，好像這個世界根本沒有他自己。他的動機有時好似純為利己，有時又好似純為利人。人的心情是不能這樣分而為二的。美國人民時而強烈表現私慾，時而強烈表現其渴求自由慾，以

致令人覺得，這些慾望是合而為一的，是他們本質的一部分。的確，美國人相信自由是確保一己福利的最佳工具和最穩妥的辦法。他們渴求福利，也渴求自由。他們從未覺得自己不應參與公眾之事，反之，他們相信自己的主要事務是替自己建立一個符合兩種目標的政府，一種是使他們能夠得到自己所垂涎的一切東西，另一種是不阻止他們和平地享用業已到手的東西。

第十五章
宗教如何使美國人獲得精神快樂

　　每星期的第七天，美國全國的商業和一般工作似乎完全停頓，一切聲音也告止息。經過整星期的繁忙後，這一天是一片沉靜，是沉思的安息，是神聖的，是靈魂恢復了主宰的地位。這一天市場不見人跡，每個人都攜帶子女進入教堂聆聽平日所聽不慣的陌生論調。他在這裡聽到貪名貪利的種種害處，曉得一個人應該抑制慾望，知道只有道德才能給人更豐富的快樂，才能使人有真正的幸福。他從教堂回到家裡後，並不打開帳簿，而是打開聖經去領略其中關於造物主如何偉大善良，關於上帝的安排如何善無止境，關於人的命運與職責，以及關於不朽的人生等等的崇高而又親切的描述。

　　美國人就在這種情形下偷得片刻空閒來放下塵世的小慾望與物質生活上的瞬息榮華，而踏入偉大、永恆、純潔的理想世界。

　　我在本書的另一章裡，曾經提到美國人目前的政治體制得以維繫不墜，是依靠幾個因素的，而其中最主要的一個因素，應是宗教。如果以美國人作為個人來論，我仍認為宗教對於每一個美國人的功用，並不減於其對於整個國家的功用。從美國人的實踐方面去看，可以知道他們認為必須依靠宗教，才能把道德注入民主團體。美國人所遵循的這一種真理，應該是每一民主國家要徹底奉行的。

　　我絕對相信一個民族的社會和政治體制，會使它易於採納某些原則和易於傾向某些嗜好，而且一經採納之後，就能夠輕易地發揚光大。基於同樣的原因，這個民族會於不知不覺間拋棄某些觀點和嗜好。立法人的整個技巧就是在事前先正確地認出這些生以俱來的民族傾向，以便知道是否應把這些傾向再予發揚抑或加以遏阻。立法人的義務因時而異；人類所應追求的目標是固定的，但達到目標的方法則可以時時變動。

　　假若現在是貴族時代，不論世襲的富人或永無翻身可能的窮人都想不到要改善本身的處境而只相信靈魂，好像人人失去感覺般專想到另一世界，那麼我倒真希望自己能夠出來喚醒大家注意他們切身的需求，我也將努力尋求更迅速更容易的辦法來滿足他們因我的喚醒而產生的新慾

望。我而且將指導大家盡最大力量去追求物質享受，鼓勵大家去促進自己的福利。假若有少數人在我肆意的煽動下而過分地表現其追求物質享受的慾望，我也將毫不驚奇，因為他們只是特殊的例外，等到整個社會群起追求財富的時候，特殊的情形定將消失。

民主國家的立法人應當注意到一些別的事情。你讓民主國家的人民有了教育與自由之後，就不應再干涉他們。他們自然會盡快懂得如何從這個世界上汲取一切利益。他們也會改善各種工藝，使生活日見舒適、方便、容易。社會環境自然會逼他們往這個方向走，他們也絕不會放鬆步調。

不過，一個人要是這樣誠實地合法地勤於追求本身的福利，可能到了最後將使自己最崇高的才能歸於無用。他如果只忙於改善身邊的事物，可能到了最後將使自己的品格降低。這一點才是危險的所在。因此，民主國家立法人以及民主國內所有明智人士的永恆目標，應該在於提高其國人的心靈，一直提高到昇華之境。凡是關心民主社會未來命運的人士都應該團結一致，共同繼續努力勸導世人勿徒事追求現世的快樂，而應愛好崇高永恆的心靈生活。假若民主民族裡有誰散佈有害的理論，說一切將隨著肉體的死亡而消滅，那麼全民族應把這種人視為當然的敵人。

唯物主義者在許多方面都引起我的反感。我認為他們的理論是有毒的，他們的妄自尊大更令我討厭。他們對於人的本身，沒有很高的評價。從表面看來，這正是他們的立論有益於人類的地方，然而他們自己的表現並非如此。他們侃侃而談，把人類辯證為獸類時，他們在態度上卻非常傲慢，好像自己就是神明。

不管哪一個國家的唯物主義都是思想上的一個危症，但民主國家的唯物主義尤為可怕，因為這種種病症可以跟民主情況下所特有的心境上的罪惡混合到一起。民主主義鼓勵人們嗜好有形的滿足，這種嗜好如果到了過分的地步，就使人相信一切都離不開物質。越離不開物質，就越使人受唯物主義的驅使，致而瘋狂地追求物質享受。這種互為因果的循環正是民主國家的致命傷。它們應當知道危險的所在而自加節制。

大多數的宗教都是傳揚靈魂不滅論的簡明與切實的工具。宗教給予民主國家的最大的利益，也就在於這一點。因之，民主民族比其他任何民族更需要宗教。假若你看見有任何一種宗教在一個民主國家裡奠下堅強的基礎，那麼千萬別去干涉它，而應小心地看顧它，把它當為貴族時

代留下的最可貴的遺物。你也不應該用一種新宗教來取代人們原有的舊宗教，以免人們從一種宗教轉而皈依另一種宗教的過渡期間，心靈上會有一個時期成為無宗教的真空狀態，致而物質享受慾又乘虛而入，把整個心靈佔據不放。

輪迴之說比唯物主義自然也強不了多少，不過一個民主國家假若一定要從這兩者之中選擇其一，則我寧願它選擇輪迴說，原因是人們假若相信來生可能轉變為豬的話，則人的獸性還不致於發揮殆盡，但要是根本不相信人有靈魂的話，其盡量發揮獸性的可能性，可就非常大了。同物質暫時結合的一種超肉慾的或不朽的信仰，乃人類保持本身偉大所不可或缺的因素。這種信仰縱使提出什麼來生賞罰論，或說什麼人死之後靈魂升天並轉而投胎為其他動物的話，仍是不可或缺的。這樣的信仰雖極不完善，仍會使人把肉體視為次要的，形而下的。他雖然不能不聽任肉體的驅使，但他將蔑視肉體，而內心裡將自然而然地崇拜人的心靈，雖則有時他仍會跟心靈反抗。光是這一點，已足以使人提高本身的意向旨趣，並使人以一種近於本性而非基於利害關係的方式來愛好純潔的觀念和高尚的思想。

蘇格拉底和他的門徒對於靈魂的歸宿問題是否有定論，我們尚難確知，但他們堅決相信靈魂與肉體有別，而且認為人死後仍有靈魂，則是無可否認的。光是這一點，才使柏拉圖時代的哲學得到崇高的啟示。

從柏拉圖的著作中，可以知道許多跟他同時期或比他早的哲學家，都信仰唯物主義。這些哲學家的作品並未流傳到今世，即使傳到後世，也只是一鱗半爪。其實幾乎每一個時代的情形都是如此；能夠流傳到後世的名著，大部分都是崇尚唯心論的著作。人類的本性和嗜好近於唯心論的哲理，所以會不由自主把它保留下來，而倡導唯心論者，也名垂永恆而無時代之分。我們從這裡可以知道不管是在那個時代，不管實行的是哪個政制，物質的慾望以及由這種慾望而產生的理論，絕不會使全民族滿意。人心是廣闊的；它可以同時容納俗世的愛好和超世的風韻。有時它好像只顧到這兩者之一，但它過了一會，必然想到另一個。

民主時代有倡行唯心論的特別必要，固淺而易見，但民主國家的治理者用什麼辦法去使唯心論居於主要的地位，可就不易了。我認為由官方來倡導是難以持久的，就像繁榮之難於持久一樣。至於回教，我一直認為它即使暫時有利於某一個政權，但遲早將使教會本身受到致命打擊。另有一些人以為要在眾人之前提高宗教的地位，或者要使人民尊重

唯心論，就應該使牧師擁有政治方面的力量，因爲他們依法是得不到這種力量的。我對於這種論調，也不敢苟同。我認爲教會一旦參與政治，宗教本身定將發生危機。我還以爲現代民主國家應該不惜一切保持基督教。因此，我寧願把教會人士關在他們自己的庇護所裡，而不要他們走出一步。

那麼，行憲政府又有什麼辦法使人民重新信奉唯心主義的理論，或使人民虔誠皈依傳揚唯心論的宗教呢？

我的答案是政客們所嫉惡的。我認爲要人民尊重靈魂不滅論，則政府唯一有效的方法就是自己在行動上表明自己也相信這種觀點。政府必須在大事情上認眞遵守宗教的道德觀，才能教導人民在一般生活的小事情上遵重並愛好宗教的道德觀。

第十六章
過分重視俗事有損無益

　　心的改善與身的改善，其間的關係，比一般人所想像的尤為密切。人可以把身心分開來輪流檢討，但不能把兩者完全隔離，否則對於兩者俱將失掉認識。

　　野獸的感官跟我們的一樣，野獸的嗜好他跟我們的極為相像。人同野獸沒有不同的肉慾，狗所表現的種種肉慾，在人身上同樣可以尋到，至少在人的初生期可以尋到。但是，為什麼動物只能滿足本身最起碼和最下級的慾望，而我們人類卻能變化多端，無窮無盡地增加我們的生活樂趣呢？

　　我們比野獸優異的地方，就在於我們能用心靈去探求物質利益，而野獸只能利用本能。正因為人能夠跳出肉體的境界甚至藐視生命本身（動物根本不知什麼是生命），所以才能把肉體所需的東西加倍地製造出來。這是低級動物所無法想像的。

　　任何擴展和提升心靈的因素，均足以使心靈更宜於完成與心靈本身無關的事物。反之，任何削弱和壓低心靈的因素，則足以使心靈更趨衰弱，使其對於最主要的和最無關緊要的目的，都難以達到。因之心靈必須保持強大，儘管心靈只是為肉體服役，也仍須保持強大。人假若徒以有形的物質為滿足，則其生產有形物質的藝術可能將逐漸喪失。他雖然仍能享用這些有形的東西，但將跟獸類的享用一樣，既無鑑別力，也不會求其改善。

第十七章

為什麼在平等與懷疑論盛行時
人的行動應導向遙遠的目標

在宗教影響力強大的時期，生命的終極目的是超世的。因此，那個時期的人幾乎全在不知不覺中一連許多年凝視著一個不動的目標，而且一直往這個目標前進，於是又在不知不覺中逐漸抑制許多瞬息即逝的小慾望，而自滿於心中的那個偉大與永恆的慾望。這些人一旦處理現世事務的時候，在行動方面也處處表現出這種同一的習慣。他們會訂出一些明確的總目標作為塵世行為的指示，而他們的一切努力也向著這個目標進行。他們不會時時有新的慾望或去追求新奇的目標，因為他們早已有了既定的目標，可以終生孜孜不倦地追求。

宗教觀念濃厚的國家能夠時常產生永恆性的成果，就是這個緣故。它們雖然只想到超世的事，但他們卻在現世尋到了成功的大秘訣。宗教使人養成事事不離永生觀念的處世習慣。關於這一點，宗教對於現世生活幸福的重要，並不下於其對於來世生活幸福的重要。這也是宗教主要政治特徵之一。

反之，宗教觀念越淡，人的眼光就越短淺，好像人類行動的目標越來越近在眼前。人如果不再想到現世生活一旦終了以後的本身遭遇，則對於來世之事將完全無動於衷。對於人類的脾性而論，這是最適合不過了。人既然在習慣上不以自己的希望寄諸遙遠的事件，則唯有盡速求取眼前最微小的慾望的滿足。他既沒有永生的念頭，則一切行為表現，將好像是他只求一天的生存。因此，在懷疑論盛行時期，最可怕的是人類永遠受著日常的和偶發的慾望的驅使，完全漠視任何必須經過長期努力才能到手的東西，卒致人間的成就，沒有一樣是偉大、永久、平穩的。

假若在這種情形下的民族又處於一個民主社會狀態的話，那麼上述的危險更為增加，因為到了每個人可以力求改善本身地位、樣樣可以公開競爭、財富可以瞬息之間集中或分散的民主動盪時期，人所注意到和看到的，不外是得失俱易的財富和各種各樣的機會。社會本身的不穩定又進而加強人類慾望的易變性。在這種永久不斷交互變化的情形下，人

心所見到的，只有眼前的現在，遙遠的未來被遮擋得成爲模糊的一片，想得最遠的也不過是明天。

在民主與無神論並存的國家裡，哲學家和執政者應該隨時努力使人類活動的目標，勿限於眼前的現在。道德家必須適應國情和時代的精神，設法重振道德的準則。他必須不斷努力，同當代的人指出縱使在永久動盪的環境下，人仍可以計畫和執行不朽的工作，而且計畫和執行的時候，也比一般人所想像的容易。道德家必須教導大眾，讓他們知道人類的外貌雖然可能已經改變，但人類促進世界繁榮的方法仍跟從前一樣，不管是民主地區也好，是其他地區也好，人只有抗拒眼前一時的千百種小慾望，才能得到眾所渴求的大幸福。

執政者的任務也是很明確的。不管是哪個時代，治國者都必須遠瞻未來；在民主時代和對宗教表示懷疑的時代，尤須如此。民主國家的領導人物能夠顧到未來，才能一方面使國運昌隆，另一方面又因自己之以身作則而使一般人民知道如何立身處世。

最重要的是，執政者必須盡力不容政治圈子裡存有僥倖的成分。貴族政制的一個宮廷臣子往往突然得寵而得到不應有的晉升，但這種事所引起的不良反應，只是短期性的，因爲全國的體制和言論早已積久成習，使大家都知道自己限於規格，只能循規蹈矩的順序求進。可是民主民族如果也發生這樣循私偏袒的事，則爲害之大，將無與倫比，因爲此一時期本即人人心求急進，這樣一來更加強其力求速成的心理了。尤以在懷疑論與平等原則同時盛行的時代，一個人機會之有無，應該以本身的成就和服務爲決定因素，絕不應取決於上級的喜惡。每一次晉升都必須是努力的成果，絕不能隨隨便便登升高位，任何目標必須長期爭取之後才可達到。

宗教和社會環境既然再無力使人渴愛未來，則政府必須代爲努力，以恢復人類對於未來的追求。政府應默默地逐日教導人民了解名利權力俱爲努力的成果，使他們知道人必須存有久遠的慾望才能獲得偉大的成就，除了刻苦努力所得的成果外，沒有一樣東西是不朽的。

當人類養成了瞻望未來的習慣並對未來抱存著希望的時候，心靈就不會受現實生活所束縛，而將隨時打破疆限，再朝高處望。因之，人類在沒有宗教的狀況下而仍能使自己有限度向上的辦法，也許就是我們今天力求把人類彎彎曲曲地導回「宗教之路」的僅餘辦法。

第十八章
美國人爲什麼視一切正當職業爲高尚

民主國家裡的人民沒有世襲的財產，所以每個人靠工作求生，有的從前曾經勞碌過，有的是畢生勞碌的父母所生。大家不論從哪一個角度看，都把勞作視爲人類生存所必須的、自然的、和誠實的狀態。這個民族不但否認勞作是不高尚的，而且把它捧得高高的；一般人不但不反對勞作，而且主張勞作。美國的富人認爲虧得有了輿論的支持，他才能把閒暇時間用於工商業或公益事業。假若他只是空閒無事地快樂過日子，必然爲眾所不齒。許多美國富豪爲了逃避工作義務，特地跑到歐洲來，因爲他們在歐洲仍可尋到貴族社會的殘餘，把清閒當作是光榮的事。

地位的平等不但抬高了勞動觀念的身價，而且產生了靠勞動牟利的觀念。

貴族主義其實並不輕視勞動，但它看不起以牟利爲目的的勞動。勞動的目的如果是爲了個人的抱負或爲了行善，那麼勞動本身仍是可貴的。可是在貴族主義社會裡爲榮譽而勞動的人，往往同時嚮往於牟利，不過追求榮譽與追求實利的這種願望，只在他內心裡成爲一體；兩者符合唯一的那一點巧妙，絕不肯對外洩漏，自己也樂得不去揭開。貴族政制國家的官員會裝出自己是爲國服務，而不是爲了一己利益的樣子。薪俸這個東西只是附屬的權利，他們並不斤斤計較，甚至裝出根本不予理會的神情。因此，牟利的觀念跟勞動的觀念是明顯分開的，雖則事實上兩者可能是一體，但在觀念上並不是混合的。

反之，民主社會對於這兩個觀念，卻永遠明白地連在一起。大家既然普遍具有美好生活的慾望，個人的財富既然菲薄得可憐而又時時在變動，人人既然都想增加自己的財源或爲子孫開闢新財源，則大家自然清楚地看出來自己之所以工作，縱使不是完全爲了牟利，至少有一半是爲了牟利。甚至那些追求名譽的人也慢慢體會出來，自己之一切作爲，並非完全是爲名，而是求名和求生這兩種慾望混合爲一。

勞作既然一方面被全民視爲人類生活狀態一個可貴的必需現象，另一方面它在外表上看來又永遠是爲了完全牟利或有一半是爲了求取酬

報，那麼貴族主義社會裡各種行業的分界線自然不再存在了。行業與行業之間雖然有一些差異，至少有一點是相同的。這個相同點就是每一個行業的人，無非是爲了錢。既然大家都是爲了求取酬報，大家自然沒有彼此之分。

　　明白了這一點，就可以知道美國人對於各種行業的看法了。在美國這個國家裡，一個人絕不會因爲自己要工作而自貶身價，因爲他四周的人沒有一個不工作的。一個人也不會因爲抱了索酬的觀念而被人看不起，因爲連美國總統都是爲了酬報才工作。總統命令別人工作，因指揮而得到酬報。別人聽命，因聽命而得到酬報。美國的各種職業都是很辛苦的，也都是有利可圖的，可是從無高低之分，因爲每一種正當的職業都是高尚的。

第十九章
美國人爲什麼傾向工業

在民主國家一切實用工藝之中，農耕恐怕是進步最少的。事實上，農業好像是停頓不前，而其他工藝則踏著大步，向至善至美之境邁進。另一方面，平等狀態所引起的一切喜好和習慣，幾乎都使人走上工商業的道路。

假設有一個活躍明智且自由的人，必須工作才能維持生活，而其小康家道又無衣食不足之虞，但總想改善自己的生活處境。這個人已經有了物質享受的喜好，而他四周圍無數的人也有這種喜好。他剛開始享受這些樂趣，並亟盼自己有辦法多享受一點。可是人生短暫，時日無多，他應當怎麼辦呢？耕種幾乎是絕對有所獲的，可是過程緩慢，沒有耐心，不經艱苦，是不會有多大裨益的。因此，只有不再作求財之想的大富翁以及僅求糊口或貧無立錐之地的人，才適於從事農業。至於我們上面所假設的那個家道小康的人，自然知所抉擇。他把自己的耕地賣掉，離開農舍，另謀有風險卻利厚的職業。

這一類的人在民主社會裡實在多到不可勝計，人的處境越平等，這種人越多。因之，民主主義不但大量增加工人的數目，還使人專傾向於某一類的行業。民主主義把農業方面的人引到別的行業，又使他們喜好商業和製造業。（作者附言：時常聽人說製造商和一般商人所以溺於物質享受生活，完全是工商業造成的結果。我認爲這是倒因爲果的說法。工商業不會使人貪求物質享受，假若工商業加強了物質慾的話，那是因爲每一種慾望一經啓發後，必然越來越強，而越努力去滿足它，它也會越增加。人類的本性是喜愛現世享樂的。造成這種本性的原因有很多種，人與人的平等即其中之一。平等雖然不能令人喜好經商致而直接鼓勵商業，但令人越來越喜好享受致而間接鼓勵商業。）

民主社會裡縱使最富的人，也表現出這種傾向。在民主國家裡，一個人不管如何富有，仍不滿於自己的財富，因爲他總覺得自己不如祖先富足，更怕子孫將來不如他自己富足。民主國的大部分富人於是不斷想求財；他們的注意力自然而然地轉向工商業，因爲這是致富最快最有效

的辦法。論到這一點，他們所需求的東西雖跟窮人不同，但求富的本能卻與窮人無異。其實，他們覺得現世的一切都是需要最迫切的。

貴族政制國家的富人同時就是統治者。他們一直專心於重大公眾事務，無暇顧及工商業等微末小事。他們縱使想到經商，內心仍會產生阻力，禁止他們去經營。人類不管如何否定多數的力量，仍逃不過多數的控制，所以儘管貴族集團堅決否認多數人民的權利，他們的內心仍有多數的存在，而一切統治，也以這個內心的多數爲依歸。

民主國家的人並不會因財富而取得政治力量，甚且往往因財富而跟政治力量無緣，所以民主國家的富人都不知道應該如何消磨自己的閒暇時間。他們的慾望無窮，資源豐富，而一般出人頭地者，不管是靠什麼辦法發達的，無不愛好非常事物，於是商業成爲他們唯一可行之路。民主國家裡面沒有任何行業比商業更偉大更燦爛的了；它吸引了大眾的注意，成爲大眾嚮往的標的，一切野心也都向它集中。富有的人不管自己或別人是否存著反對經商的偏見，都依然專心經營商業。民主國家的富有分子本來就沒有自成一個組織，也沒有訂定本身應循的儀態與規章，他們這個階級雖有獨特的觀點，但並無束縛力，而全國一般人民的意見則鼓勵他們走上商業道路。其次，民主國家裡所有巨富，都是靠商業而來的，所以必須一代接一代經營下去，不容這些財富的持有人完全放棄其經商的習慣。

民主國家的人民，不論貧富，還有一個大家相似之點。在民主環境下，個人的處境變化無常，機遇的影像永遠在他們的眼前幌動，所以他們個個從事商業，而經商的目的，不但是爲了牟利，還爲了可以從中不斷得到刺激。

美國從英國殖民地的束縛下解放迄今，不過只有半世紀之久，所以大富之家並沒有幾個，資金也很有限，可是像美國人那樣在商業和製造業獲得如此迅速發展的民族，世界上還尋不出第二個。美國今天已是世界的第二海權國，它的製造商目前雖然要跟幾乎無法克服的自然界障礙進行鬥爭，但仍能逐日獲得重大進展，絕不受任何方面的阻止。

在美國經營規模最大的企業或有風險的事，都沒有困難，因爲全國人民都是從事生產業的，最窮的人也好，最富的人也好，無不隨時可以協力策行。陌生人到了美國後，看到美國處處那種規模龐大的公共工程，不禁訝異不置，因爲這個國家可以說是尋不出大富翁來的，而居然有這種成就。美國人踏上這片居留地，不過是不久以前的事，但他們已

經把自然界整個改變，以供本身之用了。他們已經溝通哈德孫河和密士失必河，並在陸上打開大西洋與墨西哥灣之間相隔1500餘哩的交通。世界目前最長的鐵路也在美國。

我到了美國後，最令我驚奇的還不是大企業的那種龐大規模，而是小企業數目的眾多。美國的農民幾乎部把農業跟某些商業聯合起來經營。農人在自己擁有的土地上作久居的計畫，真是絕無僅有，尤以西部地區更是如此。他耕耘一片土地，目的不外是可以轉手賣給別人，而不是想在那裡耕作下去。他建造一座農舍的目的，也不外是希望人口一旦增加後，當地的情形將會改變，這座農舍也將可以高價賣出。

北部的居民每年總有許多湧向南部各州，在產棉區和產蔗區定居下來。他們在那裡耕耘，希望過了幾年就有出產，使自己成為富人。他們一面耕耘，一面已經在計算看自己回原籍享福的日子。美國人把做生意的本性帶到農業部門；他們不論在農業或其他行業方面，都露出其做生意的慾望。

美國人在生產工業方面獲得極大的進展，原因是他們全體同時集中力量進行。可是，也就是為了這項原因，有時弄得他們意外地狼狽不堪。他們既然全體經營商業，所以商務上不時受到無法預見的種種複雜因素的影響。他們既然多少都從事工業，所以只要業務上略有不利，全體的利益就同時發生危機，而整個國家也告震動。我相信這些一再發生的商業恐慌，乃是當代民主國家的痼疾。這種病並非起因於偶然的情況，而乃民主國家的本質有以致之，所以是根治不了的，最多只能減輕它的危險性。

第二十章
廠商可能建立貴族社會

我曾經指出民主主義如何有利於製造業的生長，以及如何無限制地增加製造業階級的數目。現在讓我們看一下製造商可能有一天如何用側面的辦法，把人類帶回貴族社會。

大家知道一個工人如果每天專做同樣的細瑣小事，那麼整個產品的生產，必然更易、更快、更經濟。大家又知道，生產機構越龐大，資本越厚或信用越廣，則生產成本越輕。這兩項原理的概略，早就有人體會到，到了我們這個時代，卻在事實上得到明證了。這種原理已經應用到許多最重要的製造業，至於最簡陋的製造業，也將逐漸受這種原理的束縛。我認為在政治方面，國會最應注意的就是這兩項關於工業科學的新原理。

一個工人不斷專門製造某一樣東西的時候，必然熟能生巧，可是同時喪失了集中精力於本身工作的才能。他越來越熟練，但越來越不奮勉。我們可以這樣說，他的技巧越進步，他本人越不長進。試想，一個專門做大頭針頭的工人，做了20年後還有什麼長進呢？人類的偉大智力可以做出驚天動地的事情，但像這樣的一個人，除了可以請他調查做針頭的最佳方法外，還有什麼智力可言呢？一個工人把畢生相當大的一部分時間這樣耗費之後，他的思想就永遠離不開他每天所做的那件東西，他的身體也染上了一些永遠無法擺脫的習慣。總之，他這個人已經不屬於自己，而是屬於他自己所選擇的那個職業。這時候，他已為重重障礙所限制，如果想用法律或習俗去打破他的桎梏，或替他開闢一千條不同的幸福坦途，都是白費心機，因為製造業的原理比法律習俗更有力，已把他限於一種工藝，更時常把他限於一個地區，使他無法動彈。這個原理還規定了他在社會上的地位，使他無法僭越。在普世動盪不定的狀態下，他受了這項原理的束縛，變得固定不動。

分工原則應用越廣，工人就越脆弱，心智越狹，越有依靠性。工藝是進步了，但工匠本身卻退步了。在另一方面，生產機構和資本越大，致而產品比以前更廉更美的事實一旦越來越明顯的時候，富人和受過教

育的人就紛紛出來經營製造業，爭著做這種過去只有窮人和無知識的工匠所做的事業。這批有錢人和受過教育的人看到這種事業是需要巨大的力量經營的，再看到其收穫之豐，自然個個心動。這樣一來，當工業科學把工人貶低的時候，老闆階級卻被它抬高了。

當工人越來越集中研究某一個細節的時候，老闆正進行全盤的廣泛研究，於是老闆的眼界日廣，而工人的眼界日狹。不久之後，工人所需要的，只是勞力，而非智力，但老闆所需要的，卻是科學甚至天才，才能成功。老闆越來越像個大帝國的行政長官，工人越來越像畜生。老闆和工人本來沒有相似處，現在更越來越不同了。他們像一條長鏈兩端的兩環，唯一的聯繫便是那條長鏈。他們分別固守本身的崗位，一方一直密切地依靠對方，而且似乎一生下來就要聽對方的命令。這難道不是貴族社會嗎？

人的處境越來越平等的時候，其對於製成品的需要也越來越廣。能夠把製成品以低廉的價格送到一般市民的手裡，乃事業成功的大因素。因此，富有者和受過教育的人以其財力智力用於製造業者，越來越多。他們開設大工廠，嚴格施行分工制度，以供應大眾的各方面需求。於是，當全國民眾越來越傾向民主的時候，這個從事製造業的特殊階級就越來越貴族化。人與人之間，一方面越來越相同，但另一方面卻越來越相異；社會大眾間的不平等減少了，但這個少數階級間的不平等，則反比例地增加了。因此，追本探源的結果，我們可以說貴族階級將從民主社會的懷抱中成長。

不過，這種貴族階級跟以前的貴族階級有別。首先我們可以立時看到，它只是指從事製造業和某些與製造有關的職業的人，在整個社會裡，只是一個奇特的例外。一部分製造商在我們這個偉大民主社會裡所建立的一些貴族主義小社團，就正如過去的強大貴族主義社會，造成了少數人的極富和多數人的赤貧。赤貧的人沒有什麼辦法變富或擺脫貧的環境，但極富的人卻隨時可以變貧，或則致富之後就放棄原有的經營。這樣一來，貧窮階級的分子是固定不變的，但富有階級的分子則否。老實說一句：今天雖有富人，但並無富人的階級，因為那批富人都是各自為政，並無共同的觀念、目標、傳統或希望。他們只是個人，不是一個明確的階級。

不但富人本身沒有嚴密的團結，而且富人與窮人之間沒有真正的束縛。他們相互的關係不是永久的，只靠利害關係來聯繫，一旦沒有利害

關係，雙方就離異。工人通常依靠老闆，但並不是認定一個老闆做靠山。工人和老闆只是在工廠中相逢，一離工廠大家就儼如陌路。他們只是在某一點上發生接觸，而在其他各方面則相距極遠。製造商除了要用工人的勞力外，他無所求；工人除了向製造商要工資外，他也無所求。雙方並無保障對方的義務，在習慣上和職責上也無永久的聯繫。工業所造成的貴族主義，並不能在它所指揮的工業大眾中生根，而它的目的也不是要統治這個群眾，而只是利用這個群眾。這樣組成的貴族階級並不能緊緊抓牢它所僱用的人們；它縱能抓住他們於一時，也不會長久。它不懂集中意志，也沒有行使意志的力量。

以前區域性的貴族，在法律上（或自認為在慣例上）都有救濟所屬臣民，和減輕民間痛苦的義務。可是現代製造業所產生的貴族，卻是先把支持它的人們變成貧窮，變成卑賤，然後進而把他們遺棄，聽任他們靠社會善舉來過活。這是我先前所說的民主主義發展的必然結果。工人和老闆之間時時發生關係，但彼此間並沒有真正的結合。

總之，我認為當前在成長中的工業貴族是世界有史以來最嚴酷的貴族，但同時是最有限度的，危險性最小的。不過，民主主義的朋友仍應向這一方面密切注視，因為貴族主義和永久性的不平等假若再度侵入這個世界的話，多半就是從這扇大門溜進來。

第三部

民主對風尚的影響

第一章
爲什麼社會地位越平等民風越溫和

我們察覺數世紀來社會地位日趨平等，並且同時發現民風比以前溫和仁厚。兩者是否只是湊巧同時發生，還是其中有互爲因果的秘密連帶關係？有幾種原因可能同時產生使一國的民風變得不像以前那麼粗鄙，而在我看來其中影響最大的是社會地位的平等，是以我認爲地位的平等與風俗的更見淳厚不僅是同時產生的，而且有連帶關係。

寓言家想使我們對野獸的行動發生興趣時，他們便把野獸的想法與喜怒哀樂寫得和人一樣；歌詠神靈天使的詩人也是如此；我們如不把我們自己用別的面貌表現出來作爲寫照，便不會在內心產生那麼沈痛的同情和那麼純淨的快樂。

這一點對本章所要討論的也極有道理。在一個貴族社會裡，所有的人都按照職業、產業、出身而劃分得極爲嚴格，每個階級的人都認爲他們是同一個家庭的子女，彼此之間總有一種熱烈同情，這是一個民主社會的公民永遠不能同樣深深體會到的。但是這種感情在各階級與階級之間卻不存在。

在一個貴族政體國家裡每個階級都有它獨特的意見、感情、權利、習尚及生活方式，是以貴族成員和他們的老百姓並無相似之處；他們的想法與感覺都不同，他們簡直不相信他們和那些人屬於同一個國家，所以他們既不能徹底明瞭他人的感覺，也不能根據自己的想法與感覺去判斷他人。然而有時候他們彼此也極想互相援助；這一點與我上面所觀祭到的情形並不相悖。

這些貴族制度雖然使同一種族的人如此不同，但是密切的政洽聯繫把他們結合在一起，農奴對貴族的命運雖然天生並無興趣，然而他仍認爲他對做他主子的那個貴族有效忠服務的義務，而那貴族雖然自認爲和農奴們並不同類，但是依然認爲他的責任與自尊心使他必須冒生命之危衛護住在他采地上的人。

這些雙方義務不是從自然律產生的，而是從社會的法律產生的；社會責任的要求比空洞的人性要求來得迫切，這些服務並不是一個人對另

一個人該盡的，而是對奴隸或對主人該盡的。封建制度激發了對某些人所受痛苦的熱烈同情，然而卻絲毫不是對人類痛苦的同情。它們所灌輸到風俗裡去的是慷慨俠義而不是溫和，它們雖曾使人作出偉大的自我犧牲行為，但是並未產生真正的同情，因為只有彼此相同的人之間才能有真正的同情；而在貴族政治時代，人只承認同一階級的人和他們自己一樣。

中古時代寫編年史的人都是因為出身或教育的關係而屬於貴族階級，在敘述一個貴族的慘死時，充滿了悲慟；可是對老百姓遭受屠殺或受酷刑的事則輕淡描寫無動於衷。這並不是他們對普通一般老百姓在習慣上仇恨或是故意蔑視；當時社會上各階級之間猶未宣戰，驅使他們採取這種態度純粹是直覺而不是愛憎；因為他們對於窮人的痛苦還沒有清楚的概念，所以對窮人的命運也就漠不關心。

只要封建關係一斷，下層階級的人便對貴族也有同樣的感覺。在充滿奴隸和臣屬為主子犧牲的英雄事蹟之同一時代，也不時有低賤階級對上層階級橫施暴行的污點。

我們切莫以為這種互不體諒的現象完全是因為沒有公眾秩序和教育；因為幾世紀時雖然仍是貴族政治時代，但是情況已經寧靜，思想已經開明，可是這種現象仍然殘存。

1675年，布勒塔尼省的下層階級因為反對新賦稅而紛紛造反，結果被當局嚴酷無比地敉平，從當時極有文名的賽文尼侯爵夫人寫給女兒的一封信裡，便可以看出她對這件事的口氣。

我的愛女：你從艾克斯寫來的信很有趣。至要先把信重看一遍然後才發出去；你會對你自己在信裡所寫的那許多傻話感覺驚奇，可是對你不嫌麻煩寫了這麼多話所得的樂趣會引以慰。你已經遍吻普羅旺斯所有的人了，是不是？不過除非愛聞酒香，就是吻遍了整個布勒塔尼的人也得不到滿足……你要聽勒恩的消息嗎？對老百姓徵收 10 萬枚銀幣一宗稅；要是不在 24 小時內交出，數額便提高一倍，而且由兵士們去徵收。他們已把一條大街上房子裡所住的人統統趕出去，而且不准任何人收容他們，違者處死；所以可以看見那些可憐蟲──老翁、孕婦以及孩子們──東轉西轉，離開此城時號咷大哭，不知到什麼地方去好，既沒東西吃又沒地方棲身。前天一個琴師因為籌辦一個舞會並且偷了蓋過印的紙，被綁在車輪上分身裂骨而死。屍體被斬為四塊，四肢分別放在城的四角示眾。60 個老百姓被關進監獄，懲罰明天開始。本省為其他省份樹立一個

良好榜樣，教訓老百姓最應該尊重總督和他們的妻子，永遠不得把石頭扔到他們的花園裡去。

昨天，天色甚美，德塔朗夫人到此間荒野來探訪，當然談不到給她預備下榻之地和茶點招待；她是從大門進來的，也從原路辭去……

1675 年 10 月 30 日自奧・羅徹發

她在另一封信裡又補充了一些：

你很愉快地談論我們的苦難，可是我們現在目睹處死慘狀所受的磨折，不像以前那麼厲害了；每星期為了震懾老百姓起見，只殺一個人。處絞一個人現在對我真已經成為一種具有冷靜效用的消遣。自從到了這一帶後，我對於正義的見解已經完變了。你的船奴在我看來，似乎是退出塵世以享受安靜生活的一批好人。

要是以為寫出這些話的賽文尼夫人是個自私或是殘忍的人，那就錯了；她熱愛子女，同情朋友的傷心遭遇毫不猶豫；不，她的信表現出她對她的臣屬及僕人十分仁慈寬大。可是她對於沒有身分的人所受的磨折卻沒有清楚的認識。

在我們這時代，即使最殘暴的人寫信給他所認識的最麻木不仁的人時，也不敢以上述那種嘻嘻哈哈的口吻講殘忍的事；而且即使他放縱自己這麼做，社會上一般人的規矩卻不准他這麼做。這種情況是怎樣產生的？是我們比我們的前輩更有感情嗎？這點我不知道，不過我可以斷言我們的感情已擴展到更多的事物上去。

當社會上所有的人地位近乎平等，思想與感覺近乎相同，每個人便可以在片刻之間判斷所有其他的人的感覺；他只消對他自己稍微省察一下就好了，他隨時可以感覺到任何人的悲慘情形，一種秘密直覺使他能夠洞識這種悲慘情形可憐到什麼地步。這種直覺並不使他感覺受苦受難的是陌生人或是他的仇敵；他會幻想到如同身受；一種親切的感覺和他的憐憫之心摻合在一起，在別人身受苦難時，他自己也飽嘗其苦。

在民主時代，人們很少為他人犧牲，可是他們表示出一般人的同情，他們決不使人白白受到無謂痛苦，而且只要對自己沒有大的損害，他們也樂於解除他人的痛苦；他們並不是漠不關心。他們有人情味。

　　雖然從某種意識來說，美國人已把自私化為一種社會哲理，但是他們極易有憐憫之心，刑事罪可處分之輕要以美國為最。在英國似欲小心翼翼地在他們的刑事立法裡保持中古時代的殘酷作風時，美國人差不多已在刑事上廢除死刑。我想北美是近50年來無人犯政治罪的唯一地方。

　　從美國人對待奴隸的方式，便可以確實看出他們的特別溫和態度，主要是因為社會地位之平等而產生的。就黑人物質地位的優渥而言，歐洲在新世界的殖民地沒有一個比得上美國，但是黑人連在美國也仍然忍受可怕的痛苦，經常受到非常殘忍的懲罰。我們可以很容易察覺這些可憐人的命運並沒有感動他們主人的憐憫之心，這些主人認為買賣奴隸不僅是對他們有利可圖的一種制度，而且是並不影響到他們本身的一種罪惡。是以同一個人對和他地位平等的人極為仁愛，但是地位的平等一旦不存在，他便不再感覺到他們的痛苦，是以他的溫和態度是地位的平等所造成的，而不是文明與教育所造成的。

　　我這些關於個人的話，在一定的範圍內也可以應用到國家上去。每個國家一旦有了它獨特的意見、信仰、法律和風俗，它便自認是整個人類，只感覺到它自己的悲哀，對別的國家則絲毫無動於衷。要是兩個國家都受這種情緒激動而相殘，那麼戰況一定十分殘酷。

　　羅馬在它文化最燦爛時鮮把敵軍將領拖在戰車後面以炫耀勝利，然後才把他們殺掉；他們把囚犯投向競技場中的獸群裡以取娛民眾。西塞祿對一個羅馬公民之被釘在十字架上激烈抨擊，但是對勝利時處罰敵軍將士的殘酷則隻字不提。它顯然認為一個野蠻人和一個羅馬人並不同屬於一個人類。

　　反過來說，一般國家如果在比例上越相似，彼此也就有更大的同情，法律也隨之放寬。

第二章
民主怎樣使美國人平易近人

民主並不使人與人的關係十分密切，但是使他們在日常生活裡容易相處。

如果兩個英國人在異鄉相遇，四周圍都是異邦人，其語言習俗他們差不多完全不懂，他們將首先互相瞪望，心裡既好奇又暗自不安；然後掉頭各自東西。要是其中一人招呼另一個人，他倆談起話來也是故意裝得很拘束，而且心不在焉，所談的只是些極不相干的瑣碎小事。可是這兩個人彼此都沒有敵意，他倆從沒見過面，彼此都認為對方是個體面人；既然如此，那他們為何又那麼拘謹地保持距離呢？我們如要明白這一點，必須先談一談英國。

當人只靠生在何等人家而不靠錢來確定地位的時候，人人都知道他們在社會裡的地位；他既不想往上爬也不怕墮落，在這樣的一個社會裡，各階級的人彼此很少來往；如果有任何意外事件發生使他們相遇，那他們便可以放心談話而不怕失去他們本身的地位，他們的接觸並不是因為地位平等而產生的，但是並不拘束。

要是一個以財富為主的貴族社會替代了一個講出身的貴族社會，情形便又不同了。有些人仍有極大特權，但是人人也都有獲得那些特權的可能性；於是有特權的人便經常提心吊膽，唯恐喪失特權或有他人分享特權，猶未獲得特權的人則渴想以任何代價取得特權，或是在得不到時，至少裝作擁有特權，這一點並不是不可能的。

人的社會重要性一旦不再由血統顯明且永久地決定，而是因為財富的關係互不相同時，階級仍然存在，但是乍看之下便不容易分辨出他們都是屬於什麼階級。社會上起了秘密衝突；一批人千方百計要進入或是表面上看來似乎進入身分比他們高的那一批人的圈子裡去；另一批人則經常挺身而起抵制篡奪他們權利的人；說起來實在是一個人在兩方面作戰，一方面設法繼續投入身分更高的圈子，另一方面永遠防禦在他底下的人往上鑽。

英國當前的情況便是如此，而我認為上面論到的古怪現象主要便是

這個原因所造成的，英國人仍然講究貴族那一套，而貴族的界限劃定得並不清楚，因此人人都戰戰兢兢，生怕被人利用，一個英國人因為一下子不能判斷他所遇見的人的社會地位，於是便很謹慎地避免和他們接觸。人們都怕因為受了他人一點小惠而結交上不妥當的友誼；他們非常怕人對他們多禮，而且既不要受陌生人那種種稱謝的感激，也避免他的仇恨。

許多人認為英國人的這些不願與人往來的奇怪習氣與冷漠寡言的態度，完全是天生的。我也許承認他們的種族有這些氣質，但是大部分是他們的社會地位所造成的。這一點，只要把他們和美國人對照一下便可得到證明。

在美國，從沒有因為出身而有特權這種事，財富並不使它們的持有人有任何特權，互不相識的人儘可隨意到相同的地方去，自由交談時既無危險也無可資利用的好處，要是他們邂逅相遇，既不主動和人攀談也不避免和人交談；他們的態度因此是自由的、坦白的而且開朗的；容易看出他們既不想從他人那裡聽到些什麼，也不想掩飾或表露他們的地位，如果他們的態度常常冷淡嚴肅，然而從來不高傲拘束，而且如果他們不和人交談，那是他們當時的心情不想講話，而不是因為他們認為不開口對他們有利。

在異邦時，兩個美國人馬上便成為朋友，只因為他們都是美國人，因為沒有成見所以他們不會互相退避三舍，因為彼此是同胞所以他們一見如故，對兩個英國人來說，只是同種卻不夠；他們還必須同是一個階級才能合得來，美國人和德國人都知道英國人這種不願與人來往的心情，一點也不引以為奇。可是美國人和英國人在血統、宗教、語言和一部分風俗習慣上是有連帶關係的；唯一差別只是彼此的社會情況不同，因此我們可以推斷造成使國人冷淡的主因是他們的國家組織，而不是他們自己。

第三章

美國人何以在本國並不像
在歐洲那麼神經過敏

美國人的脾氣是有報復心的，所有嚴肅而善於熟慮的民族也都是如此，他們簡直從來不忘自己身受的冒犯和欺凌，可是要冒犯和欺凌他們也不容易，他們的怒火爆發得固然緩慢，消失得也很慢。

在貴族執政的社會裡，一切事務都由少數人管理，人與人之間的公開往來有既定的常規。每個人都認爲他知道他應該表露的尊重和謙卑的分寸，而且假定人人都是知禮的。社會上最高階級的習慣後來便成爲所有其他階級的典範；此外每個階級又都訂立下它自己的一套規矩，凡是屬於各階級的人都必須遵守這套規矩。周而守禮的規矩便成爲一套十分複雜的繁文褥節，很難精通，但是誰要稍微越軌便有危險；所以人們經常有無意之間使人受到或是自己身受莫大侮辱的危險。

不過階級之分一旦消除，教育程度與出身不同的人在同一個娛樂場所相遇或是混在一起時，那簡直便不能議定關於良好教養的規則。因爲法則既不明確，不遵守它們便不是罪，就是知道這些法規的人也認爲如此。人們重視意向過於形式，他們變得禮貌稍遜，可是同時也比較不容易反目。

有許多小殷勤美國人並不在乎；他想他不應該得到這些小殷勤，或則以爲不知道應該得到這些小殷勤。所以他或者不引以爲件，或加以原諒，他的舉止變得較爲不拘禮，他的性格則更爲直率，更豪邁。

美國人互相表現的放縱不羈與相信不疑，也是我在前一章裡已經講過的另一種更深刻、更概括的原因造成的。在美國，民間社會階級分別不大，在政治社會則更沒有分別，因此美國人並不認爲必須特別注意任何同國公民，也不需要他們對他如此。他認爲渴求與同胞往來對他並沒有什麼好處，所以他很慢才會想到人家也不想跟他來往。他並不因爲身分而輕視任何人，所以他也想不到任何人會因爲這一點而鄙視他，在他沒覺察別人對他的侮辱以前，他並不認爲人家存心如此。美國的社會情況使他們自然對得罪他們的小事，慣於不以爲忤，非但如此，他們而且

把這種溫和性格灌輸到民族性裡去。

　　美國的政治制度使各階層的人經常接觸，並且迫使他們協力齊心進行偉大事業。進行這種事業時，人們簡直無暇去注意繁文縟節，而且他們因為過於注意和睦相處所以不屑拘禮。這樣他們不久即養成習慣，認為他們所遭遇的人的感情與見解比他們的性命重要，他們不屑對瑣碎小事引以為忤。

　　我在美國常常注意到頗不容易使一個人明瞭人家不想多和他攀談下去，就是給他暗示也不大容易把他打發掉。有一個美國人每說一句話，我必加以反駁，以表示他的談話使我厭倦；可是他立即滔滔不絕竭力以新的論調來說服我；我於是堅決不出聲，可是他卻以為我在沉思他話裡面的道理；最後我只好拔腳一溜了之，而他還以為我因為有要事所以必須離去。除非我坦白告訴他，這個人永遠不會明白我對他已經膩煩得要死，擺脫他唯一的辦法就是使他恨我一輩子。

　　同一個人到了歐洲之後忽然變得如此敏感，如此吹毛求疵，使我竟發現避免得罪他，就和在美國使他不高興同樣的難。這一點乍看起來似乎很奇怪，其實這兩種全然相反的影響是同一個原因所造成的，民主制度通常使人覺得他們的國家和他們自己了不起。一個美國人得意洋洋地出國；到了歐洲之後，他立刻發現我們對於美國和它偉大的人民並不像他所想像的那麼重視，他於是開始煩惱。他已經聽說社會地位在我們這裡並不平等，現在又親眼看見在歐洲國家裡階級殘跡並未全消，財富和出身仍然有些含糊的特權，雖然說不清楚，可是他不能不注意。所以他便真不知道，他在這雖然已經半毀但是仍然相當分明的階級社會裡，到底應該佔什麼地位，這殘存的階級社會使人互相仇恨鄙視同時卻又頗為相似，他永遠莫測高深。他怕把自己列得太高，可是更怕被人列得太低，這種雙重危險經常在他腦子裡作祟，使他一言一語、一舉一動都顯得忸怩。

　　傳統告訴他歐洲禮儀由於階級之分極有講究，這種古老作風使他就此完全如墜五里霧中。他更怕得不到他應該得到的尊敬，因為他並不清楚這種尊敬的象徵是什麼。他就像被陷阱圍繞著的一個人，交際對他來說不是個足以娛身心的活動，而是一樁極嚴重吃力的工作：他要權衡你最無謂的一舉一動，審視你的神情，仔細推敲你的話，看看裡面是否暗含著侮辱之意。我真懷疑從來可有過像他那樣非常在乎教養而出身很好的鄉愿；他力求一絲不苟地遵守繁文縟節，而且也不容人對他稍微馬

虎；他既顧慮這個、顧慮那個，同時又裝腔作勢；他希望做得恰當，但是又怕做得過分，而且因為他不很清楚其中的界限，他便保持一種高傲而又忸怩的冷淡神情。

可是情形還不只如此：人心還有一種奇怪癥結。一個美國人永遠講他自己國家怎麼好；他公開地誇耀他的國家，可是對自己這麼做暗自痛心，他想表示就他個人來說，他和他所吹噓的那些情況是不同的。沒有一個美國人不自稱他和最早移至殖民地那批人是有血統關係的；而就英國世家來說，我看美國人都是他們的後裔。一個美國富豪到了歐洲時，他所辦的第一件要事就是極盡奢侈之能事炫耀他的財富，他那麼怕人以為他是一個民主國家的簡樸平民，因此每每都千方百計地想出古里古怪的方法擺闊，他永遠住在全城最高貴時髦的地區，永遠僕從如雲。我曾聽到一個美國人埋怨連在巴黎最尊貴的人家裡來往的人也良莠不齊，所表現出的愛好對他也不夠高尚，他甚至於暗示在他看來人的態度也不夠優雅；其實是他還不能適應，看不出這些毫不矯揉做作的外表所暗藏的風趣。

這些鮮明的對照我不應該引以為奇，要是貴族社會的階級區分在美國還沒有蕩然無存，美國人便不會如此幼稚，而且在國內如此容忍；他們便不需要藉重我們的禮儀，而且也不會那麼陶醉。

第四章
前三章所述一切的後果

人們對彼此的痛苦惻隱之心油生，合群且容易相處，不會因為敏感作祟而分離；有了這三個條件，我們馬上便可以假定他們在需要幫助時，會互相協助。一個美國人請他的同胞合作時很少會碰釘子；我常常見到見義勇為的善舉，而且充滿熱情。要是公路上發生意外，人人都飛奔過去協助那罹難者；要是有個人家突然橫遭巨禍，一個個陌生人立刻慷慨解囊，集腋成裘地踴躍輸將以協助解救他們的困難。

在全球文明的國家裡，一個可憐人往往在人群中一個朋友都沒有，如同野人在荒野中的遭遇一樣。在美國可不是如此，美國人的態度永遠冷淡而且往往粗魯，可是很少有麻木不仁的表現，而且就是他們不熱心自動幫人忙，他們也從來不拒絕幫助人。

這和我前面論及個人主義時所講的話並不抵觸，這兩點不但不抵觸，而且我還能看出它們是互相協調的。地位的平等雖然使人感覺到他們的自立，可是也顯示出他們本身的軟弱；他們的確是自由，但是遭遇意外的威脅太大；他們不久便得到教訓，明白雖然他們並不是經常需要他人協助，然而，一定有一個時候非要他人協助不可。

在歐洲，我們經常看見職業相同的人永遠隨時互助；他們都可能受到相同的痛苦，光憑這一點就足以使他們明白必須設法互相保護，無論他們在其他方面心腸多麼硬，多麼自私。他們當中如有一個遇險，別人只要暫時稍微犧牲一下或是格外努力一番就可以挽救他時，他們一定會見義勇為。這並不是他們深深關切他的命運，因為他們的努力一證明無效，他們立刻便忘記他們的目標而各自散開去做他們自己的事；可是他們似乎有一種差不多不由自主的默契，每個人都有暫時援助別人的義務，如此他到了緊急時也可以有權要求別人幫助他。

如果把這些關於一個階級的話擴而大之應用到一個民族上去，你就會明白我的意思了。事實上，一個民主國家裡的所有公民之間也有相同的一個契約存在；他們都覺得他們自己有相同的弱點，相同的危險；他們的利益和他們的同情心使他們有在需要協助時互相協助的慣例。社會

地位越平等，人們也就更明顯地表現出這種互助的義務。在民主國家裡沒有人會給別人極大的恩惠，可是經常幫助人；每個人很少表現出爲人獻身自我犧牲的精神，可是所有的人都隨時準備互助。

第五章
民主怎樣影響主僕關係

曾在歐洲旅行良久的一個美國人對我說過：「英國人對待僕人態度之霸道刻板，使我們驚訝；可是法國人有時候對僕人之隨便客氣，也是我們所不能了解的。看上去就彷彿他們怕支使人似的；上下之分有欠明確。」這個評語說得很中肯，我自己也常常這麼說。我一向認為在我們這時代，世界上主僕關係最嚴謹的是英國，最鬆弛的是法國，我從沒見過主人的地位有如英、法兩國那樣懸殊的。美國則在這兩個極端的當中，表面上看起來確是如此；可是如要發現其中原因，便必須對這一點徹底加以檢討。

從古至今還沒有過地位平等到沒有貧富之分，從而也沒有主僕之分的社會，民主政治並不防止這兩種階級的存在，但是改變了兩者的性質，並且調整了兩者的關係。

在貴族政體國家裡僕人形成一個特殊階級，它的組織與主人階級並沒有什麼不同，不久便樹立了一個固定的秩序，分為若干顯明不同的等級，世世代代相傳下去，地位一直不變。這兩個階級一個在上一個在下，永遠不同，但是彼此的規律卻是類似的，貴族政制對僕人的觀念與態度的影響和對主人的同樣重大，雖然結果不同，然而可以很容易地追溯同出一個根源。

這兩個階級在一個國家當中各自形成一個小圈子，對於是非有永遠不變的一定見解，對人生種種行動保持不變的奇怪看法。在僕人和主人各自的圈子裡，人人都在推動彼此間的重大影響；他們承認成規，而且在法律範圍之外他們遵重輿論；他們的習尚已成型，他們的行為是有相當節制的。

命中注定受人指使的那些人，不了解他們主人對名望、道德、誠實及顏面的見解；可是他們對自尊心、德行和誠實自有一套和他們地位有關的觀念；他們也有一種觀念，我如果可以稱之為卑躬屈膝的自尊心。雖然這個階級是地位卑賤的，然而切不能以為這個階級裡的每個人都是小人；如果這麼想那將大錯。無論工作如何卑賤，可是其中出類拔萃而

且無意放棄這種地位的人依然高高在上，自命不凡[1]。

在貴族政體國家裡，有不少腦筋精明有魄力的人替大人物服務，他們絲毫不以他們的工作爲恥，而且絲毫不怕主人不高興。

但是低級僕人的情形則不同，我們可以想像最低級的僕人地位的確非常之低，法國人特別爲貴族的僕人創造了一個名詞，稱之爲奴才（Le laquis），奴才一詞是形容下賤得不能再下賤的人。在法國君主時代，如果用一句話來形容一個卑賤可鄙的人，通常是說他是個奴才化身；這句話把所有鄙視的意思都表達出來了。

地位之永遠不平等，不但使僕人有一定的奇特德性與惡習，而且也使他們和他們的主人有一種奇特關係，在貴族政制國家裡，窮人從小便習慣受人指揮；無論他朝哪邊看，他所見到的只是層次分明、階級森嚴的社會組織和服從。因此在那些國家裡，做主人的一下子不費吹灰之力便能得到僕人的迅速、徹底而且恭而敬之的服從，因爲他們不但是爲了他是主人，而且爲了整個主人階級而尊敬他，他以貴族的全體壓力壓倒他們的意志，他支配他們的行動；而且在一定的範圍之內，甚至於支配他們的思想。在貴族政制裡，做主人的往往對聽命於他的那些人的意見、習慣和態度，有異常大的影響，而他甚至於可能對這一點根本都沒察覺，他的影響比他的權威還要作用深遠。

在貴族社會裡不但僕人和主人的家庭都是世襲的，而且同一家僕人可能爲一個家庭服務數代之久（就像兩條既不相交又不分離的平行線一樣）；這樣情形使主僕兩個階級的相互關係起了很大的變化。是以在貴族社會裡主僕雖然天生沒有相像之處，雖然在財富、教育和見解方面有天壤之別，但是日而久之，歲月終於使他們之間產生一種牢不可破的關係；多年前的回憶成爲他們之間的連鎖，無論彼此所回憶的事如何相異，然而是同時累積起來的。在民主國家裡，主僕生來差不多相同，彼此永遠陌生。在貴族政制國家裡，主人把他的僕人視爲他自己的從屬，爲了自己的打算往往關心他們的命運。

至於做僕人的，也不反對他們自己採取這種看法；有時候且認爲他們自己和主人原是一體，所以他們就成了主人的附屬物，在他們自己和主人的眼裡都如此。在貴族社會裡，做僕人的身居一個他無從擺脫的下屬地位，在他上面是不能失去其上等階級地位的另一個人。一方面是默默無名、貧窮、一輩子聽人指使；另一方面是一輩子的富貴榮華、永遠指使人，這兩種情況永遠迥異也永遠相近，其中的聯繫是始終不斷的。

　　在這種境遇裡，做僕人的最後終於撇開個人的利害，彷彿是遺棄了自己，或者實在是他把自己投入他主人的身分裡，成為一個幻想中的人物。他心滿意足地讓指使他的那些人的財富反映到他身上去；他跟隨他們而得名，他因為他們的地位而身分提高，他學到了雍容氣派，而且對氣派的重視比真正有氣派的人尤為過之。這兩種不同的生活情況古怪地混合在一起，使人覺得既受感動又可笑，主人的愛憎一傳到僕人的心頭便自然而然縮小貶值，主人的自尊心變為僕人的無聊虛榮心與不足取的誇飾，大人物的僕人們對於主人應得的尊敬通常至為認真，他們對主人的一絲一毫特權比主人自己還要重視。在法國有時候還可以見到幾個這種貴族老僕，他們是碩果僅存的幾個，不久便將完全絕跡了。

　　在美國我從沒見過一個有點像他們的人，美國人不但不認識這種人，而且差不多不可能使他們明白真有過這種人，要他們去想像這種人就和我們想正確明瞭羅馬的奴隸或中古時代的農奴同樣的難，這些人事實上都是同一個原因產生的，不過程度各不相同而已；他們正隨著產生他們的社會情況逐漸從我們的視野中消逝。

　　地位的平等使主僕成為新的人，有新的相互關係。社會地位近乎平等時，人便經常變換他們的工作；雖然主僕兩個階級仍然存在，但是階級成員並不一定永遠是那些人，更不全是相同的家庭，指使人的地位也並不比受指使的更牢靠。僕人們既未形成一個單獨特殊階級，所以也沒有特殊的習慣、成見或舉止，他們的思想與感情也沒有特殊了不起的地方。他們不知道他們的處境有道義也有邪惡，可是他們和同時代的人有共同的教育、見解、感情、德行與惡習；他們也跟他們的主人一樣，有正人君子也有無賴。

　　僕人的地位並不見得沒有主人的那麼平等。他們之間既無顯著地位又沒有固定的下屬地位，所以顯示不出貴族政制的卑賤階級和其他貴族所專有的那種卑鄙與偉大。我在美國從沒見到一個人使我可以想到我們在歐洲仍未忘的那種忠僕；我也未遇見過一個奴才；關於忠僕與奴才的餘跡都已經沒有了。

　　在民主國家裡，僕人們不但彼此地位平等，而且在某種意識上可以說和他們的主人也平等。對這一點如果不加解釋便不能正確明瞭。一個僕人隨時都可以搖身一變而成為主人，而且他想升到這個地位，因此做僕人的和做主人的並非截然兩種人，要不是主僕雙方自由地暫時願意，為什麼做主人有指使之權而做僕人被迫要服從呢？主人與僕人並沒有優

劣之分；他們不過是共同約定暫時如此，在契約裡規定好一個做僕人，一個做主人；除了這種關係，他們是一國的兩個公民，兩個分立的人。

我請讀者特別注意這不但是僕人對自己的地位的看法，主人對僕人的看法也是如此，權威與服從的正確界限在雙方的腦子裡都同樣清楚。

當一個社會裡大部分人士已得到近乎相同的地位，平等正是人們早已公認的事實時，一向不受例外情形影響的公眾意志便把人的價值劃出一定界限，在這界限之上或之下，人變便不能長久保持他的地位；貧富懸殊，權威與服從的差別雖然意外地使兩個人之間有莫大差距；但是以通常一般事理為基礎的輿論把這兩個人引導到一個共同的水平上去，在他倆之間創造出一種假想的平等，雖然實際上地位並不平等，這種作用極大的意見甚至於滲透到本身利益驅使下可能拒絕承認的人的腦子裡去；它影響到他們的判斷，並且把他們的意志抑壓住了。

主僕彼此在內心裡也不再認為他們之間有任何根深蒂固的差別，他們既不希望也不怕隨時遭遇，因此他們既不會遭受輕視也不會動怒，彼此之間既不謙遜也不驕傲，做主人的認為他的權力全在於一張服務契約，僕人也同樣認為他們所以服從完全是因為那張契約，他們並不為彼此互相對待的情況而爭執，雙方都知道他自己的情況，而且這種情況繼續保持下去。

在法國陸軍裡，一個普通兵士差不多和軍官來自一個階級，而且可以擔當相同軍職；在軍隊之外，他便認為他和他的各級長官完全平等，事實上也確是如此；但是一旦拿起槍來他便毫不猶豫地服從命令，這種服從並不因為是自動的且規定得很清楚，便沒有強迫的那麼快速、有準備和敏捷，這個例子也許可以說明民主社會裡主僕關係的一二。

如果以為貴族制度的僕人有時對主人的那種根深蒂固的摯情或是捨身自我犧牲的行為，也能在民主社會裡的主僕之間產生，那就大錯特錯。在貴族政制國家裡，主僕不住在一起，而且往往只通過第三個人而發生接觸，可是他們通常合力齊心，互相協助。在民主國家裡，主僕住得很接近，天天都有直接接觸，可是他們的心靈不能交融；他們有共同的事務要料理，但是談不上什麼共同利益。

在這樣一個民族裡，僕人永遠認為他只是他主人家裡的暫時住客，他對於他們的祖先毫無所知，他也見不到他們的後裔；他對他們沒有長久的指望，所以他為什麼要使得他的生活和他們攪在一起，而且就算他這麼委曲了自己，前途又會怎麼樣？主僕兩人的地位改變了，彼此的關

係一定也改變了。

　　我以上所說的都是希望以一般美國人作爲例子；但是不能不把人和地方加以仔細分別，美國南方奴隸制度仍然存在，是以我所說的一切對南方不能適用。在北方僕人大都是已獲自由的人或他們的子孫；這些人在一般人的眼光裡地位猶不得而知，在法律上他們的地位已經提高和主人相同，但是按照全國習俗，他們卻被堅決地抑壓在主人底下。他們自己也不清楚他們的正確身分，所以幾乎不是傲慢無禮便是畏縮不前。

　　不過在北方各州，尤其是在新英格蘭，有若干人爲了工資而暫時服從身分相同的公民的指使。我聽說這些僕人通常很守時而且伶俐，並不認爲自己的地位比指使他們的人爲低，他們遵從主人的意旨而並不覺得不甘心。他們似乎在工作裡表現出獨立與平等所造成的那些有丈夫氣慨的習慣。他們一旦選定了辛苦的生活方式便不想用間接方法去逃避，他們因爲對他們自己有相當大的自尊心，所以不會讓主人得不到他們自由情願答應下來的服從；做主人的也只要僕人忠實恪守契約就行了，並不要僕人忠心耿耿地尊敬他們，愛他們；做僕人只消認眞誠實就夠了。

　　因此民主社會裡主僕關係無制度這句話是不對的，它是有制度的，不過基礎不同；這就是說規則雖然不同然而確有規則。

　　我不想去研究上面所敘述的新情況是否不及以前的，或是與以前的不同，我只說這種情況是固定的，明確的，因爲人與人之間最重要的並不是任何既定地位，而是秩序。

　　可是，在革命的混亂中已經奠立的平等，在社會上實行起來仍然遭受國家的成見與習俗抵制，對於那個悲哀的多事之秋，我又應該怎麼說呢？法律和部分輿論已經說出主僕之間沒有天生的永恆的上下之分。可是做主人的還沒有眞正承認這一點。換句話說，他心裡仍然反對；他仍暗自認爲他是屬於特殊的優越的一種人。他不敢把這種想法說出來，但是對於縱容自己被列爲和僕人平等的事，一想起來便不寒而慄。他對待僕人變得既怯懦又嚴酷；他已經不再對他們懷存高高在上者的寬仁心腸，這種心腸永遠只是大權絕對在握時產生的，使他奇怪不但他變了，他的僕人也變了。他要他的僕從在暫時的地位工作時形成有規律的長久習慣；他要他們看上去對那種遲早會放棄的低三下四的地位不但滿足，而且引以爲傲，而甚至爲既不能保護又不能毀滅他們的那個做主人的人犧牲；簡單說，就是要僕人永生永世替像他這樣的人做事，可是他的地位也不會比僕人存在得更久。

在貴族政制的國家裡，僕人往往並不因為他們的地位而降低他們的人格，因為他們既不知道又不能幻想其他任何地位；他們和他們的主人之間所呈現的那種驚人的不平等關係，似乎是上蒼的一些秘密法律的必要而且無從避免的後果。

在民主國家裡，僕人並不因為他們地位而降低他們的人格，因為這是他自由選擇的暫時性工作，不受輿論的詆毀，而且並不造成主僕之間永久的不平等關係。

可是當一種社會地位轉變到另一種的時候，人的腦子總是在貴族的壓服觀念與民主的服從觀念之間徘徊，後來在服從者眼睛裡，服從失去了它的道德重要性；他只感覺到它既不神聖也不公道，他是把它當作一種有失身分但是利益很多的地位。

在那時代，關於平等的一個混淆不清的概念正在僕人的腦子裡作祟，他們沒有立刻看清楚，他們有資格可以得到的平等，在僕從這一行工作的內外是否也存在。他們心裡反抗他們強迫自己表現的那種受人指使但是得到實際好處的工作。他們願意聽人使喚服務，並且帶著愧色服從主人的吩咐；他們喜歡做僕從的利益可是並不喜歡他們的主人；或者實在是他們還不清楚他們自己應不應該做主人，他們容易把指使他們的那個人看作不公正地篡奪他們的權利的人。

結果每個公民的住所裡便演出與政治社會裡某種不愉快的情況相似的一齣戲。種類互相敵對的人在進行一場秘密內戰。主人脾氣惡劣性情軟弱，僕人脾氣惡劣個性頑強；一個經常企圖以不公正的限制推諉掉他供給保護與酬勞的義務，另一個則要推諉掉他的服從義務。兩人互相爭奪家政大權。權威與壓迫、自由與放縱、權利與強權的分界線，在他們的眼睛裡那麼混淆，竟沒一個知道自己的身分，可能是什麼身分，應該是什麼身分。這種情況不是民主，卻是革命。

注　釋

【1】如果仔細檢討作為人的言行指針的主要見解，便可發現相似之處更為驚人，他們和封建民族中最高傲的世家子弟一樣，也對他們的出身自傲，也尊重他們的祖先和他們的子孫，而鄙視身分比他們低的人，而且怕和這些人接觸，好禮節、前例和古老事物。

第六章

民主制度和風氣怎樣傾向
提高租金而縮短租期

關於主僕的那些話，在一定範圍之內也可以應用到地主與佃戶身上去，不過這個題目值得單獨討論。

在美洲，嚴格地來說，並沒有佃戶；人人所種的地都是他自己的。不過我們必須承認民主國家的法律易使地主的數目增加，佃戶則減少，一如美國當前的情況所受環境的影響遠大於制度，當然在美洲土地便宜，人人都可以輕而易舉地變成地主，不過土地方面的進益不大，它的產品不足以分配給地主和農民。是以美國在這方面和其他許多方面是獨特的，不能以它為例證。

我相信在民主和貴族政制國家裡都會繼續有地主與佃戶，但是它們之間的關係將是另一種，在貴族政制國家，租一塊農田不但要給地主租金，而且要對他尊重、關懷並且盡責任；在民主國家裡一切只消付現錢就行了，地皮一旦分割，並且輾轉易手，家庭與土地之間的永久關係便消失了，地主與佃戶也只不過湊巧偶爾發生接觸而已。他們為了解決契約上的條件而相遇，嗣後便不再見面，他們是兩個陌生人因為共同利益關係而聚合在一在，很精明地討論一件交易，目的純在賺錢。

隨著全國各地地產一再劃分和財富的分配，社會上家道中落和慾壑難填的暴發戶們也就按照比例增加，對這些人來說，那怕是賺一點錢也是件大事，沒人想放棄他們的應得權利或是他們的一部分收入。

各階級混合在一起之後，巨富赤貧都比較少了，地主的社會地位一天天和農夫接近；兩人之間沒有一個比另一個天生絕對優越；在地位平等可是環境不能使他們優哉游哉的兩個人之間，簽訂租約完全是一件關於錢的事。

產業遍及全區，有上好農莊百座的一個人，深知道同時受成千上萬人愛戴的重要。這個目標似乎需要他努力一番，他為了要做到這一點隨時都情願作出重大犧牲，然而只有100畝地的人可不會有同樣的考慮，他對於博得佃戶個人的好感並不在乎。

　　貴族社會並不像一個人似的在一天之內便死掉；它的原則在人的意見裡逐漸遭受破壞，後來又受法律攻擊。遠在對貴族公開宣戰以前，使上下階級打成一片的聯繫便已經逐漸鬆弛，一個階級表現出冷淡鄙視，其他階級則表現出妒嫉仇恨。貧富之接觸不但越來越多，而且也越來越不和善，租金也跟著上升。這並不是一場民主革命的後果，而絕對是它的先聲。失去人民的感情就彷彿一棵根部已死的樹似的，枝幹越往高處長越容易折斷。

　　近50年來，田租上漲得委實驚人，不但在法國如此，在歐洲大部分也是如此。農業和工業在同時內雖然有了不起的進展，但是我認為並不足以解釋地租上漲的事實；一定要訴諸另一個作用更大但是比較晦澀的原因。我相信那原因在幾個歐洲國家已經採用的民主制度裡，和騷動歐洲其他國家的民主激情裡，定可發現。

　　我常常聽到英國大地主自慶他們目前所收的地租比他們父親多得多，這也許是個值得歡喜的好理由，但是他們絲毫不知道他們高興的是什麼，他們以為他們賺了錢，可是實際上那只是一種交換；他們收下現款卻斷送掉權勢，他們在金錢方面所得的收穫，不久便要在權力方面喪失掉。

　　還有一個跡象使人很容易知道一個民主大革命是否在進行，或是即將來臨。在中古時代所有土地差不多都是終生或是長期出租的；那時候的家庭經濟顯示出，當時為期99年的租約，要比現在的12年租約還要普遍。當時的人相信家庭是永存不滅的；人的情況似乎永遠固不變，整個社會也似乎那麼穩定，決不會發生任何騷動或是動搖。在平等時代人的思想變了，一般人現在都認為沒有事物是保留得住的，人為事物易變的念頭所崇。因為有這種印象，所以地主和佃戶便直覺地不喜歡擔負長期義務，他們怕今日使他們得利的租約，明天便把他們束縛住。他們不相信他自己；他們怕他們的準則一旦改變，那麼便可能難以擺脫他們過去一直垂涎著的東西。他們懷有這種恐懼確實有其理由，因為在民主時代一切不穩定的事物裡，最不穩定的就是人心。

第七章
民主對工資的影響

我所講的關於主僕的話，大部分也可以應用到僱主和工人身上去。人們一旦不大注重社會階級的分明，而且淪落與上進、貧與富都不是世襲的以後，僱主與工人間在實際上和意見上本來宛如鴻溝的距離，也逐漸縮短。工人們對他們的權利、前途和他自己，都覺得越來越了不起，他滿腹新野心與新慾望，總是有新的需要。他時時刻刻都垂涎於僱主的利潤，為了分享一杯羹起見，他爭取提高工資，通常他總是達到目的。

在民主國家和別的地方一樣，生產工業大都是由在財富與教育方面比他們所僱用的人稍高一級的人，用低微成本來經營的。這些工業投機者非常之多；他們的利益各自不同，因此他們不能輕易戮力齊心共同合作。另一方面，工人們總是有一些絕對有把握的辦法，使他們在得不到他們認為公正的工資時拒絕工作，在這兩種階級之間經常進行的工資鬥爭，彼此勢均力敵，互有勝負。

很可能到了最後工人階級的利益全佔上風，因為他們已經得到很高的工資，使他們對僱主的依賴一天比一天小，而且在他們越來越獨立時，他們有爭取進一步提高工資的更大便利。

我將以目前在法國，而且差不多在全球所有國家裡，最普遍的一種生產——耕種——作為例子。在法國，替人家種地的人，自己也有些田地剛夠他們自己不必為別人工作而糊口，這些人向附近的地主或是農夫兜攬工作時，如果對方出價太低，他們便回到自己的地土上去等另外的機會。

我想，整個來說，可以說工資的逐漸提高是民主社會的法則之一。社會地位越平等，工資便越提高；工資越提高，社會地位便越平等。

但是在我們這一代就出現了十分不幸的一種例外情況。我在前面一章已經指出，貴族被攆出政治社會之後便置身於某些生產工業，在另一種形式下再度發揮勢力，這種情形對工資的行市有很大影響。

從事我所說的大規模生產投機需要浩大資本，因此從事這種活動的人極為有限，而且因為他們人數很少，他們便很容易地共同一致隨意訂

定工資。

　　另一方面工人數目極多，而且永遠不斷增加；有時候生意異常興隆，工資也就特別高，四周左近的人都被吸引到工廠去。可是我們前面已經說過，人們一旦幹起這種工作便不能把它擺脫掉，因為不久他們的身心便都染上習慣，不能再做其他的工作。這些人通常只受過一點教育，而且工作並不勤奮，沒有應變的謀生能力；因此他們差不多完全受僱主的擺佈。

　　競爭或是其他意料不到的情況，一旦把利潤減低了，僱主便差不多可以恣意減低工資，從工人身上補償他在商業方面所受的損失。要是工人罷工，做僱主的因為有錢，可以悠然等待而不致於破產，直至等到工人不得不恢復工作而後已；工人們如不每天工作便會餓死，因為他們唯一的資產就是他們的雙手。他們久已因為受壓迫而十分貧窮，可是越窮也許就越容易受壓迫；他們永遠逃不出這互為因果的致命圈套。

　　因此，這樣的情形並非意外：工資在某種工業部門突然上升，以後便永遠往下降；而其他行業的工資經常難得增加，卻總是加得很多。

　　我們這一代的生產業居民的這種依賴和可憐相，構成一種例外，與社會上其他所有人的情況都相反；可是正為了這個道理，沒有其他任何情況對立法者更重要，更值得注意；因為整個社會在變動的時候，任何一個階級都難以保持不變，而且當許多人開闢新的生財路線時，少數人也同樣難以和平地滿足他們的所需與所欲。

第八章
民主對家庭的影響

我剛檢討過民主國家,尤其是美國,其平等狀況對社會上幾種成員彼此關係的影響。現在我將更深入地鑽研更密切的家庭聯繫;我的目標不是尋求真理,而是顯示出已知的事實和我所研究的這一點有何關係。

人人都說,在我們這時代一個家庭裡的某些成員,其相互關係和以前完全不同;父子間的距離已經縮短,父親的權威即使沒消滅,至少也已經減少。

在美國可以看到相彷但是更觸目的情況。那邊沒有符合羅馬及貴族意識的家庭。這種意識僅稍有殘存在童年初期,那時候父親在家庭裡絕對的權威,這種權威是因為孩子們弱小所必需的,也是做父親的那種無可爭辯的優越感所應當有的。可是美國青年一近成年,他那種對父母孝順的約束便漸漸鬆弛了,先是在思想上自己主張,不久便行動自主。在美國嚴格地來說,並沒有青春期,少年時代一完便是個成人,闖他自己的天下。

這並不是說在這以前先發生過一場家庭糾紛,做兒子的用違反道德的辦法取得了他父親拒絕給他的自由。驅使一個人堅持他的獨立的相同習慣與原則,自然也使另一個人認為運用這種獨立是一種無可爭辯的權利。做兒子的並不表現出像一般人擺脫傳統權威很久以後,仍然難消的仇恨與激憤;做父親的也不覺得在喪失權威之後應有慍怒。那父親早就看他的權威有限,時機一到,他便不掙扎而放棄權威;那兒子一向期待自己做主的日子來臨,既不鹵莽又不吃力地獲得自由,使自由成為他的所有物,沒人蓄意褫奪[1]。

試述家庭關係的這些改變如何與我們眼前即將完成的社會及政治革命密切關連,或許有用。

某些偉大的社會原則,一國家人民或則在處處倡行之,或則在任何地方不能容忍它。在階級分明的貴族政制國家裡,政府從不直接向它統治下的人民呼籲;因為國人是上下團結一致的,所以只要高高在上的領導就行了;其餘的一定會追隨。不但是一切有元首的貴族政制國家如

此，就是有一家之長的所有家庭也如此。在貴族政制國家裡，社會制度實際上只承認身為一家之長的父親；子女都是因為父親而為社會所接受的；社會管束他，他管束子女。是以做父親的不僅有天生的而且有政治的權利管教子女；他不但是他的家庭的創建者兼砥柱，而且也是它的法制統治者。

在民主國家裡，政府把民眾中的每個人單獨看待，要他們遵從社會一般法律，不需要父親那樣的中間人；在法律上看來，做父親的只是社會的一分子，比他的兒子年紀大些，錢多些而已。

當生活情況大都極不平等，而且這些不平等又是永久性的時候，人們在幻想中便產生出一個上級人物的觀念，即使法律不給他特權，風俗習慣及民意也會給他。反過來說，當人們彼此無大差別，而且生活情況並非永遠不同時，關於上級人物的觀念便沖淡了，就是法律硬派一個忠實代表來發號施令也沒有用；時代的風氣使這兩個人日益相近，趨向同等地位。

貴族政制國家的立法雖然沒賦予家長以特權，可是我仍深信他們的權力比在民主國家裡更受尊重，更廣泛；因為我知道無論法律是怎樣的，上級人物在貴族政制國家裡總是比在民主國家裡顯得更高，下級人物則顯得更低。

人一旦在生活上緬懷既往的成分比注意現實的成分還要大，而且對祖先的想法比對自己的想法還要重視，父親便成為溝通過去與現在之天然且必需的紐帶與環節。是以在貴族政制國家裡，做父親的不但是一家之主，而且也是家庭傳統的執行人，習俗的闡述者，禮儀的制定者。他說話時，人們都恭敬地聽，對他說話時態度也十分尊敬，對他的愛永遠含有幾分敬畏。

社會情況一旦民主化，人們都認為對一切事物自加判斷是他們的通則，不把以前的觀念當作信條，而只供參考，父親的意見與法律權力對他兒子的作用便減少了。

使父子關係改變的最大原因，或許是民主制度所造成的分家產。如果做父親的產業不多，父子始終同住在一起，操同樣的職業；習慣和非此不可的環境把他們聯合在一起，不得不經常交談。結果便產生一種不拘形式的親切，使權威的絕對性減低，而且與表面上的尊敬迥然不同。

如今在民主國家裡，倡導社會原則並領導社會風氣的正是小康階級。這個階級使它的意見和意旨壓倒一切，甚至於最想抗拒的人到了最

後也跟著它的榜樣走了。我知道一些激烈反對民主的人，容縱他們的子女用極其隨便的平等口吻對他們說話。

　　隨著貴族權勢的凋零，父母那種嚴格的、因襲的、合法的權威也沒有了，圍繞著壁爐的是一種平等的氣氛。我不知道，整個地來說社會是否因為這種變化而受到損失，但我卻認為從個人的角度來說，對人人都有好處的。我認為風氣與法律越民主，父子的關係也更親熱，不再像以前那樣講究規矩和權威，而往往更互相信任，骨肉之情也更深，似乎社會的約束越鬆弛，天性上的約束卻更接近。

　　在一個民主家庭裡，父親所能運用的權力，只有感情和閱歷做後盾；他發出的命令可能無人遵從，可是他的忠言大部分確是權威性的。雖然兒子們對他並不是必恭必敬，可是至少信任他；他們和他交談沒有一套固定的形式，但是經常請教他。家長與統治者的身分已經沒有了，可是父親的身分仍在。

　　判斷兩種社會在這方面的差別，只要看一看貴族統治時代的家信就知道了。格式永遠正確、古板、生硬，而且在冰冷冷的文字間感覺不到一點溫情。相反地說，在民主國裡一個兒子寫給父親的信，永遠是那麼隨便、親密，一看之下就知道家庭裡已經產生新的關係。

　　孩童間的相互關係也有相同的變化，在貴族家庭和貴族社會裡，人人的地位早就預先劃好，不但做父親的另成一級，享有廣泛特權，連孩子之間地位也不平等，每個孩子的年紀與性別就決定了他的地位和一定的特權，不容更改。民主制度把這些差別大都廢除了，或是縮減了。

　　在貴族家庭裡長子承襲大部分家產和差不多所有權利，不但成為手足間的首腦，而且在一定的範圍之內也是他們的主子；他變成尊貴顯赫，他們則庸庸碌碌，永遠仰賴於人。可是在貴族政制國家裡長子的特權並不只是對他個人有好處的，要是如此，便必然引起妒嫉與憤恨。長子通常都竭力替他的手足爭取名利，因為整個家族的顯赫，一定反映到這家族的代表身上去；做弟弟的反過來也個個都竭立協助長兄所進行的事業，因為家長的顯赫更能扶掖家族的各支。是以一個貴族家庭成員十分密切地被約束在一起，他們的利益也是相互有關的，他們的思想也一致，可是他們很少是心和的。

　　民主也把弟兄們約束在一起，可是方式卻迥異。按照民主國家的法律，所有孩子一律平等，因此沒有什麼迫使他們團結一致，也沒有什麼使他們分散；因為他們血統相同，同在一個國家裡教養長大，沒有任何

特權顯出他們地位的不同，或是把他們分開。從小一起相親無猜地長大所形成的感情，很容易油然而生。不大會有什麼事發生能打破童年所形成的感情聯繫，因為他們是兄弟，所以整天在一起，毫不覺得拘泥。在民主制度裡把兄弟們聯合起來的因素並不是利害關係，而是生活在一起意見投合，興趣相同，它雖然使他們分家析產，但是讓他們的心靈與思想團結起來。

民主風氣因為有這種魅力，所以連偏袒貴族制度的人也受它吸引，而且在體驗若干時日之後，便不大再想遵守貴族家庭那種恭而且敬，十分刻板的規矩。要是他們可以撇開民主的社會情況和法律，他們倒願意保留民主社會裡的家庭習慣，可是這些要素是聯合在一起無從分解的，如不忍受民主的社會情況與法律，便不能享受民主的家庭習慣。

我對孝悌的見解，對人性所自動發生的其他愛憎也適用。

如果一種想法或是一種感覺是由某種特殊生活情況產生的，情況如果一變，那種想法與感覺也就沒有了。因此一條法律可能把社會上的兩個成員非常密切地約束在一起；但是法律一廢除，兩人立即分開。在封建制度裡主僕關係最為嚴格；如今兩人且互不相識；這種關係所含帶的畏懼、感激和感情，都已經蕩然無存，一點關係也沒有了。

人類天生的感情可不如此容易消滅，即使制定法律試圖駕馭這種感情，它們反而撼搖法律；另一方面，要是試圖使它們更強烈，反而會使他們失去原來的力量，因為他們只有在不受干擾時最強烈。

民主制度把使人無從立即贊同新社會法則的陳舊常規差不多一掃而光，或則使它們失去作用，而且消除這些常規所產生的大部分感情，而把其餘的只稍加改變，使它們常常會有前所未有的那麼積極與溫和。

也許我們可以把本章和以前幾章的全部意旨縮短成一句話，這就是，民主放鬆了社會關係，但是抽緊了自然關係，它使類似的人更為密切地團結，使個個公民比以前更分散。

注　釋

【1】　父母的權威的主要成分之一，就是死時處理他們財產的權力，在法國已經把這個權力褫奪掉，可是美國還沒有認為這麼做是妥當的。在美國，遺囑人的權力是沒有限制的。

　　這方面差不多和其他各方面一樣，容易察覺如果美國的政治立法比法國民主得多，那麼法國的民事立法便比美國的民主得多。這一點很容易解釋。法國的民事立法者立法時，他認爲應該滿足和他同代的人的民主情緒，只要與他自己的權力一時沒有直接衝突。他願意讓一些通行的原則來管制財產的分配與家族行政，只要這些原則不應用到公共行政上去。法國的民法雖然覆沒於民主狂潮裡，可是他希望能在政治制度後面得到一個暫時的保障。這種政策既狡猾又自私，可是這種妥協是不能持久的，因爲到了最後政治制度總是成爲公民社會的形象與表現，從這種意識方面說來，一個國家的民事立法的政治性比什麼都濃厚。

第九章
美國年輕女子的教育

　　沒有一個自由社會沒有它的風氣，就像我在本書上卷所提，社會風氣是女性一手創造的。是以凡是影響女性的地位、習慣和意見的事物，在我看來都有政治重要性。

　　在差不多所有新教國家裡，年輕女性的行動自由要比在天主教國家裡大得多。在像英國那種保有或是獲得自治權利的新教國家裡，女子的獨立性更大；自由經由政治習俗及宗教信念灌輸到家庭裡去。在美國，新教教義和政治自由及最民主的社會情況打成一片，因此沒有別的地方像美國年輕女性那麼早便完全自己作主的。

　　一個美國少女早在結婚年齡之前便開始不受母親管教；她簡直還是孩子時便已經有自己的想法，隨便說話，想做什麼就做什麼。她經常見到人生百態；不但不設法使她見不到，反而一天一天向她顯露得更清楚，教她堅定鎮靜去正視。因此社會的邪惡與危險她早就看到，而且因為她很清楚地看到，她看的時候，便毫無錯覺幻想，一點也不害怕，因為她完全相信她自己的力量，她四周圍的人似乎也認為如此。

　　美國少女很少表現出青春慾念中所含帶的那種處女的溫柔，或者是歐洲女子含苞未放時通常流露出的天眞無邪的柔美。美國女子無論年歲大小，很少流露出孩子氣的怯懦無知，她和歐洲青年女性一樣想取悅於人，但是她對於取悅於人的代價可知道得清清楚楚。即使她不投身於邪惡，至少她知道世間有邪惡；值得讚美的是她舉止的端莊淑靜，而不是她思想的純潔。

　　美國青年女子在自由交談的困惑中，用以處理思想與語言的那種奇怪稱呼和肆口無忌的大膽作風，常常使我吃驚而且幾乎害怕；要是一位哲學家也採用她們講話的方式，那他們一開口便會受挫，可是她們卻應付裕如，毫不吃力。是以很容易看出一位美國女子甚至於在年紀極輕時便言行完全自主；她盡情享受一切可以享受的樂趣，但是從不沉溺在這些樂趣裡，雖然有時她對自己做主似乎不甚在乎，可是她的理智絕不讓她完全放棄這一點。

在法國，人民的意見與鑑賞力仍受歷代傳統影響，婦女通常所受的教育仍與貴族政治時代一樣，是一種有限定的、消極的、而且幾乎是修院式的教育；一到了民主社會，遭遇到這種社會所附帶的種種不合正規的情況，便忽然失去了目標與依據。

美國人的立場較爲調合。他們發現一個人在一個民主國家裡一定是十分獨立的，青年人都少年老成，鑑賞力與興趣是無從限制的，風俗紛紛成爲明日黃花，民意往往不能定形，發揮不出力量，父權削弱，婚姻的權威也引起懷疑。在這種情形下，他們認爲抑壓女人最強烈的激憤是無濟於事的，所以比較穩當的辦法就是教導她如何自行抑制這些激憤。她的貞操常常遭受危險是無從防止的，可是她應該知道衛護之道，所以他們不信任那些已經動搖或是推翻的傳統保障，而信任女人意志本身的力量。因此他們不但不使女人懷疑她自己，而且經常沒法使她益發相信她自己的德性。而且使一個青年女性永遠茫然無所知既屬不可能又要不得，他們便趕緊使她很早便對一切事物有所認識。他們不但不向她隱藏世間的種種腐敗情形，而且情願讓她一目瞭然，然後訓練自己如何去避免，他們認爲保護她的操行比戰戰兢兢地使她保持思想純潔來得重要。

美國人雖然篤信宗教，但是並不光指使宗教來維護婦女的貞節，他們也想加強她的理智。他們在這方面採取的方法和其他方面的相同：他們首先積極努力使個人的獨立能夠有克制，除非已盡人力之能事決不求助於宗教。

我知道這種教育不是沒有危險。我可以感覺到它容易抑幻想而揚判斷，把女人弄得有德性可是感情冷淡，不是男人的愛妻和容易相處的伴侶。這樣社會或許比較安寧有規律，但是家庭生活往往就不怎樣可愛。不過這些都是等而次之的缺點，爲了更高的利益著想，可以不去計較。到了我們現在所討論的地步，選擇之權已經不在我們手裡；衛護女性使她們不受民主制度及風氣所附帶的種種危險的影響，民主教育實在是不容或缺的。

第十章
年輕女子的賢妻本質

在美國，女性一結婚後便失去她的獨立地位，未婚女子雖然不像在別處那麼受拘束，可是做妻子的卻有更嚴格的義務。未婚女子住在她父親家裡，享受一切自由及樂趣，婚後住在丈夫家裡便像在修道院一樣。可是這兩種迥然不同的生活情況或許並不像人所想像的那樣相反，美國婦女從這個階段到那個階段是很自然的。

宗教社會及商業國家對婚姻有種古怪的嚴肅看法：前者認為婦女生活之規律化是她冰清玉潔最好的保證和最肯定的跡象，後者認為有規律的婦女生活是家庭秩序與繁榮的最高保證。美國人既是清教徒又是個貿易國，他們的宗教見解與貿易習慣需要女性相當克制自己，為了她的責任必須犧牲她的樂趣，在歐洲則不大需要她這麼做。因此在美國，輿論把女性很嚴密地圈在狹窄家庭利益及責任裡，不准她越軌。

美國青年女子一旦進入社會便發現這些概念根深蒂固；她也看出從這些概念推衍出來的通則；她不難察覺一和當時的通則背道而馳，她內心的安寧和聲名，甚至於她的社會地位，便都有遭受破壞的危險；她因為有堅定的認識，她所受的教育又使她培養出更堅強的習慣，所以有順從社會風氣的毅力。我們可以說她利用她的獨立地位，學會了在需要犧牲時，既不掙扎也不出聲乖乖就範。

可是美國女子並不是因為愚昧無知而陷入婚姻的陷阱。她事前已經受過受過教導，知道人們對她的期望，於是甘心情願地進入她的新生活。她鼓勇維持她的新地位，因為那是她自己所選擇的。在美國，父教很寬弛，夫婦之間的約束則很嚴謹，一個青年女子絕不會隨隨便便就結婚。美國女性很少早婚，她們先運用她們的了解力，要到了解透徹之後才結婚，別國女性則大都到結婚後才開始運用她們的了解力，而逐漸得到了解。

我並不認為，美國女子完全是受輿論的約束才一結婚便改變她們所有的習慣，這種改變往往是她們的意志的功效。擇偶的時候一到，經過自由觀察世界所培養與加強的冷靜理智便告訴美國女子，結婚之後繼續

輕浮，自作自主便會常常引起不愉快，而不會得到樂趣；女孩子的娛樂不能成為已婚婦人的消遣，已婚婦人的幸福源泉是她丈夫的家。她因為事便看清楚導致家庭幸福的唯一途徑，所以馬上便依循這條途徑一直走下去絕不反悔。

　　美國少婦毅然決定，委屈自己且不反悔以負起她們的新地位所帶來的嚴格責任時，其所表現出的果敢精神，也在她們生活上的重大波折裡反映出。世界上沒有一個國家比美國個人境遇更不穩定的。一個人終身從富可敵國回到貧無立錐之地，上上下下變化好多次。美國女性總是鎮靜地、積極地和她們的丈夫共患難同甘苦；她們的慾望彷彿能隨著貧富的變化而伸縮。

　　每年移殖西部蠻荒之地的冒險家，大都是北方各州的盎格魯世家子弟，其中許多大膽想發財的，在他們的家鄉已經享受舒適生活。他們帶著妻子同行，使他們同嚐這種長途跋涉中總要遭遇到的無數危險與艱苦。我甚至於在蠻荒地帶的邊緣上，也常常遇到在新英格蘭大城市裡過慣舒適生活的少婦，差不多是從她們父母的華麗住宅一直來到森林裡的簡陋茅屋。疾病、孤獨和沉悶的生活，並沒使她喪失勇氣。她們的芳姿雖然憔悴，可是充滿堅毅的神色，她們似乎既憂鬱又堅決。我毫不懷疑這些美國少婦在她們早年的教育裡，已經培養成她們在這些情況下所表現出的精神力量。是以論到美國女子的婚姻問題時，我們仍然可以追溯出她早年所受的薰陶；她的地位改變了，生活習慣也不同了，但是她的性格仍然和從前一樣。

第十一章
地位平等在美國對保持良好世風的貢獻

有些哲學家和歷史學家曾經說過，或是暗示過，女性道德觀的嚴格程度是和一個國家與赤道的距離成正比的。這是解決這個難題的簡便辦法，說起來只需要一個地球儀和一個圓規，便可以解決人類情況中的一個極困難的問題。但是這個唯物論的原則是否有事實佐證，我很懷疑。同一個國家的民風在歷史上有時候純樸，有時候淫亂；因此道德的嚴謹與鬆弛在乎其他變幻不定的原因，而不光是在於土地氣候等永遠不變的自然因素。我並不否認在某些種氣候裡，異性相吸所產生的情慾是特別強烈的，然而我相信這種自然的強烈情慾，永遠可以受社會情況及政治制度的激發或抑制。

曾經遊歷過北美的人，對許多事物意見雖然不一致，但是都異口同聲認為，那裡的道德觀念比其他任何地方嚴厲得多。在這方面美國人比他們的祖先英國人要高明得多。只消對這兩個國家看一眼，便可以得到證明。

在英國和其他所有歐洲國家，人們總是惡意抨擊女性的種種弱點。哲學家及政治家總是在惋惜世風日下，人心不古，文學作品也使人看法如此。在美國，所有書籍包括小說在內，都假定女性是冰清玉潔的，沒人會想到講述男女間的風流韻事。

美國人道德觀念的嚴正，一部分無疑是國家、種族及宗教的品質所造成的，可是這些因素，在其他地方也相同，而產生的結果卻不同。由此可見，它們並不是真正的原因，我們必須找出特別的理由。我認為這個理由似乎是平等的原則和從這個原則而衍生的一切制度，地位平等本身並不造成道德的嚴正，但是毫無疑問有促進作用。

在貴族政制國家裡，出身與財勢不同的一男一女永遠不能結合。情慾把他們吸引到一起，但是社會情況和附帶的一切觀念，使他們不能公開而且永久地結合。結果當然產生許多曇花一現、不能公開的桃色事件。人把法律強加在天性上，天性也秘密展開它的報復。

地位的平等把一切男女之間莫須有的和實際的障礙掃除掉之後，情

形便不同了。沒有一個少女認爲她不能成爲愛她的男子的妻子。這樣一來，婚前敗壞道德的事件便很少見了；因爲無論情慾怎樣容易使人蒙混，一個女子也很難說服她自己，她的愛人在完全可以和她結婚時並不跟她結婚，是眞正愛她。

這個原因對婚後生活也有相同作用，不過較爲間接一點。無論在當事人或是其他所有的人看來，世界上沒有比迫婚或盲婚是搞桃色事件更充足的理由了[1]。

在女性永遠可以自由選擇而且教育使她可以作出正確選擇的國家裡，她一有任何過失，輿論便不會寬恕她。美國的社會風氣嚴屬，一部分是這個原因造成的。他們認爲婚姻是一種盟約，雖然往往很繁重麻煩，但是締約雙方必須恪守每個條件的約束，因爲他們事前已經知道都是些什麼條件，儘可有不締盟的自由。

使夫婦在婚後必須互相忠貞的這些情況，也使他們容易互相廝守。

在貴族政制國家裡，婚姻的目的與其說是人的結合，不如說是財產的結合；是以往往訂婚時，男的還在學校讀書，女的還有乳母。因此把兩家財產聯合在一起的婚姻關係，無法不使男女雙方心生異念，是不足爲奇的。不過，反過來說，如果一個男人選擇妻子時永遠不受外人逼迫或是指導，那麼造成男女結合原因是情投意合趣味相同，這種原因使他倆永遠能夠親密地在一起生活。

我們的祖先對婚姻有一種古怪意見；他們因爲見到在他們那時候因爲戀愛而結合的婚姻，其後果差不多永遠是失敗的，所以他們便認定婚姻這件事不能由感情來決定。他們認爲作爲婚姻的指針來說，亂點鴛鴦譜比選擇來得好。

可是我們不難察覺，他們所見到的例證事實上並未證明什麼。因爲，第一，要是民主國家讓一個女性自由選擇丈夫，它們一定使她有能夠作出如此重要的選擇的知識與堅強意志，另一方面貴族政制國家裡的少女卻沒有這些保證，她們偷偷私奔以逃避父母的權威，一廂情願地投入她們既無時間認識清楚又無能力判斷的男子的懷抱去。她們初次運用行動自由失當，且沒有受過民主教育，卻按照民主習俗結婚，所犯的殘酷錯誤是不足爲奇的。但是情形還不是這麼簡單，一男一女如果兩情相悅，決計不顧貴族社會的一切差別而結婚時，他們所要克服的困難很大。他們打破遵守父母意見的束縛之後還需要作出最後努力，擺脫風俗與輿論的支配以得到眞正的解放；等他們費盡九牛二虎之力完成這一些

之後，便和所有的親友疏遠了。他們所打破的成見使他們和所熟悉的一切隔絕，結果不久便喪失勇氣，心裡難受。

這樣結婚的一對夫婦如果起初不快樂，後來且成為眾人眼中的罪人，那不應該歸咎他們自由選擇的不當，而實在只能怪他們生活在不容許這種自由選擇的一個社會裡。

還有一無不應該忘的，就是一個人激烈反抗一般人的錯誤觀念，他往往也因此做得過分，失去理智；不管他為了多麼有理的理由，膽敢對他所處的時代與國家的一般人的意見宣戰，都是需要一種強烈冒險的精神的，而凡是有這種性格的人無論走上什麼途徑，都很少得到快樂與善報。這也就是在最需要最合乎正義的革命裡，極難見到有德性或是態度溫和之革命者的緣故。所以要是一個人在貴族政制時代，選擇妻子時完全以他自己的意見與鑑賞力為根據，不久便發現家庭裡有違反道德生活痛苦的情事發生，那是不值為奇的；可是這種行動方針如果是自然的、普通的、而且經過父母許可並為輿論所支持的，那麼便一定會增加家庭之和睦，夫婦間相互忠貞。

在民主國家裡差不多所有的人都從事公務或是職業生活，收入又有限，使做妻子的不得不留在家裡親身監督家政，這些性質不同的強制性工作都是使兩性隔離，一方面不如以前的熱情，另一方面更易抗拒。

地位的平等當然永遠不能使人忠貞，但是也許使他們違反道德的行為減少危險性。沒有人有充分時間或是機會去進攻以自衛為武裝的貞操，所以同時既有許多娼妓也有許多貞婦。這種情況雖然造成個人遭受痛苦的可悲事件，但是整個社會卻是堅強活潑的；它既沒摧毀家庭關係，也不使國家道德陵夷。使社會發生危險的並不是少數人墮落，而是普通綱紀蕩然，在一個立法者看來，賣淫沒有政治陰謀來得可怕。

平等所使人過的那種經常遭受磨折的紛亂生活，不但使人無暇貪玩作樂，而且還有另一種更秘密、更肯定的辦法，使他不至於熱情如火。生活在民主時代的人多少都染上點工商階級的思想，腦筋有點嚴肅、審慎、實際；容易拋卻理想而追求較實際而且接近的目標，所以平等的原則並不消滅幻想，只是把幻想拉下符合實際的程度。

沒有比民主國家的公民更不緬懷既往的，也沒幾個人從事於通常在偉大的情懷產生之前所必有的閒散孤獨的沉思。他們的確極想獲得構成生活風趣與保障的那種深厚恬靜而且又和諧的感情，但是並不想追求那些既強烈又變幻無常的刺激，因為這種刺激不但擾亂了生活，而且還縮

短了它。

我知道以上只是指美國說的，目前還不能適用於歐洲。過去 50 年來，法律和習俗雖已空前劇烈地迫使幾個歐洲國家趨向於民主，然而我們沒有理由認為男女關係已經更有條理或是更純潔。有些地方可以看出情況卻適得其反；有些階級道德更為嚴格，但是人民的一般道德觀念卻鬆弛了。我這麼說並無顧忌，因為我既不想奉承也不想污衊和我同時代的人。

這樁事實當然使人覺得可惡，但是不應該引以為悲。社會的民主狀況對井井有條的習慣的好處要過一陣子才能發現。要是地位平等對道德的純潔有利，那麼造成地位平等的社會騷動便對它不利。近50年來，法國一直在進行這種轉變，但是永遠是騷亂，很少有自由。在這種觀念混淆，意見叢生，公正與不公正，真與假，權利與強權摻雜在一起的時候，公德引起人的懷疑，私人道德觀則動搖。不過所有的革命，無論其目的何在，從事革命的是什麼人，最初都產生相同的後果，甚至一向看重道德的，漸漸也洩了氣。我認為法國人常常目睹的違反道德情事並不是永久性的，一些奇怪的時代現象已經說明了這一點。

最腐敗不堪的就是貴族階級失去權力之後仍然保持它的財富，把閒情逸志化為庸俗的消遣之後仍然極空閒。他們失去了一向使他們能有旺盛生命力的熱烈激情與偉大觀念，結果只剩下許許多多消耗生命力的嗜好，就像屍蟲咬著屍體不放似的。

人人都不否認上個世紀的法國貴族生活極端放蕩，可是傳統習俗和古老的信仰使社會上的其他階級對道德觀念仍然尊重。我們也不否認同一貴族階級的殘餘如今仍然保持一定嚴格程度的道德觀，中下階級則似乎反而道德蕩然。是以50年前生活最為放縱荒唐的家庭，現在卻變得最守規矩，民主似乎反而加強了貴族階級的道德觀念。法國大革命因為把貴族的財產分掉，強迫他們必得刻苦處理他們的事務，照顧他們的家庭，必得和子女們住在一起。事實使他們的腦筋清醒起來，嚴肅起來，因此差不多不自覺地，尊敬他們的宗教信仰，愛好秩序與斯文的樂趣，家庭的溫暖和生活的舒適；可是其他的人本來也有相同的愛好，然而因為受推翻法律及政治習慣所需要的積極努力的影響，一切行為也都過於偏激了。

法國古老的貴族已經遭受大革命的種種後果，但是它既感覺不到革命激情，也感覺不到造成革命的那種無政府主義化的刺激；我們很容易

想像到，他們比從事革命的人先感覺到大革命對他們生活方式的重大影響，因此雖然乍聽起來有點矛盾，但是我們可以說目前法國境內最反民主的階級所表現出的道德觀，正是我們有理由料想民主制度所要造成的道德觀。我不能不認為，當我們體驗到這個民主革命的一切影響，並把它所引起的一切混亂消除掉之後，現在僅適合少數人的道理必逐漸通行全國。

注　釋

【1】歐洲文學充分證明這一點，歐洲作家在小說裡描寫常常發生的重大婚變時，他一定先講一對怨偶和強迫締結成的婚姻，先行引起讀者的憐憫，這樣他便大膽寫下去。雖然我們已經養成容忍的習慣而導致道德鬆弛，一個作家如不先把書中人物的缺點寫成情有可原時，他就不大容易使我們對書中人物的不幸遭遇感覺興趣，這種手法差不多是屢試不爽的；我們每天所見到的一切都已經先後使我們有一種寬縱態度。但是美國作家採用這種手法時，總是不能使讀者相信書中人物的缺點是的確情有可原的；他們的習俗和法律都是反對踰越禮法的，對於把行為放蕩的事寫成有趣頗不以為然，所以他們便不再寫這些事。美國所出版的小說所以那麼少，這必定是原因之一。

第十二章
美國人對男女平等的了解

我已經說明了民主制度如何消滅或是修正社會上所產生的種種不平等情況；然而是否僅止於此，或是它對於到目前為止似乎永遠以人性為根據的男女不平等並沒有真正的影響？我相信使父子、主僕、尊卑逐漸平等的社會改變，也會提高女性的地位，使她與男性日益平等。可是講到這裡，我實覺得有說明自己意見的必要；因為沒有一個課題比這個更可以使人信口雌黃了。

歐洲方面有人把兩性的性別特徵混淆在一起，意想使男女不但平等而且相同。他們將有相同的業務，相同的職責，相同的權利；無論在職業、樂趣、業務上都混在一起，我們立刻便想像到，要把兩性弄到平等反使他們的地位都降低了，而且把彼此的本分荒謬地混為一談，徒使男性變得軟弱無能，女性無法無天。

美國人因此並不是認為兩性之間可以有民主平等。他們承認造化既然使男女之間在肉體及精神上有極大的差別，它的用意當然是使兩者各自運用不同的職能；他們而且認為，改善並不是說使差別如此大的人做近乎相同的事，而是說使他們各盡其能。美國人已把我們這時代對於生產的偉大政治經濟原則應用到兩性上去，把男性與女性的職責仔細地分開，以便社會的偉大工作進行得更好。

沒有一個國家像美國那樣經常煞費工夫策劃兩性截然不同的行動方針，使兩者平行發展，但是途徑永遠不同。美國女子從來不管家庭的外務，也不參加政治活動；可是從來也沒人強迫她們下田幹粗活，或是做需要運用體力的繁重工作。沒有一個家庭貧窮到破例而為之的地步。另一方面，要是美國女性不能逃避家務，從來也就沒有人強迫她們幹家務以外的事。是以美國女子雖然常常表現出男人般的了解力與精力，但是通常總是保持著嬌柔儀態與女人的風韻，雖然有時流露出她們的思想與情懷宛如鬚眉。

美國人也沒想到實踐民主原則會破壞夫權，或是混淆家庭裡的天然權威。他們認為每個團體如欲達成它的目標便必須有個首腦，夫妻間的

天然首腦就是男人，所以他們並不否認男人有指揮他的配偶的權利，同時認為無論是在夫妻之間或是社會上，民主的宗旨都是劃定必要的權力，並使它們合法，而不是破壞所有的權力。

這種意見並不厚於男性，而為女性所積極反對；我從沒見過美國女子認為夫婦間的權威等於是篡奪她們的權利，或是順從這種權威就是低人一等。我覺得，她們反而對於她們甘心情願地順從引以為榮，而且誇耀她們一心志願就範而不想擺脫婚姻的枷鎖。這至少是最有懿德的美國女子的意見，其他的沒有作聲。而在美國，一個良心有愧的妻子因為冒瀆了她自己最神聖的職守，通常並不吵吵鬧鬧地要求獲得女性的權利。

常有人說，在歐洲，男人即使奉承女性時也總免不了含帶一定的藐視之意；雖然一個歐洲人常常裝作拜倒石榴裙下，但是看得出他從不真心認為女性和他地位平等。在美國男子很少恭維女性，但是每天都表示他們多麼尊重她們。他們經常表示對妻子的了解力完全信任，而且十分尊重她的自由；他們斷定她們的腦子和男人的同樣能夠發現乾乾脆脆的真理，她們的心對於領悟真理也和男人的一樣堅定；他們從不想利用成見、愚昧與恐懼去護衛她的貞潔。

在歐洲，雖然男子那麼容易受女性支配，可是女性似乎缺乏人類的一些最大特長，她們雖然十分迷人，然而並不是十全十美的人，而且（這點極可以引起驚奇的）最後女性自己的看法居然也是如此，而且差不多認為表現自己軟弱無能、既無用又怯懦是她們應該享有的特權。美國女性卻沒要求這種特權。

我們還可以說，在我們的道德觀念裡，我們保存了男子可以很奇怪地豁免的觀念，就彷彿有一套道德規則是給他用的，另一套是指導他妻子用的，而且按照輿論，同一樁行為可以作為罪行處分，也可以作為過錯處分。美國人並不知道權利與責任這種不公平的區分；在他們看來，誘姦女子者和受害者都同樣喪失顏面。

美國男子誠然很少像歐洲一般男子那樣熱烈地向女性獻殷勤，可是他們對女性的態度表示，他們假定女性都是端莊嫻靜的，他們對於女性的道德自由那麼尊重，當女性之面語言極為謹慎，以防她聽到不雅的話而不高興。在美國，一個未婚少女可以隻身關山跋涉而不必害怕。

美國的議員們雖然差不多減輕了所有刑事罪的懲罰，但是仍把強姦列為一等重罪，輿論對這種罪行也口誅筆伐地最為厲害。這是有原因的。因為美國人認為最寶貴的就是女性的體面，最應該尊重的是女性獨

立自主的身分；一個男子強行遞奪女性的尊嚴與自立身分，實在應該使他受最嚴厲的懲罰。在法國，同一種罪行所受的懲罰要輕得多，而且往往難使陪審團確定被告有罪。這是藐視正派或是藐視女性所造成的嗎？我不能不相信這是對兩者都藐視的結果。

　　美國人雖然不認為男女都有責任與權利擔任相同職務，但是對彼此的地位卻平等地看待，彼此的命運雖不相同，但是作為人來說價值卻相等。他們對女性勇氣的看法和對男子的不同，但是對女性之有勇氣可從來不懷疑。如果他們認為夫婦倆不應該永遠同樣地運用他們的頭腦與了解力，但是至少認為女性的了解力和男子的同樣穩健可靠，她的頭腦也像男子的那麼清楚。他們雖然讓女性的社會地位繼續比較低，但是已經在精神上和智力上竭力把她的地位提高得和男子相等；在這方面，我認為他們對民主改進的真正原則深有體會。

　　至於我自己，我毫不猶豫地聲明，美國女性雖然被限制在家庭生活的小圈子裡，而且她們的地位在有些方面是極具從屬性的，但我可從沒有在任何地方見過女性據有更崇高的地位。我現在差不多快要完成這本書，已經講過美國人所做的那麼多重要事情，要是有人問我，美國人日益繁榮而國力日強的主要原因何在，我應該回答說，在於他們女性的優秀。

第十三章

平等原則怎樣順理成章地使美國人
分成許許多多的私人小圈子

　　我們可能想像民主制度最後而且必然的結果，將是所有的人在公私生活上都完全一致，過相同的生活，不過這麼想將是把一種十分粗鄙和使人窒息的形式推諉到民主所產生的平等上去。任何社會及法律都不能使人如此相似，教育、運氣和鑑賞力將會使人彼此有點不同；雖然不同的人可能有時候發現，為相同的目標戮力齊心對他們自己是有利的，但是永遠不會把這種合作視為樂趣。他們因此總是傾向於逃避法律，無論是什麼法律；並且在逃出立法者想把他們限制住的圈子時，建立一些因種族情況、習慣以及風俗相同而結合起來的私人小團體，與大政治團體並存。

　　在美國，公民既沒有誰比誰傑出這一套，也沒有互相遵從或尊重的必要；他們統統聚會在一起以推行法律，治理國務。一般說來，都是處理和他們的共同福利有關的事務；我從沒聽說過有企圖要把大家在同一個娛樂場所集合起來作相同的消遣，或是男女混雜地尋歡作樂。

　　美國人雖然在政治集會和法庭上很容易混在一起，可是慣常很謹慎地分成許多不同的小圈子以盡情享受他們的私生活。每個人都滿心情願承認其他的公民和他地位平等，可是只會把極有限的幾個人視為他的朋友或是客人。這種情形在我看來是很自然的，公眾生活的圈子越大，私人的圈子便越小；所以恐怕現代社會的人不但不會彼此生活完全一致，反會形成一個個的小團體。

　　在貴族政制國家裡，每個階級都是閉關自守的；出既不得，進也不得。各階級之間彼此不相往來，但是同一階級裡的人每天必得互相接觸；即使生來並不投合，可是地位的相同使他們聚集在一起。

　　如果某些人並不是因為法律或風俗的關係而經常互相往來，那麼他們便是因為湊巧意見與鑑賞力相同而發生接觸的，因此私人團體各有各的不同。在民主國家裡，因為人人彼此永遠不會有太多的差別，而且自然互相接近，隨時都可能打成一片，所以產生出許多種人為的、武斷的

差別，每個人都希望藉這些差別拒人而遠之，否則便會在自己雖不情願但是不得已的情況之下被捲到人群裡去。

這種情形會永遠存在的；因為人的制度雖然可以改變，人卻不能改變；無論一個社會怎樣努力使人人既平等又相同，個人的好勝之心永遠會驅使人設法出類拔萃，造成對自己有利的一種不平等的局面。

在貴族政制國家裡，人與人之間有深若鴻溝之隔，在民主國家裡，人被許多道細小得簡直不可見的線分隔住，但是這些線不是經常被人衝斷便是移來移去，所以無論平等發展到何種程度；在民主國家的政治社會裡總會出現許許多多私人小團體，可是這些小團體沒有一個在習俗方面與貴族政制國家的上等階級有絲毫相似之處。

第十四章
對美國習俗的一些意見

初看起來，似乎沒有什麼事物比人類行為的外表形式更不重要的，可是實際上人都沒有比這個更在乎的；他們什麼都能逐漸習慣，可就是不能習慣生活在沒有他們自己的習俗規矩的社會。因此一個國家的社會及政治情況對習俗的影響，是值得鄭重研究的。

一般地說來，習俗就是性格基礎的產物，可是有時候也是某些人硬性制定的。所以它們既是天然也是後天的。我們可以想像，當有些人察覺他們不經過奮鬥、不費吹灰之力便成為社會的第一流人物，他們經常致力於遠大目標，而讓其他的人去處理比較瑣碎的細節，他們恣意享受不是他們自己掙來的財富，而且不怕坐吃山空時，便自然而然會鄙夷小事和生活上的實際顧慮，一言一行都流露出他們的思想自然宏大。從言行裡便可以看出，民主國家的風俗通常都缺乏尊嚴，因為私生活的性質是極其瑣屑的，它們的格調往往不高，因為人人腦子裡都是耗費心神的家務，沒有多少機會達到超然的境界。

習俗的真正尊嚴在於永遠保持自己的適當身分，既不太高又不太低，這一點農民和王子都能做到。在民主國家裡，一切身分似乎都有疑問；是以民主國家的習俗雖然往往充滿了傲慢之意，但通常欠缺尊嚴，而且不但永遠欠缺訓練，又永遠沒有教養。

民主國家裡的人生活太動盪，使某些人永遠不能訂立教養典範，並且強迫人去遵守，因此每個人都有他自己一套的行為表現，在這種時候，習俗總是有些費解的地方，因為它們是根據個人的感覺和意見而形成的，而不是根據為供眾人模仿的理想典範形成的。不過這一點在貴族政治剛被推翻時，比在推翻許久之後顯明得多。新政治制度及新社會因素，使教育程度及習慣仍然異常不同的人，統統麇雜在相同的熱鬧場所，並且常常被迫住在一起，這便使得社會的駁雜戰場特別明顯，人們記得以前有過嚴格的教養典範，可是忘卻內容如何，在何處可以找到。人失去了習俗的常法而又沒有決定就此永遠摒棄它，但是人人都想從舊規矩裡找到一種適宜的、可以改變的規則，結果習俗既不像貴族政制國

家裡的那樣有條理、有尊嚴，又不像有些民主國家裡的那樣簡單自由；它們既牽強又沒有抑制。

不過常情並非如此。地位的平等久已完全實現，人人意見都差不多相同，舉動也差不多相同，並不需要經過商量或是互相模仿以取得言行的一致時，他們的習俗便只是在小的地方略有分別而沒有大的不同。他們永遠不會完全相同，因為他們並不是按照共同的典範行事。他們也永遠沒有很大的差別，因為他們的社會地位相同。一個旅客會說所有美國人的舉止都完全相同；只有仔細觀察時才發現其中的不同點。

英國人喜歡嘲笑美國人的習俗，可是很奇怪，寫出這些荒唐可笑之敘述的作家本身，大都屬於英國中等階級，這些敘述對描寫這個階級也是極其合適的。這些筆下毫不留情的人所提供的，正是他們所抨擊的事物的榜樣。他們自己不覺得他們是在嘲笑他們自己，這一點使英國貴族們覺得十分有趣。

對民主最有損害的是它的行為外表形式。許多人情願忍受它的壞處，而不贊成它的習俗，不過我不能承認民主國家人民的習俗一無可取。

在貴族政制國家裡，凡是生活接近社會上第一等人物的都拼命想做第一等人物，因此產生出種種荒唐無稽的模仿行為。民主國家的人民既無出身高貴又極有教養的人物作為榜樣。所以至少每天也不必見到有人模仿他們的受罪情形。在民主國家裡習俗往來不像貴族政制國家裡那麼優雅，可是也永遠不那麼粗鄙。既聽不到老百姓的粗魯咒罵，也聽不到貴族那種出口成章的典雅談吐，民主國家裡的習俗粗鄙，但是既不野蠻也不卑賤。

我已經注意到在民主國家裡無從訂定一套教養規條；這既有不便又有好處。在貴族政制國家裡，禮節規矩強使人人舉止及態度相同，使同一階級裡所有的人雖然心裡也許不情願但表面上看上去都相同。它們把人文飾起來，隱藏起他的天然面貌。在一個民主民族裡，習俗並不是如此有教養，如此一致，但是常常更為真誠。它們的形式彷彿是可以透識個人真正情感與意見的一層薄面紗，人的行動形成與本質因此往往更相近，而且它所反映的人生雖然不是多麼絢美但是更為真實。從某種意識來說，民主的效果並不一定是使人有任何特殊習俗，而是使人根本沒有什麼習俗。

貴族政制國家裡的感情、激情及邪惡，有時候會在一個民主國家裡重新出現，可是習俗卻不然。它們在民主革命一完成時便永遠喪失。看

起來一個貴族階級的習俗似乎最能持久，因爲這個階級就是在財產與權勢失去已經相當久之後仍然保持其習俗；可是同時看起來也沒有比習俗那樣更容易消逝之後便連一點痕跡都沒有了，簡直不能說它們曾經存在過。社會情況的改變產生出這個奇蹟，只消幾代功夫氣象便煥然一新，貴族政治消滅後，它的主要特點由歷史傳留下來，可是差不多一旦消滅，人們便忘卻習俗的種種微妙精細的潤飾。人們一見不到習俗，便不再想像出它們是怎麼樣的，它們消逝既沒有人注意也沒有人感覺到，因爲人們必先須有一定的習慣與教育，然後才能感覺到優良習俗之美，而且一不遵守這些習俗也就立刻忘記它們的美好。是以民主國家人民不但不可能有貴族政制國家的習俗，而且既不懂也不想要它們，更從沒想到它們，在他們腦子裡這些事物都是莫須有的。因此對於這種喪失不應該認爲過分重要，但是應該感覺遺憾。

我知道一個人往往有十分高貴的舉止，而心情十分卑賤；法庭內部已充分反映出，道貌岸然的外表可能暗藏著何種卑鄙的心腸。不過貴族政制國家的習俗雖然並不構成德行，可是有時候卻使德行美化。一個龐大得勢的階級成員的一舉一動，似乎部反映出崇高思想與優雅感情，而正規的鑑賞力和習俗的風雅瀟灑可不常見。這些使人性有一種可以使人發生錯覺的魅力。它們所呈現的景像，雖然往往是假的，但是不會不給人一種崇高的感覺。

第十五章
論美國人的嚴肅以及何以他們
仍不免常常言行輕率

民主國家裡的人並不重視貴族社會裡一般人所喜好的簡單而粗野的消遣，認為那些消遣既幼稚又無聊。他們也不喜歡貴族的文雅消遣。他們要在樂趣裡得到實際裨益；他們要一舉兩得，在享樂時得到實際收穫。

在貴族社會裡，一般人隨時都可以熱熱鬧鬧、痛痛快快歡樂一下，暫時完全忘卻生活的困苦。民主國家的人民卻不喜歡這樣忽然受感情驅使，他們要是稍微一放縱忘形便會後悔，他們不喜歡輕浮樂趣，而喜歡較為嚴肅的、有點像生意而且使他們不會把生意完全忘掉的樂趣。

一個美國人在空暇時不會像和他同一階級的大多數歐洲人那樣，到公共娛樂場所去跳舞，他把自己關在家裡喝酒。他這麼做可以同時得到兩種樂趣；他既可以繼續思考他的生意，又可以在他自己的壁爐邊，不失顏面地一醉。

我本以為英國人是全世界最嚴肅的民族，可是看到美國人後意見便改變了。我並不是說氣質與美國人的性格沒有關係，不過我想他們的政治制度對性格的影響更大。

我相信美國人秉性之嚴肅，一部分是他們的自傲所造成的。在民主國家裡，連窮人都有很大的自重之心；他們對他們自己很自滿，而且容易以為別人對他們的看法也如此。因為這種習性的緣故，他們言行謹慎，不暴露他們自己以免顯露出他們的缺點；他們想為了保持他們的尊嚴，非保持嚴肅不可。

不過我還發現使美國人性情嚴肅非凡的另一個更深切的原因，在專制政體國家一般老百姓有時高興得出奇，可是通常則因為害怕的關係總是鬱鬱不樂。在君主專制政體國家裡，老百姓因為受風俗習慣陶冶的關係，他們常心平氣和，精神愉快，因為他們有一些自由而且有很大的安全，對生活上最重要的顧慮不必擔憂；可是所有自由國家的人民都是嚴肅的，因為他們腦子裡經常沈思一些危險艱難的事。這種情形在形成民主社會的那些自由國家裡尤其明顯，這是因為在那些國家每個階級裡都

有很多人經常以治理國家爲己任；其餘那些不問政的則人又完全把心思用在發財致富上。在這種國家的人民間，態度嚴肅便成爲一種國民性，而不再僅是某些人的特殊作風。

典籍告訴我們古代有許多小民主國家，公民個個帶著玫瑰花環聚會於公共場所，差不多把時間完全消磨在跳舞和看戲上面。這些共和國與柏拉圖敍述的共和國同樣不能使我置信，如果我們所談到的共和國眞正存在過，那我便毫不猶豫地斷言，這些假設的民主國家的成分，是和我們的民主國家十分不同的，除了名稱以外，兩者之間並無任何共同點。

但是我們切莫以爲民主國家人民在百端辛苦中認爲自己實在可憐；情形恰恰相反。實際上沒有比這些人更愛好他們自己的地位。要是沒有使他們傷腦筋的煩惱，他們便會感覺生活乏味了，他們對他們所顧慮的事，比貴族政制國家人民對他們的樂趣還要重視。

我接著又研究，有時如此嚴肅認眞的這些民主國家，有時候會不會鹵莽行事？美國人雖然差不多永遠保持堅定態度和冷冰冰的神情，可是常常不能自抑忽然一下子情緒衝動或是輕率發表意見，遠超乎情理的範圍，有時候幹出極荒唐的事。

這種外表與內心相互矛盾的鮮明對照，我們不應該引以爲奇，這是因爲知道得太多而造成的一種愚昧。在專制國家人們因爲什麼都一無所聞所以不知如何行事，在民主國家因爲忘了應該怎麼做；兩者都是被零零碎碎的細節弄糊塗了，看不出主要的特點。

一個身居公職的人，有時在自由國家，尤其是民主國家，出語不遜而居然安然無事，這眞是很令人驚奇的；在一個專制國家裡，一個身居公職的人只要偶爾說出幾句話便可以毀了一生，永無贖罪的希望。其中原因是這樣的。當一個人在人山人海中講話時，有許多話人們都沒聽見，因此根本不可能記往；但是在鴉雀無聲個個呆若木雞的人群中，那怕就是用低得不能再低的聲音輕輕講一句話，人們也聽得見。

在民主國家裡，人們從不靜止不動；使他們跑來跑去的機會那麼多，他們的生活永遠是捉摸不定，想到怎樣就怎樣做的。所以他們往往不得不做些他們沒學好的事，說他們沒眞懂的話，並且致力於他們學得還不很久的工作。在貴族政制國家裡，人人都只有一個目的，終身致力不輟以求貫徹；可是在民主國家裡，人的生存較爲複雜，一個人的腦子差不多永遠同時有好幾個目的，這些目的還往往是不相干的，因爲他不能對這些目的個個都知道得很清楚，所以不求甚解就行了。

　　民主國家的人不受種種需要的驅使時，至少會受慾望驅使；因為他看見四周的一切，沒有一件不是他完全不能得到的，因此他便拼命幹這個忙那個，永遠會因為「很不錯」而滿足，從不多停下來想想看他自己到底在幹什麼。他的好奇心永遠是一方面永無止境，同時另一方面太容易滿足；因為他對一下子知道很多比對任何事知道透澈清楚要在乎得多；他既沒時間也沒興趣把事物研究到底。

　　所以一個民主國家的人民永遠嚴肅，因為他們的社會及政治地位使他們經常從事嚴重的工作，他們所以行事粗鹵欠考慮，是因為他們沒有時間去注意他們所幹的每一樁工作。民主國家人士的最大性格缺點一定應該是草草了事，久缺認真注意。

第十六章
美國人的民族自尊心何以沒有英國那麼沉著穩重

　　所有自由國家都是自高自大的，可是民族自尊心的表現方式並不一致。美國人和外國人交談時，似乎連芝麻大的一點批評都受不了，對讚美之詞則總嫌不夠多，無論多麼微不足道的褒語他們都聽得順耳，但是對說得最了不起的卻又很難聽得滿足；他們不斷打擾你，要你盡量讚美，要是你置之不理，他們便自讚美一番。就彷彿他們懷疑他們自己的優點，希望這些優點在他們的眼前表現出來一樣。他們的虛榮心不但貪得無厭，而且無盡無休、忌嫉成性；它有取無捨，隨時都準備一方面央求一方面爭吵。

　　如果我對一個美國人說他的國家很好，「真的，」他會回答說，「全世界沒有可以比得上它的。」要是我稱讚美國人所享受的自由，他便會回答：「自由是個好東西，可是沒有幾個國家值得享受。」要是我講起美國人道德純潔的特點，他便說：「我可以想像得出，曾經在別的國家注意到貪污風氣的一個外國人，發現美國的不同時多麼驚奇。」後來我便不理睬他，讓他去自省；可是他會再回到原來的話題上去，非使我把我的話再重複一遍決不罷休。我簡直想不出比美國人更囉嗦，更討人嫌的愛國心，連願意尊重這種愛國心的人也感覺厭倦了。

　　英國人的作風可不是如此，英國人很鎮靜地享受他認為他的國家所真有或是假定有的優點。要是他不稱讚其他國家，他也不求人說他自己國家的好話。

　　外國人的貶語對他並無作用，他們的稱讚也並不使他受寵若驚；他對世界其他部分的態度是一種含帶輕侮與愚昧的緘默。他的自滿情緒是由它本身供給營養的，不需要外求，這兩個同種的國家在感情和談吐方面如此迥異，實在是件怪事。

　　在貴族政制國家裡，達官顯貴有他們的自滿情緒所繫的莫大特權，不必去仰仗積累起來的小利益。這些特權是他們承襲得來的，因此把它們視為他們本身的一部分，再或是他們生而即有的天然權利。所以他們

對於他們自己的優越性有種淡然視之的態度；決不想顯示人人都知道而且無人和他競爭的特權，這些事並不是新奇得能成為話題。他們對他們高高在上的地位態度冷淡，深知道他們不必炫耀自己便受到全世界的注意，沒人會推翻他們這種地位。貴族階級處理國務時，它的民族自尊心當然是這樣冷淡高傲的，國家的其他所有階級也都效仿它。

另一方面，社會地位如果相差極有限，那怕是再小的特權也有其重要性；人人一見到他四周圍有100萬人享有和他相同或是相似的利益，他的自尊心便使他變得貪婪、妒忌，無論多麼微不足道的事物他都抓住不放，激烈衛護。在民主國家裡，生活情況很動盪，人們所具有的利益差不多總是新得來的，所以極樂於顯示給別人看，而使自己信服這些利益給他們真正的享受。可是這些利益隨時都可能失去，持有者永遠要提防萬一，而且力求表明他們仍然利益在握。民主國家裡的人，愛國如己，同時把他們個人虛榮心轉變成民族虛榮心。

民主國家人民的那種永遠不能平靜而且永無止境的虛榮心，完全是他們社會地位的平等與不穩定所造成的，連最高傲的貴族成員在小事上每逢情況變動或是有所爭奪時，也顯露出相同的愛憎。貴族階級永遠因為它的特權範圍之大與世襲永繼，而與其他階級大大不同；可是各貴族成員之間的差別只在於隨時可以獲得或是失去的暫時小利益。集合在首都或是宮廷上的顯赫貴族，有為取決於時尚或是主子意旨的一些微不足道的特權，而互相激烈競爭的事。他們和民主國家人士一樣，彼此互相流露出一種愚昧的妒嫉，爭取那怕一點點大的利益的熱切，和炫耀自己所有物的慾望。

我相信民族自尊心如果也滲入朝臣的腦子裡去的話，他們一定會用和民主社會人士相同的方式把它表示出來。

第十七章

美國社會的情形如何既有刺激又單調

　　看起來似乎最令人耳目一新與好奇的就是美國的社會面貌。財產、意見及法律不停地變化；彷彿不可能改變的造物居然也改變了，後者的變化都是人的雙手造成的。可是到了後來，這個令人刺激的社會的狀況變得單調了，而且一個觀眾看久了不斷向前進展的局面也會覺得厭煩。

　　在貴族政制國家裡，每一個人在他自己的圈子裡的地位，差不多是永遠不動的；可是人們各不相同，無論情懷、思想、習慣和鑑賞力都不相同：因此情況儘管全無改變，樣樣卻都不同。在民主國家裡人人都相同，而且所做的事也近乎相同。他們的命運的確常有重大的興衰變化，而這些變化永遠不斷重演，所不同的只是演員陣容，故事總是相同的。美國社會的面貌是生氣勃勃的，因為人與事物永遠在改變，但是也很單調，因為這些改變都是千篇一律的。

　　民主時代的人有許多愛憎。但是結果這些愛憎大都成為愛好財富或則以發財為出發點。其中原因並不是他們的心胸較為偏狹，而是在這些時候金錢的重要性的確更大。當社會上所有的人都是獨立自主互不相干的，那就必須付出代價才能得到合作：這樣便使財富的用途增加不知多少倍，它的價值也自然提高。崇古尊老的風氣一旦消逝，人也不因為出身、地位和職業而有高低之分，或是根本不去加以區分；那便只有金錢還能使人與人之間有重大差別，並且使一部分人的地位突出。財富所造成的區別又因為其他差別消逝或是減少而更明顯。在貴族政制國家裡，金錢只能滿足人的一點點慾望；在民主國家裡，它則似乎是萬能的。

　　因此我們可以追溯出愛財是美國人所作所為的動機；這使他們崇尚家族門第，不久使人覺得這種風氣極無趣味。相同的愛好永遠相繼重現很是單調，企圖滿足這種愛好的那些特別方法也同樣單調。

　　在美國那樣井然有序、國泰民安的國家裡，人們不能因為戰爭、做官、或是用政治力量沒收財產而致富，愛財之心使他們大都獻身於工商界。這種生財之道雖然常常引起騷動和禍害，可是他們沒有極規律化的習慣和在小事上行動一致的常規，便不能成功。愛好越強烈，這些習慣

便越有規律，行動也更一致。我們可以說慾望的強烈使美國人如此有條理；他們心裡雖然會不安，但是生活卻有規律。

　　不但美國人如此，我們當代的人差不多也都是如此，人類已經失去多采多姿的作風；全球各地人的行為、思想及感覺都是一樣的。這不僅因為各國相互影響比以前大，而且更忠實地相互模仿，而是因為每個國家的人都越來越摒棄一個階級、一種行業或是一個家庭所特有的意見及感覺，結果同時都更接近人的真正性格；而人的真正性格，處處都是一樣的。因此他們甚至於不須相互模仿便變得更相像。就像分散在大森林裡的遊客一樣，林中小徑都輻合在一點，要是他們都循徑前進，便不知不覺地互相更接近，雖然他們並不是想這麼做，雖然他們互不相見，互不相識；到了後來一發現大家都會合在同一個地點，便覺得驚奇。所有國家因為都以人本身，而不是任何特定的人，為研究及模仿的對象，所以後來會有彼此相同的社會情況，就像遊客不謀而合地聚集在森林中央一樣。

第十八章
美國和其他民主社會裡的道義或榮辱觀念

一般人似乎採取兩種截然不同的方法去判斷別人的行動，有時候採取普及全球的是非觀念，其餘的時候採取完全屬於某一個時代或國家的特別準則。這兩種標準常常相異，而且有時候互相衝突，但是永遠不會一致，也永遠不會互相抵銷。

道義榮辱在它最得勢的時代比信仰還要能支配人的意志；不過即使人們毫不猶豫地對它帖然就範，他們仍因為某種強烈的本能而模糊感覺到有一種更普遍、更悠久、更神聖的法則存在，這種法則他們雖然從不否認，但是有時候並不遵守。有些行動是人們認為既有德性但是又不體面的，比方像拒絕私人決鬥便是。

人們到目前為止一向認為這些特質只不過是某些人或國家一時任性的奇想。人類永遠有些普遍的需要，這些需要牽生出道德律，要是忽視道德律，那麼人便在各地受到批評與恥辱：違反道德律便是作惡，遵守道德律便是為善。

芸芸眾生當中有比較小的團體，稱作國家；國家之內又分成若干小組，叫做階級。每個團體彷彿即是人類當中的一個分枝；它雖然與所有的人沒有重要分別，但是在一定的範圍之內它是單獨存在的，而且有它特別的需要。這需要造成種種變化，而這些變化則在不同的國家裡對人的行為的考慮及根據這種考慮而產生的估計，有程度不一的影響。就人類的一般及永久的利益而論，人是不應該自相殘殺的；然而對某一國人民或是某一階級一時的特別利益來說，殺人可能是有道理的，甚至於是受人尊重的。

道義只不過是根據社會的特別情況而產生的特別法則，一國人民或一個階級用以表現褒貶。抽象概念對思想最沒有神益；因此我必須以事實及例證說明我的意見。

我挑選世所周知，也是我們最熟悉一種道義來說明，那就是封建社會所產生的貴族道義。我得根據已往訂立的原則來說明這個例子，而用

這個例子來說明那原則。

　　我不準備在這裡研究中古貴族的起源爲何與國家其餘的人有鴻溝之隔，以及它的勢力由來。我把它的存在視作一種既定事實，並且試行說明它對人的大部分行動的特別看法。

　　我所注意到的，第一就是在封建社會裡行動並不永遠是因爲它本身的價值而受人褒貶，有時候它全是因爲採取行動的人以及與人類良心抵觸的行動目標而受到賞識。是以有些行動在一個平民看來是毫無所謂，而卻會使一個貴族失去體面；其他行動則因爲作爲行動對象的人是不是爲貴族而改變性質。

　　這些觀念一產生，貴族便形成一個獨特團體，高高在上，地位是一般人所不能及的。這種地位就是它的力量，保持他們的地位不但需要政治特權，也需要他們獨特的道德標準。

　　有些行爲出於貴族是善，而出於百姓便是惡；某些行動影響到農奴，是無罪的，若影響到貴族便是有罪，這往往都是武斷的事。根據一個人的地位以定他行動的榮辱是貴族社會內部組織所造成的結果。凡是有過貴族階級的國家情形都是如此，只要這個原則仍然殘存，這些特殊情況也繼續存在。誘姦一個有色人種女子不會損害一個美國人的名譽，娶她爲妻反而名譽掃地。

　　在某些情況之下，封建社會的道德責成人復仇，對原諒侮辱的行爲則加以貶抑；也有時候它命令人抑制自己的愛憎勵行寬恕。它並不規定人要博愛仁慈，但是讚頌寬大；它對寬大比仁慈更加重視；它准許人憑賭博和戰爭致富，但是不准人憑舉動致富；它寧願人犯滔天大罪，而不要人博蠅頭之利；它認爲貪婪比一味貪財稍微好些；它有時准許人施行暴力，但是非常鄙視狡猾及背信棄義。

　　這些離奇觀念並不是心血來潮而產生的，達到高高在上的地位而且永遠保持如此的一個階級，必須特別敬重使他們特別偉大與顯赫，而且與自尊心及權力慾混合在一起的德性。這種人會毫不猶疑地把良心顛倒以使這些德性高於一切，我們也可以想像到他們甚至於會把較爲大膽顯眼的邪惡，看得比不顯眼的德行更高。社會上因爲有這種階級，而所以免不了發生這些情形。

　　中古時代的貴族，把衝鋒陷陣之勇列爲最高美德，而且認爲它可以替代許多美德。這當然又必定是從社會的特別情況所產生出來的一種特別觀念。封建時代的貴族是靠戰爭而且爲戰爭存在的，他們靠武器來獲

得和維持力量，因此最需要的就是衝鋒陷陣之勇，這種品質自然被抬得比什麼都高；無論什麼行為，只要表現出這種品質，甚而犧牲理性和人道觀念，都是為人所贊許的，而且常常是當時習俗所責成的。這就是主要的原則，人性的反覆無常只能從較為細微的末節追溯出來。一個人應該認為臉上受到輕輕一摑是一種不能忍受的侮辱，必須在一次搏鬥裡把打他耳光的人殺死，這固然是個武斷的規則；可是一個貴族不得忍受侮辱，如果挨了一拳而不還手便名譽掃地，則是基本原則，是軍事貴族社會的需要所造成的後果。

當然，在一定的範圍之內，關於道義的法則是人隨便規定的，但是它有它的必要限度。我認為我們的祖先稱之為道義的那條特別法則，絲毫不是一條武斷的法律，我認為它的最不一貫、最離奇的禁制，是封建社會內涵裡少數固定不變的需要所造成的。

如果我追溯封建的道義觀念到政治方面去，便應該發現它的法規並不難解釋。中古時代的社會情況及政治制度，使得國家的最高權力從不直接達到地方上去。在老百姓看來，這個權力根本不存在；每個人都追隨他必須服從的一個人，並且通過這個中間人物和其他所有的人發生關係。是以在封建社會裡，整個國家制度是建立在一般人對他們領主的忠信觀念上；消滅這種觀念就是使全國陷於無政府狀態。對政治上峰的忠信，也是所有貴族成員經常有機會可以估計它的需要性的一種情操，因為他們個個都既是臣屬又是領主，既須發號施令，又須服從命令。對領主繼續忠貞，必要時替他犧牲，和他共甘苦，無論他做什麼都佐助他，這些都是和當時的政治制度有關的封建道義戒律。輿論對一個臣屬的背信棄義行為撻伐得特別嚴厲，人們並且為這種罪行取了一個特別難聽的名稱：變節。

另一方面，構成古代國家生命要素的激情，也就是愛國心，在中古時代差不多連痕跡都不見了。愛國心這個名詞由來並不十分久[1]。封建制度使人見不到整個國家，因此也使人對國家的愛沒有那麼大的必要。人在他對別人的愛憎裡把國家忘掉了，因此對國家忠誠並不是嚴厲的封建榮譽法則的一部分。這並不是說我們的祖先心裡不愛國，不過他們的愛國心只是一種微弱的直覺，到貴族階級廢除掉，國家的最高權力中央化之後，愛國心才明顯壯大。

這一點從歐洲國家對它們史實所下判斷之前後不同可以看出。在波旁王朝時代的人看來，當時的將軍最不光榮的事就是他對皇帝造反；而

在我們這一代看來，他最不光榮的事則是他居然和他自己的國家作戰。我們和我們祖先雖然同樣嚴厲地批評他，可是原因卻不同。

我選擇封建時代的道義來說明我的意思，是因爲它的特點較爲明顯，我們對它比對任何時代的道義都熟悉，可是我本來也許該在別處找例證，而從另一條途徑獲得相同的結論。

我們對羅馬人雖然不若對我們祖先那麼熟悉，可是我們知道從他們那裡得來的某些關於光榮恥辱的奇怪觀念，並不是從是與非的一般原則裡衍生的。許多行爲都是按照它們影響到一個羅馬公民、或是一個外國人、一個自由人、或是奴隸的不同角度去判斷的。某些壞事被大肆宣揚出去，某些德性則特別受重視。蒲魯塔克在《卡里歐蘭諾斯傳》裡說：「在那個時代，羅馬對衝鋒陷陣之勇比其他所有美德更尊敬更珍視，竟用美德這個堂皇名詞來稱它；因此美德在拉丁文裡也有英勇之意。」還有誰看不出那爲征服全世界而形成的奇特社會的奇怪需要嗎？

任何國家都有相同的背景供我們去觀察，因爲我已經說過，一旦形成一個特殊團體，榮譽觀念便立刻油然而生，那就是他們自己對榮辱褒貶的一套意見；這些特別規則永遠是那社會特別的習慣與特別的利益所造成的。

在一定的範圍之內，這一點對民主社會及其他社會都是通用的，我現在就以美國人作爲例子來證明[2]。

美國人的觀念裡，還零零碎碎地摻雜著關於歐洲舊貴族的道義榮譽的一些模糊觀念，但是這些傳統的意見並不多，在美國既未根深蒂固，而且也沒有多大力量。它們就像廟還存在，但是人已經不再相信的一種宗教。不過在關於道義的這些半湮沒的古怪觀念裡出現了一些新意見，構成我們如今可以稱作的美國道義。

我在前面已經表明美國人是怎樣經常被迫而從事工商事業。他們的出身、社會地位、政治制度、甚至於他們所住的地區，都使他們無從抗拒地朝這個方向走。他們目前的情況差不多完全是在一個前途無限的新國家裡的工商業協會，其主要宗旨在於爭取利潤。這是目前美國人與其他各國人最不相同的一點。

因此美國人對那些能幫助社會有正規進展的那些安詳的德性特別重視，疏忽這些德性便引起眾人鄙視。所有較爲不安詳的德性雖然常常使人目眩，可是也常常驚動社會，因此美國人認爲它們是等而下之的；忽視這些德行並不會失去他人的尊敬，要是獲得這些德性則反而有失去他

人尊敬的可能。

美國人並沒有把壞習慣武斷分類。有些癖好照人類理性與良心來說似乎是可以非議的，但是偏偏投合美國社會的暫時特殊需要：人們對這些癖好不加重責，有時而且加以鼓勵；比方像愛財以及與愛財有關的附帶癖好，都是可以特別列舉出來的。美國人因爲要開墾、耕耘、並且改變他們那版圖遼闊而沒人住的大陸，每天需要一種足以全神貫注的愛好作爲精神上的支撐；而這種愛好只能是愛財；因此愛財在美國是無人責怪的，只要不逾越公眾安全的範圍便還受人尊重。美國人所稱讚爲高尚、值得讚美的這種野心，就是我們的祖先在中古時代所痛斥的那種愛財如命的貪婪，正和他痛斥驅使我們祖先上戰場的那種征服異土、好動干戈的熱情，是盲目野蠻的瘋狂行動一樣。

在美國財產失而復得並非難事；幅員廣闊無限，資源取之不竭，用之不盡。人們都有像正在發育的少年的種種殷切需要與渴望，隨便他們怎樣拼命，總是消耗不盡。對於這樣的一國人民，最危險的就是人人變得好吃懶做，而不是少數人的傾家蕩產，傾家蕩產之後不久還可以東山再起，恢復原狀。美國進步迅速、國力強盛的最大原因是人民有大膽的進取精神，在美國做生意就彷彿買政府獎券似的，少數人不斷輸錢，政府永遠賺錢，所以應該鼓勵這種國家的人民大膽進行商業投機，並且對此表示尊敬。但是大膽投機便容易使投機者本人及信任他的人有傾家蕩產之虞。把商業上的大膽作風視作美德的美國人，絕不會蔑視如此做的人。因此美國對破產者特別寬容，他們的聲名並不受損失。在這方面美國人不但與歐洲國家不同，而且與我們當代所有商業國都不同；因此他們的地位或需要也和這些商業國不同。

在美國，人們對易於敗壞道德純潔及婚姻關係的一切邪惡壞事，處分之嚴冠於全球。驟看起來，這一點似乎與他們對其他事情所表現的容忍有很奇怪的抵觸。同一民族的道德觀，一方面寬鬆，另一方面又如此嚴苛，也令人稱奇。可是這些情形並不像表面上那麼難懂，愛財之心促進美國在商業上的偉大地位和繁榮，輿論對它只微加抑制；井然有序的家庭生活是商業成功所不容或缺的，而品行放縱則使人不能專心謀福利而且還擾亂家庭生活，輿論對它特別大肆撻伐。因此美國爲博取他們同胞的尊敬起見，被迫適應有條不紊的習慣；根據這種意識來說，他們認爲過純潔生活與榮辱有關。

美國及歐洲的榮辱觀念有一點是相同的；彼此都把勇敢視爲最高的

美德，而且認爲它是人最需要的道德；但是彼此對勇敢的觀念則不同。美國不大重視衝鋒陷陣之勇；他們最熟悉、最尊敬的勇氣，就是使人大膽冒海洋之險早日抵達港口，恬然忍受蠻荒的艱辛生活，和比艱辛生活更殘酷的孤寂，使他們對失掉辛辛苦苦掙得的家財差不多毫不在乎立刻再去努力賺錢的那種勇氣。這種勇氣對於維持美國社會和社會繁榮是特別有其必要的，美國社會上對這種勇氣也特別尊敬；一流露缺乏這種勇氣便一定會被人看不起。

　　我還要說出一個特點，這點會使本章的意旨發揮得更清楚。在美國那樣的一個民主社會裡，殷富之家不多，而且不能永保，所以人人都工作，工作可以使人有種種發展；於是榮辱觀念轉變了，鄙視閒散。我在美國有時候遇見有錢的年輕人，雖然不喜歡做費精神的事，但是不得不操一種職業，依照他們的性情和家產，他們根本不必做事，可是輿論不容他們這樣，他們不能違反。另一方面，在貴族竭力抗拒洪流的歐洲國家裡，我常常見到人雖然因爲貧窮而經常想做事，但是被身分相等的人恥笑而繼續賦閒；我也知道這些人寧願過苦悶艱辛的生活而不要工作。人人都不會看不出這兩種截然相反的義務是兩種不同的行爲規則，但都以榮辱觀念爲根源。

　　我們的祖先所標明的榮辱，實際上絕對只是它的一種形式；他們等於是把大類名加在一個「小科目」上。在民主時代及貴族時代都有榮辱觀念，不過在民主時代情形不同。它的禁條不但不同，而且比較少，也不像貴族時代的那麼嚴格，人們也不像以前那樣受它支配。

　　階級的地位永遠要比民族特殊得多。世界最特別的情形，就是由永遠保持不變的家族組成的一個小團體（比方像中古時代的貴族社會），其目的在用世襲和不給外人的方式，把教育、財富和權力永遠集中，並且保持在自己的成員手裡。可是一個團體的地位越特殊，它的特殊要求也越多，它的榮辱觀念範圍也更廣大。

　　因此榮辱規則在不分階級的民族裡永遠要比其他民族少。要是一個民族裡難以發現任何特殊的社會階級，道義或榮辱觀點便只限於少數格言，而這些格言會越來越接近人類普遍接受的道德律。

　　是以在一個民主社會裡，榮辱規則不像在貴族社會裡那麼特殊、那麼多面化，同時也比較晦澀，這是必然的後果；因爲榮辱標記既比較少，又不那麼特殊，當然常常難以辨識。除了這點以外還有別的原因，在中古時代，世代傳嬗而不能有任何新作爲，每個家族就像一個永遠不

死但是永遠不動的人，人的意見也不比地位更容易改變。人人眼睛裡所見到的老是那一套東西，他思考時也是由同一個出發點開始；他的眼睛逐漸察覺最微小的細節，他的認識到了最後一定是清楚精確的。是以封建時代的人，對關於榮辱的事不但有十分特別的意見，而且每個意見都是清楚精確地呈現在他的腦子裡。

在美國永遠不會如此，因為那裡人人都永遠跑來跑去，社會每天都在轉變，意見也隨著需要而改變。在這樣的一個國家裡，人們對榮辱規則雖然微有所知，但是往往沒有時間好好去注意。

可是即使社會是不動的，仍難決定榮辱一詞應有的定義。在中古時代，因為每個階級都有自己的一套榮辱觀念，不會同時有許多人接受一個相同的意見；如此便可能使意見有一個堅定且正確的形式，因為接受這個意見的人個個都有完全相同的而且極特殊的地位，當然都願意同意純為他們自己而制定的法律之觀點。

是以有關榮辱的規則便成了一個完備詳細的制度，可以預料可能發生的一切情況，並且預先規定好應對的方式，另外還有關於人類行動的一個固定不移且永遠明顯的標準。在一個民主國家裡，就像美國吧，階級混淆，整個社會形成一個大塊，成分雖然並不完全一樣，然而都是類似的，不可能按照榮辱法則預先議定應該准許什麼，不准許什麼。

美國人民之間真的普遍存在著一些需要，因此全國產生出對榮辱之道的意見：可是這些意見產生的時間從未相同，方式從不一致，對整個社會所造成的影響強度也參差不一，榮辱法則確實存在，可是沒有機關公佈它。

在法國那樣的民主國家裡情形更混亂得多，因為在那些國家裡舊社會的各個階級如今雜處在一起，可是還沒有水乳交融，彼此都每天互相把關於榮辱的種種有時衝突的觀念灌輸到其他圈子裡去，人人憑自己的意志，自動拋棄他祖先的一部分信條而保持另一部分；是以在如許武斷的措施裡，永遠訂立不了共同規則，也簡直不可能預測哪些行動會受人尊敬，哪些會被人鄙視。這種時候並不好過，不過為時卻很短暫。

在民主國家，榮辱觀念並不十分鮮明清楚，其作用當然也比較小，因為要是一條法律人民知道得不太清楚，便不能很有把握地加以援用。輿論雖是榮辱法規的當然的和最高的解釋者，可是對褒貶也不清楚應該偏向何方，只能吞吞吐吐地作出斷語，有時候眾人的意見可能是自相矛盾的，但是不置可否地敷衍過去的時候卻更多。

民主國家裡榮辱之觀念所以微弱，還有其他幾個原因。

在貴族政制國家裡往往只是少數人永遠保持相同的榮辱觀念，這些人不但人數永遠有限，而且常常是和其他人隔離的。在他們的腦子裡，榮辱很容易與他們的地位與眾不同的其他觀念互相摻合；他們認爲那是他們本身身分的主要特徵；他們極認眞起勁地援用它的種種規則，而且他們非常喜歡（如果我可以這麼說的話）受它的支配。

舊律書裡講到比武定罪時，把這一點說明得極清楚。貴族發生糾紛而比武時，規定必須使用長和劍。農奴們在比武定罪時，只能用棍棒，因爲舊律書說，「農奴們沒有榮辱。」這並不是說照我們現在所可能想像的，農奴們都是卑賤的，只是說不能以對貴族行動通用的規則來判斷他們。

初看上去令人驚訝的是，當榮辱觀念在社會上勢力最盛時，它的戒條也最古怪，以致它與常理相距越遠，越容易爲人遵從；因此有人認爲榮譽法規由於它本身的誇張性而地位益見鞏固。這兩點的確有一個共同來源，但並非一點是從另一點衍生的。榮辱和它所標明的需要的特殊性，以及這些需要所反映的人的精神貧乏成正比，也變得離奇了，因此榮辱觀念並不是因爲離奇而更有力量，而是因爲同一原因既奇異又有力。

況且在貴族政制國家裡，各個階級都相異而且固定不變。每個人在他自己的圈子裡都有個不能放棄的地位，他和受到相同約束的人生活在一起。在這些國家裡，沒人能夠希望或是怕不爲人所見而逃走；每個人無論身分多麼低，總是有他自己的圈子，沒人因爲隱瞞而不受到褒貶。

在民主國家裡，所有社會成員雜居在一起，經常不安，輿論無從使人就範；他們一下子就失蹤不見，躲避輿論的制裁。結果榮辱完全是做給人看的，和德性不同，德性是自我存在，只要它本身認可便滿足了。

讀者如果很清楚地了解上述一切，便會明白社會地位的不平等，與這裡所稱之爲榮辱的觀念，有密切而且必然的關係。可是這種關係，如果我沒有弄錯的話，以前還沒有人清清楚楚地指出來過，因此我將再嘗試一次，把它妥善地闡明。

如果一個民族與其餘的人類隔離，沒有人生天生的某些一般需求，那它也會產生特殊的需求與利益。那個社會會產生它的成員稱之爲榮辱的某些特殊意見。現在假定這個國家產生一個與其他階級隔離的階級，它將有某些特殊的需求，而這些需求又促成特殊的意見。這個階級的榮辱，是由民族的古怪觀念和階級本身更古怪的觀念所摻合而成，和人類

一般的、純樸的意見不但相差不可以道里計，而且也不能根據這些意見去想像。

我講完這一點後再回到原來的課題。

一旦階級摻雜起來，特權也取消掉，整個民族的人便再度地位平等，個個相似，彼此的利益和需要也完全相同，每個階級稱之為榮辱的所有奇怪觀念便都逐一消失。榮辱觀念只是由於整個民族的特殊需求而產生的，沒有其他來源，它向全世界反映出那民族的個性。

最後，如果可以假定人類各種族都應該摻合起來，所有民族總有一天會有共同利益，共同需求，彼此之間沒有什麼差異，那麼便不會再對人的行動給予常規價值，大家對每個人的看法也都相同；每個人因為他的良知而認識的人類一般需要，將成為共同的標準。關於是與非的一般簡單意見將為全世界所承認，而且由於自由及必要的關係，將附帶著褒貶之意。

如把我這些話歸納成一個簡單命題，那就是：人的不同點和不平等造成了榮辱觀念，這些差別一旦取消，榮辱觀念便沖淡並且隨之而逝。

注　釋

【1】 法國作家到 16 世紀才採用 patrie 一字。

【2】 我在這裡所說的美國人，是指那些住在沒有奴隸制度存在的那些州裡的美國人，只有他們才能表現出民主社會的完整情況。

第十九章
爲什麼美國人多懷上進之心卻少有大志

　　一個旅行者在美國所得到的第一個印象，就是有這麼多人要上進；其次，就是雖然社會各階層的人都有上進之心，但是卻很少有什麼大志。沒有一個美國人不想上進，可是似乎沒有什麼人有偉大胸懷或是十分崇高的目標。人人不斷設法取得產業、權力和名望，可是沒有幾個人志向很大。這是令人驚訝的，因爲從美國的習俗和法律裡，都看不出有限制人的慾望和阻止人向各方面發展的地方，我們似乎難以將此種奇怪情況歸咎於社會地位的平等；因爲法國的社會地位平等之後，人的野心便大得毫無限制。不過我想我們可以找出這椿事實的主要原因，在於社會地位和美國人的民主習俗。

　　所有的革命都激發人的雄心，對推翻貴族政制的革命來說尤其是如此。阻止老百姓取得名譽與權力的舊障礙忽然一旦取消，大家便會爭先恐後地希望得到他們垂涎已久、最後才可以享受到的名利。在這種興奮刺激的情況下，沒有一個人認爲有什麼是不可能的；不但慾望沒有止境，連滿足他們的力量也似乎是無窮的。在法律與風俗突然發生變化，人與法令都亂得一團糟的時候，社會上的升降興衰來得太快，權力之易手也那麼迅速，人人不必因爲得不到手而灰心。

　　但是必須記住，消滅貴族社會的人曾經在貴族的法律下生活過；他們曾經目睹它的盛況，而且在無意之中感染到它的情懷與觀念。是以貴族社會雖然瓦解了，它的精神卻在社會上瀰漫著；它雖然早已被推翻了，可是它的傾向仍然保留著。所以只要民主革命存在著，人們的志向永遠非常之大，而且在革命完成後的若干時日後仍是如此。

　　人們在旦夕之間絕不會忘卻他們所目睹的一切驚天動地的事故。革命所引起的激情是不會在革命過去時隨之消滅的。秩序雖然恢復，可是仍有一種不穩重的感覺在變遷過去後仍然存在下去；慾望仍然非常大，而滿足慾望的方法與日俱減。發大財的願望仍然存在，可是巨富之家已經寥寥無幾。我們到處發現人們心裡激起了莫大野心，但是徒費心血而未能成功，身心都受到摧殘。

到後來，爭鬥的最後餘跡也消滅了，貴族社會的殘餘也完全不見了，招致貴族社會崩潰的偉大事件也被人忘得乾乾淨淨。和平接替了戰爭；新國家恢復了秩序；慾望必須適應可以實現慾望的方法；人們的種種需求、意見和感覺再度打成一片；社會的標準一勞永逸地決定了，民主社會就此奠定。

一個民主民族達到這種永久而且正規的情況之後，它的景象和我剛才所敘述的十分不同，我們可以很容易地得到一個結論，認為個人志向變得很大，而社會地位則越來越平等，那麼到了地位完全平等之日，志向也失去了它的氣魄。

財富一再分散，知識推廣之後，沒有一個人連一點教育或產業都沒有。階級的特權和障礙統統取消掉，人們打破了以前把他們固定圈在一起的約束，人人有了上進的念頭，充滿了出頭之心，都想取得更高的社會地位；志向是人皆有之的一種感覺。

可是地位的平等雖使社會上所有人都有點資產，卻也使任何人不能獲得很大的資產，把他們的慾望限制在狹窄的範圍之內。是以在民主國家裡，人們對志向總是充滿了熱忱，但是它的目標並不永遠是崇高的；一般人一生都消磨於積極覬覦可以達到的小目標上。

這一點連民主國家裡的少數殷富公民也不例外。民主國家的人沒有大志的主要原因並不是他們家產微薄，而是他們每天那麼積極地力求上進，極盡他們的可能以獲得很小的收獲，這種情形迅速縮小了他們的眼界，並且限制了自己的力量。他們本來可以更窮些，但是志向卻可以更大些。

這一點連民主國家的少數殷富公民亦不免。一個不斷從苦難中獲得財勢的人，在苦難的過程中培養成謹慎和有節制的習慣，這種習慣後來他甩也甩不掉。一個人不能像擴建房屋似的使自己的胸懷越來越大。

這樣的一個人，他的兒子們也是如此，當然他們一生下來便有崇高的地位，可是他們的父母都是苦出身；他們從小所耳濡目染的種種感情與觀點是他們後來不容易拋棄的。我們可以推想他們不但承襲了他們父親的產業，而且也承襲了父親的習性。

反過來說，一個過去權勢顯赫的貴族家庭的最窮子孫，倒能表現出極大的志向，因為他的環境雖然不好，可是貴族階級的傳統意見和精神，使他在若干時日內仍能意氣奮發。

使民主時代的人不能輕易懷存大志奮鬥以求的另一個原因，是他們

預先見到要過多久他們才能展開他們的奮鬥。法國哲學家巴斯噶說：「出身名門有很大好處，因爲它使一個人在18歲或是20歲時，便已經達到另一個人在50歲才達到的通達，很明顯地佔了30年的便宜。」這30年通常是民主國家裡有志向的人所缺乏的，平等原則使每個人都能得到一切，但是也使所有的人不能迅速晉升。

在民主社會裡就跟在別的地方一樣，只有數目有限的人可以成爲巨富，雖然致富之道人人都可以嘗試，但是這樣一來，進展必定緩慢下來。參加競爭的人都似乎近於相同，而且一有所選拔便違犯民主社會奉之爲最高法規的平等原則，因而最容易想到的解決辦法就是讓他們都以相同速率晉升，然後遭受相同考驗。是以人越相同，平等原則便更和平地深深融合到國家的制度與習俗裡去，晉升的規則變得更沒有伸縮性，晉升的過程則反而比以前慢，迅速升到一定高度要比以前困難得多。因爲仇恨特權和不好意思選拔的關係，人們最後便不得不經過相同的嚴格考驗，不管他們的標準究竟怎樣，統統要受到許多微不足道的初步訓練，浪費掉他們的青春，喪失了他們的幻想，因此對是否能充分得到等待他們去擷取的一切感覺失望；到了後來他們能有所作爲、幹些不平凡的事時，興致早就沒有了。

在中國，從古以來人人地位便極平等，一個人必須要經過競爭性的考驗才能從這個公職晉升到另一個公職。他的政治事業每進入一個新階段，便先要經過一番試用。這種觀念已經在中國人民的習俗裡根深蒂固。我記得我曾經讀過一本中國小說，書中的主人翁在受了無數次挫折之後，最後終於在考試中出人頭地而贏得佳人的芳心。在這種氣氛裡是不容易有崇高志向存在的。

我所說的關於政治的話，對其他任何事物也不失其正確性。平等無論在什麼地方都產生相同的作用；凡是國家法律並不管制及阻礙人晉升的地方，競爭也可以得到相同效果。

是以在一個建立已久的民主社會裡，大而且快的晉升是罕見的。這樣的晉升成爲常規的一種例外情形，而此特點使人忘了它是如何罕少發生的。

住在民主國家裡的人，最後終於發現下列事實。他們國家的法律給他們無限的機會，但是人人都休想加速晉升，他們發現在他們和他們的最後目標之間有許多小小的障礙，非得慢慢地克服不可；這種前景立刻使他們望之生畏，對他們的志向起了寒心，因此他們放棄如此渺茫的希

望，改而尋求和他們更接近，雖不那麼崇高但更容易得到的享受。他們的發展範圍沒有受法律限制，卻被他們自己縮小了。

我在上面已經提到，崇高的志願在民主時代遠比在貴族社會時代少見。我還可以補充一句話，當有這些天然障礙而竟然產生崇高志向時，它們的性質是不同的。在貴族政制國家裡，志向的發展範圍是廣闊的，可是它的界限卻已經劃定了。在民主國家裡，志向的範圍比較狹窄，但是如果突破它的藩籬，那麼便沒有止境了。因為民主國家裡個人的力量是微弱的，又各自為政、經常變動，而且前例既無權威，法律的作用也是短暫的，對新奇事物的抗拒並不積極，社會的組織也似乎從來都不堅固結實。所以一個野心勃勃的人一旦大權在握，便沒有什麼他不敢做的；當他失去權力，他便沉思如何推翻政府再度取得大權，這種情形使政治上的大野心具有革命的殘暴性質，而這一點在貴族社會從來都沒有如此強烈地表現出來。民主國家因為具有平凡的性質，所以會提供許多既小又合理的志向目標，有時候會出現一些沒有控制住的更大慾望，但是並沒有什麼大規模籌劃的志向。

我已經在他處說明平等原則如何發揮秘密作用，使人心耽於物質上的滿足，而且一味只顧眼前。這些傾向和志向融合起來，並且使志向沾染上它們的色彩。

我相信民主國家裡那些野心勃勃的人對於後世的利益與判斷比任何人都不在乎。他們所全神貫注的就是眼前，他們對迅速完成若干事業的傾向，比建築表彰自己成就的永久紀念物更大，他們把成功看得比名望重得多。他們最需要人聽話服從，他們最垂涎的就是帝國。他們的舉止差不多永遠比他們的身分粗野；結果是他們常常在他們驚人的財富裡帶著非常低劣的鑑賞力，他們取得最高權力似乎只為的是滿足他們那些粗俗或是低級的樂趣。

我想在我們這一代必須使志向不但潔化而且有節制與分寸，但是如想加以抑制，或是使它喪失殆盡，將是一件極危險的事。我們應該試行規定使它不得踰越的極限；在極限範圍之內便不應加以遏止。

我承認，我為民主社會擔憂的不是慾望的大膽，而是它的庸俗。我認為最可怕的是在私生活的無數瑣碎小事裡，志向竟然失去它的力量和偉大；人的激情不但沖淡，而且降低了，使社會得以日趨寧靜，傾向於澹泊。

現代的社會領袖試圖以一律化的狀態和太寧靜無事的快樂來哄騙整

個社會，我認爲這是不對的，應該使社會有時候遭受困難與危險，以激發人的志向，並使他有大顯身手的機會。

道學家經常埋怨，現在能抑制最小的邪惡就是驕傲。這種批評在某一種意識來講是對的，因爲每個人都認爲他比他的鄰居好，或是拒絕服從他的上司；可是在另一種意識來講則是非常不對的，因爲那不能忍受服從或是平等的同一個人，對他自己那麼鄙視，使他認爲自己生來只是要享受庸俗樂觀的，他一心情願地受下流慾望的驅使，而不敢去幹崇高的事，而且也連想也不想。

是以我非但不認爲應該讓我們同時代的人學習謙遜，而應使他們更看得起他們自己和別人。謙遜對他們是無益的；我認爲他們最需要的是驕傲。我情願以我們的幾個次要的德性來交換這一種邪惡。

第二十章
某些民主國家裡的求官熱

在美國，一個人一有了些教育和錢，便從事工商以致富，或在未經開闢的地帶買地做個開墾者。他所有求於政府的，只是不要使他的工作受到干擾，因而使他的收入能夠穩靠。在大多數歐洲國家裡，一個人開始覺得他自己有力量而想擴展他的慾望時，他所想到的第一件事就是找個公職。同一個原因而產生出相反的反應，這是值得我們稍加研究的。

當公職不多、待遇既不佳又不牢靠，而經商機會既多又易賺錢時，則平等原則所產生的新熱望的對象都是商業，而不是公職。可是社會階級如果越來越平等，人民的教育卻仍然不夠，或是他們的精神怯懦，而工商業又不能欣欣向榮，只有慢慢苦幹才能發財，社會上的人對於改善他們的地位感覺失望之餘，會跑到國家元首面前去要求助以一臂之力。使國庫損失些錢以減輕自己的需要，在他們看來是提高自己不滿的地位的一個最容易、最現實的辦法，即使不是唯一的辦法；於是求官謀祿成為從業人員最多的一項職業。

在那些中央集權的大君主國家裡情形必定特別如此，因為在那些國家裡領薪俸的公職極多，而且極為穩當，人人都不怕得不到一份差事，得到之後便可以一直保持下去，和世襲財產一樣。

我不能說這種普遍過分的謀職慾望是一種深重的社會邪惡；它毀滅了人民的獨立精神，並使整個社會上上下下都瀰漫著一種貪污諂媚的壞風氣，把好的德性都扼殺了；我也不會詳細說明這種風氣徒然造成一種無益活動，擾動了國家可是對國家毫無進益。這些事都是很明顯的，但是我要指出，鼓勵這種傾向的政府會使它本身的安寧和存在冒莫大危險。

我知道，在我們這種時代，從前人民對權威的敬愛現已逐漸消失，而當權者可能利用每一個人的切身利益來加緊控制每一個人，而且也似乎不妨利用人們的激情使他們就範；可是局面不能長久如此，在某個時期內被視為力量的泉源，後來必定會成為阻陷與衰弱的重大根由。

在民主國家和其他任何地方，官方任命的職務終有一定限度，可是希望得到這些職務的人卻無窮盡，而且社會地位越平等，人數便越往上

升；只受人口的限制。

是以公職成爲有志者的唯一出路時，政府必然遇到一種長久存在的對立；因爲收入有限而慾壑難填。我敢說全世界的人當中最難約束與駕馭的就是求職的人。無論統治者作出何種努力，求職的人總是不滿足。必須了解的是，這些人後來必會推翻國家的組織，並且改變國家的面貌，目的只爲了清除那些目前擔任公職的人。

當代的統治者如果一心一意只力求根據平等所引起的新慾望而行事，那麼他們到後來一定會悔恨當初不該推行這種政策。他們會有一天發現，他們使自己的力量爲人們所需要，實在是一種冒險。更安全更誠實的辦法，應是教育人民如何照顧他們自己。

第二十一章
大革命何以越來越少

　　數百年來一直在階級制度下存在的國家，只有進行長系列的重大轉變，激烈從事，產業及權力都迅速易手之後，才能成為民主社會。而且即使在這個大革命完成後，它所造成的革命習慣或許歷久不墜，後來必會發生基本上的混亂。因為這一切都是在社會地位越來越平等時發生的，所以有人認為平等原則與革命之間有某種秘密關係，因為兩者是互為因果的。

　　關於這一點，推理與體驗所得的結果是相同的。在階級近乎相同的一國人民間，看不出使人與人結合或是使他們各安於位的約束。他們當中沒人有指揮的權利與權力；沒人因為地位的關係而被迫受命於人；可是人人想辦法使自己有點教育與資產之後，便可以選擇自己要走的道路，撇開眾人逕自朝前走去。使社會上所有人誰也不依賴誰的同一原因，也使他們產生不安的新慾望，並且經常慫恿他們上進。因此在一個民主社會裡，人、事物和意見永遠在迅速改變其形式與地位，而且民主時代應該是不斷迅速轉變的時代，這些都是理之當然。

　　但是情況是否真的如此？社會地位平等是否永遠使人進行革命？社會情況是否蘊含一種令人不安的原則，它防止社會逐漸平靜，並使民眾不斷改變他們的法律、原則和習俗？我不相信如此，因為這個課題是很重要的，所以希望讀者密切注意。

　　差不多改變國家面貌的一切革命，不是使社會益形不平等，便是消除這種不平等。撇開造成世界大變動的次要原因不談，你便差不多一定會發現歸根究底是不平等的原則在作祟。不是窮人想洗劫富人，便是富人想奴役窮人。如果情形的確是如此，那麼若能創造出一種社會情況，使人人都有些東西可以保存，而沒有什麼必得從別人那裡去拿，這樣對世界和平便有很大貢獻了。

　　依我看來，在一個偉大民主國家裡，總有些社會成員是窮的，有些是富的，但是窮人並不像在貴族社會那樣形成全國的大多數，而是為數較少，並且法律並不因為他們世世代代不可補救的貧窮而把他們約束在一起。

　　另一方面，富人既少又無力量；他們沒有引起眾人注意的特權，連他們的財富也不再和土地有密切關係，而是不可捉摸的、無形的。因為不再有窮人階層，所以也不再有富人階層。在芸芸眾生中每天都有富人產生，然後曇花一現地再回到芸芸眾生的隊伍裡去。他們並不形成一個特別顯著、容易取代的階級；而且他們和一般民眾有千百種秘密關係，人民如果攻擊他們便不能不同時傷害到自己。

　　在民主社會的這兩個極端之間，有無數各方面幾乎相同的人，這些人非貧非富，他們所擁有的產業不足引起別人的妒嫉。這些人是激烈騷動的天然敵人；他們因為缺乏激情，所以使在他們上面和下面的人也都靜止著，使社會組織得以保持平衡。

　　真的，並不是這些人竟滿足他們的現狀，而且並不是他們天生不喜歡革命——發生革命的話，他們或許還可以分享其成而不必共患難；相反的，他們一心一意渴想發財，不過困難是不知道向什麼人打主意。經常刺激慾念的社會情況，同時也把這些慾念加以必要的限制；它使人增加了改變的自由，卻減少了對改變的興趣。

　　民主國家的人非但不理所當然地希望革命，而且實際上畏懼革命。所有的革命都多多少少使產業的維持受到威脅，而民主國家裡的人大都是有產業的；非但有產業，而且都極重視他們的產業。

　　如果我們仔細考慮社會的每一階級，便容易看出產業所造成的愛憎在中產階級裡最尖銳、最堅強。窮人往往不大在乎他們的所有物，因為匱乏所給他們的磨折遠超過他們對他們那一點點所有物的享受。富人除了財富以外還有別的許多愛好來滿足他們，而且長期盡情享受大筆財產後來反而使他們感覺不到財富的魅力。然而既不豪富又不貧窮，但是有能力維持生活的人，對他們的所有物卻十分重視。因為他們還可以說是窮，見到隨時有貧困的威脅而害怕。在貧窮和他們之間只不過是一點點財產，他們的憂慮和希望都立刻集中在那上面。他們對自己的財產一天比一天關心，經常照料，而且因為他們不斷努力提高數額，所以對它愛之彌深。那怕把只是一小部分財產給人，他們也捨不得；要是完全喪失掉，更是不得了的厄運。

　　如今這些十分熱中而又憂懼的小資產分子構成一個因為地位平等而人數越來越多的階級。因此在民主社會裡，大多數人民看不出革命對他們有什麼好處，而且在各方面都覺得革命會使他們受損失。

　　我在這本書裡已經說明過，地位的平等自然促使人去從事工商業，

它使地產不但增加而且得到分配，我也已經指出鼓勵人經常急切為自己謀福利的辦法。沒有比這些更反對革命激情的了。不過有時候，一切革命的最後結果可能是對工商業有利的；但是它的初步影響永遠是工商界人士被弄得傾家蕩產，因為最先發生變化的是一般消費原則，供與求的情況也暫時失調。

我不知道還有什麼比商業和革命更水火不容的。商業是天生反對一切激情的；它喜歡投機取巧，喜歡妥協，竭力避免激怒人。它能忍耐，曲意奉承，能屈能伸，非萬不得已不採取極端措施。商業使人們彼此互不相靠，而且使他們自視崇高，引導他們一意辦理自己的事，並且教導他們辦理得好；因此它一方面使人們得到接受自由的準備，另一方面維護他們遠離革命。

在革命中，持有動產的人比所有其他的人都來得害怕，因為一則他們的產業往往會遭沒收，二則他們隨時都可能傾家蕩產。這種恐懼，擁有不動產的人是比較不會有的，因為他們雖然可能失去產業的收入，然而還可以希望在經過最大的動盪之後仍保留住它。因此有動產的，對革命混亂的徵象要比有不動產者驚惶得多。這樣說來，可分配的動產越多的國家，以及擁有動產的人數目日增的國家，便越不願意革命。

而且，無論人操何種職業，擁有何種產業，他們都有個共同特徵。這就是沒有一個人滿足他目前的財產，他們都永遠千方百計地力求增加財產。每個人在一生中任何時候都在進行發財的新計畫。不要和他講什麼人類的利益與權利；他一心以家為重，使他只希望能把政治騷動拖延到為了別的原因而爆發。這不但使人不致於革命，而且還使人不要革命。強烈的政治激情對全力為自己謀幸福的人並沒有多大控制力。他們對小事情所表現的熱忱，使他們進行驚天動地大事的熱情冷靜下來。

民主社會裡時時真會有胸懷大志的人崛起，他們不能循規蹈矩地使他們的無限願望得到滿足。這些人喜歡革命，而且歡迎革命的來臨。不過除非有特別的事發生助他們一臂之力，他們是極難進行革命的。沒人能和他的時代與國家的精神鬥爭而得利的，無論他權勢多大；他也發現，使當代的人接受和他們的感情與慾望相悖的感情與意見十分困難。

有人以為一旦地位平等成為無人爭議的社會舊情況，並且已將它的特點灌輸到國家的風氣與習俗裡去時，人們會輕易縱容一個鹵莽的領袖或是大膽的革新者而使他們自己遭受極大的危險，這種看法是錯的。的確他們不會公開抗拒他，也不會使用詭計或預定的抵抗計畫去抗拒他，

他們也不會和他激烈掙扎，有時候他們甚至會稱讚他，但是他們並不追隨他。他們秘密以慢吞吞懶洋洋的態度抵制他的如火激情，以他們保守勢力的利益來抵制他的革命傾向，以他們簡單平凡的興趣抵制他的大膽愛好，以他們的良知抵制他靈機一動的奇想，以常情抵制他的詩意。他以極大努力把他們扶植起來，可是剎那之間他們便擺脫他，彷彿因為本身過重的關係，退倒原處。他拼命喚醒那些態度冷淡、心不在焉的芸芸眾生，但是發現他自己後來反而變得無能了，並不是因為他被征服，而是因為他是在唱獨腳戲。

　　我並不是說民主社會裡的人都是天生靜止不動的；相反的，我想，這些社會總是有一種躍然欲動的狀態，人們並不知道靜止的滋味。不過我想人的那種躍然欲動的心情是有其限度的。他們差不多從來不逾越限度，對於次要的事永遠改來改去，對於基本的事便很謹慎地不去碰。他們愛改變，然而怕革命。

　　美國人雖然經常修正或是廢除他們的法規，但是並沒表現出革命激情。只要看一件轟動公眾的事開始令人不安，而他們似乎最激動的時候，他們便立刻抑制自己；從他們那麼迅速冷靜下來，便可以看出他們最怕革命，認為革命是最要不得的不幸之事，人人心裡都暗自決定作出重大犧牲以使浩劫不致於發生。世界上沒有一個國家的人像美國人愛產業愛得那麼積極、那麼殷切的；也沒有一個地方的人像美國那麼不贊成可能威脅到財產法的那些原則的。

　　我常常說，革命理論因為非徹底而且有時突然改變財產與人的情況便不能實踐的關係，所以在美國反而沒有在古老的君主國家裡那樣受歡迎。要是有些人表現出革命思想，不多久人們便可能避之如蛇蠍。我敢說，法國人通常認為合於民主性質的原則，在美國多半會遭受排斥。其中道理很容易了解：在美國，人們有民主的意見與激情，在歐洲，我們仍有革命的意見與激情。

　　要是美國會有一天發生大革命，那麼一定是因為美國土地上有黑人存在而引起的。也就是說，革命的根源不是地位平等，而是地位不平等的社會情況。

　　社會地位一旦平等，每個人都有脫離一般人而生活的傾向，把重心集中在自己身上，而忘記了大眾。如果民主國家的規則是不去矯正這種極要不得的傾向，或是助長這種傾向，以為這樣可以使人擺脫政治激情從而防止革命發生，那麼他們後來便可能作法自斃，反而得到他們所要

避免的惡果；而且會有一天，少數人的過分強烈的激情在多數人愚昧自私和卑怯協助之下，會逼迫社會經歷奇怪的變故。在民主社會裡除了少數人以外，別人不大想要革命，然而少數人有時能影響他們。

我並不是說這些民主國家不會發生革命，我只是說這些國家的情況並不導致革命，而實在是防止革命發生。一個民主國家如果不受外方干涉的話，是不會輕易進行重大冒險行動的；它只是在猝不及備時會發生革命，它有時會發生革命然而並不造成革命。我還要補充，這些國家的人一旦有機會獲得相當知識與經驗，便不會縱容革命釀成。

我深知在這方面，典章制度本身也很可以發揮作用；它們可以鼓勵或是抑壓社會情況所產生的傾向。是以我再重複一遍，我並不認為一個國家只是因為社會地位平等便不會發生革命；但是我認為無論這個國家的制度是怎樣的，發生大革命的可能性是要比一般所想像的為少，而且我還可以很容易地看出，政治情況如果和平等原則摻合在一起，便使社會比我們原來的更穩定。

我在這裡根據事實而觀察出的道理，也可以部分應用到意見上去。在美國有兩件事是使人驚奇的，這就是：人類大多數行動的易變性和某些原則的固定性。人經常動來動去，他的腦子則似乎一點都不動，一旦一個意見傳遍全國而且深深紮根，那麼就連翻山倒海之力也消滅不掉它。在美國，關於宗教、哲學、道德、甚至於政治的一般原則都是不變的，或至少只藉一種隱秘的、往往看不出的方法而變更；在人與事物不斷的衝突中，連消除最顯著的偏見也慢得使人不能相信。

我聽說民主國家的習性是經常改變它們的意見和感觸。對像古時候那些全國人民可以集中在一個廣場上被任何一個演說者煽動的那些小民主國家來說，這句話可能言之有理。但是在大西洋彼岸的大民主國家卻沒有這種情形。我在美國引以為奇的，就是某種意見一旦採用之後，大多數人便堅持不移。無論你如何苦口婆心地說或是以文字相勸都沒有用，只有親身經驗過才可以使他們改變初衷，而且就是經驗一次也不夠。

這種情形起初令人驚奇，但是稍微用心研究一下便知道究竟。我認為要根除一個民主國家的偏見，改變它的信仰，在宗教、政治和道德上用一套新原則代替舊有的原則，換句話說，就是常常使人的思想作重大的改變，並不像一般人所想像的那麼容易。這並不是因為人的腦子靜止不動，它事實上經常在騷動狀態中；可是它是在變更已知原則的後果，並且尋求新的後果，而不是在尋求新的原則。它的動作是迅速的周轉，

而不是迅速直接的作用所產生的向前直衝；它不斷以匆促的小動作循軌跡前進，但是決不突然改變它的位置。

凡是權利、教育、財富，或是簡單一句話說，社會地位相等的人，他們的需要、習慣和愛好也不大會不同的。他們看事物的態度既然相同，當然也容易得到相同的結論；雖然每個人可能與他們當代的人有差距，各有各的意見，但是在某些眾人所接受的意見上，他們都不禁不知不覺地認同。我越仔細思考平等對思想的影響，就越認爲我們所見到的知識方面的無政府狀態，和許多人所想像的不同，並不是民主國家的自然情況。我想，實在應該把那種情況視作他們年輕時所特有的一種偶然情況，只是在人們已經擺脫了以前把他們約束在一起的舊關係，可是出身、教育與習俗方面仍然迥異的過渡時期，才會發生的。因此他們既然各自保持極不同的意見、脾性與愛好，便不再有任何辦法不把這些意見、脾性與愛好公開說明。地位既相同，他們的主要意見也相應地變得相似：我認爲這似乎是一個永久的和一般性的法則；其餘的都是不足輕重與曇花一現的。

我相信民主社會極難得有人突然形成一套與當代人距離極遠的概念；我想他不但會極難發現知音，而且連找聽他的話的人都難。人人的情況差不多相等時，他們總不大容易被他人說服。他們在日常生活上必須互相密切接觸，因爲他們是在一起學到相同的東西，過相同生活，當然不願意無條件地跟隨從他們當中走出來的另一個人。人們很少信任和他們平等或是和他們相同之人的意見。

就像我在他處已經講過的，在民主國家裡，一般人不但對某些人的最高成就的信心減低，甚而一個人在智力上可能比社會上其他人高明的概念，不久也模糊了。人人越相似，也越認爲彼此智力平等，革新者對一般人的思想也更難發生作用。因此在這種社會裡極少發生突如其來的智力革命；因爲如果我們對世界史的認識是正確的，就會發現：人們的意見因爲一個人的名望威信而迅速發生重大轉變的情形比較多，因爲理智而轉變的情形較少。

同時也要注意，民主社會裡的人彼此沒有共同的約束，必須一個一個去說服，在貴族社會裡則只要說服幾個人就行了，其餘的人一定會遵從。要是馬丁‧路德生在平等的時代，而沒有君主公侯去聆聽他的意見，那他或許會發現改變歐洲形勢比較難。

這並不是說民主國家的人天生自以爲他們的意見是對的，他們的信

念是堅定不移的；他們常常懷抱在他們看來沒人能夠袪除的疑念。有時候在這種情形之下，人會願意改變想法。但是沒有東西激勵它或是引導它向前進，它徬徨徘徊，趑趄不前[1]。

甚至於博得民主國家人民的的信心之後，也仍不容易引起他們注意，要不是和他們講他們自己的事，便極難使他們發表意見。他們不注意人們對他們所說的話，因爲他們永遠全神貫注地幹他們的事。民主國家裡的確很少有游手好閒的人；生活是那麼嘈雜刺激，人人都在做事，根本沒有時間用腦子去思索。我應該特別說明，他們不但都忙於工作，而且對工作非常熱心。他們永遠在做事，而做事時要全神貫注；他們在事業方面所表現的熱忱，使他們喪失本來可能在思想上表現的熱忱。

我想凡是與日常生活並無顯明直接關係的理論，都極難激起民主國家人民的熱情。他們不容易拋棄他們的意見，因爲刺激人的腦子擺脫舊思維而進行智力及政治大革命的正是熱情。

是以民主國家既無時間又無興趣去探求新意見。甚至於連他們對他們自己的思想懷疑時也仍然保持這些思想，因爲改變思想要費許多時間與研究；他們保持這些思想並不是因爲這些思想是肯定的，而是因爲它們是一般人所認定的。

民主國家的原則所以不易改變，還有其他更切實的原因，我已在第十九章裡論及。

如果在民主國家裡個人的影響是薄弱的，根本看不出來的，那麼群眾對每個人的思想的影響便是極大的；其中原因我已經說明。我現在再說明，如果以爲這完全在於政府的形式，要是大多數的人喪失他們的政治權力，那麼便也會喪失他們的智力優勢。

在貴族政治國家裡，人們常常有他們自己的優越感和力量。當他們發現他們和大多數國人意見不一致時，他們便退回到他們自己的圈子裡去互相支持、安慰。在民主國家裡情形可不是這樣。眾人的好感似乎像我們所呼吸的空氣那樣重要，和眾人背道而馳不能稱爲生活。眾人並不需要法律來強迫那些和他們想法不同的人就範，因爲大眾不贊許便已經夠了；那些人會深爲孤寂與無能爲力所擾，而終至於絕望。

社會地位一平等，輿論便對個人思想發揮莫大壓力；輿論會包圍、指揮並且壓迫個人。這是社會組織造成的情況，並不是政治法則造成的。人越來越相似，每個人都覺得和其他所有的人對照之下，他自己更微弱了；他看不出他有什麼出人頭地或是與眾不同的地方，他們一抨擊

他，他便立刻不相信他自己。他不但不相信自己的力量，甚至於懷疑自己的權利；當大多數國人說他錯了的時候，他便真正幾乎承認如此。大多數人不必強迫他，他就對他們信服了。所以無論一個民主社會的權力是怎樣組織、怎樣平衡起來，總極難使人相信大多數所擯斥的、或是他們自稱他們所譴責的是什麼。

這種情況對意見的穩重性特別有利。一個意見如在民主國家裡生根，深深印在社會上大多數人的腦子裡，那它後來便會毫不費力地存在下去，因為沒人抨擊它。起初認為它是假的而加以擯斥的那些人，後來也把它視為一般人的意見而加以接受，凡是在心裡仍不以為然的也隱藏起他們的看法；他們不想進行一場既危險又無用的衝突。

的確，民主國家的大多數人民改變意見時，他們可能忽然武斷地在人的腦子裡造成奇怪的思想革命。可是他們的意見改變起來是很困難的，而且要表示他們的意見已經改變，也差不多同樣地難。

時間、事件或是腦裡個別的思考行為，有時候會破壞或是毀滅一個意見，而表面上卻看不出有什麼改變。它既未公開受攻擊，也沒有群起向它作戰的任何陰謀，但是原來遵從這種意見的人一個個不聲不響地離開了它，每天都有人摒棄它，結果後來只有少數人公開保持這種思想。不過它在這種情況之下繼續佔優勢。它的敵人仍然不出聲或是只偷偷摸摸地交換思想，他們自己也是過了良久而不注意事實上已經完成了一個大革命；他們在這種舉措不定的情況下不採取任何步驟；他們互相觀察而保持緘默。大多數人對於他們以前所相信的已經不再相信，但是仍然佯作相信，而這種虛有其表的輿論竟能使革新者膽寒而噤然無聲，並且躲得遠遠的。

在我們所生活的時代，人的思想已有最迅速的轉變，不過在社會上發生領導作用的思想，可能要過很久才會變得比過去數百年穩定得多。這個時日尚未來臨，不過也許漸漸迫近。我更仔細地研究民主國家的自然需求與傾向之後，便認為一旦社會平等在世界上普遍且永久地建立起來，智力與政治革命將比一般人所想像的難而且少。因為民主國家的人似乎永遠很激動、舉措不定、熱心，但是意志與地位都容易變化，所以一般人以為他們會突然廢除法律，採納新意見與新規矩，要是平等原則容易使人改變，那它同時也使人明白關於某些權益與愛好是在秩序安定的情況下才可以得到滿足。平等促人們前進，但是同時又把他們拖住；它鼓勵他們，卻又把他們羈絆在地球上；它煽動他們的慾望，但限制他

們的力量。

這一點起初是不容易察覺的。使民主國家裡的公民各自東西的激情很明顯，然而抑制他們、團結他們的那種暗藏之力，卻不是一眼便能察覺出來的。

我在廢墟圍繞之中，還敢說我對未來年代最怕的並不是革命嗎？要是人繼續在家庭利益的狹小圈子裡故步自封，而且倚仗著這種刺激過下去，那麼他們後來便可能體驗不到能使舉國若狂，但是能使他們能有進一步發展與依歸的那種偉大深厚的情操。產業一旦波動得如此厲害，對產業的愛好又如此惱人、如此強烈，我怕人會變得把每個新理論都視作洪水猛獸，把每種革新看作十分討厭的麻煩，每個社會改良都是革命的踏腳石，結果他因為怕動得太厲害而竟自不肯動了。我承認我怕，怕他們到了最後一味苟且偷安，而看不見他們自己將來的和子孫的利益，喜歡貪安逸而不願在必需時突然奮發努力而上進。

有些人認為現代社會永遠會改變它的面貌，就我自己而論，我怕它會永遠保持相同的制度、成見、規矩，結果人類便受到阻礙與限制；人的思想永遠會進進退退，不會產生新觀念，人會孤獨地為了一些無益的瑣碎小事而浪費掉他的精力，那時人類雖然還是不斷地動，但是不會前進了。

注 釋

【1】如果我探討何種社會情況最適於思想大革命，我便發現最理想的情況是在整個社會完全平等與身分絕對分明之間。在階級制度下，世代傳嬗下去，而人的地位始終不變；有的人再也沒有什麼可以希望的了，其他的人則沒有什麼更好的可以希望了。在這種普遍沉寂止的狀態裡，人們的幻想停止發生作用，人們根本失去了改變的觀念。

階級取消、社會地位差不多平等之後，所有的人都興奮莫已，而且個個都隻身獨立軟弱無力。這種情況和以前大不相同；然而有一個類似的地方，那就是人類在這種情況之下很少發生思想大革命。

可是在國家歷史的這兩種極端之間另有一個中間期，既光榮又激盪的一個時期。在這時期內人們的地位還沒有穩定到使思想昏昏沉沉的程度，而且相當懸殊，使人能對其他人的思想有重大影響，少數人可以改變眾人信念，偉大的改革者都是在這種時候崛起，新觀念忽然改變了整個世界的面貌。

第二十二章
民主國家爲什麼當然希望有和平、
民主軍隊與戰爭

遏止民主國家進行革命的那些利益、恐懼與激情，也遏止他們進行戰爭。尚武精神與革命精神同時都因爲相同的原因而削弱了。愛好和平的資產階級分子越來越多，可以被砲火一下子打得精光的私人財產也不斷增加，民風的淳厚，人心的仁慈，地位平等所造成的那些憐憫傾向，使人對武器強烈和詩意的刺激無動於衷的冷靜理智，這些原因合力壓倒了尚武精神。我想在文明國家裡社會地位越平等，好戰的激情便越少見，而且越不強烈，這可以說是一項普遍的常規。

不過戰爭是所有國家都避免不了的事。無論民主國家或是其他國家都如此。每個國家無論多麼喜好和平，都必須經常保持卻敵的準備，換句話說，必須有一支軍隊。得天獨厚的美國人民置身於荒野中，可以說是沒有鄰邦，只要幾千個兵就行了，不過這只是美國的特點，而不是民主的特點。

地位的平等和由地位平等而產生的規則，並不能使民主人民不必保持常備軍，而這些常備軍對他們國家的命運永遠有重大作用，因此研究軍人的自然傾向是至爲重要的。

在貴族政制國家裡，尤其是階級高低完全決定於出身的國家裡，連軍隊中也有這種不平等的情形；軍官是貴族，兵士是農奴；一個天生是指揮人的，另一個天生要服從。在貴族政制國家的軍隊裡，一個大兵的志向有極狹窄的限制。軍官的志向也不是沒有止境的。貴族不但是全國各階級裡的一部分，而且它本身內部也有等級之分，一個比一個高，分得極清楚。因此一個人生來是指揮一國的，另一個則生來是指揮一個連，他們達到他們所希望的最高目標之後，便自動不再往高裡想，而安於命了。

此外在貴族政制國家裡，軍官們的擢升慾望所以不強，還有個重要原因。在這些國家裡，軍官不但在軍中有階級，而且在社會上也躋身於上流；在他看來，前者只不過是後者的附屬品。一個貴族選擇戎馬生涯

並不是爲了個人志向，而是因爲從小便強加在他身上的一種責任感，他之從戎只是爲了找一種光榮的職業，以免辜負了少年頭，而且到了後來還能帶些光榮的回憶返家；可是他的主要目標並不是利用軍人生涯以獲得名利權勢，因爲他自己樣樣都有，大可不離開家而享受這一切。

在民主國家的軍隊裡所有的兵都有出頭升任軍官的可能性，結果他們個個都想升級，在軍中野心便擴大了不知多少倍。至於軍官呢，他看不出有什麼必須停止往上爬的必要；每一等級在他眼裡都有很大的重要性，因爲他在社會上的等級差不多永遠是跟隨他在軍中的階級。在民主國家裡，往往一個軍官沒有恆產，只有他的軍餉，除了軍事方面的榮譽以外沒有其他名聲，而且常常職責一改變，運氣也改變，他彷彿變成了一個新人。以前在貴族政制國家，軍中地位只是他的附屬物，如今竟成爲最主要的一點，他整個地位的基礎。

在法國舊日君主時代，人們對軍官總是以他的貴族頭銜相稱；如今則僅以他的軍階相稱，這個小小的措辭改變，即可以表現社會及軍隊的素質已有重大變更。

在民主國家的軍隊裡，差不多人人都想上進。這種慾望既強烈又永遠存在，而且更因爲其他慾望而益發增強，一直到死而後已。但實在不難看出，在全球軍隊裡，承平時晉級最慢的就是民主國家的軍隊。因爲軍職有限，而競爭者則差不多無限，而平等時原則到處都是相同的，所以沒人能晉升得快；許多則根本晉升不得。是以上進之心比其他任何地方都更殷切，機會則更少。因此一個民主國的軍隊裡，有野心的人都極希望有戰爭，因爲戰爭一發生便有空缺，依照年資晉升的原則雖然是民主國所專有的特權，可是到了戰時也可以置之不顧。

因此我們得到這個奇怪結論，那就是：在所有國家的軍隊當中，最希望有戰爭的就是民主國家的軍隊，而在所有國家裡，最愛好和平的卻也是民主國家；使這些事實更顯得特別的就是這些相反的態度，都是平等原則同時造成的。

所有社會成員都一樣，都希望能發現改變地位與物質幸福的可能性，這一點使他們愛好和平，因爲和平是對勤奮有利的，能使人人都完成他們的小小事業。同樣的平等，在另一方面則使兵士們夢想在戰場上出生入死，在從事戎馬生涯者的眼裡提高軍事榮譽的價值，並且使這些榮譽人人都能得到。在這兩種情形下，人的心總是躍然思動的；愛好享受之心是大的，希望成功的野心也同樣大，只不過滿足慾望的方法各自

不同而已。

　　國家與軍隊的這些背道而馳的傾向，使民主國家容易遭受重大危險。國民喪失尚武精神之後，戎馬生涯便立刻失去榮譽，軍人變成階級最低的公務員，一般人既不器重他們也不了解他們。結果所發生的是和貴族時代迥然相反的情形，從軍的不再是最高階級的而是最低階級的成員，一個人只有在沒有別的出路時才去當兵。所以這樣便產生了一種無可避免的互為因果情況：國內比較優秀的人不願意從軍，因為當兵是不受尊敬的；而戎馬生涯所以不受尊敬，則是因為整個國家不再注重它。

　　因此民主國家裡的軍隊往往蠢然欲動、情緒惡劣、感覺不滿，雖然他們的物質生活一般地來說比其他國家好得多，紀律則比較鬆弛得多。士兵覺得他的地位是下等人的地位，傷了他的自尊心，於是他或則喜歡有戰爭，如此便可以顯出他的重要性；或則希望發生革命，在革命中以武力爭取到他現在所沒有的政治勢力與個人重要性。

　　民主國家軍隊的成分使得上述最後一種危險更為可怕。在民主社會裡，差不多人人都有希望能夠保存得住的財產，可是民主國家的軍隊通常是沒有財產的人所領導的，在內戰時大都不會受到什麼損失。因此全國大多數人當然遠比貴族統治時代怕革命得多，可是軍人領袖則不然。

　　還有一點就是在民主國家裡（我再重複一遍），最有錢的、受過最良好教育的和最能幹的人，很少入伍從軍，軍隊日而久之便成為一個獨立王國，其知識水準不及全國一般人高，習慣則比一般人粗魯。如今這些不甚文明的、獨立國似的組織，不但擁有武器，而且只有它會運用這些武器；而且社會上一般人性情越平和，民主國家面臨軍人那種靜極思動、希望幹一場的危險心情的危機也越大。在一個不好戰的國家裡，沒有比軍隊更危險的東西；整個社會因為過分愛好安寧，所以竟聽受軍隊支配。

　　因此一般而論，如果民主國家因為權益和傾向關係而天生愛好和平，那它們常常是受其軍隊的拖累而從事戰爭與革命。軍人革命在貴族政制國家裡是不必擔憂的，卻是民主國家所一向害怕的。這些危險可以說是對民主國家前途最可怕的影響，政府必須對此慎加注意，並且設法找出一個解決辦法來。

　　當一個國家覺察到它內部受到軍隊不穩定的影響，它最先想到的就是進行戰爭，使軍人的野心有了一個目標。我不希望講戰爭如何不好：戰爭差不多總使人民增加知識，提高他們的品格。有時候戰爭還是遏止

地位平等所產生的某些傾向過分發展的唯一辦法，我們必須認為它是醫治民主社會可能有的某些痼疾的不可或缺的良藥。

戰爭有很大的好處，但是我們切不可就此認為它能減輕上述那種危險。那種危險只不過因為戰爭而暫時停止，戰爭過後它就變本加厲地重生；因為軍隊嘗到戰爭的滋味之後，便對和平更受不了。戰爭只是永遠渴想獲得軍事光榮的人的補救辦法。

我預料在各大民主國家裡出頭的所有軍人統治者，會發現用軍隊去征服比使軍隊在征服後和平地存在下去容易得多。民主國家發現有兩種事永遠很難，一件是掀起戰爭，另一件就是結束戰爭。

還有一點，如果戰爭對民主國家有任何特殊利益，它也使這些國家遭受貴族政制國家不必擔憂的危險。我只消說出兩種危險就行了。

雖然戰爭使軍隊揚眉吐氣，卻使許許多多需要和平才能滿足生活上一切愛好的人受到困窘，而且往往變得激憤。因此戰爭就有導致它本欲防止的騷亂發生的危險，不過這種騷亂將是另一種形式的。

沒有一場持久的戰爭不危及民主國家的自由。並非要到每次戰爭勝利之後，人們才擔憂作戰勝利的將領們會像羅馬的索拉及凱撒一般用武力取得最高統治權；危險是另一種。戰爭並不一定完全使民主社會受軍事統治，但絕對會使民主政府的權力無限增加；戰爭差不多一定迫使指揮萬民與處理萬事的權力都集中在政府手裡。它如果不是以突如其來的暴力行動造成專制，便是利用人們的習慣使他們逐步接受專制。凡是想消滅民主國家自由的人，應該知道戰爭是達到這個目的最可靠、最方便的手段；這是政治家的第一條公理。

將士們的野心一旦引起人們的驚惶，一個似乎很明顯的補救辦法就是在軍隊裡多多發出委任狀。這個辦法只是個暫緩之計，將來會使國家遭遇更大的困難。擴軍在一個貴族政制國家裡不能造成永久的影響，軍事上的野心僅限於一個階級的人，而這個階級的人的野心是有一定限度的，可以得到滿足的。但是在民主國家裡擴大軍隊並無好處，因為軍隊越龐大，希望往上爬的人也越多，一批人因為當局頒發新委任狀而得到滿足，可是又有一批新人的希望得不到滿足；就是得到滿足的那些人過不久也會渴想再往上爬一步，因為在軍隊裡和在民主社會裡一樣，人的目的不是達到某一個等級，而是經常不斷地晉升。他們的需求也許不大，然而總是一再重現，永無止境。是以一個民主國家擴大軍隊只能使軍人的野心暫時稍微收斂，但是不久他們這種壓力會更大，因為想往上

爬的人更多了。

我認為永遠不安於位、蠢然欲數的情緒，是民主軍隊天生便有的一種無可根除的劣根性。民主國家的立法者切勿侈望制定一種能夠自動鎮靜並且抑制官兵情緒的軍事制度，因為他們將是徒勞而無功，全然白費功夫。

補救的辦法根本不在軍隊本身，而在於國家。民主國家天生畏懼騷亂與專制。它們的目標是使軍隊自然的本性化為有理智的、審慎的、而且持久的愛好。當人們一旦終於學會如何和平有益地運用自由，並且領受到其好處，自動地愛好秩序，遵守紀律；要是他們身為軍人，便一定會不知不覺違反本意地把這些習慣帶到軍隊裡去。國家的風氣便與軍隊特有的風氣混合起來，影響戎馬生涯所造成的意見與慾望，或是以強大的輿論力量抑制這些意見與慾望。教導一般公民知書達禮，守秩序，保持堅定立場過自由生活，士兵們便也就守紀律服從命令了。

不過任何法律如果一方面抑制軍人的不安情緒，另一方面又易於削弱自由精神，使法律與權利的概念黯然失色，那也是有害而無益的；它不但不會阻止反而會助長軍人專政。

無論如何，即使有種種預防措施，民主國家的強大軍隊總是一種禍根，消除這種禍害最有效的方法就是裁軍，然而這又是所有國家都不能採用的一個挽救辦法。

第二十三章

民主國家的軍隊裡一個最好戰、
最富革命性的階級

　　民主國家軍隊的特點就是照國家的人口而論，其人數是十分多的，這一點我會加以詳述。可是民主國家人民很少選擇軍人生涯。民主國家於是不久便放棄志願從軍制，而採取強迫兵役制。他們因為社會情況的關係必須採取強迫兵役制，這是極易料到的事。

　　服役一旦變成強迫性，所有的人便都須擔負這種責任，不分上下高低。這是民主國家的社會情況與觀念所造成的另一個必要後果。政府差不多可以任所欲為，只要它的作為能立刻投合人民的心理；引起反抗的是負擔輕重的不平均，而不是負擔本身。但是人人都必須服軍役，結果每個人因此只消服兩三年的現役就行了。因此在民主國家裡，軍隊只是士兵們的出身之地，而在大多數貴族政制國家裡，戎馬生涯是士兵們所選定或是被迫接受的終身職業。

　　這一點有它的重要後果。在民主國家的軍隊裡有些人可能愛上戎馬生活，可是大多數是被迫入伍的，永遠想返回家園，對於從軍沒有嚴肅的觀念，卻永遠想脫離軍隊。這些人並不會傳染上官兵們的晉升熱，對於他們生活方式所產生的愛好也並不是全心全意接受。他們使自己適應他們的軍事職責，可是他們的腦子仍縈念著平民生活裡的利益與責任。因此他們沒有受軍隊裡的風氣薰陶，反而把社會上的一般風氣灌輸到軍隊去，並且使它在那裡保存下來。在民主國家的軍隊裡，士兵們仍然極像老百姓；國家的習俗對他們有最堅強的約束力，輿論則對他們有最大的影響。要是愛好自由及尊重權利等原則已經深深鑴刻在人們的心頭，那麼可能把這些原則灌輸到軍隊去的就是士兵。貴族政制國家的情形與此相反，這些國家的士兵到了後來與老百姓沒有共同點，和老百姓相處時完全是陌生人，而且往往是敵人。

　　在貴族政體國家裡，軍官是保守分子，因為只有軍官和民間社會保持嚴格的關係，而且從不拋棄遲早會恢復他們在民間社會上的地位的目標。在民主國家的軍隊裡士兵的立場也是如此，原因相同。

不過在這些民主國家的軍隊裡，軍官逐漸形成與全國公民不同的需求與愛好，其中原因可能是這樣的：在民主國家裡一個人當了軍官便和平民生活完全斷絕關係，他等於永遠擺脫了平民生活，沒有任何興趣能使他恢復這種生活。他的真正國家就是軍隊，因為他所有的一切都是由於他所獲達的軍階所致；因此他便隨軍隊同進退，共沉浮，把他所有的希望都集中在那方面。因為軍官的需求必會同老百姓的需求不同，所以他也許可能很希望有戰爭，或在全國最需要穩定與和平時竭力造成革命。

不過有些因素可以減輕使軍人這種不安於位的情緒。自由國家裡的人雖然個個都有野心，但是他們的野心很少是大的。在社會上下等階級裡出身的人，一旦升任軍官便已經相當揚眉吐氣。他已經躋身於比他平民生活高一等的圈子裡，並且已經獲得大多數民主國家認為永遠不可剝奪的權利。他願意經過這麼大的努力之後稍微停一停，以享受他已經獲得的一切。他因為怕喪失他已經獲得的一切，所以獲取他所沒有的東西的慾念便不怎麼強烈了。他克服了阻撓他晉升的第一個也是最大的障礙之後，便對他飛黃騰達之慢不再著急。這是因為軍階逐步升高之後，他便明白他可能遭受的風險也越大，所以他的野心也相應地收斂起來。要是我沒弄錯的話，民主國家的軍隊裡最不喜歡戰爭、最沒有革命精神的永遠是總司令官。

然而我所講的這些關於官兵的話，對於軍隊介乎官兵之間的那些人，就是下級軍官，並不適用。下級軍官在本世紀之前從未在歷史上嶄露頭角。不過我想今後他們會發揮比較重要的作用。

他們和軍官一樣，在思想上已經與平民生活斷絕關係，永久獻身於軍隊，而且比軍官更寄望於軍隊裡的前途；可是這些軍士都是還沒有獲致高職，在繼續朝上爬以前可以稍微喘息一下的人。

下級軍官的職務性質永遠不變，注定過一種碌碌無名，甚受限制，毫不舒適而且危險的生活。對於軍人生活他所見到的只是危險，他所知道的只是艱苦與紀律，比危險更難捱受；當前的痛苦和明知社會和軍隊的組織使他可以擺脫苦境這一點使他更覺得難受；當然他隨時都可以得到他的委任狀，馬上得到指揮權、榮譽、獨立地位、權利和享受。他所希望達到的目標不但在他看來是極為重要的，而且在他實際得到以前，他永遠沒有把握。他那等級也不是不能更動的；他必得忍受長官的喜怒哀樂，因為軍紀使他必須這麼做：一個小錯，一個突如其來的念頭，永遠能使他失去費了多年血汗才熬出來的資格；在他熬到他所希望的等級

以前，他可以說是毫無成就。像他這種因為年輕、需要、個人愛好和時代精神、希望與恐懼而不斷感覺苦悶的人，是不會不被一種鋌而走險的野心所激動的。

因此下級軍官都是一心一意希望戰爭的，永遠不惜任何代價地希望發生戰爭；如果不發生戰爭，他們便想搞革命，使典章制度失去權威，並使他們能利用混亂情況與當時的政治激情攆掉他們的長官，取其位而代之。這種危機他們不是不可能造成的，因為出身習慣相同的緣故，他們對士兵們很有影響，無論彼此的激情與慾望多麼不同。

如果以為軍官和軍士的這些特性，只是某一個時代或是某一個國家的，那就錯了；只要是民主國家，便永遠會發生這些情形。在每個民主國家的軍隊裡，軍士永遠是這個國家的和平與守秩序的風氣最壞代表，而士兵則是最好代表。士兵會把全國習俗風氣的優缺點帶到戎馬生活裡去，把整個社會的面貌忠實反映在軍隊裡。要是那個社會是愚昧無知而且軟弱的，士兵便會不知不覺地或是並非本願地任他的長官帶他捲入騷動裡去；要是那個社會有知識而且積極有為，便能使軍隊的行動不致於越軌。

第二十四章

何以民主國家軍隊在戰爭初期比其他軍隊軟弱而在持久戰爭中則較爲強勁

　　一支軍隊在戰事進行初期，或是經過長久的和平之後，都有被擊敗的危險；作戰多年的軍隊則頗有獲勝希望；這一點對民主國家的軍隊是特別正確的。在貴族政制國家裡，戎馬生涯是一種享有特權的職業，連在和平時都受人尊敬。極有才能成就的人和胸懷大志的人都當軍人；在各方面來說軍隊地位與國家並駕齊驅，而且常常凌駕於國家之上。

　　我們也看到另一方面，在民主國家裡一國精華都逐漸脫離戎馬生涯而以其他途徑去謀求聲權力、尤其是財富。經過長時期的和平後（在民主時代裡和平的時期是很長的），軍隊的地位便永遠在國家之下。在這種情況下軍隊應召作戰，而在戰爭未把情況改變之前，國家和軍隊都有危險。

　　我已經說明，在民主國家的軍隊裡及和平時代中，年資是擢升的最高而且永遠不變的法則。我已經說過，這不但是軍隊組織所造成的，也是國家組織所造成的後果，它會永遠存在下去。

　　再者，在這些國家裡，軍官在國家裡的地位完全是根據他在軍中的地位而來的。當他從軍中得到聲名與資格之後，他一直要到壽命將盡時才退休。這兩點所造成的後果，是一個民主國家經過長時期的和平之後而作戰，那麼軍中所有高級而有實際指揮權的軍官便都是老邁的人。我所指的不僅是將領，也包含那些大多數始終沒有擢升或一步步往上爬的軍士。使我們感覺驚奇的是，一個民主國家的軍隊經過長久的和平之後，所有士兵都只不過是孩子，所有的長官則都老態龍鍾，因此士兵缺乏經驗，軍官則缺乏精力。這是必敗之根由，因此將領的第一個成功條件就是年輕。這一點如果不是經我們當代最優秀的將領指出，我便不敢提出來。

　　這兩點對貴族政制國家的軍隊所產生的作用各不相同：一則由出身的高低對擢升的影響比年資大得多，因而在各級將士間都有一些精力充沛、腦力過人的青年人。二則就是想在貴族政制國家裡謀求軍事榮譽的

人，都是在平民社會裡享受穩定地位的，他們很少在軍中一直服役到老邁才罷手。他們把他們最有作為的年月奉獻給戎馬生涯之後便志願退休，而在家裡安享晚福。

長時期的和平不但使民主國家軍隊裡的軍官老邁，而且使所有軍官都養成身心皆不適於作戰的習慣。在民主情況的溫和平靜氣氛中生活很久的人，起初很不能適應戰爭的情況，不能擔任較為艱苦的工作，也不能盡較為嚴峻的職守，即使他對軍人生涯並沒有完全失去興趣，至少他所採取的生活方式也使他不適於遠征近伐。

在貴族政制國家裡，平民生活的種種享受對軍人風氣的影響不大，因為在這些國家裡指揮三軍的是貴族，而貴族無論怎樣窮極奢侈地享樂，他們除了本身的幸福以外還有許多別的熱望，為了要徹底地滿足這些熱望，他們是會隨時犧牲幸福的。

我已經說明，在民主國家的軍隊裡承平時擢升極慢，軍官們起初很不耐煩；他們激動起來，滿腔怒氣，坐立不安，可是後來他們打定主意。志氣或是野心最大而且最有辦法的人脫離軍隊；其餘的則使他們的愛好與慾望遷就他們寥寥無幾的財產，日而久之便對軍人生涯採取平民的看法。他們對軍人生涯所最看重的就是能使他們過相當舒適的生活，而且安全穩靠；他們對前途的全部想法便寄託在這一點點保障上，他們只需要太太平平地去享受就行了。是以長時期的和平不但使軍隊裡盡是年紀老的人，而且常常向猶在中年的人灌輸老人的意見。

我也已說明，民主國家承平時，軍人生涯並沒有多大榮譽，而且也沒有一種奮發精神。公眾缺乏愛戴使軍隊十分氣餒，而士兵們對此耿耿於懷；一旦戰爭終於爆發，他們不能立即恢復他們的活力與銳氣。貴族政制國家的軍隊可不會這樣精神萎靡不振；他們的軍官從不被國人或自己看輕，因為他們除了在軍事上偉大以外，個人也是偉大的。即使和平對這兩種軍隊發生相同的作用，結果也不會相同。

貴族政制國家的軍官一旦失去好戰精神，希望依靠服役年資長久而升級時，他們仍然尊重他們的階級榮譽和身先士卒的舊習慣，可是民主國家的軍官一旦不再有愛好戰爭和靠武功晉升之心，他們可就什麼都沒有了。

是以我認為民主國家一旦在長時期的和平之後作戰，它所冒的失敗險要比其他任何國家大得多，但是它不應該因為受挫而氣餒，因為它的軍隊作戰越久，成功希望也越大。戰爭一拖長，使全國的人都不能安然

從事他們的和平職業，並且毀滅他們個人小小的事業，使他們珍愛和平的那種激情便會轉移到持鎗作戰方面去。戰爭粉碎各式各樣的專業之後，戰爭本身也變成唯一的重大事業；平等觀念所激發的一切熱烈的、野心勃勃的慾望，便都集中在這個大投機事業上。於是，十分不願作戰的民主國家一旦開了戰，有時候會獲得驚人的戰果。

既然戰爭越來越受大眾注意，而且在短期之內便能舉國聞名或富可敵國，全國的精華便紛紛入伍，凡是有進取心、自視甚高而且有意一戰的人，不僅是貴族，便都從戎殺敵。競爭軍事榮譽的人一多，戰爭又使人人都得到適當的等級之後，便一定會產生偉大的將領。長期戰爭對民主國家軍隊的影響，就和革命對一國人民的影響一樣；它打破成規，使出類拔萃的人能平步青雲。在承平時已經老邁的軍官則被撤職，給予養老金辭退，或是死亡。取其位而代之的一批青年人筋骨已強，服役之後功勳之念激勵他們奮發向前。他們一心一意，不怕危難務求一直擢升上去；步他們後塵的那些人也懷著相同的激憤與慾望；而在這些人後面還有別的人，除了軍隊的大小之外，別無限制。平等原則使人人都可以懷存進取之心，死亡則給進取之心提供機會。死亡經常使將士人數減少，產生空缺，可以說是戎馬生涯的結束與開始。

而且軍隊的特點與民主的特點也有秘密關聯，戰爭既起，這種秘密關係便顯露出來。民主國家的人自然都極其希望輕易得到他們所覬覦的東西，並且快快活活地享受。他們大都膜拜機緣，怕死的心沒有怕困難的心重。他們這種精神發揮於工商事業，這種精神也驅使他們上戰場，使他們甘願冒生命的危險以求獲得瞬息的勝利果實。在民主國家人民的幻想中，最受歡迎的就是軍事上的偉大，一種活生生的、突發異彩的、不必歷盡艱辛只消冒生命之險便可以得到的偉大。

是以民主社會的人的利益與愛好雖然使他們擺脫戰爭，但是他們的思想習慣卻使他們適於作戰；他們一旦擺脫他們的生意與享受奮發起來，不久便成為能征慣戰的將士。

要是和平對民主國家的軍隊特別有害，戰爭也使他們得到其他任何軍隊所從沒有過的益處。當貴族政制國家和民主國家交戰時，如果不能在戰爭伊始便毀滅對方，那麼便永遠有反被對方征服的重大危險。

第二十五章
民主國家軍隊的紀律

　　一般人都認為民主國家的偉大社會平等，後來終會使士兵不再受軍官指揮，就此失去掉紀律的約束，貴族政制國家的人尤其認為如此。這種見解是不對的，因為實際上有兩種紀律，切不可混為一談。

　　當軍官是貴族，士兵是農奴，一個富，一個窮，一個既受過教育又堅強，一個既愚昧無知又軟弱的時候，再者之間便極容易建立最嚴格的服從命令紀律。說起來，士兵好像在從軍之前便已經被訓練成守軍紀的習慣；或者老實說，軍紀只不過是奴役的加深。在貴族政制國家的軍隊裡，士兵們不久就變得除了長官的命令以外，對於其他一切事物都茫然毫無感覺；他採取行動時根本不加思索，打勝了並不欣喜若狂，打死了也毫不埋怨。在這種情形之下，他已經不是一個人，不過是被訓練來打仗的最可怕的動物。

　　民主國家對於要求士兵如此一味盲從一定感覺失望，可是貴族政制國家強使士兵如此盲從卻並不難。社會情況使民主國家不能做到這點，而一個國家如想強欲獲得這種優點，它便有失去原有優點的危險。在民主社會裡，軍紀不應試圖消滅人類機能的自由行動；紀律所能做到的就是駕馭和指揮這些行動。如此產生的服從雖然不甚嚴格，但是更積極，更有理性。它是以服從者的意志為基礎，不但取決於他的本能而且取決於他的理智；是以它往往因危機的刺激而自動地嚴格起來。貴族政制國家軍隊的紀律在戰時容易鬆弛，因為它們的紀律是以習慣為基礎，而戰爭擾亂了這些習慣。民主國家軍隊卻因大敵當前而加強紀律，因為每個士兵都明白，為了克敵他必須保持緘默服從命令。

　　在軍事上成就最大的國家，都只知道我所講到的紀律。在古代國家裡，只有自由人與公民能夠參軍，大家都習慣以地位平等的人互相對待。就這一點來說，古代國家的軍隊可以說是民主化的，雖然它們事實上是貴族政制國家的軍隊；結果這些軍隊的官兵們水乳交融，宛如手足。蒲魯塔克所寫的古代名將傳記裡，有許多事蹟足以證實這一點；士兵們經常有對他們的將領隨便說話的習慣，將領聆聽士兵的話之後便加

以回答，不論士兵說些什麼；他們因為受限制或懲罰而守紀律的成分，要比受語言和習慣約束的成分小得多；將領不但是他們的司令官，也是他們的伙伴。我不知道希臘與羅馬的兵是否像俄國兵那樣一絲不苟地遵守紀律，可是這既沒有妨礙亞歷山大征服亞洲，也沒有妨礙羅馬征服全世界。

第二十六章
對於發生在民主社會裡的戰爭之看法

平等原則不僅在一個國家之內而是在幾個鄰國同時流傳開來，就像現在歐洲一樣，這些國家的居民雖然語言、風俗及法律各不相同，但是卻同樣懼畏戰爭而愛好和平[1]。擁有武力的君主們即使野心勃勃或憤怒，也不能有任何作為；他們自己雖欲威振一時，可是一般人非但無意作戰反而滿懷美意，使他們拋卻手中寶劍，一切雄圖都化為泡影，戰爭因此越來越少。

平等的風氣既同時在幾個國家流行，驅使這些國家的人民從事工商事業，則不但他們的愛好變為一致，而他們的利益也打成一片。結果任何一個國家危害他國時，它自己也不免遭殃；這樣所有的國家便都認為，戰爭的禍害差不多對征服者和被征服者同樣嚴重。

是以一方面民主時代極難使各國發動戰爭，另一方面，任兩個國家如果交戰，便差不多一定要牽連到所有的國家。彼此的利益交織，彼此的意見與需求也相同，因此其他國家一動，任何一個國家便不能保持平定。戰爭雖因此越來越少，不過一旦爆發，則蔓延的面積卻比以前廣。

相鄰的民主國家不但在有些方面相像，而且後來幾乎在各方面都相像[2]。這種相像現象在發生戰爭時會產生重大的後果。

當我研究海爾維提克（瑞士古民族）聯邦何以能使15世紀歐洲最強大的國家戰慄，而如今該國的國力恰和人口成正比時，我察覺到，瑞士人已經變得和他們四周的小鄰國一樣，而那些小鄰國也和瑞士人一樣；所以彼此只有人口多寡的差別，而獲得勝利的必然是軍隊最強大的邦國。是以目前民主革命在歐洲方面的一個後果，就是在戰場上兵力越強越佔優勢，所有小國不得不與大國攜手，或是至少奉行大國的政策。

兵力的大小既然成為決定勝負的因素，每個國家當然應該竭力設法調動最大的兵力到戰場上去。可是在從前若能夠招募一支無與匹敵的軍隊，例如瑞士步兵或16世紀的法國騎兵，當時一般人便認為不必建設一支龐大的軍隊；然而到了每個士兵的作戰力相等時，情形就不同了。

造成這種新需要的同一個原因，也提供滿足這種需要的辦法，因為

就像我已經指出的，人人都相像時，大家便都變得軟弱，民主國的國家最高權力當然比其他任何國家強大得多。因此這些國家不但都想把國內所有男子都編成軍隊，而且有權力做得到這一點。結果在民主時代，愛好戰爭之心雖然減低，各國軍隊的實力卻似乎更大。

在民主時代裡，作戰的方式也因為同一個原因而改變。馬基維利在他所著的《君主論》裡說：「征服有君王和他的貴族們為領袖的國家，要比征服由一個君主和他的奴隸們指揮的國家難得多。」為了避免侮辱之意，不妨把「奴隸」改為「公僕」兩字，這個道理直到我們這一代仍然是對的。

一個偉大的貴族政制國家無論是征服鄰邦或是被鄰邦征服，都是極其不易的。它所以不能輕易征服鄰國，是因為它的力量永遠不能長久地集合在一起；它也不能被征服因為敵人處處都遭遇到抵抗，行動受阻。對一個貴族政制國家作戰，可以說是像在山地作戰；戰敗者經常有機會集合殘兵轉移陣地抵抗。

民主國家的情形恰恰相反：他們很容易把所能出動的全部兵力投到戰場上去，要是國家富強而人口又多，它不久便會得勝；可是如果它被征服了，金甌有缺了，那它便沒有什麼辦法自救；敵人一佔領它的首都，整個國家便淪亡。其中道理是很容易解釋的：民主國家的每一個人都是孤立的，毫無力量，沒有一個人能夠自衛或是協助別人扭轉局勢。在一個民主國家裡，除了政府以外什麼都不堅強；軍隊被消滅之後，政府的軍事力量也就消滅，首都的淪陷復使全國民政癱瘓，所剩下來的只是既無力量又無政府領導的民眾，無從抵擋向他們進攻的有組織力量。我知道使地方獲得種種自由從而得到地方行政權力可能減低這種危險；但是這個辦法的作用總是不夠。因為經歷這種大難之後，全國民眾不但不能繼續作戰，而且恐怕他們根本不想繼續作戰。

根據文明國家所採納的國際法，戰爭的目的不是攫取私人財產，而是獲致政權。毀滅私人財產，只是有時候為求取得政權不得已而為之的行為。

貴族政制國家的軍隊一旦戰敗，敵軍大舉攻入之後，貴族們雖然身為國家之內最富有的人，但是將個別自衛決不投敵；因為征服者如果繼續主宰這個國家，便會褫奪這些貴族的政治權力，而貴族對這種權力抓得比財產還緊，所以他們寧願作戰到底而不投敵。在他們看來投敵是最不幸的事，如果一投敵，全國老百姓也一定跟著他們投敵，因為老百姓

們久已慣於追隨他們，服從他們，而且在戰爭中說不上有什麼風險。

　　在一個人人平等的國家裡，每個公民可分享的只是一點點的政治權力，有時甚至連這一點點都沒有。可是另一方面，人人都是獨立的，都有些可能要喪失掉的東西，所以他們不像貴族政制國家人民那麼怕被征服，但是更怕戰爭。永遠難以說服民主國家人民在戰事蔓延到他們的國土上時拿起武器挺身禦敵，因此必須給這些人民以權利及政治地位，讓每個公民都稍有貴族政制國家內促使貴族們爲公眾幸福而採取行動的權益。

　　君王和民主國家的領袖們都永遠不能忘記只有對自由的愛惜與習尚能敵得過對安逸舒適的愛戀與習尚。在我想來一個沒有自由制度的民主國家一旦戰敗，便最適於投降。

　　從前一般情形都是帶少數部隊上戰場，進行小規模的戰鬥和爲時長久的圍攻。現代戰術則是打決定勝負的硬仗，一旦攻破敵人陣線，便長驅直入向敵國首都進撲，以期一舉結束戰爭。據說拿破崙是這種新戰術的鼻祖，但實際發明這種戰術並不依靠一個人，無論他是什麼人。拿破崙的作戰方式是當時的社會情況示意給他的，這種方式得以成功，乃是因爲它極適合當時的社會情況，而且他是採取這種方式的第一個人。拿破崙是身先士卒率領大軍從這國首都打到那國首都的第一個統帥，然而是封建社會的毀滅替他開闢出這條途徑。我們可以認爲，要是這一代怪傑生在300年前，那他的作戰方法便不會得到相同的結果，或是說得更確實一點，他勢必會採取另一種作戰方法。

　　我對於內戰只稍微再補充幾句話，因爲唯恐讀者不耐其煩。我所說的關於對外戰爭的話，大都也適用於內戰。民主國家裡的人天生沒有崇武精神；他們有時候被強拖上戰場，便會養成這種精神，但他們不會一致挺身起來自願迎接戰爭，尤其是慘酷的內戰。只有最愛冒險的人肯冒這種險；大多數國民都是袖手不動。

　　可是即使人民願意採取行動，也有很大的阻撓；因爲他們雖然願意遵從一種根深蒂固的舊勢力，但是事實上沒有這種勢力可以依賴，沒有已得到公認的領袖能把所有不滿的人都團結起來、鍛鍊他們、領導他們，沒有屬於國家最高權力的政治力量能支持政府抵抗它所受的攻擊。

　　在民主國家裡佔大多數的人有很龐大的道義力量，他們所能運用的物質力量，比可能聯合對付他們的聯合物質力量也大得多。因此，取得多數席位而能代表大多數人發言並且運用他們的力量的政黨，必可立即獲勝，壓倒一切私人抵抗；它根本不容許反對力量存在，一出生便把它

掐死。

在這些國家裡，想以武力造成革命的人別無他途，只能突然把整個政治組織奪到手。他們若這麼做，最好一舉成功，而不要展開戰爭；因為戰爭一起，便永遠一定是代表政府的政黨得勝。

只有在軍隊分為兩派，一派打起革命旗幟，另一派繼續效忠政府的時候，才會發生內戰。軍隊本身便是個組織嚴密的小社團，有強大生命力，能使它本身的需求滿足一個時期。內戰可能是十分激烈的，但是不會進行很久，因為叛軍不是炫耀武力便是一戰而勝而控制住政府，這麼一來戰爭就過去了；或是鬥爭繼續下去，不受政府的組織力量支持的那一派軍隊會迅速瓦解，或是被消滅。因此我們可以說，平等時代的內戰將越來越少，而且比從前更不會持久[3]。

注　釋

【1】我不必指出，歐洲國家對戰爭的畏懼並不完全是因為平等觀點的發展，除了這個永久性的原因之外，還可以指出幾個其他偶然的但是十分重要的原因。我不妨指出，其中最重要的就是革命與帝國之戰遺留給人們的絕頂厭倦。

【2】這並不僅是因為這些國家有相同的社會情況，而且也是那種使人互相模仿，互相認為相同的社會情況本身所造成的。一個國家分成種種世襲階級與社會階級之後，這些階級不但相異，而且不想相像；人人都越來越要保持他自己的意見，自己的特別習慣，並且保持自己的個性。人們的個人特徵十分明顯。

一國人民的社會情況民主化之後，也就是說沒有任何階級之分。所有人民在教育與財產方面都近乎平等之後，人們的思想便朝相反的方向發展。人人都很相像，如何稍有偏差，他們便不高興；他們非但不想保持他們的個人特點，而且想把它們拋棄以便自己成為民眾的一部分，因為在他們看來，民眾就是權利與力量的唯一代表。個人特點卻近乎滅跡。

在貴族時代連天生相像的人都竭力想創造出幻想的差別；在民主時代連不相像的人，也最希望變得相像，他們互相模仿，因為每個人的思想都深深受整個人類的刺激。

國與國之間也有差不多類似的情形，具有相同的貴族社會情況的兩個國家始終極相異，因為貴族政治的精神就是保持強烈的個人特點；可是如果兩個國家有相同的民主社會情況，他們便不會不採納相同觀點與習俗，因為民主

政治的精神容易使人同化。

【3】應該記住我這裡講的是主權獨立的民主國家，不是聯邦民主國家；雖然有種種的政治擬制，在聯邦國家裡最重要的權力仍是在邦政府裡，而不是在聯邦政府裡，內戰事實上只是變相的對外戰爭。

第 四 部

民主思想與情緒對政治社會的影響

我說明平等原則所激發的思想與情緒之後,如不說明它們對治理人類社會的一般影響,那麼便沒有完全達到撰寫此書的宗旨。為貫徹寫書的宗旨起見,我必須隨時重新討論前面已經討論過的問題,深信讀者對於這一點並不反對,因為這樣可以發現一些新的真理。

第一章
平等使人自然愛好自由制度

使人各自獨立的平等原則，也給人在私人行動方面根據自己意志而行事的習性與愛好。他們在應付地位平等之人及私人交際方面，可以經常保持這種完全獨立的身分，因此容易對一切權威眼熱，而很快便產生愛好政治自由的觀念。這種時代的人都自然傾向自由制度。隨便挑選一個人去研究他潛伏在心靈最深處的本性，你總會發現他所理想的和最珍視的政府，就是首腦由他自己選出，行政他可以控制的政府。

在地位平等觀念所產生的一切政治作用裡，觀察敏銳的人最先感覺到的，也是膽怯的人最感覺驚恐的，就是這種愛好獨立的態度；我們並不能說膽怯者的驚恐是沒有道理的，因為無政府狀態在民主國家裡比在其他國家更可怕。公民既然彼此沒有直接影響，所以約束他們的國家最高權力一旦失去作用，情況便一定立刻極為混亂，人人向不同方向各自東西，社會組織一定立告崩潰。

不過，我深信無政府狀態並不是民主時代所必須畏懼的主要弊病，而只是最小的弊病。因為平等原則產生兩種傾向：一種是使人逕自獨立，而且可能忽然使他們陷入無政府狀態；另一種則是將人導向一條更長、更秘密、但是更確定的途逕。一般國家都能馬上認清第一種傾向，並且準備加以抗拒；對於第二種傾向，它們便根本毫無所覺，因此把它指出是特別重要的。

就我自己來說，我非但不因為平等原則激發出獨立精神而覺得它不好，而且還正為這個原因而稱讚它。我愛慕它，因為它使每個人的心靈深處有傾向政治獨立的那種說不出的本能的感覺，因此對它所產生的害處提供了消弭補救的辦法。我就是為了這個原因才信之不移。

第二章

民主國家對政府的意見自然傾向權力集中

貴族政制國家自然曾經有過在君主與臣民之間建立次級政治力量的觀念，因爲這些國家有出身高貴的人和家庭，憑他們的出身、教育和財勢似乎命中注定是指揮人的。民主時代的人因爲相反的理由當然沒有這種觀念；這種觀念只能用人力去倡導，在人的腦子裡很不容易保持，因爲民主時代的人根本會自然而然地想到用直接勢力治理整個國家的獨一無二的中央權力。還有一點，就是無論是在政治、哲學或是宗教方面，民主國家人民在理智上總是特別喜歡簡單而一般性的觀念，他們不喜歡複雜制度，他們最喜歡的觀念就是由完全一致的公民組成一個大國，受獨一無二的權力治理。

平等時代的人，除了國家由集中的單一力量去治理的觀念外，還有立法一致的觀念。他們每人都自認和他人並沒有什麼不同，他不能明白爲什麼對一個人適用的規則，不能適用所有的人。所以只要是特權，那怕多麼微不足道的特權，他在理念上便加以憤恨；同一國家內部的政治制度如果稍微有一點點不同，他便引以爲忤，他認爲立法的一致是好政府的第一個條件。

我另外發現在貴族統治時代，幾乎不存在全國所有人都一律接受一種統治的觀念；不是從來沒人提出討論，便是已經被一般人所擯斥。

這些相反的意見傾向，最後終會使兩者都變成至今仍然指導人類行動的盲目本能與無可約束的習性，雖然有特別的例外。中古時代人的地位雖然高低上下極爲複雜，有些人的生活情況還是完全相同的；但是這一點並未防止當時法律把不同的責任與權利分派給他們每一個人。另一方面，如今政府發揮一切權力，以便把相同的習俗與法律強加在相似的人民身上。

人民彼此的地位一平等，個個的重要性就似乎減低，社會的重要性則增加；說得準確一點，每個公民逐漸被其他所有的人同化了，在人群之中失去了個人的地位，沒有什麼突出的，只有普通人民的偉大莊嚴形象。這自然使民主時代的人民對於社會的特權有一種崇高的觀念，對於

個人權利則有一種稍低的觀念；他們隨時都願意承認前者的利益具有種種重要性，後者則相反。他們願意承認代表社會或者國家的力量比代表任何成員的力量來得有見識、來得明智；它有責任與權利引導統治每個公民。

要是我們仔細研究和我們同代的人的政見根源，便會發現我剛才指出的一些觀念，我們發現見解往往不一致的人居然意見如此相同，也許會感覺驚訝。

美國人認為每一州的最高權力都應該來自人民；這種力量一旦構成，他們便認為是無限的，有權利高興怎樣做就怎樣做。他們毫無城市、家庭、或是私人可以獲得特權的觀念；他們似乎從沒料想到，也許可以不必嚴格劃一地把相同的法律施之於每一州的所有地方和所有居民身上。

這些意見正在歐洲傳得越來越廣，甚至於滲入擯斥人民至上原則最為激烈的國家去。這些國家認為最高權力另有來源，不過其特點相同。在他們當中，關於最高統治當局與人民之間的中間權力的思想逐步衰弱滅亡；關於某些人天生具有種種權利的思想，正從人們腦子裡迅速消失；社會全能，亦即具有唯一權威的思想，逐漸取其位而代之。這些思想是按照社會地位的平等和人與人日益相同的程度而生根流行的，它們是平等的產物，可是它們也加速平等的進展。

在法國，我所講的革命已較任何歐洲國家進行得徹底，這些意見已在人民的腦子裡蒂固根深。要是我們仔細諦聽法國各政黨所講的話，便會發現沒有一個政黨沒有採納這些意見。這些政黨大都指責政府的行動，但是一致認為政府應該永遠從事並且參與一切的事。連意見最不一致的人，對於這一點意見也相同。在我們這時代出現的所有政治制度的主要特點，就是最高權力的統一性、普遍性和全能性，以及其法則的劃一性。連最狂妄的政治改革裡也有這些思想出現；人在夢想中對這些思想也鍥而不捨。

要是這些思想在平民腦子裡產生，那麼它們在君王腦子裡所發生的作用就更大。歐洲社會的古老組織在改變與消失時，君主們得到關於他們的機會與責任的新概念；他們初次知道他們所代表的中央政權，是可以而且應該以它自己的力量，根據劃一的計畫來治理全國事務的。我敢說，這種意見雖然在我們這一代之前是歐洲君王們從沒想到的，但現在卻深深銘刻在他們的心頭，並且在較不穩定的思想騷動中堅持不動。

　　所以和我同代的人，並不像一般人所想像的那樣分歧；他們經常在爭論應該把最高力量賦給誰，但是對於這種最高力量的權利與責任，則意見完全一致。他們把政府視作一種唯一的、單純的、天命的創造性力量。

　　關於政治的一切次要意見都是未定的；只有這種意見是固定不變、始終一貫的。政治家和政治哲學家都加以接受，民眾又積極加以擁護，統治者與被統治者都意見一致且具同樣熱忱使它能夠實現；這是他們腦子裡最初的觀念，似乎是天生的。所以它不會是人類智力一時興之所至的產物，而是目前人類情況的必要條件。

第三章

民主國家的情緒與意見一致導向政權集中

如果平等時代的人確實一廂情願接受一個強大中央集權的概念，那麼在另一方面我們就不能懷疑他們的習性與情感已先使他們適宜承認這種權力，並且加以支持。幾句話便足以說明這一點，因為其中理由前面大部分已經講過。

民主國家裡的人不分上下高低，在事業方面也沒有慣常和必要的夥伴，他們極力獨自奮鬥，並且認為彼此各不相干。我曾經在前面詳細討論個人主義時指出這一點，是以這些人非要著實下一番決心才能捐私為公，他們的天然傾向使他們把公務交給社會利益的唯一顯明且永久的代表，就是國家，去處理。他們不但天生不愛好公務，而且常常沒有時間料理。民主時代的私生活那麼忙碌，那麼興奮，願望那麼大，要做的事情那麼多，每一個人簡直沒有精力或時間去過公眾生活。我決不是說這些傾向是克服不了的，因為我們寫此書的主要目的就在於克服這種傾向。我只說目前人心裡有一種秘密力量在助長這些傾向，若不遏止這些傾向，便會完全無法控制了。

我也已經說過，喜歡安樂的心日增，以及財產的波動性，使民主國家畏懼一切暴力騷動。愛好社會安寧，往往只是這些民主國家所保留的唯一激情，而且在其他激情逐一消失時，它反而越來越強烈。這自然使社會成員經常把越來越多的權力給予或讓與中央政權，因為只有中央政權才願意以保護它自己的相同方法來捍衛他們。

在平等時代，人人都沒有必須援助他人的必要，人人也沒有指望他人大大方方支持的權利，所以人人都是既獨立又沒有力量。這兩種既不能分別而論又不能混為一談的情況，使民主國家的公民有十分矛盾的傾向。他的獨立性使他在身分與地位平等的人之間滿懷自力更生與自尊的思想；可是他又因為缺乏力量，所以不時覺得需要外界協助，而又不能指望任何人會給他這種協助，因為別人也都是既無力量又無同情心。這種矛盾自然使他仰望那高高在上的權威。他的需求，尤其是他的慾望，經常使他想到那高高在上的權威，到了後來他遂認為它是挽救他自己弱

點的唯一且必要的後援[1]。

這一點也許可以更詳細地說明民主國家裡常常發生的情況，因為在這些國家裡，人們對上司雖然十分不耐煩，但是卻又耐心地遵從上司的意旨，他們自己的自尊心與奴性便暴露出來了。

特權越來越小，人們對特權的仇恨反而越大，所以民主人士的激奮怒火在燃料最小時似乎反而最猛烈。我在前面已說明這種現象的成因，在一切情況不平等時，任憑不平等的情況多麼嚴重，人們也不覺得討厭，可是在人人地位平等時，那怕些許的不同也會使人憎惡；地位越平等，這種差別也越使人受不了。是以對於平等的愛好應該經常與平等本身同時增加，而且藉著人所得到的平等向上滋長。

使民主國家人民反對一切特權的這種永存的憤恨，有利於政治權利完全集中於國家代表手裡。地位必然而且無可爭議地高高在上的國家元首們，並不會引起人民的妒嫉，人人都以為他把和他平等的人讓給君主的特權拿來。民主時代的人極不願意聽從他的鄰居；他拒絕承認別人的能力比他強；他不相信別人正直，對別人的權力妒嫉；他既怕鄰居又看不起他們；他喜歡不斷地提醒鄰居他倆是互相依賴的，是服從同一個主人的。

每個按照自然傾向去發展的中央政權，都追求並且鼓勵平等原則，因為平等對於中央政權的勢力特別適宜，而且能使它伸展與鞏固。

因此也可以說每個中央政府都崇拜一律；一律使它不必去探究無窮的細節，因為假如不是對所有人都採用相同規則，而是對不同的人採用不同的規則，便必須注意到這些細節。是以公民喜歡什麼，政府也喜歡什麼，公民恨什麼，政府自然也恨什麼。這些同感在民主國家裡經常使職位最高之人與每個國民一心一德，有一種秘密而永遠存在的同情。政府的缺點也因為它的傾向而受到人民原諒，只有它做得太過分而且犯錯誤時，人民才不對政府表示信任，而且只要一有機會便又對它恢復信心。民主國家常常恨那些掌握中央大權的人，但是對於中央政權本身他們卻是始終愛護的。

是以我從兩條不同的途徑得到相同的結論。我已經表明，平等原則使人產生只應該有一個規則劃一且力量強大的政府；我現在則表明平等使他們喜歡這種原則。我們這時代的政府都是朝這個方向走。它們是因為感情與思想上的自然傾向而朝這方向走的；而為了達到這一點，它們只要不遏制自己就行了。

我認為在目前向我們展開的民主時代，個人獨立與地方自由永遠是藝術的產品，中央集權化將是自然的政府趨勢。

注　釋

【1】在民主社會裡，只有中央政權的地位較為穩定，事業較為持久。所有公民都在不斷動盪與變化中，現在所有政府都有謀求經常擴大行動範圍的本質；因此這樣的一個政府最後簡直是不可能不成功的，因為它把固定的原則和始終如一的意志，加在地位、意見和慾望經常改變的一般人的身上。

社會成員也往往無意之中助長了中央政權的勢力。民主時代是實驗、革新與冒險的時代。總是有一大群人在進行困難或是前所未有的新事業，可是他們只是自己在進行，而不使自己受他人的羈絆。這種人會承認，作為一般原則而論，公眾權威是不應該干涉私人事務的；可是他們每個人同時希望有個例外的情形，渴望公眾權威協助他自己進行的事務，或是為了自己的利益而求政府運用它的勢力，但是卻限制公眾權威協助別人的事務，或為他們而運用勢力。倘若有很多人為了種種不同的目的而利用這種例外情形，那麼即使人人想限制中央政權，可是中央政權的力量無形中向各方向擴展了。

是以民主政府只是因為持久而權力便越來越大。時間對它有利，每個事件對它都有好處；個別人的激情不知不覺地助長了它，我們可以說一個民主社會越老，它的政府也更中央集權化。

第四章

影響政府中央集權的某些特別
而且偶然的原因

　　如果所有民主政府都本能地趨向中央集權化，那麼便容易產生這兩種截然不同的結果。這端繫於特殊的情形是可以促進或是防止社會情況的自然後果，這種情形非常多，我只把其中一兩個稍微說一說。

　　在平等以前便早已自由的人民間，自由制度所產生的傾向在某一種範圍內是與平等原則所引起的傾向互相競爭的；中央政權雖然提高它在人民當中的特權，但是這種社會裡的私人是永遠不會完全放棄他們的獨立的。可是地位平等如果在從不知道或久已不知道自由是何物的人民間（例如歐洲大陸的情形）發展起來，猶如國家的習慣突然因為某種自然誘導而與社會情況所產生的新習慣與原則相併合，所有的權力便似乎都自動集中到中央去。這些權力會以快得驚人的速度在中央積聚起來，國家立刻達到它力量的最大極限，而私人則容許自己突然降低到最弱小的程度。

　　300 年前遷移到新世界沿海地區去建立民主共和國的英國人，在他們的祖國都已經學會參與公共事務；他們都熟習陪審制度；對於言論自由及新聞自由、權利概念和維護權利的習慣，都已經很熟習。他們把這些自由制度和饒有大丈夫氣概的風俗帶到美洲去，這些制度維護他們，使他們能抵擋國家的侵害。是以在美國人間自由是歷史悠久的，平等卻是較新的。歐洲現在的情形則相反，早在自由進入歐洲人的腦子之前，絕對權力和皇帝的統治便已將平等概念灌輸到他們的生活習慣裡去。

　　我已經說過，在民主國家裡，人民在思想上自然而然認為政府是種獨一無二的中央政權，他們不知道什麼是中間權力。這種情形在經過激烈革命之後，平等原則獲勝的國家裡尤其如此。革命風暴把管理地方事務的那些階級一掃而光之後，遺留下來的那些腦筋胡塗的群眾，既無組織又無適合管理事務的習慣，因此似乎只有國家能夠包攬大小政務，結果中央集權化便在所難免。

　　拿破崙之獨攬法國行政大權是不值褒貶的，因為貴族和中上階級突然一下子不見了，這些權力當然轉移到他手上去，對他是拒絕與接受同

樣地困難。但是美國人從沒感覺到這種必要，他們未經革命，一開始便自己處理自己的事務，從不需要請求國家作為他們暫時的監護人。因此民主國家裡中央集權化的進展，不但以平等的進展為轉移，也要看這種平等以什麼方式建立起來。

一個偉大的民主革命開始，社會各階級間剛開始鬥爭，人民便想把行政權中央化，集中在政府手裡，以奪取貴族所掌握的地方行政權。反過來說，革命近尾聲時，被擊敗的貴族們企圖把行政權交給國家，因為平民的身分已經和他們平等，而且甚至有時是他們的主人，他們便恐懼平民會對他們肆虐。這樣看來，力圖提高政府特權的往往並不是同一個階級，不過只要民主革命繼續進行，一國之內總有一個階級，無論在人數上或在財力上佔優勢的階級，為了他們的特殊愛好或是利益，使公共行政中央集權化，這與民主國家裡憎恨被鄰人統治的那種普遍而持久的心理是無關的。

我們不妨提出，目前英國的中下階級正力圖消滅地方獨立，而將各地的行政歸中央管轄；而上等階級則力圖保持他們的傳統管轄權。我大膽預測總有一天會發生完全相反的情形。

以上各點說明，最高政權在經過長久艱苦奮鬥之後獲得平等的民主人民間，為什麼比在人民向來平等的民主社會裡強盛，而個人的力量則比較弱。美國人便是非常好的例子。美國人從沒有因為特權的關係而被分成幾等；他們從不知道主人與下等人的相互關係，因為他們彼此不怕也不恨，他們從不知道有籲請最高政權管理他們事務的必要。美國人的命運是特殊的：他們從英國的貴族社會那裡承襲到關於個人權利的觀念，及對於地方自由的愛好；他們能夠同時保留這兩點，因為用不著和什麼貴族鬥爭。

如果教育能使人維護他們的獨立，那麼在民主時代便尤其如此。人人相同時，只憑直覺便可以建立一個掌握全權的政府。但是人在相同的情況下需要很大的智力、知識和技巧，才能組織並維持次級權力，並且在人民各自獨立與個人力量脆弱的情況下，成立可以和暴政奮鬥而不致毀滅公眾秩序的自由組織。

是以民主國家的權力集中和個人服從之增長，不僅與他們的平等成正比，也和人民的愚昧程度有相同的比例。誠然，在文化未達完美的時代，政府時常缺乏對人民實行專制的知識，人民也同樣缺乏擺脫專制的知識，可是後果並不相同。無論一個民主國家的人民如何幼稚，統治他

們的中央政權從來不會一點修養都沒有；因爲它隨時都可以從全國汲取它所能發現的一點文化以備己用。是以在一個既愚昧又民主的國家裡，統治者的智能與每個被統治者的智能很快就有極大的懸殊，結果一切權力便都很輕易地集中在他手裡：國家的行政永遠延續下去，因爲只有國家能勝任處理全國的事務。

貴族政制國家無論多麼不開明，也從來沒有發生過這種情形，因爲在這些國家裡除了君主以外，身居領導地位的臣民也受過教育。

如今統治埃及的「巴夏」發現他的人民至爲愚昧平等，於是借用歐洲的技巧與經驗來統治他的國家。因此一方面君主個人很有造詣，臣民則既愚昧而又有民主弱點，大權便易如反掌地極端集中起來，而「巴夏」就可以把國家變成他的工廠，人民則成爲他的工人。

我想政府的極端中央集權化會使社會失去力量，結果等過一個時期之後政府本身也軟弱了。但是我並不否認權力集中的社會力量，能在指定的期間和特別的地方進行大規模的事業。對於戰爭來說尤其如此，因爲戰爭的勝負取決於將全國資源集中於一點的方法，比資源的規模重要得多。因此，國家主要是在戰爭時想要而且時常需要加強中央政府的權力。所有軍事人才都喜歡中央集權化，因爲這樣可以增加他們的力量。是以在時常容易發生戰爭的民主國家裡，使人不斷要增加國家特權而限制私人權利的民主傾向，要比在其他國家裡發展得快速且堅定。

我已經說明，畏懼騷擾、愛好安樂的心理不知不覺地導致民主國家擴大中央政府的職權，而使它成爲本質上十分堅強、開明、鞏固，足以保護國家不致於陷於無政府狀態的唯一力量。我現在所要補充的就是，易使一個民主社會驚惶失措的各種特殊情況，加強了集權化的一般傾向，並使個人爲了安寧而犧牲越來越多的權利。

因此一國人民在經歷長期流血革命之後，最願意擴大中央政府的職權，因爲革命進行時發生奪產情形，導致人心動搖，全國充滿激情仇恨、利益衝突和派系傾軋。在這時候人人都酷愛安寧，但求能有治安。

我已經檢討過湊合在一起便促成中央集權化的幾種情況，但是還沒有講到主因。在民主國家裡可能促使處理一切事務之權集中於統治者手裡的最重要原因，就是統治者的出身和他自己的傾向。生活在平等時代的人自然都喜歡中央政權，並且願意把它擴大；但是如果這種權力恰巧完全代表他們自己的權益，完全符合他們的傾向，那麼他們對於這種權力的信心便不知要多大，他們會認爲擴大這種權力就是他們的權力。

　　行政權集中化，在與舊貴族社會秩序仍有關聯的帝王統治之下，總是沒有在新貴族下那麼方便快捷，因為後者自創天下，無論出身、成見、傾向及習慣都似乎使他們與平等目標分不開。我並不是說貴族出身而生活在民主時代的君王們不想中央集權化；我想他們在這方面及其他方面與其他統治者同樣積極。對他們來說，平等的好處只是在權力集中；可是他們的機會卻不大，因為人民並不自動遵從他們的意旨，往往是不得已而服從。民主社會裡的規律是，統治者的貴族成分越少，中央集權化的程度也一定越大。

　　當世悠久的帝王們身為貴族社會的人領袖時；他們的自然成見與貴族的自然成見完全吻合，這樣貴族社會的內在劣根性便完全流露出來不可收拾。當貴族世家後裔成為民主國家的領袖時，情形恰相反。君主受自己的教育、習慣和來往之人的影響，而採納由於地位不平等而形成的意見；人民則因為他們的社會地位，經常傾向於平等所產生的風俗習慣。在這種時候，人民往往企求控制中央政權，使它不是一種專制政權，而是一種貴族政權。他們堅決衛護他們的獨立，這不僅是因為他們要保持自由，更因為他們決心要保持平等。

　　在一個民主社會裡，使最高政權能夠成功的最重要條件，或者實在說來是唯一條件，就是愛好平等，或者是使人相信你愛好平等。因此，專制之術在以前那麼複雜，如今已經簡化且凝縮成一項簡單的原則。

第五章

當代歐洲國家中最高政權日益增強，
君主的地位則不如以前穩定

　　讀者思考上述各章之後會感覺驚惶，發現在歐洲一切都似乎都有助於政府特權的無限伸展，使每個人的獨立地位日益微弱，日益不重要，日益危險。

　　歐洲的民主國家都具有促使美國人實行中央集權化的一般長久傾向，而且還有美國人體驗不到的多種次要的偶然原因。看起來他們每朝平等邁進一步，便更近於專制。

　　的確，我們如果朝周圍看一看便會深信這是事實。在以前的貴族時代，歐洲君王被褫奪或放棄掉王權，內涵許多權利。不到100年前，在大多數歐洲國家，許許多多私人和公司都有相當的獨立權執行審判、招募並且維持軍隊、課稅、甚至於常常制定或是解釋法律。現在的國家收回這些隸屬於最高主權的權力，國家在行政方面不容許它與人民之間有居間的代表，它在一般政務上直接指揮人民。我只想指出這種權力的集中，並不是加以非議。

　　在同一時代歐洲有很多代表地方利益、治理地方事務的次級政權存在。這些地方權威現在大都已經不存在，其餘的也都在迅速消失中，或是完全聽命於中央。貴族的特權、城市的自由和省機構的權力，在歐洲各處不是已經消滅，便是瀕於消滅。

　　歐洲在過去半世紀裡，經歷了許多次革命與反革命，這些騷動雖然方向相反，但是有一個共同點：它們都使次級政府機關動搖或是消滅。法國人在他們所征服的地方未廢除的地方特權，後來終於被征服法國人的君主消滅了。這些君主否定法國大革命所產生的一切革新，只有中央集權化是例外；那是他們肯從大革命接受的唯一原則。

　　我的目的在於指出，在我們這一代從各階級、行業和私人方面所奪來的這些權利，都一律集中到君主手裡去，並沒有導致更民主的次級政權的成立。國家在處處甚至對最低微的人都獲得更直接的控制，並對每一個人的瑣碎事務都更加干涉[1]。

幾乎所有的歐洲慈善機關從前都由私人或行業公會掌握，如今差不多完全依賴最高政府負責，而且在很多國家實際由中央政府管理。政府向飢餓的窮人施捨麵包，協助收容病人，給予賦閒者工作，成為一切災難的唯一挽救者。

教育事業在大多數國家裡現在也由國家掌管。國家從母親的懷抱裡把孩子接過來，交給代表政府的機關，每一代人的身心都由國家負責訓練與教誨。公眾教育也完全劃一，和其他一切事物初無二致，參差與自由日益消失。

我也毫不諱言，在當代信奉基督教的國家裡，無論是天主教或新教，宗教也日益有受政府控制的危險。那並不是因為統治者對教會解決教義疑點的權利過於妒忌，可是他們對於簡述教義者的意志的控制越來越大；他們褫奪教士的財產而給他們薪金；他們把教士的勢力作為己用，他們自己任命牧師，被任命的往往是他們自己的僕人。如此與宗教攜手之後，他們的力量便深深達到人的靈魂深處 [2] 。

但是這只是整個情形的一面。我們見到政府的權威已經伸展到當前行使權力的每個圈子，到實在沒有容納餘地時，再侵入到目前為止一向屬於私人獨立天下的新境界去。以前完全不受政府控制的多種行動，現在到我們的時代已經遭受政府控制，而且受控制的範圍不斷擴大。

在貴族政體國家裡，最高級政府通常僅在直接和表面上涉及國家榮辱的事務上治理並且監督整個社會，在其他各方面則聽讓人民按照他們自己的意旨去做。在這些國家裡，政府似乎往往忽略了私人的過失與苦難到了一定的程度會危害一般繁榮，也忽略了有時防止某人傾家蕩產應當是公眾要務。

當代的民主國家則趨向另一極端。我們的統治者多數顯然不以集體治理人民為滿足；他們似乎自以為對於人民的行動與私人地位應該負責，彷彿他們不管老百姓願不願意，而逕自教導每一個老百姓如何處理生活上的每一件事，如何獲得幸福。另一方面老百姓也越來越指望最高權威會這麼做；他們企求政府協助他們解除一切貧困，他們把政府視作他們的導師或是嚮導。

我敢說沒有一個歐洲國家的政府不是越來越中央集權化，越來越管閒事，越來越瑣碎，越來越干涉人民的私事；它節制更多的事業和次要的事業；它插足於所有的人的日常活動中，從各方面協助、勸告並且逼迫他們。

　　從前做君主的只靠他的地產收入或是稅收來生活；現在他的需求和權力都增加，情形便不同了。從前君主被迫徵收一種新稅，如今在相同情形下，他可以貸款。這樣一來，國家便逐漸成為大多數較富有之人的債務人，集中在國家手上的資金數額也最大。

　　它以另一種方法吸收小額資金。人與人一同攙雜在一起，地位越來越平等，窮人的變通辦法、所受的教育和慾望也都跟著增加；他們心想上進以改善地位，於是便從事儲蓄。這些儲蓄每天產生出無數筆小額資金，都是以血汗慢慢積累起來的，而且永遠有增無減。可是這些錢如果大部分繼續分散在儲蓄者自己的手裡便不會有什麼收益。這種情況結果產生出一種慈善機構，要是我沒有看錯的話，它不久便會變成我們的一種極重要的政治機關。有些慈善為懷的人想到一個辦法，把窮人的儲蓄弄到一起然後放款取息。在有些國家裡這些行善機關仍然與國家全然無關，但是差不多個個都表現出容易變為政府事業的趨勢；在另一些國家裡這些行善組織已由政府取代，自己負起將數百萬勞動者每日儲蓄的血汗錢集中在一起，然後放出去取息的龐大工作。

　　這樣，國家一方面向富人貸款以吸收他們的財富，而且隨時可以動用儲蓄銀行裡眾人的血汗錢。國家的財富永遠循環，並且經過政府而流通；積累的數額隨著地位的平等而相應增加；因為在一個民主國家，只有政府似乎既堅強有力又能歷久不衰[3]。

　　是以君主不僅掌管國庫，而且還干預私人的財務，他是所有人民的上司，而且往往還是主人；非但如此，他又是他們的會計出納。

　　中央政權不但執行從前各方面權威所執行的全部職責，而且做得更好，手段更靈活有力，而且更獨立。所有歐洲國家的政府都已經在我們這一代改進行政技巧，它們無論做什麼都更有條理、迅速、更省錢；它們從私人方面得來的一切經驗使它們經常進步。歐洲君主在他們所轄地區派有常駐代表，進行嚴格管理，並且發明新方法來更嚴密地領導這些代表和更容易地視察他們。他們不以有代表管轄一切為滿足，而竟管轄起他們的代表所做的一切事，因此公共行政不但依靠同一個權威，而且越來越集中於一個地方、同一個人的手裡。政府把它的機關中央集權化，同時增加它的特權；因此力量雙重加強。

　　一檢討大多數歐洲國家的古老司法制度，就可以發現兩大特點：它的獨立性與職權之大。法院不但決定私人之間差不多一切糾紛，而且還擔任私人與國家的仲裁人。

　　我並不是指有些國家的法院簒奪政治與行政職權，而指的是它們一般的司法職權。在大多數歐洲國家裡，不但從前甚而現在也還有許多私人權利，些權利大都是和財產權有關，而且是受法院保護的，如果不得法院批准，國家是無從侵犯的。這種半政治性的權力是歐洲法院與其他所有國家的法院主要的不同點；因爲所有國家都有法官，但是他們的法官並沒有相同的特權。

　　如果把所謂自由的歐洲國家和其他國家內所發生的情形細加檢討，就會發現處處都出現新的法院和舊的法院並立，而卻不像舊法院那樣獨立。它們是特爲決定國家與私人之間所可能發生的那種訴訟案件而設的，具有特別的制裁權。舊法院仍然保持獨立地位，但是它們的制裁權卻縮小了，而且現在有一種傾向使它們完全從事仲裁私人的利益衝突。

　　特別法院的數目則不斷增加，職責也不斷擴大。如此一來，政府便越來越可以擺脫它的政策與權利必須經過另一權力機關之批准的必要。國家雖然不能辭退法官，但是至少可以挑選他們，永遠控制他們；因此司法在政府與私人之間的作用徒有其表而無其實。國家並不以總攬一切有關事務爲滿足，它而且獲得繼續不斷擴大的決定一切的權力，既不受任何限制，也不容有申訴餘地[4]。

　　現代歐洲國家裡，有一種永遠擴大加強最高政權的特權的重要原因，這種原因和以上所說的一切無關，而且沒有細加研究過；我所指的就是工業的滋長正是社會越來越平等所促成的。製造商通常把許多人集中在一個地方，這些人當中就此產生複雜的新關係。這些人因爲他們工作的關係，經濟會忽然有時十分寬裕、有時十份拮据，而在這時窮時闊的變化中，公眾安謐因而發生危險。這些工作並且可能使受益者和靠它們糊口之人的健康、乃至於性命遭受犧牲。是以從事製造業的勞資階級，比社會上其他階級更需要管制、督察與限制，所以這些階級一擴大，政府的權力也相應增加。

　　這是一項普遍眞理。跟著要說的與歐洲國家特別有關係。在千百年以前，土地是屬於貴族所有的，貴族也有力量盡他們捍衛邦土的責任；一塊佔有地因此附帶著許多保證，佔有人可以獨霸一方。因此產生在土地再劃分與貴族毀敗後仍然存在的法律與風俗習慣；目前地主與務農者仍爲最容易躲避最高政權控制的人。

　　在可以追溯我們的全部歷史來源的這些貴族時代裡，個人產業不太重要，凡是有個人產業的人都受人鄙視，而且都是軟弱的。在那些貴族

社會裡只有工商階級例外；它沒有人扶植，表面上也沒有受保護，而且
往往不能保護自己。因此人們養成習慣，認為一處工業廠地性質是特別
的，不值得像一般產業那樣受尊重，那樣受保護，製造商被視為社會組
織裡的一個小階級，它的獨立地位是不足道的，君主一不高興便可把他
們廢棄。我們稍一回顧中古時代的法律，便會驚奇地發現在那些個人獨
立時代，國王所規定的條例雖然多得不得了，而且連芝麻大的事都管，
製造商因而受到阻礙，可是他們便已經非常積極且仔細地促進了中央集
權化。

　　嗣後全世界發生一場大革命，尚在萌芽時代的工業便開始擴展，直
到遍佈歐洲各地為止；工商業階級後來擴大好幾倍。其他所有階級的殘
餘也投入這階級，使它的陣容益見浩大，它的人數仍在繼續增加，地位
越來越重要，財力也越來越雄厚。就是不屬於這階級的人，也多多少少
和它有關係；它起初是社會的一個例外，如今則有即使不是唯一也是主
要階級的趨勢。不過這個階級以前所造成的舊觀念與政治習慣仍然存
在。這些觀念和習慣所以未變，是因為它們是舊的，而且因為它們湊巧
和當前的新觀念和一般習慣完全調和。

　　因此工業權利不是按照其重要性的提高而相應擴大的。製造業階級
人數雖然增加了，可是依賴性卻未稍減，就彷彿專制思想不但在他們裡
面潛伏著，而且和他們同時滋長[5]。

　　一個國家的工業越發達，便利致富的道路、運河、港口和其他半公
用性工程的缺乏便越明顯；國家一變得更民主化，私人便更不能進行這
種大工程，國家則更能進行這種工程。我可以斷言，所有政府當前的傾
向都是自己進行這些工程，而使他們所統治的人民日益依賴政府。

　　另一方面，國力越增強，需要越大，一個國家對製成品的消耗量也
不斷增加，而且這些製成品通常是在兵工廠或政府所辦的工場裡製造
的。是以在每個王國裡，統治者便成為主要製造商，他任用大批工程
師、建築師、機匠和手工藝匠。

　　他不僅是主要製造商，而且日益有成為所有製造商的首腦或主人的
趨勢。各個人因為彼此日益平等而失去權力，他們如果不組合起來，便
在製造業方面毫無作用；但是政府自然想自行控制些組合。

　　我們必須承認，稱作公司的這些集體組織力量之強大，永遠不是一
個人所能及的，而且對它們自己的行動所負的責任也比較小，是以不應
該准許它們對最高政府保持可能給一個私人的那麼大的獨立。

　　統治者大都容易採取這種方針，因為他們自己的心意是如此。在民主國家裡人民只有聯合在一起才能抵制政府，是以政府永遠不歡迎那些不受控制的公司團體；而且值得注意的是，在民主國家裡人民自己也常常對這些公司暗自畏懼或是妒嫉，因為它們使公民無從捍衛他們所需要的制度。在整個社會的軟弱與不穩定狀態中，這些私人小團體力量之大、存在時期之久長，都使人民驚恐，每個公司那麼自由地運用它的自然力量，使人們幾乎認為那是一種危險的特權。在我們這時代所產生的公司又都是法人團體，它們的權利不是經過時間的陶冶而產生的；它們是私人權利觀念薄弱而政府力量無限強大時產生的。因此它們一產生便失去自由，並不足為奇。

　　在所有歐洲國家裡，有幾種公司非由國家先審查其規章，並且批准開辦之後，才能成立。有些國家企圖對所有公司都如法炮製，這種政策如果成功的話，後果是很容易看出的。

　　如果君主在一定條件之下有批准各種公司的一般權利，那他不久便會要求監督及管理之權，以使它們不至於背叛他所訂立的規則。國家以這種方式將所有想成立公司的人淪為從屬者之後，便會再使屬於已經成立之公司的人也處於相同地位；那就是說，把差不多現在所有活在世界上的人都弄得如此。

　　政府便如此將工業帶到當今世上來的新力量的大部分攫為己有，作為己用，工業控制我們，政府則控制工業。

　　我對於我上面所說的一切那麼重視，生怕想把意思說清楚卻反把它弄得更胡塗了。如果讀者認為我舉的例子不充分或不恰當，如果他認為我把最高政權之侵犯個人權利說得有點誇張，而把個人仍能發揮獨立性質的餘地說得太小，那麼我便請他把此書放下，而想一想我所試圖解釋的這些事，仔細檢討法國和其他國家現在的情形。讓他向周圍的人打聽打聽，深思一下吧。要是讀他不由我引導而經過其他途徑，還沒有得到我希望使他得到的結論，那就是我大錯了。

　　讀者會察覺近半世紀來，中央集權化已經以千百種不同的方式處處擴大了，戰爭、革命和征服等都助長它的發展；人人都流血汗以使它擴大。在同一時期內國家元首們一個緊接一個地迅速出現，他們的觀念、興趣及愛憎完全不同，可是彼此都以各種方式試圖實行中央集權化。這種出乎天性似的中央集權化，在他們生命與思想的多端變化裡是唯一的據點。

如果讀者研究人類事務的這些細節之後，再行審視全面情況，那結果會使他大吃一驚。一方面以暴力擺脫法律制裁，廢除或是限制統治者或君主的權威；那些國家雖然沒有公開革命，但是至少阢隉不安，而且人人都被相同的叛變精神激動，感覺興奮；另一方面，在這無政府狀態期間內和頑固的國家裡，最高政府的特權不斷增加，越來越中央集權化、越大膽、越絕對、越廣泛，人民永遠受政府的控制，不知不覺便進一步放棄他們的獨立，直到後來曾經推翻王位、打倒帝王的那些人，竟然對小事務員的一言一語都越來越恭順聽命。因此在我們這一時代似乎在進行兩個迥然相反的革命，一個不斷削弱最高政權，另一個則不斷加強這個政權；在我們的歷史上，最高政權既從來沒有弱過，也沒有這麼強過。

可是我們如果對世界情況再仔細檢討一下，就看得出這兩個革命原來有密切關聯，而且都是一個來源，雖然路線不同，結果還是一樣的。

我必須把在前面已經說過或是暗示過的一句話再說一遍：千萬不要把平等原則和最後在社會地位及國家法律方面奠定這個原則的革命混為一談。這就是造成使我們驚訝的一切現象的原因。

歐洲所有的古老政權，無論是最大的或是最小的，都建立於貴族政治時代，它們多少總是代表或維護不平等的原則和特權。為使作用越來越大的平等原則所帶來的新需求和利益在政府裡佔上風，當代的人便不得壓迫政府，甚至於推翻既定的權威。這便是導致人進行革命，並且把不論目標是什麼的所有革命都產生的那種熱愛騷亂滋事與獨立的感覺，傳染給許多人。

我不相信歐洲有任何一個國家，在平等方面取得進展以前，財產和人的情況沒有發生過激烈變化；而且隨著這些變化而來的是無政府與殺人放火的混亂狀態，因為造成這些變化的是一國當中最不文明的一部分人，他們所破壞的則是全國最文明的事物。

我剛才指出的雙重相反傾向就是這樣進行的。只要民主革命熱烈在進行，意要消滅敵對革命的古老貴族勢力的那些人，便表現出積極的獨立精神；可是平等原則一得到更徹底的勝利，他們便自動順從平等原則所具有的傾向，使政府的地位加強，並且中央集權化。他們本來是為了使自己的地位平等而爭取自由的，在自由協助之下一得到平等，反而更難得到自由。

一個國家裡常常同時發生這兩種情況：上一代法國人表現出一國

人民在破壞貴族的權威並且藐視國王的權力之際，自己可能在社會上實施專橫驚人的統治，立刻教導全世界如何一方面爭取自由，一方面失去自由。

在我們這一代，人們見到政權紛紛崩潰，所有古老權威逐漸消滅。一切古老障礙瓦解，連最睿智的人也難以判斷局勢；他們只注意眼前進行的驚人革命，而就此以為人類要永遠陷入無政府狀態。要是他們一研究這革命的後果，那他們的恐懼便又不同了。至於我自己，我坦白承認，我並不信任似乎使當代人激動的那種自由精神。我洞識一般國家在這時代都很動盪，然而我並沒有覺察它們都是自由寬大的，我生怕使王位動搖的那些動亂終止之後，君主的統治而可能比從前更堅強有力。

注　釋

【1】在整個社會相形之下，個人的力量與地位的逐漸削弱，可以在千百種情況上表現出來。我將列舉關於遺囑法的一個例子。

在這貴族政制國家裡，人人都對垂死之人的最後願望至為尊敬。這種感情在比較古老的歐洲國家裡甚至成為迷信；國家的權力不但不干涉垂死的種種異想，反而充分加以支持，使他有一種永久的權力。

當所有活人都軟弱時，死的意旨便不再這樣受尊重；它受到限制，範圍變得很狹窄，越過這個範圍，法律的最高權威便宣佈它無效，或是加以過止。在中古時代，遺囑權可以說是無限期的。如今在法國，沒有經過國家干涉，一個人便不能把財產分給子女；法律操縱了一個人的一生之後，還要堅持限制他的最後行為。

【2】中央集權的職權越大，代表這政府的官員人數也必相應增加。他們形成國中之國；而且因他們分擔保持政府穩定的責任，所以越來越取代貴族的地位。

【3】在一方面，人們對於物質幸福的愛好越來越強烈；另一方面，政府對於這種幸福的來源的控制也越來越大。因此人們正走上兩種不同的奴役道路，愛好自己的幸福使他們不能參加政府，同時也使他們越來越倚仗執政者。

【4】在法國對這件事有一種奇怪的詭辯。政府與私人發生訴訟時，主審的不是普通法官，他們說，這是因為不要把行政權與司法權混在一起；彷彿一方面不要把言兩種權力混在一起，另一方面以極危險專制的方式使政府既有審判、又有治理之權。

【5】我將列舉幾樁事實以資佐證。礦山是製造財富的天然來源；歐洲工業發達之後，礦產的重要性增加，開礦反而不容易賺錢，因為地位平等後產業一再分割，大多數政府說它們對礦山所在地的工地有所權，而且有監督礦場開發的權利，這是其他產業從來沒有的情形。

是以礦山雖然是私人產業，和其他地產有相同的義務與保護，可是已受政府控制。國家或則自行開採，或是把它出租；原來的所有人淪為佃戶，從政府方面得到經營的權利。而且各個政府差不多都說它有指揮礦務的權利；它訂下規則，規定必須採取一定的方法，使礦工經常遭受監督，如果抗命不聽，便被法院攆走，政府另將合約給別人；因此不但礦山歸了政府所有，連開礦的人也受政府控制。不過礦業既發達，老礦的開採工作加緊，新礦也開始開採；從事礦業的人一天比一天多，政府也加強對礦山的控制，並且派代表常駐各處礦山。

第六章
民主國家畏懼何種專制

　　我在美國時曾經說過，像美國那樣的一個民主社會，可能易產生專制；我回到歐洲時又察覺我們的大多數統治者，已經大量利用這種社會情況所產生的觀念、感想和需求，以擴大他們自己的統治。這使我想到所有西方國家，將來終於或許要遭受古代幾個國家所面臨的壓迫。

　　古時沒有一個君主那樣專制、那麼有權力，竟不需要居間的機關，只通過他自己的代表，親自治理一個龐大帝國的各部分；也從沒有一個君主，試圖不分青紅皂白使所有的臣民嚴格尊守相同的規則，並且親自教導每一個國民。人的腦子從沒有這種念頭；如果有人有這種念頭，則情形的欠缺認識、行政制之有欠完善、尤其是地位不平等所造成的種種自然障礙，定能遏止君主進行如此野心勃勃的計畫。

　　羅馬皇帝在權力最大時，整個大帝國內的各個國家雖然臣服於同一個君主，仍各自保持極不相同的習俗；雖然整個帝國的政府完全操縱在皇帝一個人的手裡，雖然必要時他對一切事有最高決定權，可是社會生活細節和私人職業大都是在他的控制範圍之外。羅馬皇帝誠然有無限權威，可用國家的權力以滿足他一時興起的任何願望，因此他常常以專橫手段濫用王權，褫奪臣民的財產或生命；他的暴政對少數人是非常繁重難挨的，可是許多人卻並不直接身受其苦，受罪的只是少數主要臣民，對其他人則根本不理。這種暴政是激烈的，但其範圍是有限的。

　　看起來如果今日的民主國家也有專制政府出現，那麼它的性質便可能不同；它的勢力可能更廣泛，但是態度則較為溫和；它會使人受貶抑，但是並不磨折他們。在教育發達、地位平等的這個時代，國家元首可能更容易把所有政權都集中在自己手上，而且可能以比古代君主更熟練更堅決的態度干涉私人利益。但這種平等原則雖然便於造成專制，卻也減輕它的嚴厲性。我們已經看出人越平等越相似，社會習俗也更有人情味更溫和。社會上如果沒有一個人有很大的權勢與財富，暴政就沒有肆虐的機會與場所了。因為巨富之家不多，人們的貪念自然沖淡，他們的幻想不再是漫無止境，他們的樂趣也就簡單了。這種普遍的緩和也使

國家元首緩和起來，也讓他的多端慾望受到一定的抑制。

這些理由都是根據社會情況的性質所演繹出來的，可是還有許多是不在本書討論範圍之外的原因所產生的；我將竭力在我所規定的範圍之內說明。

民主政府在某些極興奮或是極危險的時期，可能變得暴烈甚至於殘忍，不過這些危機極少出現，而且歷時也短暫。我一想到當代人的愛憎多麼微不足道、他們所受教育的程度、宗教信仰的純潔、道德觀念的良善、習慣之有規律、生活之勤奮及在道德與邪惡方面所表現出的那種抑制，我不擔心他們會遭受暴政，他們實在是會得到監護的。

因此我認為民主國家人民所可能遭受的種種壓迫，和以前的完全不同；當代人在記憶中會找不到先範，我也找不出能把我的意思完全準確說出來的字眼；專制及暴政等等老字眼，意思都嫌不夠；因為那種情形本身是新的，而我無以名之，所以必得試圖加以說明。

我想追述專制在世界上出現時的新特點。我最先注意到就是數不盡的不平等且相同的人，不斷力求使他們在生活上大享特享那些不足一道的樂趣。人人分開住，對其餘人的命運漠不關心。對他來說，他的子女和他的社交就是他的整個世界。至於其他同類，他並不認識；他和他們接觸，但是對他們並沒有感覺。他只是獨自存在和為他自己而存在，如果他的同胞關係依然保存，那麼他至少可以說是已經失去了他的國家。

在這些人之上有一個極龐大的守護權威，自動負責使這些人得到滿足，並且維護他們的命運。這個權威是絕對的、無微不至的、經常的、精明的而且溫和的，要是它的目的是扶助教導人如何長大做人的話，那它便像做父母的權威了。但是它的目的恰恰相反，是如何使人永遠做孩子，只要老百姓什麼都不在乎只想高興，而且真的高興，那它便很滿足了。這種政府甘心為人民出力，可是它要人民的快樂完全由它施予，由它決定；它使他們得到安全，替他們籌劃與供應種種必需品，給他們尋歡作樂的方便，管理他們的主要事務，指點他們如何勤勞，管制產業的傳襲，分割他們的遺產：剩下來的，除了使他們完全不必傷腦筋想沒有生活的麻煩以外，還有什麼？

是以人們運用自由意志的作用，一天比一天低，而且一天比一天用得少；人的意志被限制到更狹小的範圍，慢慢地使人不知道怎樣利用他自己。平等原則使人遭受並且忍受這些，而且往往把它們視為好處。

最高政權一步步地使每一個人受到它的有力控制，並且由它擺佈之

後，便對整個國家伸出手臂，要它普遍遵行許許多多繁雜瑣碎而且劃一的規則。這些規則連思想最獨特、性格最積極的人，也破壞不了。它沒有粉碎人的意志，但是使它就範，使它接受引導；它很少強迫人採取行動，而是經常使人不要採取行動。這種力量並不消滅一切，但是使人一切難以存在下去；它並不向人民肆虐，但是壓縮他們，使他們萎弱無力，使他們意志消沉，使他們變得愚昧無知，直到他們變成一群怯弱勤奮的牲畜為止，而政府則是牧人。

我常常認為正規的、安靜的與溫和的奴役，容易和一些表面化自由混為一談的程度，要比一般人所相信的更大，而且它甚至於可以在人民的主權翼護之下存在。

當代的人經常受兩種互相矛盾的激情刺激；他們要受人領導，可是同時又希望自由。因為這兩種相反傾向的任何一種都是消滅不了的，所以他們便力想同時在這兩方面得到滿足。他們設計出一種獨一的、訓導性的、而且權力無限的、但是由人民選出的政府。他們把中央集權化原則，和人民有最高主權的原則，合併為一，這樣他們便減少一點精神痛苦；他們對於自己置身於訓政感到安慰的一點，就是那些監護人都是他們自己選出的。每個人都聽任自己被人牽著走，因為他知道牽著他們的不是一個人或是一個階級，而是全體人民。

這種制度使人民擺脫他們的屬從身分後，剛選出他們自己的新主宰，便又淪回覆轍。現在有許許多多人，都對行政專制作風與人民主權至上原則的這種折衷辦法，感覺滿足；他們想他們把個人自由交給整個國家時，對於保護個人自由已經克盡本分。我可不滿足：在我看來，我所服從的領導人的性質，沒有強迫服從的事實來得重要。

不過我並不否認，這種政體似乎比所有的政府權力都集於一個或一批不負責的人手裡的政體，要好得不知多少。在民主專制所能採取的形式裡，上面所說的那一種絕對是最要不得的。

當一國元首是選舉出來的，或是受一個真正選舉產生的、而且獨立的議院密切監視時，他對於個人壓迫有時更大，但是卑鄙的成分永遠比較少；因為每個人在被壓迫與被解除反抗的力量時，仍可自以為他屈服時實在就是對自己屈服，他在各方面所順從的，也就是他自己的傾向。我按照這種想法也能明瞭，當元首代表國家而依靠人民時，每個公民所被褫奪的權利與權力，不但是為國家元首服務的，也是為國家本身服務的；私人從為公眾犧牲自己的獨立行動得到一些補償。因此在每一個中

央集權國家裡，創造出一種人民的代表制，可以減少極端中央集權化所可能產生的邪惡，但是消滅不了這種邪惡本身。

我承認這種方法仍使個人干涉有施展的餘地，但是在比較小和比較私人性的事務方面所受的抑壓也不小。有一點不能不記住，就是在日常生活的小事上，奴役人是特別危險的。就我自己而論，如果只能在大事或小事之一、而不能在兩方面都有自由的話，那麼我便認為自由在大事上沒有在小事上那麼重要。

每天都有關係小事的服從問題發生，整個社會只感覺到這個問題，而並不分辨其中的是非。人們並不反抗，他們會處處有這種麻煩，直到他們後來自動放棄運用自由意志為止。他們的精神與性格就這麼逐步軟化；另一方面，只有少數人在很少有的重要情況下必須服從。因此叫如此依賴中央政權的人民時常去選擇那個政權的代表，是沒有用的；進行這種難得而且短暫的自由選擇也許很重要，可是並不能阻止他們逐漸喪失自己思考、感覺與採取行動的能力，沈淪到喪失人性的地步。

我還要補充一句，他們不久便不能運用他們所僅存的重要特權。民主國家在加強行政組織的專制時，同時又把自由引導到政治組織裡去，結果造成一種奇怪的矛盾情況。一方面在只需要良知就可以解決的小事上認為人民沒有處理的能力，另一方面政府的地位一發生問題，人民便賦有莫大權力，這就是說，既可以把他們當作統治者的玩具，又把他們當作他的主人，權力比帝王還大，可是實際上不及普通的人。他們試過各種選舉方式而找不到適合他們心意的方式之後，他們仍然感覺驚奇，而執意繼續尋找；彷彿他們所注意的壞處來自國家的組織成分不及來自選民的成分大。

很難想像完全放棄自治習慣的人，何以竟能妥善遴選治理他們的人；絕對不會有人相信經過有奴性的人民的投票，而竟能出現一個寬大、睿智而積極有為的政府。

我永遠認為，一個首腦是共和的、而其他部分是極端君主制的政體，是個壽命不永的怪物。統治者的邪惡與人民的低能，將使它迅速崩潰；全國在對於它的代表和它本身已經十分厭倦之餘，勢必得創造出更自由的制度，否則便須再向一個主宰屈膝。

第七章
以前各章的延續

我相信在社會地位平等的國家裡，成立一個絕對專制的政府，比在其他任何國家容易；我而且認為，如在這樣的國家裡成立這樣的一個政府，那它不但會壓迫人民，而且最後會使每一個人都喪失人類的幾種最高品質。所以在我看來，專制在民主時代是人們特別要畏懼的，我相信我們無論在什麼時候都應該愛自由，但是在我們這個時代，我甚且準備崇拜它。

另一方面，我認為任何人若企圖在我們所要進入的時代，以貴族特權作為自由的基礎，那是一定要失敗的；任何人企圖把權威保持在唯獨一個階級裡，也是要失敗的。現在沒有一個統治者有本領或力量，能以重新永久恢復人民的階級區分而實行專制；任何一個議員，如果不把平等列為他的第一原則和口號，那麼就算他多聰明、富有力量，也不能保全自由制度。當代的人如欲使別人得到並且維持獨立與尊嚴，便先須顯示他們自己是擁護平等的；而唯一有價值的顯示方法，就是身體力行，他們的神聖事業之成敗，完全取決於這一點。是以問題不是如何重建貴族社會，而是如何在上帝把我們置身其間的社會民主狀態裡把自由發揚光大。

在我看來這兩樁真理既簡單、又清楚，而且後果重大；它們自然使我考慮到社會地位平等的一個國家裡能建立何種自由政府。

如果民主國家的組織不但導致而且需要，政府的權力必比其他國家政府的權力更劃一、更集中、更廣泛、更徹底。整個社會自然更有力、更積極、個人則更服從、更微弱；前者做的事比以前更多，後者則更少，結果總必定是如此。

因此在民主國家裡，個人獨立的範圍是不會太廣的，而且也不希望它如此；因為在貴族政制國家裡，群眾的利益往往為了個人而犧牲，大多數人的幸福為少數人獲得更大的幸福而犧牲。因此民主國家的政府必須而且最好是積極有力的；我們的目標不應該是使它軟弱懶惰，而只是使它不致於濫用它的能力與力量。

　　在貴族統治時代造成私人地位獨立的最大原因，是最高政權並沒有把治理國家完全攬爲己任。這些職務必然有一部分留給貴族成員；是以最高政權永遠是分割的，它從不以全力和相同方式施加在每個人身上。

　　非但政府不通過它的直接代表而做一切事，執行職務的代表權力也不是來自國家，而是來自他們的家庭出身，他們並不是永遠受國家控制的。國家不能一時高興造成他們的地位，或是要他們一味順從；這就是個人獨立的額外保證。

　　我一心情願承認目前不能依賴這個方法，但是我發現可以代之以某些民主的權宜辦法。從行業公會和貴族方面所遞奪來的一切行政權，可以不必完全授予政府，而把其中一部分給予暫由私人組織的次級公眾團體，如此私人自由將更爲牢靠，他們的平等將不會減損。

　　美國人對於字眼沒有法國人那麼在意，他們仍用縣郡這個字來稱呼他們最大的行政區，但伯爵或省長的職責一部分是由州議會執行的。

　　在我們這樣一個平等時代，設置世襲官員是既不公平又不合理；但是在一定的範圍之內我們不妨代之以選出的公職官員。選舉是一種民主的權宜辦法，可以確保公務官員的獨立，就如同世襲身分在貴族政府國家一樣。

　　貴族政制國家裡充斥有錢有勢的人，他們生活不成問題，不能輕易或是秘密地遭受壓迫：這種人對政府有一種限制作用，使它大體上態度中庸謹慎。我深知民主國家自然不會有這種人，但可以藉人爲的方法創造出這種人。我深信不可能在世界上再建立一個貴族國家，但是我認爲平民如果團結一致，便可以組成極有財勢與力量的團體，與貴族政制國家裡有財勢的人相同。用這種方法可以得到貴族政治國家的許多極大的政治優點，而同時不會有它的不公正與危險。爲政治、商務或工業而組成的團體，甚至於科學與文學團體，都是社會上既有力量又開明的成員，如果任意加以廢除或是壓迫，便會引起抗議，而且這種團體因爲維護自己的權利，使它的權利不受政府侵害，所以也保全了國家的共同自由。

　　在貴族統治時代，每人能與那麼多的其他市民有密切關係，他一遭受攻擊，那些人便會協助他。在平等時代每個人自然都是孤獨的；他沒有世代相傳的朋友可能要求他們的合作，也沒有可能寄賴仰仗的階級的同情；他很容易被排除掉，他會因爲政府毫無顧忌而備受蹂躪。因爲目前一個國家裡的被壓迫者只有一個自衛方法：他可以向全國呼籲，如果全國充耳不聞，他還可以向全人類呼籲。他發出呼籲的唯一方法就是利

用報紙，因此在民主國家裡新聞自由要遠比在其他國家可貴；那是消除平等所可能產生的弊病的唯一對策。平等使人各自分開，失去力量；可是報紙使每個人可以利用。平等使人喪失他的種種關係的支持，可是報紙使他能號召所有同胞，人們便來協助他。印刷不但加速了平等的進展，而且也是糾正平等之弊病的最佳工具。

嚴格說來，我想生活在貴族政制國家裡的人，可以不需要新聞自由；生活在民主國家裡的人卻非是。我不相信偉大的議會、議會特權或是人民有最高主權的理論，能保護民主國家人民的個人自由。這些在一定的範圍之內與個人服從是調和的。然而新聞如果是自由的，便不會得到人民的完全服從；報紙是民主的主要自由工具。

司法權的情形也大致相仿。司法權真諦的一部分就是照顧私人利益和觀察入微。另一個要質就是從不自動協助被壓迫者，但是只要是有人請求它協助，那怕是最卑賤的人，它也永遠樂於為他們服務；他們的委屈即使非常小，司法者也必須為他們申冤和主持正義，因為這是法院的天職。

是以在政府經常注意並且無微不至地干涉人的行動，個人力量太弱不能保護自己而且太孤立無從仰仗他人的協助時，這種權力特別適合自由的需求。法院的力量永遠是個人獨立所能得到的最大保障；但是在民主時代尤其如此。如果地位越來越平等而司法權不相應地擴大加強，個人權利與利益便經常有危險。

平等激發人對自由的幾種危險傾向，這些是立法者應該經常注意的，我只把其中最重要的提醒讀者。

在民主時代的人不容易理解形式的功用：他們天生鄙視形式，其中原因我前面已講過。形式不但激起他們的鄙視而且往往使他們加以憎恨；他們通常所希望的只是得到容易的與眼前的滿足，所以對他們的意中物努力以求，一遇到些許阻礙便憤怒莫已。他們在政治生活上脾氣也是如此，形式永遠阻撓他們進行一些計畫，所以引起他們的敵視。

然而民主時代的人對形式的這種反對，正是使形式對自由十分有用的理由；因為它們的主要價值是作為強者與弱者、統治者與人民之間的壁壘，使前者不能任所欲為，同時使後者能有時間認清前者的面貌。政府越積極越有力，個人越懶惰越微弱，形式也就更有其必要，是以民主國家自然比其他國家更需要形式，而他們自然也更不尊重形式，這是最應該注意的一點。

最可憐的就是當代人大都很傲然鄙視形式問題，因為連最小的形式問題在我們這時代也有了從來沒有的重要性；人類許多最大的利益都唯它們是賴。我想要是貴族政治時代的政治家鄙視形式而且常常不拘形式，現在執政的政治家至少應該尊重形式，而不應該平時不理在必要時才遷就它。在貴族政制國家裡，遵守形式是一種宛如迷信的態度；在我們這時代則應該對它採取開明尊敬的態度。

民主國家極容易發生且極危險的另一傾向，就是看不起個人，並且把個人估計得太低。通常一種權利越重要或是歷時越久，人們便越愛它，越尊重它。個人權利在民主國家裡通常都是不大重要的，新近產生的，而且非常靠不住的；結果被人毫無遺憾地犧牲掉，或是並不懊悔地加以摧殘。

但是在人們天生鄙視私人權利的國家裡，社會的權利卻同時自然擴大鞏固；換句話說，人們在最需要保持並且維護他們的那一點殘餘個人權利時，便不大珍愛它，因此尤其是在目前民主時代，自由的真正友人應該經常留神防範政府的權力在大展鴻圖時輕易犧牲掉個人權利。在這種時候，任何一個公民無論怎樣默默無名，也不免有遭受壓迫的危險，任何私人權利無論怎樣不重要，只要政府高興便可以把它取消。道理很簡單：在人認為個人的私有權利既重要又神聖時，侵犯這種權利，則受損的只限於權利遭受侵犯的那一個人；可是侵犯這種權利就是深深腐化一國的風氣，並使全國的人都受到危險，因為我們常常容易破壞或喪失關於這種權利的觀念。

有些習慣、觀念和弊病是革命情況所特有的，而且是一場持久的革命一定會創造並且傳揚的，無論它們的性質與目的和產生的環境是怎樣。任何國家的統治者、輿論、法律在短期內如果都一再變更，那麼它的國民後來便會喜歡變更，而且對於用突如其來的暴力進行改變也習以為常了。是以他們自然鄙視每天都證明無用的形式；對於他們常常見到遭受侵犯的規則的統治，他們也不耐煩。

對於公正與道德的普通觀念，既不足以解釋革命每天創造出的革新並且為這些革新辯護，於是便有人提出公眾效用的原則，編出政治上的必要的理論，一般人就此漸漸慣於無動於衷地犧牲私人利益，並且蹂躪個人權利，以便更迅速地達到任何公眾目的。

這些習慣與觀念我都稱之為革命性的，因為所有的革命都有這些產物，在貴族政制國家和民主國家裡都如此；不過在貴族政制國家裡這些

習慣與觀念的作用往往比較小，而且總是不及民主國家裡那些持久，因為固有的習慣、觀念、缺點和障礙在抵制它們。是以革命一旦終止，它們也就消逝，國家又恢復以前的政治路線。在民主國家裡的情況卻並不總是如此，革命傾向將變得極為溫和，較有規律，不會在社會上完全消逝，而有逐漸變得習慣順從政府權威的危險。我不知道有比在民主國家所發生的更危險的革命，因為民主國家裡的革命除了永遠會有的那些偶然、短暫的弊病以外，還產生出一些永不能消除的弊病。

我認為合理抵抗與合法叛變的情形是有的，因此我不下斬釘截鐵的斷語說，民主時代的人永遠不應該革命；但是我認為他們進行革命之前有猶豫的特別理由，而且我認為就是他們在目前情況下受許多委屈也比採取這種危險的補救辦法好。

我最後將略述我的一般概念，把本章的論點及本書所欲發揮的所有意見都包括在內。在貴族政制時代有些私人極有力量，可是社會權威則極微弱。社會本身的輪廓也不明顯，恆被統治整個國家的各種力量所混淆。人們需要作出的主要努力是加強、擴大並且鞏固最高政權；另一方面進一步縮小個人獨立的範圍，並使私人利益以公眾利益為依歸。我們這代人還有其他的危險與顧慮。在大多數現代國家裡，政府差不多已經變成全能的，不管它的來源、組織或名稱是怎樣的，個人則越來越微弱、越來越有依賴性。

在舊社會裡，一切不同，沒有一個地方人民既團結又一致。在現代社會裡，一切都有變成極相同的趨勢，個人特點在世界的總形勢裡不久將完全消失。我們的祖先常常容易不當地應用私人權利應受尊重的觀念；我們則自然地容易誇張個人利益永遠能以眾人利益為依賴的觀念。

政治世界已經變質；必須尋求新處方以治療新疾。我認為在我們正進入的時代裡，立法者的主要目標似乎是明確規定政府行動的廣泛範圍，使私人得到一定權利並且確實享受這些權利，使個人保持他依然有的獨立、力量及權力，並且維護他這種地位。

我們這代的統治者似乎只想利用人以進行偉大的事，我希望他們能稍微多下點功夫以使人能有偉大的表現，應該多重視工作者而不是那麼重視工作。他們永遠不應該忘記：如果每一個國民都是軟弱的，一個國家便不能長久保持強大；而且還沒有一種社會組織，能使一群怯懦薄弱的人成為奮發有為的一國之眾。

我發現當代的人有兩種同樣有害但是相反的觀念。一部分人認為平

等原則所產生的只是無政府主義傾向，他們怕他們自己的自由行為。另一派思想家人數比較少，但比較開明，他們的意見則又不同：他們除了認為平等原則會導致無政府狀態以外，又發現平等原則似乎不可避免地引導人走上奴役之途。他們於是早就在心靈上對這種必然情況有所準備；他們對於保持自由已經絕望，在心裡已經對他們不久便要出現的主人表示臣服。前者放棄自由因為自由是危險的；後者放棄自由因為他們認為那是不可能的。

如果我的信念是後者那一種，那我便不應該寫這本書，而只應該獨自惋歎人類的命運。我已經試圖指出平等原則使人的獨立所遭受的危險，但是我深信這些危險雖然是最可怕的，也是在前途種種質變裡最難看得出的，然而並非不可克服的。

正進入民主時代的人自然都是愛好獨立的；他們自然不耐於受節制，他們甚至對他們所喜歡的情況的永久性也感覺厭倦。他們喜歡權力，可是他們容易鄙視並且憤恨那些運用權力的人，而且他們的變動性很大、地位也不重要，所以很容易逃避權力的控制。

這些傾向永遠會表現出來，因為它們是從社會基礎產生出來的，永遠不會改變；它們將長久遏止專制政治的出現，將使每一代的人擁有為人類自由奮鬥的新武器。是以我們應該抱著維謹維慎的畏懼心面對著自由前進，小心翼翼地維護自由，而不要對前途存著使人日益頹唐、惶惶而一無所為的恐懼。

第八章
總 論

在結束我所討論的一切之前，我想對現代社會的種種特點再檢討一番，藉以認識平等原則對人類命運的一般影響。可是這是椿艱巨工作，討論的範圍那麼廣，我的視線模糊，我的理解力也不行了。

我試圖描寫並且判斷的現代世界的社會，只不過剛出現。時間還沒能使它有完善的形式；產生它的大革命也還沒有過去，在我們這時代所發生的種種事情裡，簡直不容易分辨哪些將隨革命消逝，哪些將在革命結束後繼續存在下去。新興世界仍有一半受衰敗中的世界阻礙；在繁複錯綜的人類事務裡，沒有一個人能說出古老制度有多少能繼續存在，有多少完全消失。

關於社會地位、法律、輿論和情緒方面的革命，雖然離結束還遠得很，可是它所產生的影響之大，已經是人類有史以來所沒見過的。我常常從這個時代回溯到另一個時代，一直到上古，但是仍未找到與目前相同的情況。過去既已不能成為未來的殷鑑，人的思想也就茫然找不出一條道路。

可是在廣闊、新穎和混亂的展望裡，已經可以看出並且指出一些比較明顯的特點。人生的美好的與邪惡的事物在世界上分佈得比以前平均：富可敵國的那些大財產勢將消失，小康之家則多起來；慾望和慾望的滿足都增加許多倍，可是既無大富特富也沒有一貧如洗的情形。人人都有志向，可是這些志向很少是非常大的。人人分立，力量也單薄，可是整個社會是積極、有力、目光遠大的；個人的表現微不足道，國家的表現廣闊無際。

人的性格不強，可是民風溫煦，法律仁慈。了不起的英雄事跡、極崇高的德行、極愉快純潔的情緒，都並不多見，可是一般人的習慣端正，罕有使用暴力的情形，殘酷更差不多是聞之未聞。人的壽命比較長，財產更牢靠；生活並不是非常燦爛的，可是非常容易，非常恬靜。一般樂趣既不是十分高雅，也不是十分粗俗。沒有繁文縟節，也沒有十分野蠻的嗜好，沒有非常有學問的人，也沒有非常愚昧的人；天才比以

前更少，不過知識傳播得更廣。人的思想開展是人類聚沙成塔式的共同努力，而不是少數人拼命活動的結果。在各種藝術方面盡美盡善的作品比較少，可是作品的數量則比較多。種族、身分和國籍的關係鬆弛了；人類的偉大團結卻加強了。

如果我試想在這些特點裡找出最普遍、最顯著的，我便察覺人在命運上的演變有千百種形式。差不多所有的極端都已減弱了，連最突出的也變成平庸了，高的沒有以前高，低的也沒有以前低，燦爛與陰晦的也都是如此。

我一看這些彼此相似、沒有升降、樣樣都劃一化的芸芸眾生，不禁既悲愴又寒心，對那一去不復返的社會情況很容易感覺惋惜。在世界充斥十分重要的與極不足道的、巨富與赤貧、很有學問與極愚昧的人時，我總是撇開後者，而只注意前者，因為他們滿足我的同情心。可是我承認這種滿足是我自己的弱點所產生的；因為我不能一下子看出我四周的一切，而我卻要在這麼多的其他事物裡選擇出我自己所喜歡的。全能而永恆的上帝可不是如此，他凝視時必然是把所有的創造物都看到，而且審視得很清楚。

我們也許自然相信，造物與人類的維護者所最高興見到的不是少數人的奇富，而是一般人有更大幸福。在我看來，人的衰退在祂眼裡就是進步；我所認為苦惱的正是祂認為可以接納的。平等的情況也許不怎麼崇高，但是較為公正：那種公正就是它的偉大與美。是以我將竭力把自己提高到上帝所注視的這一點，從而觀察並且判斷人的事務。

世界上還沒有人能絕對而且概括地說世界的新情況比舊情況好，但是已經容易察覺它是不同的。貴族政制國家在構造上的那些先天優勢，與現代人民的性格那麼相反，現代人永遠不會入迷；反過來說，另有些好與壞的傾向在現代人看來的是理所當然的，而卻是以前的人所不知道的；一個人的腦子裡所自動產生的思想，可能是另一個人所絕對憎惡的。就好像有兩種截然不同的人一樣，各國有他們的長處與短處，優點與劣點。因此我們必須小心，勿用已經不存在的社會情況所衍生出來的觀念，去判斷正在產生的社會情況；因為這兩種社會情況在組織上完全不同，無從加以公平地比較。期望當代人獲得他們祖先的社會情況所產生的特別優點，也同樣不合理，因為那種社會情況已經過去，它所具有的優劣點也隨同消滅。

可是一般人對這些事還不十分了解。因為我發現許多當代的人都必須從原出於貴族社會組織的制度、意見及觀念有所選擇，其中有一部分他們會一廂情願地放棄，可是其餘的他們將加以保留，而把它移植到他們新世界裡去。我恐怕這些人是得不償失地浪費他們的時間與力量。目的不是保持不平等的情況所給予人類的特殊優點，而是緊緊掌握把持住平等所可能給予的新利益。我們不必要使我們自己像我們的祖先一樣，但是應該企求我們自己的偉大與快樂。

我回顧我這範圍極小的任務，立即發現我在討論過程中曾經特別注意的各點，自己心裡既有疑慮又懷存著希望。我察覺可能防止的重大危險，可能避免或是減輕的重大弊病，而且益發堅信民主國家如欲具有種種美德並且繁榮，只要打定決心奮發以求便行了。

我注意到當代許多人都認為所有國家都從來不能真正自己作主，它們必聽於種族、土地與氣候所產生的一些不能理解的力量。這種觀念是虛假的、怯懦的，永遠只能造成軟弱的人與苟且成性的國家。上蒼並沒有創造完全獨立或是完全依賴成性的人類。誠然人人都有個跳不出的圈子，但是在那大圈子裡，他是有力的、自由的；人既如此，社會也是如此。我們這時代的國家不能使人的地位不平等，但平等原則是否導致奴役或是自由，文明或是野蠻，繁榮或是悲慘，那就在於人們自己了。

附錄：本書撰寫的經過

1831 年 5 月 11 日上午，紐約曼哈頓碼頭有一艘海輪靠岸，船艙裡兩個青年探頭向外望了望，就匆匆走下艙板。他們已經兩晝夜沒有闔過眼，但仍精神奕奕，全無倦態。他們從法國西北部的哈佛爾港橫渡大西洋，經過 38 天的海上生活，才於 5 月 9 日到達美國羅德島的紐堡，他們乃奉法國政府之命而來，登岸一遊之後，不禁神往於這片大陸，興奮得夜不能成眠。現在他們到了紐約，在曼哈頓區約略觀光了一下，體力實在難於支持，午後 4 時返回旅邸，只好閉門大睡，直到次晨 8 時仍高臥未起。

後來好不容易起身，跑到大街買份報紙打開一看，才知道報上已刊出他們到達美國的消息，至於怎麼傳出去的，連自己都弄不明白。消息很短，只說「法國內政部派到美國考察監獄制度的兩名司法官已經到達。兩人考察完畢，將以所得寫成報告向法國政府覆命。」不到一週，北至波士頓，南迄亞那波里各地的報紙，全載了這條新聞。

這兩位青年，有一位是本書作者阿勒克西·德·托克維爾（1805-1885），另一位是古斯達夫·德·培蒙特。他們同出身法國貴族家庭；托克維爾的父母在法國革命時期被捕入獄，婦母甚至在斷頭台喪生，可是兩人俱嚮往自由主義。托克維爾 18 歲在巴黎專攻法律時，兩人即由相識而結爲好友，其誠摯的友誼一直維持到 1885 年托克維壽終之日爲止。

1830 年，托克維爾 25 歲。那時他和培蒙特同爲地方官員，基於職務上的原因，不能不對法國政府宣誓效忠，但對於政府的作風極表不滿，於是決定遊美，俾一面減少職務上所給予他的內心不安，一面親自體會美國民主制度的運用。托克維爾早就相信歐洲古舊落伍的貴族制度定將滅亡，一個新秩序定將產生。他想寫一本關於民主主義的書，並希望民主主義有一天可以援用於歐洲。培蒙特跟他正是志同道合，經他一邀請，立即欣然應命，願意相偕訪美。

那時他們已很難得到法國政府的信任，要請准赴美考察，談何容易，但苦思之後，主意有了。他們呈文司法部長請假 8 個月，並請由政府委派前往美國考察監獄制度。當時法國醞釀監獄改革，美國的新監獄制度很受歐洲重視，所以這張呈文立獲批准。

准假書和委任狀都發下了，可是政府不給旅費，因爲兩人當初提出

呈文時，明白寫著願意自費出國。好在兩人都家裡有錢，旅費是沒有問題的。

　　托克維爾到達美國時，還未滿26歲。他同培蒙特遍訪美國所有主要監獄，跟許多囚犯作個別的親切談話，考察獄內的新措施，並詳究隔離囚禁辦法的得失，從而探討這制度如何有助於囚犯的改過自新。他還跟許多典獄官作私人間的接觸，藉以明瞭他們對於美國監獄制度的看法。托克維爾和培蒙特把所見所聞，寫成一篇「美國監獄制度與其對於法國的援用」的報告。後來法國實施監獄改革，即以這篇報告為主要依據。法國出版界於1832年首先把它發表，同年美國出版界譯為英文銷售，不久德文本與葡文本亦相繼問世。這篇報告在名義上是兩人合撰的，實則大部分是托克維爾的心血結晶。

　　兩人完成法國政府指定的任務後，立即著手研究美國政府與一般社會所廣泛運用的民主制度。這本來是他們訪美的根本目的。托克維爾的治學方法非常謹嚴，搜集的資料極為廣泛，求證更不遺餘力。他每訪一地，必然寫日記，或者把觀感寫在信上寄給在法的親友，歸國後又索來參考。

　　托克維爾和培蒙特在美國一共只逗留了9個月又幾天，因為法國政府不肯延長他們的假期。1832年2月20日，他們搭船回國，返抵巴黎後，看見法國政局雖然在變，可是沒有一點令人滿意的地方。他們請求面謁內政部長報告訪美經過，但部長一直不予延見。不到兩月，培蒙特為了不肯替一宗政治醜案辯護，致受撤職處分。托克維爾見好友丟官，氣憤之餘，也立刻辭職。

　　兩人沒有官職在身，更可以自由寫作了。他們首先把有關美國監獄制度的報告書撰好，接著就寫更受人重視的作品。托克維爾所寫的，就是這本《民主在美國》；培蒙特所寫的，則是一本以「瑪麗」為題的小說，其中對於19世紀30年代美國國內的種族關係，南部與北部間的關係，以及印第安人的處境，都有獨特的報導與見解，可惜這本書只有法文本，所以知者甚少。當初兩人赴美之前，本同意合著一本有關民主政治的書，日後為什麼各寫各的，則非外界所悉，但可以斷言的是，這絕不是兩人間深厚的友誼發生了裂痕，而大概是他們在美考察之後，決定從互異的角度來探討美國的民主方法與運用。

　　托克維爾顯然未料到《民主在美國》一書將成為不朽名著。這本書的上卷於1834年夏天脫稿，次年元月出版，距離他訪美歸來還不到兩

年。到了1840年，下卷才問世，可見他寫下卷的時候，花了更多的研究與思考時間。上卷以研討美國的政制爲主，下卷則純粹是一本哲學性的著作，側重於美國社會、經濟、政治、科學、文學、宗教、習俗、觀念等方面的變化。

托克維爾在這本書裡不但顯出其觀察的精闢，還證明其預言的正確。他在130年前即已料到經濟發的趨勢，比資本論所提出的大同小異的觀點，還早25年。他預料全民平等未必是福，日後「法西斯」制度與其他暴政下那種全民平等已不幸而被他言中。他重視機會平等，並力言這種平等才是民主的要素，也只有在民主的範疇內得到。

這是一本罕見的政治哲學巨著，作者落筆的時候，沒有仇恨、妒忌、惡意，但也沒有讚揚。書裡面更找不出幽默或諷刺的語句。全書從頭到尾，完全是嚴肅的、深入的、充滿智慧的。在過去100多年中，它已有許多國文字的譯本，各國書評家一直到最近還不時把它提出來檢討，自非偶然。